晚清文史考論

夏晓虹教授七秩寿庆论文集

《晚清文史考论》编辑小组 编

人民东方出版传媒
People's Oriental Publishing & Media
東方出版社
The Oriental Press

图书在版编目（CIP）数据

晚清文史考论 /《晚清文史考论》编辑小组编 . —
北京：东方出版社，2023.6
ISBN 978-7-5207-3487-5

Ⅰ. ①晚…　Ⅱ. ①晚…　Ⅲ. ①文史—研究—中国—清
后期　Ⅳ. ① K092.52

中国国家版本馆 CIP 数据核字（2023）第 095435 号

晚清文史考论
（WANQING WENSHI KAOLUN）

编　　者：《晚清文史考论》编辑小组
策　　划：姚　恋
责任编辑：王若菡
装帧设计：李　一
出　　版：东方出版社
发　　行：人民东方出版传媒有限公司
地　　址：北京市东城区朝阳门内大街 166 号
邮　　编：100010
印　　刷：北京联兴盛业印刷股份有限公司
版　　次：2023 年 6 月第 1 版
印　　次：2023 年 6 月第 1 次印刷
开　　本：640 毫米 ×950 毫米　1/16
印　　张：38.75
字　　数：510 千字
书　　号：ISBN 978-7-5207-3487-5
定　　价：168.00 元
发行电话：（010）85924663　85924644　85924641

前　言

今年是夏晓虹教授七十寿诞，这本论文集收录了夏老师指导过的学生的论文，为导师寿。从 1994 年到 2022 年，跟夏老师攻读硕士、博士学位的学生共三十六人，合作研究博士后一人。我们向大家征集论述清末民初文学、思想、社会、文化的已刊论文，得二十五篇，编成此集。

夏晓虹教授研究近代中国的文学思潮与社会文化，尤其在梁启超研究、晚清女性研究这两个领域成果最著，影响最大。她在这两个领域各出版了三部专著。由《觉世与传世——梁启超的文学道路》《阅读梁启超》《梁启超：在政治与学术之间》组成的梁启超“三书”，从文学活动、学术道路、政治生涯、文人交游、家庭生活等多个维度，考察这位对他的时代的文学和思想文化有覆盖性影响的关键人物的“文”与“人”，并进而扩展到对近代中国发生的文学变革、学术转型与社会政治改良全貌的研究。夏老师的梁启超研究，以涉猎大量晚清民国报刊和发掘各种第一手史料为特色，在著述之余，还积二十年之力，于中外所见各种晚清民国报刊资料中，辑成 140 多万字的《〈饮冰室合集〉集外文》三卷，嘉惠学林之功，不在著述之下。晚清女性研究“三部曲”包括《晚清文人妇女观》《晚清女性与近代中国》《晚清女子国民常识的建构》，从知识精英对妇女问题的论述、民间舆论对与女性相关的社会事件的反应，以及知识精英通过女性读物普及“国民常识”的实践的角度，多层次地讨论晚清女性的处境，以及社会变革中女性问题的重要地位。

重视史料，凭借史料来推动研究，是夏晓虹教授学术的重要特色。她的梁启超研究从读文集入手自不待言，进入晚清女性研究领域也不纯然是呼应当时流行的女性主义理论思潮。2014年出版的梁启超“三书”的最后一部，更是得益于第一手材料的收集，尤其是梁启超书札、档案等新史料的出现。在史料的运用上，夏老师特别注重通过报刊进入历史现场，认为官方档案往往持有维护现行体制与主流价值的立场，诗文集、书札和日记倾向于表现个人观点，而报刊更能体现民间舆论和公众立场，是了解近代社会各种细节的最重要的资料库。重视个案研究是夏老师学术的另一个特点。她擅长在细微处发现问题，上下求索、左右关联，对事件、人物和现象的内涵和复杂性进行最大程度的挖掘，见微知著，以并置多种个案的方式展现五光十色的图景，探索近代中国社会文化转型这一时代核心议题。虽然夏晓虹教授的研究大多可以归属于社会史、文化史、妇女史、城市史等范畴，文学的一面在她的研究中没有显露在表层，却是十分重要的存在。这种文史合一的特色，表现为在著述中史家的考证与文本细读功力的结合。她的写作讲究层层递进、环环相扣，在穷究对象的复杂面貌时，就好似结构推理小说，让充满材料的论文读起来引人入胜。

夏老师在学术上重视传承，这包括“学”和“人”两个方面。夏老师对于她的导师季镇淮先生始终怀着尊重与敬意，倾力参与整理、校勘季先生的论著，编辑出版了《来之文录》《季镇淮先生纪念集》《季镇淮文选》，编写了《季镇淮先生学术年表》，正如季镇淮先生曾为闻一多、朱自清两位导师编定年谱、整理文稿、撰写纪念文章那样。夏老师不断去体会导师的学术脉络、研究目标与忠信品格之间的关联，深知季先生为完成闻、朱二位导师的未竟事业，立下打通文学史脉络的宏愿，并身体力行地投入文学史写作的集体项目，甚至不惜挤掉个人研究的空间和时间。在这个背景下理解，就知道季先生晚年倾尽心力开拓近代文学研究领域，既是对中国文学史学科的不朽贡献，也是一位学者在有涯之生靠近理想的努力。作为导师，夏老师对学生同样付出很多时间和精力。从课程作业的改错字、核查引文，到写长达两千字的邮件点评课程报告的行文、结构与问题意识，到学位论文的确定选题、修改、定稿，无一不悉心指导。夏老师的学术视野，她对材料和方法的使用，都对学生有着很深的影响。她指导的论文大多关注清末民初的文学、思想、社会与文化，力求在某一个领域、对某一个议题进行深入探讨，从不同角度展示社会文化转型的丰富面貌。

收入本论文集的二十五篇论文，可以说是在夏老师开拓的领域，学习她的方法的研究成果。我们将论文分为六辑，分别是“女性研究”“梁启超研究”“报刊研究”“小说戏曲研究”“家世交游研究”“思想文化研究”。它们或以《申报》馆、上海小报、北京报纸为研究对象，考察晚清的报刊作为民间舆论与公共空间载体的功能；或者从女性的写作、女学和女装的角度，论述清末民初的女性境况和与女性相关的观念的变迁；或者关注文学与艺术在近代的改良与革命，讨论科学小说、翻译小说、戏曲改良与国歌的诞生。也有的聚焦时代变革中的文人与学术，如陈寅恪父子诗学、严复与林纾的交游，北京南城的士风与学风、梁启超与旧文人的关系。还有的探讨近代知识的生成，如“旧文人”阅读新学书籍、“维新”概念的建构，等等。这些论文里面，有些是硕士、博士论文的一部分，有些是从学位论文中扩展出来的新研究，有些是夏老师2011年邀约九位已毕业与在校学生参与北京市教委资助的科研项目“晚清北京的文化空间”的研究成果。论文集的编辑工作，由洪越、魏泉、陆胤三人负责。

夏老师曾在为《季镇淮文选》撰写的序言中引用季先生自述的话：

“文章无论长短，也无论关于古人或今人，在我都是用力作的；每写成一篇，即使只有千把字，也是一次战斗的结果。”我们编这本论文集，是给老师祝寿，是表达对老师的敬意和感激，同时也是用季先生的话勉励自己，在各自的路上“用力”前行。

《晚清文史考论》编辑小组

2023 年 2 月 20 日

目 录

一、女性研究

一、女性研究

“素裾革履学欧风”
近代中国女装的“西风东渐”

生命故事与文体政治
现代中国第一部女性自传《潇湘梦》研究

政治语境与文化生态
纳兰揆叙编刊《历朝闺雅》述考

《女狱花》与近代日本佛教东来

南洋女学的印迹
近现代画报与杂志中南洋知识女性图像的意涵

“素裾革履学欧风”

近代中国女装的“西风东渐”

赵　爽

近代中国社会生活的诸多方面中，以服饰的变化尤为丰富多彩，用“时装发布会”来形容近代上海这类通商大埠的服饰潮流，一点也不为过，其中，女装又是受人瞩目的部分。百裥裙、紧身衣、元宝领、学生装、旗袍……这些在西式女装影响下次第登场的霓裳羽衣，令人目不暇接。近代女性在追求时尚、常换常新时，逐渐抛弃传统的等级观念；花样翻新的服装不但“更新”了她们的外在形象，更在潜移默化中改变了她们的思想。

“腰细裙宽面障纱，飞尘影里驾轻车”：晚清人眼中的西式女装

1878 年前后，随使英国的年轻外交官张德彝在英王举行的宫廷眷会中看到，贵妇们“皆袒胸露臂。裙或红或白，或粉红，或葱绿；前覆脚，后曳地六七尺；饰以绣花，或挂鲜花”。[①]

这是较早的近代中国人描述西方女装的文字。张德彝笔下的这种

① 张德彝：《随使英俄记》光绪三年一月十八日甲戌，钟叔河主编：《走向世界丛书》“刘锡鸿 张德彝”卷，岳麓书社 1986 年版，第 340 页。

衣服，应该就是我们今天比较熟悉的西式晚礼服。女子在正式场合“袒胸露臂”，是西方上层社会的一种传统礼仪，但是对于清末刚刚走向世界的中国人来说，实在是太触目了。

不过，晚清的大多数中国人并没有机会像张德彝那样“直击”穿着晚礼服的西方女子，他们能够看到的“西女”，一般都是身着白天出门做客的“常服”，和晚礼服有着比较大的差别：

> 素练重裙著地飘，轻纱障面避尘嚣。尽多玉立长身态，都为灵王爱细腰。①
>
> 马路谁人策马来，欧西女子俊风裁。雕案侧坐明驮速，十幅湘裙洒不开。②
>
> 腰细裙宽面障纱，飞尘影里驾轻车。谁知绝域多情女，解看江南二月花。③

轻纱障面，长裙垂地，细腰玉立，晚清人对于身着常服的西女，不乏赞美和倾倒之意。晚清的文章诗词作者多为男性，对于服装的样式等细节的关注未免粗略，如果对照同一时期欧洲女装的流行趋势，这些西女的形象会更加清晰。

十九世纪的最后三十年，恰好是西式女装所谓“后面系结的时期”，特点是裙子的重心移向后臀，并且用堆积的大蝴蝶结和褶裥来增加后部的丰满感，衣服上身的造型则突出胸部的丰满，并勒紧纤腰。从侧面看去，女子的身体呈现出优美而又挺拔的S形曲线——前胸隆起，腹下收进，后腰深陷，臀部高翘。而晚清人所见的西方女子日常

---

① 李默庵：《申江杂咏·洋妇》，顾炳权编著：《上海洋场竹枝词》，上海书店出版社1996年版，第77页。

② 朱文炳：《海上竹枝词》，《上海洋场竹枝词》，第199页。

③ 张天翔：《沪江竹枝词》，《上海洋场竹枝词》，第353页。

出门做客所穿的“常服”，在这个总的服装样式之下，更注重剪裁合体、庄重严谨，衣领和袖口收紧，长裙曳地，再搭配大檐遮阳帽和长长的面纱，如此塑造出的西方美女形象，既窈窕又丰满，既迷人又端庄。

富有魅力的西式女装，对于喜欢尝新的中国女性很有诱惑力。曾朴的小说《孽海花》中，傅彩云（影射清末名妓赛金花）在随同第一任丈夫金雯卿（影射洪钧）出使欧洲之时，就曾穿着西式服装出过风头：

> （彩云）拢上一束蟠云曼陀髻，系上一条踠地綷縩裙，颈围天鹅绒的领巾，肩披紫貂嵌的外套，头上戴了堆花雪羽帽，脚下踏着雕漆乌皮靴，颤巍巍胸际花球，光滟滟指头钻石，果然是蔷薇娘肖像、茶花女化身了。[①]

在小说中，傅彩云不但在服饰上大胆尝新，而且很快学会了外文，所以受到西人的关注。今天看来，即使赛金花在外洋的际遇是真，穿洋装、说洋文也只是一种入乡随俗，属于个案。在十九世纪末，全身着洋装的中国女性少之又少，一部分女性会对洋装进行不同程度的模仿，所谓“素裾革履学欧风，绒帽插花得意同。脂粉不施清一色，腰肢袅袅总难工”[②]，而更多的想要赶时髦的女性，则是把西式女装的元素引入到中式女装的改良之中。

在此过程中，当时兴起的各种中西式绸缎衣料店铺，起到了推波助澜的作用。颐安主人在《沪江商业市井词》中就提到过“广洋杂货号”“本色洋布号”“绸缎顾绣庄”“湖绉庄”“纱缎庄”等店铺名目，分类细致，衣料种类极为丰富，比如，“广洋杂货粤人开，灯镜高悬布

① 曾朴：《孽海花》第十二回，上海书店 1993 年版。
② 玉壶生：《厂甸竹枝词》，《中华竹枝词》第一卷，北京古籍出版社 1997 年版，第 350 页。

匹堆”，“时花洋布屡翻新，罗緞呢绒满室陈”，“漳绒纱缎及杭罗，线皱绸绫类又多”；而这些店铺为了生意兴隆，又提供各种“私人定制”服务，特别是其中的“花色洋布号”——“西洋花布色纷纭，各有专牌仔细分。如欲翻新何式样，绘图定办独超群。”[①]满街的衣料在招手，新的衣服样式没多久就冒出来一个，女性们的标新立异、争奇斗艳之心一旦被激发起来，就势不可当。

“自昔通行百裥裙，西纱西缎暑寒分”：打破禁忌的裙子

据说光绪帝宠爱珍妃，特意为她制了一件华贵的珍珠披肩，不想此事被隆裕皇后知道了，向慈禧太后告密，幸亏当时慈禧对珍妃还没有什么恶感，而珍妃也知趣地把披肩拆掉，珠子退还内务府，才算避免了一场大祸。

表面是争风吃醋的小故事，其实涉及清宫森严的等级制度。在清宫，珍珠，特别是东珠是不能随便使用的，简单来说，皇后、皇太后用一等东珠，皇贵妃用二等，妃用三等，嫔用四等。其实不仅仅是珍珠，在皇宫里，服饰上的一点点出格都会被视为异端。

在民间，传统女性服饰的禁忌也是非常多的。命妇们的正装根据丈夫或者儿子的官位品级，也绣着与男装类似的补子；而在汉族女装的“常服”之中，裙子的意义特别重要。穿裙子还是穿裤子，以及穿什么颜色的裙子，是区分主奴、嫡庶的标志。“所谓诗礼之家，妇女们一起床，便穿上了裙子，直到晚上睡觉才脱掉。……小姑娘们，十三岁起就得穿裙子。”[②]能穿裙子的女性都是良家女子，婢女和妓女都是不能穿裙、只能穿裤的。裙子的颜色又是“别嫡庶”的重要标志，正式场合，正妻穿大红裙，妾只能穿粉色等“次色”，错不得一点。

---

① 颐安主人:《沪江商业市井词》,《上海洋场竹枝词》，第 122–123 页。

② 曹聚仁:《娥眉、裙钗》,《上海春秋》，上海人民出版社 1996 年版，第 189 页。

在清末的上海，这种禁忌被打破了。著名的妓女胡宝玉，某次逛愚园的时候穿了一条大红裙——不但是良家女子才能穿的裙子，还是正室夫人才能穿的大红裙，但是，看见的人不以为越礼，反而夸她好看[①]。其实，当时打破禁忌穿裙子的青楼女子不止胡宝玉一个。有一首描写青楼女子过元旦的竹枝词："春逢元日是新晴，买得鲜花插鬓云。看遍曲中诸姊妹，大家齐试石榴裙。"[②]看来，大年初一穿裙子、特别是红裙子，已经成为当时青楼女子的一种时尚。

这个特殊的群体在清末一度充当着"时尚引领者"的角色，服饰上很多"开风气之先"的细节都和她们有关。她们不但满不在乎地穿起了裙子，后来还推出了裙衫一色的搭配，"衣衫新样漫经心，或制斜襟或对襟。尚有裙衫同一色，四围阔滚皱纹深"[③]，后来又时兴以裤代裙的搭配，也是上下同色。妓女们不断地更换"行头"，主要是为了标新立异、招徕客人，但是不久，"风尚所趋，良家妇女无不尤而效之，未几，且及于内地矣"[④]。就这样，在不知不觉之中，一种新的服饰观逐渐传播开来，穿裙还是着裤，不再是为了区分嫡庶、良贱，而是单纯地为了好看、时髦。

穿裙子的女子越来越多，旧有的那几种女裙样式已经满足不了她们的时尚之心，西式裙装成为新的参照系。传统的裙子有马面裙、襕干裙、鱼鳞裙、月华裙等，不过基本的样式是前后有平幅裙门，两侧打褶，而且裙子很长，只允许走路时微微露出一点莲尖。晚清时两侧打褶的样子不再时兴了，受西式裙装的影响，全幅打褶的百裥裙开始流行："自昔通行百裥裙，西纱西缎暑寒分。今教宽大沿欧俗，不使旁边现折纹。"[⑤]还有半中半西样式的裙子，既学西裙加假扣以及多层，

---

① 梦花馆主：《九尾狐》第十五回，上海古籍出版社1997年版。

② 苕溪醉墨生：《青楼竹枝词》之《元旦》，《上海洋场竹枝词》，第407页。

③ 朱文炳：《海上竹枝词》，《上海洋场竹枝词》，第226页。

④ 徐珂：《清稗类钞》卷十三，"服饰类·沪妓之服饰"，中华书局1984年版，第6166页。

⑤ 朱文炳：《海上竹枝词》，《上海洋场竹枝词》，第226页。

裙身又比较窄小合身："裙腰不必两分开，假扣匀排亦怪哉。既学西洋层锦簇，如何下幅紧围来。"① 又有一种襕裙，自后围向前以束裙腰，过去多为江、浙乡村之男子服饰，清末上海的浦南地区，妇女们把它系在衣服的外面，"腰肢紧束，飘然曳地，长身玉立者，行动袅娜，颇类西女"②。

与样式同步改变的是色彩。正如前面提到的正妻穿红裙、妾室只能着次色，中国古代对衣着用色有严格的规定，以黄、紫、红色为贵色，以绿、碧、青色为贱色，黑、白为凶色。庶民妻女的袍衫衣料可用黑、紫、桃红及各种浅色，禁用大红、青、黄色③，也就是说，身份越高贵的人，衣服的色彩越是鲜艳夺目。而在近代来华的西方人眼中，这种颜色搭配很奇怪。1900 年，曾组织"中国妇女天足会"的英国女性立德夫人，在杭州见到当地的女子们"身着鲜红色的锦缎，黑发上戴着的绿玉首饰"，就觉得很诧异："各种颜色交相辉映，效果十分奇怪。看来，她们都沉醉于自己漂亮的服装，没有注意到首饰都把头发给坠了下来，也不知道红绿搭配有多怪。"④

在近代沿海沿江的一些商埠，由于洋装的影响，不少女子开始抛弃传统的色彩观念，追求服装颜色的素雅、和谐，所谓"家家姊妹费商量，不斗浓妆斗淡妆。想是名花宜素艳，一齐浅色着衣裳"⑤。她们有的"缟素衣裳偏称体，淡妆不着石榴裙"⑥，有的"杏燕花新锦地纹，红灰衫子白灰裙"⑦。在汉口，女子以前以红为吉服，帷帐之类也多用红布，只有夏衣可以用白色，随着迷信观念的减弱，甚至出现了崇

① 朱文炳：《海上竹枝词》，《上海洋场竹枝词》，第 226 页。
② 徐珂：《清稗类钞》卷十三，"服饰类 · 襕裙"，第 6202–6203 页。
③ 罗苏文：《女性与近代中国社会》，上海人民出版社 1996 年版，第 180 页。
④ ［英］阿绮波德 · 立德：《穿蓝色长袍的国度》，时事出版社 1998 年版，第 341 页。
⑤ 袁祖志：《沪北竹枝词》，《上海洋场竹枝词》，第 17 页。
⑥ 招隐山人：《申江记游》，《上海洋场竹枝词》，第 67 页。
⑦ 袁祖志：《申江竹枝词》，《上海洋场竹枝词》，第 18 页。

尚白色的时尚，服饰门帐“一概用白，世势所趋，亦无足怪”[1]，使得“漂白布业无不利市三倍”[2]。

“衣裳时样年来瘦，渐仿洋装显细腰”：“身若束薪”的上衣

清末之前，传统女装的样式很单调，最大的区别就是满、汉之分：满族女子是一件连身的旗袍，汉族女子是两截穿衣，也就是上衫下裙（或裤）。

《点石斋画报》上的中国女子，她们的衣服几乎都是一个样子：宽大过膝的长衫，下身是裤子或裙子，再配上伶仃的小脚。清朝的汉族女装样式，不论是官家眷属还是平民百姓，都是长衣、大袖、宽边。光绪中叶，以北京为代表的北方地区，传统女装都是衣长过膝，无论身材高矮，一律二尺余。袖口宽一尺[3]，腰身肥大无当，衣领高仅四五分，镶边，领下是三四寸的圆肩[4]。

那个时代的旗袍还是满族女子的专利，贵妇的旗袍按照正式和非正式两种用途分为氅衣和衬衣，二者的样式没有太大的区别，基本上都是圆领、直身、有五个纽扣的长衣，袖子形式有舒袖（袖长至腕）和半宽袖等，袖口内再另加饰袖头。氅衣适合比较正式的场合，用料和装饰更加华丽和繁复，衬衣则相对简单一点，适于家居或者非正式的场合[5]。从现存的一些清末宫廷贵妇的照片来看，她们的旗袍虽然因为连身会使身材显得颀长一些，比后来的改良旗袍却要肥大得多。

有清二百年，不管是汉族女子“两截穿衣”的上装还是满族妇女的旗袍，虽然在面料、镶边、扣袢等细节上有一些变化，近似于

① 皮明庥：《近代武汉城市史》，中国社会科学出版社 1993 年版，第 736 页。
② 严昌洪：《中国近代社会风俗史》，浙江人民出版社 1992 年版，第 85 页。
③ 徐珂：《清稗类钞》卷十三，“阔袖”，第 6201 页。
④ 罗苏文：《女性与近代中国社会》，第 179 页。
⑤ 黄能馥、陈娟娟：《中国服饰史》，上海人民出版社 2014 年版，第 598–599 页。

大“A”字的“帐篷”式衣形却一成不变。这种宽大得可以遮盖女性个体特征的衣服，从一个侧面体现出了传统宗法观念对女性思想的束缚——提醒闺秀们要安分克己，“藏愚守拙”。

在二十世纪初上海的时髦人物眼中，这种传统女装显得乡气而滑稽，“每年夏天晒箱子里的衣服……簇新的补服，平金褂子，大镶大滚宽大的女袄，像彩色的帐篷一样……看它们红红绿绿挤在她窗口，倒像许多好奇的乡下人在向里面张望”[①]。随着欧式女装突出女性曲线的审美观念的流传，这种延续了二百年的传统女装样式也开始发生变化。

1904 年左右，上海流传着这么一个笑话：近日妓女，喜用高领，几及半尺，足以掩其颊，殊不雅观。有人说，现在的妓女大多很傲慢，把客人惹火了难免要打耳光，这高领掩颊，是为了挡耳光的[②]。在“P 图”如此流行的今天，我们看到老照片上这种遮住半个面颊的高领，可能会惊讶于它的“瘦脸”功能——经过它的修饰，不论胖脸瘦脸，都只会“剩下一块菱角形”[③]。在当时，这种高领被称为“元宝领”，诙谐的人则把它比成官员们的朝天马蹄袖[④]。“元宝领”的设计应该是受到了西式女装的启发。因为当时欧洲的女装，特别是常服，一般都是高领或者立领，紧紧护住脖颈。

元宝领只是一个有趣的细节上的革新，其实这一时期的衣服样式趋于紧身，也应该是受了西式女装的影响。

前面提到的立德夫人，对杭州女性过于鲜艳的服饰搭配感到奇怪，而接下来的苏州之行，她却被穿着合体时装的当地女子惊艳到了，她们身上的蓝色女装，“比中国西部妇女的服装要紧，接近英国的紧身

---

① 张爱玲:《怨女》,《张爱玲全集》第二卷，海南出版社、海南国际新闻出版中心 1995 年版。
② 《吴趼人全集》第七卷，北方文艺出版社 1998 年版，第 412 页《滑稽谈 · 挡耳光》。
③ 同上。
④ 《吴趼人全集》第七卷，第 448 页《滑稽谈 · 百像图》。

服。袖子仅及肘部上方紧贴手臂，而不是像常见的中国服装那样，在手腕处垂下半码长。……可称为时下中国女士服装的流行款式——裁剪完美，极其漂亮，任何人穿着都很合身，而不失端庄和自然”①。

实际上，这一时期的中式女装的确吸收了西式女装收腰紧袖、量体裁衣的特点。观棋道人写于光绪丙申（即1896年）的一组竹枝词《京华俗咏》中，提到了京城女装的这种流行趋势，所谓“衣裳时样年来瘦，渐仿洋装显细腰”②。这种“瘦”逐渐发展，到后来不仅仅是“显细腰”，而是紧紧地裹在身上，“衣之长及腰而已。身若束薪，袖短露肘”③，以腰身、臂膀处无一褶纹为美。立德夫人因为这种衣服接近西式紧身衣、“不失庄重自然”的特点，赞美穿着它的中国女性“光彩照人”，但是看惯了女性宽袍大袖、藏愚守拙样子的中国人，乍一见这类不中不西的样式很不适应，觉得它“奇诡万状”④，甚至斥之为“服妖”，有一首竹枝词这样写道：“时样新装称柳腰，中西合璧市招摇。方今简朴开风气，莫被欧人笑服妖。”⑤

时尚不会以部分人的好恶为转移，这种“身若束薪”的女装，在清末民初流行了不短的一段时间，照张爱玲的说法，这一流行趋势和当时社会的不稳定状态有关：“在政治动乱与社会不靖的时期——譬如欧洲的文艺复兴时代——时髦的衣服永远是紧匝在身上，轻捷利落，容许剧烈的活动。”在这个时期，甲午战争、庚子国变相继发生，中国的男装女装都发生了“紧匝在身上”的改良，“外患迭乘，朝政变更，衣饰起居，因而皆改革旧制，短袍窄袖，好为武装”⑥。不过，和男装

---

① ［英］阿绮波德·立德：《穿蓝色长袍的国度》，第343–344页。

② 观棋道人：《京华俗咏》，孙殿起辑，雷梦水编：《北京风俗杂咏》、雷梦水辑：《北京风俗杂咏续编》，北京出版社2018年版，第163页。

③ 徐珂：《清稗类钞》卷十三，“服饰类·沪妓之服饰”，第6166页。

④ 同上。

⑤ 余槐青：《上海竹枝辞·服妖》，《上海洋场竹枝词》，第272页。

⑥ 徐珂：《清稗类钞》卷十三，“服饰类·阔袖”，第6201页。

改良“好为武装”有所不同，以西式紧身衣为蓝本的女装，造成了一种出乎意料的效果，因为穿着此衣的江南女子大多瘦削，裹上紧身衣更加楚楚可怜，“像一缕诗魂”，容易激起男子的保护欲，乱世之中，“做个薄命人反倒于她们有利”[①]。

“衣衫镶滚久相沿，今日通行外国边”：简洁化趋势

二十世纪四十年代，张爱玲在给苏青出主意制衣的时候，说线条简单的适合她：把大衣的翻领首先去掉，装饰性的折裥也去掉，方形的大口袋也去掉，肩头过度的垫高也去掉。最后，前面的一排大纽扣也要去掉，改装暗扣。搞得苏青只得出口抗议，虽然还是商量的口吻：“我想……纽扣总要的罢？人家都有的！没有，好像有点滑稽。”[②]

风格简洁、少装饰，正是西式女装与传统中式女装的又一大区别。花纹繁复的洋装当然也有，不过为了突出衣服的整体造型，大多数洋装在设计上更注重删繁就简，面料多数以暗花为主，花边的使用也比较有度。传统的中式女装恰恰相反，或许因为样式单调，没有“发挥”的余地，只能在边边角角上多下功夫了。

传统的高级中式女装，给人最深的印象就是满：浓丽的色彩，繁复的花纹，还有过度的装饰。衣料的纹样，有“子孙万代”（葫芦蔓藤）、“双喜相逢”（双喜字百蝶）、“凤鸣春晓”（凤纹、竹、兰、菊、梅）、“五福寿仙”（五只蝙蝠围着圆寿字加水仙）等名目，可以想象，纹样越复杂，用工和费用就越高[③]。更加靡费的是镶边。高级女装的领托、袖口、衣领、下摆都要镶边，而且名目繁多，“有所谓白旗边，金白鬼子栏杆、牡丹带、盘金间绣等名色”，有时候镶边的价格只比衣

---

① 张爱玲：《更衣记》，《张爱玲全集》第一卷，第 20–21 页。

② 张爱玲：《我看苏青》，《张爱玲全集》第一卷，第 66 页。

③ 黄能馥、陈娟娟：《中国服饰史》，第 600 页。

料的价格低一点，接近“对半”，“一衫一裙，本身细价有定，镶滚之外，不啻加倍，且衣身居十之六，镶条居十之四，一衣仅有六分绫绸”。因为装饰物太多，这样的衣服“伺候”起来非常不容易，往往穿几次就不能穿了，“新时固觉离奇，变色则难拆改旧”①，奢侈浪费相当严重。大约咸丰、同治年间（1851—1875），京城贵族妇女衣饰的镶滚花边发展到极致，道数越来越多，有“十八镶”之称②。在氅衣的袖口内，也缀接纹饰华丽的袖头，上面也以花边、花绦子、狗牙儿等镶滚，这样袖子显得更长了，看上去像是穿了好几层讲究的衣服③。各种的“为装饰而装饰”，所制成的衣服繁复无当，而被“罩”在数不胜数的花边、镶滚之中的女子，基本上看不出个性，甚至面目都有些模糊。

清末民初，在西式女装简洁风格的影响下，中式女装上那种繁复的花样、过多的装饰开始减少。

少妇的装束在强调端庄的同时更加简洁。衣料一般采用提花纹样图案，或单色（蔚蓝、深黑）无花光面织品，给人高雅之感。活泼者选择牡丹、芍药图案，给人雍容华丽之美。衣边，一些时髦人物直接采用外国花边，“衣衫镶滚久相沿，今日通行外国边”。更多的女装采用朴素的本色丝带滚口，“扁的是‘韭菜边’，圆的是‘灯草边’，又称‘线香滚’”④，昔日流行的珠翠边（缝在衣边一寸以内）已弃之不用。由于装饰物的减少，加上合体的剪裁，衣服的线条更加流畅，女性自身的曲线也更加突出，贤母良妻的端庄雅致之中，又增加了简约、大方。

至于未婚女性，衣服的色彩也趋向于素雅，款式也更加简洁，装

---

① 黄能馥、陈娟娟：《中国服饰史》，第 599 页。

② 徐珂：《清稗类钞》卷十三，“服饰类・十八镶”，第 6186–6187 页。

③ 黄能馥、陈娟娟：《中国服饰史》，第 599–600 页。

④ 张爱玲：《更衣记》，《张爱玲全集》第一卷，第 20 页。

饰一般不用珠翠，仅缘以丝带。裙以半膝为限，缘以黑布带，加上素淡的辫饰和最新潮的革履、丝袜，少女的清纯之美更加突出[①]。而将简洁风格推向极致的，则是——女学生。

“衣裳朴素容幽静，程度绝高女学生”：女学生装成时尚

十九世纪末开始的兴办女学运动，在二十世纪初逐渐形成了一股潮流，女学生也成为近代中国女性中一个特殊的群体。女学生接受了近代学校教育，稍通西礼、西语，生活空间、审美眼光已经与传统女性有了很大的不同，她们的服饰也带有鲜明的特色。

清末小说家李伯元的《文明小史》中曾描写过上海虹口女学堂学生的打扮：“一个个都是大脚皮鞋，上面前刘海，下面散腿裤，脸上都架着一副墨晶眼镜，二十多人，都是一色打扮，再要整齐没有。”[②]

这种整齐划一的打扮，带有明显的近代学校教育的特征，相当于今天的校服。近代不同时期、不同学校的校服不尽相同，但是有一个共性，就是要求朴素淡雅。例如初创于1902年的上海务本女塾，对此是这样规定的：“帽鞋衣裤，宜朴素雅淡，棉夹衣服用元色，单服用白色或淡蓝。脂粉及贵重首饰，一律不准携带。”这样一种着装规定，可以在潜移默化之中引导学生们树立贵清洁不贵饰妆，尚从容和蔼不尚浮躁，谨慎端庄不苟言笑的自尊自重的意识[③]。在崇尚奢华、追求时髦的清末，朴素淡雅的女学生，无疑是一阵清新的文明之风，引起了人们关注，有竹枝词云：

> 或坐洋车或步行，不施脂粉最文明。衣裳朴素容幽静，程度

① 罗苏文：《女性与近代中国社会》，第188页。

② 李伯元：《文明小史》第十九回，《李伯元全集》第一卷，江苏古籍出版社1997年版。

③ 罗苏文：《女性与近代中国社会》，第130页。

绝高女学生。[①]

民国建立以后，随着女子教育的发展和普及，女学生的群体在不断地扩大，她们的装束甚至在一个时期内影响了人们的审美取向。据说，当时有不少名妓为了招引客人，特意打扮成女学生的样子，可见学生装之时髦。民初学生装的规制，和普通女装一样是上衫下裙，上衣的衣袖宽大，开领有方、圆、三角形，下身是长仅及膝的黑裙，脚下是白色帆布鞋或高跟鞋。即使是赶时髦的女生，也很少烫发，二十世纪二十年代以后，女子剪发更是在学校中流行。从此，传统的珠翠发饰没了用武之地，华贵的戒指手镯也多弃置不用，女学生最流行的装饰品，是具有实用价值的小阳伞、眼镜和手表，另外，上衣襟前还会插上一两支钢笔或活动铅笔[②]。这样一种装束，在民初经过不断的改良，就成为1919年走在五四运动队伍中女性们的典型服饰，健康大方而又充满自信。

由繁入简，再由简入繁，是女装时尚的轮回规律。女学生装出现在倡导朴素的节点上，因此担当了一段时间的时尚先锋，不过这段时间并不长。因为“校服”毕竟过于素雅、简单、缺乏变化，并不适合所有的女性，因此，当二十世纪二十年代，成熟女性们开始在旗袍的短短长长之间纠结的时候，女学生装就逐渐淡出了时尚舞台。不过，它继续在学校教育中发挥着重要的作用，将现代女性朴素雅洁、自尊自爱的观念，传递给一代代新的女国民。女作家苏青在《结婚十年》中曾这样说：“记得我初进大学的时候，穿着淡绿绸衫子，下系同颜色的短裙，风吹过来飘舞着像密密层层柳条儿起的浪，觉得全世界就只有我一个人耀眼。”[③]

---

① 忧患生:《京华百二竹枝词》,《中华竹枝词》第一卷，第276页。

② 罗苏文:《女性与近代中国社会》，第189–190页。

③ 苏青:《结婚十年》,《苏青小说选》，安徽文艺出版社1995年版，第248页。

“却怪汉人家妇女，旗袍个个斗新装”：旗袍的演变

民国改元，五族共和，旗袍区分满汉的意义已经不存在，许多爱俏的汉族女性也穿起了旗装：“髻鬟钗朵满街香，辛亥而还尽弃藏。却怪汉人家妇女，旗袍个个斗新装。”[①]

不过，民国初年的旗袍样式仍然陈旧，服体宽大，卡腰很小，下摆很大，大襟开到底，穿起来既不随体，也不舒服。据说当时北京双顺成衣铺的老板韩俊峰，对它进行了改良，把元宝高领改成后高前两头矮的领子，大襟改成大边小开襟（后来又改为不开襟），上边套头，卡腰大小随体。这种大小合体的旗袍很快受到欢迎，韩俊峰也就赢得了“旗袍大王”的美称[②]。

韩俊峰的故事只是旗袍改良过程中的一个小片段，实际上，从二十世纪二十年代开始，旗袍的领、袖、边、长、宽、衩持续着花样翻新了二十年，到抗战时期才相对定型。

最初流行的是旗袍马甲。传统旗袍外衬的马甲长度一般只到腰部，而民初的旗袍马甲则伸长至膝盖到足部之间，套穿时再衬穿一件短袄。在 1926 年的天津，这种长长的“旗袍马甲”又被称为“旗袍长坎肩”，边缘多有花边装饰，女子不分满汉，穿着者“触目皆是”：“过膝垂垂长坎肩，栏杆不饰饰花边。今知满汉无区别，都着旗袍一裹圆。”[③]不久，短袄和旗袍马甲开始合二为一，为了避免“老派人士”的攻击，尝鲜的新潮女士不得不在旗袍的边、袖等处镶上“蝴蝶褶”。

1928 年，旗袍进入新阶段，长度适中，很便于行走，袖口大多数仍然保持短袄的宽大风格，领口则花样繁多，各具情趣。1930 年，旗袍开始被部分中学、大学采用为校服，于是衣长短了一寸，袖子则完

---

① 吴思训：《都门杂咏》之《妇装》，《中华竹枝词》第一卷，第 348 页。

② 王永斌：《北京的商业街与老字号》，北京燕山出版社 1999 年版，第 51 页。

③ 冯文洵：《丙寅天津竹枝词》，丙寅年即 1926 年，《中华竹枝词》第一卷，第 488 页。

全采用西式，以便着装时跑跳自如。1932 年，新派女性竞相穿着“花边旗袍”，这种款式采用“小元宝领”，领口、袖口、襟边镶有花边。1933 年后，大衩旗袍开始抬头，后来甚至由衩高过膝一举滑向衩高及臀。同时，为更好地衬托女人的曲线，旗袍的腰身也变得极窄。物极必反，到了 1935 年，旗袍的长度发展到了极点，以至着装时袍底落地，完全遮住了双脚，这种奇特的款式，时人名之曰“扫地旗袍”。而到了抗战时期，旗袍的长度又变短了。正如曹聚仁所说：

> 一部旗袍史，离不开长了短，短了长，长了又短，这张伸缩表也和交易所的统计图相去不远。怎样才算时髦呢？连美术家也要搔首问天，不知所答的。①

改良旗袍实际上是东西方审美观念结合的产物，它打破了汉族传统女装的上衫下裙的规制，领、袖、边、长、宽、衩以及面料的丰富变化可以适合于大多数的女性，合体的裁剪方式更能够凸显女性的魅力，时至今日，它仍然是世界公认的东方女性的典型服装。

在近代强劲西风的吹拂下，“赶时髦”的意识在中国女性心中悄悄萌动，虽然最初难免表现出盲从、夸张甚至怪异，但是，有勇气走出千年不变的刻板生活，追求新奇和变化，本身就是一种进步。当她们在跌跌撞撞的实践中终于领略到时尚精髓、穿搭更加得体、情趣更加“现代化”的时候，她们的内心也更加自信和从容。

（原载《文史知识》2008 年第 6 期）

---

① 曹聚仁：《旗袍时代的到来》，《上海春秋》，第 190–191 页。

赵爽，北京大学中文系1996级硕士，1999年毕业。现在中国农业电影电视中心（CCTV-17）工作，一级导演。研究明清小说、近代文学，制作科普节目，文史、科普时有交叉。著有《人文草木——16种植物的起源、驯化与崇拜》（获2020年天津市优秀科普作品奖）、《西游妖物志》、《西风东渐——衣食住行的近代变迁》、《中国近代十九个迷案》等，制作《红茶的故事》《麋鹿争霸》等节目，主编大型科普丛书《农业十万个为什么》，获得神农奖、科蕾奖、银河奖、中国科教影视学术奖论文奖等奖项。

生命故事与文体政治

现代中国第一部女性自传《潇湘梦》研究

黄湘金

“五四”作为一个类似历史标杆的时间节点，其之于中国女性文学的意义在于：它表征着现代女性小说的正式启幕[①]。关于“五四”前后女性小说家的研究，随着学者们的持续关注，该领域中的主要面向渐被填充，对凌叔华、冰心、丁玲、庐隐等重要作家呈现出过度关注的情形[②]。在这种背景下，“破围”成为学者们的当然选择。但必须承认，今日对“五四”前后女作家“打捞”与“挖掘”的结果，几无可能是第一流的女作家的重见天日，因而此类研究，始终伴随着潜在读者关于研究对象的学术蕴含的质疑：注目于三流甚至是不入流的文本，其意义到底归于何处？

本次剖析的文本《潇湘梦初编》（以下简称《潇湘梦》），属于“五四”文坛上非主流的章回小说，其艺术性较之鸳鸯蝴蝶派小说亦属末流，长期未受到学界重视。不过，笔者初读发现，此小说中男女主人公郭立山（1870—1927）、戴礼（1880—1935）是湖南与浙江两地近现代史上的重要的真实人物，文本中的情爱纠葛是当时颇具影响

① 刘乃慈：《第二 / 现代性：五四女性小说研究》，学生书局 2004 年版，第 59-61 页。

② 赵文兰：《五四时期女作家的小说叙事形式研究》，山东大学博士论文，2019 年，第 5-20 页。

的新闻事件。进一步考索后认为，《潇湘梦》的文体、叙事与作者、旨趣之间，存在着紧张而富有意味的关系，值得专文分析。

一、小说“别调”与自传“变体”

小说《潇湘梦》迄今未见专论。以笔者目力所及，仅有的学术性介绍出自《中国文学大辞典》，现全引如下：

> 潇湘梦　近代文言章回小说。初编14回。湘州女史著。1918年铅印本，平装1册。卷首有作者《序》。卷末附作者《跋》。书叙浙江女子戴礼，自幼聪明好学，能通经史子集，立志有所作为，不嫁男人。父母也通情达理，从不拘束女儿。于是戴礼兴办女学，著书立说，才名远播。忽梦嫁与郭立山为妻，预感此梦不祥，为之不悦久之。不料梦竟成真，致使戴礼陷入不幸。原来郭立山果有其人，家住湖南江［湘］阴。久慕戴礼才华，只是无缘一见。后来其妻忽亡，遂请媒人说亲。戴礼初则不允，后经亲友再三相劝，又觉天命难违，于是改变初衷，嫁与郭立山为妻。谁知郭家家风不正，不但沉湎赌博，而且乱伦丑声外扬，即郭立山也与其寡嫂（按：实为前妻之庶母）有染。戴礼格格不入，已被视为异类。加之郭立山因谋戴家财产不遂，更对戴礼恨之入骨。于是郭家弟兄勾结官府，硬将戴礼逐出家门，致使其子（按：实为其女）夭折。故事至此中断，下编未见。该书旨在控诉封建礼教对于妇女的残酷性，即使才能出众的女子也难逃脱厄运。但以梦境确定终身，却无异痴人说梦，大大削弱了作品的真实性。书中诗词甚多，不脱当时习气。[①]

① 马良春、李福田主编：《中国文学大辞典》，天津人民出版社1991年版，第6180页。本词条作者为吴洁。

辞典关于《潇湘梦》出版时间的介绍，并不精确。据2009年笔者在上海图书馆所见原书，小说结尾的故事时间至己未年八月十五日（1919年10月8日），作者“湘州女史”的跋语亦署“己未中秋”，而1918年只是作者序言所署时间（“民国七年八月”）。此处不妨“大胆假设”:《潇湘梦》的写作，始于1918年9月，迄于1919年中秋。面世的时间，据封底内页，为“民国九年四月十日印刷，民国九年五月十日发行”。

处于“五四”的前夜，《潇湘梦》最有可能的写作方向，或是喜剧风格的才子佳人小说，或是“卅六鸳鸯同命鸟，一双蝴蝶可怜虫”的哀情小说。然该书叙述两人从勉强结合到惨烈婚变的漫长过程，迥异于此前同类题材小说中的或浪漫甜美、或哀感顽艳的情致，几无“风怀”可言。女主人公戴礼自幼接受儒家礼教熏陶，面对丈夫的冷漠敌意，在孕期至女儿出生后执意留在夫家照顾失明的婆婆。于艰难日常中，她历经了无数令人心酸的琐事，但作者并无藻饰，而多取桐城派之雅洁有序的古文家法。如小说叙其产后在正月的遭遇：

> （戴礼）扶病应酬，又冒寒染病，昏卧于床。妪以甫涤襁褓，多置炉上。夜失慎，礼惊起扑灭，已烧去大半，不足洗换。向立山要数尺布添制，立山怒不理。湘地多雨，浣物不易干。天气寒冷，幼女尿湿，无物可对换，皆凝冰。礼又恳其买炭，便烤干可换，立山辞无炭。（第77页）

女主人公于特殊的时期、特定的时令下遭此对待，实在让人痛心。在有经验的作者笔下，这一事件实是极好的素材，将阴冷的环境、主人公抑郁的情绪、卑微的请求、丈夫吝啬无情的嘴脸稍加渲染，便可取得数倍的效果。就此而论，《潇湘梦》典型地展现了其“反辞章化”的倾向，即拒绝对形式、辞藻、声调的经营[①]。

《潇湘梦》的章回内部，阑入了大量的非小说乃至非文学文本。它们绝大多数是以另起一段的形式独立出现，可见作者对其内容与功效有清楚的认识，在使用上也绝不与小说的框架——叙述类文字相溷。经统计,《潇湘梦》中共出现词2阕（分别居于开篇与结尾）、赋2篇、诗52题118首，呈文2篇，书信5篇，书序2篇，时论1篇，传记（含行状）4篇，诔文1篇，挽联4副，墓表3篇，传单1篇，祭文2篇，诗话1则，论辩1篇。其篇幅与作者的叙述文字大体相等。来源方面，出自叙事者的为15首（即开场词、下场词及13首回前诗），由女主人公戴礼所作的为33题91篇（首），小说中其他人物所作的为27题43篇（首）。从章回分布来看，它们主要出现在小说前半部分和临近结尾的12—14回；小说矛盾最尖锐的婚变章回（9—11回），除了每回必备的回前诗外，仅插入诉冤的传单1篇。由此可见，这些数量巨大的文体大部分是游离于戴、郭二人婚姻故事之外的。在插入方式上，大部分篇目有简单提示，有些则毫无预兆地突兀呈现，甚而连篇累牍地叠加，让人有目不暇接之感。如小说第6回（“孑遗吟士女赓和　集唐句南北倡酬”），作者高频率地塞进了诗歌8题36首，皆是戴礼与吴怀清（1864—1928）以集句形式进行的唱和往来。如此单调地反复引录人物的应酬诗句，在追求故事性、趣味性的小说读者看来，简直味同嚼蜡。

不过，若换以史家眼光，这些强行进入《潇湘梦》中的非小说乃至非文学文体，正是“有闻必录”的史家意识与“以时系事”之编年方式的典型体现。换言之，如果我们假定作者的用意是书写女主人公的成长历程及婚姻事实，则与此有关的所有人物、文字材料，都可以合理地进入《潇湘梦》的文体结构中。在这个意义上,《潇湘梦》更合

① 陈文新:《传记辞章化：对唐人传奇文体属性的一种描述》,《传统小说与小说传统》，武汉大学出版社2007年版，第90页。

适的文体形式，当归入“史料长编”。在这类文体中，最醒目的书写标记是关于时间的提示。实际上，对于习惯于史志的读者而言，《潇湘梦》的铺陈方式是让人非常舒适的。正因为有了时序的明确指引，《潇湘梦》中的材料虽然繁复，然有心的读者亦能依时间先后排比故事和各色文本。考虑到小说材料和非小说文本皆以女主人公戴礼为核心而进入，则《潇湘梦》的叙述方式亦成为编年体的别调，即由“史事编年”滑向“年谱长编”，小说整体成为编年和纪传的奇怪混杂。

《潇湘梦》留给今日读者的诸多困惑，首推作者问题。依作者“湘州女史”的序跋，小说家的现实身份，是对戴礼怀抱同情的友人，但小说序跋往往由作者精心结撰，是其有意设计的整体“体制”[①]的一部分，有经验的读者并不会完全对此“小说家言”信以为真。在此情形下，要想解决《潇湘梦》的作者之谜，最好的入口还是女主人公戴礼存世的诗文集。

2019 年 8 月，笔者在温州图书馆见到戴礼手录诗集《孑遗吟草》与文集《孑遗文钞》。二者与《潇湘梦》关系密切，《孑遗吟草》与《孑遗文钞》有多篇文字见于《潇湘梦》。而对于《潇湘梦》的作者考证来说，最值得重视的是《孑遗吟草》中戴礼与台州女诗人屈蕙纕（1860—1932）的交游。两人年纪相仿，性情相投，且同为台州地方知名才女，往来颇为频繁。《孑遗吟草》收两人酬唱作品 7 题 14 首（戴礼所作 3 题 6 首，屈蕙纕所作 4 题 8 首）及戴挽屈对联 1 副。大约在 1921 年，屈蕙纕寄诗赠戴礼，戴氏和韵 2 首以答。现录戴诗第 2 首：

瓶沉簪折寻常事，只恨啣冤误箸书。
遥想兰闺读秽史，诗余为我泣涟如。[②]

---

① 刘勇强、潘建国、李鹏飞：《古代小说研究十大问题》，北京大学出版社 2017 年版，第 149 页。

② 《和韵寄酬》，戴礼：《孑遗吟草》，温州图书馆藏稿本。

《潇湘梦》的封面有“郭立山之秽史”的题签，可视为《潇湘梦》的副标题，则戴礼在诗中想象好友于闺中阅读的“秽史”，基本上可以确定为《潇湘梦》。这表明小说出版之后，作者曾寄赠友人，一吐心中冤恨。如果说，这首诗还不能表明《潇湘梦》的作者即为戴氏本人，那么以下来自屈蕙纕的问讯，则直接点出了《潇湘梦》的写作：

秋灯黯黯雨绵绵，谱出潇湘梦一编。
绝代才华偏命薄，红丝误谛［缔］恶姻缘。[①]

屈氏此诗作于1927年秋天。诗歌的主题是感慨戴礼的才高命薄与所嫁非人。为了加强抒情效果，作者复现了友人在夜雨里握管痛书的场景。作为谱写的成果，“潇湘梦”不是文学意象，而只能是具体的文学文本。

根据诗歌的写作惯例及事件的利害关系分析，上诗中“谱”这一动作的发出者基本上可以确定为屈蕙纕寄怀的对象，即友人戴礼。当然，由于屈氏并未直言，《潇湘梦》的作者尚存极小可能是戴礼之外的他人。而当我读到来自陈衍（1856—1937）弟子王真（1904—1971）所续陈衍年谱时，完全可以确定《潇湘梦》的作者，应该是戴礼。在陈衍年谱中，王真以小字作注，如此介绍戴礼：

戴礼，公门人，字圣仪，浙江玉环人，有《大戴礼集注》《清列女传》《潇湘梦初稿》。[②]

① 《附（屈蕙纕）原作》，戴礼：《孑遗吟草》。

② 陈声暨编，王真续编，叶长青补订：《侯官陈石遗先生年谱》卷8，陈衍撰，陈步编：《陈石遗集》，福建人民出版社2001年版，第2085页。

这一出于知情人的叙述，是关于《潇湘梦》作者最重要的旁证。如此，结合诗文与小说的互文关系及文本外的关键证据，充分表明《潇湘梦》的作者即小说的女主人公戴礼。她以章回小说形式展开的叙述，乃是现实生活中的自我故事；或者说，《潇湘梦》是以章回体完成的编年自传。

二、《潇湘梦》的主体形象、情绪流泻与正义追求

戴礼在文本中狡黠地让自我躲藏起来，摒弃了自传中常见的第一人称，将自我伪装成他者。毫无疑问，这一策略是深思熟虑之后的精心设计。它既给读者感受文本造成了巨大的障碍，也深刻表明在自传写作中“自传计划”的关键意义[①]。

《潇湘梦》的结构方式基本上采用的是“时序结构”，即按照时间的更替来叙述人物的活动和遭际，并穿插相应的诗文材料。大量标明出处的非小说文本的插入，使得《潇湘梦》接近“客观传记”或“学术—历史传记”[②]，文本是大量可信赖的文献的集合，至少在表面上，文献性、客观性、准确性是作者的首要追求。面对传记写作中的永恒难题——“诗”与“真”的取舍，《潇湘梦》显然更倾向于后者。当然，收入《潇湘梦》中的文献并非纯然散漫，实际上，它们都与传主有关——或出自传主笔下，或源于传主师友所赠，它们的松散聚合，皆服从于支撑传主“生命故事”这一任务。基于对这种述而不造、信而有征的叙史方式的信任，读者亦能还原传主的重要生平。这即是作为传记（或“年谱长编”）的《潇湘梦》的首要功能。

14 回的小说 / 传记文本，以戴礼的婚姻为界，可分为前后两段。

---

① 李有成:《自传与文学系统》,《在理论的年代》，允晨文化实业股份有限公司 2006 年版，第 38 页。

② 杨正润:《现代传记学》，南京大学出版社 2009 年版，第 268 页。

1—6 回叙戴礼的家居岁月和京师求学经历、著述成就。传主是早慧的才女、著述丰硕的女学者、热心女学的女界先进、忠于前清的女遗民、守孝至谨的女儿。戴礼的文学成就，是旧体诗文；其视为终身志业的，是为《大戴礼记》作注；其用以拒绝议婚的凭藉，是正投身于《女诫》式的著述（《女型》《女礼》）而无暇他顾；其引以为傲的，是对“皇清”列女的传录（《清列女传》《皇清列女传》）；其贡献前清学部作为女子师范学堂修身科参考之用的，是充满守旧气息的《女小学》。如果要以一个词来总结戴礼的追求，最恰当的无疑是“列女”。

自第 7 回起，作者驱使传主脱离了舒适的文化氛围，转移至私人性的婚变经历中。第 8 回，郭立山至玉环入赘。第 9 回，郭立山携戴礼返回湖南湘阴，戴礼自此开始了噩梦般的受虐经历。在第 9、10、11 回中，作者中断了穿插诗文材料的简单写法，改而叙述大量琐事，展现郭、戴二人由欢爱到仳离的转变。在介绍戴礼的遭遇时，仍然严格按照时序排列（具体到年月日），因而文本在逻辑上依然维持了可信度。自 1915 年至 1917 年，戴礼经历了怀孕、生产、丧女、丧姑、被拘禁、被审讯、被驱逐诸般惨痛遭际，受尽郭家凌虐。在“男嫖女赌”的夫家，戴礼一步步被逼至绝境，此时戴礼方展现性格中激烈的一面。

戴礼对郭立山最后的幻想，即是保留“妻子”的名分。郭家数次逼迫她在离婚书上签字，皆被戴礼严词拒绝。1917 年四月二十七日（6 月 16 日），在郭立山的授意下，当地知事李介春于夜间将戴礼拘押至县署，逼她写“自愿离婚”之字据，遭到了戴礼的坚决抵拒——

> 礼怒叱曰：“我必欲入侍姑疾，任彼诬我。汝办我可也。至昏事当离，汝可出判决书。要我自写，必不能！”遂执笔大书：“齐妇含冤，三年不雨！”放笔顾介春曰：“我即去侍姑矣。死后请即置我大辟，我得追踪孝妇，死有余荣！”（第 85-86 页）

戴礼的抉择，显示了婚姻的形式与妻子的名义对她极度重要的意义，亦表露了在激烈情境中，她的道德坚持所发展到的极端状态。

学者早已意识到，明清正史中的“列女”逐步趋向于单一的道德标准，尤重“节”与“孝”①。戴礼本人在清代最后两年间编写《清列女传》所标举的女性品质，依次为孝行、贞信、节操、义烈、贤淑、才德（《潇湘梦》第17–21页），同样可见道德主义的倾向。她在县署中的言行，充分体现了“列女”典范中她最为看重的前四种品质。故而戴礼在艰难时刻的举动，既承袭了正史中的“列女”标准，又是以生命经历对自我书写的践行，彰显了女性在极端环境下的主体力量。

《潇湘梦》第11回，湘阴知事李介春强行将戴礼遣送回浙，但戴礼在汉口中转时独自乘车入京，于五月初六到达，叙述空间由此转换至京城。虽然内容上还在继续与郭立山的纠葛，但于书写上，作者回到了小说前半部分习用的叙述与引录杂糅的方式。她在文本结尾必须满足的，并不是读者的故事性期待，而是对传主（实际上也是作者自我）的情感寄托和道德评价，即借由大量的文献材料，完成关于抒情和正义的诗学营建。

《潇湘梦》最后两回多，引录了传主戴礼在1917—1919年间写作或接触到的多种文献。其中部分有特定的现实用途，有些则并无明确的目的，基本上只是传主个人的感事伤怀。需要留意的是，那些出自传主笔下的文字，即便其目的意在控诉郭立山，亦充盈着浓烈的自我情绪：因为现实中二人交缠着难解的仇恨，故而她在控告负心人的同时，往往也是自我心扉的袒露。小说第12回，戴礼为了曝露郭立山的丑史，自制七律十首，“遍登各报馆，以舒冤忿”。最后一首为：

① ［美］钱南秀：《“列女”与“贤媛”：中国妇女传记书写的两种传统》，游鉴明等主编：《重读中国女性生命故事》，江苏人民出版社2012年版，第72页。

冤鸣纸上泪沾襟，任重身孤感不禁。半世穷经成个是？满腔积恨寄哀吟。慈姑地下难瞑目，严父天涯更系心。回首不堪对师友，名山事业痛销沉。

此时作者完全陷入了个人的伤感之中，她在京城孤身一人有冤难诉，之前最为看重的学术志业完全荒废，令她悔恨无及。考虑到《潇湘梦》的自传性质，定格于文本中的这类诗歌，不应视为基于故事逻辑的人物情绪之自然感发，而多是作者对现实生活之经验、感受的及时捕捉。再加上小说的主体情节在第 11 回前段已经告结，其后的铺陈，便只能是叙事者转而为传主持续发出感悼悲怨之音，故而在文本的末段显露出浓烈的诗性特征。

中国传统小说和戏曲的结尾部分，往往以“善有善报，恶有恶报”的人物终局展现作品的“矫正性正义”或“报应性正义”，满足读者的道德慰藉[①]。但《潇湘梦》的写作，显然背离了这一传统。作为一部纪实文本，传记中主人公的夫妻关系事实上已经结束，二人的生活状态依然遵照此前的惯性往前推移：郭立山拥有巨大的财富，继续与庶母的畸形恋情；戴礼在自怨自艾中苦挨她的惨淡人生。也就是说，生活的真实性抵抗了中国叙事文学的表达传统，传记中的女主人公并未遇到枯木逢春般的转折，负心男子也没有迎来意想不到的疾病甚至是死亡的结局以实现读者的谴责。就故事层面而言，读者的这种正义期待是落空的。不过，借由叙事之外的文本，读者的道德性满足，依然可以部分实现。

在自传文本中，存在着“论述”与“叙事”两种“不同却又相辅相成的”语言系统。出现在叙事话语中的“我”，是“空无的、游离的意符”，停留于被叙述的历史时刻中；而论述话语“主要存在于我/

① 王云:《论艺术正义——以社会正义、宗教正义和艺术正义为语境的研究》,《复旦学报(社会科学版)》2008 年第 5 期。

你的人称关系中”，“我”所指涉的实质上乃是发出话语的说话者，因而是充满主动性的沟通者和解释者①。这一区分用于阐释《潇湘梦》的文本结构尤为合适。在作者的叙事部分，使用的是比较客观中立的语调，用以再现过往岁月中传主的遭遇，而其插入的非小说文本，执行着作者的“论述”意图，既可以实现传主（自传者）的抒情追求，同时也在引导读者，促使他们在阅读过程中产生道德立场，释放出正义的力量。可以说，这类文本的写作与阅读，既是抒情经验，也是伦理经验。

小说第 11 回后部分，插入了戴礼所制的长篇冤单，揭露郭立山“罪迹熏天”的丑恶嘴脸，抒发传主“冤埋无地”的惨遇和仇恨。第 13 回中，戴礼作长篇论辩，廓清旁人疑惑（“继苏眉山作《辩奸论》，以晓盲聋之士”），坐实郭立山与庶母的不伦关系。这种文献征引，即通过传主之口直接向旁观者解释，并要求读者做出相应的道德评判，明晰可见传主（实际上是“我”）与读者的对话姿态，都可以视为作者对“正义”的追求。当然，这一借传主文字以进行论述的方式，尚存在着“自说自话”的可能。为了打消这一潜在的猜疑，作者于第 13 回隆重推出当世闻人陈衍，利用他的写作为戴礼辩白，进一步加强了论述效果。

《潇湘梦》第 13 回，直接迻录了陈衍撰于丁巳（1917）秋的《石遗室诗话》，对郭戴二人品质加以臧否。此段诗话原刊《东方杂志》1918 年第 1 期。陈衍时为旧诗坛之领袖、学术界之大家，《东方杂志》是名重一时的刊物，而《石遗室诗话》是近代规模最大、最具影响力的诗话著作。《潇湘梦》言此段诗话刊出后，“雷厉风行，几于传遍寰宇”，郭立山“府首无辞”（第 101 页）。有趣的是，1929 年《石遗室诗话》单行出版时，陈衍对戴礼条进行了大幅删削，二人婚变过程

① 李有成：《自传与文学系统》，《在理论的年代》，第 43–45 页。

无一字存留，甚至郭立山的名字也消失了，对郭氏的挞伐力度大为消减[①]。个中原因，或缘于郭氏在1927年去世，陈衍为逝者讳而不愿再提旧事；或是因为陈衍对二人的婚姻公案有新的认识，在诗话中摒弃了采录于戴礼冤单的文字。《潇湘梦》的作者借用陈衍、《东方杂志》及《石遗室诗话》的三重权威身份，凝练了传主的婚变惨剧，以证明她的“鸣冤”非虚。自然，在接受者的阅读活动中，诗话的记载代表着被加持的正义，是对二人品性的最终定论，读者的道德天平无疑会倾向于戴礼这一方。

在纳尔逊·古德曼（1906—1998）看来，自传是一种“防御”行为，也就是说我们希望向别人（以及自己）展现具有典型性和代表性的自我，或者是某种意义上表示“文化确认”的自我[②]。可以看到，《潇湘梦》中的主体，一直处于“正名”的焦虑之中，不管是家庭范围内的“妻子”名分与“烈女”行为，还是文化领域中的“列女”形象，戴礼都需要建立起个人的合法身份。《潇湘梦》“格式的特别”背后，乃是“表现的深切”：即通过自我隐藏这一迂回婉曲的方式，展露文学才华，宣扬学术志业，讲述婚变惨剧，纾解冤屈仇恨。

三、“复仇”写作与《潇湘梦》的叙事伦理

在传记研究中，开篇是最值得关注的文本部位之一[③]。《潇湘梦》的开场，采用了古代小说中常见的回首诗词形式：

潇湘一梦，鸾镜中分千古痛。恩爱成仇，佳偶从来罕白头。

---

① 陈衍：《石遗室诗话》卷28，朝华出版社“清末民初文献丛刊”，2017年影印，第691页。该书底本为商务印书馆1929年排印本。

② [美]杰罗姆·布鲁纳：《自我塑造与世界塑造》，许勤超译，梁庆标选编：《传记家的报复：新近西方传记研究译文集》，广西师范大学出版社2015年版，第194页。

③ 杨正润：《现代传记学》，第617页。

楼东慢赋，彼狡童兮何足诉？颠倒因缘，只怨多才莫怨天。（右调《减字木兰花》）

顺应读者对小说的接受习惯，在《减字木兰花》之后，作者以“入话”的方式，解释小说的回目（“慕竹帛礼魂出世　艳才藻山鬼求昏”）和这首小词：

礼魂、山鬼，乃戴女士礼与其夫郭太史立山，以《楚词》篇名而相谑也。嗣因占脱幅之爻，女士遂用以为号焉。

小说对“说书人”叙事者身份的借用仅此一次，随后作者很快即转换至以无人称的方式对主人公身世的客观介绍上去。（“礼，字圣仪，浙江玉环人。……”）考虑到《潇湘梦》的自传性质，此处的说书人口吻实际上即是作者的自我亮相。作者迫不得已地临时使用这种开场策略，隐含着其急切的交流目的：她想在故事开始之前，即以《楚辞》中的“礼魂”和“山鬼”对小说人物进行身份定位和道德判断。

“礼魂”与“山鬼”出自《九歌》的篇名。戴礼对它们的使用，跳出了《九歌》中的原始情境和具体功用，而是基于二者与男女主人公的姓名的直接关联（以“礼魂”喻戴礼，以“山鬼”喻郭立山），同时通过回目中的对偶方式，将“礼魂”与“山鬼”人格化。在《减字木兰花》中，她则进一步将“山鬼”的内涵坐实为“狡童”，即工于心计、狡诈多变的男子。作为“慕竹帛”的主体，“礼魂”则可视为潜心向学、谨慎守礼的自我形象。值得注意的是，《潇湘梦》的封面上有醒目的题字：“山鬼依然披薜荔，礼魂何处问灵修？”它连同“郭立山之秽史”的副标题都在导引读者的伦理立场。而在传记学家眼中，封面别样的物质形态显然标示着整部文本的特殊性质，即《潇湘梦》是一部曝露郭立山秽史的“秘闻传记”或“讨伐传记”[①]。

1919年春夏，身居北京的戴礼与师长吴怀清、友人陈声暨（陈衍长子，1877—1925）交游密切。在写给二人的诗歌中，戴礼数次倾吐了自己的复仇之念[②]。她反复引用古代以复仇而闻名的男女英雄，甚或以“荆十三娘”自比[③]。基于“复仇”之目的，《潇湘梦》中的郭立山，纯然是一个负面的“狡童”。其形象内核，一是贪婪，二是秽乱，三是绝情。这与其他来源的材料呈现绝异。作为近代湖南重要的文化名人，笔者今日能找到的公私文献中的郭立山，其形象可谓完美无瑕。他在朝为官时不媚权贵，在京师大学堂任教“兢兢以卫道扶俗为任”，清亡后课徒自给。为文精湛，“表里纯洁”[④]。在对待钱财的问题上，不同于戴礼笔下的贪鄙，数人提及郭立山甘于清贫。晚年虽穷困潦倒，“人所不堪”，然郭“处之泰然”[⑤]，断然拒绝张作霖的聘任和高额润笔，“至谀墓颂寿以活，尤勿屑”[⑥]。异于戴礼所书郭氏母子的紧张关系，黄兆枚记郭母八十寿辰时，郭立山曾“仿朱子体为寿母诗”，一派母慈子孝的温馨图景[⑦]。两相对照，大体可以确定：《潇湘梦》对郭立山的刻画，并不是现实中的“全人”。

需要追问的是，郭立山这一负面形象的塑造，是如何实现的？这首先与文本中“叙事声音”的掌控有因果关系。女性主义文学批评者

① 关于“秘闻传记”与“讨伐传记”，见杨正润：《现代传记学》，第281页。

② 《上莲溪夫子》《偕公荆出京车中口占》，见戴礼：《孑遗吟草》。

③ 《公荆作此诗屡易稿矣，余偶见其残稿二律，只成半篇，为足成之》，见戴礼：《孑遗吟草》。

④ 赵启霖：《翰林院编修郭立山传》，施明、刘志盛整理：《赵瀞园集》，湖南出版社1992年版，第105–106页。

⑤ 李肖聃：《湘学新志序论》，《李肖聃集》，岳麓书社2008年版，第310页。

⑥ 刘宗向：《郭立山传》，湖南大学长沙校友会编印：《刘宗向先生百廿诞辰纪念册》，1999年，第40页。

⑦ 黄兆枚：《复初之母八十生日二首》，《芥沧馆诗集》卷3，长沙蒋文德堂1934年刻本，第26页。

兰瑟（1944—）认为："女性声音实际上是意识形态斗争的场所。"① 《潇湘梦》借用小说外壳，通篇为全知叙事，表面上看，它是典型的作者型叙事声音。不过，基于其自传本质，文本叙事声音的真正归属只能是女主人公戴礼，是为特殊的个人型声音。

《潇湘梦》在叙述郭立山"秽史"时，一改此前的"叙事+材料插入"的书写方式，表现了对故事进程强烈的控制欲望。这部分文本始终跟踪戴礼的活动，凸显其性情之婉顺、意志之坚定和遭际之惨痛。戴礼在自传中拥有绝对的权威，充分展现了她身为受害者所发出的悲切之声，实现了震撼人心的控诉效果。作为道德的对立面，郭立山的偶尔出场，其功能只是为了配合戴礼的展演。有意思的是，即便是为了复现二人在重要问题上的争执而不得不引用郭立山的信札时，作者并没有沿用此前的简单引录，而是改以"略谓"的形式对书信加以撮要。这一变通处理，充分展现了自传作者在文本中的专制：为了达成写作意图，她根本无暇给对手必要的尊重，更不可能予以辩解的机会。

《潇湘梦》对郭立山与前妻庶母（作者常以"张氏妾"名之）的不伦关系极为鄙夷。但此事始于戴礼与郭立山结婚之前，她不可能亲见；戴礼几次去长沙张宅寻找郭立山，郭总是避而不见，两人的暧昧关系她无从证实。从个人型叙事声音的角度审视，因为叙事者并不拥有全知的权力，不能合法证明"我"的经历以外、所见以外的事实，故而这一最具杀伤力的罪状在逻辑上并不成立。与之相类，郭立山于二人婚姻走向之重要关节处的心理活动，在文本中也是无法自证的：

> 立山溺于姘妇，不欲续昏。（第56页）
>
> 棖又告以礼有母遗田产，可作嫁资，立山心动。（第56页）
>
> 立山亦大笑，骂其（戴礼）奸狡，而心实啣之。（第67页）

---

① ［美］苏珊·S. 兰瑟：《虚构的权威：女性作家与叙述声音》，黄必康译，北京大学出版社2002年版，第5页。

立山得书，不啻火上添油。顾一时未得劣迹可离绝，乃思以莫须有陷之。（第 78 页）

立山求之不得，遂慨付川资，使归浙。（第 80 页）

立山自出妻后，心满意足。（第 93 页）

这类隐秘的不可告人的阴暗想法，它们在文本中的及时出现，既具有明确的指示意义，又饱含着作者强烈的情感倾向，但严格来说，这只能是作者事后主观性的臆测，当归于自传写作中的“不可靠叙述”①。当然，由于《潇湘梦》表面上使用的是全知的作者型声音，这类安插，并不会特别突兀。问题在于，即便作者拥有了全知的权力，郭立山的内心世界也从未得到从容的正面的展露。他似一位不可靠近的危险的陌生人。大概作者也感觉到，倾诉即是赋权，“即使对最邪恶的人物来讲，内心透视也能使他变得令人同情”②。

稍晚于第 8 回的故事时间，1915 年春天，郭、戴夫妇由玉环返湘阴，道经苏州时，郭立山友人谭延闿曾来拜访。在谭氏日记中，留下了难得的场面：

余诣郭复初寓，久觅乃得，盖从玉环续娶归也。夫人戴姓，通经学，能诗文。或言礼无妻父母见婿之父，方望溪解之，以为有不便相见者。戴举《坊记》舅姑授子于婿之文，足补经阙，证方误。亦见读书得间也。③

---

① “不可靠叙述”概念最早出现于［美］韦恩·布斯的《小说修辞学》，国内学者许德金、刘江将之移用于自传研究中，刘江还提出了自传中属于不可靠叙述的 12 条文本标志。刘江：《自传叙事与身份隐喻——以〈富兰克林自传〉为例》，对外经济贸易大学出版社 2017 年版，第 56–71 页。

② ［美］韦恩·布斯：《小说修辞学》，付礼军译，广西人民出版社 1987 年版，第 390 页。

③ 《谭延闿日记》（第 3 册），1915 年 3 月 6 日，中华书局 2019 年影印，第 359 页。

作为新妇的戴礼在丈夫友人面前侃侃而谈，毫不羞涩。她对《礼记》中的经文顺手拈来，反驳男性学术权威，足见学养之深，符合其经学家的身份，也体现了她大方的性格和对自己才学的自信。谭延闿对此持赞赏态度。不过，在保守者眼中，女学者对自身才气的张扬，可能会招来“好名”之诮，如郭氏门人刘宗向（1879—1951）即称戴礼“以治《大戴礼》炫京师”[①]。谭氏日记未载郭立山对妻子志高才深的看法，而在李肖聃（1881—1953）看来，正是在如何对待戴礼才名的问题上，导致了二人恩爱难久，“戴欲刻其所著《大戴礼校释》（按：实为《大戴礼记集注》），郭以为妇人好名，非是，戴心不怿。又以他事积忤，戴遂不辞竟去，腾书诋郭”，“郭好静默，而戴矜声名，恩好不终，势有必至”[②]。

李肖聃笔记中有明晰的男性立场。不过，他还是敏锐地指出，二人恩爱断绝，其性质主要是由于性格不合而导致的感情不洽。戴礼之所以愿意与长自己十岁、且有两段婚史的郭立山结婚，据说主要是仰慕郭氏守志不仕的遗民气节[③]。然而政治和文化立场上的接近，并不能抵消日常生活中的各类龃龉，婚后不久的戴礼很快面临着坚持与撒手的选择。戴礼将离婚视同于古代女性的“捐弃”，意图竭力维持夫妻的名分，希望以自己的妥协、屈从来换取“从一而终”的结局。她不仅未能正视丈夫的改变，亦未能将婚姻与人生区别开来，导致了情感的异化、自我的迷失甚至性格的激变。

《潇湘梦》的写作，是戴礼在婚姻无望之后做出的孤注一掷的反抗，她主动将自己的情爱经历公开，并试图通过泛道德化的手段来博取读者的同情。然而，这种急切的写作意图，也使自己陷入叙事伦理

① 刘宗向：《故清诰授通议大夫侍讲衔翰林院编修郭复斋先生行状》，郭立山著，刘宗向编：《郭侍讲遗集》，湖南图书馆藏彭昺钞本，第 4 页。

② 李肖聃：《星庐笔记》，《李肖聃集》，岳麓书社 2008 年版，第 511 页。

③ 赵炳麟：《柏岩感旧诗话》，刘深、余瑾、孙改霞校注：《赵柏岩集》（中），广西人民出版社 2001 年版，第 309 页。

的困境之中。对于这类深度介入现实的书写，清代的纪昀曾言，要想“不见摈于君子”，作者不妨“稍存劝惩之旨”，然必须“不失忠厚之意”“不颠倒是非”“不怀挟恩怨”[①]。戴礼对郭立山的书写，多少偏离了上述原则，她拒绝冷静理性的写作姿态，拒绝对事件因果的全面呈现，拒绝对负面人物内心的深入开掘。作为叙事者的戴礼，是一位急功近利者；作为传记作家，她显然缺乏应有的公心与真诚。

四、女性自传实践的“现代时刻”

《潇湘梦》没有任何版权标记，这种现代图书出版史上少见的案例，表明了该书无关商业追求，而是文责自负、别具幽怀的写作。强势介入现实的书写，在中国小说史上自然不乏先例，“假小说以施诬蔑”的唐人作品（如《补江总白猿传》《周秦纪行》）、明末清初的时事小说（如《梼杌闲评》《辽海丹忠录》）和民国初年盛行的“黑幕书”，都可视为《潇湘梦》的前驱。不过，《潇湘梦》的特殊之处在于，其对小说干预现实纷争的意图较前辈们更显执念，主要事件基本用实录方式，甚至全部人物的名姓都未变换，悉数直接采入。这也保证了《潇湘梦》书写历史的总体真实性。

1922年天津《大公报》副刊曾有笔记叙戴礼的婚史，充满了戏剧意味，对其“离婚后又郁郁不乐”的状态，施予了宽泛同情，然亦不出“红颜薄命”的慨叹[②]。这种外围的观察和想象，既与事实相出入，更无法深入到戴礼的内心世界。从这个意义上说，《潇湘梦》中充满力量的主人公，是对自我极其重要的、具有先见之明的定义。她在文本内反抗男权的虐待，同时又以书写抵制外界的偏见与歪曲。这种基于女性立场和个人经历的书写行为，自然是一种性别政治的实践，它强

① （清）纪昀：《滦阳续录》，《阅微草堂笔记》，上海古籍出版社1980年版，第562页。

② 新：《英雌翰墨・春柳缠绵铁树坚》，《大公报》1922年3月22日，第3张第2页。

调“女性经验”的真实性、独特性和深刻性，消解来自社会制度、男权文化、大众想象对女性的成见和压抑。

现实世界的戴礼与男性交游广阔，《孑遗吟草》和《孑遗文钞》中存留了大量的篇目，记录她的求师与唱和活动。然而，在所涉男性师友的诗文集中，与戴礼相关的文本微乎其微；除陈衍之外，她与郭立山的婚史无一人提及。在郭氏族谱中，戴礼仿佛从未存在过一样[①]。这种讳莫如深而又充满敌意的空白，更加昭示出女性自我书写的重要性与必要性。

在女性自传实践的历史脉络中，明清的闺秀作家创作了大量回顾过往、感慨人生的短篇文本（主要是诗词与古文）。她们由于现实活动空间的限制，家庭是最为集中的书写领域，展现成长经历与婚姻生活是常见的内容。作者的情绪或有低回与激烈之别，但其指向基本是内省性的，即在人生解释时，往往停留于自我道德、行为的评价，最多延展至对命运的追问。《潇湘梦》的书写，与之旨趣大异。它的写作目的，是此前女性文学史上极为罕见的“复仇”意念，在看似雅洁的文字中，作者几乎完全放弃了对自我的省视，转而将自我操守作为道德标尺，以自我的坚持与遭际来映衬负心人的污秽品格。此种写作是纯然外向的，作者以文字为刀剑，将批评完全指向他者，呈现出明显的具有压迫性、攻击性的“怨怒”锋芒。

因此，《潇湘梦》最本质的意义，是它巧妙而充分地展现了作者对“自我”的确认与张扬。叙事者“湘州女史”只是作者戴礼的化名，即本名的“一种分化和离解”，并不影响其与本名的同一性[②]，《潇湘梦》符合自传之自叙性、回顾性和故事化的文体特点[③]。其文体性质

① 《湘阴郭氏家族谱牒》之“历代先辈生卒谱”在“立字派”下录郭立山及其两任妻室姓名（周桂贞、张淑吾），却只字未提戴礼。郭道西主编：《湖南省湘阴郭氏家族史全书》，长沙求实印刷公司2006年版，第148页。

② ［法］菲力浦·勒热纳：《自传契约》，杨国政译，北京大学出版社2013年版，第115页。

③ 杨正润：《现代传记学》，第293页。

的呈露，完全解决了小说修辞之“为谁而写作”这一“终极问题”[①]。它天然地为自我写作：在文本中书写个人日常的道德神话，在危机时刻为自己行为的合法性而争辩，并最终将读者的同情完全导向自我。易言之，戴礼充分利用自传这一文体的优长，自由展现饱含内在性（interiority）——“具有‘灵魂’的个性化的统一自我”[②]——的声音。它既表现于独一无二的个人的生命体验，还存在于文学书写中对性别关系的重要突破——确立了具有明晰的性别身份的“自我”，从传统依附关系走向与男性的决裂。在“五四”的语境中，对“自我”的发现和对妇女问题的重视，正是最重要的时代精神的体现。因而不论从自传实践还是性别政治的角度来看，《潇湘梦》都是颇具现代气质的。

而章回小说这一外壳的使用，堪称女性自传写作中用意良周的创举，深度体现了文体、叙述与权力的联合。章回小说的形式特征之一，是“文备众体”的包容性，作者插入大量的诗性文本，使得《潇湘梦》具备了浓烈的抒情性。另一方面，展现冲突是章回小说的必然使命，戴礼利用这一文体的叙述偏好来书写私人生活中非常密集、激烈的日常冲突，读者并不会觉得扞格。作者在现实中处于弱势位置，但《潇湘梦》的自我却始终是以受害者（又兼审判者）的面貌呈现于读者面前，实际上是一位强势的叙述操控者。“湘州女史”的使用，淡化了自传写作中“自我中心”这一“原罪”[③]。

在作者表露“自我”的过程中，我们看到，“成问题的人”（卢卡奇语）的心灵状态实际上已经成了文本形式最具决定性的因素，“互文/

① ［美］韦恩·布斯：《小说修辞学》，第408页。

② ［加］季家珍、［美］胡缨：《如何阅读中国女子传记》，见游鉴明等主编：《重读中国女性生命故事》，第304页。

③ 赵白生：《传记文学理论》，北京大学出版社2003年版，第19页。

重组 / 参与 / 非确定”的写作可以是作者“赋形”世界的常态[1]。至于具体的书写、传播的策略选择,《潇湘梦》多方面展现了其现代意义。作者将情爱问题道德化、私域问题大众化，显然清醒地认识到了“公众同情”在现代社会中愈发重要的权力位置。而在性别斗争的诸多环节，戴礼充分利用其人脉资源和写作能力，以传单、诗词、诗话等形式，在现实中和报刊上制造舆论，进行公开控诉，可见她对“媒介”的特别重视。《潇湘梦》的快速成书与刊印，亦是对现代出版文化的娴熟运用。该书印成之后，戴礼又分寄四方。这些都表明她是现代社会中精通媒体的女性。

概言之，作为文学与性别事件的《潇湘梦》，延续了女性在情爱、婚姻中相对弱势的权力地位，但开启了女性以写作来处理家庭问题的新方式：将私人生活置于公共话题之中，借助舆论来推动争端，用道德手段加以人身批评，以自叙进行倾诉与控诉，这些都成为此后女性取法的重要策略。故《潇湘梦》作为女性自传的现代特质，不仅是因为它的诞生居于“五四”这一重要的时间节点，更主要是基于它的文体形式和文本意蕴：它是自传而非具有“自传性”的文学（如“自叙传”），它含有明确的性别政治的意图，它的书写方式具有重要的历史开创性和穿透性。

最后堪值一提的是,《潇湘梦》的发现，可能会改变传记文学史的叙述。学者一直将谢冰莹 1929 年在上海春潮书局单行的《从军日记》（1927 年 5 月起在《中央日报》连载）视为现代中国的第一部女性自传[2]，而《潇湘梦》的出现显然更早。此种“第一”的殊荣，对作者戴礼来说，颇有无心插柳的意味，但也表明：若学者更新文学研究中的

---

① 贺昌盛、黄云霞:《现代中国文学的“形式”建构——“心灵”之于“世界”的“赋形”问题研究》,《江西师范大学学报（哲学社会科学版）》2019 年第 3 期。

② 杨正润:《现代传记学》，第 303 页；朱旭晨:《中国现代女作家传记写作综述》,《学术界》2006 年第 5 期。

经典观，立足于主体的现实经历与精神世界的深刻联系，将视线转移至主流、中心之外的作家和文本，目前日形壅塞的现代女性文学研究尚有广阔的推进空间。

（原载《中国现代文学研究丛刊》2022 年第 6 期）

黄湘金，1981 年生，湖南隆回县人。2006 年自南京师范大学升学至北京大学，随夏晓虹教授攻读博士学位，2010 年毕业，学位论文《清末民初小说内外的女学生》获北京市优秀博士学位论文称号及全国优秀博士学位论文提名。2010—2019 年就职于西南大学文学院。现为中国海洋大学文学与新闻传播学院教授、博士研究生导师。迄今发表学术论文三十余篇，出版专著一部。目前主要从事中国近代女子教育与近代文学的关联研究。

政治语境与文化生态

纳兰揆叙编刊《历朝闺雅》述考

傅湘龙

引言

翰林院学士甚属紧要，自揆叙没后，朕再四思维，并不得称此职之人。必须学问优长，善于钤束，不畏人之人方好。……揆叙学问甚好，为人甚是谨慎敦厚，殊属可惜。朕因伊年少，并未当面嘉奖。不特朕惜之，即诸人无有不惜之者。[①]

——康熙五十六年（1717）正月二十五日，康熙帝追念揆叙之辞

满洲正黄旗人纳兰揆叙生前荣为康熙皇帝倚重的股肱之臣，谢世不久依然得到如许褒奖，谥文端，作为大学士明珠次子，可谓无负于乃父之殷殷寄望。揆叙（1674—1717），字恺功，号惟实居士，纳兰性德弟，著有《鸡肋集》《益戒堂集》《隙光亭杂识》等。其奉旨编选的女性作品集《历朝闺雅》，因无序跋，刊印年月不详，而编者遗世诗集及其友朋的诗文集都只字未提，致使有关该选本的编刊情况不甚明了，学界未有专论。曹虹先生论述常州女学的特征，实际上已提及

① 中国第一历史档案馆整理：《康熙起居注》，中华书局1984年版，第2351页。

该选本在清代女性作品选集中的创始意义："女学的发达，直到清代始至高峰。……这从当时的选集众多也可以略窥一斑。康熙曾命左都御史揆叙选编《历朝闺雅》十二卷，收录自唐迄明的妇女之作。自此以后，专选闺秀之作的选本不一而足。"[①] 有鉴于此，本文将细细考察帝王的治国理念与文学趣味如何深刻影响到文本编选，揆叙奉旨编刊时如何寄寓自身经历与境况，并通过参阅相关选本而在短时间内编就。

一、奉旨编选与自家期待

《历朝闺雅》虽无具体刊印年月，然而依据各卷首所题"经筵日讲官、起居注翰林院掌院学士兼礼部侍郎、教习庶吉士加六级臣揆叙奉敕纂进"提供的诸多讯息，通过究考编者各官阶授予之时间，可大体推定此书的成书时间。具体而言，康熙三十五年（1696），揆叙自侍卫擢为翰林院侍读。次年（1697），又荣为日讲起居注官。至康熙四十一年（1702）十二月，擢升翰林院掌院学士，兼礼部侍郎。康熙四十二年（1703），揆叙为教习庶吉士，充经筵讲官[②]。至康熙四十七年（1708）四月，则迁为工部右侍郎。据此，《历朝闺雅》应在康熙四十二年至四十六年（1703—1707）之间编定刊行。

依据清制规定，翰林院掌院的职责包括侍直扈从、撰拟诰册、纂修国史诸书、出使奉差等。例如，因朝鲜地处东北腹背，地理位置显要，清廷对此颇为重视。顺治初年曾明文要求，凡出使朝鲜需派选满官。康熙四十二年（1703）二月，时值揆叙荣膺翰林院掌院学士不久，便与一等侍卫噶尔图册封朝鲜国王李焞继娶金氏为王妃，足见康熙帝对此册立仪式之重视与对近臣殷殷眷顾之情。揆叙《奉使朝鲜初出都

---

① 曹虹：《阳湖文派研究》，中华书局 1996 年版，第 36 页。

② 此处编年，依据揆叙《益戒堂诗后集》及《满汉名臣传》"揆叙列传"，见吴忠匡校订：《满汉名臣传》，黑龙江人民出版社 1991 年版，第 944 页。

二首》中的诗句“圣恩稠叠沛东方，持节驱车满路光”“风薰燕市雨初收，祖帐亲朋拥道周”[①]，道出了诗人由衷感恩戴德的心境与意气风发的精神面貌。此次令人艳羡的出使经历，揆叙不忘在日后编选《历朝闺雅》时要留下鲜明的印迹（容后论述）。

然而，奉使出国的机会毕竟有限，相形之下，纂修书史更属翰林院家常分内之事。具体而言，纂修《实录》《圣训》《玉牒》，掌院学士需充任（正）副总裁官；编纂讲章、国史、经义、字书，刊刻告成之际，可与修纂诸臣获许开列衔名，且能奏请颁赐。揆叙诗作《奉旨增修〈皇舆表〉告成，蒙皇上再赐序文，兼命以初修增修校刊诸臣衔名附载卷末，恭纪圣恩二十韵》记载，康熙四十二年（1703），康熙帝初将十六卷《皇舆表》颁给宋荦，命其刊刻。宋荦、高舆在刊刻过程中发现，由于时隔数年，书籍载录的诸多地名、行政区划与现实情况有许多不符之处，迟疑未决而如实上奏，康熙帝遂命揆叙主持增修。短短数月，揆叙领衔出色完成修订任务，并上表称：

> 臣揆叙于是同诸臣等设局院署，严立课程。考经史图志之文，查部院案牍之稿。矢敬慎以从事，幸竭蹷而告竣。添入原书，恭呈御览。[②]

据康熙帝《御制增修〈皇舆表〉序》可知，较之初修本，揆叙等人校改了廿余年来清朝增设改并的地名，并补充蒙古、朝鲜等外藩附属诸国的地名沿革。其后，增订本《皇舆表》仍交由宋荦刊刻，俟其进呈样本，获得帝王的嘉奖。如此精善的地理类著作传世，翰林院掌院学士揆叙功不可没，洵不负康熙帝当初重新选派重臣兼领翰苑掌院的期许。揆

---

① 揆叙：《益戒堂诗集》卷八，《四库未收书辑刊》第8辑，第20册，第561–562页。

② 喇沙里等撰辑，揆叙等增修：《皇舆表》，清康熙四十三年、四十四年刻本，北京大学图书馆藏。

叙等有功之臣人员名录经由康熙帝特准附刻于后。尤其是，迨及康熙五十一年（1712），揆叙虽已迁都察院左都御史，但仍掌管翰林院事宜。是年六月，揆叙与侍讲学士励廷仪、侍讲臣蒋廷锡、洗马臣张廷玉、中允臣陈邦彦、修撰臣赵熊诏、庶吉士王图炳领旨注释康熙帝诗集的唯一单刻本《御制避暑山庄三十六景诗》并撰跋，“兹蒙恩谕，俾得附名简末，且喜且愧，不容于心”，的确与有荣焉。

对于众多士子而言，躬逢盛世，喜遇明君，编撰书史不仅可以博得不朽声名，亦能获得种种现实利益。揆叙诗作《除夕保和殿侍宴恭纪》《康熙癸未正月三日奉旨召臣揆叙等翰林院官六十七人齐集南书房，钦赐砥石山绿砚，人各一方，恭纪圣恩诗二十四韵》《恩赐御书般若相三字恭纪有序》，记录了他在不同场合获得皇帝的各类赏赐。更让翰林官员期待的则是书成议叙，议与应升或优先升用。当徐倬采撷季振宜《全唐诗》之菁华，裒为《全唐诗录》，于康熙四十四年（1705）圣祖南巡之际进呈，即蒙恩赐内帑，谕令刊刻此书，并超擢礼部侍郎，大学士张玉书对此亦表示艳羡，曰：

> 乙酉春，翰林侍读徐倬迎驾于吴门，复进所编《全唐诗录》百卷。时经事纬，而诗系焉。上览而嘉之，以其勘订精审，赐金授梓，仍进倬官为侍郎，此旷世之希遇也。[①]

因编修书籍而格外蒙受圣恩优渥者无过于宋荦。自从其献呈软字写刻本诗集《绵津山人诗集》获得康熙帝赏识后，受命承刻《御制诗集》，令众多同僚歆羡不已。其后，又受命接连刊刻《皇舆表》《御批资治通鉴纲目全书》，而其职位也由江苏巡抚旋即擢升至吏部尚书。

类似上述藉由编刻书史而加官晋爵者所在多是，对于揆叙而言，

---

① 张玉书：《张文贞集》，《文渊阁四库全书》本，第439页。

奉旨纂敕书籍或许能增获更为隐微的意义。因系纳兰明珠之子，揆叙的成长经历以及所受教育，为寻常士子难以企及，而其人生仕途早已被精心安排。是故伊始，与兄纳兰性德相似，揆叙除为佐领、二等侍卫，时刻伴随君侧。然而，康熙二十四年（1685），纳兰性德郁郁而卒，这对明珠而言，打击非同小可。康熙二十七年（1688），明珠又遭受左都御史郭琇弹劾，被罢相后以内大臣身份终年。由于不再权倾朝野，明珠为了长持保家之道，一是广置田产，希冀后世子孙永享豪贵生活；二是寄希望于次子揆叙维持门庭。

据揆叙好友及门生记述，其"虽居乌衣朱桁，而意致萧闲，尝若在灞桥风雪中。夫人之性情，诚有不为钟鼎富泽所囿者。"[①]与此相应，其藏书楼名"谦牧堂"，取自《易经·谦卦》"谦谦君子，卑以自牧也"，呈现出谦雅君子之貌，康熙帝亦屡屡赞其谨慎敦厚，甚且当"其（按：指揆叙）卒也，相传欲以皇孙为之嗣，或即指允禟子"[②]。然而，也存在其他史料而能显见揆叙其人的另一面向。最典型者无过于册立皇太子之事。《清史稿》记载曰：

> （揆叙）素与允禩相结。皇太子既废，揆叙与阿灵阿等播蜚语，言皇太子诸失德状，杜其复立。四十七年冬，上召满汉大臣，问诸皇子中孰可为皇太子者，揆叙及阿灵阿、鄂伦岱、王鸿绪等私与诸大臣通消息，诸大臣遂举允禩。[③]

皇八子胤禩年幼时，为明珠堂侄女、胤禔生母纳喇氏所抚养。因皇长子胤禔继位无望，明珠、揆叙父子转而全力扶植胤禩。康熙帝却以"八阿哥未曾更事，近又罹罪，且其母家亦甚微贱"等各种事由而

① 徐倬：《〈益戒堂诗前集〉序》，《四库未收书辑刊》本，第402页。
② 萧奭：《永宪录》卷四，中华书局1997年版，第260页。
③ 赵尔巽等：《清史稿》"列传"七十四，中华书局2003年版，第10225页。

谕令重新计议，使之筹谋已久的计划落空。由此可见，揆叙工于周旋，善权术，并不全然如厉廷仪所言“敬谨谦默，退然如儒生”[①]。虽说不无其父在幕后策划操控，但揆叙孜孜为之，仍见其有不同于纳兰性德之处。

事实上，浮沉于宦海，揆叙常有如履薄冰的经历，比如，康熙四十五年（1706），康熙帝谕吏部：

> 选拔庶常原以教养人才，储备任用。庶吉士王诰等教习日久，今加考试，满汉书俱未精通。掌院学士揆叙等督课不严，交都察院议处。……盛度、阿进泰、耿古德文字俱劣，俱革职。[②]

又，康熙四十八年（1709）四月十九日，直隶巡抚赵弘燮奏陈审理明珠家人安尚仁隐匿盐引案[③]。可以说，自明珠罢相之后，纳兰家族的危机并未消弭，如何迎合圣意，恰是揆叙所需细心揣摩与付诸践履的。

如所周知，康熙帝素来重视文教之治，早年曾谕旨大学士喇沙里等臣工，强调“今四方渐定（按：指平定三藩叛乱），正宜修举文教之时”，“治道在崇儒雅”[④]。与此治国理念相关的具体举措则有，康熙十八年（1679）召开博学鸿词科考试，营造出词垣人文之盛超迈唐宋的气象。次年，增设武英殿修书处，刊刻各类典籍，使之成为内府刻书的主要承办单位与场所，揆叙所编《历朝闺雅》即为其例；在修书处初期承印能力相对薄弱的情况下谕旨臣工出资直接刊印典籍，或敕令地方署衙承刻卷帙浩繁之书，凡此因应“帝王勤求治理，必稽古典

---

① 厉廷仪：《〈益戒堂诗后集〉序》，《四库未收书辑刊》本，第 574 页。

② 王炜：《〈清实录〉科举史料汇编》，武汉大学出版社 2015 年版，第 114 页。

③ 中国第一历史档案馆编：《康熙朝汉文硃批奏折汇编》第 2 册，档案出版社 1984 年版，第 427 页。

④ 中国第一历史档案馆整理：《康熙起居注》，第 297 页。

学，以资启沃之功”[①]的读书需求与治国理念。

正因为如此，诸多臣僚输赀承办，如曹寅刻《全唐诗》，陈元龙刻《历代赋汇》，陈邦彦刻《历代题画诗类》，王奕清刻《历代诗馀》，不胜枚举，各臣工竭尽所能，聘请名家写手，制作极为精良，诚如朱彭寿所言：“盖其时士大夫中，皆以校刻天府秘笈、列名简末为荣，故多有竭诚报效者。”[②]康熙三十八年（1699）、四十二年（1703）、四十四年（1705），揆叙有幸扈从康熙帝第三、四、五次南巡时，目睹宋荦如何呈献自刻诗集而获得嘉许、受命刊刻圣祖诗集而跻身一品大员，如今有幸获旨编刊《历朝闺雅》，当把握良机，遂宣称不仅选录从唐至明代的女性诗歌成集，而且顺应时势拟要编选清代闺秀作品集：

> 人文之兴，关乎治化。我皇上稽古右文，化成天下，不独人材蔚起，复见菁莪棫朴之盛，而一时闺阁中挥毫掞藻，多堪与文士争长。拟集当代闺秀诗，别成一编，以志圣世文明之化。虽在女士，犹足以鸣国家之盛若此。[③]

在揆叙看来，得益于康熙帝“治道在崇儒雅”观念的秉持与推行，注重人才培养，礼遇文学之士，不独男性文人读书仕进的热情高涨，闺阁女子施展文才的意愿也得到朝野支持，因此计划编选《历朝闺雅》之“续集”而成《国朝闺雅》，将“当代”女性诗歌作品单独辑录成册。以编者执掌翰林院的地位及现存清初才女诗作数量而言，此举不难成行，而且卷帙篇幅亦应有可观。较之《历朝闺雅》收录时限纵跨四个朝代，《国朝闺雅》选录清朝建制以来短短数十年的才女作品，从闺阁受教熏染、创作诉求的角度彰显顺治、康熙帝父子稽古好

① 章梫：《康熙政要》，中央党校出版社 1994 年版，第 126 页。

② 朱彭寿：《安乐康平室随笔》卷一，中华书局 1997 年版，第 166–167 页。

③ 揆叙：《历朝闺雅》“凡例八”，《四库未收书辑刊》第 10 辑，第 30 册，第 2–3 页。

文，崇尚儒术的无远弗届的影响力。

二、帝王趣味与作品选录

《历朝闺雅》共计十二卷，“凡例”八则，次“总目”及“爵里姓氏”。关于作者次序，卷首以朝代为纲，各朝又根据身份进行排列，先“宫闱”（按：包括后妃、贵主、女官），次及闺秀、妾婢、尼（女冠）、妓女与外国女子；关于传记资料，较详者则记述作者之字号、籍贯与姻亲谱系，例如著录明代朱中楣，“字懿则，号远山，瑞昌人。议汶女，李元鼎妻，振裕母”[①]。简要者则仅著录女诗人姓氏，如“刘氏妇”“王氏”“葛氏女”，此类情况以唐宋作家居多。

“总目”仿照高棅《唐诗品汇》之例，以五七言、古今体分类，至于五言排律、七言排律、六言律诗、六言绝句、廻文及联句，因作者及作品数量较少，则总合为一卷。值得注意的是，揆叙选录女性作品，认为参阅的同类选本没有分门别类，因而不无得意地说“历来名媛诗选皆不分体”[②]。这其实是编者未能充分获见其他选本而造成的不见，已刊本郑文昂编《古今名媛汇诗》、赵世杰《古今女史诗集》、季娴编《闺秀集》即可为证。揆叙编选女性作品，并非像明季清初王士禄、王端淑发自内心地对历代才女的顶礼膜拜，也未寒来暑往摭拾群籍辑录闺秀作品，而主要是迎合康熙帝之意旨，且在短时间内编就刊行，主要表现在如下方面：

其一，选录时限。《历朝闺雅》宣称：“钟惺、谭元春所选《古今名媛诗归》，始于皇娥嫘祖《清歌》一首，此时洪荒初辟，声韵未开。虽属流传，似难凭信。今拟断自三唐，迄于明季，非有确据者不

① 揆叙：《历朝闺雅》“爵里姓氏”，《四库未收书辑刊》本，第10页。
② 揆叙：《历朝闺雅》“凡例三”，《四库未收书辑刊》本，第2页。

录。”[①] 如果说，上古皇娥嫘祖《清歌》真伪难辨，遂将女性诗歌创作的源头断自唐代，而有意无意弃录信而有征的唐以前的才女蔡琰、谢道韫其人及作品，所谓“历朝闺雅”实际上仅是四朝闺雅，揆叙此举乃顺承康熙帝推许唐诗而来。康熙帝阅读、推崇并效法唐诗，进而溯源诗教，以诗教辅助文教的政治意图，臣工们当能洞悉帝王的良苦用心。

其二，作者次序。近体诗创作的才女群体中，揆叙首列长孙皇后，曰：“近体声调贵乎谐美，惟初唐尚沿梁陈旧格，后妃诸作，间有失粘者。今止录长孙皇后一首，以标一代宫闺之冠。此外并拟删之。”[②] 可以看出，编者对初唐诗的评价并不高，然而独举长孙氏，且置之卷首，这并非欣赏明显带有齐梁宫体诗特点、平仄有“失粘”“失对”的七言律诗《春游曲》，而是基于长孙皇后所树立的宫闺典范以及其背后所浮现的大唐盛世之主唐太宗。吴兢《贞观政要》卷二记载长孙皇后如何援引齐国大夫晏婴善谏齐景公释放养马官的案例使唐太宗幡然醒悟，卷八附录唐氏仲友及吴兢自身的按语，赞誉长孙皇后的贤德三代之下绝无仅有。康熙四十三年（1704），康熙帝《御制诗集》刊刻，卷一第三首是其御览《贞观政要》后的感触之作：

> 寥寥三古后，载籍亦炳焕。俯仰千年余，盛治数贞观。修德偃干戈，措刑空狴犴。海外奉车书，臣民登燕衎。事往迹尚存，流风照觚翰。[③]

康熙帝正是以唐太宗主政下的盛世景象“贞观之治”期许。经由典籍阅读，康熙帝对历史上这位“内良佐”长孙氏的事迹甚为熟悉。

---

① 揆叙：《历朝闺雅》“凡例二”，《四库未收书辑刊》本，第 2 页。

② 揆叙：《历朝闺雅》“凡例四”，《四库未收书辑刊》本，第 2 页。

③ 玄烨：《清圣祖御制诗文》，《故宫珍本丛刊》本，第 542 册，第 18–19 页。

正由于此，揆叙编选《历朝闺雅》，不再拘泥于《春游曲》中的诗句“兰闺艳妾动春情”“新桃偷面色”“嫩柳学身轻”是否符合长孙氏的身份与生活环境以及所衍生的作品真伪问题。与之不同，其倾注较多热情对唐宋以来其他女性作家作品的真伪问题予以辨正。例如，花蕊夫人《宫词》有四首系王珪作；薛涛《谒巫山庙》系韦庄作、《牡丹》系薛能作，明代类似张冠李戴的讹误更不胜枚举。历来作家作品羼杂的案例比比皆是，如若逐一加以细细究辨，殊非易事，也无法穷尽或彻底解决，故揆叙举出数例以证个中问题的复杂性。

其三，选诗标准。对于确切可考的承传下来的女性作品，揆叙秉持严苛的标准，曰："历代宫闺之诗，不下数千篇，今详加淘汰，取其体格醇正、词调清新者，宁核毋夸，宁严毋滥。"[①] 其以“体格醇正”“词调清新”作为选诗原则，亦与康熙帝的诗歌审美趣味一脉相承。康熙帝评鉴唐诗的整体特色，曰："朕观唐人诗，命意高远，用事清新，吟咏再三，意味不穷。近代人诗虽工，然英华外露，终乏唐人深厚雄浑之气。"[②] 推崇唐代含蓄高远且深厚雄浑之作，对宋明诗歌即使是名家苏轼未至醇厚境界而偏于粉饰性的作品亦不以为然。康熙四十一年（1702），《训饬士子文》明确要求“文章归于醇雅，毋事浮华轨度”[③]。康熙四十四年（1705），又以“诗须陈廷敬”褒奖朝廷重臣的诗歌创作："览《皇清文颖》内大学士陈廷敬作各体诗，清雅醇厚，非积字累句之初学所能窥也，故作五言近体一律，以表风度"[④]，康熙帝标举“清雅醇厚”，提倡醇正脱俗、厚重平和的创作风尚，从而与其宣扬的儒家诗教传统相融契。不仅文学创作如此，对于纂修书史，康熙帝宣扬了类似的观念："毋尚浮夸而乖情实，毋

① 揆叙:《历朝闺雅》“凡例一”,《四库未收书辑刊》本，第2页。
② 《圣祖仁皇帝御制文集》卷二十六,《文渊阁四库全书》本。
③ 《圣祖仁皇帝实录》卷二百零八，中华书局2012年版，第5060页。
④ 《圣祖仁皇帝御制文集》卷四十九,《文渊阁四库全书》本。

徇偏见而失公平，毋过质略而意不周该，毋务铺张而词多繁缛。务期事归确核，文极雅训，勤以董成，敏而竣事。”[①]帝王的文化观念与文学趣味，深刻影响到文臣们的文学批评与编选活动。朱彝尊与汪森辑《词综》，认为西蜀、南唐以后作者日盛，曲调渐多，流派有别，然“言情者或失之俚，使事者或失之伉”，直到南宋姜夔句琢字炼，才使之归于“醇雅”[②]，竭力推尊姜夔的雅化之功。撰叙奉旨编选《历朝闺雅》，亦树立清真雅正的标准，反对浮华虚饰之作，力求入选诗篇“确核”且“雅驯”。

三、选家情怀与旧朝史料

康熙帝曾述及其对前朝诸事知之甚悉，遍览明朝《实录》，认为“洪武、永乐所行之事，远迈前王，我朝见行事例，因之而行者甚多”[③]，推崇明太祖朱元璋功德隆盛，经文纬武，为汉、唐、宋诸君之所未及[④]，故第一次南巡时亲祭明太祖陵，行三跪九叩之大礼，并数次谕令群臣对有明代二百余年的流风善政与文献史料要据实秉公，论断得正，使之传信后世。

以选录明代女性作家作品而言，为求信而有征，《历朝闺雅》指出，权贤妃《宫词》实为宁王朱权之作；铁氏长女诗系范昌期作品；章节妇《见志诗》系高启作品；陈少卿妻《寄外诗》乃释道原作品；甄氏《节妇歌》乃罗伦作品；冯小青本无其人，其传与诗，均为常熟谭生所创作。编者揆叙所校讹误，以明代女性作家作品居多，其取巧

① 《圣祖仁皇帝实录》卷一百四十五，第 4463–4464 页。

② 朱彝尊、汪森编：《词综》，上海古籍出版社 1981 年版，第 1 页。

③ 《圣祖仁皇帝实录》卷一百七十九，第 4786 页。

④ 中国第一历史档案馆编：《雍正朝起居注册》，中华书局 1993 年版，第 102 页。

之处则是集中钞录于钱谦益《列朝诗集》“铁氏二女”条目[①]。《历朝闺雅》“凡例”所涉晚明传奇女子冯小青，亦出自《列朝诗集》“女郎羽素兰”条目。此外，揆叙《历朝闺雅》与钱谦益及其《列朝诗集》之间的渊源，尚有如下几端可进一步确证：

其一，选录作品数量。《列朝诗集》“闰集第四”收录作家作品数量居多者有王微（六十一首）、景翩翩（五十二首）、呼文如（二十一首）、许景樊（十九首）、周文（十九首）、杨宛（十九首）、朱静庵（十八首）、沈琼莲（十二首）。《历朝闺雅》“明代”卷选录许景樊诗作最多，达二十首，其他较多者有朱中楣（十五首）、王微（十三首）、朱静庵（十一首）、陈德懿（十首）、沈琼莲（九首）、景翩翩（八首）。除许景樊、朱中楣之外，两种选本大体适成承续关系。

同样，《列朝诗集》因钱谦益（或柳如是）诗学观念与文学趣味而导致知名度甚高的女诗人的作品入选较少，这种情况在《历朝闺雅》中亦得到承继，有“吴门二大家”之称的闺秀徐媛与陆卿子即为其例。诸多女性作品集的编者虽然高度评价了她们的创作成就，并刊录数量相当可观的作品，然而，桐城方夫人却讥为“好名而无学”“偶尔识字，堆积龌龊，信手成篇”，柳如是亦认为徐媛之诗“视卿子尤为猥杂”[②]，陆卿子年少之作“沿袭襞绩，未能陶冶性情”，晚年作品应酬牵

---

① 揆叙《历朝闺雅》标注的明代女性作家作品之讹误，貌似更集中地源自于朱彝尊《明诗综》，该书初刊于康熙四十四年（1705），刊刻时间有因袭的可能，而且揆叙与朱彝尊交谊甚深，揆叙《益戒堂诗后集》卷二《咏罗浮蝴蝶次竹垞原韵四首》、卷五《朱竹垞先生挽诗六首》，朱彝尊《曝书亭集》卷二十二《高丽蔆歌赋谢纳兰院长》为证。揆叙《益戒堂诗后集》卷三《禾中留别竹垞先生得五百字》云：“歌吟穷乃工，著述老愈专。源流考经籍，郑马争后先。降及有明诗，搜葺一代全。又曾集旧闻，析木穷星躔。”此诗作于康熙四十六年（1707），说明揆叙已获知甚至庋藏朱彝尊《明诗综》。然而，《历朝闺雅》选录明代女性作品，并未参阅《明诗综》，兹以收录朝鲜知名女诗人许景樊的作品为例，《历朝闺雅》选录而未见诸《明诗综》的诗作有《古别离》《湘絃曲》《效李义山体》《寄女伴》《皇帝有事天坛》《相逢行》《游仙词》《送宫人入道》《赠见星庵女冠》《宿慈寿宫赠女冠》《塞上次伯氏韵》《竹枝词》，而《明诗综》共计选录许氏作品五首，其中诗作《次伯兄高原望高台韵》《杂诗》也未见诸《历朝闺雅》。

② 钱谦益：《列朝诗集》，中华书局 2007 年版，第 6577 页。

率，“不免刻画无盐之诮”[①]。因此，《列朝诗集》选录陆卿子诗八首，徐媛诗仅二首，《历朝闺雅》受其观念的影响，亦仅录陆卿子、徐媛诗作各一首。

其二，作者里籍。钱谦益关于作者里籍的辨正，亦为《历朝闺雅》所援引。如“景翩翩”条目，《列朝诗集》详细考辨青楼女子景翩翩籍贯为建昌，揆叙《历朝闺雅》“爵里姓氏”著录曰：“字三昧，建昌妓。”[②]更为僻秘者，《历朝闺雅》著录的金陵名妓孙瑶华，据钱谦益记述，孙氏归适汪宗孝，卜居白门城南，摈弃昔日的繁华生活，以读书赋诗为乐。汪氏去世后，孙瑶华遂不再作诗，诗集《远山楼稿》亦不留存，仅有诗作《次韵汪仲嘉戏代苏姬寄郎之作》惟赖汪宗孝之子汪骏声出示给钱谦益才得以存传[③]。同样专属钱谦益《列朝诗集》“版权”的尚有文翔凤继室邓氏之作品，正是得益于钱谦益详尽的传记书写以及邓氏诗作《金陵九思》提供的信息，揆叙《历朝闺雅》才据以述曰：“邓氏，秦人，文翔凤继室。”

其三，弃录女性作家。《列朝诗集》诸集刊刻没有严格的先后次序，而是编就一集即付予刊刻，“闰集”虽置于卷末，但成稿在前而先行面世。又，以钱谦益的识见与才学，本可轻而易举地撰就完整书稿，之所以出现众多士子所訾议的不选录殉明作者而致体例有不当之处，实为编者有意为之，留此未竟之书以待来者，暗寓明王朝中兴之意。是以明季诸多著名寄怀黍离之思的女性，如王端淑、黄媛介、商景兰，虽然钱谦益、柳如是与她们交谊匪浅，但《列朝诗集》全然刊落她们的作品。受此影响，揆叙编选明代女性作品，有意无意地予以弃录。

其四，柳如是作品。《历朝闺雅》选录柳如是诗作《西泠》三首，其中第三首曰：“垂杨小苑绣帘东，莺阁残枝蝶迩风。最是西陵寒食

① 钱谦益：《列朝诗集》，第 6576 页。

② 揆叙：《历朝闺雅》，《四库未收书辑刊》本，第 10 页。

③ 钱谦益：《列朝诗集》，第 6607 页。

路，桃花得气美人中。”而崇祯十二年（1639）儒商汪然明所刻柳如是诗集《湖上草》，其中《西湖八绝句》之一曰：“垂杨小院绣帘东，莺阁残枝未思逢。大抵西泠寒食路，桃花得气美人中。”两者相比勘，“小苑”与“小院”、“蝶迩风”与“未思逢”、“最是”与“大抵”，诗句差异较大[①]。究其因，揆叙并非钞自《湖上草》，而是源于钱谦益诗作《姚叔祥过明发堂共论近代词人，戏作绝句十六首》之十二。柳如是《西湖八绝句》为世人激赏，流传甚广，亦成为钱柳姻缘的关键点。揆叙选录诗作，自然不会轻易刊落。其实，柳如是佳作颇多，《历朝闺雅》专注于此，仍与其热衷选录唐人或唐诗风格作品的内在理路相一致，正如诸多学者所言，“桃花得气美人中”典出崔护《题都城南庄》，柳氏早期诗作尚有唐人遗响，但能自运机杼，别成妙谛。

以上大体从四个方面探究《历朝闺雅》沾濡于《列朝诗集》的具体情形。之所以辑录断代（明朝）女性文学作品时如此倚重，正如陈广宏先生所言，“这不仅因为相较诸明人选本，有晚出而集大成之实，更因为作为编选者的钱谦益，乃当时一流的学者文人，既确然以史家职志自命，背后又有柳如是这样出众的女诗人襄助，选诗论人皆非凡俗手眼，代表了其时主流的史家观念与女性文学批评趣尚”[②]。而且，揆叙对文坛宗主钱谦益推崇备至，诗作《客有讥虞山诗者，感而赋此解嘲》于钱氏操守弃置不论，着力驳斥当时出现的诸多攻讦学术庸劣的言辞，高度赞誉钱谦益学识宏通，广涉内外典，能以弘博之胸、高华之笔廓清诗坛的薄浅流弊。

尽管如此，《历朝闺雅》并未全然依托于钱谦益《列朝诗集》。也许认为钱氏《列朝诗集》刊载陆卿子《万历宫词》、徐媛《宫怨》

① 同题为《西泠》八首，揆叙《历朝闺雅》所录与顺治十二年（1655）邹漪所刊《诗媛八名家》之“柳如是诗选”亦有字句不同，如第二首“愁看属玉弄花矶”，而邹氏刊本则是“愁看芳草映渔矶”。

② 陈广宏：《〈列朝诗集〉闰集“香奁”撰集考》，韩国中国语文学会《中国语文学志》，2012年第39辑。

过于悲戚，与奉旨编选需强调宫闺醇雅之趣相去甚远，故转而从他处辑录徐媛《赠赵夫人》、陆卿子《赠顾夫人严》[①]。同样，选录陈德懿诗作十首，也远远超出《列朝诗集》仅录一首的数量，而这些作品均见诸坊刻本《名媛诗归》[②]。闺秀许景樊与朱中楣的作品选录，成为区分《历朝闺雅》与《列朝诗集》最明显的例证。由于揆叙曾以翰林院掌院学士之身份出使朝鲜册封王妃，整个行程长达两月有余，此前选派翰林出使成例甚少，因而倍感荣幸。如今奉旨编选《历朝闺雅》，如何体现泱泱大国文治教化的影响力，"下国望风应拜手，更看声教振扶桑"[③]，明季陈子龙的言论适能形成共鸣："许氏（按：指许景樊）学李氏而合作，有盛唐之风，外藩女子能尔，可见本朝文教之远。"[④]既然史家将东国（或外藩附属国）女性作品编入中国固有的风雅传统由来已久，许景樊诗集亦经由金陵朱之蕃携带回国刊梓而盛行中土，《名媛汇诗》《古今女史》《列朝诗集》《亘史》《名媛诗归》《名媛诗纬初编》无不纷纷载录。尚且柳如是协助钱谦益校雠香奁篇什，曾举出数例以证许景樊诗作窜窃唐人旧句之事实，虽不无苛求之处，然其所指摘的内容，恰能窥见许氏的诗学宗尚。因此，基于许景樊在中朝两国之盛名及其所承载的密切的文化交流、诗歌创作大体宗唐的风尚、揆叙出使朝鲜令人艳羡的经历以及选录诗作以副大国文明泽被异域之目的，《历朝闺雅》刊选许景樊诗作数量居于明人之首，使之大异于同类选本。需要说明的是，入选的二十首

① 同样选录《宫词》，《历朝闺雅》卷六汴梁宫人《宫词》云："画烛双双引，珠簾一一开。辇前齐下拜，欢饮辟寒杯。"卷十王司綵《宫词》："琼花移入大明宫，旖旎浓香韵晚风。赢得君王留步辇，玉箫嘹喨月明中。"沈琼莲《宫词》七首，第一首云："尚仪引见近龙床，御笔亲题墨色香。幸得唱名居第一，沐恩舞蹈谢君王。"至于卷九杨太后《宫词》二十首、卷八花蕊夫人费氏《宫词》七十二首莫不如此，洋溢着明快欢乐的色调。选徐媛、陆卿子诗作，见诸坊刻本《名媛诗归》。

② 《历朝闺雅》刊录的陈德懿的作品，亦不全载于田艺蘅《诗女史》、曹学佺《石仓历代诗选》等其他选本。

③ 揆叙：《奉使朝鲜初出都》，《益戒堂诗集》卷四，第561页。

④ 朱彝尊：《明诗综》卷九十五，中华书局2007年版，第4472页。

作品，并非女性文学专书选本《古今名媛汇诗》《古今女史集》《名媛诗纬初编》与断代诗歌总集《列朝诗集》所能涵盖，也不是全部源自两种国别文学选本蓝芳威与吴明济的同名异书《朝鲜诗选》。坊刻本《名媛诗归》收录许氏作品六十八首，入选数量堪称明末清初各种选本之最，这虽能涵括《历朝闺雅》中的各种诗题，但具体诗作仍有文字之别。换言之，揆叙并不是从上述各选本迻录，而应钞自此前流行的某个单行本，或许即由早年出使朝鲜时由当地士子赠送，诗作《朝鲜诸君子有诗见赠，予未暇遍和，赋二绝句酬之》《别金译使》述及揆叙停留朝鲜期间，在很多场合受到了当地文人士大夫的礼遇，结下深厚情谊。

由编录许景樊诗作的事例可知，揆叙潜藏着自身曾前往朝鲜册封的考量，只是为彰显文教之远，客观上却有淡化中土情怀之嫌，颇有入乎柳如是（或钱谦益）讥评“此邦文士，搜奇猎异，徒见于外夷女子”[①]之感，亦使得《历朝闺雅》遴选女性诗人作品数量的主观色彩颇浓。闺秀朱中楣十五首诗作入选亦为另一个典型例子。朱中楣（1622—1672），字懿则，号远山，江西南昌人，少司马李元鼎室，礼部尚书李振裕母。朱氏系出天潢贵胄之裔，明宗室辅国中尉朱议汶之女，夫婿早年为明朝光禄卿，可谓荣耀之极。鼎革之变后，因李元鼎应诏而出，起为兵部左侍郎，朱中楣无法劝阻，需要承受其中的无奈与悲伤，却时常又以“世乱纷纷求退难”而为丈夫开脱，始终恪守“荣悴同之，相与黾勉”的夫唱妇随之道。诚然，朱中楣自幼熟读史鉴及博物掌故诸书，识见不群，“凡朝政之得失，人才之贤否，与夫古今治乱兴亡之故，仕宦升沉显晦之数，未尝不若烛照而数计”[②]，文学创作亦在不事浓华的隐居生活中呈现高情独秀的特点，颇有渊秀朗彻之神与博大淡远之思，而未如诸多闺秀经历丧乱之后文学创作渐趋沉郁

① 钱谦益：《列朝诗集》，第 6857 页。

② 李元鼎：《随草序》，《石园全集》卷十三，《清代诗文集汇编》本，第 9 册，第 525 页。

悲凉与凄清萧瑟。然而，礼部侍郎揆叙着手编选作品时，聚焦的却是朱中楣之子李振裕在康熙四十三年（1704）转为礼部尚书，适为揆叙长官之新身份。而且，李振裕“向用颇专，喜从文士唱酬，而物情不附”[①]，与王士禛可能因同官倾轧而致龃龉，亦使叶燮因供应夫马未遂而罢官，可见与之同朝为官并非易事。揆叙深谙官场的人情事理，自然懂得如何谨慎迎合新任官长之心意。康熙四十二年（1703）五月，李振裕任经筵讲官兼户部尚书，将其先父母诗文合集刊刻，恭请御览，撰《奏为恭进遗集恳祈御览事》。五月二十一日，康熙帝于畅春苑谕旨，将李元鼎、朱中楣合刻本《石园全集》呈取留览。有鉴于此，揆叙编刊《历朝闺雅》，选录闺秀朱中楣的许多诗作，通过彰表李氏家族闺阁之典范，顺承了李振裕的内心期待。

结语

康熙中后期，身为股肱之臣的纳兰揆叙执掌翰林院期间，有幸侍奉康熙帝数次南巡，亲眼目睹众多臣僚经由编刊典籍而加官晋爵，歆羡不已。面对已然式微的纳兰家族，如今自身亦获得弥足珍贵的机会，奉旨编刊女性作品，以佐帝王稽古好文的治国理念，因而黾勉为之，不仅辑录历代女性作品成集，而且拟将顺势编刊《国朝闺雅》，从闺阁受教与创作之角度彰显当朝圣世文明化育的实际成效。为了迎合康熙帝的诗学趣味，《历朝闺雅》对于选录时限、作者次序、入选标准及作品数量均有细微考量。与此同时，编者颇足得意的出使朝鲜的经历以及擢任礼部侍郎的当前情形，使原本严肃谨慎的编选行为带有强烈的个人主观色彩。此刊本虽然未曾广泛流传，但翰林院重臣奉敕纂进的成书色彩，使之在林林总总的历代女性作品集

① 邓之诚：《清诗纪事初编》卷七，上海古籍出版社 2012 年版，第 862 页。

中价值与地位独显。

（原载《民族文学研究》2017年第6期）

傅湘龙，1981年生，湖南岳阳人。2008年跟随夏老师读博，2012年毕业，博士论文题目为《才女群体与文士社会——以明清之际女性著述汇刊为中心》。现为湖南大学文学院副教授、副院长。曾赴美国哈佛大学东亚系、台湾“中研院”中国文哲研究所、日本东京大学等著名高校访学。主持国家社会基金青年项目、全国高校古委会项目、中国博士后科学基金项目、湖南省社科基金重大项目等。出版学术专著《明末清初女性作品总集编刊研究》（上下册），已在《汉学研究（台湾）》《故宫博物院院刊》《南开学报》等刊物发表论文二十余篇。

《女狱花》与近代日本佛教东来

马勤勤

1904年问世的《女狱花》，是晚清小说界“描写当时女子的不幸与苦痛生活”①的代表著作，也是近代意义上第一部女性小说②。它在当时影响很大，不仅与《女界钟》享有同等声名③，还被冯自由列为“开国前海内外革命书报”④。究其原因，自然是《女狱花》中倡女权、兴女学的先锋思想，对此，前人已多有论及；然而，由于作者王妙如生平资料的缺失，相关讨论只能更多着眼于小说的文本细节和人物塑造，借此发掘其女性角色、女性意识和女学书写的特色等⑤。这些研究对理解《女狱花》虽有助益，但无法知人论世，就很难彻底打开文本，终究会有遗憾。

事实上，《女狱花》中还蕴含了大量与佛教有关的文本细节，迄

① 阿英：《晚清小说史》，江苏凤凰文艺出版社2017年版，第155页。

② 参见马勤勤：《隐蔽的风景：清末民初女性小说创作研究》，南开大学出版社2016年版，第8-9页。

③ 《(近世欧美)豪杰之细君》，《女子世界》第1-8期，1904年1月-8月。

④ 冯自由：《开国前海内外革命书报一览》，见《革命逸史》，新星出版社2009年版，第492页。

⑤ 关于《女狱花》，代表性的研究有：魏文哲《〈女狱花〉与〈女娲石〉：晚清激进女权主义文本》(《明清小说研究》2003年第4期)；吴宇娟《论〈女狱花〉中呈现的晚清女学、女权》(《岭东学报》2004年第16期)；蔡佩育《〈女狱花〉的女性书写及其文化意涵》(《弘光学报》第65期，2011年12月)；黄锦珠《妇女本位：晚清(1840—1911)三部女作者小说的发声位置》(《中国文学研究·第十七辑》，中国文联出版社2011年版，第53-77页)。

今未受到学界充分注意[①]。本文从王妙如的丈夫罗景仁入手，考述其生平，发现他曾在日本东本愿寺创办的杭州日文学堂学习。这一特殊的求学经历，揭示出《女狱花》与明治日本在华传教事业之间的隐蔽关联。如此,《女狱花》中蕴含的大量佛教文本细节得以“解码”，展示出了一幅女权与女学、革命与救世、西学与佛学等诸多面向相互纠缠又暧昧不清的复杂图景，进而揭开日本佛教对近代中国思想影响的一脉潜流。

一、罗景仁与《女狱花》的生成

《女狱花》又名《红闺泪》《闺阁豪杰谈》，共十二回，署“西湖女士王妙如”著，为光绪甲辰刊本。目前，学界对王妙如生平的了解，基本源于《女狱花》篇末所附“序跋”[②]。此文出自王妙如丈夫罗景仁之手，故对其文学创作及思想倾向均有记录。据罗景仁记载，王妙如名保福，泉（钱）塘人，生于1878年前后，大约卒于1904年[③]。她自幼聪慧，且嗜书史，除小说《女狱花》外，尚有《小桃源》传奇和《唱和集》诗词，惜未传世。二十三岁嫁同乡罗景仁，夫妻感情十分融洽。王妙如不仅博学多才，而且非常关心现实，尤其热心于妇女解放事业；曾自述有感于“女界黑暗已至极点”，故而写作小说，欲以“秃笔残墨为棒喝之具”来进行女界“革命”之事。小说《女狱花》

① 只有吴宇娟指出王妙如“企图以宗教家的热忱处世”，她以“佛婢”“普救主”来称呼许平权，是“欲效法诸佛菩萨渡众的决心”，但文章落脚点在“虽然王妙如崇奉宗教，但却反对一味的迷信”，有点可惜。参见《走出传统的典范——晚清女作家小说女性蜕变的历程》,《东海大学中文学报》第19期，2007年7月。

② 西湖女士王妙如:《女狱花》，光绪甲辰刊本，页六九。注：本文所引《女狱花》文本俱出于此，下文不再出注。

③ 罗景仁“序跋”提及王妙如“年二十三匹予为偶”，“乃结缡未足四年，而竟溘然长逝矣”。“序跋”写于“光绪甲辰仲春”，即1904年农历二月，以此推导，可知王妙如出生于1878年前后。

的写作也得到了丈夫的大力支持，王妙如每作一回，罗景仁即加批点。1904年前后，王妙如去世，罗景仁将《女狱花》自费出版，并亲自为小说撰写跋文，以志怀念。

罗景仁的跋文，是我们目前了解王妙如生平经历的全部资料。然而，关于他本人的生平经历，却向来不为人知。经细致的搜集与考证，笔者已基本掌握其情况。他本名罗嗣宗，景仁是其字①，浙江钱塘人，1898年应钱塘县试、杭州府试，均名列前茅②，后入杭州日文学堂学习。关于罗景仁何年进入日文学堂又在何时毕业，具体时间不详，但略可推之。杭州日文学堂开设于光绪二十五年（1899）3月1日，分为二科，普通学科“以三周年为限”，专门学科“以四周年为限”，专门学科需由普通学科升补，“有成效方准升入”③。不久，杭州日文学堂堂长伊藤贤道受邀为浙江武备学堂讲授理化学（普通学）④，罗景仁则与另外几位学堂学生徐青甫、陈福民、袁麟伯担任翻译⑤。查《杭城日文学堂学友姓名年龄及住处》，在“第一年前期前三个月学友”中，已可见徐青甫（徐鼎）、陈福民（身）的名字⑥；因之，罗景仁当与他们同期，应是杭州日文学堂最早的一批学生。浙江武备学堂开办于光

---

① 浙江优贡宣统己酉元年（1909）“来壮涛”条下“受业师”中，“罗景仁夫子，印嗣宗，本省日文学堂毕业生，法政学堂教习”，见顾廷龙主编：《清代朱卷集成（378）》，台北：成文出版社1992年版，第257页。又，《杭州市银行业同业公会联合准备库职员》表中，经理“罗嗣宗”下列“别号”为“景仁”，见《杭州市银行业同业公会季刊》第1期，1936年。

② 参见《杭试再志》，《申报》1898年4月9日；《杭试尾声》，《申报》1898年5月4日。

③《杭城日文学堂章程》，《宗报》1899年2月15日。

④「杭州日文學堂の發展」，［日］高西贤正编纂：『東本願寺上海開教六十年史』，東本願寺上海别院，1937年，第85页。

⑤ 浙江武备学堂1907年毕业生傅墨正回忆：“在武的方面创办了一个浙江武备学堂……派给（徐）青甫、陈福民、袁麟伯、罗景仁等人为翻译，尽教授算术、地理、日文等。”见傅墨正：《辛亥革命前浙江新军的培养和发展》，上海市文史研究馆编：《辛亥革命亲历记》，中西书局2011年版，第158页。

⑥ 见『東本願寺上海開教六十年史』，第314页。

绪二十三年（1897）农历三月，1907年5月彻底关闭[①]。至光绪三十四年（1908）农历二月，罗景仁又入浙江法政学堂担任日文教习，“出身”一栏已明确标注“日文学堂毕业”[②]。辛亥革命期间，他还任教于蚕学馆[③]和浙江陆军小学堂[④]。20世纪20年代以后，罗景仁转到金融领域，协助他在杭州日文学堂的老同学及浙江武备学堂的旧同事徐青甫创办了浙江地方银行[⑤]，并作《浙江省之财政(附表)》《浙江省之债券(附表)》《杭州之钱庄(附表)》等多篇经济文论[⑥]；此外，尚有若干诗词作品发表于报刊，其中有不少长篇歌行[⑦]；不少集句诗对李白、杜甫诗信手拈来[⑧]，足见其在文学方面也颇有才华与建树。

现存《女狱花》为光绪甲辰刊本。小说卷首《叶女士序》署“光绪甲辰三月既望”、卷尾罗景仁《跋》署“光绪甲辰仲春”，可知其出版时间至少应该在1904年的农历三月以后。然而笔者发现，在1904年1月出版于上海的《女子世界》中，却有一则这样的广告：

> 都近世豪杰之细君而传之，美德、社交、爱情、热血，迸露纸上。《女界钟》耶？《女狱花》耶？……亦可以生女国民之气。[⑨]

---

① 参见胡梦颖、郝飞：《清末浙江武备学堂聘请日本军事教习之若干问题探讨》，《浙江师范大学学报（社会科学版）》2021年第2期。

② 《浙省各学堂教员姓名籍贯出身及担任年月一览表(宣统二年下学期)》，《浙江教育官报》第90期，1911年（宣统三年七月）。

③ 杭州市教育委员会编：《杭州教育志（1028—1949）》，浙江教育出版社1994年版，第155页。

④ 周亚卫在《光复会见闻杂忆》中提到：“浙江陆军小学堂也是参与光复的一支力量……教员如韩澄、罗嗣宗……都是进步分子。”见中国人民政治协商会议全国委员会文史资料研究委员会编：《辛亥革命回忆录（第一集）》，文史资料出版社1961年版，第631页。

⑤ 洪品成：《浙江地方银行始末》，中国人民政治协商会议浙江省委员会文史资料研究委员会编：《浙江文史资料选辑（第九辑）》，浙江人民出版社1964年版，第1–39页。

⑥ 以上均见《杭州市银行业同业公会季刊》，1936年第1期。

⑦ 如《武劼斋先生六旬双庆诗以寿之》，《嘤求》第4期，1928年3月。

⑧ 如“集杜甫句”《春日自遣》、“集李白句”《春游》、“集李杜句”《暮春即事》，均见《嘤求》第4期，1928年3月。

⑨ 《(近世欧美)豪杰之细君》，《女子世界》第1–8期，1904年1月–8月。

由广告可知，至晚在1904年1月，《女狱花》已相当流行，不仅可与声名赫赫的《女界钟》并驾齐驱，同时还被《女子世界》的主持者丁初我用来当作其新书的广告宣传，此为《女狱花》的写作时间下限。

《女狱花》写作时间的上限，可寻其文本内证。第三回，沙雪梅说“我闻去年已有上谕改试策论”，此事当指1901年8月29日谕以策论取士、废除八股之事[①]。又，第三回提及沙雪梅阅读《斯宾塞女权篇》之事，此书为马君武翻译，1902年11月由少年中国学会出版。再，第六回写到文洞仁房中四幅“西洋女杰”照片，即美利莱恩、奈经慨庐、独罗瑟女士、苏泰流夫人。经过比对，笔者发现此四位女杰均来自《世界十女杰》[②]。该书大概译自1902年10月，出版时间必定晚于1903年2月[③]。另据周作人记载，他于1903年4月9日收到鲁迅“日本初五日函”，内有托人带来的《世界十女杰》一册[④]。《世界十女杰》在晚清风靡一时，曾以各式文学体裁被反复地书写、言说[⑤]。王妙如显然读过《世界十女杰》，故而在《女狱花》中特别提及并引为典范。

据此，《女狱花》大约写于1903年前后，按照时间推算，罗景仁

---

① 《光绪二十七年七月十六日谕以策论试士禁用八股文程式》，璩鑫圭、唐良炎编：《中国近代教育史资料汇编·学制演变》，上海教育出版社2007年版，第5页。又，科举废八股、改试策论，起于1898年戊戌变法期间，但并未真正实行。变法失败后，科举考试恢复八股取士，至“庚子事变”之后才复戊戌之新政，推行“辛丑变法”。

② 尽管《世界十女杰》宣称“是书以《世界十二女杰》为蓝本”，但《女狱花》中所引四位女杰，除“苏泰流夫人”在《世界十二女杰》中也出现了，另外三位只出现在《世界十女杰》。见《例言》，《世界十女杰》，“序”，第1页，1903年。

③ 《世界十女杰》的《例言》称“此书于去年十月中译竣，而近见广告中知《世界十二女杰》一书已出”，而《世界十二女杰》出版于1903年2月，故《世界十女杰》的出版时间必定晚于此书。

④ 鲁迅博物馆编：《周作人日记》，大象出版社1996年版，第383–384页。

⑤ 关于《世界十女杰》的研究，参见夏晓虹：《晚清女性典范的多元景观——从中外女杰传到女报传记栏》，《中国现代文学研究丛刊》2006年第3期；《〈世界古今名妇鉴〉与晚清外国女杰传》，《北京大学学报（哲学社会科学版）》2009年第2期；《晚清女报中的西方女杰——明治“妇人立志”读物的中国之旅》，《文史哲》2012年第4期。

在杭州日文学堂已经学习了几年时间，并在浙江武备学堂担当翻译，日文水平堪称日文学堂生之翘楚。此时的王妙如，也与丈夫在一起生活了两三年，夫妻感情融洽。可以说，罗景仁对《女狱花》的创作与出版过程参与度极高，是小说文本生成过程中的关键人物。然而，这一点始终不为学界所重视。据罗景仁自述，他始终将王妙如视为“闺房益友”，并以之为“自负”。在中国传统文化中，小说向来被视为“君子弗为”的“小道”，更鲜少有女性参与小说创作；罗景仁不仅支持妻子写作，还对《女狱花》每一回精心批注，以为夫妻“相互规励之举”。当王妙如不幸早逝，罗景仁十分悲恸，叹息“杀青未几，人已云亡。批览遗稿，我心惨惨”；因《女狱花》是王妙如生前的“得意之作”，为了告慰妻子，他不仅将小说出版，而且亲自向叶女士索请书序[①]，并为《女狱花》撰写跋文。甚至，他还将自家作为了小说的“总发行所”，1905 年 8 月 10 日，罗景仁在《南洋日日官报》上刊出广告：

> 新出小说《女狱花》。西湖女士王妙如遗稿，中国青年罗景仁加批。杭州总发行所：安乐桥边罗宅。上海发行所，中外日报馆、开明书店。

这里的“安乐桥边罗宅”，显然是罗景仁的家。更值得一提的是，这则广告刻意强调“王妙如遗稿”与“罗景仁加批”并置，可见罗景仁十分看重自己对《女狱花》的贡献。细读罗景仁的加批，也能看出他不将自己视为一个普通读者，而是以另外一种特殊方式，对《女狱花》进行有效的文本参与。例如第五回结尾，他这样讲道：

---

① 《叶女士序》提到：“甲辰之春三月既望，罗君景仁出德配王妙如女士所著《女狱花》小说征序予。”见《女狱花》，页一。

> 千呼万唤始出来，犹抱琵琶半遮面，此小说书中出主人公之法则也。又有一法，于开卷数句中，即将主人翁叙出。但此书无速出主人翁之理，因改革之事，须由激烈党之破坏，方有平和党之建立。吾不知作者几许经营，才出“佛婢”二字，又不肯将真名姓轻易露出，真可谓得小说家之嫡乳。

这一回写到沙雪梅在逃亡路上经过一家酒店，于墙上看到一首署“佛婢题”的女权诗歌，心中欢喜。“佛婢”其实就是另一主人公许平权，直到第八回方才出现。那么，罗景仁是如何得知其“真名姓”的？王妙如这样安排又有何用意？罗景仁生怕读者误解，故加以解释：改革之事需要一定步骤，“须由激烈党之破坏，方有平和党之建立”，因而“此书无速出主人翁之理”。寥寥几语，不仅将《女狱花》的谋篇布局和盘道出，同时还点破了小说主旨，切中肯綮。

关于王妙如写作《女狱花》的过程，罗景仁在“序跋”中说“每作一回书，必嘱予略加批点”，也就是说，王妙如写出一回，他立即加批。那么，此时并未看到后半部故事的罗景仁，为何对王妙如的情节构思与小说意旨如此熟稔？只有一种可能，那就是他深入参与到《女狱花》的创作中来。前文说过，罗景仁富有诗才及文章造诣，具备构思并写作小说的能力。他与王妙如感情深厚，欣赏妻子的才华，“每自负得闺房益友”，更愿与之“互相规励”。那么，日常与王妙如一同讨论小说情节，提供想法与建议，似乎并不突兀。可以说，《女狱花》文本生成与出版流通的全过程，都凝结了罗景仁的付出与心血，甚至说是夫妻二人的共同作品，也不为过。因此，在目前王妙如生平资料极度匮乏的情况下，或可另辟蹊径，尝试藉由罗景仁的教育背景，勘探《女狱花》的写作背景与思想资源。

二、杭州日文学堂的新学氛围与佛学渗透

罗景仁就学的杭州日文学堂，创建于 1899 年 3 月 1 日，从时间上看，诞生于甲午中日战争之后的日语学习高潮中，但却与此前 1897 年京师同文馆增设的东文馆、1898 年出现的上海东文学社与福州东文学堂等有着本质不同[①]，它是日本东本愿寺在近代中国独自创办的第一所新式学堂，也是日本佛教净土真宗在中国传教的产物。

日本净土真宗由镰仓时代的亲鸾（1173—1263）所创，本是净土宗的一个分派，因吸收了中国隋唐时期许多净土宗大师的创造性阐释，又融入了日本国情与特色，在教义上自成体系，遂被视为佛教新宗。江户时代分立，影响最大的是东、西本愿寺两派；前者也称“大谷派”或“东派”，后者又叫“本愿寺派”或“西派”。明治维新以后，因外抗西方基督教、天主教之东侵，内抗神道教压迫，日本佛教界展开海外传教活动。其中，东本愿寺派不仅在中国开教最早、势力最大，活动也最为频繁[②]。早在 1873 年 7 月，小栗栖香顶就接受东本愿寺派遣，只身一人来到中国做开教考察，在华一年多，遍历京津沪佛教诸地，习汉语，撰《北京护法论》《喇嘛教沿革》等。1876 年 7 月，小栗栖香顶率谷了然等四人再度来华，于上海创立“真宗东派本愿寺上海别院”，正式揭开近代日本佛教在中国传教扩张的序幕。然而，由于种种条件制约，东本愿寺早期在华影响十分有限，直到甲午战争之后才进入了兴盛期。1899 年 1 月，东本愿寺本山改革体制，设

---

① 刘建云指出，根据创办者身份，晚清东文学堂可分为三类，即“中国人设立”“中日共同设立”“日本人设立”。据此，京师同文馆增设的东文馆和上海东文学社属中国人设立的官立、私立学堂；福州东文学堂为中日共同设立。见『清末東文学堂についての一考察：中国人設立の東文学堂と日本語教育を中心に』,『岡山大学大学院文化科学研究科紀要』，1999 年第 8 号。

② 参见忻平：《近代日本佛教净土真宗东西本愿寺派在华传教述论》，《近代史研究》1999 年第 2 期。

海外布教局主管海外开教；3 月，于上海别院设立“清国开教总部”，制订周密而庞大的开教计划。有感于此前“直接布教”的成本高、效率低，东本愿寺决议模仿西方基督教的传教模式，转向慈善、医疗、教育等“间接布教”方式，其中尤以“教育事业”为扩教核心①。在此背景下，他们设立了杭州日文学堂、金陵东文学堂和苏州日文学堂。这三个学堂的设学宗旨与课程设置多有一致，常被并列提及②；在日本东本愿寺一方看来，也具有某种先导示范作用③。

1899 年 3 月 1 日，杭州日文学堂创建于杭州忠清巷，堂长为慧日院侍读、帝国大学文学士伊藤贤道，任教教师有铃木广阐、樋口龙缘等人。该学堂于 1906 年 8 月关闭，前后存续 7 年之久。在杭州日文学堂成立的同一天，金陵东文学堂也在南京城北浮桥马路创立；同年 5 月 20 日，又有苏州驸马府堂北师古桥西侧的苏州东文学堂成立④。关于杭州日文学堂的创办宗旨，笔者在 1899 年 3 月 6 日的《新闻报》上找到一则转录的“招学友启文”，记载颇详细：

> 今日之世界，非犹昔日之世界也，异洲如户庭，群雄似虎狼，眈眈环伺，岌岌堪危，国不富，兵不强，民不智，即使上有尧舜，下有皋夔，亦断断乎不能立其国于环球之上……地球之局势，祸福之因缘，而以天下最有用最有益之实学，为无补家国、无济民生，睨视之而不乐讲求。呜呼！是不亦大可哀乎？是岂非仆等之

---

① 参见木場明志：『日清戦後における真宗大谷派アジア活動の急展開：「本山事務報告」「常葉」「宗報」の記事から』，『大谷大学真宗総合研究所研究紀要』，1995 年第 12 号。

② 如杨文会《金陵本愿寺东文学堂祝文》：“今者，大法主现如上人属其弟子胜信公来华，设本愿寺于杭，以十人居之。复设本愿于吴，以三人居之。金陵为南朝胜地，而北方心泉上人与一柳等五人居焉。”见《等不等观杂录》，商务印书馆 2017 年版，第 16–17 页。

③ 在东本愿寺制定的「開教本部章程」中，三个学堂并列其中，担任要职。见『東本願寺上海開教六十年史』，第 312 页。

④ 刘建云：『清末中国における東本願寺の東文学堂』，『岡山大学大学院文化科学研究科紀要』，2000 年第 10 号。

> 大心事乎？仆等佛教中人也。佛教之旨，曰慈悲，曰方便，与孔圣人存心毫无以异。为其弟子者，自号自善自利自私，不能推己及人，以己之所知所觉，觉人而知人，则与我佛悲心大相剌谬，罪过孰甚于此乎？而况仆等之与禹域，居同洲，种同色，书同文，其利害之相关，犹齿之于唇也。其情谊之亲切，犹弟之于兄也……仆等有念夫此，是以远涉重洋，偕来禹域，创建学堂，传授新法。①

这则启文首先申明处当今世界大变局中，讲求“实学”的重要性。随后，又剖白远涉重洋来中国创办学堂的原因：其一是由于历史与地缘联系，中日两国唇齿相依、情感深厚；其二是我佛慈悲之心，推己及人，“以己之所知所觉，觉人而知人”。这则启文充分抓住当时中国处内忧外患、急切寻求富强的心理，反复以“实学”相标榜。类似说法，同样出现在杭州日文学堂的《开设东亚学堂启》：“近年来，时势多棘，内忧外侮，环伺迭乘……专重实学，屏斥虚文，当务之急，莫过于此。”②

这里所谓“实学”，可以泛指实用之学。作为一所“日文学堂”，语言学习自当是首要。查杭州日文学堂“日文课”课程设置，三个学年“日语”“日文”分科教授，前者主要以发音、常用语等语言知识为主；后者专注在万国地理、东亚历史、东西洋哲学史等语言实际应用。此外，第一学年后期还设有“翻译”课，分为日文汉译、汉文日译；第二学年虽不见专门的翻译课，但“杂课”中仍有翻译、阅日报、作文等内容。语言课程之外，还设有“算学”“格致”“伦理”“经济”“论法”“政法”“哲学”等课，广涉西学知识，如“格致”课又有化学、动物学、植物学、身理学、地势学、地质学、星学、电学、金

① 《东文招学》,《新闻报》1899 年 3 月 6 日。

② 《开设东亚学堂启》,《亚东时报》第 6 号，1899 年 5 月。

石学、卫生学、农林学等科目[①]。可见，尽管在招生广告中，日本东本愿寺将传教扩张的意图掩饰得非常彻底，但主张“实学”这一点，倒也在日后的办学实践中落到了实处。

杭州日文学堂新学氛围浓重，1901 年 3 月，学堂师生发起编译《译林》杂志，前后共出 13 期，于 1902 年停刊。该刊由堂长伊藤贤道发起，林纾监译并亲自撰写《〈译林〉序》和《译林简明章程》[②]。译者有林长民、林文潜、陈福民、徐鼎等八位学生，其中，陈福民和徐鼎就是与罗景仁一同在浙江武备学堂任教的同事。《译林》的发行时间虽然不长，却刊登了很多西学译作，在当时影响很大。蔡元培、鲁迅都曾阅读过该刊[③]，浙江臬台许豫生还下发《饬通省购阅〈译林〉札》，令各府州县、书院义塾订阅学习，称“《译林》一书所列政学、史学、商学、法律等，俱深得东西各国富强之旨，可以大开民智，广导利源，洵非今日所行各报可比”[④]。此外，译者还在杂志外出版不少单行本，其中即有《斯氏哲学要义》，介绍了斯宾塞哲学[⑤]。可见，早在马君武翻译《斯宾塞女权篇》之前，罗景仁就已经对斯宾塞的思想有所了解，同时也接触到了当时流行的各种西方学说，故而尊重女性、持论通达。据此，再来反观王妙如在《女狱花》中对苏格拉底、柏拉图与亚里士多德的信手拈来，对希腊历史的随口演述，对达尔文进化论与斯宾塞女权篇的熟稔与化用，便知其渊源有自，绝非空穴来风。可以说，王妙如之所以能写出振聋发聩的小说《女狱花》，同杭州日文学堂的新学背景与罗景仁的日常影响不可分割。

---

① 《杭城日文学堂课程》,《宗报》1899 年 2 月 15 日。

② 林纾:《〈译林〉序》,《清议报》第 69 册，1901 年 1 月 1 日。

③ 蔡元培在日记中写道:“朗轩、伯絅许取《译林》十一、十二。豫才（即鲁迅，笔者注）代购《译林》五册六角。”见中国蔡元培研究会编:《蔡元培全集（第十五卷）》，浙江教育出版社 1998 年版，第 347 页。

④ 《置浙臬许廉访饬通省购阅译林札》,《译林》1901 年第 4 期。

⑤ 胡梦颖:《20 世纪初杭州〈译林〉杂志的传播网络及编译群体》,《浙江学刊》2016 年第 1 期。

必须注意的是，“教育事业”是日本东本愿寺此时在中国传教活动的核心任务，换句话说，他们之所以设立东文学堂，根本目的乃是传教。选择日文作为教授对象，也是别有用心，因为“欲传教须先通各国语言”，否则“我佛世尊慈悲济世导俗之心无由窥测”，“此又我大法王选派僧徒，分往各国各州开设学堂，不谈元妙，先施却病成方之一片苦心”[①]。尽管查杭州日文学堂的课程设置，看不到任何与佛学相关的内容，但据东本愿寺《开教本部章程》可知，其教师本就有“专门布教”与“兼任附属学堂教学”的双重任务。而且，其《学科课程表》也明确规定“宗乘”“余乘”的佛学课程，前者第一年为每周四时间，与“国语”（日语）课时间相当，包括“句读示教”“祖释通解”“经典通解”等内容；后者未标具体课时，有“佛教名目”“佛教史”“诸宗要旨”等课程[②]。这里的“宗乘”和“余乘”均为佛教名词，“乘”为教法，一般来说，本教遵循的教法为“宗乘”，非本教宗承的教法都称为“余乘”[③]。据此，“宗乘”自然是指净土真宗教法，并且在课程设置中分量不少。东本愿寺下设的日文学堂教授佛学，这在晚清著名居士杨文会的相关记载中也可以得到证实，其《金陵本愿寺东文学堂祝文》明确写道：“留学诸君子，或宣教旨，或受和文。”[④]金陵东文学堂与杭州日文学堂同天成立，当日便举行了盛大的佛前勤行仪式，并奉读明治天皇的教育敕语。在《金陵东文学堂大概章程》的“堂规”中，也明确规定“上堂退堂，必须恭立佛前，立定一拜，唱阿弥陀佛一遍”的宗教仪式；此外，还不断向学生宣讲“有本愿寺而后金陵东文学堂乃兴”，“诸生习东语东文皆原于佛陀之恩光也，受恩不报请自思之”[⑤]。这些举措无不致力于让学生对佛祖产生尊崇之心，进

---

① 《招致文启》，《新闻报》1899年5月8日。

② 「開教本部章程」，『東本願寺上海開教六十年史』，第313页。

③ 任道斌主编：《佛教文化辞典》，浙江古籍出版社1991年版，第330页。

④ 杨文会：《等不等观杂录》，第16–17页。

⑤ 刘建云：『清末中国における東本願寺の東文学堂』。

而报答“佛恩”，遵奉佛法——更进一步来说，自然是要信奉日本东本愿寺所属的净土真宗。

佛教的净土信仰源于古印度，本有弥勒菩萨的兜率净土、阿閦佛的东方妙喜净土、药师如来的琉璃净土、阿弥陀佛的西方极乐净土等多种信仰；在中国，以阿弥陀佛净土信仰影响最大。日本平安后期，阿弥陀佛的西方极乐信仰也开始兴起。之后源空（1133—1212）正式创立净土宗，继而又分立出亲鸾所创的净土真宗。不同于中国以唯心净土为主流，主张禅净双修，心净则土净；日本净土信仰的最大特色就是明确指出信仰对象是西方阿弥陀佛，这样净土就成为有形、具体的世界，特别强调本愿念佛、他力往生①。源空《选择本愿念佛集》开宗名义第一句就是："南无阿弥陀佛，往生之业，念佛为先。"至亲鸾所创净土真宗，更是主张彻底的他力念佛，认为念佛可斩断一切“无明”与生死烦恼，甚至可以“除罪五百万劫”②。由此不难看出，金陵东文学堂要求学生“上堂退堂，必须恭立佛前，立定一拜，唱阿弥陀佛一遍”，正是净土真宗所倡导的“口称念佛”简易修行法门。有趣的是，这一教旨在罗景仁身上也有体现，其《除夕》诗曰：

形骸既落且随缘，空有偏观百虑煎。静对美人都是佛，放怀酒客可称仙。

功名谈后无荣辱，生死明时忘几年。一念弥陀消妄念，莲花香气发心田。③

首联的“偏观”一词具有佛学意涵，因佛教旨在使人由偏观达至兼观，

① 参见姚长寿：《中日净土思想之比较》，《佛学研究》2017 年第 1 期。

② 参见杨增文：《日本佛教史（新版）》，人民出版社 2008 年版，第 219、256 页。

③ 景人罗嗣宗：《除夕》，《嘤求》第 4 期，1928 年 3 月。

再由兼观而使偏观所观者，自相对销，进而达到中观之境[1]。然而在罗景仁看来，去除偏观、忘却荣辱的方式却非常简单，便是“一念弥陀消妄念”。最后一句的“莲花香气”也大有深意，莲花本就是佛教象征，而西方极乐净土与莲花的关系更为密切。因《弥陀四十八大愿》第二十四愿为“莲花化生愿”，即莲花化生，往生极乐[2]。甚至，净土宗因西方净土皆由莲花所生，又被称为“莲宗”。不得不说，罗景仁此诗正是净土真宗强调通过念佛即可与佛陀本愿相通的直接体现。

此外，在小说《女狱花》中，罗景仁也表达过“极乐世界”为女权革命的圆满境界，如第三回“吾尤望天多生女拜伦之作者，用着秃笔残墨，喝死魔王，引世人同登极乐世界”。可见，日本东本愿寺在中国设立日文学堂，表面上以群雄环伺、富国强兵相号召，倡导学习日文与实学（西学）的重要性，但其实背后隐藏了非常强力的佛学渗透。在罗景仁身上，我们可以清晰看出这种渗透对其思想产生了一定作用，并且在《女狱花》的批语中有所体现。

三、《女狱花》中的佛学与女权

确定了杭州日文学堂的佛教背景及其对罗景仁的影响，反观可知，《女狱花》文本中的大量佛教细节全然不是可有可无的写作闲笔，而是我们重新打开文本、深入解读小说的一把钥匙。

在《女狱花》中，王妙如精心结撰了两个女性人物——沙雪梅和许平权。两人目标一致，都要解放女性、恢复女权，但手段和方式却迥然有异：沙雪梅声称要“杀尽男贼方罢手”，许平权则强调“不施教育，决不能革命”。在《女狱花》第一回，沙雪梅就隆重登场，她进入了一个“十九殿”的梦境，目睹了一幅生动的女性受苦受难“地

---

① 参见刘梦溪主编、黄克剑编校：《唐君毅卷》，河北教育出版社 1996 年版，第 836 页。

② 参见赵志刚：《论莲花的意象与佛教》，《中国宗教》2013 年第 8 期。

狱图”。随后，小说又花费了很多笔墨描写沙雪梅受到丈夫压制后失手将其打死，及其越狱并逃亡路上的所见所闻。相较之下，小说另一位主人公许平权直到第八回，方才正式出现。《女狱花》总计十二回，可以说，故事的前半部分基本都以沙雪梅为叙事中心。因此，有研究者认为，沙、许二人“看似矛盾，实为一体两面”①。笔者以为，《女狱花》对两位女主人公是否有所偏倚，直接关系到王妙如本人的思想倾向，必须认真对待。

其实，尽管许平权出场较晚，但她才是小说真正的主人公。这在《女狱花》第八回“两党魁相逢旅馆，三伏夜大斗词锋”中有集中体现。本回作为全书主脑，主要写沙、许二人的一场激烈辩论，焦点是应该采取何种手段实现女权，结果自然是两方旗鼓相当，谁也没能说服谁，最后不欢而散。然而，罗景仁却在评语中这样评价“两党魁”之争：

> 此回口战，最难下笔，一须各肖声口，二须各有道理，三须归重许平权，四须顾全沙雪梅。此四条中，惟第二条、第四条为尤难。因作小说者，无不知侧重主人翁，若笔无分寸，必使沙雪梅说话，可以易剥轻击，则不成沙雪梅矣；必使许平权得胜，沙雪梅理缺事穷，则下回亦无激烈革命事矣。

在罗景仁看来，小说需要“侧重主人翁”，所以必得“归重许平权”；但若使许平权轻易得胜，则下文的沙党革命情节便无法展开，故要同时“顾全沙雪梅”。随后第九回，许平权没有再出现，但小说却透过沙雪梅党人张柳娟之口，交代了许平权的生平出身与教育经历。对此，罗景仁加批：“此回犹只叙沙雪梅，不叙许平权，亦未免喧宾夺主。”

---

① 蔡佩育：《〈女狱花〉的女性书写及其文化意涵》。

可见，罗景仁反复以主、客关系比拟许、沙二人，已明白点破许平权在《女狱花》中的绝对核心位置。至于为何先安排沙雪梅出场，《女狱花》也给出了合理解释："且革命之事，无不先从猛烈，后归平和，今日时势，正宜赖他一棒一喝的手段，唤醒女子痴梦，将来平和革命，亦很得其利益。"换言之，在王妙如看来，倘若没有沙雪梅等人先行激烈之破坏，许平权的平和建立也就无从谈起，这两者前后相继，缺一不可。

确定了许平权在《女狱花》中的核心位置，返观沙、许二人的出场情景，就显得意味深长。小说甫一开篇，沙雪梅隆重登场，罗景仁加批："女魔王出世了，我劝洞里蛇的男子稍敛些威福。"至第五回，许平权先以"佛婢"的署名出现在酒店墙头，一首洋洋洒洒的女权诗，引得沙雪梅赞叹不已，引为知己。此处伏笔已然埋下。随后第八回，沙、许二人首次相见，许平权的箱子上"贴着一个红条，竟是'佛婢'二字"。罗景仁又赶紧加批："大慈大悲救苦救难观世音出世了，善女人善男子皆当开一欢迎会。"于是，"女魔王"与"观世音""佛婢"之间，就形成了一种非常奇特的对照。

观世音菩萨在极乐世界的净土信仰中扮演着非常重要的角色，她是阿弥陀佛的上首弟子，与大势至菩萨一道，被作为阿弥陀佛的胁侍，合称"西方三圣"；而她的首要任务，就是协助阿弥陀佛说法并接引众生[①]。如此，许平权自号"佛婢"，就与罗景仁谓之"观世音"之间产生了一种同构和互文，这也是《女狱花》受到佛教净土思想影响的又一明证。事实上，这一情节的设置绝非偶然，再来看沙雪梅与许平权二人女权思想的获取方式与开悟途径。《女狱花》第一回写沙雪梅做了一个"十九殿"的梦：

---

① 李利安：《古代印度观音救难信仰与西方净土信仰的融合》，释根通主编：《中国净土宗研究》，宗教文化出版社 2008 年版，第 317 页。

里面上头高耸耸坐着老老少少、贫贫富富的无数男子，底下笑嘻嘻跪着老老少少、贫贫富富的无数女人，且与一群一群的牛牛马马一同跪着，旁边摆着从来未见过的各种刑具。

可以说，这一情景浓墨重彩，在沙雪梅心中留下极其深刻的印象，成为她日后思想开悟、成长为一名女权斗士的重要契机。然而，梦醒之后，她“细把这梦思寻，终不能猜出有什么道理”。对此，罗景仁也批注说：“大梦初醒，还是痴迷。”懵懵懂懂直到第三回，沙雪梅在丈夫书房里阅读《斯宾塞女权篇》，“忽拍案叫道，是了是了，我做女儿的时候，不明明做过一个梦么……我前时模模糊糊，不知这个道理，今日想来，一丝不错”，于是彻底醒悟，痛骂“男贼”，与丈夫展开激烈争执并将其打死。这里的《斯宾塞女权篇》为马君武所译，1902 年 11 月出版，在近代中国女权思想发展史上堪称里程碑式的著作，其流传之广、影响之大，实为晚清诸种女权思想之源头[①]。因此，王妙如设计让沙雪梅通过《斯宾塞女权篇》领悟到男女平权的道理，从此走上女权革命之路，这一情节完全合乎情理，顺理成章。

相较之下，许平权的开悟方式就显得不太理所应当，甚至有些吊诡。在《女狱花》第九回中，与许平权自幼相识的张柳娟，长篇大论地讲述了她的生平经历，特别交代了其思想变化的过程：

妹妹那时，仍与他兄妹二人，一堂研究学问，且与平权结为异姓姐妹……岂知平权自她父亲死后，性质忽然更变，日日夜夜看着大乘佛经，为人甚是冷淡。与妹妹的意思，渐渐不合。故妹妹去叫她，一味推脱不来。到了去年，常因女权之事，与妹妹大起冲突。她的古怪话语，我也不欲尽说。

① 参见夏晓虹：《晚清文人妇女观（增订本）》，北京大学出版社 2016 年版，第 74–78 页。

可知许平权与张柳娟原本交好，宗旨也相同，甚至还结为异姓姐妹。然而自从她“日日夜夜看着大乘佛经”之后，性质忽然发生极大转变，不久经常与张柳娟大起冲突，关系也渐行渐远。换句话说，许平权本也倾向于激烈之革命，与沙雪梅算是同道；之所以转向平和之建立、自取“佛婢”为别号，乃是因为读了大乘佛经，得其启迪。这一情节明确显示了王妙如对大乘佛教的推崇，这在《女狱花》中也并非孤例，第十一回写许平权在女学堂开学之际发表演说，再次表达了对大乘佛教的推崇：

> 我释迦涅槃说法，本为万古不灭的大教，应该人人皈依的。但那些（和）尚尼姑，非但大乘经典未曾入目，即小乘经典，亦未能了解。名为佛徒，实则佛教的罪人。

这段话提供了两个重要信息：第一，在许平权看来，佛教是“万古不灭的大教”，处于至高无上的地位，“应该人人皈依”；第二，“大乘经典”不仅是许平权女权开悟的重要途径，而且在她的思想体系中，还存在着非常明显的重大乘、轻小乘的倾向。这是什么缘故呢？

佛教作为反对印度婆罗门种姓特权制度的宗教，其创始人释迦牟尼以洞彻宇宙人生实相的觉照指出，众生男女具有相同之佛性，皆平等。作为原始佛教基本经典的《长阿含经》云：“尔时无有男女、尊卑、上下，亦无异名，众共生世，故称众生。”在此，“众生”的概念取消了性别、地位、品性等诸多差异，指共存于世间的一切有生命者，故形有男女，性无彼此[①]。可以说，佛教这种终极层面上的男女同尊究竟平等，正是许平权将其视为“万古不灭的大教”的原因之一。这在

① 林伟：《佛教“众生”概念及其生态伦理意义》，《学术研究》2007年第12期。

第五回“佛婢”女权诗中也有体现，试看第一首：

情天从古未偏颇，男女平权刱释迦。
只为后人功德缺，中郎灶婢尽韩娥。

佛典将世俗世界分为“有情世间”与“无情世间”两大类，“有情”指有情识的生物，如人与动物，亦即“众生”；“无情”指植物宇宙、山河大地等无情识的生物[①]，也叫“器世间”。据此，诗中的“情天”当指有情世间。“刱”本同“创”，这首诗大意是说：众生本就平等，释迦牟尼创制了男女平权之说，但因为后人缺功业、少德行，所以出现了男女不平等的社会现实，像韩娥[②]这样的优秀女子，只能沦为蔡中郎[③]一类“负心汉”的灶下之婢。小说第十二回，在许平权与黄宗祥的对话中又再次重申“我闻天的（地）生人，无分男女，则男女应该平等的”，正是“情天从古未偏颇”一句的绝佳解释。

那么，王妙如为何要反复强调“大乘经典”？众所周知，佛教有大、小乘之别，据说是由于释迦牟尼在世时因人设教，其灭度后，诸弟子对佛法各有理解与发挥，经小乘各部派分裂之后，大乘又起而予以活泼发扬。简言之，小乘佛教的出发点是“出离心”，即要求自我解脱，出离生死，趋证涅槃；而大乘佛教的出发点则是“菩提心”，立志成佛，广度众生。因大乘佛教以人人成佛、举世解脱为最高目标，自然就出现了试图建立理想王国的“极乐净土”。相反，小乘以个

① 林伟：《佛教“众生”概念及其生态伦理意义》。

② 韩娥，春秋人，精通音律。据《列子·汤问》所载，韩娥曾在齐国雍门卖唱，其歌声“余音绕梁，三日不绝”，成为当地民众学习的典范。

③ 蔡中郎，即东汉蔡邕，字伯喈，蔡文姬之父，官拜左中郎将。他本为品德高尚的名士，却在民间说唱文学《赵贞女与蔡二郎》中成为“弃亲背妇，为暴雷震死”的负心之辈。元末高明试图用《琵琶记》为他翻案，但仍保留了《赵贞女与蔡二郎》故事的基本框架。

人解脱为理想，故不可能出现“极乐净土”这样的信仰思想[①]。据此，大、小乘佛教也形成了完全不同的女性观。原始佛教在“解脱上的男女平等主义”之外，本还具备“制度上的男性优越主义”和“修行上的女性厌恶主义”的特点[②]；故小乘佛教将后两者进一步发扬，对女性采取相当极端的厌恶态度，认为女人有“九恶”“五秽”“五碍”等，并视其为淫欲、邪恶的标志，因此“女人入地狱多于男子”，甚至被排除在成佛的大门之外[③]。相反，旨在“上化佛道，下化众生”的大乘佛教，则重拾佛祖本义并将其因应于时代，对待女性也采取更加宽容的态度。如作为大乘佛教重要经典的《金刚般若波罗蜜经》认为“凡所有相，皆是虚妄”，故“是法平等无有高下”“以无我、无人、无众生、无寿者”，从大乘般若经的空义出发，再次指出众生同一本体，无二分别，可惜世人以妄心取分别执着，遂产生男女、高下、优劣之差异，殊不知这一切都是虚妄幻相、障道之缘[④]。

故此，许平权效法大乘佛教之“上求佛道，下化众生”，试图回归佛陀本怀，以平等慈悲之心“行菩萨道”，故而反对沙雪梅等人“用强力夺权力”，也绝无可能赞同沙雪梅“我欲将你们男贼的头，堆成第二个泰山，将你们男贼的血，造成第二条黄河”一类的说辞（第六回）。她遵从大乘佛教的以社会教化为目标，提倡通过教育，使女性在思想道德和知识水平上达到与男子相同的程度，“今女子竟能自食其力，若男人犹行野蛮手段，无难与他各分疆域，强权是无处逞的”（第十一回）。为此，许平权东渡日本求学，归国后创办了女子学堂和师范学校。面对黄宗杰的情意，她不愿分心，与其相约“完姻之日，且待女学振兴之后”，大有“地狱不空，誓不成佛”的决心。在

---

① 何燕生：《近代文明对话中东亚佛教知识的重构——以“大乘佛教”为中心》，《哲学研究》2020 年第 5 期。

② 参见释恒清：《菩萨道上的善女人》，东大图书股份有限公司 2003 年版，第 30–35 页。

③ 同上，第 35–43 页。

④ 参见永明：《佛教的女性观》，东方出版社 2016 年版，第 95–96 页。

许平权孜孜不倦的努力之下，十几年后女界大昌，“女子状态很是文明，与前时大不相同。做男子的，亦大半敬爱女子”（第十二回）。在小说结尾，黄宗杰激动地对她作揖道喜：“恭喜妹妹大事成了。”随后，他这样评价许平权的女权事业：

> 妹妹啊，你怀着菩萨心肠，舍身渡世，将直接之善女人，间接的善男子，从火坑提到金莲座上，非特我二万万裙钗女子，皆当焚香叩首，即我二万万须眉男儿，也当跪食慧果了。

这里的“金莲座”也与阿弥陀佛的“莲花化生愿”有关，西方极乐世界的众生不仅自莲花化生，而且还以莲花为住所，“命终之时，心无怖畏，正念欢喜，现前得见阿弥陀佛及诸圣众，持金莲台，接引往生西方净土”[①]，这个金莲台就是众生往生极乐后的座位。待到莲花盛开，就可享受亲自聆听阿弥陀佛讲法的殊荣，是为“花开见佛”。“从火坑提到金莲座上”意味着往生极乐、功德圆满。王妙如以此来比喻许平权女权事业的成功，将数十年的辛苦付出，化为以“菩萨心肠”兴“舍身渡世”之事的至高评价，也是别有会心，大有深意。

综上，在《女狱花》中，反映出了两种不同来源的女权学说之间的缠斗，一是阅读《斯宾塞女权篇》而开悟的沙雪梅，其女权学说建立在西方资产阶级人权平等的观念之上；二是从大乘佛经中得到启迪的许平权，其女权思想的源头是佛教众生平等、无二差别的平等观，同时在具体实践层面，又糅合了大乘净土思想。两相比较，《女狱花》无疑是坚定地倾向了后者，这也是王妙如与罗景仁的共同选择；若再进一步将之置于近代中日佛教交相往复的格局中加以观照，则更能抉发近代中国女权思想发端的一脉潜流。

---

① 遵式：《往生西方略传序》，许明编著：《中国佛教经论序跋记集》，上海辞书出版社 2002 年版，第 2485 页。

四、东亚佛教格局中的《女狱花》

佛教于两汉之际传入中国，一直遵循“大乘本位主义”，视小乘佛教为一种权巧方便，认为大乘佛教才代表了佛陀本怀。故中国佛教向来“判教”思想盛行，具有“学问佛教”的特色；与此同时，又融入“戒律”和“禅观”，具有山林佛教的“隐遁性”，故又兼有小乘特色。相比之下，日本佛教则更加重视大乘佛教的实践主义精神，甚至成为指导其发展的一种基本理念，不仅与国民生活息息相关，提倡游历于社会，而且特别注重在平民中从事教化活动①。因此，日本佛教有一个突出特点，即在教育史上发挥了重要作用，且不限于僧侣教育，更加诸社会教化，甚至推动了近代平民教育的发展。净土真宗也是如此。早在德川初期，东、西本愿寺就兴起了办学之风，称为“学寮”或“学黉”，是为今日大谷大学与龙谷大学之前身②。

另一方面，日本佛教具有强烈的佛法护国观念，主张佛教与国家密切结合，所谓“佛法王法互守互助”③。1868年，明治政府颁布了“祭政一致”布告和“神佛判然”令，佛教在神道教、基督教、儒学和西学的夹击下，处境前所未有地岌岌可危。于是，佛教开始了海外交流，其中，净土真宗东本愿寺派就是第一个来华传教的日本宗派，早于净土真宗西本愿寺派20多年④。1873年，小栗栖香顶首次来华时努力宣讲“三国同盟论”，力主以日本为主，与中国、印度结成三国联

① 何燕生：《近代文明对话中东亚佛教知识的重构——以“大乘佛教”为中心》。

② 关于日本佛教与教育之关系，参见张玉姣：《日本佛教教育初探》，《佛学研究》2009年第1期。

③ 杨增文等：《日本近现代佛教史》，昆仑出版社2011年版，第34页。

④ 1898年，净土真宗西本愿寺在厦门设立厦门别院，是第二个在华设立传教机构的日本宗派。其余各宗更晚，分别是日莲宗（1899年，上海）、净土宗（1905年，旅顺）、曹洞宗（1908年，安东）、古义真言宗（1914年，上海）、临济宗（1914年，青岛），参见《1876—1945年日本佛教团体在华所办佛教传教机构表》，肖平：《近代中国佛教的复兴》，广东人民出版社2003年版，第81-125页。

盟[①]，其实就是应对本土危机的一种自救；“使我法教旨与日本之光一道放射万丈光芒”[②]之类的宣言，也与“佛法护国”的传统观念一脉贯通，隐藏着更为深层的亚洲主义主张。

然而，当时的中国士人并不了解这些，他们看到东邻日本的成功，就认定佛教是可以兴邦安国的思想资源[③]。那么，最早来到中国的净土真宗，自然最为引人注目，也就顺势成为中日佛教交流的重要枢纽。不仅杨文会、沈善登、张常惺、许息安等著名居士都与东本愿寺的北方蒙、松江贤哲、松林纯孝有过密切交往，并成为其在南京、杭州和苏州三地展开活动的有力支持者与合作者[④]；就连当时最著名的一流学者、僧人如俞樾、寄禅等，也与他们交往甚多[⑤]。随着净土真宗一派著作的广为流传，各种日本佛教研究如姊崎正治、村上专精、井上圆了、高楠顺次郎的著作也相继传入中国，引起了中国知识界的强烈兴趣。杨文会曾对小栗栖香顶包括《真宗要旨》在内的一系列著作展开了批评，但也大赞其在教育上发挥的作用：“真宗既有学寮讲肆，又开普通学馆，是世出世法兼而习之，人才辈出何可限量！”[⑥]1900年3月，蔡元培撰《佛教护国论》，宣称阅读井上圆了之书而悟到“佛教者可以护国也”，提出“当仿日本东本愿寺章程，设溥通学堂及专门学堂”以为护国之策，并肯定净土真宗的食肉和娶妻[⑦]。此外，康有为、章太

① 木場明志、桂華淳祥：『東本願寺中国布教史の基礎的研究』，『大谷大学真宗総合研究所紀要』，1988年第5号。

② 「開教幹部の渡航」，『東本願寺上海開教六十年史』，第7页。

③ 事实上，这一认识也来自净土真宗的自我宣传：“我国三十年前曾患此病，幸君民上下同奉佛法同契佛心，先通各国语言文字，痛服瞑眩重剂，渐起沉疴而臻康健，已获成效。”见《招致文启》，《新闻报》1899年5月8日。

④ 参见「東本願寺兩連枝の渡支」「江南清人有志の呼應」，『東本願寺上海開教六十年史』，第72–75页。

⑤ 参见『東本願寺上海開教六十年史』，第97–98页。

⑥ 杨仁山：《阐教刍言》，麻天祥主编：《20世纪佛学经典文库・杨仁山卷》，武汉大学出版社2008年版，第357页。

⑦ 高平叔编：《蔡元培全集（第一卷）》，中华书局1984年版，第106–107页。

炎、梁启超、谭嗣同等人也都有相关论述，他们都从日本佛教大变革中，一眼看中了佛教的入世性，借此来汇通、阐释和介绍自己追求的政治理想[①]，正所谓“晚清所谓新学家者，殆无一不与佛学有关系”[②]。

纵观中国漫长的社会历史，尽管佛教所承传者多为大乘，但男女同尊、究竟平等的女性观却从来没有真正实现过。究其原因，佛教传入时正值两汉，当时儒家文化被奉为独尊，“男尊女卑”已是道德价值之主流。作为一种异质文化，佛教只好拈出小乘的“女性卑弱论”，作为儒、释融合的切入点，不仅按照儒家纲常礼教思想诠释佛典，而且还直接将儒家的“三从四德”贯彻到在家女性的修行中[③]。到了近代，东亚佛学展开了一场剧烈的交流往复，晚清佛学也得以短暂复兴。于是，以日本东本愿寺来华传教为契机，通过杭州日文学堂这一枢纽，将正在苦苦思索中国女性如何出路的王妙如，置于这一世界性的佛学知识大变革的网络中。她在《女狱花》中提出的一整套解决方案，基本根义上是笃信原始佛教“众生平等、无二分别”的平等观，实践层面上则秉持“自利利他、自觉觉他”的大乘净土观，特别融入日本佛教“救国”的传统理念与“兴学”的实践特色。甚至，王妙如在《女狱花》中将“大乘”与“小乘”视为佛教的分类方法而非修行的境界，也是基于彼时日本学界刚刚新鲜出炉的佛学知识，来自日僧释宗演的发明[④]。而同样受日本佛学影响与启发的康有为，尽管号称“合经子之奥言，探儒佛之微旨，参中西之新理，穷天人之赜变”[⑤]，但对比了一

---

① 参见葛兆光：《论晚清佛学之复兴》，《西潮又东风：晚清民初思想、宗教与学术十讲》，上海古籍出版社 2006 年版，第 77–101 页。

② 梁启超：《清代学术概论》，上海古籍出版社 2019 年版，第 164 页。

③ 参见彭华：《佛教与儒家在女性观上的相互影响与融合》，《哲学动态》2008 年第 9 期。

④ 无论在中国还是在日本，“大乘”与“小乘”这两个概念均是指称“教理”和“实践”，即两种不同的修行境界。释宗演首次将之视为分类概念，并与地理相结合，提出北传佛教 / 大乘佛教、南传佛教 / 小乘佛教的分类方法。参见马场纪寿：『释宗演のセイロン留学——“大乘佛教”こうして生まれた』，载『图书』2017 年第 4 期。

⑤ 楼宇烈整理：《康南海自编年谱（外二种）》，中华书局 2012 年版，第 13 页。

圈，终于还是认定只有近代资产阶级的人权观念才是“人类公理”，才能真正实现男女平等，甚至认为女性长期不得解放，作为佛教的创始人释迦牟尼不能“辞其责”[①]。相似的出发点，不同的选择，于是一个向左，一个向右，渐行渐远中，开出了不一样的女狱之“花”。

日本东本愿寺最初来到中国，小心翼翼以“弟”自居，“唇有病而齿不为，兄及难而弟不为拯”之类的说辞[②]，无不伏低做小、言语恳切，表达对中国“大哥”的提携报恩之意。然而，随着时间的流逝，加之晚清“庙产兴学”政策的加持[③]，东本愿寺在江浙一带的影响与渗透逐渐加深，本来掩盖得严严实实的“亚洲主义”倾向，也就开始慢慢浮出水面。1899年，东本愿寺率先与杭州弥勒寺、苏州南禅寺签订了“共同住持”协议[④]；1900年，杭州日文学堂的堂长伊藤贤道路过新昌，住在大佛寺里招收徒弟，要求每人出洋十余元[⑤]；更有甚者，1904年前后，浙江发生了四十余所中国寺院共同归属日本净土真宗东本愿寺的事件[⑥]。佛教本来就是从中国传入日本，此时文化权力的攻守之势发生变易，挟东洋以自重本就是下下之策；谁知东本愿寺却野心毕露，不可收拾，中国士人自然是更不能忍，终于在无数类似“吾不知日本屡以在吾国宣播佛教为要求，果何意也”的诘问之后，发生了一场不小

---

① 康有为：《大同书》，上海古籍出版社2005年版，第141页。

② 《东文招学》，《新闻报》1899年3月6日。

③ “庙产兴学”是晚清政府为了挽救政治颓势、进行教育改革而推行的政策，最早出自张之洞《劝学篇》，在他看来，欲改变国力，天下须设学堂万所，而朝廷无此财力，因此“可以佛道寺观改之”（见《张之洞全集》第十二册，河北人民出版社1998年版，第9739–9740页）。于是，当时相继出现驱僧、毁像、占庙、提产之事，为了寻求保护，不少寺庙投奔日本东本愿寺。

④ 「杭州彌陀寺との共住契約」，『東本願寺上海開教六十年史』，第82–83页。

⑤ 《日僧到新昌》，《绍兴白话报》第102期，1900年。

⑥ 据伊藤贤道回忆，天童寺的八指和尚及其侍者介石来杭州海潮寺拜访他，陈诉了最近中国“庙产兴学”之事，请求援助。随后，介石在伊藤贤道的帮助下，取得净土真宗法师位，杭州海潮寺住持随之效法。接下来，浙江四十余所寺院相继投奔日本净土真宗东本愿寺。参见「歸屬問題の經過」，『東本願寺上海開教六十年史』，第97–98页。

的杭州风波[①]。

作为这场风波的结果之一，1906年8月，伊藤贤道被逐，杭州日文学堂关闭；1909年，金陵东文学堂也关闭了。至此，日本东本愿寺在江浙一带苦心经营、作为中国开教"先锋"的三所日文学堂全部关闭[②]。1911年辛亥革命前夕，被称为"当代昌明第一导师"、叱咤晚清佛教界的杨文会也去世了。于是，晚清热闹了十几年的佛学终于还是偃旗息鼓，悄无声息地退场了。然而，日本佛教界对中国的觊觎之心却没有随之退却，1915年，日本政府欲借"二十一条"对华争取"传教权"，虽未能成功，但野心不散。1931年"九一八事变"之后，他们终于卷土重来，"在挥舞利剑的皇军武力下和亲日傀儡政权的协力下，战时在华布教达到了前所未有的规模"[③]，制定战时体制，派遣慰军使，甚至提倡"利剑即是佛陀"，在中国犯下了滔天罪恶[④]。然而，1903年前后的王妙如与罗景仁，站在世纪之初的十字路口，并不知道历史的车轮将要滚向何方。他们与当时千千万万的中国人一样，还在努力吸收来自四面八方的新思想，为中国这个"老大病国"寻找药方。更让人唏嘘的是，王妙如在《女狱花》中如此坚定热烈地推重许平权，甚至不惜以"乌托邦"的形式为小说加上一个"十数年后"女界大昌的结局。无疑，这个结局遂了许平权自号"佛婢"时的初愿，但这又何尝不是王妙如彼时所发的"振兴女界之大愿力"[⑤]？只可惜她"弱躯多病"，"不能如我佛释迦亲入地狱，普救众生"，故只能退而求其次，

---

① 参见葛兆光：《世纪初的心情——1905年的杭州风波》，《西潮又东风：晚清民初思想、宗教与学术十讲》，第67–76页。

② 此前，庚子事变发生后不久，苏州东文学堂就已经关闭。参见刘建云：『清末中国における東本願寺の東文学堂』。

③ 江森一郎、孙传钊：『戦時下の東本願寺大陸布教とその教育事業の意味と実際：主として「真宗」所載記事による』，『金沢大学教育学部紀要（教育科学編）』第43号，1994年。

④ 参见忻平：《日本佛教的战争责任研究》，《华东师范大学学报（哲学社会科学版）》2001年第5期。

⑤ 《俞女士序》，见《女狱花》，页三。

像小说中的文洞仁一样作书醒世，“以秃笔残墨为棒喝之具”。然而天不假年，王妙如竟在不久之后和文洞仁一样“一病而亡”，壮志未遂，一语成谶，只为我们留下《女狱花》这部“麟麟炳炳之文”[1]，记录着那个时代女性的艰难探索与跋涉。

（原载《复旦学报》2022 年第 3 期）

马勤勤，文学博士，2014 年毕业于北京大学中文系，现为中国社会科学院文学研究所《文学评论》副编审。出版专著《隐蔽的风景：清末民初女性小说创作研究》、译著《美人与书：十九世纪中国的女性与小说》，在《文学评论》《文艺研究》《清华大学学报》《中国人民大学学报》《复旦学报》《中山大学学报》等刊物上发表论文四十余篇。主持三个省部级、国家级项目，获天津市第十五届社会科学优秀成果奖一等奖、中国社会科学院“青年拔尖人才”等多个省部级奖项。

① 《叶女士序》，见《女狱花》，页一。

南洋女学的印迹

近现代画报与杂志中南洋知识女性图像的意涵

张惠思

一、前言

对近现代南洋来说，从马来群岛至后来的马来亚，教育一直是南洋华人念兹在兹、十分看重的民族事业。以英殖民地时期为例，华人群体的基础教育与同时期的马来族群或印度族群等的基础教育相比，更为普及，数量亦更多[①]。各种方言学校的建立到较正规的小学出现，在经济上从义校的存在到各阶段学校的演出义卖以助学筹款等活动在报刊上层出不穷。此外，值得我们留意的是，早在1908年即已有女子学校创办。这些学校在最初阶段，都有很多南来中国文人的身影。这些南来文人、学人、官员与文学家等过境南洋，寓居或工作，当中

① 举英殖民时期的马来亚为例，当时分而治之的管理与生活方式为：华人在城市、马来人在乡下，印度人在园丘。在教育体制方面，"二战"后马来西亚教育必须面对存在着复杂多元系统：英校、华校、马来校、印度校。这当中，英校处于城镇，十一年的基础教育，考剑桥文凭；华校则自力更生，无论城乡到处矗立，随着二十世纪二十年代中国国语运动以及强而有力的董事会自行筹款与运作。印度学校多坐落在园丘里。马来教育则由政府所维持，遍布全国，但多在乡区进修四年基础课程的培育，提供给男学生学习的科目为阿拉伯文与拉丁字母的读写、数学、历史地理、绘画、体育与园艺。女学生培育的重点则是家务训练。见 Lim Chung Tat, *Education System in Malaya After World War I, University of Malaya 1949 to 1985, Its establishment, Growth and Development*, Kuala Lumpur: University of Malaya Press, 2013.

也有人暂留甚至长留此地，以教书为谋生方式。他们身上都或多或少受到中国五四运动思潮的熏陶与影响。与此同时，南洋，如马来半岛是在英国殖民之下、印尼则在荷兰殖民者手中等情况，西方生活方式的输入不在话下，亦逐渐形构南洋杂糅且特殊的人文景观。在这样的境况之下，南洋华人可以说是几乎处于五四运动科学与理性等现代性的敞开，以及西方殖民地所夹带的现代性生活方式的展现这两种或显或隐的、双重的现代性氛围之中。因此，其对现代教育的适应和接受度的确比其他族群来得更容易，也更为迅速。

今天的南洋教育研究与探讨不能说不多。对南洋华人女子教育状况的论述，纵然不算太多，然而已有若干汇集与研究。现有的历史叙述与研究分析的确已为我们勾勒了一幅南洋教育的概览，然而这当中尚有很多具体与细微的细节有待探究：近现代的南洋女子教育的处境究竟如何，那些知识女子的生活样式、活动类别、当时女学生的穿着如何，等等。这样的细节的敞开，除了文字的记载，亦需要图像研究的开展。陈平原于《图像晚清》导言中说："关于晚清社会的叙述，最主要的手段，莫过于文字、图像与实物。这三者均非自然呈现，都有赖于整理者的鉴别、选择与诠释。"[①] 对于早期南洋华人史料而言，留存下来的文字、图像与实物并不丰厚，尤其是实物的留存，包括对南洋华人群体而言具有标志性的旧建筑物留存下来的概率并不高。文字记录或图像的留存则更多唯能在旧报刊抑或一些零散的学校、会馆的纪念册中偶可见之。在这样的情况之下，无论是文字抑或图像，都自有其重要之意义。如南洋女子教育抑或知识女性的图像与文字记录，除了夹杂在近现代南洋的一些书籍与报刊的新闻报道或文化记述当中，值得留意的是，在当时远在上海出版的画报与杂志里，竟亦可偶见南洋的知识女性与女学生等图像，

---

① 陈平原、夏晓虹编著：《图像晚清》，百花文艺出版社 2006 年版，第 1 页。

而这些图像以照片摄影为主，对于南洋研究来说十分珍贵。在这些照片当中，既有着一份对异地、人与事的好奇，亦是当时近代“庶知天地间之千态万状”的世界观念延伸的映现。这些照片提供了今天我们可以回溯史料散失的近代南洋的人文景观微观却具体的小历史。苏珊·桑塔格（Susan Sontag）于《论摄影》中指出，“照片是任何人都可以制作或获得的微型现实”[①]，亦如罗兰·巴特（Roland Barthes）所提的，图像所能带来“传递消息，再现情景，使人惊奇，强调意义，让人向往”[②]的功能，本文因而尝试通过这些近现代报刊书籍中的南洋女子的图像，探讨与勾勒近现代南洋的知识女性的面貌，以及她们通过图像所凸显出来的当时知识女性的教育生活与校园生活等生命样式的情况。

二、杂志与画报中的“南洋”

近代至二十世纪三十年代，是上海小报崛起与发展得最为迅速的时期。1897年，《游戏报》创刊，内容风趣，受到读者欢迎，尔后各类小报开始大行其道[③]。这些小报的特征是篇幅比一般大报来得小，版面也少，新闻记载方式也以游戏态度处理[④]，很多时候是作为茶余饭后的谈资，面对的是一般市民阶层的读者。1875年，《小孩月报》画报创刊，继而有1877年的《寰瀛画报》等的出版，为最早一批画报。照相技术引入中国之后，1926年的《良友画报》即采用摄影技术以大量的照片呈现内容[⑤]，

① ［美］苏珊·桑塔格：《论摄影》，艾红华、毛建雄译，湖南美术出版社1999年版，第14页。

② ［法］罗兰·巴特：《明室：摄影纵横谈》，赵克非译，文化艺术出版社2003年版，第43页。

③ 连玲玲主编，《万象小报：近代中国城市的文化、社会与政治》，“中央研究院”近代史研究所2013年版，第2页。

④ 同上，第4页。

⑤ 同上。

为画报带来另外一方天地。图像或照片的出现，“新奇”往往是第一要义[①]。《良友画报》的编辑基本主轴，即是“选择新闻中可喜可惊之事，绘制成图，并附事略”[②]。《良友画报》所带动的画报书刊方式，继而在二十世纪三十年代形成风潮。创办于1890年的《飞影阁画报》更添入仕女、闺媛、百兽等图，包罗万象。图像仿佛成为读者观看与己身生活情境不尽相同，甚至完全相异的世界的窗口。刊载南洋知识女性的上海画报杂志，包括《良友画报》《图画时报》《新加坡画报》《上海画报》《三六九画报》《妇女杂志》《新妇女月刊》《女子月刊》《童子世界》《南洋奇观》《立言画刊》等。这里要问的首先是：何以南洋知识女子图像会出现在上海的画报或休闲性质的杂志小报呢？这些图像的置入显现了当时怎样的观念与意义？

这些画报中与南洋相关的图像，较多的先是异地风光与习俗的内容，其次才是女性的图像。刊出的南洋自然景观包括一些马来风光，如黑风洞、极乐寺等，马来半岛的食蚁兽、象、白老虎、斗鸡等，植物如凤尾蕉、榴梿、黄梨等，以及原住民的生活样式与人种形态，如原住民的屋子样貌、缝纫方式、穿着、小贩、女子与小孩等。这些都是起到当时画报主要的“开眼界”的作用。如叶凯蒂说：

> 自1830年代起，“世界”在中文资讯网络里的地位便开始迅速提升。地图上的世界地理、万国万邦的历史、报刊上刊载的“世界”新闻，而1870年代后，带有“世界”之名的各家报纸很快发现了现实生活中的对照：随着外交事务的萌芽，像上海这样的通商口岸开始出现；西人日益增多，其地位也日渐提升。在此，“世界”展现的是其严肃的一面，包括经济、体制、军事与工

---

① ［法］罗兰·巴特：《明室：摄影纵横谈》，第5页。

② 余芳珍：《阅书消永日：良友图书与近代中国的消闲阅读习惯》，《思与言》2005年第43卷第3期。

业技术。[1]

新闻意在如此，而在新闻等严肃内容之外的画报，则夹带着罗兰·巴特所说的“照片充满着偶然性，它是偶然性轻盈透明的外壳”[2]，把一些南洋的荒野、丛林猎虎等图景展现出来。

然而，这些充塞着南洋味道的图像中，并没有华人的身影。1927年的《良友画报》上刊载了《南洋土人一家》(图1)，属于旅游中的抓拍，背景是丛林边，夫妻二人以及两个小孩，都赤裸着上半身，丈夫手中拿着打猎用的长吹筒或长杆，自然而又有点无意识地被凝视，像是一家四口在途中被邀请照相，因而停下来接受摄影的要求，都排开站着，定格下来，丈夫的表情看起来有点凝重，妻子则较为自然。

图1:《南游记：南洋土人一家》,《良友画报》1927年第13期，第28页

① [美]叶凯蒂:《环球乐园导览：上海游戏场小报和近代中国城市娱乐文化的创发》，锺欣志、连玲玲译，连玲玲主编:《万象小报：近代中国城市的文化、社会与政治》，第26页。

② 同上，第28页。

1928 年的《南洋研究》也刊出三位原住民女性脸部刺青的照片（图 2）、爪哇马都拉岛之矮人种（图 3）、泗水华侨小贩与当地土人的流动小贩（图 4、图 5）、马来学校戴着宋谷帽子的一年级小学生、话剧演出（图 6）以及马来民族婚礼（图 7）。

图 2 :《南洋风俗：原住民女性脸部刺青》,《南洋研究》1928 年第 2 卷第 1 期，第 1 页

图 3 :《南洋所见：南洋爪哇马都拉岛之矮人种》,《南洋研究》1928 年第 2 卷第 4 期，第 1 页

图 4：《南洋所见：南洋泗水华侨小贩之面影》，《南洋研究》1928 年第 2 卷第 3 期，第 1 页

图 5：《南洋所见：南洋泗水土人小贩之面影》，《南洋研究》1929 年第 2 卷第 4 期，第 1 页

图 6：《南洋话剧》，《良友画报》1927 年第 13 期，第 28 页

图 7：《马来民族婚礼》，《良友画报》1927 年第 13 期，第 28 页

这些图像看起来充满着“异己”的指认。而在这“异世界”当中，既有原住民的“野地风味”，亦有在地马来民族的文化元素：截短的腿部、掩鼻遮目的手、各种凝固的目光、传统马来服装上的西式帽子、话剧表演者身上的巴迪花布，等等。这些照片的展现给予了身处上海

的中国人以及其他中文阅读者一种“世界”感觉，“南洋”夹杂其中以作为“世界”框架中的一个部分。如同苏珊·桑塔格所言：“摄影业最为辉煌的成果便是赋予我们一种感觉，使我们觉得自己可以将世间万物尽收胸臆——犹如物象的汇编。收集照片便是收集世界。”①

南洋异族女性图像，不出上述所说的重于“新奇”与异质性的展现。如在《南洋奇观》中曾刊出爪哇女性背负重物的方法，照片的题目便是“古代的遗风异俗：爪哇妇女的负物法”，为马来妇女头上打髻，身上穿着传统的马来服装，围上纱笼为裙，背后负着藤篮子，经过河边的一景（图8）。图9是两位峇厘岛妇女态度悠闲地正在读着棕叶书，妇女们的身上裹着峇迪布的纱笼布，一位妇女放松身体、袅娜多姿地靠坐在庭院的石阶上，另外一位妇女则端坐低头，眼神温柔专注于棕叶书上。两张图像都有着一种时光缓慢流动的感觉，的确拍出

图8：《古代的遗风异俗：爪哇妇女的负物法》，《南洋奇观》，良友图书印刷公司1932年版，第58页

① ［美］苏珊·桑塔格：《论摄影》，第13页。

图 9：《峇厘妇女读棕叶书》，《南洋奇观》，良友图书印刷公司 1932 年版，第 60 页

了南洋日光悠长、慵懒的味道。对于南洋女性人物图像的重点也在于穿着的别样，图 10 中展示的是砂拉越原住民妇女出街的装束，头顶上琳琅满目的复杂头饰、耳朵鬓边的长吊穗、及胸的金属闪亮贴片与黑裙，望向镜头的妇女拘谨地站在相机的前面，没有太多的笑容。而图 11 的图像则有沙龙照片的味道，南洋英属马来半岛的美女裹在摊得平开、几乎占据着整个相片框架的格子纱笼中，双手举着格子纱笼将头发与身体几乎都遮蔽得看不见，唯是眼神惊动如兔。在这些南洋妇女的图像中，几乎多是日常生活的拍摄，以及对异质性的敞开。正如同叶凯蒂所说的："世界正成为新奇与异国景观的场合。"[①]

① ［美］叶凯蒂：《环球乐园导览：上海游戏场小报和近代中国城市娱乐文化的创发》，连玲玲主编：《万象小报：近代中国城市的文化、社会与政治》，第 29 页。

图 10：林开臻：《南洋砂拉越妇女出街之装束》，《真光》1924 年第 23 卷第 8 期，第 1 页

图 11：《南洋风光（二）：南洋英属马来半岛的美女》，《常识画报：中级儿童》1936 年第 36 期，第 29 页

三、教育作为身份：女教员与女学生的个人照

至于南洋华人女性图像，则有着不一样的展现。在这些画报与杂志中刊出的南洋华人女性图像，大都是女教员与女学生的身影。早期照相摄影原就以人像为中心[①]。在这些女教员与女学生的摄像里，知识身份成了她们姿容重要的添加物。这背后当然与当时上海画报本身有意地凸显“现代性”作为办刊趣味与定位有关。在当时，现代性的展现离不开大城市中的各种风貌，都市生活是现代生活的重要表征。画

① ［德］班雅明（Walter Benjamin）：《摄影小史——机械复制时代的艺术作品》，王才勇译，江苏人民出版社 2004 年版，第 65 页。

报通过现代感的照片与图像来传递新知、述说社会生活中文化、教育、体育、时尚等各方面的信息，组构成所谓的现代都市生活的写真，提供了一种凝视中的现代性想象，新女性往往被视为这种现代性想象中最容易阐述的客体。南洋知识女性便是夹杂在其中的一小撮碎片，留下了几个与名字对应的脸庞与容颜、一些相对应的个人信息，还原了南洋女子教育的部分历史细节。

1919 年，《妇女杂志》刊出新加坡华侨公立南洋女学校国文专修科学生邱鸣权的照片。1920 年，《妇女杂志》刊出南洋槟榔屿璧如学生林秀杰的照片。《妇女杂志》的这个栏目是为读者而设，各地读者可把自己的相片寄来。因为当时上海很多杂志也销售到南洋，有南洋的女性读者，也把自己拍的个人照投寄到杂志。而在南洋，有能力与兴趣阅读中国杂志的读者，便只能是识字、有能力阅读、有兴趣购买杂志来增加新知的知识女性。近代刊物作为各种不同层次的知识启蒙载体之一，女教员与女学生的画像在画报与杂志中的出现，成为一种隐含的现代性榜样，具备着教育作用的意涵。她们将照相馆拍摄的个人照寄给杂志，这些主动性都显示了一种现代女性的自我主权意识。

邱鸣权（图 12）并没有面向镜头，侧着脸庞，照片的背景是河边，脚边有一些茅草。她穿的是镶边新式旗袍上衣与阔裙子，还穿了象征着现代性的高跟鞋。林秀杰（图 13）则是在照相馆拍摄照片，是一张无背景的半身照。林秀杰看起来神情较为拘谨，头发梳得服服帖帖，胸前戴着项链坠子，耳朵上穿着小耳环。两者在服饰上有西化的倾向。这两张照片的奥妙之处在于图像边的文字说明“新加坡华侨公立南洋女学校国文专修科学生邱鸣权女士”以及“南洋槟榔屿璧如学生林秀杰”。“女学生”/ 教育，成为身份，提供了一种凝视中的现代性想象。因为在当时的南洋一带，传统女性依旧过着在家照料家人、协助家庭经营小本生意，或成为女工帮补家用的生活。女学隶属于新兴的现代性象征。新加坡、槟城等较为繁荣的城市地区才会有较多的学校、

图 12 :《爱读妇女杂志者之小影：新加坡华侨公立南洋女学校国文专修科学生邱鸣权女士》,《妇女杂志》1919 年第 5 卷第 6 期，第 1 页

图 13 :《爱读妇女杂志者之小影：南洋槟榔屿壁如学生林秀杰》,《妇女杂志》1920 年第 6 卷第 1 期，第 1 页

杂志的售卖以及拍照的消费能力。因此，如罗兰·巴特所提及的摄影所能引出的“传递消息，再现情景，使人惊奇，强调意义，让人向往”，“女学生”这样一种知识身份成了她们姿容重要的添加物，传递了现代性姿容的要求，定格与再现了当时罕见的南洋女学生肖像，强调了教育对于女性的摩登意义，照片的刊出也会引发想象，让更多的女性留意到女学生这样的身份的价值。

此外，1928 年的《今代妇女》刊登了两位南洋学生林怡莲与梁润龄的照片（图 14）：林怡莲与梁润龄都是南洋橡皮商人的女儿，到复旦大学读预科毕业。两人身穿旗袍、化妆、梳着摩登新潮的发型，神情都充满了自信。照片传递的信息，强调了新女性的意义，让人向往。这些女性照片若无文字从旁给予地域性说明的话，几乎无法分辨哪一

图 14 :《林怡莲梁润龄两女士合影》,《今代妇女》第 4 期，良友图书印刷公司 1928 年版，第 3 页

位女学生是生活在南洋，因为这些女性的穿着并无浓厚的南洋色彩，更多的是摩登与时髦的现代性的展示。装扮的流行性会形成一体化、同质化的现象，消解掉特殊性与个别性，薄弱的南洋文化很容易被西方的、上海的时髦与时尚感所消融，使得所有的女子图像几乎成了一种“同质化的凝视”。无论是新加坡的邱鸣权、槟城的林秀杰还是回返上海读书的林怡莲与梁润龄，虽然风姿各有所不同，但图像中的这些女子，都透露出一种对自己的样貌或身体自觉的自我意识。这些照片中的女性，无论是她们的发型、身上的服装、首饰，还是表情、妆容和姿态都体现出当时社会上已出现，以及正在涌现的一股摩登的潮流。这些照片，展现了知识女性的新的气度，是对当时的时代精神的反映。她们自觉于自己的身体、生活，积极地展现自我。

画报中所刊出的不仅仅是女学生，也包括了女校长与女教员的图像。1918 年与 1920 年,《妇女杂志》刊出办女学的著名奇女子刘韵琴（1884—1945）的照片。1928 年《图画时报》第 436 期刊出新加坡南洋女学校长刘湘英的图像。此外,《妇女杂志》《南光》《卷筒纸画报》《图画时报》等也刊出了新加坡南华女学教员凌翼如、新加坡中华女子国学教授施玲珠与丁慧诚、南洋女学教员丁培与李涵蘅、槟榔屿璧如女学校长林妙兰、槟城南洋女子工商学校教员朱雪清、新加坡南洋女学体育主任陈漱琴等的照片。女教员的图片在画报中比女学生更多，展现的身体姿态以及其中传递出来的细节也较为丰富多彩。图15是女学校长刘韵琴的照片：这张照片中的刘韵琴表情从容自在，穿着无花纹的单色衣裙，干净利落，显现出一种中性的女性美。她手上轻握的一块手帕以及身边装饰的及肩的花盆，反衬出一种知性与淡定

图15 :《南洋马六甲华侨公立培德女学校校长刘韵琴女士小影》,《妇女杂志》1918年第4卷第5期，第1页

的神情。图像的文字说明为“南洋马六甲华侨公立培德女学校校长刘韵琴女士小影”。刘韵琴是从中国南来、旅居马六甲的近代知识女性，名声赫赫，可说是当时巾帼不让须眉的新女性，更是南洋兴办女学过程中令人瞩目的传奇新女性。

刘韵琴是江苏兴化人，有着深厚的书香世家的背景，祖父是晚清著名文学家刘熙载，父亲刘展程是光绪元年举人，母亲亦读书识字。她自己也很有才华，刘韵琴的闺阁密友任厚康说她“九岁能诗，及笄文名籍甚”，十四、十五岁就到南京女校去学习新知。虽然在十六岁就由母亲做主嫁给李宜璋，却因为婚姻琴瑟不调，毅然前往上海神州女校担任国语老师，离开婚姻生活，当时刘韵琴才十九岁。她与秋瑾结识，喜欢花木兰，是勇敢、有主见的女性。上海报纸上有很多她的作品。1913 年初冬，二十九岁的刘韵琴只身到日本考察社会，1915 年回中国，被上海中华新报馆聘为记者，成为中国最早的女新闻记者。刘韵琴具备文学才华，1916 年由上海泰东图书局出版了小说、散文与笔记合集的《韵琴杂著》[①]。此外，她也翻译过菊池幽芳1903年改写英国小说家 Bertha Clay 的《红泪影》而成的《乳姐妹》。1916 年，她旅居马来西亚马六甲，担任培德女校校长[②]。建校初期，培德女校的校舍设在马六甲鸡场街一百号风顺义学，学生仅数十人。隔年，学生人数增加，再租姑务路一百零七号为分校。中国少年学会会员梁绍文在其游记《南洋旅行漫记》中有提及和刘韵琴见面，知悉她一心一意要办华侨教育。1920 年，上海的《妇女杂志》刊出马六甲培德女学教职员全体摄影照（图 16）：从照片中，我们可以得知刘韵琴领导下的培德女学校的教职员都是清一色的女性，并无男教员或职员，教职员人数也只有六位，规模并不大。照片中的女性都把头发束起来，衣裙的款式

---

① 李西亭：《初女记者刘韵琴》，《新闻研究资料》（1988），第 43–44 页。

② 《上海女学界交际家：马六甲培德女学校校长刘韵琴》，《妇女杂志》1920 年第 6 卷第 3 期，第 1 页。

图 16 :《南洋马六甲培德女学教职员全体摄影》,《妇女杂志》1920 年第 6 卷第 6 期,第 8 页

也十分接近。刘韵琴一直到接近五十岁才回到故乡昭阳。刘韵琴到南洋来办女学，可以让我们看见早期南洋女学在创办之初的女教员的背景与素质之水平，以及当时女学的规模之大小。

除了刘韵琴，1928 年的《图画时报》第 436 期，刊登了新加坡南洋女学校长刘湘英的图像（图 17）：照片中的刘湘英有着清爽的短发，戴着眼镜，穿着及膝直筒裙、高跟鞋，手上拿着一小束花，看起来整齐且斯文、秀气。刘湘英（1901—1975），祖籍江西吉安，号韵仙，别字爱仁。刘湘英毕业于燕京大学。她和刘韵琴的经历类似，曾有过担任记者以及游历西方诸国的经历。她担任过仰光《缅甸日报》及《美洲民声》的记者，并曾在 1927 年遍游英国、法国、德国、意大利、比利时、瑞士等诸国。刘湘英性格爽朗，做事干练。她写过一篇《华侨女子教育不发达之原因》[1]。此外，在 1920 年上海的《妇女杂

---

① 刘韵仙:《华侨女子教育不发达之原因》,《星洲日报周年纪念刊》，星洲日报有限公司 1930 年版。

志》第6卷第3期刊出了新加坡中华女子国学教授施玲珠（图18）和新加坡南华女学教员凌翼如（图19）的半身照，并以文字标出“上海女学界交际家”字眼，由此可见施玲珠与凌翼如二人皆是从上海南下新加坡执教的活跃的女性知识分子。这些新女性独立自主，有较大的视野，能对南洋初萌的女学带来开拓性的力量。

图17：黄警顽：《刘湘英女士历任仰光缅甸日报美洲民声报记者，去年遍游英法德意比瑞诸国，今春任星加坡南洋女学校长》，《图画时报》1928年第436期，第1页

图18：《上海女学界交际家：新加坡中华女子国学教授施玲珠》，《妇女杂志》1920年第6卷第3期，第1页

图19：《上海女学界交际家：新加坡南华女学教员凌翼如女士》，《妇女杂志》1920年第6卷第3期，第1页

此外，我们也在画报与杂志中找到了较为特别的图片，即展现舞姿的女教员以及女教员的结婚照。1928 年，槟城的《南光》杂志第 1 卷第 8 期刊出槟城南洋女子工商学校教员朱雪清跳舞的照片（图 20）：朱雪清这张照片不是一张半身照或静立的全身照，而是一张展现舞姿的照片。她头上罩着纱网，裙子下有长白袜以及黑色的高跟鞋，姿态柔美，对于缺乏图像记录的槟城女学历史来说，无疑是很难得一见的单人舞姿图像佐证。而 1928 年的《卷筒纸画报》第 3 卷第 139 期收录了新加坡南洋女学体育主任陈漱璆（图 21）的结婚照。陈漱璆女士为新加坡南洋女学体育主任，与上海体育家沈昆南同赋鸯盟。但刊出时的图像将新郎“切割”到了图框之外，留下半边西装手臂。照片构图注重于新娘，西式的礼服、白纱头盖、手持鲜花，短发的新娘甚有神采，是一个富有现代性的示范。图片旁有一行小字，除注明新郎新娘

图 20：《槟城南洋女子工商学校教员朱雪清女士之妙舞》，《南光》1928 年第 1 卷第 8 期，第 18 页

图 21：苍：《卷筒纸画报》1928 年第 3 卷第 139 期，第 2 页

运动家与运动教育家身份之外，尚指出“闻一对璧人，现正努力研究其体育之工作云”[①]，凸显的是婚姻建立在新文明与新观念之中。这样的文明婚照传递着现代化的观念，以现身说法的婚照呈现观念，既强调了意义，又能令当时的女性向往。

画报上刊登这些女教员与女校长的个人照以及文明婚照，都是为了呈现出女性自我实现、谋求生命独立的其中一种讯号。谋求职业，并获得个人经济、行动自由，是近现代中国女性新的人生追求之一。由于近现代女子教育的发展，使女性获得职业成为一种可能。先是许多工厂大量招收女工，继而一些受教育的知识女性开始向各个层次较高的行业渗透，其中便有教员、校长[②]、杂志编辑、作家等。女校长与女教员因此成为现代女性的榜样。

除了女学生与女教员的照片，也有画报与杂志刊出女学校的集体照。1916年，《教育杂志》刊有南洋华侨女学校三周纪念的照片（图22）。照片中有十二位教职员，当中八位是女性。此外，此照片中有五十四位年龄层不一的学生。1918年，《教育杂志》上有槟榔屿梁元藻义立女学校的照片（图23），这所学校的规模看起来比较大，正中是男校长，然其余的教员皆是女性，学生年龄层有大有小，学校建筑物看起来十分有气势，正门上方有写上校名。1926年，同样是在《教育杂志》上刊登了南洋东婆罗洲达德女学校的大合照（图24），中坐者是创办人曾清达。达德女学校较为小型，学生年龄层都比较小，照片中亦没看见除了曾清达之外的教员，照片应就是在学校前面拍摄，学校是马来式的木制的浮脚屋，学校相当简陋，没有显示校名，也没

---

① 《卷筒纸画报》1928年第3卷第139期，第2页。

② 1901年，清政府实行新政，把发展女子教育列为重要内容，至1909年，据不完全统计，女学堂有三百零八所，女学生有一万四千人。1913年，女子学校有三千一百二十三所，女学生有十六万六千九百六十四人，增加许多，但也仅占全部学生的不到百分之五。见逯慧娟：《略论清末民初知识女性的职业状况》，《石家庄学院学报》2008年第10卷第1期。

图 22 :《南洋华侨女学校三周纪念摄影》,《教育杂志》1916 年第 8 卷第 2 期，第 1 页

图 23 :《南洋槟榔屿梁元藻义立女学校摄影》,《教育杂志》1918 年第 10 卷第 2 期，第 1 页

有任何告示板。这些照片都十分珍贵。此外，上海的《儿童世界》于 1927 年刊出南洋华侨女学生群体照一张（图 25），照片中十三位女学

图 24 :《南洋东婆罗洲达德女学校摄影》,《教育杂志》1926 年第 18 卷第 11 期，第 1 页

图 25 :《爱读本刊者的照片：南洋华侨女学生》,《儿童世界》1927 年第 19 卷第 9 期，第 2 页

生，都穿着西式裙子，比较难得的是群体照下留下了这一批学生的名字：邱正端、方齐、许玉精、洪培、陈敏、黄玉贝、李庆香、杨诚、郑金、郭美秀、林莲英、张莲与施瑞善。

四、女性身体：运动场上的身影

除了女校长、女教员与女学生的图像之外，在画报等休闲杂志中还可以看见南洋女运动员图像。近现代中国社会盛行“体育救国”的理想思潮，并体现在像《良友画报》等销量极大并极具影响力的刊物之中[①]。女运动员们以青春健康的形象，符合当时社会对“健美”的需求，达至有健全的国民才会有健全的国家的想象。

1927 年，《图画时报》刊登了在新加坡南洋担任女学教员的女体育家陈漱璆、姚廉、王慧智与陆修澄等的照片。由于陈漱璆的体育家身份，她算是其中一位相当受到画报杂志关注的女教员。在她的单人照（图 26）中，展现的就是运动的姿态。她用双手将球顶在头顶，短发上束着一圈的丝带，穿短袖衣与蓬松及膝裤，着长黑袜，穿着与现代运动员还是有所差别。另外，《万有周刊》上刊有南洋女子高中运动健将何锦梅的照片（图 27）。何锦梅曾获得短跑五十米第一名。她的样子甜美，短发及耳，朝气蓬勃。照片为两张照片并置在一起，分别是何锦梅的笑容灿烂的半身照以及一张荡秋千的照片，她也和陈漱璆一样穿短袖衣，以及黑色长袜。姚廉、王慧智与陆修澄的三人合照则是在室内拍摄的（图 28）。她们三人皆穿着旗袍或民初的衫裙，斯斯文文，没有看出运动员的活跃样子。这些与当时拍摄动态影像技术的局限有关。

---

① 杨洋：《中国女性运动形象的暧昧表达：从期刊〈良友画报〉到电影〈体育皇后〉》，《当代文坛》2015 年版，第 147 页。

图 26：化鹏：《陈湫璆女士为女体育家现任星加坡南洋女学教员》，《图画时报》1927 年第 346 期，第 3 页

图 28：唐僧：《新加坡南洋女学体育教员姚廉（右）王慧智（中）陆修澄（左）三女士》，《图画时报》1927 年第 383 期，第 1 页

图 27：《南洋女子高中（前南洋高商女子部）运动健将何锦梅女士》，《万有周刊》1930 年第 1 卷第 2 期，第 6 页

在南洋的女运动员，除了上述的图像中所收录的几位之外，我们还可以在《全国女运动员名将录》一书中找到几位南洋女运动员的事迹，如李杏花四姐妹与陈铿。在南洋出生的四姐妹当中，李杏花为长姐，三位妹妹为牡丹、莲花与兰花。她们四人精于网球项目，杏花与牡丹曾经保持七届的南洋女子双打冠军，三位妹妹出席过第九届的远东运动会。李牡丹球艺最高，在远东运动会中拿过奖，可惜在1932年因为吃螃蟹中毒而亡。李莲花和李兰花则比两位姐姐逊色，但也曾经代表上海出席杭州全运会。陈铿，字淑卿，原籍福建，毕业于上海东亚体专女子部，往南洋执教。她曾代表福建省出席第四届杭州全运会、代表上海市出席南京全运会，并在1936年代表马来亚出席上海全运会。《全国女运动员名将录》中有记述："以女子田径选手项目，连续出席三次全运会者，恐只此一人。"[①] 可惜这些女运动员的身影并没有被留下来。

除了这些女运动员的图像，近现代的画报与杂志中也刊出了一些南洋女学以及女校活动的照片。当时女学的较为大型的群体活动，以多校联合游艺会、运动会、话剧表演等为主。1909年，爪哇华侨女学生粉墨登场，演剧助学（图29、30）。

图29（左）、图30（右）：《南洋爪哇华侨女学生演剧助学》，《华商联合报》1909年第1期，第51页

① 《全国女运动员名将录》1936年版，第14页。

这两张《华商联合报》刊出的女学生剧照中，一张是四位女学生演出的西洋剧，另一张则穿上了传统服装进行演出，表情都惟妙惟肖，十分投入。1928 年,《今代妇女》刊登了一系列的南洋华侨女学校联合游艺的照片（如图 31）。游艺会在学校草场上举行，由各参与学校的学生进行舞蹈与步操表演等活动，草场边搭着木制的露天坐棚，观众们都坐在那里观赏演出，十分热闹。此次参与的全是女校，有坤成女校、巴双中华女学校、吉隆坡中华女学校、三育学校。坤成女校的表演较多，除了游行表演之外，还演出了割蔴舞和水手舞。巴双中华女校学生演出土风舞，吉隆坡中华女学校的学生们表演的是彩圈操，三育学校的学生披着长发、头系彩带，跳芙蓉花舞。学生们都穿着校服与校裙进行演出，除了个别戴上帽子之外，并没有过多的装饰。照

图 31 :《南洋华侨女学校联合游艺摄影：坤成女学校学生之水手舞》,《今代妇女》1928 年第 6 期，第 14 页

片是一件确凿但转瞬即逝的证物[1]。然而，瞬间的留影，却也使得过去的时光忽而再度生气勃勃地重现历史现场，令人为之一振，让我们可以看见女学的校园生活从家政、裁缝、插花等传统女性培养的技艺拓展到运动会、游乐会、演剧等更为广阔的、多样的活动类型，可见教育的作用。这些女学生的女性身体从家政、裁缝、插花等相对静态、室内的活动因此而扩展到空间扩大的室外、也较为动态的活动类型。就如苏珊·桑塔格在《论摄影》中所说的："摄影既是一种确证经历的方式，同时也是一种否定经历的方式。它可能会将经历限制在纯粹拍照的范围之内，或者是将经历转换成一个概念，一个纪念品。"[2]照片的定框效果，因而对女性身体束缚的打开具有一定的现代性生活指引的效果。

五、结语

在近现代画报与杂志上出现的南洋图像都是照片，并无手绘图像。出现在画报与杂志上的南洋图像，较多的是原住民与马来民族的种种自然与人文风貌，然而在画报与杂志上出现的华人女性，却多是知识女性，大多为女学生、女校长、女教员和女运动员。对于南洋异质性的奇观与猎奇的心态并没有出现在女子教育与知识女性身上，反而是同质性的凝视比较多，即现代化的呈现。我们可以从中看见早期南洋女学的一些面貌。

在这些照片中，所收录的学生或教职员如邱鸣权、林秀杰、林怡莲、梁润龄等一批女学生，多为开明官绅或富商家庭的千金小姐。在装扮上趋向中国与西式的时髦、流行性、现代性。刘韵琴放弃了婚姻与家庭，走向自己的个人自由与理想的实现。刘湘英游历域外，对女

① ［法］罗兰·巴特：《明室：摄影纵横谈》，第147页。
② ［美］苏珊·桑塔格：《论摄影》，第20页。

学有热忱。刘韵琴、刘湘英、施玲珠和凌翼如等女学校长与教员，不再是传统闺阁中相夫教子的女性，愿意到南洋去施展自己的教育理想，是私领域到公领域的开拓。南洋像是跟随着中西现代化的进程，缓慢地改变，有很多需要开拓的空间。这些南来女知识人的到来，对她们来说是自我价值的实现，对南洋来说，却因为有了她们的到来，在女学的发展上得以向前跨了一步。因为就当时的南洋来说，不担忧没有学生，往往担忧的是能否找到担任师者的女教员。在这些女知识人的努力与毅力之下，女学才得以从最初的小规模扩展开来。

在女学生与女教职员之外，画报与杂志上也突出了女运动员的英姿风貌，强调了女性得以步入现代化的教育方式，注重女性身体的健康与自我的超越。此外，通过一些女学的集体照，我们可以看见随着时间而逐渐增长的女学生人数，也可以看见这些女学生的大型集体活动如运动会和演剧等的真实留影。她们有集体的西式体操，亦得以参与演剧等舞台上的表演，拓展了女性的公共空间，弥足珍贵。罗兰·巴特提过："历史是歇斯底里的：它只在人们关注的时候才存在。"[①]这些照片实际上为南洋，尤其是女子教育保留了很珍贵、难得的图像记录与印迹，值得我们关注。

（马来亚大学研究项目 RP031C-16HNE 阶段性成果）

张惠思，马来西亚华人，祖籍潮州。2007 年跟随夏老师读博，2011 年毕业，博士论文为《文人游幕与清代戏曲》，获海外博士生论文一等奖。现为马来亚大学中文系高级讲师、马华文学研究中心主任。研究方向为清中叶戏曲、近现代南来文人与马华文学。出版

① ［法］罗兰·巴特：《明室：摄影纵横谈》，第 102 页。

诗集《站在遗忘的对岸》、散文《心事红红》与《中国古典文学教程》，发表《游记作为容器：侯鸿鉴南洋旅行书写的文体形态和时代意义》《科普意识与地方知识：二十、三十年代南来文人游记的特色》《重访五一三时的斑苔谷：校园氛围、学术面貌与大学体制》等论文数十篇。主持多个国家级项目、马大研究项目。获多个文学奖项、马来亚大学卓越服务奖等。

二、梁启超研究

民国二年的“癸丑修禊”

兼论梁启超与旧文人的离合

陆 胤

民国二年（1913）4月9日，夏历三月初三日，适值晋永和九年兰亭修禊以后“第二十六癸丑”。时当民国肇造，身丁斯时的骚人墨客们，刚刚经历过一番“鼎革”的巨变，自然不会放过这个仰观俯察，畅叙幽怀的大好机会。这一天，樊增祥、瞿鸿禨、沈曾植等前清遗老在上海樊园发起唱和；在北京参与新朝政治的梁启超也不甘寂寞，于西郊万生园（一作“万牲园”）组织了大规模的修禊活动。一南一北，或溅新亭之泪，或抒祓尘之思。不同于遗老们仅凭借传统的唱和来交流情怀，梁启超等人的修禊诗，很快作为专题，刊登在当年4月16日出版的《庸言》第1卷第10号“诗录”栏目中[①]。

关于梁启超与旧文人的这一点“诗文因缘”，还要从清末讲起。从1906年开始，曾经提倡“诗界革命”的梁启超主动参与到清廷预备立宪的进程中；为了更融合于国内政治环境，开始隐藏自己所受外

---

① 较早注意到万生园癸丑修禊的，有牟润孙《从癸丑修禊说到纪念梁启超——王羲之、梁启超修禊时的心情》一文，见《海遗杂著》，香港中文大学1990年版，第140–146页。牟文主要以梁启超本人的修禊诗为入口，回溯王羲之兰亭诗、序的政治关怀；因并未看到“别人同日作的诗”，故没有涉及禊集详情。又按：同期进行禊集活动的，除了北京梁启超等人和沪上诸遗老，至少还有日本汉学家内藤湖南在京都府立图书馆倡办的“大正癸丑兰亭会”。其间详情，参见杉村邦彦：《大正癸丑の蘭亭会とその歴史的意義：百周年を記念して》，《書論》（东京）第39期，2013年8月。

来影响①。由梁启超主笔，产生于清末立宪运动高潮的《国风报》，设立了“文苑”栏目，一改此前《清议报·诗文辞随录》《新民丛报·诗界潮音集》的“新意境”，以同光体诗人为主要作者，流露出梁启超接近京师士大夫趣味的努力。1912年年底，归国不久的梁启超，又在天津创刊《庸言》，内含“诗录”“文录”栏目，大体保留《国风·文苑》的风格，与同步在《庸言》上发表的《石遗室诗话》相配合，俨然成了同光体实践其诗学主张的阵地②。

《庸言》时代的梁启超身踞要津，得以与国内一流诗人交接，其《寄赵尧生（熙）侍御以诗代书》云：“陈（徵宇）林（宰平）黄（孝觉）黄（哲维）梁（众异），旧社君同气，而亦皆好我，襟抱互弗閟。更二陈（弢庵、石遗）一林（畏庐），老宿众所企，吾间一诣之，则以一诗贽。”③可见当时梁启超与旧文人圈的交谊。然而，较之《国风·文苑》多载录庚戌、辛亥间京师诗人结社之作，《庸言》的“诗录”“文录”却甚少反映社集的作品。自是由于辛亥以后都中诗社云散，士人行藏用舍不一，再难形成庚、辛之际的一致声势。当时上海租界中尚有“超社”等“遗老墟集”，其唱和在“诗录”中颇有反映④。相比之下，

① 参见狭间直树《〈新民说〉略论》，《梁启超·明治日本·西方——日本京都大学人文科学研究所共同研究报告》，社会科学文献出版社2001年版，第84页。

② 关于《国风》《庸言》诗文栏目的政治取向，参考拙撰《清季民初的“政治与文学”——〈国风〉、〈庸言〉诗文栏研究》，《中国现代文学研究丛刊》2006年第9期。

③ 《大中华杂志》第1卷第6期“文苑”。

④ 《庸言·诗文录》反映超社文人唱和的作品，如陈三立《重九寄禅上人招同樊山秉山实甫集静安寺》、樊增祥《次伯严重阳集静安寺韵》、易顺鼎《寄禅杜多招集静安寺作重九并观第六泉即席和散原天琴韵》（1卷2期，易顺鼎非超社中人）；陈宝琛《听水斋图题诗》（参加者有梁鼎芬、樊增祥、沈曾植、沈瑜庆等）（1卷20期）；樊增祥《八月六日节庵觞艺风老人于寓庐同社毕至是日久旱得雨即席赋呈》（1卷21期）等。到1913年下半年，北京士人交游有所恢复，主持者多为袁克文，唱和之作见于“诗文录”者有：易顺鼎《寒云茗话图记》（1卷22期）；王式通《寒庐茗话图为抱存题》、袁克文《次韵实甫先生见赠》（1卷23期）；易顺鼎《题抱存所藏王晋卿蜀道寒云图用坡公题烟江叠嶂图韵》、袁克文《自题寒云茗话图》（2卷3期）；以及甲寅上巳袁克文召集南海子，罗惇曧、罗惇㬊、梁启超三人的唱和诗（2卷5期）。

民初京津一带的旧诗交游略显寂寞，直到1913年春梁启超组织“万生园禊集”，才改变了这一局面。

一

《庸言》第1卷第10期“诗录”特辟专号刊出“癸丑禊集诗”，并在封面上列出标题。第1卷第14期“诗录”补刊严复《癸丑上巳任公禊集万生园分韵敬呈流觞曲水四首》，17期补刊陈宝琛《任公仁兄召集万生园修禊以病未赴有诗征和分均得此字补赋奉正》，第2卷第1–2期“文录”刊出陈衍《京师万生园修禊诗序》。从即席分韵命诗，到事后追和，以及补题、补序，都有完整的表现。所录各诗文后来辑为《癸丑修禊集》（内页题《晋永和后二十六癸丑修禊诗》），补入陈衍、周宏业的两首追和诗，以及当日照相一帧（见书前彩插）、姜筠绘《畅观楼修禊图》一幅，以广流传。

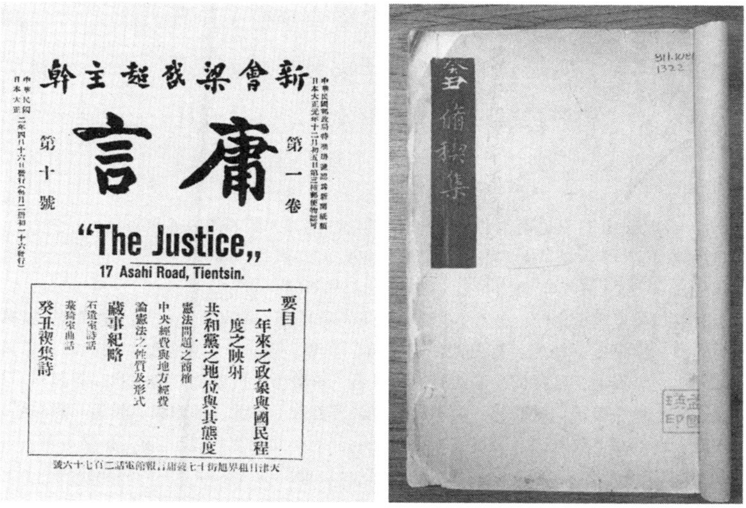

图1：《庸言》刊出的“癸丑禊集诗”（左）与北大图书馆藏《癸丑修禊集》

梁启超本人对此次禊集颇为自负，次日即信告长女梁令娴："今年太岁在癸丑，与兰亭修禊之年同甲子，人生只能一遇耳。吾昨日在百忙中忽起逸兴，召集一时名士于万生园续禊赋诗，到者四十馀人。（原注：有一老画师为我绘图。）老宿咸集矣。（原注：尚有二十年前名伶能弹琵琶者。吾作七言长古一篇，颇得意，归国后第一次作诗也。）竟日游宴，一涤尘襟，归国来第一乐事，园则前清三贝子花园，京津第一幽胜地也。"[①] 过两天又发书一封，自夸"吾此诗殆压卷矣"，"兰亭以后，此为第一佳话"[②]。4月23日信中又要求梁令娴"补作一诗"，说自己正"编征题咏，他日装手卷，当作牛腰大也"[③]。惟续征到的追和题咏，按《癸丑修禊集》所录，似仅陈衍、陈宝琛、严复、周宏业四人七首。且当日参与禊集者，据《癸丑修禊集》卷首照相及陈衍序文，应当只有"三十馀人"[④]，不及当年兰亭修禊之四十二人。梁氏家信中所述"第一佳话"，实不无夸张。更何况，彼时致慨于"永和后第二十六癸丑"的，万生园诸公之外，尚大有人在。

陈衍《京师万生园修禊诗序》中提到："是日也，南则樊山樊君修禊于上海之樊园，……北则任公梁公修禊于京师西郊之万生园。"然则樊增祥等上海超社遗老也曾于此日禊集。樊氏《三月三日樊园修禊序》云："旅沪之第三年，岁在癸丑，三月三日，超然吟社诸公，

---

① 1913年4月10日《与娴儿书》,《梁启超年谱长编》，第665–666页。

② 1913年4月12日《与娴儿书》,《梁启超年谱长编》，第666页。

③ 1913年4月23日《与娴儿书》,《梁启超年谱长编》，第669页。

④ 当时参与万生园禊集的，据《癸丑修禊集》卷首摄影，共有三十六人：**朱联沅**、**梁鸿志**、唐恩溥、罗宗震、**杨度**、蓝公武、梁启超、黄濬、姚梓芳、袁励翼、徐仁镜、郭则澐、林志钧、谭天池、夏曾佑、王式通、**顾印愚**、**李盛铎**、黄孝觉、**易顺鼎**、**袁思亮**、**袁励准**、**陈士廉**、**姜筠**、唐采芝、**姚华**、**关赓麟**、**姜浩**、**郑沅**、**杨增荦**、**顾瑗**、**陈庆佑**、**罗惇曧**、秦稚芬、**夏寿田**、石慧宝（粗体表示有诗作发表者）。较《庸言》第1卷第10期《癸丑禊集诗》所录，尚少**饶孟任**、**陈懋鼎**二人。而陈衍《京师万生园修禊诗序》云："任公梁公修禊于京师西郊之万生园，瘿公、实甫、叔衡、叔进、印伯、昀谷、仲毅、芷青、秋岳、宰平、颍生、珏生、莹甫、伯夔、亚蘧、公甫诸君会者三十馀人。"均见《癸丑修禊集》，北京大学图书馆藏本，卷首。

仿兰亭修禊故事，集于樊园。自永和九年至今，历二十七癸丑矣！止庵相公（瞿鸿禨）夙戒庖厨，命歠俦侣。芳辰既届，嘉宾徐来。相公分题试客，即事成章，继轨曲江之游，式遵《丽人》之韵。乙庵（沈曾植）则谓事同王谢，故当诗仿兰亭，爰约同人，各赋五言七古诗二首，一人两诗，亦兰亭例也。临河之序，以属不才……”①樊园禊集，虽仅十人，却多名家②；且限以诗体，一人二诗，较之万生园禊集以“群贤毕至少长咸集崇山峻岭茂林修竹清流激湍映带左右天朗气清惠风和畅”二十四字分韵，似乎更为精致、当行。尤其是瞿鸿禨提议步韵杜诗《丽人行》，实际上是在兰亭集会之外另立上巳修禊的主题，也是为了寄托当代“遗老”的故国之思。樊增祥序文曾胪列樊园禊集“与兰亭同之者三、异之者四、胜之者一”，其第三“异”：“永和癸丑，年号昭然，首题第九之春，式著纪元之义。今也，伊耆揖让，周召共和。义熙甲子，纪年仅出私家；德祐诗歌，撰集只凭遗老。湔裙银河之水，天上何年；采兰楚泽之滨，人间几世。意者断自前朝宣统之初，不落炎汉文景以后乎？”援引前朝遗民故事，从纪年角度强调易代之痛。其第四“异”：“今者九夷卜宅，三岛接邻，虽鼓吹之歆，无憾于蓝田；而声唳之惊，有甚于淝水。”其“兴感之由”绝不与兰亭集会“若合一契”，反而突出二者之间的种种区别，借以抒发上海遗老的兴亡之感。

从编辑诗文栏目的角度看，若能将南北两次禊集前后刊登互相照应，更能发挥其全面展示当代文人交游的作用。然而《庸言·诗文录》并未刊出樊园禊集诗。即便是樊增祥针对万生园禊集上易顺鼎用“十

---

① 见《樊山集外》，上海广益书局民国三年石印本，卷七，第 9b–11a 页。

② 樊增祥《癸丑三月三日樊园社集用杜诗丽人行韵》：“三月三日天气新，樊园社会凡十人。兰亭人数减却三十二，清谈捉麈犹为王谢传其真。”《樊山集外》卷二，第 11 页。按此十人，据樊增祥序、诗及沈曾植等人的唱和诗，应为：瞿鸿禨、樊增祥、沈曾植、陈三立、左绍佐、沈瑜庆、吴士鉴、吴庆坻、王仁东、缪荃荪。

五咸”全韵一诗的唱和[1]，也不被算在“南北题咏”之内。这里面固然有南北地域的区隔，更重要的恐怕还在于万生园禊集组织者与超社遗老看待同一历史事件（兰亭修禊）时的两样心思。

二

若说寄托黍麦之悲，梁启超发起禊集所在的京师万生园其实要比十里洋场中的樊园合适得多。此地原为前清三贝子花园，“前朝景帝奉太后游幸地也”[2]。至清末划为农事试验场，“即兹名园问银牓，已付酸泪话铜狄”[3]，昔日的皇家禁苑已是公园，恰可充当遗老们凭吊故国的绝佳场地。修禊的具体场所在万生园内畅观楼，原是光绪末年新建的欧式建筑，但在《癸丑修禊集》书前插入的姜筠修禊图中，却被画成了中国传统的楼阁式样。画中人物装束也多为峨冠博带的古式，与照相记录禊集实况中长袍马褂乃至西装革履的民国时装形成了鲜明对照。关赓麟禊集诗云：“……斯楼观成未十载，兴亡一姓何匆匆。琼华岛前集裙屐，昆明湖外多骄骢。前时禁苑付游骋，况乃此地非离宫。传之好事足千古，何遽不与山阴同。”[4]代入兰亭集会中本没有的易代兴亡，正与超社诗人同一悲慨。樊增祥说万生园禊集“不少幽哀吟杜宇”[5]，正是就此而言。

① 樊增祥：《石甫寄示三月三日集畅观楼用十五咸全韵五言排韵一首戏以七言报之并索和》，《樊山集外》卷四，第 24a–25a 页。

② 姜筠：《畅观楼修禊图》题词，载《癸丑修禊集》，北京大学图书馆藏本，卷首。

③ 梁启超：《癸丑三日邀群贤修禊万生园拈兰亭序分韵得激字》，《庸言》第 1 卷 10 期，1913 年 4 月 16 日。以下征引《庸言》所载万生园修禊诗，均出此期，不再注出刊、期号。

④ 关赓麟：《癸丑三月三日任公招集万生园修禊分韵得风字》。

⑤ 樊增祥：《石甫寄示三月三日集畅观楼用十五咸全韵五言排韵一首戏以七言报之并索和》。

图 2：姜筠绘《畅观楼修禊图》，原本洋式的畅观楼被改绘为中式楼阁

图 3：1909 年畅观楼实景（摘自吴志伟编:《洋镜头：1909，北京动物园》，广东旅游出版社 2020 年版）

然而，当日梁启超突发奇想组织禊集的关怀却未必在此，《庸言》“诗录”刊出的“癸丑禊集诗”之前有梁启超自撰小序：

吾生有极，驷隙不返。徒顾影而悼叹，宁假日以游娱。始吾坠地以还，逢癸丑之上巳，山阴禊事，正属今辰。逋亡归国，山川犹昔。抚兹令序，尚全今我。风景不殊，玄髩非故。落落旧侣，蔼蔼新知，游心于爽垲，假物于春阳。永一日之足，摅千年之慕。群贤不遗，就我呴沫。和以醇醪，拾此芳草，流传觞咏，宁远永和？何必天池之为大，而枋榆之足小也。

和樊增祥等强调古今差异不同，梁启超抒发了千载而下对永和癸丑的仰慕，认为今日之会“宁远永和”。小序开头有一种时间紧迫感，与序文主体所描绘的“假日游娱”颇不协调。一个多月前，夏历正月二十六日是梁启超生日，京津诸友人在天津孙家花园为他庆寿。整整一天游嬉之后，梁启超在给女儿的信里，自省“国事杌陧如此，吾受此殊觉不安耳”[①]。在百忙中假日游娱，对于“实行的政务家”来说，不啻有玩物丧志之嫌。王羲之《兰亭集序》原文中对时间流逝的敏感，更加剧了千载而下模仿者的紧张。“徒顾影而悼叹，宁假日以游娱”，梁启超对堕入文人习气不无警惕。舒缓这一紧张的办法，则不外乎赋予流连光景的游娱以重大意义。首先是时间上的循环相契：人生能有几癸丑？生当此际，又岂能错过对“永和九年，岁在癸丑”的阐释与发挥？

从张之洞《哀六朝》对“八代之衰”的抨击，到章太炎、刘师培对五朝制度、魏晋文章的表彰，正可看出清季魏晋时代观之多元。时至民国，万生园禊集诸公在吟咏魏晋风流的时候又有何新意？陈衍《京师万生园修禊诗序》是对这次集会的总结，字里行间却强调王、谢诸人身丁乱世而扭转乾坤的努力，一意要在诗文中发现政治：

嗟夫！以风雅道丧之日，犹复得此，可不谓盛欤？昔者周公成洛邑，因流水以泛酒，逸《诗》所云“羽觞随流波”是也。厥后《溱洧》之秉简增药，曾点言志之暮春浴沂，或取义于祓除不

① 1913年3月3日《与娴儿书》，《梁启超年谱长编》，第663页。

祥。独东晋永和癸丑山阴兰亭之会，流传千馀载不衰。彼颜延之、王元长曲水两诗序，乃晻暧若不甚表著者，岂不以右军人品高尚，其遗殷浩、谢安、会稽王诸书，皆关大计，初非岩栖谷处，天下事绝不措意，然终不以簪绂易其老庄山水之抱，故理解超越，文字亦若乘风远游，不可羁绁欤？今岁为永和后二十六癸丑，海宇腾沸，四裔交轨〔轶〕，视永和殆有过之。南北诸君子，其未忘右军经世之志与脱屣尘埃之本心者，感遇不同，所以寄托其感遇者同也。[①]

与樊园禊集诗之步法原作、“诗仿兰亭”不同，陈衍着力探究的是“超越文字”的“经世之志”，因此王羲之的序文就要比传世的若干首四、五言玄言诗更有价值。万生园禊集名义上是在追忆永和九年的山阴修禊，但按照陈衍的概括，却好像只是在发掘王羲之一人，旨在重新阐释王羲之将军国大计与“老庄山水之抱”合而为一的高尚人品。诸诗中发明此意者，首推梁启超：

……因想兰亭高会时，正兆典午阳九厄。雅废夷侵难手援，井渫王明只心恻。馀子猜意争腐鼠，达士逃虚谢羁勒。只今茧纸世共宝，当年苦心谁解索。[②]

梁启超未正面言及王羲之的事功，却罗列了一连串对立的词组：“典午阳九”与“兰亭高会”，“雅废夷侵”与“井渫王明”[③]，“馀子猜意”与“达士逃虚”，“当年苦心”与“只今茧纸”。从民国癸丑回溯

① 陈衍：《京师万生园修禊诗序》，《庸言》第2卷第1–2号合刊，1914年2月15日。又见《癸丑修禊集》卷首，第1–2页，文字略有出入。

② 梁启超：《癸丑三日邀群贤修禊万生园拈兰亭序分韵得激字》。

③ 《易·井》：“九三，井渫不食，为我心恻。可用汲，王明，并受其福。”

永和癸丑，问题还在于乱世之中，士大夫脱卸羁勒、纵情诗酒是否具有合理性。梁诗设想王、谢诸人在清谈玄言之外别有用心，而千余年来禊序书法为世共宝，却少有人能解索序文的苦心孤诣。诗末云："侵驰忍放日月迈，蹉跎应为芳菲惜。他年谁更感斯文，趣舍恐殊今视昔。"再度感慨年华蹉跎，还是因为难以抛舍社会责任："再阅六十年，世人亦不复知有癸丑二字矣，故吾末联云云，感慨殊深也。"[①]

三

梁启超的一序一诗预定了整部禊集诗的基调。唱和诸公中，既有逊清遗老，也有民国新进，更多则是梁启超、王式通、罗惇曧、郭则沄这样的"两截人"，诸诗所表现的主题大体接近：如何沟通同处乱世之中的晋人风度与今人心境？又如何缓解危难之际"假日游娱"带来的道德负担？罗惇曧诗云："嬉春纵非时，愤世徒伤肝……且袖看云手，漫峨进贤冠。"[②]既已明知"非时"，却仍只能袖手旁观，可以说是一种消极的超脱。梁鸿志诗有句："神州待祓除，袖手忍轻试。独当就林坰，涤我经世意。"[③]取上巳祓除不祥之意，呼唤有力者再造神州，自己却不忍轻试，最终仍归于"袖手"，只好以"就林坰"的放逸来洗刷"经世意"的无力。陈懋鼎当日"见召未至"[④]，补呈之诗亦注意到王羲之移书会稽王、殷浩、谢安所见的廊庙之志，绝非沉溺庄老玄言之徒；诗中与"右军百世人"相配的，正是"饮冰圣者徒"。在陈懋鼎笔下，梁启超不啻是王右军的当代化身：既有"贵生将乐群"的

---

① 1913年4月12日《与娴儿书》,《梁启超年谱长编》，第666页。

② 罗惇曧:《上巳禊集分韵得湍字》。

③ 梁鸿志:《癸丑三月三日修禊诗限至字韵上任公先生兼呈同游君子》。

④ 陈懋鼎即梁启超《寄赵尧生侍御以诗代书》中所说的陈徵宇。据《石遗室诗话》卷五，陈懋鼎为宣统帝师陈宝琛"犹子"，"肆力后山，俯视一切"。见《民国诗话丛编》第1册，第65页。

政治抱负，又保持着“志远惟静照”的内在修养，进而揣度梁氏组织禊集的动机：“袚禊特强名，由来钓非钓。”原来是在禊集名义下督促时流进取，一下子纾解了“嬉春非时”的紧张，可谓深得任公之心①。

图 4：《癸丑修禊集》卷首的“晋永和后第二十六癸丑集群贤修禊万生园留影”

然而，虽是当场分韵作诗，却未必都能做到“主题先行”。禊集诗中以东晋乱世类比当代者固自不少，但也有持论与梁启超立异，认为晋贤不可法者。如顾瑗《上巳禊集分畅字韵》：“……乾坤莽荆棘，狗马蓄将相。文章小儒焚，诗书枯骨葬。惩往鄙秽俗，瞻来殷宿望。

① 陈懋鼎：《任公以三月三日禊集于万生园时盖永和后二十六癸丑也见招未至分韵得少字奉呈任公》。

挥手谢晋贤，道在无得丧。惟有昌黎豪，忘形友文畅。”言下之意，道衰文弊的“鄙秽俗”最终还是要靠积极作为来荡涤。王羲之等晋贤未免执着于生死得丧，不如韩愈能够“忘形”，虽与文畅、大颠等浮图交游，犹然坚守“圣人之道”。

当日分韵唱和之外，严复有补和诗四首从局外立论，视角也颇为独特[①]。其第一首紧贴主人身份，回溯梁启超十余年流亡海外、奔走国事、引导舆论的经历，继而写民元梁氏返国参与政治，切入此次禊集的背景与过程。临近篇末，复以“举杯酹西山，怃然念灵修”一句逗转，将修禊诗的主题从山阴之会的“茂林修竹”拉回到清季政坛的“黄竹之哀”：

> ……黄竹去不返，愁云弥九邱。伤心瑶池宴，王母戴虎头。借问王右军，感慨犹此否？[②]

近代诗家常以西王母隐指西太后[③]。此数句表面上采取周穆王《黄

---

① 严复:《癸丑上巳任公禊集万生园分韵敬呈流觞曲水四首》,《庸言》第1卷第14期，1913年6月16日。按：严复此四首补和诗，后来陈寅恪曾抄录批注，评价甚高：“几道新学为中国开山之祖，而旧学所造亦高，如此四诗，不易于及也。”引自谢泳:《试探唐篔书陈寅恪诗抄本之下落》,《思想利器——当代中国研究的史料问题》，新星出版社2013年版，第82页。

② “伤心瑶池宴”句，严氏《瘉壄堂诗集》卷下作“惊魂瑶池宴”，见《严复全集》第8卷，福建教育出版社2014年版，第33页。

③ 陈宝琛《感春四首》(1895)其二:“阿母欢娱众女狂，十年养就满庭芳……可怜买尽西园醉，赢得嘉辰一断肠。”即以西王母（“阿母”）瑶池宴之典，暗喻“甲午之败，适值慈禧太后万寿”。参见吴宓:《空轩诗话》，吴学昭整理:《吴宓诗话》，商务印书馆2005年版，第197页。戊戌政变后，康、梁及其同情者更常用“西王母”贬刺慈禧。如黄遵宪《庚子元旦》(1900)其二:“乐奏钧天梦里过，瀛台缥缈隔星河……未知王母行筹乐，岁岁添筹到几何。”康有为此类诗句尤多，如《六哀诗·故四品卿衔军机章京参预新政候补知府谭君嗣同》(1901):“神尧遂幽囚，王母宴飞琼。”又《闻俄据东三省》(1903):“万方皆震动，王母宴荒淫。”又《除夕加拿大海岛卧病感怀五首》(1905年2月)其三:“王母瑶池丽上清，蟠桃正熟赐飞琼。”分别见钱仲联:《人境庐诗草笺注》卷十，上海古籍出版社1981年版，第874页；姜义华、张荣华编校:《康有为全集》第12集，中国人民大学出版社2008年版，第219、234、262页。

竹歌》及八骏西游的典故，实则很可能指涉帝后之争，寄托着维新一派对光绪帝（“灵修”）的追怀[①]。在“右军”与“任公”之间，固然有“不同时代的同时代性”，却也不能因此抹杀具体历史情境带来的独特感慨。

严复补和诗第二首，围绕禊集所在的万生园这一空间展开：“短垣外缭绕，广袤十里强。网罗极飞走，动植各有疆。仲春遘时雨，蜀黍亦插秧。”整部禊集诗中，似唯有严复注意到万生园作为农事试验场和动物园的特殊属性，实与“流觞曲水”之类传统上的诗酒集会之地有所不同。严复还借万生园中各种动植物并存的现象，反思自家早年译介的“优胜劣汰”之论：“伟哉造化力，长养赅百昌。生理谅在兹，谁谓劣者亡。”接着第三首，严复又回到了主人身上，开始追忆与梁启超自甲午以来的夙交：“忆昨过夫君，东溟始挫衄。洋洋时务篇，何止阳春曲……”结以“可怜太液池，飞飞两黄鹄”两句，再次触发易代兴感。严诗前三首皆立足当下，至第四首始追溯兰亭之会，阐发王羲之与梁启超共通的入世之“勇”：

> ……逸少居会稽，端为佳山水。今观所为序，用意颇吊诡。俯仰犹兴怀，彭殇难一轨。区区为怀祖，《誓墓》岂即是？遗世能恝然，固当以乐死。恭惟生才心，贤圣众所恃。怀宝谅非难，事国或尽瘁。夷、叔安足希，如尊乃勇耳。

在第四首诗前段，严复铺叙永和前后政治败窳、北伐启衅、聚敛无节，各种危机纷至沓来；方此之际，王羲之居会稽佳山水间，《兰亭集序》“固知一死生为虚妄，齐彭殇为妄作”云云，正表明有所执着，

① 李商隐《瑶池》：“瑶池阿母绮窗开，黄竹歌声动地哀。八骏日行三万里，穆王何事不重来。”李诗寓意历来有争议，《李义山诗集笺注》引程梦星曰：“此追叹武宗之崩也。”见朱鹤龄注、程梦星删补：《李义山诗集笺注》卷上，乾隆八年今有堂刻本，第92b–93a页。

非恝然遗世之人。其作《誓墓文》称病去职，又岂止耻居王述（怀祖）之下的意气之争？“怀其宝而迷其邦”并非难事，却不如入世者能尽瘁国事。末句明说伯夷、叔齐不足希求，附带讥刺了忠于清室的首阳诸公。严复此首末联堪称点睛之笔，终于将梁启超与沪上遗老截然不同的修禊心事和盘托出。

四

万生园禊集吟咏的对象，主要不是兰亭禊集流传下来的三十七首“扣木得音，嚼蜡寡味”[1]的玄言诗，而是集中于王羲之一篇《兰亭集序》，亦涉及王羲之在文字风范之外的政治关切。陈衍将王羲之看作“经世之志”与“脱屣尘埃之心”结合的典范，个中思路，与当年《饮冰室诗话》同时强调“影响世运”与“陶写吾心”颇为类似[2]，亦可看作传统士大夫“内圣外王”理想的延续。民初梁启超固欲在坚守政治家职业的同时兼收文采风流，但众人却可能仍从“遗世”与“入世”非此即彼的角度忽视任公调剂内外的苦心。梁济在《伏卯录》中抱怨自己“真心钦慕”以为“救中国之第一人”的梁任公竟堕入文人之流：“其所与谈者，皆饮酒赋诗，能文章，工翰墨，身居显贵，应酬联络，金可任挥之人；以哀时托之文字，以气节寄诸诗歌，以救国救民为口头禅，而日以聊且自娱为务者也。”[3]梁启超在国事杌陧之际嬉游终日

① 樊增祥《三月三日樊园修禊序》语。但同序称“超社同人，最多尊宿，……以今仿昔，自谓过之”，则仍是从诗学角度与古人争高下，与梁启超等通过“兰亭序”绕过“兰亭诗”的策略不同。

② 梁启超《饮冰室诗话》：“古诗《孔雀东南飞》一篇，千七百馀字，号称古今第一长诗，诗虽奇绝，亦只儿女子语，于世运无影响也。”又：“以为吾之为此，本以陶写吾心，若强而苦之，则又何取？”《新民丛报》第9、29号，光绪二十八年五月初一日、光绪二十九年三月二十日

③ 梁济：《伏卯录》，原载《桂林梁先生遗书》之五，引自夏晓虹：《追忆梁启超》，中国广播电视出版社1997年版，第266–267页。

的负罪感，在梁济的批评中得到了回响。而梁济抨击任公的依据，则是“彼日日唱和之文人又何尝真以民事为心”，反映出民初知识人心目中“文人”与“政治家”之间分裂，原本兼二者而有之的“士大夫”理念已渐渐失去人心。

而在“日日唱和之文人”方面，当日参与禊集者也未必都认同梁启超真是王右军后身，甚至当年王羲之是否真能将政治事功与文采风流集于一身，也成为问题。万生园之会真正的“压卷之作”并非梁启超的自撰，而是来自为此次集会作诗最多的易顺鼎。其所撰三章长诗中，第一首当日分韵之作，多应酬之辞；第二首用“十五咸”全韵依次遍押并禁重字，后寄给樊增祥征和，颇有炫技逞才之意；惟第三首事后赋呈，运用杂言歌行体，以文为诗，长歌当哭，“诡诞极矣，所以寄郁勃之思也”[①]，最终成为民国诗坛的经典之作。该诗末段两次直呼“梁夫子”，劝梁启超放弃如《尧典》中伯夷、龙、夔等二十二人辅佐舜帝的事功抱负，不如优游于周穆王驰骋八骏的享乐生活。其结论虽与梁济相对，但前提都一样，即入世事功不可能与遗世独立兼得：

> ……噫吁嚱悲哉！吾尝闻尧氏舜氏之歌辞曰：“菁华已竭，褰裳去之”，又尝闻穆满氏西王母氏之歌辞曰：“道里悠远，山川间之”。方今朱干苓落犹可期，白云、黄竹何须悲。且相与采华枝、玩菊篱、餐蕨薇，亦安用谈刑天、说精卫、称钦䲹。梁夫子！与其有朱虎熊罴伯夷龙夔同列廿二人，召风使之南；不如有骅骝騄駬山子盗骊亟行三万里，追日使不西。所以候人之歌曰“猗”，梁鸿之歌曰“噫”，丁令威之歌曰“城郭犹是人民非，何不学仙冢累累”，楚接舆之歌曰“凤兮凤兮，何德之衰，往者不可谏，来者犹可追”，古儒家之歌曰“青青之麦，生于陵陂，生不布施，

---

① 钱基博：《现代中国文学史》，傅道彬编校：《中国现代学术经典·钱基博卷》，河北教育出版社 1996 年版，第 258 页。

死何用含珠为”，汉田家之歌曰“种一顷豆，落而为箕，生不行乐，死何以虚谥为”，元亮曰“时运而往矣”，逸少云“死生亦大矣”，此与“春非我春”“日新又日”，皆为前哲之良规。然则今日之日兮，当以一刻千金为要素；明日之日兮，当以寸阴尺璧为前提。梁夫子！勿我诃！帖不必摹《临河》，图不必仿《上河》。试问百年之间，癸丑能有几？正恐中年以后，上巳还无多！何况今日之共和，远非昔日之永和：国曰支那，土曰婆娑，历曰娄罗，时曰刹那。捧剑有金人，流觞有玉女；卧冢无石麟，流涕无铜驼……[1]

此段用事密集而杂糅，往往自由发挥，脱离或放大典故的惯用义：所引周穆王、西王母事既与前揭严复和诗所指截然不同，“餐薇”“采菊”等旧典的运用，亦不限于伯夷、叔齐或陶渊明代表的遗民隐逸之思，“刑天”“精卫”表现的壮士猛志更是遭到否定。在接连援引一连串古谣谚、格言之后，诗人终于点出“今日之共和，远非昔日之永和”的题旨。他试图唤醒自拟王右军、谢安石的“梁夫子”，故耳提面命，言之不足又长言之，长言之不足又咏叹之如此。当时梁启超“痴心妄想，想带着袁世凯上政治轨道，替国家做些建设事业”[2]。易顺鼎在诗中奉劝梁启超引退优游，未必完全出于他暧昧的遗民立场，反而有着局外人的清醒。

易顺鼎的长诗在“要素”“前提”“共和”“支那”“国歌”等一系列新名词中收束，实则戏弄了这些新名词所代表的新文体乃至新国体。须知清末以来“新名词”引进的始作俑者正是梁启超，此时却摇身一变成了传统的守卫者。“金人捧剑”和“曲水流觞”指涉的上巳习

① 易顺鼎：《癸丑三月三日修禊万生园赋呈任公》。

② 梁启超：《护国之役回顾谈》，见《饮冰室合集》文集三十九，中华书局1936年版，第88页。

俗看似在万生园禊集中得到了延续，但易诗却敏锐地指出：此番“共和”实不同于往时“鼎革”，当君主王朝变为近代国家，纵有易代之悲，却再无“荆棘铜驼”等意象可以寄托。易顺鼎也从王羲之序中读出了“一刻千金”“寸阴尺璧”的紧迫感，但他所感叹的是一切价值都在崩坏之中，年华短促当及时行乐，与梁启超一行人从政治抱负出发“恐年岁之不吾与”根本不同。

余响

一年以后，换成号称“当代昭明”的袁公子克文在南海子主持上巳修禊，这一回，轮到梁启超做叨陪末座的“奉和”者。《庸言》第2卷第5期“诗录”刊登了罗惇曧、惇㬊兄弟及梁启超的三首禊集诗，歌颂对象由梁启超转为“轩冕此俊人”的袁克文。只有梁诗尚对癸丑修禊念念不忘：“……因思去年时，禊事聚巾袷。尺波难再回，春人但无赖。”[①]当时陷于政治泥潭欲自拔而不能的梁启超，回想起一年之前的“逸少风流”，应该是无限向往了吧[②]。

刘成禺《洪宪纪事诗本事簿注》记载，三年以后，“丁巳（1917）上巳，洪宪旧臣修禊万牲园、十刹海二处，所为诗歌，感慨圣世，油然有故君之思”。又一年后，“戊午年（1918）上巳，大会于陶然亭，洪宪旧臣，莅者大半”，如“樊山（樊增祥）、实父（易顺鼎）、掞东（罗惇曧）、叔海（江瀚）、书衡（王式通）诸人，有挥泪而纵谈往事

① 梁启超：《甲寅上巳抱存修禊南海子分韵得带字》。

② 1913年4月底，癸丑修禊后不久，共和党竞选落败，梁启超即有退出政坛的意愿。但继而他又促成进步党的组建，9月任熊希龄内阁司法总长。1914年2月辞司法总长，又任币制局总裁。当年5月梁氏赞成新约法，并参加“参政院”，颇受时论非议。实际上1914年初《庸言》改组，“不偏于政治一方”，已经说明梁启超对政治的厌倦，这与后来《大中华发刊词》的宗旨是类似的。

者”[1]。若此记录属实，则诸公由清遗民蜕为洪宪遗民，真可谓是“为遗老而遗老”了。只是此时文人队中已无梁启超。

（2006年2月6日初稿；原载《现代中文学刊》2010年第4期，此版本较刊出时有较大改动）

陆胤，1982年生于江苏省苏州市，2001年考入北京大学中文系，由夏晓虹教授指导完成学年论文、本科毕业论文，2005年起师从夏晓虹教授攻读博士学位（直读）。现任北京大学中文系长聘副教授，专研晚清文学及相关思想文化史。出版有《政教存续与文教转型——近代学术史上的张之洞学人圈》（2015）、《变风变雅：清季民初的诗文、学术与政教》（2021）、《国文的创生：清季文学教育与知识衍变》（2022），并曾在夏晓虹教授指导下合作整理有《中国近三百年学术史（新校本）》（2011）、《新史学》（2014）、《国学小史》（2014）等梁启超著作，在《中国社会科学》《文学评论》《文学遗产》等刊发表论文数十篇。

① 刘成禺：《洪宪纪事诗本事簿注》三一“旧臣赋诗”，山西古籍出版社1997年版，第261页。

《论中国学术思想变迁之大势》

“淬厉其所本有而新之”“采补其所本无而新之”的学术典范之作

秦美珊

绪论

1902年《新民丛报》的创刊，昭示着梁启超思想上的一个新驿站。此时的梁启超自1898年因戊戌政变而逃亡日本之后，“去国以来，忽忽四年矣”①，并距其“稍能读东文，思想为之一变”②之际，已然三年。三年时间的沉淀，显然足以让梁启超在创办《清议报》的基础上，更进一步地思考救国救民之道，并透过《新民丛报》这一阵地展现出来。《新民丛报》创刊号的《本报告白》开宗明义地指出：

> 本报取《大学》新民之义，以为欲维新吾国，当先维新吾民。中国所以不振，由于国民公德缺乏，智慧不开，故本报专对此病而药治之，务采合中西道德以为德育之方针，广罗政学理论以为智育之原本。③

① 梁启超：《三十自述》，《饮冰室合集》第2册第11卷，中华书局1989年版，第18页。

② 出处同上。原句为：“自此居日本东京者一年，稍能读东文，思想为之一变。”以此推算1902年的梁启超，距其能阅读日文而思想为之变化之际已然三年。

③ 《本报告白》，冯紫珊编：《新民丛报》第1号，1902年2月8日（光绪二十八年元月一日）。

由此观之，此时的梁启超将中国衰弱的根源归纳为“国民公德缺乏”以及“智慧不开”这两个问题。因此，《新民丛报》的创刊，即为救此二弊之药方，希冀从“德育”以及“智育”这两剂药着手，达到救国救民的理想。这一则《本报告白》言简意赅，在提出以德育和智育为挽救方针之际，亦表明《新民丛报》的目标，不仅仅是要找出中国衰弱的病根，也要结合西方文化的经验，取长补短。

《新民丛报》的办报宗旨既如此明确，那么梁启超以“中国之新民”为笔名撰写的《新民说》，自然是重点栏目，并贯彻着《新民丛报》的精神。《新民说》的《释新民之义》，无疑是《新民丛报》的《本报告白》之说的详细阐述。当然，《新民说》的撰述，主要还是将对象锁定在“新民”，即以“人”为本体。因此，在《释新民之义》中，所谓“新民云者，非欲吾民尽弃其旧以从人也。新之义有二：一曰，淬厉其所本有而新之，二曰，采补其所本无而新之。二者缺一，时乃无功”[①]。这样一种“新民”的内涵，乃是要求结合中国原有的文化特质以及西方文化素养而形成的“新民”。以此作为参照对象，《新民丛报》这一份报刊，又何尝不是将中西文化摆放在一起的一面平台？一个物质性的“新民”？

《新民说》尝试力挽“国民公德”之缺的意图在第五节《论公德》中展露无遗，此文刊载于 1902 年 3 月 10 日《新民丛报》第 3 号。隔年，当梁启超前往美洲一行后，却清楚意识到中国人较为欠缺的虽是“公德”，然而并不表示“私德”已无须加以强调和培养。因此，距《论公德》刊载一年有余之后撰述的《论私德》，即对此加以探讨。在梁启超看来，只有个人私德的完善，才有可能提升到公德的境界，两者相辅相成。

在汲汲营营于培养“新民”的“德育”之际，梁启超亦没有忘记

---

① 中国之新民：《新民说一·第三节 释新民之义》，《新民丛报》第 1 号。注：“中国之新民”为梁启超的笔名。

《新民丛报·本报告白》中所触及的另一个关怀点——“智育”。故此，在《新民丛报》第1号中，《论学术之势力左右世界》一文即以铿锵之声吹响推动“智育”的号角。文中列举了影响各国乃至世界的大人物如成吉思汗、梅特涅、拿破仑等的丰功伟绩之后，反问：“一败之后，其政策亦随身名而灭矣。然则天地间独一无二之大势力，何在乎？曰：智慧而已矣；学术而已矣！”[①]此即表示，各国政策必随当政者而变化，然而智慧以及学术所可以发挥的效应则更为长远且有效。因此，正如篇名所题，学术的势力足以左右世界，此为从大处着眼。然从细微末节言之：“凡我等今日所衣所食所用所乘所闻所见，一切利用前民之事物，安有不自学术来者耶？”[②]此外，同一期刊载的《近世文明初祖二大家之学说》一文亦写道：“而学术之革新，其最著者也。有新学术，然后有新道德、新政治、新技艺、新器物；有是数者，然后有新国、新世界。”[③]梁启超此说，在在强调了学术之于新民以至新国、新世界之重要性以及不可取代之地位。

《论学术之势力左右世界》的刊载，可看成是梁启超即将登场的学术巨著《论中国学术思想变迁之大势》的开路先锋。从《新民丛报》第3号开始，这一学术论著即在“学术”一栏连载，刊载时间从1902年延续至1904年。其间，梁启超于1903年的美洲之行曾导致此文被迫中断较长一段时间。1904年重新执笔时，显然梁启超的学术思路已经与初写此文的想法有所不同。于是乎，梁启超此时完成的《近世之学术（起明亡以迄今日）》不仅仅乖离了原初的构想，不再把清代学术归入“衰落时代”，而且在书写策略与方法上也与之前所完成的章节不太一贯。当然，《近世之学术（起明亡以迄今日）》此章在学术发展脉络上而言，还是可与基本完成于1902年的前六章结合成一个整体。

---

① 中国之新民：《论学术之势力左右世界》，《新民丛报》第1号。

② 同上。

③ 中国之新民：《近世文明初祖二大家之学说》，《新民丛报》第1号。

观照《新民说》与《论中国学术思想变迁之大势》在《新民丛报》上的刊载，即可发现这两个专题基本上有相辅相成的趋势，因此可以说，这正是梁启超在《新民丛报》上排演的一出双簧。他一方面透过《新民说》推动德育；另一方面则借着《论中国学术思想变迁之大势》推展智育，成就了《新民丛报》上的一出好戏。《论中国学术思想变迁之大势》的《总论》中写道：

> 自今以往二十年中，吾不患外国学术思想之不输入，吾惟患本国学术思想之不发明。夫二十年间之不发明，于我学术思想必非有损也。虽然，凡一国之立于天地，必有其所以立之特质。欲自善其国者，不可不于此特质焉，淬厉之而增长之。[①]

这一段话，极易让人联想到《新民说》中“淬厉其所本有而新之”“采补其所本无而新之”的纲目。可见，此一立场和策略是《新民说》以及《论中国学术思想变迁之大势》的中心支柱。当然，融合中、西学术的追求，同样是在《新民说》中对于“新民”的一种期待。

这样一种隐含着对于国民和国族有所期待的学术论述，其存在本身显然并不“纯粹”。在完成《论中国学术思想变迁之大势》一书的十六年后，梁启超在《清代学术概论·自序》中亦毫不讳言：“且当时多有为而发之言，其结论往往流于偏至。——故今全行改作，采旧文者什一二而已。”[②]此处所指的“有为而发之言”，虽未挑明，却昭然若揭地指向他当时殷切倡导的“新民”和“新国家”之说。而且，梁启超此时甚至自认“其结论往往流于偏至”，可见其“有为而发”的目

---

① 中国之新民：《论中国学术思想变迁之大势·第一章 总论》，《新民丛报》第3号，1902年3月10日（光绪二十八年二月一日）。

② 梁启超：《清代学术概论·自序》，《饮冰室合集》第8册第34卷，中华书局1989年版，第4页。

标无形中已导致客观立场的偏差。换句话说，梁启超在撰写《论中国学术思想变迁之大势》这部学术史时，还包含着达到思想启蒙和政治改革的意图。夏晓虹对此即有精辟的见解：

> 不难看出，梁启超此期的学术研究，带有浓厚的现实政治色彩。《新史学》与《新民说》的互相呼应一目了然；《论中国学术思想变迁之大势》也与其介绍西方学术、思想的诸多论文用心一致，均在求引进西学，融贯中外，催生中国新文明，放大光华于世界，用梁启超的妙喻，即是“彼西方美人，必能为我家育宁馨儿以亢我宗也”。①

这一段话，在点出梁启超的《论中国学术思想变迁之大势》具有现实政治关怀之余，也提及《新民丛报》中的《新史学》，同样可以与《新民说》“互相呼应”。这更表明了此时的梁启超，不管是在探讨学术史或史学议题，皆回归到他当时的现实思考。

一、学术与政治之关系

戊戌政变的失败让梁启超意识到，如欲在中国推展政治改革，清朝政府已不足以依赖，而应寻求的其实是民众的支持。当然，必须承认的是，要获取民众的支持，首要步骤是启蒙民众的思想，如此方有可能透过“新民”建立“新国家”。既如此，民众的思想启蒙，也必须回归到思想与学术源泉。用梁启超的话说，即是：“学术思想之在一国，犹人之有精神也；而政事、法律、风俗、及历史上种种之现象，则其形质也。故欲觇其国文野强弱之程度如何，必于学术思想焉

① 夏晓虹编：《梁启超文选·编者前言》（上册），中国广播电视出版社 1992 年版，第 4–5 页。

求之。”[①] 此说将学术思想与国家的文明程度相关联，同时也揭示出学术与政治两者之间相互依傍的效应。类似的观点，梁启超在《新民说·论进步》中同样有所强调：“凡一国之进步，必以学术思想为之母，而风俗政治皆其子孙也。中国惟战国时代，九流杂兴，道术最广。自有史以来，黄族之名誉，未有盛于彼时者也。”[②] 梁启超既然是在《新民说·论进步》中论述这一观点，自然是站在追求进步的立足点上期待着学术推动国家的发展。由此观之，梁启超首先将中华民族文明程度的起点，置于战国时期思想学说极为活跃的时代。

梁启超《论中国学术思想变迁之大势》的撰写，以西方的进化观重新审视中国历来的学术演进，开展出不同于以往的论述，并且参照西方的学术发展史，从横向与纵向两面切入。这样一种新的学术范式，在中国学术史上可谓是领航之作。在开篇的《总论》中，梁启超即说：

> 故合世界史通观之，上世史时代之学术思想，我中华第一也；泰西虽有希腊梭格拉底、亚里士多德诸贤，然安能及我先秦诸子？中世史时代之学术思想，我中华第一也；中世史时代，我国之学术思想虽稍衰，然欧洲更甚。欧洲所得者，惟基督教及罗马法耳，自余则暗无天日。欧洲以外，更不必论。惟近世史时代，则相形之下，吾汗颜矣。虽然，近世史之前途，未有艾也，又安见此伟大国民，不能恢复乃祖乃宗所处最高尚最荣誉之位置，而更执牛耳于全世界之学术思想界者！吾欲草此论，吾之热血，如火如焰；吾之希望，如海如潮。[③]

① 中国之新民：《论中国学术思想变迁之大势·第一章　总论》，《新民丛报》第3号。
② 中国之新民：《新民说十·第十一节 论进步（一名论中国群治不进之原因）》，《新民丛报》第10号，1902年6月20日（光绪二十八年五月十五日）。
③ 中国之新民：《论中国学术思想变迁之大势·第一章　总论》，《新民丛报》第3号。

这一段论述，首先肯定的是中国学术从上世史到中世史的优异地位，可是让梁启超忧心忡忡的是中国近世史的学术状况。这一时期的成果显然远远比不上先秦诸子的成就，而且在与西方学术发展的对照下，也相形见绌。然而，作为“中国之新民”，又岂能让中国的学术就此一蹶不振？因此，梁启超落笔撰述《论中国学术思想变迁之大势》时，除了有力挽狂澜之意，也有开展“新学术”的热切期盼。他说：

> 生此国，为此民，享此学术思想之恩泽，则歌之舞之，发挥之光大之，继长而增高之，吾辈之责也。而至今未闻有从事于此者何也？凡天下事必比较然后见其真，无比较则非惟不能知己之所短，并不能知己之所长。前代无论矣。今世所称好学深思之士，有两种：一则徒为本国思想学术界所窘，而于他国者未尝一涉其樊也；一则徒为外国学术思想所眩，而于本国者不屑一厝其意也。①

可见《论中国学术思想变迁之大势》之所以参照西方学术史，是希冀可以透过中西学术的比较以见真章。当然，这样一种做法并非为比出两者之高下，而是希望可以“淬厉其所本有而新之”并“采补其所本无而新之”。

梁启超尝试结合中西文化之精粹的立场，不管是在《论中国学术思想变迁之大势》或是《新民说》之中，皆是贯穿全局的不二选择。试观《新民说》中的两段话：

> 故今日不欲强吾国则已，欲强吾国，则不可不博考各国民族所以自立之道，汇择其长者而取之，以补我之所未及。今论者于

---

① 中国之新民：《论中国学术思想变迁之大势·第一章　总论》，《新民丛报》第3号。

政治、学术、技艺，皆莫不知取人长以补我短矣；而不知民德、民智、民力，实为政治、学术、技艺之大原。[①]

故吾所谓新民者，必非如心醉西风者流，蔑弃吾数千年之道德、学术、风俗，以求伍于他人；亦非如墨守故纸者流，谓仅抱此数千年之道德、学术、风俗，遂足以立于大地也。[②]

这样一种叙述模式和理论追求，终归回到同一个理想上。梁启超在《新民说》中一再强调，一个“新民”必须“民德、民智、民力”三者兼备。因此在《新民说》中，突出学术作为民智的底蕴和内涵自是不可或缺的论述。然而，《新民说》的重心终究不能被“民智”一项独占，《论中国学术思想变迁之大势》一文的撰写因此显得必要。梁启超在《论中国学术思想变迁之大势》中，深入探讨先秦诸子学说相较于希腊学派之长短，认为“不知己之所长，则无以增长光大之；不知己之所短，则无以采择补正之。语其长，则爱国之言也；语其短，则救时之言也”[③]。

从细部剖析先秦诸子与希腊学说两派的长短之后，梁启超也从政治与学术这两个层面对比中国与西方的不同走向。据其观察，“泰西之政治，常随学术思想为转移；中国之学术思想，常随政治为转移，此不可谓非学界之一缺点也。是故政界各国并立，则学界亦各派并立；政界共主一统，则学界亦宗师一统”[④]。梁启超此一见解，展现其眼光独到之处。若不透过与西方政治体系相比较，必难窥见中国学术常随政治思想转移的弊端。有此自觉，自然为其晚年学术生涯中纯为学术

① 中国之新民：《新民说一·第三节　释新民之义》，《新民丛报》第1号。
② 同上。
③ 中国之新民：《论中国学术思想变迁之大势·第三章 全盛时代》，《新民丛报》第7号，1902年5月8日（光绪二十八年四月一日）。
④ 中国之新民：《论中国学术思想变迁之大势·第四章 儒学统一时代》，《新民丛报》第9号，1902年6月6日（光绪二十八年五月一日）。

而学术的追求埋下种子，也让他在《清代学术概论·自序》中坦陈自己的《论中国学术思想变迁之大势》其实是“有为而发”之作。换句话说，《论中国学术思想变迁之大势》虽在学术思路和形式上有所不同，然而却尚未挣脱以学术服务于政治的框架。以此观之，“中国政治之所以不进化，曰惟共主一统故；中国学术之所以不进化，曰惟宗师一统故。而其运皆起于秦、汉之交。秦、汉之交，实中国数千年一大关键也”[①]。故而说：“故儒学统一者，非中国学界之幸，而实中国学界之大不幸也。”[②]

循着学术和政治两者间的纠葛顺藤摸瓜，梁启超不无遗憾地指称，中国从秦、汉之际的大一统局面，再至清朝严格控管言论思想的境地，中国学术思想的自由发展面临严峻的考验：“而其所最不幸者，则建设之主动力，非由学者而由帝王也。帝王既私天下，则其所以保之者，莫亟于靖人心。事杂言庞，各是所是而非所非，此人心之所以滋动也。于是乎靖之之数，莫若取学术思想而一之。故凡专制之世，必禁言论、思想之自由。”[③]简而言之，政治上的中央集权，直接干涉了学术思想的发展和进步的空间。梁启超对此也各举西方与中国的例子加以论述：

> 凡学权垄断于一处者，学必衰；散布诸民间者，学必盛。泰西古学复兴时代，学权由教会移于平民，遂开近代之治，其明证也。西汉非诣博士不得受业，虽有私授，而其传不广。东汉则讲学之风，盛于一时。[④]

---

① 中国之新民：《论中国学术思想变迁之大势·第四章　儒学统一时代》，《新民丛报》第9号。

② 同上。

③ 同上。

④ 中国之新民：《论中国学术思想变迁之大势·第四章 儒学统一时代》，《新民丛报》第12号，1902年7月19日（光绪二十八年六月十五日）。

此一分析，为梁启超所倡导的学术思想之自由找到问题的症结，也让他为学术与思想的自由之路，寻找到合理的基石。此亦正如方侠文的观察所得："事实上，在他所揭示的'政治'与'学术'发展所必然存在的这层关系的背后，除了与他的学思历程有密切关系之外，更重要的是，梁氏的说法，在某种程度上凸显了学术思想自由的重要性。"①

二、学术思想之自由

梁启超在接触西方学说之初，醉心于"自由"一说自是不难理解。当然，"自由"这一议题，应该从方方面面加以申论更是在情在理。毕竟"自由"这一概念，是在西方思想和学说传入中国之后才开始勃兴起来。故此，梁启超在《新民说》中单立一章讨论"自由"，而在《论中国学术思想变迁之大势》中也多方强调学术思想自由的重要性。梁启超之所以推崇先秦诸子，其中一个重要的因素即为当时存在"思想言论之自由也"②。然而，中国学术思想之所以有倒退的现象，追究起来，除了政权一统所导致的思想学说之束缚，八股文和科举制度的实施也是一大帮凶。故说"学术界最大的障碍物，自然是八股，八股和一切学问都不相容，而科学为尤甚"③。

既欲倡导学术思想之自由，梁启超刨根问底，祖述先秦诸子，再而抬出龚自珍，认为"语近世思想自由之向导，必数定庵。吾见并世

① 方侠文:《梁启超晚年（1918—1929）学术思想研究——以清代学术研究、先秦诸子研究为例》，博士学位论文，台湾大学中国文学研究所，2006年，第266页，

② 中国之新民:《论中国学术思想变迁之大势·第三章 全盛时代》，《新民丛报》第4号，1902年3月24日（光绪二十八年二月十五日）。

③ 梁启超:《中国近三百年学术史》，《饮冰室合集》第10册第75卷，中华书局1989年版，第17页。

诸贤，其能为现今思想界放光明者，彼最初率崇拜定庵。当其始读《定庵集》，其脑识未有不受其激刺者也”[①]。从先秦诸子到龚自珍，学术思想的自由已在中国学术史上被扼杀了漫长的一段时间。梁启超对龚自珍的崇高评价，显然与龚自珍从事今文经学中所展现出来的现实关怀息息相关，也与龚自珍挣脱学术思想禁锢的成就不无关系。十六年之后，梁启超在《清代学术概论》中依然肯定龚自珍在清代推动今文经学的贡献，只是此时的梁启超已无法满足于龚自珍所带来的思想花火，表示："光绪间所谓新学家者，大率人人皆经过崇拜龚氏之一时期。初读《定庵文集》，若受电然，稍进乃厌其浅薄。然今文学派之开拓，实自龚氏。"[②]

在清末学界，龚自珍和魏源的治学方法一直获得梁启超的赞誉，认为"数新思想之萌蘖，其因缘固不得不远溯龚、魏。而二子皆治今文学，然则今文学与新思想之关系，果如是密切乎？曰是又不然。二子固非能纯治今文者，即今文学亦安得有尔许魔力？欲明其理，请征泰西。夫泰西古学复兴，遂开近世之治"[③]。如此一来，梁启超在今文经学和新思想之间筑起一道桥梁，也为自己的新思想之萌发，在中国学术史上找到定位。然而，这一点却非梁启超推崇龚、魏的唯一原因。梁启超的提示是："夫泰西古学复兴，遂开近世之治。"以此推论，梁启超对于龚、魏的赞赏，还包含着可溯源至先秦诸子的思想自由元素在他们身上的展现。与此相比照，梁启超乐观地认为，这其实与"泰西古学的复兴"有着异曲同工之妙，自然也可"遂开近世之治"。

梁启超一生的学术事业，得益于康有为启发之处已无需赘言。从《三十自述》中所形容的"大海潮音，作狮子吼"及"冷水浇背，当头

---

① 中国之新民：《论中国学术思想变迁之大势·近世之学术（起明亡以迄今日）》，《新民丛报》第58号，1904年12月7日（光绪三十年十一月一日）。

② 梁启超：《清代学术概论》，《饮冰室合集》第8册第34卷，第54页。

③ 中国之新民：《论中国学术思想变迁之大势·近世之学术（起明亡以迄今日）》，《新民丛报》第58号。

一棒”[1]，到《清代学术概论》自述“启超三十以后，已绝口不谈伪经，亦不谈改制”[2]，这其实是梁启超学术道路上的几个转折点。虽说在《清代学术概论》中，梁启超对于康有为的《新学伪经考》和《孔子改制考》的主观性不表认同，然而，梁启超却没有否定康有为撰此二书的用心乃在于开通思想、追求学术自由。梁启超表示：“南海以其所怀抱，思以易天下，而知国人之思想，束缚既久，不可以猝易，则以其所尊信之人为鹄，就其所能解者而导之。此南海说经之微意也……南海之功安在？则亦解二千年来人心之缚，使之敢于怀疑，而导之以入思想自由之途径而已。”[3]可见，以当时的学术氛围而言，欲倡导思想自由绝非易事。然而，康有为和梁启超却迎难而上，一直为打破思想禁锢而付出心力，以期再兴先秦时期思想自由的良好学风。

除了政治力量对于学术思想自由的钳制，梁启超也透过比照中国与西方，归纳出一个特殊现象，他说：“吾国有特异于他国者一事，曰无宗教是也。浅识者或以是为国之耻，而不知是荣也，非辱也。宗教者于人群幼稚时代虽颇有效，及其既成长之后，则害多而利少焉。何也？以其阻学术思想之自由也。”[4]以此观之，不管是中国或西方，在追求学术思想自由的途径上，皆非康庄大道。中国的学术和思想自由被政治集权所牵绊，而西方却是被宗教权威所桎梏。当然，梁启超也很清楚，若就此断章取义地认为中国无宗教信仰，自然有失偏颇，因此进一步补充说：“中国无宗教、无迷信，此就其学术发达以后之大体言之也。中国非无宗教思想，但其思想之起特早，且常倚于切实，故迷信之力不甚强，而受益受敝皆少。”[5]而且，梁启超还认为：“耶氏专

---

① 梁启超：《三十自述》，《饮冰室合集》第 2 册第 11 卷，第 16 页。

② 梁启超：《清代学术概论》，《饮冰室合集》第 8 册第 34 卷，第 63 页。

③ 中国之新民：《论中国学术思想变迁之大势 · 近世之学术（起明亡以迄今日）》，《新民丛报》第 58 号。

④ 中国之新民：《论中国学术思想变迁之大势 · 第一章　总论》，《新民丛报》第 3 号。

⑤ 中国之新民：《论中国学术思想变迁之大势 · 第二章　胚胎时代》，《新民丛报》第 3 号。

制之毒，视中国殆十倍焉。吾孔子非自欲以其教专制天下也；末流失真，大势趋于如是，孔子不任咎也。”①由梁启超的这一分析可以发现，中、西学术思想的自由，皆曾经历不同面向的阻力，然而读书人对于学术思想自由的追求，却历来未曾泯灭。

三、学术方法之借鉴

细加观察即可发现，《论中国学术思想变迁之大势》基本完成于1902年的前六章相较于1904年落笔的《近世之学术（起明亡以迄今日）》，明显在书写策略上有所不同。梁启超在此章的小序中做了一个简短的交代：

> 本论自壬寅秋搁笔，余稿久未续成，深用歉然。顷排积冗，重理旧业。以三百年来变迁最繁，而关系最切，故先论之。其第六章未完之稿及第七章之稿，俟本章撰成，乃续补焉。
>
> 原稿本拟区此章为二：一曰衰落时代。一曰复兴时代。以其界说不甚分明，故今改题。②

从原本规划中的《衰落时代》和《复兴时代》改成以《近世之学术》的面貌出现，其实透露了梁启超思想上的变化。1903年，梁启超因为保皇会的事务到美洲走了一遭。这对于一直从书刊上认识西方政体、学术、科技的梁启超无疑是一个冲击。这一实地考察的经验，让梁启超对于西方的学术思想有更好的消化和理解，进而得以对中国的

---

① 中国之新民：《论中国学术思想变迁之大势·第四章　儒学统一时代》，《新民丛报》第16号，1902年9月16日（光绪二十八年八月十五日）。

② 中国之新民：《论中国学术思想变迁之大势·近世之学术（起明亡以迄今日）》，《新民丛报》第53号，1904年9月24日（光绪三十年八月十五日）。

文化和学术思想有深一层的体认，并将其思考所得，具体展现在《近世之学术（起明亡以迄今日）》一章中。梁启超的美洲之行，让他深刻了解到西方文化其实依然有不足之处，而中国文化的精粹也不应被抹杀。

《论中国学术思想变迁之大势》前六章的撰写，明显可见梁启超在引进西方学说和思想时，还是一种比较生硬的照搬模式。梁氏其实是就所知道的西方知识参照中国的现象，找出彼此的差异和长处。这样一种中国和西方学术模式的比照，其实说明了一个问题——此时的梁启超对于西方学术思想的认识，并未内化到自身的学术体系当中。然而这一现象在《近世之学术（起明亡以迄今日）》中已经开始悄然隐退。在此章中，梁启超更为突显中国学术内涵的价值，并倾向于在方法论上参照西方学术。这样一个结合角度，其实更为贴近“淬厉其所本有而新之”以及“采补其所本无而新之”的追求。既保有中国学术内涵的精粹，也达到彰显西学方法的长处。

从 1904 年《近世之学术（起明亡以迄今日）》的撰写，经过十多年的思考和沉淀，梁启超显然已经摸索出自己的学术路径。因此，即便在这些年月中，梁启超投注较多的心力于政治活动，然而一抽离政治旋涡，他明显可以清晰地阐述其文化思考。梁启超发表于 1920 年的《欧游心影录》，虽说重点讨论的是中国与西方文化，然而学术作为文化中的一个重要元素，自然无法截然二分，故此以这两者之间相互参照，未为不可。梁启超在《欧游心影录》中比较中国与西方文化之后，指出：

> 却还有很要紧的一件事，要发挥我们的文化，非借他们的文化做途径不可。因为他们研究的方法，实在精密，所谓“欲善其事，必先利其器”。不然，从前的中国人，那一个不读孔夫子？那一个不读李太白？为什么没有人得着他好处呢？所以我希望我

们可爱的青年，第一步：要人人存一个尊重爱护本国文化的诚意；第二步：要用西洋人研究学问的方法去研究他，得他的真相；第三步：把自己的文化综合起来，还拿别人的辅助他，叫他起一种化合作用，成了一个新文化系统；第四步：把这新系统往外扩充，叫人类全体都得着他好处。①

细加咀嚼这一段话，即可发现它依然回归到“淬厉其所本有而新之”以及“采补其所本无而新之”的理想。梁启超透过这一段文字所提出来的四个步骤，把“淬厉本有”“采补本无”的追求，说得更为具体和透彻，明白指出所需“淬厉”的是中国文化底蕴本身，而要“采补”的是西方人的治学方法。

如果说《欧游心影录》关注的是中、西文化的大命题，那么写于1923年的《国学入门书要目及其读法》则把范围锁定在学术问题上。有趣的是，在论述中国和西方学术问题时，梁启超当中的一段论述，基本与《欧游心影录》中所提出的四个步骤有异曲同工之妙：

读外国书和读中国书当然都各有益处，外国名著，组织得好，易引起趣味。他的研究方法，整整齐齐摆出来，可以做我们模范，这是好处。我们滑眼读去，容易变成享现成福的少爷们，不知甘苦来历，这是坏处。中国书未经整理，一读便是一个闷头棍，每每打断趣味，这是坏处。逼着你披荆斩棘，寻路来走，或者走许多冤枉路（只要走路断无冤枉，走错了回头，便是绝好教训），从甘苦阅历中磨练出智慧，得苦尽甘来的趣味。那智慧和趣味却

---

① 梁启超：《欧游心影录节录》，《饮冰室合集》第7册第23卷，中华书局1989年版，第37页。

最真切，这是好处。[①]

这一段话，通透地分析出中国和西方的学术理路，以及各自的利弊，实乃真知灼见。由此观之，从《论中国学术思想变迁之大势》的前六章发展到《近世之学术（起明亡以迄今日）》的撰写，梁启超的学术历程已从隐含政治意图的“有为而作”阶段发展到“为学术而学术”的摸索期。1920年《清代学术概论》的问世，基本为梁启超日后的学术道路开展出崭新的途径——借重西方学术方法解读中国学术内涵。这样一种“淬厉本有”“采补本无”的融合，让梁启超在他的学术道路上收获丰硕。

夏晓虹在其《〈论中国学术思想变迁之大势〉导读》一文中写道：

> 对于科学方法的倾心，在1904年补写的《近世之学术》中表现得尤为分明。按照最初的纲目，清代学术思想史本冠以“衰落时代”的题名，不被梁启超看好。这除了有为“西学东渐”的新思潮开道、故欲扬先抑之意；也由于梁氏在学术与思想的评价之间，其实更倾向于后者，考据派的出现便被指为本朝“思想日以销沉”的学术根源。两年后，梁启超真正动笔论说清学时，已采取分而治之的策略。着眼于学术，“本朝学者以实事求是为学鹄，颇饶有科学的精神”，便被肯定为，“学界进化之一征兆”。[②]

根据此一分析，此时的梁启超已将“学术”和“思想”分开，采取“分而治之的策略”。这也是梁氏从原先站在“思想”这一角度而

① 梁启超：《国学入门书要目及其读法·附录二治国学杂话》，《饮冰室合集》第9册第71卷，中华书局1989年版，第26页。

② 夏晓虹：《〈论中国学术思想变迁之大势〉导读》，梁启超著、夏晓虹导读：《论中国学术思想变迁之大势》，上海古籍出版社2001年版，第14页。

认为清代学术为“衰落时代”，转变成从学术的立场来肯定清代学术的“科学精神”之原因。即便如此，梁启超还是不得不感慨：“顾泰西以有归纳派而思想日以勃兴，中国以有归纳派而思想日以销沉，非归纳派之罪，而所以用之者误其途径也。”[①]无论如何，梁启超还是乐观地看待清代学术发展，强调隆兴于此时的考据学，展现的是一种实事求是的科学精神。在《清代学术概论》的第十三节对“朴学”的论述中，梁启超归纳出清代正统派学风的十大特色，表彰这一具有代表性的学术风格。

梁启超的《近世之学术（起明亡以迄今日）》写于他的美洲之行后，此文可说是他日后学术论著中的一篇过渡性论述，借此摸索着他未来的学术道路。1918年的欧游体验，距离梁启超的美洲之行已有十五年之久，而且欧游之际，正值第一次世界大战之后的苍凉景象。这一特殊情境，让梁启超对中国与西方文化有更深一层的认识。无巧不成书，《清代学术概论》即成书于1920年，此时的梁启超在沉淀欧游的经历之后，更为成熟地展示出他本身融合中国与西方学术特色的治学方法。在《论中国学术思想变迁之大势》中，梁启超曾期许：“吾窃信数十年以后之中国，必有合泰西各国学术思想于一炉而冶之，以造成我国特别之新文明以照耀天壤之一日。”[②]物换星移之后，历史事实见证了梁启超本身就是这一期许的实践者。

结语

梁启超在他的《三十自述》中叙述了自己的治学经历，有趣的是，

---

① 中国之新民：《论中国学术思想变迁之大势·近世之学术（起明亡以迄今日）》，《新民丛报》第54号，1904年10月8日（光绪三十年九月一日）。

② 中国之新民：《论中国学术思想变迁之大势·第六章　佛学时代》，《新民丛报》第22号，1902年12月14日（光绪二十八年十一月十五日）。

在胡适的《四十自述》中，梁启超却成了胡适治学道路上的启蒙者：

> 我个人受了梁先生无穷的恩惠。现在追想起来，有两点最分明。第一是他的《新民说》，第二是他的《论中国学术思想变迁之大势》。[①]
>
> 《论中国学术思想变迁之大势》也给我开辟了一个新世界，使我知道《四书》、《五经》之外中国还有学术思想……这一学术思想史中间缺了三个最要紧的部分，使我眼巴巴的望了几年。我在那失望的时期，自己忽发野心，心想："我将来若能替梁任公先生补作这几章缺了的中国学术思想史，岂不是很光荣的事业？"我越想越高兴，虽然不敢告诉人，却真打定主意做这件事了。[②]

胡适的这段话，具体展现出梁启超的《新民说》和《论中国学术思想变迁之大势》的魅力和影响。这两部著作，其实也可看成是梁启超一生中政治和学者生涯的两面旗帜。"概括而言，因政治活动而得名，以学术生涯而葆名，便是梁启超的成功之路。并且，两者相辅相成，去掉任何一方，梁启超的知名度都会大打折扣。"[③]或者，也正如黎东方所说："命运注定他在政治生涯中颠颠倒倒，而最后于学术中求得归宿。"[④]

---

① 胡适著，欧阳哲生编：《四十自述·在上海（一）》，《胡适文集》1，北京大学出版社1998年版，第71页。

② 同上，第73页。

③ 夏晓虹编：《梁启超文选·编者前言》（上册），第7–8页。

④ 黎东方：《大师礼赞（节录）》，夏晓虹编：《追忆梁启超》，生活·读书·新知三联书店2009年版，第329页。

附录

《论中国学术思想变迁之大势》及《新民说》于《新民丛报》刊载期号及日期

	《论中国学术思想变迁之大势》	《新民说》
《新民丛报》第 1 号 1902 年 2 月 8 日		叙论 论新民为今日中国 第一急务 释新民之义
《新民丛报》第 2 号 1902 年 2 月 22 日		就优胜劣败之理以证新民 之结果而论及 取法之所宜
《新民丛报》第 3 号 1902 年 3 月 10 日	总论 胚胎时代	论公德
《新民丛报》第 4 号 1902 年 3 月 24 日	全盛时代 论周末学术思想 勃兴之原因 论诸家之派别	论国家思想
《新民丛报》第 5 号 1902 年 4 月 8 日	第三章 全盛时代 第二节（续）论诸家之 派别	论进取冒险
《新民丛报》第 6 号 1902 年 4 月 22 日	泰西学术思想变迁之大势 * 上编 上古时代 总论希腊学术 希腊哲学胚胎时代 伊阿尼亚学派 埃黎亚学派 调和派之三家 毕达哥拉斯派 怀疑时代	论权利思想
《新民丛报》第 7 号 1902 年 5 月 8 日	（续）全盛时代 （阙）论诸家 学说之根据及其 长短得失 先秦学派与希腊 印度学派比较 与希腊学派比较 （阙）与印度 学派比较	论自由
《新民丛报》第 8 号 1902 年 5 月 22 日		第九节（续）论自由

（续表）

	《论中国学术思想变迁之大势》	《新民说》
《新民丛报》第 9 号 1902 年 6 月 6 日	儒学统一时代 其原因	论自治
《新民丛报》第 10 号 1902 年 6 月 20 日		第十一节　论进步 （一名论中国 群治不进之原因）
《新民丛报》第 11 号 1902 年 7 月 5 日		第十一节　（续）论进步 （一名论中国 群治不进之原因）
《新民丛报》第 12 号 1902 年 7 月 19 日	第四章　（续）儒学统一时代 第二节　其历史 第三节　其派别	第十二节　论自尊
《新民丛报》第 14 号 1902 年 8 月 18 日		第十二节　（续）论自尊
《新民丛报》第 16 号 1902 年 9 月 16 日	第四章　（续）儒学统一时代 第四节　其结果	第十三节　论合群
《新民丛报》第 18 号 1902 年 10 月 16 日	老学时代	
《新民丛报》第 19 号 1902 年 10 月 31 日		第十四节　论生利分利
《新民丛报》第 20 号 1902 年 11 月 14 日		第十四节　（续）论生利分利
《新民丛报》第 21 号 1902 年 11 月 30 日	佛学时代 发端 佛学渐次发达之历史 诸宗略纪	
《新民丛报》第 22 号 1902 年 12 月 14 日	第六章　（续）佛学时代 第四节　中国佛学之特色及其伟人	
《新民丛报》第 24 号 1903 年 1 月 13 日		第十五节　论毅力
《新民丛报》第 26 号 1903 年 2 月 26 日		第十六节　论义务思想
《新民丛报》第 28 号 1903 年 3 月 12 日		第十七节　论尚武
《新民丛报》第 29 号 1903 年 4 月 11 日		

（续表）

	《论中国学术思想变迁之大势》	《新民说》
《新民丛报》 第 38—39 号 1903 年 10 月 4 日		第十八节　论私德
《新民丛报》 第 40—41 号 1903 年 11 月 2 日		
《新民丛报》 第 46—48 号 1904 年 2 月 14 日		
《新民丛报》第 49 号 1904 年 6 月 28 日		第十九节　论政治能力
《新民丛报》第 53 号 1904 年 9 月 24 日	（备注：按照梁启超最初的规划，第七章为“儒佛混合时代”。未问世。） 近世之学术 （起明亡以迄今日） 永历康熙间	
《新民丛报》第 54 号 1904 年 10 月 8 日	近世之学术 （起明亡以迄今日） 永历康熙间（续）	
《新民丛报》第 55 号 1904 年 10 月 9 日	第二节　乾嘉间	
《新民丛报》第 58 号 1904 年 12 月 7 日	第三节　最近世	
《新民丛报》第 62 号 1905 年 2 月 4 日		第十九节（续）论政治能力
《新民丛报》第 72 号 1906 年 1 月 9 日		第二十节　论民气

*《泰西学术思想变迁之大势》疑是为撰述《论中国学术思想变迁之大势》中的《与希腊学派比较》一节做准备功夫。

（夏师“梁启超研究”一课中习作。原载《南京师范大学文学院学报》2014 年第 1 期，总第 73 期，有删节；全文收录于《曾国藩与梁启超——以儒家文化传承为主线的考察》，林庆彰主编：《中国学术思想研究辑刊》二十七编第 17 册，花木兰文化 2018 年版）

秦美珊，2009年起从夏晓虹教授攻读博士学位，现为马来西亚博特拉大学（Universiti Putra Malaysia）中文系高级讲师。主要关注中国近代文学、神话与民间文学研究。出版《曾国藩与梁启超——以儒家文化传承为主线的考察》一书。

“新声”与“怀古”

晚清“诗界革命”中的少年意气

周　旻

晚清的“诗界革命”有其鲜明的文学改良主张。从“新意境”“新语句”“古风格”三长兼备到“以旧风格含新意境”①，梁启超首次在诗歌美学中采用新旧二分法，并期望以一种“新诗”重新组合新的元素与旧的载体。在提出“诗界革命”的同时，梁启超受“少年意大利”与“明治青年”的启发，于1900年年初创造了“少年中国”概念。“少年”诞生于十九、二十世纪的交界点，既非纯新，又非全旧，与“诗界革命”一拍即合，以此为题材主旨的诗作以一种全新的姿态，成为清末“新诗”中具有高度创造性和影响力的文学成果，为诗国最后一次革新注入活泼、青春、健康、浪漫的气质。与唐诗的少年精神不同②，晚清“诗界革命”中的“少年意气”，应运于进化论的语境，其动力来自国族存亡的忧患意识，不再限于豪情壮志、赤子之诚的心灵独白，而是大量扩充“冒险”“铁血”“尚武”“进取”等“新民”的要素。“少年”与“二十世纪”现代意识的多元融合，寄托着知识分子对“新世纪中国”的磅礴想象，衍生为当时诗词作品中的流行话语结构。

---

① 梁启超：《饮冰室诗话》，《饮冰室合集·文集》第16册，中华书局2014年版，第4421页。

② 林庚大致以唐人生活的趣味、七言诗的新体式以及“奔放的豪情，浑然的天真”解析“唐诗中的少年精神”。林庚：《中国文学史》，清华大学出版社2009年版，第160–165页。

从“新诗”到少年歌，再发展到学堂乐歌，折射出以“少年”为核心的新意境在旧诗体中萌生、迸发、繁荣而后固着的轨迹。“少年”概念的激进与先锋，最终转变为大众化、通俗化的语词，渗透到日常的教育、生活与言论中。从启蒙实践的效能来看，“少年诗”成功地推进了开启民智的进程；另一方面，它的生产力、创造性、思想性在不同形式间的转换，则预示了近代文学转型的“限度”，甚或追问“诗界革命”是否如已有研究所分析的那样，是五四白话诗歌的“起点”[①]。从“少年”这一浓缩时代精神、承续传统文脉的特殊语词入手，讨论晚清“诗界革命”中的少年意气，或可开掘出这一文学思潮中被政治话语和新旧二分法遮蔽的文体实践意义与文学创造活力。

一、诗人代际与作为一种新意境的“少年”

《少年中国说》在1900年年初面世后，最迅速也是最主要的阅读反馈，是陆续发表在《清议报》“诗文辞随录”中的诗歌。文章刊登月余，“同是少年”作《寄少年中国之少年》一诗，表达读罢梁文的澎湃之情。“元龙豪气犹湖海，小范罗胸有甲兵”[②]，作者以陈登、范仲淹呼应原文中叱咤风云气不平的拿破仑、阿剌飞[③]，虽然情感上有所共鸣，读史明志的意象与梁启超却还存在一定距离。“少年”在此像是引为同道的“标识”，尚未发挥结构性作用。另一首由仓海君所写的“读后感”诗，面貌就大不同：

---

① 柯玲：《五四新文化运动的“预演”——“诗界革命”与黄遵宪的本心》、王元中：《诗界革命与五四新诗运动》等论文；胡峰：《诗界革命：中国现代新诗的萌蘖》，中国社会科学出版社2015年版。

② 同是少年：《寄少年中国之少年》，《清议报》第39期，1900年3月。

③ “拿破仑之流于厄蔑，阿剌飞之幽于锡兰，与三两监守吏，或过访之好事者，道当年短刀匹马驰骋中原，席卷欧洲，血战海楼，一声叱咤，万国震恐之丰功伟烈。”任公：《少年中国说》，《清议报》第35期，1900年2月。

谁挟强亚策？同洲大有人。愿呼兄弟国，同抑虎狼秦。慷慨高山泪，纵横大海尘。支那少年在，旦晚要维新。[①]

诗人首先拉开一幅东亚地图，分析中、日国势；随后以日本维新志士为榜样，寄“兴亚”“维新”之愿于“支那少年”。诗作既保留了古典诗歌的形制格律，又夹杂新兴的概念名词（“强亚策”“维新”）、西学的舆地知识（“洲”“国”“海”）、东洋的近代历史（“日本有高山正之，其人维新先进也”），是一首标准的“诗界革命”之作。两首诗的情志有别，说明“少年中国”意象首先在改良、爱国的立场上被同人圈的读者接受；而诗人本身的经历眼界、对“诗界革命”的理解以及与“少年”气质的契合程度，则决定了以“少年”入诗能否生成新的意境。

后一首诗的作者，正是被梁启超目为“诗界革命之钜子”的丘逢甲。“胸次难消兵十万，眼中同醉客三千。高歌自抱神州感，漫作寻常侠少年。”[②]丘氏早年志在“兴汉、强华、驱胡、复土”[③]，因抗日保台而盛名远播。虽然很早就接触到海外世界，但他对西学新法却抱有理性上的怀疑和感性上的疏离。甲午后，内渡广东，兴学潮嘉，逐步由守旧转为求新，1898年之后，因同情戊戌变法，与康、梁以及日本东亚同文会走得很近。1900年春，丘氏往南洋联络华侨，筹集兴办学堂的资金；途经香港、澳门、越南、新加坡、马来西亚等地，与多位保皇党人交游。“此行对丘逢甲意义重大”，南下筹款令其确定了“教育救国”的立场，这与康有为、梁启超志在变政的想法，其实存在本质分

① 仓海君：《与平山近藤二君及同志诸子饮香江酒楼兼寄大隈伯犬养先生》，《清议报》第40期，1900年3月。

② 丘逢甲：《寄家菽园孝廉（炜萱）新加坡》（1897年），黄志平编：《丘逢甲集》（增订本），广东人民出版社2019年版，第117页。

③ 丘琮：《仓海公诗选跋》，《丘逢甲集》（增订本），第499页。

歧[1]。在诗学上，丘氏“贵真”“言志”[2]，既有“完全主权不曾失，诗世界里先维新”等向新名词、新意境敞开胸怀的作品，亦在“纪游”“杂诗”“唱和”等传统题材上发明新意，贴近复杂的现实世界。风云际会之时，他重拾少壮时的理想，“振学务、养人才”，对豪杰才俊、少年天才表现出深切的爱护之情[3]。上述歌颂“支那少年”之作，以及题赠《女学报》、赠“狂生”谢逸桥、送学生游学日本等以年轻人为对象的诗歌，当在此历史背景与个人选择中理解。

丘逢甲与“诗界革命”的相逢，其独特的心路历程在近代诗人中也极富代表性。诗中的“少年”既是一种新人，与新的国家、政体、思想、精神紧密联结；又是古来英姿勃发的游侠少年的“变体”。对于像丘逢甲这样出生于十九世纪六十年代、年近四十的“老诗人”来说，完全接受“诗界革命”之“新”并非易事，而“少年中国”所唤醒的正是诗人的时代精神，及时而恰切地映射他们“戎马书生豪气在”的内心抱负。

1873 年出生、其时二十八岁的梁启超，对“少年”也有类似的寄托和诗的回忆。甲午前后他正值青春，除了晦涩难懂、颇具实验性的“新学诗”而外，诗词创作常“抒发英勃忧愤之气”，带有“由年龄、时代造成的”浪漫气息，“它稍纵即逝，可一不再，故极其可贵”[4]。“醉中呵壁自语，醒后一滂沱。不恨年华去也，只恐少年心事，强半为销磨。”[5]1894 年《水调歌头》的抒情，到了 1898 年政变失败、东渡日本写下的《去国行》中，已转化为夹杂着大量有关明治维新事迹、人物

---

① 夏晓虹：《心关国粹谋兴学——丘逢甲教育理念的展开》，《燕园学文录》，复旦大学出版社 2011 年版，第 194–198 页。

② 丘瑞甲：《先兄仓海行状》，《丘逢甲集》（增订本），第 490 页。

③ “十数年来，先兄所以暗护志士、保持新学者，用心亦良苦矣。”其子丘琮在《岵怀录》中有“庇护志士”“爱才”两条，记载丘逢甲对年轻人的爱护。丘瑞甲：《先兄仓海行状》，《丘逢甲集》（增订本），第 502、504 页。

④ 夏晓虹：《阅读梁启超·觉世与传世》，东方出版社 2019 年版，第 122 页。

⑤ 梁启超：《水调歌头》，《饮冰室合集·文集》第 16 册，第 4591 页。

的“新诗”:“吁嗟乎!男儿三十无奇功,誓把区区七尺还天公。不幸则为僧月照,幸则为南洲翁。”[①]人生重要的时刻,梁启超都会将亲历的生命、一刹那之实感,融入到“少年”诗句中:跨越太平洋时,回望东亚“少年悬弧四方志,未敢久恋蓬莱乡”[②];澳亚归舟,寄望“老国从思新少年”[③];三十岁生日,自叹:“风云入世多,日月掷人急。如何一少年,匆匆已三十。”[④]

丘逢甲所重视的“真”,亦是梁启超诗中的“情真”[⑤]。“诗无今古真为贵,学有中西汇乃通”[⑥],古今皆有、中西汇通的“少年”,既是时代的主题,又有个体的忆记,构成了一种有情的新意境。《少年中国说》的结尾,梁启超任由情感“白热度”燃烧,以一段韵文,高歌年轻人的蓬勃生命力:

> 红日初升,其道大光。河出伏流,一泻汪洋。潜龙腾渊,鳞爪飞扬。乳虎啸谷,百兽震惶。鹰隼试翼,风尘翕张。奇花初胎,矞矞皇皇。干将发硎,有作其芒。天戴其苍,地履其黄。纵有千古,横有八荒。前途似海,来日方长。美哉我少年中国,与天不老!壮哉我中国少年,与国无疆![⑦]

鸿笔丽藻,围绕“青春”的情感“奔迸”而出,诚挚而动人心弦。个体的“鲜活经验”凝结为语句的激情与活力,并“触及可能存在着的共同的、普遍的参照”,作者以此宣告:“少年中国”既是创造性的、

---

① 梁启超:《去国行》,《饮冰室合集·文集》第16册,第4510页。
② 梁启超:《二十世纪太平洋歌》,《饮冰室合集·文集》第16册,第4525页。
③ 梁启超:《饮冰室诗话》,《饮冰室合集·文集》第16册,第4406页。
④ 丁文江、赵丰田编:《梁任公先生年谱长编》(初稿),中华书局2010年版,第138页。
⑤ 梁启超:《中国韵文里头所表现的情感》,《饮冰室合集·文集》第13册,第3587页。
⑥ 丘逢甲:《寄答陈梦石即题其东溪吟草》(1900),《丘逢甲集》(增订本),第211页。
⑦ 任公:《少年中国说》。

又是被创造的“情感结构”[①]。

丘逢甲、梁启超等知识分子，本有功名，弱冠之年亲历甲午、戊戌变局，怀揣书生报国的信念登上历史舞台，在政坛中皆已建业立名。写诗对其而言是政治失意后的“不得已而为之”，并非正途。“诗界革命”的“三长”之于这一代诗人，“旧风格”的重要性毋庸置疑，新语词、新意境更多的是更新了“文以载道”之“道”，即思想内容的层面，诗歌的文学功能仍然是为政治服务，可见传统文学观念根深蒂固的影响。因而，“少年”意象与其说是一种新的政治诉求，实更接近于情感的牵连共鸣。“少年”的形象，尚未灌注“新民”“公民”“国民”等现代民族主义的概念意涵，更近于陆游笔下从军乐的“男儿”、龚自珍杂诗中“颜丹鬓绿”的“人才”、曹植《赠白马王彪》里志在四海的“丈夫”——实际上，这几个语词也时常替换使用，突出年轻男子的英武之气。

“诗界革命”取得成功的关键，是提出了针对士大夫阶层的变革理论，“争取更多的支持者和更大的读者群”[②]。这也决定了最早一批《清议报》的读者和投身“诗界革命”的诗人，与戊戌变法、维新启蒙的立场有较大相关性。因着近代报刊的巨大威力，《清议报》中的新式政论文被广泛阅读，一系列新思想、新概念、新语词迅速溢出同人圈层，收获了年轻读者的喜爱。部分读者转换为写诗的生力军，在“诗界革命”的风潮中登上文坛，崭露头角。新一代的诗人与老一辈最重要的区别，在于受梁启超及其输入的“欧洲之精神、思想”影响至深。他们有的在《清议报》上初次亮相并暴得大名，如蒋智由、蒋同超；有的紧跟梁启超的思想而转变诗风，如柳亚子、高旭等后来南社的骨干成员；有的是政变后追随而来的青年学生，如蔡锷、马君武诸

---

① ［英］雷蒙德·威廉斯：《漫长的革命》，倪伟译，上海人民出版社 2013 年版，第 109 页。

② 李开军：《“诗界革命”中“新名词”地位消长原因之分析》，《山东大学学报（哲学社会科学版）》2001 年第 2 期。

君。王飚曾对其中倾向革命的“一批新的年轻诗人”有所总结：“所谓‘新’，不仅指他们此前尚无闻于诗坛，而且指他们的思想和作品都呈现一种新时代的风格；所谓‘年轻’，也不仅指他们的年龄，而且指他们显示了一种新兴阶级的朝气、热情和激烈的革命精神。”[①]此论中肯，“新时代的风格”与“新兴阶级的朝气”也可作为新诗人共同的代际“归属意识”[②]。换言之，在“三长”中，他们更沉浸于“新”所带来的刺激与可能性，也更乐于拥抱语言风格、美学思想、思维模式的新变，古典诗歌的形式边界于是呈现出某种“弹性”。

是以，“少年中国”的相关语汇在“新诗”中俯仰皆是、蔚为大观，不仅有赖“情感结构”的共情机制，也与论述结构中的“欧洲之真精神、真思想”有深层的联结。例如自命“铁血少年”的诗人写有两首诗，其一由自身感怀描述志向：“偶然现作少年身，叹息中原障俗尘。绝好头颅求善价，不知谁是鼓屠人。”其二则是赞扬“冒险”精神的佳作：“绝世英雄冒险家，河山云气失天涯。扁舟一叶寻新地，不让张骞八月槎。”[③]第二首诗的主角是越大洋、探新洲的哥伦布，是晚清知识人想象开辟新境、振兴民族时，必会提及的西方豪杰。冒险家的形象，涵盖希望、热诚、智慧、胆力[④]，是青年成长的绝佳榜样，被知识精英反复评述、讨论，并以之抨击儒家思想的沉疴，“我少年既以其所研究之新理新说公诸天下，将以一洗数千年之旧毒”[⑤]。“冒险进取”也成为国家竞存不可缺之品格。有意思的是，作者名字中的“铁血”来自另一位受人崇拜的世界豪杰，德国首任宰相俾斯麦。他曾有

① 王飚：《从诗界革命到革命诗潮——再论南社诗歌的文学史地位》，《南京理工大学学报（社会科学版）》2011 年第 4 期。

② ［德］卡尔·曼海姆：《卡尔·曼海姆精粹》，徐彬译，南京大学出版社 2002 年版，第 78 页。

③ 铁血少年：《壮志》《读科仑布传有航海之思》，《清议报》第 44 期，1900 年 5 月。

④ 梁启超：《论冒险进取之精神》，《新民说》，《饮冰室合集·专集》第 3 册，第 5005-5011 页。

⑤ 任公：《十种德性相反相成义》，《清议报》第 84 期，1901 年 6 月。

名言："天下所可恃者非公法，黑铁而已，赤血而已。""铁血"由此而来，以概括俾斯麦以军事强力统一德意志的政略。梁启超在《自由书》中大赞俾公的决断自信有"万钧之力"①，1903年制作《世界八杰笺》时写有画赞："公法不恃恃铁血，双瞳如炬心如雪。胸中甲兵不可说，叱咤全欧风云裂。"②俾斯麦的铁血政策，直接启发并影响了梁启超对"尚武""军国民"的推崇，也是《新民说·论尚武》一文重要的论据③。

几乎每一个了解过哥伦布、俾斯麦生平的中国知识分子，都为他们"进步"与"爱国"的性质所倾倒，尤其二人或成就一番事业，或重振积弱国族。"二三豪俊为时出，整顿乾坤济时了。我同志，我少年，其可自菲薄乎？"④像"铁血少年"这样将"冒险""尚武"等爱国热望带入诗词，寄托在年轻人身上的作者，常见于彼时报刊之上。如"突飞之少年"所写《励志歌》其三："诸君听我歌，三歌云惨黑。大声疾呼竟何意？怪尔四座无颜色。挺身冒险横当熊，侠骨撑天铁血红。少年未死肩膀重，尊王大义印脑中。"⑤如"河北男子"描述的"铁血生"的故事："铁血当年瞰经史，翩翩承平佳公子。陆沉忽复见神州，竟为热血供驱使。"⑥署名"亚东铁血生"的自白："我今长啸走东海，緜刀欲将黄祸担。"⑦大有读书人弃文从武、重铸"兵魂"的气魄。

"由国势衰微而招国魂、呼唤尚武精神；因求尚武而追忆、发掘

① 梁启超：《俾士麦与格兰斯顿》，《自由书》，《饮冰室合集·专集》第2册，第4770页。
② 转引自夏晓虹：《纸墨生辉：梁启超的书艺与彩笺——从梁启勋藏札谈起》，《阅读梁启超·政治与学术》，东方出版社2019年版，第378页。
③ 梁启超：《论尚武》，《新民说》，《饮冰室合集·专集》第3册，第5090页。
④ 梁启超：《英雄与时势》，《自由书》，《饮冰室合集·专集》第2册，第4776页。
⑤ 突飞之少年：《励志歌》，《清议报》第89册，1901年8月。末句的"尊王大义"既是点出"少年"乃拥护光绪的戊戌志士，又与明治维新的"尊王攘夷"精神有联系。
⑥ 河北男子：《铁血生歌》，《新民丛报》第52号，1904年9月。
⑦ 亚东铁血生：《东海放歌》，《湖北学生界》第1期，1903年2月。

早就隐入历史深处的游侠儿。”[①]理想的青年逐渐向“少年学书更学剑，顾盼中原生雄姿”[②]的侠气迈进，充满武力与热血，令无数志士仁人向往不已。诗歌既是感性的表达，也代入自我、重塑自我。

蒋智由曾以人格之感性、理性之别，定义“文章”的温度：“热的文章，其激刺也强，其兴奋也易，读之使人哀，使人怒，使人勇敢，此热的文章之效也。”以此观之，“诗界革命”中年轻一辈的“少年诗”就像“赤色”，“表战争，表势力，使人豪壮而感奋”[③]，便是应时而生的“热的诗歌”。

二、“二十世纪之少年”

“少年”作为新语词、新意境、新理想，与“二十世纪”的新时势直接相关，体现一种世界性的现代意识。

“世纪”，对于中国士大夫而言是全新的、情感复杂而亟待解读的概念。它不仅是一个崭新的时间刻度，激励人们奋勇向前，也标志着帝国主义背景的地理政治将席卷而来。“传达的是一种‘同时代性’的感觉，一种将不同空间及其历史脉络纳入同时代性的普遍视野的认知方式”[④]，孕育着无限的希望、可能与“解放”的契机，同时也令身处其中的中国人焦虑万分。蔡锷在分析十九世纪欧洲进步之缘由时指出：“争竞愈剧，则战祸愈广，战祸愈广，则文明之程度因之以骤进。”他于是预言二十世纪：“其争竞之剧，战祸之烈，必数倍于昔日，而文明

① 陈平原：《中国现代学术之建立：以章太炎、胡适之为中心》，北京大学出版社2010年版，第240页。

② 任公：《赠别郑秋蕃兼谢惠画》，《清议报》第84册，1901年7月。

③ 蒋智由：《冷的文章热的文章》，《新民丛报》第76期，1906年3月；《蒋智由全集》，浙江大学出版社2021年版，第635页。

④ 汪晖：《世纪的诞生》，生活·读书·新知三联书店2020年版，第105页。

程度增高之速率，其亦数倍于前也必矣。”[1]是以，“军国民主义”的普及、古人“武士道”精神之发覆，被中国知识精英视作国族崛起的重要手段[2]。蔡锷对过去、将来的论断，实际是“世纪意识”的产物，即站在1900年这一“世纪初”的时间点，观察与总结“十九世纪欧洲”及此前中国历史的结果——“在中国，‘十九世纪’以及其他世纪的概念全部是‘二十世纪’的衍生物，即先有了‘二十世纪’的意识，才会创造出自己的前史。”[3]“尔时太平洋中二十世纪之天地，悲剧喜剧壮剧惨剧齐鞈鞳。吾曹生此岂非福，饱看世界一度两度兮沧桑。”[4]梁启超于1899年最后一日曼声浩歌即将来到的“二十世纪”，生出悲喜交加、幸福而沧桑的万千思绪，实为“亘于新旧两世纪”的中国人共通的心理图景。

对“新世纪中国”的想象，落实到具体的文学表达层面，集中于“少年”意象：未知的新世界，是属于中国少年的。时代的意气飞扬与少年的热血元气，相得益彰。由此衍生而来的，是诗词中“二十世纪”与“少年”的新结构。

在《清议报》《新民丛报》上发表过大量诗作的高旭，对此题材、结构多有尝试。如写于1901年的《伤时事》的开篇：“鸿濛开辟五千年，一幅新图落我前。”此“我”正是年仅二十四岁、坚信“进化原从冒险来”的诗人自己，“新图”是对未来新世纪的想象。《忧群》则融会贯通地使用“新语词”来比较中外政党的分别，黄履平评为“愿宏识巨”，乃其“诗界革命”的代表作。诗中谈到新的时空框架下，年轻人的绝大希望：“廿纪少年人，泰山北斗仰。吾华于世界，岂绝无影响。”1903年正是高旭思想转变的一年，诗后半部分出现的“匈奴尚

---

① 蔡锷：《战争者文明之母也》，《清议报》第66期，1900年12月；《蔡锷集》上，湖南人民出版社2008年版，第25–26页。

② 蔡锷：《军国民篇》，《新民丛报》第1期，1902年2月；《蔡锷集》上，第166页。

③ 汪晖：《世纪的诞生》，第92页。

④ 梁启超：《二十世纪太平洋歌》，《饮冰室合集·文集》第16册，第4527页。

未灭，男儿何家为”的感叹，已显露革命的风格[①]。类似的还有《军国民歌》的“喇叭声呜呜，顿唤兵魂起。中华大帝国，雄飞廿世纪”[②]。《爱祖国歌》则更进一步：

> 今日何日兮，汝其返老还童之时。汝之疾果谁可救药兮，而我曷敢辞。汝虽不谅我脑珠费换兮，我终渺渺其怀思！
>
> 我日祝汝之壮健兮，我夜祝汝之康强。汝既占有四千年历史兮，发出无量数贤豪之古光。汝殆为天之骄儿兮，何不竞争廿纪之战场！[③]

梁启超在《少年中国说》中自问自答：“我中国其果老大矣乎？”“欧洲列邦在今日为壮年国，而我中国在今日为少年国。”[④]高旭此歌明显借重了这一判断：“今日”是“祖国”由老及少、由病而愈的历史时刻，“我”以无限的热情与自信，赞扬历史的辉煌（古光），投身新世纪的战场（竞争）。“老大”“少年”的对比图景，诗歌叙事据此展开，同时承载了诗人对国家复兴，甚至今必胜昨、制霸世界的乐观情绪——“今世纪之中国，其波澜俶诡，五光十色，必更有壮奇于前世纪之欧洲者。”[⑤]

“二十世纪之少年”也成为一种典型的自我认知。中国所处的东亚局势，已远远有别于赤县神州：时间轴线上，二十世纪与过去一切时间产生区别；空间上，大瀛海环九州变为以“太平洋”为中心的地

---

① 剑公：《忧群》，《新民丛报》第35期，1903年8月；《高旭集》，社会科学文献出版社2003年版，第23页。

② 秦风：《军国民歌》，《觉民》5期合刊，1904年7月；《高旭集》，第30页。

③ 自由斋主人：《爱祖国歌》，《新小说》第8号，1903年8月；《高旭集》，第23、24页。

④ 任公：《少年中国说》。

⑤ 梁启超：《饮冰室自由书·十九世纪之欧洲与二十世纪之中国》，《清议报》第93期，1901年10月。

缘政治格局。在强烈的外部压力之下，主体不得不正视由“乡人”为“国人”，由“国人”为“世界人”的身份演化。故诗中多见代入式的情感基调。高旭曾宣告：“二十世纪初，中国当雄飞。以身觉众生，舍我责安归？”[①]更以《壮怀》《二十世纪梁甫吟》《寄蒋观云》等作品表述立身处世的志向：“血战玄黄虎气腾，舞台东亚倩谁登？”[②]“风涛廿纪苍生厄，援手齐登大舞台。”[③]

“世界开新幕，风潮集远洋”，时间的骤变引起空间地理意识的新解，诗人的眼光不再锁定中国，而萌生一种环视域内的气势。传统的“酬唱送别”类诗歌中亦大量涌现以海外远游为背景、以“新少年”为对象的作品。如“近世诗界三杰”之蒋智由，在《送人之日本游学》里大谈中国与域外各国的“文明时差”：“大地文明运，推移到远东。输欧迟百岁，兴亚仗群雄。”所指“群雄”非他人，即所送之人——“眼中年少在，佳气日葱茏。”[④]类似的还有江岛十郎：“乱世青年福，联邦黄种亲。平权标目的，尚武换精神。蛮固倾藩阀，牺牲为国民。亚东廿世纪，大陆好维新。”[⑤]诗人“毋暇”时常在描述友人临行时，使用“少年”或“青年”二词。“浩浩青年气，萧萧易水寒”[⑥]，宜古宜今；“秽途求净土，乱世爱青年”[⑦]，别有怀抱。《赠江东诸君东行》一篇更为清晰地表达了被送别者“年轻人”的身份：“一别隔河山，畏岚渡马关。寄言同旧故，学道振瀛寰。输入新文教，革除老野蛮。远东云雾里，愧煞少年颜。”[⑧]若与此前诗人与“诸同志”饮酒时所作“湖海诗

---

① 剑公：《欲为我国民牺牲者其歌者》，《国民日日报》，1903年9月1日；《高旭集》，第342页。

② 汉剑：《壮怀》，《警钟日报》，1904年5月6日；《高旭集》，第359页

③ 剑公：《寄蒋观云》，《新民丛报》第13期，1902年8月；《高旭集》，第11页。

④ 因明子：《送人之日本游学》，《清议报》第65期，1900年12月。

⑤ 江岛十郎：《友人归国赋赠》，《清议报》第46期，1900年5月。

⑥ 毋暇：《送友人壮行》，《清议报》第56期，1900年9月。

⑦ 毋暇：《秋日送友人壮行》，《清议报》第67期，1900年12月。

⑧ 毋暇：《赠江东诸君东行》，《清议报》第100期，1901年12月。

千首，英雄酒一杯”[①] 相比，豪情壮志的隐退消弭，似乎也预告了诗歌外的世界里，新的一代将“送别”旧的一辈，登上历史舞台。

题赠诗中，又以《大公报》中“少年中国之公民”“支那过渡时代之青年”“老大帝国之老大国民”等人你来我往的寄怀和韵诸作最为典型。“少年公民”有唱和该报主编英敛之、胡协仲之作，其一大量运用“新名词与时代流行语，体现出洋气扑鼻的新派诗特征”[②]：“太平洋环东亚滨，风潮廿纪舞台新。侧身淮海空豪气，转轴乾坤几伟人。同群誓欲公群谊，医国先须活国民。上万言书吾岂敢，祝天普降甫申神。”[③] 世界、少年、公民汇集一身的主体意识，使诗中的豪言壮语更显开阔。胡协仲读完称赞其“一读诗章一怆神”[④]。

新的主体意识的诞生，也衍生出一批旧典新用。如借拿破仑、俾斯麦的寓言，比喻中国人为“先睡后醒之巨物”的“睡狮”“醒狮”[⑤]。蒋智由、高燮、黄公、陈去病等皆作过《醒狮歌》，杨笃生译有雪莱的《醒狮之歌》；1904 年，高旭、柳亚子、马君武等人办《醒狮》杂志，刘师培更是希望以此意象为国歌：“则中国之在二十世纪必醒，醒必霸天下。”[⑥]

再如以戏曲中的“舞台”“登场”描述少年抱负的新机遇、施展拳脚的新空间。《新罗马传奇》中墨衣学生装的“玛志尼”、《维新梦》里

---

① “倚剑共登台，歌声卷地来。胸中怀壮志，眼底尽奇才。湖海诗千首，英雄酒一杯。文明新世界，应向亚东开。”毋暇：《与诸同志夜饮酒楼》，《清议报》第 53 期，1900 年 8 月。

② 胡全章：《近代报刊与诗界革命的渊源流变》，北京大学出版社 2017 年版，第 107 页。

③ 少年中国之公民：《诗成醉墨犹溢再叠原韵题二首兼以寄怀即希斧政》，《大公报》1902 年 10 月 20 日。

④ 胡协仲：《昨阅〈大公报〉又少年中国之公民辱和原韵三律用敢再叠前韵兼以寄怀即希斧削》，《大公报》1902 年 10 月 25 日。

⑤ 施爱东：《16—20 世纪的龙政治与中国形象》，生活 · 读书 · 新知三联书店 2014 年版，第 245 页。

⑥ 无畏：《醒后之中国》，《醒狮》第 1 期，1905 年 9 月 29 日；《刘申叔遗书补遗》上，广陵书社 2008 年版，第 444 页。

“青巾儒服”的“维新少年”，再到《黄帝魂》收录的《少年登场》。将二十世纪视作一个“大舞台”，“我中国之少年”目为“今日梨园弟子”，世界竞争时局亦是你方唱罢我登场的新人物“出场”时刻，晚清戏曲改良中经典的隐喻，也为诗界革命的作者们取法借镜。特别是新一代年轻诗人，发展到后期，几乎每一首“少年诗”都会搬用，柳亚子还曾在情诗中写道：“廿纪舞台携手处，歌成光复最相思。”① 东京高等大同学校的青年学生所办《开智录》中的诗歌，也是值得讨论的个案。

1900 年 12 月，《开智录》改版为铅印，后又延续 6 期，于 1901 年 3 月 20 日停刊。第 2 期出版时恰逢 1901 年元月，在西历中，这才是二十世纪的开场。因着这样的氛围，关于“廿世纪”的论说涌现在杂志中，并与一年前同样关注世纪之交的梁启超呼应、互动。冯斯栾的文章描述“二十世纪开幕所演之大剧”是“帝国主义之恶相”，“我国民其长甘居于黑暗终古无天之地狱乎？抑或将欲昂头于天外光明之乐土乎？即择于此时矣”②。而这出好戏是演成被殖民之惨剧或“奋发尚武”之喜剧，其决定权皆在少年国民之手。郑贯公在“言论自由录”发表短评《廿纪之新戏台》，以文学的笔墨谈论时事：“今日之戏台者，进步之戏台也，竞争之戏台也，勇往活泼之戏台也，强者立而弱者蹶之戏台也，优者存而劣者灭之戏台也。”③ 依此性质，登上舞台的“少年”自然需要具备进步、竞争、活泼勇敢、优胜劣汰。同期“词林”更是将此比喻发挥得淋漓尽致：

① 柳亚子：《偕任守梅、赵拜一、金兰畦摄影，媵之以诗》（1906 年），中国革命博物馆编：《磨剑室诗词集》上，上海人民出版社 1985 年版，第 32 页。

② 自强：《论帝国主义之发达及廿世纪世界之前途》，《开智录》第 2 期，1901 年 1 月 5 日；《中国文化研究集刊》第 4 辑，复旦大学出版社 1987 年版，第 362 页。

③ 贯庵：《廿纪之新戏台》，《中国文化研究集刊》第 4 辑，第 368 页。

廿纪元日赠高梨昆仲

未了生

二十世纪新舞台，少年时代曙光开。脚中傀儡成今古，眼底风涛倏去来。独立旗翻威耀日，自由钟振响惊雷。百年活剧知多少，愿与登场演几回。

代高梨氏践韵口占

贯庵

百年歌舞一新台，廿纪河山故国开。天赋自由归固有，日趋平等望将来。文明气象通欧亚，独立旌旗掣电雷。战局于今犹未了，竞争应演几多回。

赠寄星洲寓公

自由

文明地狱野蛮天（二十世纪初即有义和团之事，联军劫掠惨无天日，不知人道之谓何矣），廿纪修罗铁血鲜（梵语有云修罗场）。傀儡争存魔鬼现，喇叭吹起睡狮眠。自由潮汐新中国，独立风云壮少年。绝好黄金供锻冶（西儒谓世界为黄金世界者），与君击剑唱民权。[①]

三位诗人的共同之处表明："少年""廿纪""新舞台"的结构在《开智录》的编辑群、同人圈，乃至整个大同学校的学生间"流行"。"贯庵"即郑氏，此篇"口占"是《廿纪之新戏台》的浓缩版，"登舞台"后成为其常用的典故[②]。未了生的诗紧扣"梨园"，剧场舞台的诸

---

① 《中国文化研究集刊》第 4 辑，第 378、379 页。

② 例如《开智录》第 6 期中发表的《呜呼我国民》《宿东京》《元月与自由君壮别》三篇，1901 年 4 月；《中国文化研究集刊》第 5 辑，第 468–469 页。

种要素被恰切地融入到少年新世纪的内核中；仿佛能看到一位威风凛凛、眼底生波的年轻武生，擎着独立旗、和着自由钟，款款登场。署名“自由”的作者是另一位主编冯自由。他的自注，补充了时代细节，政治性、时事感最强。“自由”一词在其中所囊括的意义，超出了个体的“天赋自由”，指向民族的解放与国家的竞存。

《开智录》中的诗歌体现出知识青年在代际之间的彷徨、选择，特别是他们独一无二的意志。在这本全由青年学生主导的杂志上，“二十世纪之少年”既是学生群体的“标签”，辛亥一代青年的新的主体意识，即非忠君爱国之臣民，而是近代国家之公民，“正是这种新的自我认定，促使他们清醒地审视时代潮流与世界局势，如饥似渴地寻求新知，夜以继日地求索救国之道”[①]。同时也构建了极佳的抒情场域和论理空间，借着两套笔墨——诗歌与论说，《开智录》将新的主义，例如自由、独立、平等、民权等，嵌入“少年国民”概念，并将自我所在的代际群体描绘为推翻专制、优胜劣汰的政治生力军。

三、从“少年歌”到学堂乐歌

1902 年，《新民丛报》第 2 期刊“译录中外哲人爱国之歌、进德之篇”[②] 的《棒喝集》。其中《日耳曼祖国歌》、《德国男儿歌》、志贺重昂的《日本少年歌》，都曾在明治日本掀起热潮[③]，后收入《教育必用学生歌》《小学新唱歌》《绘图唱歌教科书》等近代音乐教材，“陶铸

① 章开沅：《珍惜辛亥历史遗产——以世纪意识为例》，《章开沅文集》第 9 卷，华中师范大学出版社 2015 年版，第 202–203 页。

② 梁启超：《棒喝集》，《新民丛报》第 2 期，1902 年 2 月。

③ 《日本少年歌》与《德国男儿歌》原刊于明治日本重要杂志《国民之友》，1887 年第 9、10 期。其原文为汉诗形式。《日耳曼祖国歌》应是诗人阿恩特所写《德意志祖国》（DeutschenVaterland）的简译版。

国民、激励学者”[①]，传唱一时。代表着诗界革命中另一条改革诗体的思路——融入音乐形式的改造创新，以“歌词”启蒙大众，贯彻教育理念。

与晚清志士对诗歌音乐启蒙作用的期待相似，志贺重昂创作《日本少年歌》的初衷，是其“潜移默化”的教育功能：“将赞美日本山水风土的诗词编撰为爱国歌曲，并形成儿童襁褓时就能咿呀学语此类歌曲的风潮，而这，必将起到一种潜移默化间涵养神圣爱国思想的作用。”[②]其师法对象，正是普法战争期间德国民间流行的爱国歌，如《祖国歌》《德国男儿歌》《剑之歌》等[③]。这些作品都含有浓厚的民族危机感，歌咏国粹“以鼓青年之意气”[④]，使保卫祖国、奋起反抗的思想深入少年的心扉。这也是1888年后以三宅雪岭、志贺重昂等人领衔的“政教社”的核心思想：鼓吹“国粹主义”，强调以“日本国粹之胃，咀嚼西方文化，以消化之，与日本文化相同化”[⑤]。《日本少年歌》便是对这一主张的诗意描写。

歌词的前半部分，描绘了日本的位置（北半球之东方）、独有的地貌（岛屿）、壮丽的景观（富士山）等地学特征，后半段则以老态龙钟的“旧日本”对比少年朝气的“新日本”，唤醒日本读者，特别是年轻学生的爱国热望[⑥]。地理与民族气质之关系，是十八世纪地理环境决定论的基本观点，“即试图单纯依各民族所处地理因素（地势、气候

---

① 《学生歌编辑之趣意》，《教育必用学生歌》，作新社1904年版；《中国近代中小学教科书汇编·清末卷·音乐 体育》，上海辞书出版社2018年版，第1页。

② 志賀重昂：「如何ニシラ日本国タラシム可キヤ」，『国民之友』第10期，1887年10月。

③ 同上。

④ 鲁迅对《祖国歌》的作者E.M. Arndt、《剑之歌》的作者Theodor Körner有所介绍和评价，见《摩罗诗力说》，《鲁迅全集》1，人民文学出版社2005年版，第72页。

⑤ 志贺重昂：《关于〈日本人〉杂志宗旨的告白》，转引自盛邦和：《亚洲认识：中国与日本近现代思想史研究》，上海人民出版社2019年版，第155页。

⑥ 志贺重昂：《日本少年歌》，《新民丛报》第2期，1902年2月。

等）对历史上民族兴亡、文明盛衰及民族差异进行解释的体系”[①]。此理论着眼地理知识，主导了近世民族主义与文明论思潮。石川祯浩指出，在此影响下，地理学由传统的“历史学附庸”一变而为支配人类史的学问体系，成为晚清思想家重要的“新知”。不过，与梁启超应对志贺重昂之《日本风景论》《地理学》等学术著作的态度相比，《日本少年歌》令他感兴趣的也许并非“披着近代外衣的人文地理学”或“考究地球万般现象”的“公例”[②]，而是一种以全新的思想性框架呈现民族主义的诗歌叙事模式。

无论是形式还是思想，这些“译诗”都与古代乐府的《少年行》有相当的距离。由于地理、人种、历史、学术、风俗等为“少年歌”“爱国歌”体裁的必要元素，不仅可以借助新语词或旧典故，描绘自身民族，更重要的是通过改造表意结构，输入新思想。因此，它们更贴近梁启超1902年后的“诗界革命”纲领，即更强调“熔铸新理想以入旧风格”[③]。梁启超在《新小说》第1期发表的《爱国歌四章》，仿效《日本少年歌》的叙事结构，以四处“君不见”的设问，着重说明中华所拥有的地理、人口、历史、豪杰，完全不逊他国[④]。1904年，他又撰写《黄帝歌》，从历史悠久、文明最先、山河锦绣、威震寰宇等方面歌颂民族祖先的荣光[⑤]。类似的思路和笔法，还有梅岩写作的骚体“歌谣”《美哉中国歌》[⑥]，以及1905年刘师培拟作的一首“其音雄壮，其意简括”[⑦]的《国歌》。马君武模仿《日耳曼祖国歌》作《华族祖

① 石川祯浩：《梁启超与明治时期日本的地理学研究》，《中国近代历史的表与里》，袁广泉译，北京大学出版社2015年版，第129页。

② 石川祯浩：《梁启超与明治时期日本的地理学研究》，《中国近代历史的表与里》，第135页。

③ 梁启超：《饮冰室诗话》，《饮冰室合集·文集》第16册，第4382页。

④ 少年中国之少年：《爱国歌四章》，《新小说》第1期，1902年10月。

⑤ 梁启超：《饮冰室诗话》，《新民丛报》第3卷第10期，1904年11月。

⑥ 梅岩：《美哉中国歌》，《中国白话报》第11期，1904年5月。

⑦ 无畏：《醒后之中国》，《醒狮》第1期，1905年9月；《刘申叔遗书补遗》上，第444-448页。

国歌》，全诗以“华族祖国今何方”为核心问题，描绘了东、南、西、北四方的地理风物与国土疆界，最后将爱国热望融入进化公理：“地球之寿不能详，生物竞存始洪荒。万族次第归天亡，最宜之族惟最强。优胜劣败理彰彰，天择无情彷徨何所望。华族，华族！肩枪腰剑奋勇赴战场。”[①] 可见爱国情绪的知识性结构，丰富了诗歌内容的思想性、叙事性。部分“长言永叹之”的作品，已具有议论文、散文的谋篇布局，也造成诗与非诗界限的松动——语言容量扩大，出现了富于弹性、自由度更高的诗行以及新颖的意象系统。

在叙述结构之外，接受对象也是“少年歌”非常重要的特点，并直接影响了作品的面貌。梁启超在创作《黄帝歌》《终业式》时，便将受众 / 听众，置于第一位：“今欲为新歌，适教科用，大非易易。盖文太雅则不适，太俗则无味。斟酌两者之间，使合儿童讽诵之程度，而又不失祖国文学之精粹，真非易也。”[②] 相似的内容，在 1902 年的《爱国歌》与 1904 年的《终业式》中便呈现出完全不同的语言风格：

> 彬彬哉！吾文明。五千余岁历史古，光焰相续何绳绳。圣作贤述代继起，浸濯沈黑扬光晶。——君不见，揭来欧北天骄骤进化，宁容久扃吾文明。结我团体，振我精神，二十世纪新世界，雄飞宇内畴与伦。可爱哉，我国民！可爱哉，我国民！[③]
>
> 五千年来文明种，神裔君传统。二十世纪大舞台，天骄君承宠。国民分子尽人同，责任君惟重。于乎！眇眇一少年，中国主人翁。[④]

---

① 《华族祖国歌》(1906)，莫世祥编：《马君武集》，华中师范大学出版社 2011 年版，第 413 页。

② 梁启超：《饮冰室诗话》，《新民丛报》第 3 卷第 10 期。

③ 少年中国之少年：《爱国歌四章》，《新小说》第 1 期。

④ 梁启超：《饮冰室诗话》，《新民丛报》第 3 卷第 10 期。

由于《爱国歌》是先有词，后被横滨大同学校谱曲，虽“音雄以强”，“是始愿所不及也”[①]；因此，在《终业式》的写作中，梁启超更关注作品与音乐、曲谱契合的可能，诗句短而押韵。在功能上实现了由诵到唱的转变。另一方面，考虑到《终业式》是专为毕业学生所写，新的思想结构，例如地理环境决定论、民族性、进化论、国粹主义等，须用更简白易懂的语言与循循善诱的教育姿态来传达。

1902 年，杨度受《德国男儿歌》《日本少年歌》的影响，改造“史地—爱国”为“史地—爱故乡”，写下长诗《湖南少年歌》，激发乡民少年自治自强的意气。到了 1904 年编写歌曲《黄河》时，诗行由标准的七言歌行变作长短不一，像“若道中华国果亡，除是湖南人尽死”[②] 这样盛赞湘人义勇、慷慨赴死的语句则改作乐观、必胜的愿望：

> 长城外，河套边，黄沙白草无人烟。
> 思得十万兵，长驱西北边。
> 饮酒乌梁海，策马乌拉山。
> 誓不战胜终不还。
> 君作铙吹，观我凯旋。[③]

文字虽采用了较为生涩的文言文，仍是符合曲作者曾志忞申述的学校唱歌的标准：“与其文也宁俗，与其曲也宁直，与其填砌也宁自然，与其高古也宁流利。”[④]

1903 年曾志忞在留日学生杂志《江苏》上发起学堂乐歌运动，输入欧美、日本小学校的唱歌教育，于知识上，“使儿童口舌之间引起各

---

① 梁启超：《饮冰室诗话》，《新民丛报》第 3 卷第 10 期。
② 梁启超：《湖南少年歌》，《饮冰室诗话》（八六），第 4433–4436 页。
③ 《黄河》，阿英编：《晚晴文学丛钞·说唱文学卷》上册，中华书局 1960 年版，第 32 页。
④ 曾志忞：《告诗人——〈教育唱歌集〉序》，张静蔚编：《中国近代音乐史料汇编：1840—1919》，人民音乐出版社 1998 年版，第 208 页。

科之旧观念，而得新知识”；于心理上，引起儿童之“共同心”“名誉心”“愉快心”[①]。1904年他编辑的《教育唱歌集》问世，胡从经曾指出该集的分类“是随着儿童年龄与学识的递增而循序渐进的”[②]，面向幼儿的作品以讲故事为主，初、高等小学用歌则多涉及知识性、道德性内容，也有像《汝小生》这样“辞意严锐”，须教授者格外注意的作品[③]。中学乐歌较复杂，既有文辞易懂、朗朗上口之作，如《新》，亦有文采斐然、情致婉转、视野阔大的歌词，如《战》、《杨花》以及《黄河》，需要学生读者具备一定的学识、审美、语言的功底，了解世界大势与新语词；而五首作品皆紧扣“少年”二字，则足见编撰者重视接受者的用心。类似的、以年龄划分乐歌的方式，也见于沈心工所编的《学校唱歌集》：“甲种曲调平易，歌意浅显，多言文一致，更参以游戏，期合乎儿童之心理。凡幼稚园及寻常小学堂均可用；乙种之曲抑扬曲折，较难于甲，宜于高等小学及中学堂之程度。”[④]

学堂乐歌的难易程度，由拟想读者的年纪、学历、认知世界的可能性决定。事实上，梁启超创作的《黄帝歌》《终业式》，是为甲辰级留学东京的大学毕业生送别用，接受对象是“将来之大政治家、大实业家、大音乐家”；在送别会上，大家还演唱了《大国民》《东京留学歌》《送别歌》三种，充满“文明古国少年人”的英姿勃发，也不乏最新的欧美文明及改良亚洲之新思考[⑤]。这几种歌词，在语言风格和文辞笔力上，都较两本《唱歌集》成熟，内里涉及的思想问题则是当时刚从大学毕业的二十岁青年殷殷关切之处。

曾志忞与沈心工从音乐改良、学校教育的角度出发，理解学堂乐

---

① 保三：《乐歌一斑》，《江苏》第11、12期合本，1904年4月。

② 胡从经：《晚清儿童文学钩沉》，少年儿童出版社1982年版，第42页。

③ 核对文字，《汝小生》即黄遵宪所作《小学校学生相和歌十九章》的部分内容。曾志忞编：《教育唱歌集》，开明书店1905年第4版，第37页。

④ 沈心工：《学校唱歌集初集》，务本女塾1904年版，第1页。

⑤ 梁启超：《亚雅音乐会之历史》，《新民丛报》第3卷第3号，1904年7月。

歌的功效与适用群体；这是晚清学堂乐歌运动中最为主要的一派作者与倡导者。对成长为“少年国民”的期许，贯穿于不同年龄段的乐歌中。从幼儿歌中天真烂漫、锻炼体操的孩童，到小学堂里“不辨东与西，不辨南与北，不识朱与青，不识白与黑”的“新少年”[1]，肩负责任、“英雄奴隶，一任自择而为焉”[2]的年幼国民；再到“要将只手撑天空”的“中国男儿”，学堂乐歌中想象的“少年”形象发生了丰富万象的变化。

“学堂乐歌因其受众为莘莘学子，且以其影响力大，因此成为新旧思想争夺的阵地。”[3]不仅如此，乐歌的包容性、叙事性以及与时代脉搏的紧密关系，也受到革命派的关注。例如 1903 年发刊的《中国白话报》，陆续刊登《汉族历史歌》《大汉纪念歌》《光复歌》《逐满歌》《中国八大奴隶歌》等作品，大力歌颂汉族、抨击清政府统治。主编林白水，强调专为“孩子们”开辟“歌谣”栏目，通过唱歌“长进他的见识，畅快他的性情”[4]，与此前编辑《杭州白话报》的“新童谣”等一脉相承[5]。不同的是《中国白话报》激进的立场。此中“歌谣的好处”除了向少年儿童灌输民族主义、国民精神之外，更重要的是将光复汉族的政治主张编撰为脍炙人口、通俗晓畅的俗语文学，起到极大的宣传召唤作用；此后的数种白话报都以此主旨组织“歌谣”栏，典型的如《竞业旬报》[6]。血气方刚的青年知识者此时尚无系统的革命组织，政治理想也较为简单空泛，一腔意气在语言文字中转化为献身精

① 剑公：《新少年歌》，《新小说》第 7 号，1903 年 7 月；《高旭集》，第 341 页。

② 仁和女士丁志先：《少年歌》，《女子世界》1904 年第 2 期。

③ 李静：《近代学堂乐歌对现代国民的想象与塑造》，《南京师范大学文学院学报》2017 年第 2 期。

④ 《中国白话报发刊辞》，《中国白话报》第 1 期，1903 年 11 月。

⑤ 《杭州白话报》第 2 年第 8、22 期，刊载由黄海峰撰写的《新童谣》十则，第 3 年第 16 期刊载《歌谣》四则。此外，还刊有《新弹词》《杂歌谣》等歌词类作品数种。

⑥ 该报“歌谣”栏共刊三十七首，典型的作品如无为所作《中国历史小曲》，连载于 1906 年第 7、8 期。此外还有像胡适在《军人美谈》后翻译丁尼生的《六百男儿行》这样的译诗。

神与浪漫激情的情绪符码，“男儿生不兴黄祸，宁死沧浪作鬼还”[①]，汉民族的民族志、仗剑行侠、血腥复仇等意象元素形成了独特的风格。柳亚子 1906 年为健行公学所作的校歌，即是一例：“校校校，造成中国一辈少年少。铁石心肠冰雪操，高树旄头纛。策马向北徼，天戈一挥歼强暴。铭勒燕然，酒饮黄龙，献俘轩辕庙。”[②] 歌词集合了传统“游侠诗”中任侠英雄、“捐躯赴国难，视死忽如归”[③] 的气质，赋予“血腥惨烈的活动”[④] 审美价值与社会价值，其写作对象已溢出少年学生群体，代表了包括作者本人在内的广大热血青年的信念。

从“少年歌”到“学堂乐”，借助日本、德国流行的爱国歌曲的制式和思想内涵，“诗界革命”在文学形式、读者对象两方面对中国传统的歌谣有所突破。革命派的作品更突出少年革命者“狂狷”的人格、反叛意识及暴力复仇的主旨，改造传统“少年书写”的同时，也较使用“铁血”“尚武”“冒险”等新语词的“新诗”更为复古。在最初的翻译、介绍与拟作中，“少年歌”不仅作为一种“中不像中，西不像西”的新风格，更重要的是其呈现“种人”之“心声”的民族主义文学的结构。此“文学”，已不是文体分辨、文章流别、著于竹帛等传统观念中的“文”，而接近于 19 世纪西方的“Literature”概念——“文学”乃“国民精神之所寄”[⑤]，系于种族、环境、时代三事[⑥]。一些“爱国歌”尝试使用古朴雅正与灵活口语化的旧语词，将中国描绘为一个

---

① 军伍：《与祖国告别之辞》，《警钟日报》1904 年 9 月 18 日。

② 《健行公学（资料）抄件》，《柳亚子史料札记二集》，上海人民出版社 2014 年版，第 16 页。

③ 曹植：《白马篇》，赵幼文校注：《曹植集校注》，人民文学出版社 1984 年版，第 411 页。

④ 陈平原：《中国现代学术之建立：以章太炎、胡适之为中心》，第 250 页。

⑤ 周作人：《论文章之意义暨其使命因及中国近时论文之失》，《周作人散文全集》第一卷，第 115 页。

⑥ 19 世纪法国文学理论家泰纳（Hippolyte Adolphe Taine,1828–1893）在《艺术哲学》中提出了影响文学演变的三要素，即民族文学史由种族、环境、时代决定。这一文学史论影响了明治日本和晚清诸多知识分子。近代日本最早的《日本文学史》（1890）即在此基础上完成。

“民族国家”，令人联想到鲁迅在早期文论中提出的“苏古掇新”之诗：“别求新声于异邦，而其因即动于怀古。”[①] 因此，“少年歌”的创新性源自其思想性，而非新语词、新概念所带来的激刺。这种改革中国诗的可能性，也并没有因为后续学堂乐歌更倾向于教育、宣传、通俗而减弱。在“诗界革命”逐渐式微的时刻，“少年中国”的思想活力以另一种方式持续地承接新的思想、新的理想。

（原载《中国现代文学研究丛刊》2023年第6期）

周旻，1989年出生于浙江杭州。本科毕业于华东师范大学中文系，2011年进入北京大学中文系现代文学专业，攻读硕士学位，师从王风、张丽华老师。2015年开始跟随夏晓虹教授攻读近代文学博士学位，2021年毕业。现为中国人民大学文学院博士后。主要研究课题及兴趣为“少年中国”与近代文学转型、梁启超研究、晚清翻译文学研究、晚清小说研究等。在《文学评论》《文艺研究》《中国现代文学研究丛刊》《文艺争鸣》等刊物发表论文十余篇。

① 鲁迅：《摩罗诗力说》，《鲁迅全集》1，第68页。

三、报刊研究

报刊视野下金和诗歌的写作与接受

从张园助赈会的发酵看《自由谈》谐文和新闻的互动与对话

晚清上海小报与近代小说关系之初探

晚清北京“春阿氏案”的文本解读

报刊视野下金和诗歌的写作与接受

李彦东

晚清诗人金和的声名充满争议，誉之者称其为“其格律无一不规于古，而意境、气象、魄力，求诸有清一代，未睹其偶，比诸远古，不名一家，而亦非一家之境界所能域也。呜呼！得此而清之诗史为不寥寂也已”[①]，毁之者称其为“亚匏之诗，一丑字实不足以形其万一”[②]。也有像钱仲联的折中之论：“吾谓亚匏诗颇能密致，所欠者沉郁耳。”[③]这些评价大致是从风格、诗体及人品等方面，主要是从诗歌传统的纵向发展上以“定本”进行的品评，此类品评放在出版形态较为单一的时代无可厚非，但如果考虑到诗歌的报刊刊载，则有重新思量的必要。

金和在五十七岁（1874）时，应唐景星之聘进入上海招商局，一直到去世都生活在上海。其时《申报》创刊不久，报纸后幅经常刊登诗作，金和的诗作也时而出现在《申报》后幅上。尽管不同于王韬、邹弢等报馆文人频频登报，但他的诗歌写作也因为报刊媒介显示出一些不同的面相，其形成氛围、传播效应乃至诗歌惯例都有重认的必要。此外，金和的一些题词、序跋与申报馆的出版产生了有趣的化合反应，尤其是《儒林外史跋》成为申报馆出版宣传中最有吸引力的亮点，这

---

① 梁启超：《秋蟪吟馆诗钞序》，胡露校点本《秋蟪吟馆诗钞》，上海古籍出版社 2012 年版，第 454 页。

② 徐英：《书秋蟪吟馆诗后》，胡露校点本《秋蟪吟馆诗钞》，第 485 页。

③ 钱仲联：《梦苕盦诗话》，胡露校点本《秋蟪吟馆诗钞》，第 487 页。

也是其后金和研究中最受关注的一方面，甚至进而影响到研究者对金和诗歌风格的认识。

一、报刊征诗的竞赛情境与社交特性

晚清报刊的兴起和发展，使得文学作品的写作与传播增添了新的变数。报刊征诗的活动不仅为诗人们提供了现成的诗歌题目，也将诗作置身于一个具有比赛意味的情境当中。对于已有一定声名的诗人来说，参加报刊征诗可谓利弊共存。充满游戏色彩的诗歌竞赛自然也可以呈现诗人的技艺，同时还能扩大传播面和受众群体。但也会因为太“切题”的原因使得诗歌格局受限，有时连诗人自己也不能满意。

金和诗作最早在《申报》上刊载的是一组咏兰的七绝，共五首，诗题全称为“听涛阁主爱兰成癖。累岁以来集异种几二百盆，而寻常者不计焉。余来沪在花后而闻其花事之盛。辄作五绝句以博一哂。花魂有知，即为来年看花之券何如”①。报上所刊诗与其后诗钞本有不少出入，如果将其同胡露校点本《秋蟪吟馆诗钞》相校，存在几处较大差异，这些差异在理解此诗的产生原因及写作环境上会有不同。其一是诗题的差异，胡本诗题为“尹松期爱兰成癖数年以来集异品几二百盆余来沪在花后而闻其花事之盛不禁神往辄赋五绝句”，这个诗题没有称“听涛阁主”的室名而是直呼其名，没有“以博一哂”的谦辞，更没有提及“来年看花之券”。其二是第二首绝句“不信芳魂有化身，一花便占百花春。多应刻意酬知己，添与君家掌上珍”的附注有不同之处。胡本为“君所蓄，于梅瓣、莲瓣之外，复多变态，为人所未习见者，盖若有神助云”;《申报》刊诗为“君所蓄兰，于梅瓣、莲瓣之外，更多变态，若有神助，实君兰玉盈阶之兆也”。其三是第五首绝

① 《申报》1877年5月30日。

句的诗与注上都存在差异。《申报》刊诗为“香火因缘有故知，此行偏恨我来迟。金茎玉叶犹如许，想见花开花落时”，诗后附注为“尧时有金公为尧艺兰，则余与此花固夙世通家也”。胡本诗为“香国因缘有故知，此行偏恨我来迟。金泥玉叶犹如许，想见花开花谢时”，诗后注为“尧时有金公为尧艺兰，故云”。

《申报》后幅的诗歌酬唱中常用室名斋号，除了显示相互关系密切外，也有营造雅致氛围的需要。金和作这一组诗的写作是源于听涛主人的征诗，在金和的七绝刊登之前，署名镜湖余鉴未定稿的一首咏兰七古已刊登《申报》，诗题将写作背景写得很清楚：“听涛主人善艺兰。得佳种异品最多，春夏之交，芬芳满室。今岁花尤盛，……又列牡丹数十本，纷错其间，花王得王者，香更清奇，浓淡无所不有。主人作征诗沽启，欲籍品题以增声价。”[①] 当时上海经常在豫园举办兰花会，曾为《申报》主笔的黄协韵如此记述：“每岁二三月，豫园有兰花会。湘江佳种，罗列满堂，别其种类，品其高低。其花有老干新干之分，梅瓣荷瓣水仙瓣之别。盆上各粘红签，书花主人名姓。其有得居首座者，同人咸啧啧称为状元。”[②] 金和在上海生活后，自然也参与到这类热闹的活动中，报刊征诗正好成全了诗人们在诗艺上“争奇斗艳”的心理需求。他的第一首绝句就特意写到牡丹，“如何俗眼无真赏，苦把花王奉牡丹”，除了展现这一年听涛主人养花品类的繁多外，也有从立意上与镜湖余鉴进行区别的目的。同是写兰花，不同的立意也隐约呈现出诗歌竞赛的样态，此种诗歌竞赛的动态性和有效性也正因为报刊才成为可能。金和的第四首绝句附注里特意写到“去年有选沪上女校书二十四人，配以花品者，是花是人自得神似，然唐突者或亦不免乎”[③]，《申报》花榜将品评青楼风月同文人的诗歌酬唱结合在一

① 《申报》1877 年 5 月 24 日。

② 黄协韵：《淞南梦影录》，《笔记小说大观》（十一），广陵书社 2007 年版，第 9048 页。

③ 《申报》1877 年 5 月 30 日。

起，在此前以书籍为单一出版形态的情形下，像余怀《板桥杂记》这一类写作固然充满了精心甄别的优雅，但读者与书中人物往往存在着时间差，不太可能像报刊这样提供一个几乎共时的环境。与此同理，如果不是报刊，兰花品评诗不太可能在短时间里让读者看到，更不可能“待诗而沽”，以此获得一个影响更深远的好评。在最后一首诗注里，特别借用一个掌故来说明诗人姓氏与兰花之间深远的关系，其目的是充分考虑到《申报》读者构成的多样性，在切题的情况下增加阅读的趣味性。而到了结集本中由于考虑到主要是面向诗歌读者，自然不必再在姓氏掌故上大费周章。精刻本里干脆将此诗删削，自然也有对读者的期待有所变化的原因。

出于征诗原因写作的还有《题李小池环游地球图》，李圭曾在《申报》上刊登“征环游海国图诗文启”，在长篇讲述其环游地球的过程后，“兹复追忆前游，为环球海国图二十四帧，装潢成册。始吴淞放艇，讫香海归帆，各附小记，而系之以诗，用志行踪。敬征诗文，以为光宠伏冀。宗工哲匠，硕学名流，无吝金玉，而锡篇章。庶是图得附大雅以传，寔窃有厚幸”[①]。这次征诗引起了广泛关注，至少王韬、俞樾等文人学士都有相关题咏[②]。这些品题或着意于李圭环游地球的壮举，或从私人交谊入手。金和诗主要从“余事付图绘，卧游还起予”的角度展示了图文相生的魅力。在《点石斋画报》尚未风行一时之前，点石斋主人美查已经对照相石印的便利多所揄扬。在李圭刊登征诗启之前，在一则“薛氏钟鼎款识出售”的广告里强调“以照相石印法仿袖珍板缩印，既便于取携翻阅，而临摹笔法则又全神俱在，不爽毫厘”[③]。题图诗在就图文关系进行抒发上与题画诗并无二致，但如

① 《申报》1882年5月5日。

② 杨波：《经世之心与文人风雅——李圭的环球之旅与域外诗文新论》，《河南师范大学学报（哲学社会科学版）》2015年第3期。

③ 《申报》1882年4月6日。

果从叙事性考虑，图与事之间的关系更密切。李圭的环游地球图更像是二十四个环游时事的片段，对他们的截取是出自对域外考察的剪影式叙述。金和在诗里紧贴图像叙事，从博览会“丙子美大会，请观国所无”的事象描述拓展到对时差的想象“我方望扶桑，彼已日下晡”，进而展开一连串“蜃何必有楼，鲛何必无珠”的追问，将传说、古史同新知识进行验证。其理路与晚清人士通过《海国图志》《瀛寰志略》等书接触和理解西学的方式如出一辙。此时的金和更像是一个新事物和新学问的推广者。金和早年曾就学于南京惜阴书院，受到过冯桂芬的影响，晚年又在上海招商局工作，谈论西学并非完全的“门外汉”。

应报刊征诗而作是晚清诗人必定会碰到的一种可能，由于媒介的变化，诗人想象中的读者会更加多元化。诗作除了驰骋自己的才情外，还需要将一些不可省略的背景知识嵌入到写作过程中，除了看似“多余”的诗歌附注外，在炼字用句上常常会朝着报刊读者容易明白的方向发展，这自然会导致诗歌在品质上的“焦虑”。出于诗歌艺术的考虑，咏兰诗在精刻本被删去，徐英也才会批评《题李小池环游地球图》中“丙子美大会，请观国所无”两句中的“美大会”和“国所无”二语不成词①。这一类诗作明显带有社交性的含义，单纯从诗歌艺术层面去考量会略显偏颇。

二、“烈女”书写：新闻题材与诗歌主题的共振

金和与《申报》后幅诗歌的关系并不止是一个被动的征诗投稿者，还在于题材选择上的相互影响。金和在上海期间写作的诗歌主要收于《奇零集》，此集中最令人注目的当推多篇烈女题材的书写。即便是挑剔的诗评家，也会说“金氏集中之名篇，当首推《兰陵女儿行》，其

① 徐英：《书秋蟪吟馆诗后》，胡露校点《秋蟪吟馆诗钞》，第484页。

叙述之生动、气势之夭矫，殆少伦比”[1]。

应该说，金和能写出多篇烈女诗与《申报》热衷挖掘这类题材有一定关联。美查创办的《申报》在强调报纸的新闻性的同时，也很看重“新闻纸”与此前的书册传统的联系性。文人别集中的论、序和传等文体都一一出现在《申报》的不同版面，各体诗赋则经常出现在后幅的固定版面上。对于忠孝节义的书写一直是文人诗文集中的重要题材。刊登烈女诗不仅能回应诗歌教化的传统，也能为新出的《申报》赢得道义上的加分，以烈女题材而写的诗和传经常出现在后幅。金和的《骆烈女诗附小传》[2]就是在此背景下刊载的，所写的是金陵张氏为守节自缢一事，小传中特别强调了其节烈的道德示范意义。金和书写烈女自然是别有幽怀，他亲身经历了太平军围困的惨烈，目睹了很多平民百姓无辜的死亡。长篇歌行能淋漓发掘出在这场惨烈的浩劫中人性最坚韧的部分，一个个本已湮没的烈女以传奇方式复活于诗篇当中。

与独立写成的骆烈女故事不同，金和笔下的烈女黄婉梨则先是以新闻的方式出现。《申报》登载的黄婉梨事存在着三个时间点，第一个时间点其实已算不上新闻，黄婉梨写绝命诗的时间是在同治二年（1863），在长序里交代了生平身世以及被流窜官兵掳掠到湘的惨烈情形；第二个时间点是湘乡县志里对记述黄婉梨事的说明，此志出版于1874年，是以一种推断的方式还原了黄婉梨报仇雪恨的情形，“越日有过关王桥者，见客舍中有二男子。一似中毒死，一断吭死。一女子周身衣服皆缝衽，自缢死。询之旅人，曰昨夜二男子偕女子宿此饮酒，酣笑杂以歌曲，夜半犹未止。既又闻若推若拒声者，已而寂然。晨起视之，一死于窗，一死于创，而女死于梁”[3]；第三个时间点是“光绪六年冬月二十九日，冠道人录于湘乡县署荷花亭侧。时冷雪敲窗，孤

---

① 胡先骕：《评金亚匏秋蟪吟馆诗》，胡露校点《秋蟪吟馆诗钞》，第476页。

② 《申报》1878年11月1日。

③ 《申报》1881年4月18日。

灯闪碧。书烈女事，不觉肃然敬，悄然悲也”[①]。在这条时间线索里，一个十多年前的烈女事件被冠道人这位有心读者重新发掘，以地方志读后感的方式重登报上。故事以新闻的方式重新回到了众多报纸读者的视野当中。

金和的《烈女行纪黄婉梨事》一开始便对事件进行总括性的评价："君不见黄婉梨，生不甘为仇人妻。虎狼累月相提携，一夕杀之如杀犬与鸡。贞魂烈魄虽下地，浩气上与青天齐。"[②]其后便用还原细节的方式将整个事件呈现出来，与黄婉梨绝命诗点到为止的写法不同，金诗还将前因后果写出来。如《绝命诗》中曾提到"金姑眉寿，余旧识也。一人欲污之，不从。适船窗开，跃入江死。金姑死后，乃不敢逼余"之事，黄婉梨写成"女伴何人不受污，余同张氏及金姑。超群更羡金眉姑，一死犹能护友于"[③]。金和写成"汝若苦逼我，我惟沉江波。不见金家妇，汝奈江波何？仇竟帖耳听，不敢相诋呵。朝夕敬事女，水程累月过"[④]。金和虽是事后追想，但由于虚拟了一个江上情境，并使用了很多具体的动态描写，其画面感要比当事人的记述还更易被把握。

与金和诗相映成趣的是邹弢的小说《智女》，这篇小说组合了黄婉梨的《绝命诗》自序与湘乡县志里的描述。将自序里"余姓黄氏，名淑华，字婉梨。江南上元县人。父秉良诸生，先卒"[⑤]改换为"江宁黄婉梨女史，名淑华，早失怙"。通俗直白的第一人称叙述转变为较为文气的史传第三人称叙述，叙述视角的转变方便小说家"全史在胸"。在撮述整个事件之后，还附上了作者的评语："余不奇官兵之死于女手。而独奇女母及弟之不死贼手，而反死于官兵之手。而更奇女因计死官兵，遂缢而死，亦不啻死于官兵之手。然则官兵之为官兵可

① 《申报》1881 年 4 月 18 日。
② 胡露校点《秋蟪吟馆诗钞》，第 323 页。
③ 《申报》1881 年 4 月 18 日。
④ 胡露校点《秋蟪吟馆诗钞》，第 324 页。
⑤ 《申报》1881 年 4 月 18 日。

知，而所以使之为官兵者，更可知矣。”[1]邹弢的评述显得别有深意，它在一定程度上颠覆了官贼对立的二元模式，也显现了道德世界的失序和混乱。官府一方面表彰忠孝节义，与此同时，官兵道德的败坏使得很多人间悲剧上演。

黄婉梨的故事最初只是以近似沉睡的方式存在于《湘乡县志》的一角，但当它被冠道人以一种观察风俗的方式发掘，并刊登在《申报》上后，它的故事潜力以新奇的特质为报刊读者所关注。金和和邹弢都是这则故事最为特别的读者，金和的长篇歌行极其逼真地还原了当时的场景，对于战乱中的惨烈场面，诗人有过亲身体验，写起来自然贴切。邹弢则摇曳小说家皮里阳秋的笔墨，发掘了这则故事的微言大义，在重构故事的同时也反思故事背后的道德困境。

烈女故事在传播和阅读中不仅能在不同文体之间“穿梭”，也能在不同媒介中“共鸣”。婉云女史金芳荃曾在《申报》后幅如此表达过她读烈女故事的感受：“忆自己酉仲秋，偶阅《瀛寰琐记》。吴中许烈姬殉难事题和采白吟一阕。顷阅郭军门姬人刘兰卿殉节事；后先媲美，奇烈堪夸，其慷慨捐躯成仁。”[2]《瀛寰琐记》是申报馆 1872 年创办的文学类杂志，它不仅承载了《申报》后幅略显“过剩”的文学趣味，也效仿了《中西闻见录》在新知启蒙上的方式。以往论者对《瀛寰琐记》里的文学性发掘已很充分，尤其是对其连载的翻译小说《昕夕闲谈》详论备至[3]。但对于其中略显“传统”的传记写作却很难展开论述，毕竟这一类文体并不“新”，在文人别集中也在所多见。但如果从选择趣味上来说，更看重充满传奇色彩的节烈故事，这跟尊闻阁主美查编报办刊时注重“可惊可愕”的美学趣味有关，“夫一切可惊可

① 邹弢：《三借庐笔谈》，《笔记小说大观》（十三），广陵书社 2007 年版，第 10178 页。

② 《申报》1880 年 8 月 4 日。

③ 代表性论文如韩南：《论第一部汉译小说》，《中国近代小说的兴起》，徐侠译，上海教育出版社 2004 年版，第 102–130 页。

愕可喜之事足以新人听闻者，靡不毕载”[1]，这些故事也能有效地同史传和传奇小说产生联系。金芳荃在阅读同一类题材时的共鸣正在于史传、小说和新闻都能从不同角度表彰节烈，引人追怀。

三、香艳趣味在报刊出版中的变化与重塑

金和虽非报馆文人，但他与王韬、邹弢、蔡尔康等报界文人有着共同的香艳趣味。喜欢将冶游当作最值得追忆的情事，冶游所作也是他们最不忍割舍的篇什。金和在《〈压帽集〉自序》中很明显地展示了此种“欲盖弥彰”的心态：“虽司勋明知春梦，而彭泽难讳闲情，竟删风怀，自惭情伪，特入诸本集，恐为方袍幅巾者所呵，故别而存之。欧阳公之言曰：酒黏衫袖重，花压帽檐低。余极爱诵此二语，因命之曰《压帽集》。”[2]金和在编选自己的诗集时，多少有点像晚年杜牧在删汰自己少年绮语时的心态，担心有碍后世声名。金和的《秦淮杂诗十首》被讥浮冶[3]，也主要是对烟粉月色着笔太浓，对旧京禾木点到即止。诗评家们在感叹其经受离乱颠沛之苦时，满怀希望地等他能将这些苦难转化为“诗史”，但他的诗作却经常是忆妓多于忆民，访花甚于访友，也难免会让诗评家失望。

如果仅是诗人的个体趣味，诗评家用诗歌传统的一般标准去权衡自然无可厚非。但新兴的报刊文化可能会生发出一个新的评价体系，冶游书写成为一个连接新闻报纸、上海欢场文化以及香艳传统的纽带。《申报》上的花榜评选将上海的欢场文化实况展示于公众面前，而申报馆对“画舫录”题材的发掘与出版又将冶游文化传统钩沉出来。“画舫录”是一个略含譬喻的说法，简单理解就是妓家故事，但“画舫录”

① 《本馆告白》,《申报》1872 年 4 月 30 日。

② 胡露校点《秋蟪吟馆诗钞》，第 332 页。

③ 徐英：《书秋蟪吟馆诗后》，胡露校点《秋蟪吟馆诗钞》，第 484 页。

的表达却有其含蓄蕴藉之处。画舫作为一个可以游动的场所，其上不乏皓齿蛾眉，弱柳生姿之名妓，外景又往往能借力于秀美的湖光山色，这对于文人艳游来说不啻是一场审美的盛宴。画舫又称灯船，各地特色不尽相同，孙玉声在《退醒庐笔记》中曾以亲身冶游经验谈及，“无锡、苏州最为绮丽，南京之秦淮河画舫最为宽大，杭州之江山船最为质朴，扬州之瘦西湖今已无此，故未获睹也”，上海没有画舫的原因是青楼场所大多都在陆地，很少朝水上发展。张园主人曾经试验过在味莼园附近新开画舫，作为游园的附加项目，开始的时候有不少游客在游园之余体验船游之乐，但“嗣以池甚窄小，等诸半亩方塘，开船后只能荡漾于海天胜处之前，无从他适，舟中人为之意兴索然”[①]，真实的画舫并没有在上海娱乐业中一展身手，但文学意义上的“画舫录”却层出不穷。

申报馆出版这一类书籍的动因自然是畅销，此类书籍能够巧妙地将名妓故事与文人侧艳之作熔为一炉，《白门新柳记》的出版广告说得很清楚：“白门新柳记一书，皆纪同治年间金陵秦淮河畔之各名妓也。笔墨古秀，阅之令人神往，且岁月未久，寻芳选胜者，按图索骥，往往若合符节。而其中搜罗之诗词，又皆近代名人所作。可歌可诵，是诚雅俗共赏者。惟元板刊行无多，即已毁失，故绝少流传，本馆今重校而印售之。”[②]金和于此深有感触，《沪上杂诗》里谈到“花花叶叶万家楼，不信江南客冶游。若使杜司勋到此，更无春梦似扬州。九天珠玉属新闻，公是公非片语分。管领阳秋一枝笔，生平不作送穷文”[③]。这首诗在展示上海欢场文化时，不仅说明它与此前文人冶游的记忆略有不同，还特别提及了新闻业在其中的重要作用。流寓上海投身新闻业的文人们不仅怀有对传统冶游的追想，还不得不面对上海名妓形象

① 孙玉声：《退醒庐笔记》，山西古籍出版社 1995 年版，第 161–162 页。
② 《新书出售》，《申报》1879 年 1 月 7 日。
③ 胡露校点《秋蟪吟馆诗钞》，第 331 页。

的变化，正如叶凯蒂所论："文人和名妓之间的关系变化之快，从相互怜惜的文化记忆迅速地变成了生意协议。一旦文人在上海的娱乐出版业谋得差事，他们就开始以名妓的自我表现为基础为其打造公共形象。"①如果拿《沪上杂诗》同《秦淮杂诗》相比，前者是横向的并置，上海的商业、新闻以及欢场的当下展示，后者则是饱含情怀的冶游故事，属于纵向的追溯。

金和不仅是一个"画舫录"故事的热心读者，也是一个有心的传播者。他的《买陂塘》两首是对王韬编辑《艳史丛钞》的题辞。其中一首专门提及《白门新柳记》出版中的一桩公案：

> 谢先生、斯文护法，碎金收拾齐整。乌兰细格从头写，抵得玉台新咏。千片锦，有万片、花魂暗里春风影。真真唤醒。定游戏蓬莱，相逢子晋，齐解佩珠赠。
>
> 柔乡话，止有冬烘作梗，綵毫横被呵禁，年时平地风波起，诗案老坡冤甚。余力劲，更溺影、含沙要断书生命。今犹齿冷。看文选楼高，商量艳体，谁再杀风景？

他在自注中特别提到："先是，癸酉夏日，许少玉太守有《白门新柳记》之作，彼哉欲藉倾湖上老渔讲席，诬构主名，讽大吏，毁其板，而太守以愤卒。及乙亥之春，张海初大令复作《秦淮艳品》，属余为之序，又逢彼怒，所以厄余者甚力。两为逐客，贫病累年，皆彼之赐也。"②王韬为《白门新柳记》所写的跋语中也提到此书最初问世的波折："曾几何时，为当道所禁，野鸭飞鸳，一并痛打，月碎花残，在所不免，而作记之人，不特无金铃十万，以护名花，且复重遭疵诟，指是书为

① ［美］叶凯蒂：《上海·爱——名妓、知识分子和娱乐文化 1850—1910》，杨可译，生活·读书·新知三联书店 2012 年版，第 188–189 页。

② 胡露校点《秋蟪吟馆诗钞》，第 371–372 页。

祸胎罪首。”[①]金和和王韬所说的这位“不解风情”的官员是同治年间的两江总督李宗羲。李宗羲（1818—1884），号雨亭，《清史稿》有专传，他曾给石达开写《招降书》，谏止清帝重修圆明园，在史书中有着清正廉洁的美名。不过这位总督对于风情月意一类的作品很是反感，邹弢的《三借庐笔谈》中专门有条目“白门新柳”谈及此事：“时适因李宗羲制军督两江。素以道学自呼。见此书，即毁板禁之。”[②]不仅对作者的前程产生了负面影响，甚至还影响到书中提及的女校书。

王韬编选的《艳史丛钞》得益于申报馆对《板桥杂记》《扬州画舫录》等书的发掘，其后他自己的作品特别发挥了“画舫录”中的叙事传统，以上海为背景，希望能“谱申江之新声”来超越“续板桥之旧艳”。《花国剧谈》以女校书为主脑，“足以佐谈屑，述遗闻，为南部侈繁华，为北里表侠烈。其事则可惊可愕，其遇则可泣可歌”[③]，《淞隐漫录》借用聊斋笔法，将海上烟花写得恍兮惚兮。金和引王韬为同道，将《艳史丛钞》当成当代的《玉台新咏》。他对王韬发掘的“艳史”写作心有戚戚，除了性情方面的相似外，也有重新发扬香奁体写作的抱负。他的诗集中对妇人身体发肤的描摹，笑、嗔、悲、喜的刻绘，可谓穷形尽相[④]。至于鬓影、唾香、爪痕、颊晕等香艳细节则有专诗表出。金和对香奁诗传统的爱好也是他为《秦淮艳品》写序的原因，序中博引故实，力证怜香惜玉无损忠孝节义，还将艳品编选同《诗品》联系在一起：“次为芳谱，仿司空《诗品》之题；播诸艺苑，续侍儿

---

① 王韬：《白门新柳记跋》，《香艳丛书》第十八集，《丛书集成续编》第212册，新文丰出版公司1989年版，第232页。

② 邹弢：《三借庐笔谈》，《笔记小说大观》（十三），第10242页。邹弢在此文中认为《白门新柳》和《秦淮艳品》都是薛时雨所作，但从金和与薛时雨的密切关系来看，他不可能不知道事情的原委。许养和和张海初确有其人，金和词注中所说应接近真实情况。

③ 王韬：《花国剧谈自序》，《弢园文录外编》卷九，《清代诗文集汇编》第708册，上海古籍出版社2010年版，第194页。

④ 《次韵香奁六首为香窝题画意》诗中写妇人的发、腮、肩、乳、腰、足等部位；《为秀姑题小画幅语皆本事秀姑意也八首》写女性的笑、嗔、羞、倦、悲、喜、醉和病八种神态。胡露校点《秋蟪吟馆诗钞》，第338、343页。

《小名》之录。”[1]香奁诗的妙处在于体贴入微，不便则是格局不大，而且表达的重复性和模式化会比较明显。当香奁体与画舫录合流时，名妓们丰富多彩的故事、文人们的品题酬唱都会将大同小异的闺中密趣变为诗歌史上可供释证的精彩片段。

四、由家世引发的诗歌风格联想

金和生于安徽全椒，其母便是吴敬梓从兄吴檠之女孙。他的童年生活于此，太平天国逃难时期寄寓于此，《椒雨集》中一百五十余首诗与此地关系密切。也正是由于这些渊源，《儒林外史跋》提供了吴敬梓创作《儒林外史》的许多本事。这篇跋语是应薛时雨之邀而写。薛时雨（1818—1885），字慰农，一字澍生，晚号桑根老农，安徽全椒人。咸丰三年（1853）进士，授嘉兴知县，后入李鸿章幕。薛时雨是晚清著名词人，交游广泛。金和与之相交是在同治八年（1869），“薛慰农以江督聘，主金陵尊经书院兼惜阴书院，此后与先生时有唱和”[2]。同年，金和写成了《儒林外史跋》。

这篇跋最早出现在苏州群玉斋本，但真正为人熟知是在申报馆第二次排印《儒林外史》时。1874年申报馆第一次出版《儒林外史》时并不确定作者是谁，出书广告中着墨更多的是小说技法和阅读感受，“其书中描摹世态人情，无不穷形尽相，活现毫端。殊可喷饭解颐，尤妙在雅俗皆宜，有目共赏”[3]。而到1875年第二次排印时，《申报》上刊登的“儒林外史出售”[4]告白添加了对作者和人物本事的说明：

---

① 金和：《秦淮艳品序》，胡露校点《秋蟪吟馆诗钞》，第409页。

② 胡露：《金亚匏先生年谱简编》，胡露校点《秋蟪吟馆诗钞》，第520页。

③ 《申报》1874年11月5日。

④ 《申报》1875年6月11日。

《儒林外史》一书，虽系小说，而诙谐之妙，叙述之工，实足别开蹊径，宜为海内仕商所赏鉴。本馆前用活字版排印千部。曾不浃旬，而便即销罄。在后购阅者，俱以迟来弗获为憾。是以近又重为摆印，详细雠校，并附以上元金君跋语。俾共知作者之姓名，而并知书中所述之人，亦皆历历可考，非同凭空虚造也。

在这篇跋语中，金和为《儒林外史》提供了三方面重要的信息。最为确凿和为后世公认的是他指明了《儒林外史》的作者是吴敬梓，这已成为定论。其次是他将书中人物与现实人物一一等同，认为“全书载笔，言皆有物，绝无凿空而谈者，若以雍乾间诸家文集细绎而参稽之，往往十得八九”[①]。最后金和还给《儒林外史》五十六回本的文本结构带来了危机，那就是他对“幽榜”的批评。他以作者只以奇数著述作为理由，实在只是一个不好证实的推断。不过，他所引出的这一问题对活跃文本意义的多元性功不可没。天目山樵（张文虎）的新评点敢于向卧本的部分批评挑战，在一定程度上是有了金和的跋语做后盾，这在本次排印本的识语中交代得很清楚：“往读《外史》，恨其‘幽榜’一回大为无理；今得金君跋，始知果为妄人所增。”[②]也正是金和的跋语，使得齐省堂在增订《儒林外史》的时候，能够放胆去窜改“幽榜”的取舍而有自己的说法和理由。

金和的跋语不但成全了天目山樵的评点，也成就了申报馆第三次排印《儒林外史》，即通常所说的“申二本”[③]。金和的跋语以知情者的身份为《儒林外史》提供了众多本事来源，而天目山樵的评点则围绕对“命意”的发掘，将作者及本事巧妙引入到小说笔法的探讨当中，

---

① 金和：《儒林外史跋》，胡露校点《秋蟪吟馆诗钞》，第425页。

② 天目山樵识语，《儒林外史》申报馆第二次排印本卷末，1875年。

③ 孙楷第在《中国通俗小说书目》中，只承认申报馆分别在同治十三年（1874）和光绪七年（1881）两次排印了《儒林外史》。李汉秋直接将1874年排印的叫“申一本”，把1881年排印的叫“申二本”。

从而为读者欣赏《儒林外史》提供了更确切的情境："本馆近又得天目山樵批本，于书中筋节处逐一指出，每回后又有总评。不独作书者之命意，俾得显豁呈露；即阅者亦如观僧繇画龙得点睛。"①

申报馆三次排印《儒林外史》，不仅发掘和传播了一部可能消失的讽刺文学杰作，同时还为其后李伯元、吴趼人等人的谴责小说写作埋下了伏笔。金和在《儒林外史》传播中的重要作用被很多研究者所重视，甚至会影响到部分论者对其诗歌风格的认识。胡适早年对金和诗歌的高度评价其实是源于他对《儒林外史》的爱好，"他是表彰《儒林外史》的一个人，故他的诗也很像是得力于《儒林外史》嘲讽的本领"②。胡适极力称道的是《六月初二日纪事一百韵》《初五日纪事》《半边眉》等诗，这些诗的共同特点是对官吏们露骨的嘲讽，从讽刺文学的角度看，与《儒林外史》的诙谐和嘲讽有相似之处，自然也符合胡适预设的论断。但此种比较是宽泛意义的修辞比较，更多是借用小说的风格来拟设诗歌的风格。胡适晚年再读金和的时候，也坦承对其诗不再有兴趣："他写南京围城的史实，应该用散文写的。用诗写，为了迁就韵的关系，就不十分确切了。"③有"考据癖"的胡适在文学批评上常会无限放大"知人论世"的作用，在对金和的评价上，由其家世渊源而将吴敬梓和金和的文学风格放在一条脉络上进行考量，并由此而产生了一种"跨界"的批评，不算准确也并不能涵盖金和诗风的全部面相。但由于胡适的影响力，此种简单泛化的评价容易成为其后诗歌史书写的一个源头。

---

① 《重印儒林外史出售》,《申报》1881 年 3 月 22 日。

② 胡适:《五十年来之中国文学》，胡露校点《秋蟪吟馆诗钞》，第 467 页。

③ 胡适:《胡适之先生晚年谈话录》，胡露校点《秋蟪吟馆诗钞》，第 468 页。

结论

金和生平多遭离乱，身陷“洪杨之劫”，抛家舍母，辗转粤沪，浮沉下僚，际遇之奇为他提供了丰富的诗题。诗评者喜欢用“诗史”的惯例来评价，除了是对其身世经历的同情，也是一种模式化的赞誉。但此惯例是“双刃剑”，对晚出诗人会有许多不利之处。金和于此其实早有“自知之明”，在他晚年编《奇零集》自序中说：“即或结习未忘，偶有所作，要之变宫变徵，绝无家法，正如山中白云，止可怡悦，未可赠人。乃知穷而后工，古人自有诗福，大雅之林，非余望也。”[①] 金和在晚清众多诗人中被标举、被传播，除了其诗“意境、气象和魄力”等略显玄虚的方面，更多是来自报刊出版环境产生的变量。《申报》后幅的征诗拓展了晚清诗人的表达空间，繁华的都市生活和新奇的域外想象开始建构一个迥异于田园山水的新世界。像烈女这一类传统题材在“可惊可愕”的新闻趣味中被不同的文体所重组，诗歌开始与小说、新闻乃至地方志展开深入的对话。申报馆的“画舫录”题材出版容纳和延展着诗人们的香艳想象，香奁体书写在一个新环境中以一种新方式焕发出活力和生机。而《儒林外史》的出版也使金和的声名“跨界”，影响到一些小说论者对金和诗歌的风格想象。

（原载《中国诗歌研究》2020 年辑刊）

李彦东，2001 级博士研究生。博士阶段研究早期申报馆。现任教于北京联合大学师范学院中文系。主要编著有《晚清文人与流行文化》（2017），《西山文脉：诗文印象》（2019）等。

① 胡露校点《秋蟪吟馆诗钞》，第 283 页。

从张园助赈会的发酵看《自由谈》谐文和新闻的互动与对话

杜新艳

近代文学与新闻有千丝万缕的关系，鲁迅曾说过：“上海过去的文艺，开始的是《申报》。”[①]《申报》1872年创刊之初，就表现出大众日报对文学的倚重，形成了报纸刊登文艺的局面。辛亥革命之际，文学创作反映现实的及时性因受新闻的刺激而加强，随着新闻报道的不断追踪与文学文本的多元化处理，新闻与文学文本之间的互动关系更为复杂。一个重要的事实是大型日报文艺副刊应运而生，并且在吟风弄月之外，更强调紧扣时事。大规模报刊文艺作品出现后，新闻文本与文学文本之间的界限或模糊或清晰，两者的共生、共现现象便值得深入探讨。如夏晓虹对秋瑾之死及胡仿兰之死的分析，游弋在大量新闻报道与文学作品间，体现了晚清新闻与文学在关注某一话题时的共识、暗示、借用、对话与互动[②]。两篇或多篇文本中的共现关系被称作互文性（intertextuality），文本间的互文性可以出现明显的形式特征，如引用、抄袭、未指明的借用，也可能以非明显、非字面的暗示的方

---

① 鲁迅：《上海文艺之一瞥》，《鲁迅全集》第4卷，人民文学出版社1981年版，第292页。

② 夏晓虹：《秋瑾之死与晚清的“秋瑾文学”》，《山西大学学报》2004年2期；夏晓虹：《从新闻到小说——胡仿兰一案探析》，《中国文化》2001年第17、18期。

式体现[①]。文学作品与新闻报道间的共现关系，也包括显性与隐性两种，以后者为主。

与新闻相关、涉及时事的文学作品往往自觉或不自觉地具有批评功能，当文艺手法运用于对新闻事件进行关注、描述、讨论时，它的批评功能会油然而生。文学与新闻的互文与对话是实现这种批评功能的重要途径。考察清末民初文学的批评功能，《申报·自由谈》较受关注，如李欧梵《批评空间的开创——从〈申报·自由谈〉谈起》及陈建华《〈申报·自由谈话会〉：民初政治与文学批评功能》。1911年8月24日，《自由谈》创刊，以游戏文章、谐谑讽刺等文学手法观照时事，“变其术以求伸言论之自由”[②]。大量报刊谐文，兼有文学与新闻特征，在彰显文学批评功能的同时，也演绎着新闻与文学的互文关系。本文以《自由谈》初创期由张园助赈会引发的谐文及新闻报道对华洋义赈会的批评为中心，来展现新闻与文学间相对集中的互文性与对话关系。

小说与新闻的互文:《助娠会》与助赈会

《自由谈》开篇之作是小说《助娠会》。故事讲述“巾趋绿”办了一个“助娠会”，一对男女入会后热衷于“办事”，结果“双双到西方极乐国去游历去了”，人们愤而痛斥“巾趋绿”[③]。它直接讽刺的对象是社团组织及个中人物，借机乱搞“男女”关系，误人害己。李欧梵在《批评空间的开创》一文中曾视其为“科幻小说”，是有关“强国强种”、“如何制造新国民”、创造新的民族国家的思考[④]。但宏大叙事并非这部小说的本旨，恰恰相反，一系列准文本（paratext）消解了严肃

① 萨莫瓦约:《互文性研究》，邵炜译，天津人民出版社2003年版。

② 王钝根:《〈自由杂志〉序》,《自由杂志》第1期，1913年9月。

③ 钝根:《助娠会》,《申报·自由谈》1911年8月24日。

④ 李欧梵:《批评空间的开创——从〈申报·自由谈〉谈起》,《李欧梵自选集》，上海教育出版社2002年版，第143、144页。

与正经：小说所在栏目为“游戏文章”，题目前有“滑稽小说”的标签。解读这部进行了大量陌生化处理、颇具怪诞色彩的文本，必须回到历史语境，及相关的互文本组成的语境网络中，简单的文本阅读容易走入歧途。

先看文本：

> 却说下流地方有一个夜花园，园内有个助娠会。那助娠会的总办名叫巾趋绿。人很能干，而且热心。他鉴于子嗣之艰难，国种之衰弱，所以创办这个助娠会，专劝少年男女入会，缴费一元，便可享受许多利益……[①]

小说形式上沿袭了宋元话本小说的套路，内容却有关近代合群等理念催生的会党，而“助娠会”这样的怪思异想显系虚构。怪诞的主题给作品带来了奇幻、游戏与不羁意味，也使它在历史线索上的前文本难以探寻，而横向的时代语境的介入却很容易被发现。小说对各种外来因素的处理，即西化色彩，很引人注目。如小说中男子卜耀明（谐音“不要命”）吃的是“迷魂汤”“冷狗肉”“鸡排大馒头”，女子讨司（谐音“讨死”）要了“人尾汤”“卷筒人肉”“大香肠”“荷包蛋”“炒羹饭”，两人“随后又各吃了一杯揩腓、一瓶屈死”。这些是对西餐的调谑描写，如冷狗影射热狗，人尾汤之于牛尾汤，揩腓之为咖啡，屈死对应果汁。作者用生硬骇人的字面，给人一种恐怖之感。这种丑化的确表现了作者对西餐、西学以及洋务时尚的讽刺和否定态度。但将小说主旨归结为对“维新的时尚”的讽刺[②]，似乎仓促了些。

---

① 钝根：《助娠会》，《申报·自由谈》1911 年 8 月 24 日。

② 李欧梵认为这篇小说“只不过用小说叙事的模式来讽刺富国‘强种’的价值系统。作者的立场也许有点保守，然而‘亡国灭种’也的确是晚清民族思想萌芽时所感受到的危机。我想此文所讽刺的不是维新，而是维新的时尚——它竟然可以蔚为一种商业风气”。

深入探讨与文本相关的语境能加深对文本的理解。当天报纸上有则《海上闲谈》提到“某人瞰某会一席”，作者对“某会”与“某人”的反感，与《助娠会》对会社及会长的讽刺对应，似有互文关系。这则短文没有明示对象，却留下了相关线索，“无论何处之水旱灾，皆以上海为筹捐之所”[①]，该会很可能与筹款赈灾有关。另一则《海上闲谈》也提到：“张园之开助振会，好事也，而其间少数之办事人，则非尽实心办事之人，是又该会之缺憾。”[②] 以上三种文本都表现出对某人与某会的不满，“助振会”（此“振”通“赈”）与“筹捐”相关联，又与“助娠会”有字形变幻关系。三个文本的共通暗示出《助娠会》并非凿空虚构的游戏奇幻之作，而可能是矛头明确的讽刺影射小说。

证明《助娠会》确实是在讽刺张园助赈会，仍需借助更多线索。《申报》有则广告涉及这次张园助赈会，以“购券一张可救一命”来吸引眼球，地址设在静安寺路张家花园，发起者是华洋义赈会[③]。张园助赈会形式别致、时尚新潮，它结合了逛公园、吃西餐、看演出等时尚潮流。游园名目繁杂、异常热闹，有音乐会、烟火会、乞巧会、金石书画会等精心设计的会场，有各种名目的售卖活动，包括彩票券、助赈品、医药、菜肴、酒水、鲜花等。这次游园会的时间设计更加大胆，有“晚场”，且晚至“夜间二点”，后又改为“夜间三点”[④]，实在令人震惊。游园与赈灾的奇妙结合，调动了尽可能多的民众。不难想象当时会场的情景：游人如织、琳琅满目、新奇刺激，盛况空前的同时也潜藏危机。

《申报》记录了开会盛况，却有两则相反的报道。一则为正面信息，报道简要描述了会场情况，包括会长沈仲礼及灾区代表的演说，

---

① 《海上闲谈》,《申报》1911 年 8 月 24 日。

② 《海上闲谈》,《申报》1911 年 8 月 21 日。

③ 《慈善助振大会》,《申报》1911 年 8 月 14 日。

④ 《慈善助振会》,《申报》1911 年 8 月 18 日。

诱人的彩票奖品、音乐烟火等。文后附录部分则是有关张园助赈会的“游记”，如数家珍地介绍了游园的顺序及会场内的精彩场景，使这则报道披上了广告色彩[①]。另一则报道在记录同一事件时内容与态度却相差千里，大唱反调：

> 二十五日下午，慈善会开幕。首由沈仲礼君演说。语未及半，有吉林官银号陈君大声疾呼曰：“开会为赈济，固系善事，然伤风败俗之事，究不能堪。今日会中招集无数轻荡少年，于场中兜售鲜花，肆意调戏妇女，实属有伤风化。”[②]

在开幕演讲中间出现一个戏剧性的场面，有人对会场种种“伤风败俗”行为大加批判。张园主人也认识到问题的严重性，以“停会”相逼。华洋义赈会会长沈仲礼被迫停止演说，劝退了“调戏妇女”“有伤风化”的卖花人。细心的记者还报道了几个具体场面，某药店要进会场送清醒丸，却“因系中国药，不许入会”；会务人员要强行将一无券小孩“执送巡逋”，有人代付才作罢。这些貌似客观的报道中，流露出批评态度。这两则材料的互文与矛盾，说明第一则报道很可能是主办方的宣传稿，回避了矛盾，第二则报道是新闻记者精心访查的结果，更有现场感，更可信。

张园助赈会开办的情况经以上几则广告及新闻报道有了较客观的呈现。新闻评论中出现的主观声音更为解读《助赈会》提供了直接的文字密钥：

> 上海向有夜花园，人皆目为藏垢纳污、制造时疫之所。……日来张园特开慈善助赈会，游人络绎，入夜尤盛，又俨然一夜花

① 《慈善助赈会会场纪事》，《申报》1911 年 8 月 20 日。
② 《补纪张园义赈会情形》，《申报》1911 年 8 月 21 日。

园也。……暗陬旷地，时有翩翩者相偶而行，细语不可辨，想必商酌慈善助娠之事……[1]

此文明确将张园慈善助赈会比拟为“夜花园”，因开会至深夜三点，夜间之会到“夜花园”，在“夜”字的链接下，“藏垢纳污”之类的负面联想也得以暗度陈仓。该文还提到会场所提供的“洋酒洋菜”，比平时“增价二三倍”，也与小说对西餐的讽刺对应。最后，作者忍不住揣测助赈之会或许暗藏“助娠”之机。将张园助赈会曲解为“助娠”，这篇《海上闲谈》使得《助娠会》有例可援。这两篇文本之间的互文关系显豁且关键。与张园助赈会有关的新闻、广告都是它们的语境，或者说前文本。

《助娠会》与张园助赈会的对应信息越来越多。“下流”对应上海（对仗），“夜花园”对应夜间张园（比拟、关联），“助娠会”对应助赈会（形近），“巾趋绿”对应沈仲礼（谐音），“专劝少年男女入会”的宗旨是对男女同游的讽刺，“缴费一元，便可享受许多利益”，是对“入场券每位一元，附赠巨彩”的转述，西式餐饮是对“洋酒洋菜”增价的回应[2]。文本中的人物服饰也与此有关。《海上闲谈》提到夜花园为“制造时疫之所”，有意放大“时疫”，暗示“助赈”与“时疫”存在联系。“时疫”是辛亥之际上海最大的社会公共卫生问题，人们谈疫色变。其中最凶险的是瘪螺痧，因病人手指螺纹下陷而得名，患者半日辄死，又名六时痧、子午痧。《助娠会》中卜耀明所穿“瘪螺纱长衫”，字面上是瘪螺痧的谐音，观念上则意味着那些不要命的男女青年参会，会携带时疫、传播时疫。在“时疫”的思路下，小说主人公的服饰全是当时致命的痧症：卜耀明内衬“绞肠纱短衫，吊脚纱裤子”，“绞肠纱”谐音绞肠痧，“吊脚纱”谐音吊脚痧；讨司“上身是

① 《海上闲谈》,《申报》1911 年 8 月 22 日。

② 《慈善助振会》广告,《申报》1911 年 8 月 19 日。

淡红烂喉纱的罩纱，下身是面色青午时纱的长裙”，“烂喉纱”谐音烂喉痧，“午时纱”可能是六时痧与子午痧的混成。至于文本中对“制造新国民”的嘲讽，既补充了“助赈”之意，也呼应了时代的主题，即种族危机与“新国民”的期待。

以《助赈会》为中心的文本解读体现了文学文本与时事新闻文本间存在着重要的互文关系，暗示、引用、影射、呼应、强调、发挥、补充、变形等不一而足，或直接、或间接，或显豁、或隐蔽，令人目不暇接。在这个话题下，文学文本对新闻文本的依赖性较突出，前者以后者为潜在语境和前文本。这种互文关系的前提是作者与读者间就时事、风尚等语境达成的共识。《自由谈》副刊谐文与报刊正文间的互文关系，只是解读民初副刊文学的一个尝试，大量事实表明，借助相关新闻及时代语境才能接近文本的真面目。

反向建构的舆论形象:“沈仲礼”与“沈敦和”

小说《助赈会》让“巾趋绿”自道心曲，“显得我是于中取利呢”[①]。这次张园助赈会的组织者华洋义赈会负责人沈仲礼，成为系列谐文与新闻报道批评讽刺的重点。沈仲礼（1866—1920），名敦和，曾游学海外，以善办洋务著称，在官场颇有名望，后专心经商，在官、洋、绅、商各界游刃有余，因长于沟通各方力量而成为上海绅商代表，时任华洋义赈会会长。在张园助赈会事件前后，公共舆论有关他的报道与描述使他呈现出截然相反的双面形象。本文用“沈敦和”代指正面形象，“沈仲礼”代指负面形象，实为有意区分。无论正面或负面，当时以字相称的情况更普遍，庄重的场合则称名。

在正面形象建构中，《沈敦和》一书最有代表性，故以“沈敦和”

① 钝根:《助赈会》,《申报·自由谈》1911 年 8 月 24 日。

代指正面形象。此书于宣统三年四月由图书集成公司出版，作者署名南茗外史。《沈敦和》一书对传主的喜爱与崇敬溢于言表。开篇用传奇与夸张笔法，称塞北雁门关及上海十里洋场，均家家丝绣、人人尸祝沈敦和。作者还断言“今日中国五十岁以上之人物，三四品以上之职官，诚无有能与颉颃者”，结尾则称“沈敦和之为当今伟人，确然无可疑者”[1]。这部传记以“伟人沈敦和”为中心，对沈敦和的全面介绍及推崇，使“沈敦和”的正面形象达到前所未有的高度。另一方面，沈氏大名在《申报》上无日不见，且一日数见。除新闻报道外，他还有广告代言人性质，报纸上出现大量他参与推广医药、卫生、学堂等的广告宣传。这些情况一定程度上反映了沈氏此时社会名望较好，个人影响力与民众信服度较高。

《沈敦和》的写作缘起，据广告云：“日本东京、西京、神户、大坂、长崎五大埠报界商界纷纷亟向上海，购求赴东实业团团长沈仲礼观察照相历史。”[2]《沈敦和》一书不仅内容详尽，且附照相，确有应景之意。1910年日本近藤廉平组织的访华参观团受到官商两界的热情接待，次年近藤邀请中国商界回访，受邀商会在官方支持下于1911年4月在上海召开会议，讨论赴日考察相关事宜。沈氏被推选为“赴东考察实业团”团长，设立了赴东考察实业团事务所，负责编辑印刷宣传品和筹备出访事宜。沈敦和曾总办中国通商银行，创设了华安水火保险公司、华安人寿保险公司、华纶机织绸缎公司等，似尚不足称雄实业界。在上海商务总会中，沈氏地位也不高，虽曾两度被选为议董，1911年却落选。沈氏此次被选为团长，难免有人不服。但“实业界代表”的身份会强化他在国内商业、国际交流中的地位。

《沈敦和》概括了沈氏的社会贡献，涉及洋务、军事、外交、慈善、

① 南茗外史：《沈敦和》，宣统三年四月图书集成公司出版。孙善根《中国红十字运动奠基人沈敦和年谱长编》附录全文，浙江大学出版社2014年版。

②《申报》1911年10月22日。

教育和商业。其慈善事业社会影响最大，突出表现在三个方面：防时疫、办红十字会与华洋义赈会。1904 年日俄战争期间，沈敦和联络各界成立“上海万国红十字支会”，被认为是中国红十字会诞生的标志。1908 年，他创设上海时疫医院（China infectious diseaseshospital），成绩显著。1910 年 10 月底，上海闸北因鼠疫连死两人，引起租界当局惊恐，要求查验居民，强令搬迁消毒，强捉小孩种牛痘，民众惊慌、群起阻挠，工部局立即弹压，激怒的民众打伤巡捕，巡捕房逮捕了十二名闹事者，酿成“检疫大风潮”①。沈敦和挺身而出，议定自设公众医院处理公共卫生事件，中国公立大清红十字会分医院迅速建成并投入使用。1911 年 8 月初，闸北再现鼠疫，死人甚多，沈氏闻讯即派数医士前往检验，积极医治。12 日，上海道设中国巡警卫生处，请沈敦和任总办。1911 年 8 月，沈氏一直在积极参与检疫、防疫、治疫，并不断向民众及当局报道情况②。1910年年底江苏、安徽两地水患灾情严重，沈敦和等发起华洋义赈会（Central China Famine Relief），在赈灾方面卓有成效，1911 年夏秋之际，江皖水患再度告急，华洋义赈会为唤起民众参与意识在张园开办游园慈善助赈会。

沈敦和在近代中国历史上固然有其贡献，但以《沈敦和》为代表的正面形象难免让人怀疑名过其实，有关他的反向建构便浮现在人们的视野中。《沈敦和》一书也提到在庚子事变前后，舆论界曾因沈氏精通洋务、熟悉外情而视其为汉奸。另一方面，商人往往给人留下营利为本、唯利是图的刻板印象。1911 年 8 月 6 日《申报》第 1 张第 1 版

① 《租界查验鼠疫之大风潮》《再志租界查验鼠疫之大风潮》《三志租界查验鼠疫之大风潮》,《申报》1910 年 11 月 12、13、14 日。

② 《申报》1911 年 8 月 20 日。在对张园助赈会有所批评的报道同一版内，另外大半的篇幅是有关鼠疫情况的通报，一则以报道的方式记消毒防疫之认真，一则是沈敦和有关鼠疫的最新调查报告——《公立医院续查鼠疫之报告》。正因沈氏在时疫和赈灾两方面的成绩都很突出，小说《助赈会》将时疫元素纳入文本，引起读者的联想，可将小说讽刺的对象更明确地指向沈氏。

出现一则痛斥华安人寿公司及沈仲礼的启事，以湖州寡妇王潘氏的口吻讲述了其夫生前通过掮客投保寿险三千两白银，但在其夫丧亡后，申请赔款时，掮客索要三成回佣，索赔不成，因而进行追控。这则启事对于事实的交代并不清楚，王潘氏坚决认为华安公司与掮客合伙串赖，且不追究掮客，而指责华安公司利令智昏，并抨击沈仲礼的人格："况总董沈仲礼本非端人，舞弊营私，为其惯技。欲此辈公正，有如望盗贼慈悲，乌可得哉？"[①] 无论事实如何，这则启事显然会损坏沈仲礼及华安人寿保险公司的名誉，并将唯利是图、舞弊营私的刻板形象附着于沈仲礼。

张园助赈会出现的种种"不堪"则成为导火线，点燃了舆论的火药筒，"沈仲礼"不断被抹黑，甚至妖魔化。《自由谈》副刊对沈氏的抨击层出不穷。《张园慈善助赈会竹枝词十首》讽刺他"岂知尽饱私囊去，辜负名场一世豪"[②]。有人用《孟子》的句式讽刺他，"某君尝为会长矣，曰，一百五十圆而已矣。……假公益而济私图，罪也"[③]。

一篇名为《鲥鳝会败事长致江皖哀鸿书》的讽刺谐文，利用"慈善"与"鲥鳝"的谐音，将"慈善会会长"谋取私利的行径尽情丑化。该文借用了书信体式，借其人口吻自我暴露：

> 弟忝列狻猕（缙绅），龟（官）运未通，蜊（利）心不足，此次为诸公特创鲥鳝（慈善）会。自谓区区蚁（义）诚，当为敖敖（嗷嗷）诸公所欢赞，即弟之升龟（官）发财，亦是乎赖。乃有狂妄之徒，辄以蜚语相加，未免鳖（逼）人太甚。彼谓弟借端敛钱，伤风败俗。其实，敛钱为当世所崇，风俗非自我而坏。在彼狂蜂浪蝶、吊蟒（膀）心虔，何惜一枚鹰饼？而吾与诸公乘虮（机）

① 《请看华安人寿公司图赖险银之真相》，《申报》1911 年 8 月 6 日。
② 岭南阎风樵者：《张园慈善助赈会竹枝词十首》，《申报 · 自由谈》1911 年 8 月 27 日。
③ 梦：《新孟子》，《申报 · 自由谈》1911 年 8 月 29 日。

囊括，可供几日鲸吞，不亦蟮（善）乎？至谓弟之狐群狗党，罗致妇女，任情调谑，此系上门买卖，非可仅责弟等之鬼蜮也。彼又谓弟在蚁争（义赈）会中恣情酒食，虚靡公款。然则，必使弟鸮（枵）腹从公，为诸公之续而后快乎？方今蝗（王）公大鸩（臣），经手外债，尚有扣头，则弟于鹃（捐）款，何妨染指？杀人不见血腥气，弟之本性则然。诸公不以为嫌，而彼反哓哓焉，不平孰甚？用敢剖陈狗肺，敬布狼心。顺请僵安，诸维冷鉴。[1]

这篇文章批判的锋芒毕露无遗，仅披着一层文字游戏的外衣。将关键字词用谐音的方式转换为动物词汇，这虽称“曲笔”，隐蔽性不大，短短三百余言，近三十个动物名称，俨然一副“禽兽”图，则是漫画笔法。文中，该会长恬不知耻、借端敛钱、伤风败俗，其升官发财的利心、贪得无厌的欲念，恣情酒食、虚靡公款等恶习，显得卑鄙龌龊，寡廉鲜耻。虽未明言，但江皖、义赈这些信息明显将矛头直指沈仲礼。且此文暴露的内情与张园助赈会吻合，语境当中的读者对此了然于心。在对有关张园义赈会的新闻报道进行附和、回应与发挥、想象的同时，该文更将“沈仲礼”形象的本质界定为极其险恶的“杀人不见血腥气”的魔王。

就“沈仲礼”或“沈敦和”的个人形象而言，在“鲥鳝”与“慈善”的对立，或者“魔王”与“伟人”的对立中，一时难以评断，却体现了舆论在形象建构过程中的权力与张力。考虑到这一时期沈敦和正面形象的整体语境，因张园助赈会而骤起的集中污名化现象，就可能存在一种反向建构的潜意识。

① 钝根：《鲥鳝会败事长致江皖哀鸿书》，《申报·自由谈》1911年8月26日。括号内意解文字为笔者所加。

众声喧哗与不对等的对话

对张园助赈会引发的舆论批评，华洋义赈会内部立即做出回应与调整。8 月 19 日开场时，沈仲礼中断演讲、清理会场之举已反映了他的积极对话姿态。9 月 9 日，华洋义赈会发出《续募急赈》，继续为江皖灾民募捐，却并未提及此前精心策划的张园助赈会，且措辞谦卑。“明知强弩已末、冯妇难为，只以势处至迫，不能坐视，不得不为再三之渎”[①]，强弩已末、冯妇难为、再三之渎等词语传达出困难重重及退意萌生的信息。可以发现，舆论导向影响到了华洋义赈会的形象与决策。

张园助赈会后不久，华洋义赈会在外部的不信任及内部的分歧中危机加重。1911 年 9 月 19 日，华洋义赈会召开规模空前的报告大会，也即总结大会，报告了十个月来募捐、放赈、医救情况，用数字与事实证明了他们的工作卓有成效。同时，两位会长提请辞职。会长隐退后华洋义赈会何去何从，引发了大会争议。停办？续办？还是另立同类性质的新会？由于江皖新灾情十分严重，此时停办，坐视不管，不合情理，“劝立新会及延长旧会问题”被提上议程，也有人出面肯定原会长的成绩，挽留会长继续办理。两天后，部分董事重开会议决定另组新的委员会，邀请沈敦和与福开森（J.C. Ferguson）留任，二人未允，而以“华洋义振会议长”之名将原董事会余款移交新干事部[②]。

沈敦和与福开森离开华洋义赈会的原因，新会称是“有事离沪，振务不能兼顾”[③]，学界多认为是办理中国红十字会万国董事会。但“不能兼顾”，显系托辞。二人曾长期同时经办红十字会与华洋义赈会等慈善事务，正因同时办理红十字会与华洋义赈会，在 1910—1911

① 《续募急赈》,《申报》1911 年 9 月 9 日。

② 《存款移交新干事部广告》,《申报》1911 年 10 月 23 日。

③ 《沪道为义赈会名誉董事》,《申报》1911 年 10 月 28 日。

年的江皖水灾中，赈济募款工作才相得益彰，取得显著成效。红十字会先后集款七十万元，购办救灾物资，前去办理急赈，并派医疗队，救治六万余人[①]。更合理的解释是，张园慈善助赈会因“伤风败俗”、手法大胆而引起了舆论批评，加深了人们对华洋义赈会特别是会长沈仲礼的误会，“牟取私利”的传闻一定程度上挫伤了沈仲礼的社会信誉、积极性与自信心，导致了原董事会的解体与重组。由于华洋义赈会是短时效组织，而红十字会是长时效组织，沈敦和选择了舍卒保车。

《申报》对沈仲礼的攻击最有力的是副刊“游戏文字”，面对暗器伤人，只能明枪防卫。针对“牟取私利”的指责，最有效的就是公开财务。实际上，沈仲礼汲取了西方社会组织管理中的法治与信用精神，华洋义赈会的财务比较周密，由司库负责记录资产、收支、负债、积存、赈款用途等。9月19日报告大会显示，自1910年12月成立到1911年9月，该会共募集捐款合英洋1526012元，支放赈银、赈粮等款共计1448485元[②]。数据确凿，铁证如山，各种批评沈氏及华洋义赈会牟取私利的声音不攻自破。关于沈仲礼的舆论中伤与谐文笑骂也渐渐止步。《助娠会》及《鲥鳝会败事长致江皖哀鸿书》的作者王钝根也做出回应：

> 吾观华洋义赈会之收支报告，于是叹中外人士之好善，而尤感办事诸公之热心。灾民何幸得诸公，既捐资财，复劳心力，郑重振款，不事虚糜，遍地哀鸿，咸沾实惠。……设使在黑暗时代，经理者不得其人，或会长虽以饥溺为怀，而左右视为渔利之薮，酒食征逐，月支夫马费数百金，暗中亏蚀以数万计，则嗷嗷者虽

---

① 《辛亥革命时期中国红十字会暨各分会活动成绩》，《中国红十字会历史资料选编》（1904—1949），南京大学出版社1993年版。

② 《华洋义振会报告大会志盛》，《申报》1911年9月21日。

受巨害，亦无如之何耳。[①]

结合此前种种舆论，这段话有两种读法：其一是正读，肯定华洋义赈会办事人员对灾民的贡献；其二是反读，不相信华洋义赈会办事人员能公而无私，尽管数据上看不出明显破绽，却很可能暗地里盘挪吞噬、虚靡公款。从措辞的闪烁看，反讽应是作者的本意。但“会长虽以饥溺为怀，而左右视为渔利之薮”，却传达出重新审视沈仲礼的坦诚。与游戏文章的偏激不同，这则《海上闲谈》表面上对华洋义赈会较公平冷静。

重组后的华洋义赈会在辛亥革命之际继续发挥着重要作用，但官方色彩加强了。《申报》有则报道论及改组前后的情况并公开邀请上海道台参与其事：

> 敝同人复组织新董事中外十人承接其事，惟任重责巨，深恐贻讥陨越，思欲联合各省官绅通力合作，以为将伯之助。敝同人等素稔我公痌瘝在抱，饥溺为怀，爰敢推举为敝会名誉董事，嗣后一切办赈事宜，均求随时赐教。[②]

这封出自华洋义赈会新董事的信函，西董署名并非新会长江海关税务司墨贤理（H. F. Merrill），而是上海总领事维礼德（A. P. Wilder），二人皆任要职。中方董事负责人伍廷芳的侍郎身份也比沈敦和更重。收信人为上海道台刘燕翼，从“沪道为义赈会名誉董事”可知，已高调许可此事。所谓“联合各省官绅通力合作”，新组的华洋义赈会借官方力量作后盾，并非虚言，确系事实。

而沈敦和主持华洋义赈会时，则与官方力量相对独立。在江皖水

① 钝根：《海上闲谈》，《申报》1911 年 9 月 22 日。
② 《沪道为义赈会名誉董事》，《申报》1911 年 10 月 28 日。

灾严重时，盛宣怀奉命设立江皖筹振公所，到辛亥革命前各种收捐款银合计“一百四十六万两”[1]。盛宣怀代表官方，以给捐款人仕途或名誉上的优奖为报，华洋义赈会没有这种优势，却筹款更多。盛宣怀曾提到美国红十字会派詹美生（C. D. Jameson）来华的经费“初拟由华洋义赈会担任”，他认为事关内政，应“由筹振项下开支，以顾大体”[2]。从盛宣怀的角度看，两家助赈机构的公私性质与效力范围很明显。早期的华洋义赈会相对独立自主，民间性与中立性更突出。

民间组织与官方力量的角逐也影响到了沈敦和全力维持的红十字会发展。红十字会的成立，清政府的确起了重要的推动作用。日俄战事救护结束后，1907 年，吕海寰、盛宣怀向光绪帝上《沥陈创办红十字会情形并请立案奖叙折》，希望借万国红十字会之基础，筹办中国红十字会，但清廷并未即刻准办。1910 年 1 月，吕、盛等人再次奏请官办红十字会，并希望清政府钦定会长。2 月 27 日清廷颁旨，任命盛宣怀为会长，盛成为官方任定的第一任中国红十字会会长。对于清政府将红十字会实行官办的做法，以沈敦和为首的原红十字会董事持不同意见，并有所抵制。武昌起义爆发后，朝廷将盛宣怀推为“误国首恶”，10 月 25 日，由吕海寰接任红十字会会长职。吕海寰向沈仲礼求助：“因弟甫接手，均无头绪。兄本旧交，极愿借重，未识目下作何布置，何人帮办？”沈敦和对吕的礼贤却毫不领情：

> 沪红十字会系民捐民办，甲辰四月、十二月，两次奉旨嘉许，实称善举。上年夏，钦派盛宫保为会长，并拟改名大清红十字会，尝经敦和力陈利害。案大清红会应归陆军部筹办，如遇战事，仅止随本国军队后救伤，与和等所办、瑞士缔盟、万国承认之中立

---

① 盛宣怀：《遵旨酌拨永定河振需并陈筹款情形折》，《愚斋存稿》卷 18，文海出版社 1975 年影印本。

② 盛宣怀：《各省官绅报效振款仍请援案优奖折》，《愚斋存稿》卷 18。

红十字会，宗旨不同。且沪会系募中外捐款而成，殊难归并。业蒙盛公允商政府在案。[①]

沈仲礼强调红十字会的性质与归属问题不能含糊。沈仲礼作为总董的上海万国红十字会虽然董事会成员解退，但并未停办；1910年官办“大清红十字会”出台后，也没有被招安。沈仲礼以宗旨不同，及经费来自中外民间为由，拒绝将红十字会归并入大清红十字会。“大清红十字会”与万国红十字会曾并行不悖。前者归属于清政府，为其军队服务；后者则属于民间组织，保持中立。沈氏一直抵制将红十字会并入大清红十字会而官办的做法。武昌起义的爆发，使沈仲礼做出了积极应对。10月24日，中外人士七百多人会聚一堂，召开了中国红十字会万国董事会成立大会，推举沈氏为总董兼理事长，本人道主义精神，“不分革军、官军”，一律救治[②]。借新董事会成立之机，沈氏希望结束在清政府与华洋绅商间的夹缝生存，而独树一帜，因而，吕海寰出任新会长时，沈拒绝合作。沈氏在控制与反控制之争中，对官方力量的抵制，表现出独立的思想观念与社会立场。

同时期，张竹君对沈敦和的抨击更集中、涉及的利益关系也更复杂。张竹君在武昌起义爆发后成立了“中国赤十字会”，第一时间亲赴前线救援伤员，人气大涨。得知10月24日沈仲礼重组中国红十字会万国董事会，张竹君立即登报攻击：

公之罪尚可数乎？日俄一役，公异想天开，以万国红十字会搜刮资财；未几而万国红十字会变为大清红十字会；及川鄂事起……公又将大清红十字会变为绅办红十字会。始之变也，殆欲

① 吕海寰致沈敦和电，及沈敦和复吕海寰电均见《红十字会电稿一束》，《申报》1911年10月30日。

② 《红十字会大会志盛》，《申报》1911年10月25日。

掩外人之资也；继之变也，又欲掩全国官民之资。……公窃慈善二字，欺世盗名利久矣。[1]

张竹君对沈仲礼的攻击可谓不遗余力，视其为欺世盗名、罪孽深重、恶贯满盈之徒。红十字会的改旗易帜，被认为是私吞善款的贪赃行为。针对咄咄逼人的问难，沈仲礼立即做出回复：

中国之有红十字会，于今八年，国家承认，全球承认，而始终不离乎绅办，本无所掩，更何所谓变乎？……鄙人办理慈善事业，虽募款三百余万，未尝经理银钱。红十字会财政，历由会计总董施子英观察主持，逐年帐目具在。……红十字会之规模于今粗具，而用款亦始有结束。施观察正在赶造报销，以副中外捐户乐观厥成之意。……鄙人之于红十字会，薪水夫马，丝毫无所取。本非图利而来，硁硁之愚，且不能见信于女士，更何足以欺世盗名乎？承女士教督，在鄙人非不乐受其言，但既布之报章，恐阅者不察，有伤中外慈善家饥溺之怀。故敬布区区，以求谅于女士者，求谅于天下。三光在上，实鉴此心，非好为无意识之争辩也。[2]

沈仲礼回应了张竹君的诘难。对改旗易帜的质疑，他强调红十字会自始至终为“绅办”性质，因得到政府及《日内瓦公约》的承认而享有合法性。私吞善款的指责无理无据，财务开支即将公开，但非其职责。参与红十字会工作，他未取薪水，也未用过车马费。此信一出，张竹君便无心恋战，不久，“赤十字会”也完成使命。实际上，张竹君同情革命，她赶往武昌救治伤员更重要的意义在于将黄兴、宋教仁、陈果夫等革命党要人送上前线。她对沈敦和的批判中夹杂着立场

① 《张竹君致沈仲礼书》，《民立报》1911 年 10 月 26 日。
② 《沈仲礼驳张竹君女士书》，《申报》1911 年 10 月 28 日。

冲突、地域区别、性别分歧和意气用事，其风格延续了张园助赈会后偏激的舆论。将沈、张两信放在一起，其气量顿见高下。沈氏回信不卑不亢、冷静理性、平和公允。

在沈敦和促成中国红十字会万国董事会成立时，英国人李提摩太（Timothy Richard）称沈氏为慈善事业的巨擘，是“救苦救难之大元帅，救命军之大教主，组织此会必能完全无缺”[①]。西人言论并不具有“旁观者清”的优势，沈氏的西方背景与开放心态一直遭时人诋毁。他曾支持夫人章兰任上海天足会女学堂校长，家中女子放足、读报、参与社会事务，被保守者视为破坏男女大防、开放、西化由来已久。张园助赈会备受诟病的重点即在开放、西化、伤风败俗。《助娠会》丑化西餐确实是批判其西化色彩与洋务时尚。组诗《张园慈善助赈会竹枝词十首》也提到些可与新闻及滑稽小说互相印证的细节。如兜售鲜花的少年轻薄妇女，男女交涉无所顾忌，男女杂坐伧父非礼等“污浊”情事，还特别提到一个有趣的细节：“风头最异两名姝，称体衣裳映玉肤。肌理脂凝纱里现，恍如浴罢太真图。”作者在自注中补充道，会场上有“无裤之女”，穿着暴露的外国纱裙，有人说没穿裤子，有人说穿了肉色裤[②]。这段描写生动地揭示了晚清男性知识分子在猎奇猎艳之余对外国纱裙所代表的西洋风尚又爱又恨的矛盾心态。

在张园助赈会事件发酵后的众声喧哗中，一边是舆论界及社会各界对沈敦和、华洋义赈会、红十字会的多棱镜式观照，一边是沈敦和与华洋义赈会针对各种批评做出的解释、调整、回应、辩护，其间存在多声复杂的对话关系。其对话关系不仅限于舆论主体与客体之间，还涉及官方与民间、公与私、革命与中立、男权与女权、传统文化与西方文化等各种力量的角逐。并且，种种声音的主体之间并不对等，甚至对话本身也不完全对应。就舆论主体与客体而言，舆论的主导地

---

① 《红十字会大会志盛》，《申报》1911年10月25日。

② 岭南阎风樵者：《张园慈善助赈会竹枝词十首》，《申报·自由谈》1911年8月27日。

位、优越感与武断甚或暴力特征相对明显。

掌握媒介权力的主体，以第四权力或第四阶级自居，一方面认为无论真理或谬论都应自由表达出来，不自觉会滥用权力；另一方面为吸引眼球，迎合民众，偏好煽动，喜欢揭丑，也是一种流弊。近代中国的舆论由于特殊的历史语境及政治立场问题，也往往具有政治论争话语的语义基因，简单、粗暴、不容置喙，一棍子打死。报刊谐文披着“优言无邮”的外衣，更加肆无忌惮、谑而趋虐，“游戏文章”，捕风捉影，剑走偏锋，行横议、讥弹、谩骂、侮蔑等能事。如《鲥鳝会败事长致江皖哀鸿书》中大量的动物，暗喻“禽兽”群丑，有意将对象贬低、降格，将对象变为非人的低等动物或者妖魔鬼怪也是谐文常见的语法逻辑。其他或挟私仇，或争利益，或凭意气，其语境并不理性，也不可能产生对等或对应的对话。相对来说，沈敦和的声音冷静理性，在众声喧哗、环境浮躁、前景不明朗中，仍保持头脑清醒，值得关注。

小结

本文以 1911 年 8、9 月间由张园助赈会引发的与沈敦和、华洋义赈会及红十字会相关的新闻及文学文本为材料，通过分析文本及梳理语境来展现文学与新闻间的互文与对话关系。文学与新闻的合作能吸引读者的注意力，副刊中具有新闻因素的作品，如时事谐文，成为新闻文学的新秀。当同一报刊就同一话题分别进行新闻与文学处理时，二者间的互文及对话关系必然会加强。《自由谈》的游戏文章与新闻时事，有暗合而有所遮蔽的，有暗示关联的，也有明确指向的。此类游戏文章的特色是应时应景，具有“人人争传”的短时传播效应，而缺乏“藏之名山”的延时价值。1913 年《自由谈》副刊早期文章结集为

《自由杂志》时就认识到："切指当日时事者，今日读之，或嫌其陈。"[1]指出切指时事类游戏文章的短处后，也要承认这些文体体现了新闻与文学的互文与合作、互动，有符合日报副刊性质的特殊性。

文学与新闻异质同构，副刊谐文为代表的文学文本，使时事论争更复杂、更多元化。辛亥革命前后，沈敦和及华洋义赈会的舆论形象，通过相关的谐文、传记与新闻评论、报道、广告等信息投射出正反对立的两面。以相关或相同的话题为内核，不同的文本或相互补充、印证，或互相冲突、对峙、呼应、互动，既有互文，更形成众声喧哗的复杂对话关系。不同声音、不同立场、不同角度、不同焦点以及不同表达方式的出现，将有关沈敦和与华洋义赈会的批评充实起来，形成了一个颇具规模的"批评空间"。这个具体的"批评空间"内出现了不同主体，通过不同的文本形式及视角，基于各自不同的立场，负担不同的功能，呈现出较好的结构性。换句话说，文本之间的互文性特征及对话关系能够使"批评空间"更加具体化、更加充实，是实现文学批评功能的重要途径。

（原载《学术月刊》2015 年第 9 期）

杜新艳，1979 年生，河南郑州人。1997 年考入北京大学中文系，入选文史哲实验班，接受文史哲综合训练，2001 年获文学学士学位；2001 年起师从夏晓虹教授，在北京大学中文系古代文学专业近代文学方向攻读研究生，分别于 2004 年获文学硕士学位，2009 年获文学博士学位；2009 年入职华南师范大学文学院，工作至今。

① 《自由谈话会》,《申报·自由谈》1913 年 9 月 17 日。

晚清上海小报与近代小说关系之初探

何宏玲

正如人们通常所认为的那样，近代文学是由古典向现代过渡期的文学，在此历史转型过程中，不但各文体内部发生着艺术的嬗变，文学的整体格局也发生着变化。其中，小说由文学的边缘向中心移动，成为近代文学最显著的变化特征，而现代意义上的小说形态也由此萌生、发展。对于近代小说的这种形态转变，过去我们更多地关注到梁启超提倡的“小说界革命”的政治因素，所谓小说地位的空前提高，被奉为“文学之最上乘”，不再是无足轻重的“街谈巷语”“琐屑之言”。事实上，和世界其他国家一样，中国随着印刷术的进步，文化的通俗化而经历了现代小说观念兴起的过程。这种过程因晚清社会的政治环境而带有特有的政治因素，但仅此并不能涵盖近代小说发展的本质条件。

小说的近代化嬗变可能发生得更早，但它的集中体现是在十九世纪九十年代之后。华东师范大学的陈大康教授辑录《中国近代小说编年》，对近代小说的创作与发表做了统计，其结论是：“若自光绪二十一年（1895）起算，则最后17年所出的小说占近代小说总数的94.47%，其中通俗小说占96.00%，翻译小说所占比例更高达99.30%。不难得出这样的判断：近代小说的创作及其特征是在最后17

年里才得到了最充分的显示。”[①] 这样巨大的数字变化，必须有物质基础作客观上的支持。第一部晚清小说专史、阿英所著的《晚清小说史》云：“新闻事业的发达，在应用上需要多量产生。”[②] 将小说生产与新闻报刊之潜在关系明白揭示，是为慧眼独具的敏锐洞见。新闻业的兴起，带动了一种新的写作样式的产生，而小说或许是本质上与印刷媒介最相宜的文学体裁。

但阿英的论断颇为模糊，其中内涵大可玩味。报刊不是一开始就与小说结下密切关系，恰恰相反，其附刊的文艺作品曾一度被诗词占据。最早渗入中国人士阅读市场的新闻报纸《申报》，其创刊时《本馆条例》中有关征稿两条，其一即云：“如有骚人韵士，有愿以短什长篇惠教者，如天下各名区竹枝词，及长歌纪事之类，概不取值。”广为征求的文类还属于诗词等。与《申报》并峙而立的《字林沪报》因自觉在新闻消息上难与《申报》竞争，着意于“文艺附刊”的推陈出新，附赠的文艺作品极为丰富：

> 《沪报》知时下多风雅士也，除报上选刊诗古文词外，并附送《花团锦簇楼》《通艺阁》《霓裳同咏楼》《漱芳斋》等各诗集。又知阅报诸君能诗者半，不能诗者亦半；好诗者半，不好诗者亦半，复选刊各小说之尤佳者，附送如《野叟曝言》《七侠五义》《蜃楼外史》《异迹仙踪》《老饕赘语》等，类合而计之，名目繁多，实为他报所未有，而亦有目者所共赏。[③]

然而，在《字林沪报》期间，附赠的小说很快压倒诗词的锋芒，引起了更多的读者瞩目。如号称“人间第一奇书”的《野叟曝言》被

---

① 陈大康：《中国近代小说编年》，华东师范大学出版社 2002 年版，第 2 页。

② 阿英：《晚清小说史》，作家出版社 1955 年版，第 1 页。

③ 《沪报附送〈消闲报〉说》，《消闲报》1897 年 11 月 24 日。

刻印成书册型单页随报附送，颇能迎合当时文人的阅读趣味，“所印之《野叟曝言》一书，购者踵趾相接，故虽多印若干纸，而前数日之报业已销售一空，追补者尚复纷纷不绝”[①]。这种饱学之士和贩夫走卒、精英文化与大众市场之间的妥协，成为那时办报的主要趋向，所以小说取代诗词成为报刊的宠儿，势在必然。可是，就此时来说，新闻业的发展还没有影响到小说的生产，因为如上文所列可知，报纸附赠的小说都是已有的文本，或所谓之奇书孤本，来吸引人们的好奇心。虽然为新闻报刊的需要而创作小说的风气还没有开始，但小说潜在的市场前景昭然若揭。到 19 世纪的最后几年，一种新的报纸形式——小报兴起后，新闻报纸才直接介入到小说的生产中。

报学史中首先出现小报概念，是在姚公鹤 1917 年写成的《上海报纸小史》中。其“附志”云：“本篇为记述上海华文各日报历史，故各西报、各华文小报（戏报、花丛报、普通名之曰‘小报’）、星期报、月报、季报、年报、不定期之专门艺术报不与焉。”[②] 所谓的戏报、花丛报，实指那些以消遣娱乐为创刊宗旨的报纸。阿英曾描述过他对小报与小说之关系的发现：“曾经有好几年时间，把研究重点放在晚清小说上，在掌握材料过程中，就接触到了当时被称作文艺报纸的小报。先后搜集得的，共有二十多种。这些小报的编者，如李伯元、吴趼人所发表的作品，如《官场现形记》《庚子国变弹词》，都标识着晚清文学创作的发展。”[③] 近代最著名的小说家同时又是著名报人：李伯元的《官场现形记》最初以连载的形式发表于他所创刊的《世界繁华报》；吴趼人曾经办理过《采风报》《消闲报》《奇闻报》等多种小报，他的《二十年目睹之怪现状》多取材于报纸中的新闻素材；民国鸳蝴派小说家的始祖孙玉声的代表作《海上繁华梦》曾两次随小报附送；小报

① 《补印奇书告白》，《字林沪报》1882 年 8 月 13 日。

② 姚公鹤：《上海报纸小史》，《东方杂志》第 14 卷第 12 号。

③ 阿英：《晚清文艺报刊述略》，古典文学出版社 1958 年，第 1 页。

还成为小说广告刊布的重要阵地，各种小说最新的出版信息汇集在这里；近代小说的文化语境与小报这样密切相关，不能不迫使我们回到历史的原生态中去探讨它的缘起。

小报以 1897 年 6 月 24 日李伯元创办的《游戏报》为始出，此后同类报纸层见叠出，至辛亥年间，上海小报的数目，据阿英访求有三十二种，而上海近代文献室的祝均宙则统计为四十几种，由于年久湮没，实际的数目或许更多。小报发行之初，即能够一纸风行，广为传布，“《申》《新》（按：指当时上海最大的日报《申报》和《新闻报》）各报开创伊始，无若是易也”[①]。在高峰阶段，“每天上海滩上有十几份‘小报’同时出版”。不可不为彼时报界之一大特出景象。小报是后来的俗称，其最初兴起时多以“游戏”“消闲”等意命名，如《游戏报》《笑报》《趣报》《消闲报》，被看作是“报界之别裁”，暗示出它不同于一般报纸的特性。晚清上海创刊的小报，大部分存在时间既短，发行量又少，旋起旋辍，若有若无，湮没于历史的长河，却有几种出色的持续刊行十几年之久，历经潮流的考验岿然屹立，以独特视角写下那个时代的历史与社会。小报的兴衰起落与时代变迁相维系，也反映了小报自我淘汰的适者生存。值得注意的是，这几种出色小报的创办者后来都成为著名的小说家，兹列举如下（以下所列报纸终刊时间不详，但大多延至 1909 年前后，发行时间有十年或更久者）：

《消闲报》（后来曾先后易名为《同文消闲报》《同文消闲录》等），主要撰稿人：高太痴、吴趼人、周病鸳等。

《游戏报》（1897 年 6 月 24 日—），创刊者兼主要撰稿人：李伯元

《采风报》（1898 年 7 月 10 日—），创刊者兼主要撰稿人：孙

① 《记本报开创以来情形》，《游戏报》1898 年 1 月 16 日。

玉声

《世界繁华报》(1901 年 4 月 22 日—)，创刊者兼主要撰稿人：李伯元

《寓言报》(1901 年 3 月 10 日—)，创刊者兼主要撰稿人：沈悦庵

《笑林报》(1901 年 3 月 15 日—)，创刊者兼主要撰稿人：孙玉声

没有直接的证据表明小报直接促使了这些著名小说家的产生，若探寻这一现象，我们需要回到小报的具体环境中，从小报的发行与它的接受以及其版面特征出发。当新闻纸在中国初起时，不过刊载一些船期、货物往来或价格变化的信息，后来渐渐摆脱单纯地通告商业信息的功能，转而向舆论性的公共空间发展，着意于国家政治范畴内的形塑，“盖新闻纸之所述，上则国政得失之是非，皆准其论列；下则民间之善法美器，亦准其胪陈。故能互相采用匡救，以成其振兴之道焉”[①]。当然也有一些日常琐事，但一般限于偶尔的点缀，出于调剂阅读的趣味的考虑，叙其“可惊可喜”之事迹。大报致力于国计民生，寄托着民族国家的想象，读者亦以仰视的眼光视之，将其作为政治情怀的寄托，因此，《申报》的读者群长期限囿于官绅阶层。小报的兴起开始打破这种以政治为主体的报坛格局，小报报道皆为“小”事，从市民的日常生活和娱乐消遣入手，将关注的目光从时政要闻转向里巷琐事，以都市消闲场所为主要信息源地。“人则士农工贾、强弱老幼、远人逋客、匪徒奸宄、倡优下贱之俦，旁及神仙鬼怪之事，莫不描摹尽致，寓意劝惩。无义不搜，有体皆备”[②]。读者对象则不分文人墨客、三教九流，新闻内容则囊括日用饮食、娱乐消遣，小报展示出一种前

① 《书同治十三年〈申报〉总录后》,《申报》1875 年 2 月 4 日。

② 《本馆告白》，1899 年《游戏报》重印本第 2 册。

所未有的阅读风向。

题材和描述手法的转变，使报纸的性质随之而变。与大报相较，一些无关紧要的个人事体大量地跻身报刊文章之列，吸引了更多的市民加入到阅报群体中，密切了民众与报纸这样的现代读物之间的关系。近代以来，一种浅近的、通俗的文体形式一直被呼吁和摸索着，然而在小报者之前，无论是商业性日报、传教士、政治家等所办的各种刊物，其主体无不是面对中国的知识阶层，还没有一种像小报这样通俗而风趣的文笔笔墨产生。《消闲报》是小报中出色的一份，它的发刊词有言：

> 或者高人韵士，酒阑灯灺，苦茗既熟，有约不来。走马王孙，倦游既返；深闺才女，刺绣余闲，既无抵掌之良友，复乏知心之青衣，得此一纸，借破岑寂，或可暂作良友青衣观乎。此可为高雅诸君消闲者也。甚或读书童子，读史传不得其门者，谈《聊斋志异》乃足启其聪明；读毛诗不知其义者，诵元人曲本乃适以开其智窍。此无他，庄重难明，诙谐易入耳。[①]

在文字的风格上，小报都能做到通俗活泼、诙谐易入，其期待的读者包括官吏名士、走马王孙、深闺才友、童蒙学生、男女老幼等，极大地拓展了报纸的发行面向，摆脱了早期报纸一直打不开文人圈子的局限性。在内容上，小报具有相当的包容性，“所载上自国政，下及民情，以至白社清谈、青楼丽迹，无一不备”。既提供大量详尽可靠的资料来源，又有多种多样的精神食粮，包括诗钟、诗社等征联与品评等，报纸日日发行，常常“家置一编，视为日例”。它以“遣愁、排闷、醒睡、除烦”这样浅俗的消遣宗旨，作为中国近代第一批通俗

① 《释〈消闲报〉命名之意》,《消闲报》1897 年 11 月 25 日。

的大众读物，赢得社会上的广泛接受。此类众多的小报在都市上海中流传，对于近代通俗文化的繁荣以及读者的增加，其意义可想而知。

这样大规模的通俗读物的出现，使近代小说的新兴成为可能。在论及近代小说的兴起时，传教士傅兰雅1895年发起的小说征文比赛经常被提起，人们普遍以为其在促进和呼唤新小说的产生中有积极的意义。其实，1877年一位署名“寓沪远客”者在《申报》发布名为《有图求说出售》告白，是为更早的近代小说征文举动。其文云：

> 兹有精细画图十幅钉成一册，名曰“图求说”，托《申报》馆代售，每册收回工价三十文。但图中之人名地名以及事实皆未深悉，尚祈海内才人照图编成小说一部，约五万字，限于十二月十五日以前缮成清本，由《申报》馆转交，择其文理尤佳者一卷，送润笔洋二十元，次卷送洋十元。便即装印成书出卖，余卷仍发还作者，决不有误。惟望赐教为幸。[①]

虽然不能确知寓沪远客的图画内容，我们大致可以猜测其与当时上海洋场的场面当所去不远，也就是说，征求的小说也必定是反映当下发生的现实生活。至于征文的实效如何，目前还不是十分清楚，在1878年1月19日《申报》上刊载的一条《有图求说展期》云：“兹因限期已至，而所收之作不过安闲先生一卷，无从比较优劣。”由此看来，征文似乎没有取得热烈的响应。尽管这是一次不成功的小说征集，但社会上对刻画和反映现实的小说的需求已初露端倪，它的到来尚需假以时日。从历史事实来说，在这些对现实展开充分描述的小报中，近代意义上的小说得以孕育。

小报的诞生环境与上海近代都市化的娱乐业发展有密切的渊源关

① 《有图求说出售》，《申报》1877年11月21日。

系。小报的始作俑者《游戏报》发刊词有云：

> 海上为通商巨埠，骄奢繁盛，甲于五洲。势利之区，逋逃之薮，天生人众，懵懵懂懂，在睡梦中，而无有从旁为之大声疾呼者。不知歌楼舞榭，一痛哭之场也；甘饴旨酒，一鸠毒之味也；洞房曲室，一养患之所也；钿车宝马，一痿蹶之象也。而且机制愈出而愈奇，心思日巧而日拙，以及五方之所杂处，九流之所丛萃，诡伪变诈之事，无日无之。主人言论及此，窃窃以为隐忧，始有此《游戏报》之一举。[①]

小报立足于五方杂处的十里洋场，在歌台舞榭、戏馆茶间、里巷市衢中采撷素材，其描写的触角延伸至社会的各个层面，将里巷趣事、街谈琐语详加描述。这些丰富多彩的生活趣闻经由报纸传播，在成千上万的读者中浏览与评论，作者写作与读者接受之间，一种想象性的虚构空间被建筑起来，日常叙事的传奇由此而生。这种新闻与文艺混为一谈的描述方式揭示了两种体裁间互相交叠的状态，新闻消息在脱离了实用的信息功能之后，仍能在文学领域占有一席之地，而小报亦超越新闻的樊囿，驰骋于文艺的世界，为“报馆之支流，而亦文人之乐事”[②]，其蕴育的文艺性，从它的另一惯称“文艺小报”中也可见一斑。小报表现出对现实无比的关注热情，以各种文体形式，论说、传记和多样的叙事文来指向人间世象，正如同每日上演的小故事一样，这些取材于城市巷道各处的趣闻不仅能使个人互相联系，还能使个人与他们所属的城市、团体及自然环境紧密相连。小说体裁在主题与描写特征上与小报的某些主旨及结构特征的相似性，使小说得以自然地插入到小报的版面之中，而报纸上的新闻事实也更顺利地融进文学的虚构

---

① 《论〈游戏报〉之本意》,《游戏报》1897 年 8 月 25 日。

② 《沪报附送〈消闲报〉说》,《消闲报》1897 年 11 月 24 日。

之中。小说与报纸之间，一种文体的交流与对话因而产生，新的小说形态得以孕育，随《游戏报》之后创刊的《消闲报》，在产生原创小说方面首开先河。

1898 年 2 月 12 日，在《消闲报》创办近三个月的时候，报上出现一则《戏馆寻书，莽小子失心遇鬼》的消息。确切地说，这是一则故事，因为当日这类报纸的编撰以趣味为主导，描述新闻往往极尽情致，亦经常杂入各种故事趣闻。这则故事被编排在新闻消息之中，标题与上则新闻的题目《书场点戏，土老儿得意忘形》形成对偶，恰符合《消闲报》“新闻若干，则标题俱用对偶”的体例。然而，这则以新闻面目出现的故事在叙述形式上流露出章回演义体的痕迹。开头是“话说宁波鄞县东有一人，姓张名庆禄”的话头；行文中间则有“闲话休提，且说”“看官”等字样；结束处是一煞尾诗：“只为顽痰迷本性，致令人鬼不能分。”此故事共连载了八回，分别登载于 2 月 12 日、2 月 13 日、2 月 15 日、2 月 16 日、2 月 17 日、2 月 20 日、2 月 23 日、2 月 25 日的报纸上。在全文结束时，作者说明，这一连载故事叫作《天仙茶园有鬼记》。更值得注意的是，继《天仙茶园》之后，又有《四大金刚》的小说发表，从 1898 年 3 月 3 日至 3 月 22 日，共连载了十九回，为章回小说体制。《消闲报》中的小说连载，混同于报纸的新闻杂事之中，并且小说的回目也以“标题四对偶”的模式与新闻标题两两对偶，流露出孕育自新闻的痕迹。可以考察的是，其作者为晚清著名的谴责小说家吴趼人，这部连载小说后来被充实为百回本，并以《海上名妓四大金刚奇书》为名单本发行，是吴趼人最早的一部章回小说。

李伯元将小报看作是深具寓意的写作，他创刊《游戏报》时即有相当的理想抱负，认为“朝政如是，国事如是，是犹聚瘖聋跛躄之流，强之为经济文章之务，人必笑其迂而讥其背矣。故不得假游戏之说，以隐寓劝惩，亦觉世之一道也”。他反复强调这一观点，将小报文章看作是“以嬉笑怒骂之辞，备兴观劝惩之旨；庄谐齐语，半属寓言”[①]。这种嬉笑怒骂的风格在渲染流行的社会阅读风气方面有独特的贡献，因此，李伯元所办报纸，无论是《游戏报》或《世界繁华报》，都有一个共同的特征，即描绘世相与讽刺隐寓相结合。其所办报是：“轻世肆志，举当世奸恶之徒，未免形容尽致，以是招忌于人，诚所难免。然本报实属寓意劝惩，要不能不举一桩事取一种人以供其发挥，而肆其议论。”[②]报纸新闻为现实的再现搭建了适宜的文字平台，小报的撰稿者则在这种再现中倾注了个性化的主观情感，使现实本身再现的同时，也表达其如何能被体验的思想。这种叙事模式与小说有着天然的接近，因此，我们可以看到讽刺性的刻画是李伯元小说的一个鲜明的特征，而他也将小说看作小报相得益彰的补充。1899 年 7 月 29 日《游戏报》发表《〈海天鸿雪记〉序》，署“己亥季夏游戏主人序”：“盛衰之感辄轸结郁勃于怀，而不能自已。欲为一家之言，或托之稗官野史，或摹写酣歌恒舞之大凡、魑魅鬼蜮之殊状，补《游戏报》之未备者。”1901 年 4 月，李伯元另创《世界繁华报》，在庚子世变之后的社会情形下，办报主旨已从《游戏报》着意看花品叶的欢场游戏转向官场时事的批判。在《新出〈世界繁华报〉章程》中，我们可以看到报纸这种栏目的具体设置：“引子、评林、讽林，或诗或词，不拘一格；或讥弹时事，或讽刺世人。”又有“时事嘻谈、滑稽新语、最新电报、翻译新闻、紧要新闻，每项新闻数则。另有子目，靡不生面别开，引人发噱。间有寓意，识者自知”[③]。从最开始的立足欢场到逐渐旁及官场，小报反映现实的深度在增加，讽刺的笔调更为明显。李伯元早期办小报，还仅限于在十里洋场“唤醒痴愚”，以维系世道人心的教化为己任。当小报越来越深地介入现实批判时，就有足够的动力

① 《论本报多寓言》，《游戏报》1899 年 7 月 14 日。
② 《记本报开创以来情形》，《游戏报》1898 年 1 月 16 日。
③ 《中国近代文学大系・资料索引集二》，上海书店 1996 年版，第 207 页。

来促使他创作小说来强化这种批判。因此，我们有理由认为,《官场现形记》首先是针对《世界繁华报》的读者，为补偿《繁华报》所不足而作。在1903年9月8日的《世界繁华报》上，一则《官场现形记》的出书广告证实了这种猜测：

> 本报所撰之《官场现形记》一书，虽甫成十二回，已得九万余言。颇得阅报诸君所称许，来馆指购全书者，几无旦蔑有。本馆特将前十二回先行刊印成书，以应远近之购取，定于重阳前出版。

习惯了《游戏报》《世界繁华报》语境的读者自然颇能体味小说的讽刺之意，自然，小报的读者也恰是李伯元所拟想的小说读者，由于分享着共同的舆论氛围，心领神会的阅读契合更使他们如痴如狂。通过小报，小说家通常能够为发行的小说铺垫好阅读语境，其人物与事件多是读者所熟悉的话题，正是这样，晚清小说完全抓住了时代的氛围。诚如研究者们所观察到的：“没有任何一位前代小说家像晚清小说家那样力求忠实地描写他们自己的时代。中国现代小说一反传统小说的习惯，不再假说事件发生于过去或发生于非特定的时间，而是直言不讳地宣称：读者所读的就是作家观察到的现实。”①

晚清小报开创了晚清民国以来由报人而入小说家的模式，其商业经营的性质也为近代文人职业化之先声。对于与近代小说之产生有重要渊源的小报，我们还所知甚少，本文亦略加讨论，更充分的研究还有待努力。

（原载《江淮论坛》2006年第1期）

---

① 米列娜编：《从传统到现代——世纪转折时期的中国小说》前言，北京大学出版社1997年版，第8页。

何宏玲，1974年生。南京师范大学副教授、硕士生导师。长期关注中国近代文学及报刊研究。主持有教育部青年项目和国家社科基金项目。

晚清北京“春阿氏案”的文本解读

郝凯利

1906年7月19日凌晨，北京南锣鼓巷小菊儿胡同的一个满洲旗人家庭发生了一桩凶杀案。此家主人名文光，其新婚不及百日的长子春英，夤夜被人砍死家中。因时值亥末子初，文家及院邻门户关锁，人皆安睡，而春英却离奇惨死内室床榻，故春英之妻——新妇春阿氏，就被翁姑视为谋杀亲夫之正凶连夜告至官府，官差遂锁拿春阿氏到案。此案即时人所称之“春阿氏案”。而后，“春阿氏案”逐经左翼公所、提督衙门、刑部、大理院受理审讯，历一年八个月之久，最终于1908年3月18日，由大理院以“悬而存疑”方式结案，比附“强盗”罪下例文，将春阿氏判为“监禁待质”。1909年3月31日，在被关押了三十二个月之后，春阿氏瘐毙狱中。至此，这起旷日持久的“春阿氏案”终告了结，其真相亦和香消玉殒的春阿氏一起，长眠于地下。

虽然“春阿氏案”之真相沉埋于历史烟云中，但此案并未在历史长河中湮没无闻。相反，它不仅在晚清当年沸沸扬扬、耸动众听，被称为“上至官府，下至小民，以及各省各国，无不尽知”[①]的时事公案，而且在民国乃至后世被持续关注、不断提及，甚至被列为“清末

① “来函”，《京话日报》第723号，1906年8月31日。

四大奇案”之一[①]。

“春阿氏案”之所以能克服历史的失忆性，“案过留名”，其原因在于它发生后的一个世纪里，先后有报纸、小说、诗歌、牌子曲、京剧、文明戏、话剧、评剧、相声、电视剧、电影等诸多文艺形式对其渲染、想象与演绎，使其抖落历史的尘埃，走入一代又一代人的视野中来。这些聚焦“春阿氏案”的文艺性文本，不仅折射出它们背后各自的时代话语和文化空间，更连缀成一个完整的时间链条，勾勒出时代变迁和社会变更的历史轨迹。

其中，晚清《京话日报》和小说《春阿氏》，对于案件及其文本研究而言，具有不可或缺、不能绕开的范式意义。二者记录和书写了清末最后十年北京城里“众声喧哗”的时代潮音，以及北京现代化征程中的艰难性、复杂性和独特性，可谓多元意义叠加的文本典范，也为之后以“春阿氏案”为蓝本进行书写和演绎的其他文本，提供了可资借鉴、衍生、涂抹的有效资源。

上篇《京话日报》：晚清北京舆论环境中的“春阿氏案”

“北京称得上有‘舆论环境’的出现，实自彭翼仲 1904 年创办的《京话日报》始。”[②] 所谓“舆论环境”，是各种舆论手段和舆论互动构

---

① 学者姜纬堂在为《彭翼仲五十年历史（上编）》中《春阿氏案》一文开端“春阿氏一案”处校注时云：“此案当时极轰动，以《京话日报》为首之许多报纸皆曾报道与质疑，后更被列为‘清末四大奇案’之一。”见姜纬堂等编：《维新志士 爱国报人彭翼仲》，大连出版社 1996 年版，第 147 页。另，中国文联出版社 1996 年出版“中国古代四大奇案小说”系列，包括：杨乃武与小白菜案、张汶祥刺马案、赛金花公案、春阿氏谋夫案。由此可见，春阿氏案亦被视为清末四大奇案之一。关于“清末四大奇案”，说法不一。比较常见的是，周楞伽在《清末四大奇案》一书中记载的慈禧垂帘听政的同治、光绪之交发生的四大奇案——杨乃武与小白菜、名伶杨月楼诱拐、太原恋人私奔、张汶祥刺马新贻。见周楞伽：《清末四大奇案》，群众出版社 1985 年版。“清末四大奇案”的多种说法，恰恰佐证了“残灯末庙”的满清政府冤案迭出的黑暗事实。

② 杨早：《清末民初北京舆论环境与新文化的登场》，北京大学出版社 2008 年版，第 17 页。

成的社会场域。在《京话日报》问世之前，北京一地的舆论手段虽在诏书谕旨、奏折条陈、上书陈言、布告等传统形态上，增添了报刊这一新媒介，但这些本地报刊无论在数量上还是种类上均屈指可数[①]，且大半为政论报机关报，多依附于国家的政权系统，未曾汇聚官场以外的社会声音，形成一个独立于政府权力之外的舆论场。故而，北京一地的舆论表达，仍被清朝统治者和精英文化阶层垄断；北京地区的舆论核心，仍被清朝执政者和特权阶层占据。舆论环境遂无从谈起。

1904 年 8 月 16 日，《京话日报》创刊。它甫一亮相，就申明面向北京广大民众的办报方针，由此拉开了清末北京下层启蒙运动的大幕，变“康、梁之向上看朝廷政府”的维新思路为“眼光总是向下看广大群众”[②]的启蒙新路径，试图为“沉默的大多数”——北京平民社会，开辟和提供舆论表达的空间，把处于边缘甚至是缺席状态的北京普通民众引入带进社会舆论，变北京社会固有的统治阶级和特权阶层一手遮天、一言堂的舆论格局为众声喧哗的自由言论，建构立体开放的信息流通体系和多元互动的舆论模式[③]，开启北京的舆论环境。

1906 年，风头正劲的《京话日报》进入鼎盛期。随着立宪风潮的高涨和清廷宪政的推进，大力宣扬立宪也成为当年《京话日报》的重要议题。而在这个当口，发生在北京内城胡同里的旗人家庭命案——“春阿氏案”，因案情扑朔迷离、疑点重重以及案件处于清末司法变革之际，势必进入一贯关注北京实时、实地、实事的《京话日报》的

---

① 《京话日报》创办前，北京本地华文报纸有：《京报》（又称“邸报”，清政府出版的官报，是朝廷法令或官场消息的“传达工具”，非现代意义上真正的报纸）；《万国公报》（1895 年 8 月 17 日创刊，后更名为《中外纪闻》，是康梁维新派出版的第一份报刊，亦是其政治团体强学会的机关刊物）；《京话报》（1901 年 9 月 27 日创刊，黄中慧主编）；《顺天时报》（1901 年 10 月日人中岛真雄创办，随即成为日本外务省在华的机关报）；《启蒙画报》（1902 年 6 月 23 日由彭翼仲创办，宗旨在于开启童智）。这些报纸的专门性、针对性很强，与面对广大民众，具有公共性、独立性的现代商业报纸有距离。

② 梁漱溟：《记彭翼仲先生》，《忆往谈旧录》，中国文史出版社 1987 年版，第 52 页。

③ 许亚荃：《白话报刊与晚清公共舆论》，《南昌大学学报（人文社会科学版）》2007 年第 6 期。

视野。

1906年7月22号，“春阿氏案”发生后第三天，《京话日报》将其披露报端：

> 南锣鼓巷小菊儿胡同，有一家在旗姓文的，跟前有两个儿子，都当巡捕。二儿子是三月里娶的媳妇，过门以来，夫妻很是和睦。上月二十八日夜晚，临睡的时候，觉着女的有点疯疯颠颠，拿了一把菜刀，就去砍他丈夫。在脖子上头，连砍了九刀，顺手又拿了一把剪子，把肚子也给豁了。砍完豁完，见丈夫已死，自己跑到厨房，就要跳水缸。这个工夫，他婆婆惊醒，跟进厨房，当时揪住，没能叫他寻死，报明了官场，前天验的尸。两家父母，同到衙门打官司，媳妇一见公公，又是唾又是骂，情形很可疑。夫妻既是和睦，为甚么杀害丈夫，真是叫人不解。有人说不是媳妇害死的，原来文姓有三个媳妇，某媳妇有了不好事，被死丈夫撞见过，恼羞变怒，趁机会把他杀害。这档子疑案，就看承审官的能耐了。①

此则新闻在讲述案由细节的基础上，跟进案件受理情形，点出其间令人生疑、叫人不解之处，同时旁涉坊间认为凶手并非春阿氏而是另有其人的传闻，从而突出了案件的“疑案”性质。“这档子疑案，就看承审官的能耐了”，不仅代表了《京话日报》关注当下社会热点事件以监督政府是否正确作为的民间立场，更把大众引入了它所提供的关注清廷是否积极坚持新政和立宪的改革方向的舆论平台上。

《京话日报》对“春阿氏案”的新闻报道，很快引起读者的强烈反响，出现了“本馆连接数函”的热烈局面。对此，《京话日报》迅速做

---

① 《疑案》，“本京新闻”，《京话日报》第684号，1906年7月22日。

出回应。它先是启用“告白”栏目，吁请知晓案件内情者向本报提供“能证出真凭实据来”的消息，强调“本馆将借此参考提署的公事，事关民命，刑讯供词，不敢不信，亦不敢迷信”[①]，以此表明唯真相是求的公正态度，亮出辨明是非曲直、监督司法公正的舆论立场。在此告白发表后的第二天，该报又启用“专件”栏目，将从“连接数函”当中选取的有代表性的三封长函，以转述大意和文中夹注的方式刊登，揭出诸多实情：春阿氏非杀夫凶手，其二婆婆盖九城与某甲有染，二人有重大作案嫌疑；审案者收受贿赂，对春阿氏及其母亲刑讯熬审，致使春阿氏屈招。在三封来函的结尾处，《京话日报》发表了“本馆按”：“春阿氏的冤枉，京城已经传遍，事关人命，本馆可不敢硬下断语。究竟有甚么凭据，有甚么见证，知道底细的人，请多多来信，以便考查。”[②]通过刊登读者来函，号召、发动读者来信发表意见和提供有利案件侦破的线索，《京话日报》充分肯定和调动了民众参与讨论社会公共事件和政治话题的积极性，把自发状态的民间舆论整合凝聚起来，将“春阿氏案”由街头巷尾地理空间里的私下议论，转化成为大众传媒公共空间中的“公众议题”。

三封来函刊登之后的第三天，《京话日报》又在“专件”栏目发表《调查春阿氏案情》一文，把本报馆特地派出专人调查此案，证实诸多来函所揭露者为事实真相的调查结果公布于众。“本馆访查情形，大概如此，与来信相符。”之后，作者又添加了一段“本馆按”附于文尾：

> 现在中国改定法律，为自强的转机。外人的眼光，都注重在我们刑法上。故此不嫌麻烦，极力调查这回事，并不是为一人一家的曲直。如果春阿氏实在冤屈，提督衙门的黑暗，也未免太无天理了。还求知道底细的人，再与本馆来信，如有真正凭据，本

① 本馆：《命案可疑》，《京话日报》第691号，1906年7月29日。
② 《疑案来函大意》，“专件”，《京话日报》第692号，1906年7月30日。

馆敢担争论的责任。[①]

此段按语，俨然摆出一副引导社会舆论、监督国家政府行为的架势。一方面，针对执政者发出警诫，意在把“春阿氏案”由一人伦命案纳入到法律和立宪国家的框架下来讨论，发挥报纸“对于政府而为其监督者”[②]的天职。另一方面，针对广大读者，不仅要引导他们关注此案对于晚清司法改革和政体改良的重大意义，启发他们呼唤司法公正、争取人权的民主意识，发挥报纸“对于国民而为其向导者”[③]的职能，更重要的是，还要在康、梁等精英知识分子充当民众监护人和布道者的居高临下的宣讲姿态之外，以平等对话交流的方式，把来自民众的声音吸纳进来。

当都下商家、百姓“人手一纸，家有其书”[④]的《京话日报》打开了民众参与讨论“春阿氏案”的话匣之后，读者热情空前。他们不仅在来函中披露春阿氏被严刑问招的事实，更由此生发出对清政府司法制度腐败黑暗、司法官员昏聩凶顽的控诉批判。而后者被《京话日报》的首要和核心栏目——“演说”收录与发布，由此可见，《京话日报》对民众之声的高度重视和极力引入。

《刑部虐待犯人的实情》是首篇置于“演说”栏的读者来稿。它控诉统辖全国讼狱的刑部犹如人间地狱，上至司官、下至皂隶滥用非刑，贪赃枉法，凶残狡诈：“过堂的时候，只凭司官一人，便能定各犯的死生。”“请问现在过堂，那个不用非刑呀？凡犯罪的人，一奉明文交刑部，必须先有该犯至亲好友托人把刑部恶吏关照，先讲价值，自大门起（讲不妥价值，不准进大门），然后二门、栅栏、牢门、所儿里、

① 《调查春阿氏案情》，“专件”，《京话日报》第695号，1906年8月2日。
② 梁启超：《敬告同业诸君》，《新民丛报》第17期，1902年11月1日。
③ 同上。
④ 梁焕鼐、梁焕鼎：《桂林梁先生遗书》，《梁漱溟全集》第1卷，山东教育出版社1989年版，第578页。

监里、管铺的、书班皂吏，都须把银钱说定，才敢送人犯到部。”“那一处讲妥，那一处如同走平道一般。”反之，只要有一处没打点周到，就会被百般刁难，苦不堪言。如若无钱疏通，“一到监里，百般凌虐，要把犯人虐死，先报犯人有病，然后报死”[①]。此函大胆直白地揭发刑部虐待犯人的黑幕，读之触目惊心。而它刊登之际，正值春阿氏案刚过刑部，这很容易令人联想到无钱无势的春阿氏在刑部的处境，促使人们持续关注春阿氏在刑部受审的情况，继而来函告知报馆，报馆再依据来函所述调查虚实，尔后再撰文报道“春阿氏案”的进展[②]。《京话日报》对读者来函的发布，犹如一石激起千层浪，不仅能在其他读者中产生多米诺骨牌效应，激发他们参与其中的热情，把原来生活在个人领域的分散私人，集结成活跃在公共领域中的民众共同体；而且能在读者和报纸间架起有效沟通的桥梁，促其相互声援，筑成两者互动共生的舆论共同体。

“春阿氏案”发生后，从最初街谈巷议所泛起的小小涟漪，到《京话日报》推波助澜，以新闻、告白、专件、演说、来函等栏目形式对其紧锣密鼓般地聚焦所激起的千层浪花，在此过程中，民间舆论和《京话日报》为代表的报界舆论，彼此发明、援引与呼应，联手打造了一场以“春阿氏案”为话题焦点的强大舆论声势。而其矛头所指，案件的承审方——晚清司法机关，就被推至舆论的风口浪尖。

提督衙门，作为最早被非议有严刑问招春阿氏和收受文家贿赂之嫌的司法机关，亦最先成为舆论攻击的众矢之的。面对道路传言和报端文字的两下夹击、强大攻势，提督衙门再也不能漠然视之、泰然处之。它迫不得已出面回应，以期化解自身的负面舆论危机。

---

① 《刑部虐待犯人的实情》（来稿），“演说”，《京话日报》第696号，1906年8月3日。

② 来稿《刑部虐待犯人的实情》在“演说”栏发表后，引发读者不断向《京话日报》去函，以揭露刑部对春阿氏非刑凌虐的实情。据此，《京话日报》再详加调查，发布《刑部人员述说春阿氏》《请宣布春阿氏的罪状》《暗无天日》等新闻，对刑部抗旨刑讯、颟顸独断的行为予以曝光和谴责。

1906年8月3日，提督衙门在《京话日报》刊登《提署公事》，向民众公布受理“春阿氏案”以来的侦查、审讯、判决情况，宣布将春阿氏等涉案诸人的供词、验伤尸格一概登报，以洽孚舆论，折服人心。次日起，供词原卷逐日刊登于《京话日报》《中华报》《北京商报》《大公报》等影响力较大的报纸[①]。值得注意的是，《提署公事》于1906年8月3日见诸《京话日报》，距该报1906年7月29日揭发“菊儿胡同命案，由提督严刑问招，道路传言，多抱不平”[②]之事仅五天，提督衙门回应舆论抨击速度之快可见一斑，这愈加反证了《京话日报》所创建的北京民间社会舆论环境之兴起发达。而提督衙门回应舆论指摘的方式尤耐人寻味。它把案件信息公布报端，将原来只能由统治阶级垄断的政治信息转为社会信息，公开自由讨论，意图利用以《京话日报》为代表的大众传媒这一现代舆论手段，形成官府的舆论导向，争取民众的认同，从而在大众传媒的舆论平台上，与民众、大众传媒之间展开舆论话语争夺战。这种由官方发出的将案件审理信息通过报纸公布于众的做法，在清朝统治史上可谓史无前例，最好不过地表明了《京话日报》开启和主导的晚清北京舆论环境中特权话语体系的日渐崩塌，民间社会话语权的日渐获得与壮大。

当《提署公事》、供词原卷、访查情形、《提署辩词》等案件司法文书由提署送至报馆刊登之后，一场更大的风波经由《京话日报》这个舆论平台向提督衙门袭来。先是读者投书《京话日报》，细数供词的诸多可疑之处，将矛头指向提督衙门：“提署之意，屈一人性命是

---

① 由于晚清北京报纸存世较少，当时提督衙门登报宣布的诸多关于“春阿氏案”审理情况的文件多数已不得见，只能从现存的晚清北京报纸的字里行间，窥探一些蛛丝马迹，并由此做出推断。《京话日报》1906年8月7日第700号第六版刊登一来函：“贵报十四日登《提督公事》……候至次日，见附张所登供词原卷……”所言“十四日”及“次日”，即1906年8月3日、4日。由于《京话日报》附张已佚失，其所登供词原卷不复得阅。

② 本馆：《命案可疑》，《京话日报》第691号，1906年7月29日。

小，伤合署前程是大。”[①] 三日后，署名“疑心子”的读者来稿也刊登在《京话日报》“来函”栏。此函对提督衙门提供的案件信息逐项予以辨析，将审案中的诸多漏洞、错误与不公呈现在世人面前，公然挑战提署权威：“《提署辩词》又说‘确不是刑求之铁案’，我说确乎是刑求之铁案。”更甚者，结尾处径直向提督衙门下辩论战书：“简直的说罢，这段白话辩词，提署向来没这样公事。提署如不心服，请再对我辩论。”[②] 言辞之大胆激烈，令人惊叹《京话日报》所创建的民间社会舆论之高涨与自由。与此同时，一篇题为《提督衙门的弊端》的读者来稿，见于《京话日报》首要、核心栏目——“演说”中。此函揭露与抨击了提督衙门不是为民请命、替民申冤做主的机构，而是趁火打劫、借机敛财，“吃完原告吃被告”的黑暗地狱。“我想国家设立提督衙门，原为给旗民辨冤枉的地方，由着书吏性儿弄权，官吏皂通同作弊，怎想外人不说是黑暗地狱？现在已停刑讯，司员还是照旧用刑，还敢请中堂的示……”[③] 显然，此文乃由春阿氏案生发而来。次日，《京话日报》又刊登了一封天津学界中人来函，将春阿氏提署供词“详细辩白，演成白话，以供众览，并望当局者留意焉”[④]。

提督衙门将案件审理信息登报的做法，非但没有平复社会舆论，反而激起了更大的波澜，引发了更强劲的抨击。在“庶政公诸舆论”的应战策略没有奏效甚至完败的情况下，提督衙门又遣人散布谣言污蔑春阿氏，混淆视听[⑤]。这一荒唐行径，立刻引起《京话日报》的强烈

① “来函”，《京话日报》第700号，1906年8月7日。

② 疑心子：《春阿氏原供与乌翼尉访查不符》，《京话日报》第703-705号，1906年8月10-12日。

③ 《提督衙门的弊端》，“演说”，《京话日报》第705-706号，1906年8月12-13日。

④ 《天津学界人来函》，“来函”，《京话日报》第707-708号，1906年8月14-15日。

⑤ 《提督衙门瞎多事》，“本京新闻”，《京话日报》第711号，1906年8月18日。

不满，使其持续关注提督衙门的动向并揭发其间黑幕[①]，从而导致该衙门在舆论的审判台上“居高不下”，难以脱身。

鉴于提督衙门在与民众、大众传媒展开的舆论交锋中惨败的教训，紧随其后被推上舆论审判台的刑部，为规避“庶政公诸舆论”带来的变数和风险，在面对声势浩大的舆论讨伐时，转而采取了封锁消息、漠视舆论的强硬手段。而其发生在清廷有意借助报章打破上下相睽、内外隔阂的政治局面，“使绅民明悉国政，以预备立宪基础”[②]之际，显然与时代主潮背道而驰，因此立刻引发群起而攻之。不仅皇室中人[③]、八旗子弟[④]，更有官场之人[⑤]，甚至刑部内稍有人心者[⑥]，均为此案不平则鸣，在舆论上倾向春阿氏。晚清政权内部的离心离德于此可见一斑。除却来自统治阵营的非议之声，广大民众的抗议声浪几成排山倒海之势：“春阿氏一案，近日来函甚多，报纸篇幅过小，无法全登。……春阿氏一案，商界、学界，替他声冤的人，足有好几万，公论所在，无须旁参。”[⑦]

针对刑部一手遮天的办案方式和垄断审案信息的专横之举，《京话日报》充分调动报刊应有的知情权和表达权，大声疾呼要求司法程序的透明与公开：“听说刑部已经定了案，春阿氏定成死罪，如果是实，请刑部把他的罪状早早宣布出来。倘若含含糊糊定了罪，不叫旁人知道，中国的讼狱，可算黑暗到家了。”[⑧]随后，民众纷纷向《京话日报》

---

① 在报道提督衙门遣人四处散布谣言污蔑春阿氏之后，《京话日报》接连在“本京新闻”栏目中，以《没话找话》《提督衙门打学生》《提督衙门的规矩》为题，对该衙署在处理“春阿氏案”时的种种谬误之举予以曝光和谴责。

② 《清德宗景皇帝实录》卷551，中华书局1987年版，第311页。

③ “来函”，《京话日报》第705号，1906年8月12日。

④ “八旗之舆论均为阿氏抱屈，未知刑部问官能秉公研讯究出真情否也。”《谋杀亲夫疑案续闻》，“时事要闻”，《中华报》1906年8月2日。

⑤ “来函”，《京话日报》第729号，1906年9月5日。

⑥ “来函”，《京话日报》第723号，1906年8月30日。

⑦ “来函”，《京话日报》第729号。

⑧ 《请宣布春阿氏的罪状》，“本京新闻”，《京话日报》第721号，1906年8月28日。

投函，响应其呐喊，表达了参与社会公共事务和国家政事的公民意识和权利诉求。如下一封来函颇能作为代表：

> 春阿氏一案，商界学界，纷纷替他声冤。贵馆怕屈枉人命，又请刑部宣布罪状。刑部守定了秘密宗旨，始终不肯宣布。现在预备立宪，立宪国民，将来都有参与政事的权利，何况春阿氏一案，本是民事。官场要治他的罪，本是给民间办事。既给民间办事，为甚么不叫民间知道呀？传闻已定死罪，确不确可不得而知。贵报主持公论，如此疑案，不能设法力争，未免有负职任。（报馆只能说话，不能办事，无法去争。）果真定成死罪，屈枉一人的性命是小，改变了法律，再出这样没天日的事，中国还能改甚么政治呀？我与春阿氏非亲非故，既是中国人，不能不管中国的事。但我是一个女子，又没法子去管，闷了好几天，写了这封信，告诉您知道知道就是了。哎！中国的黑暗世界，几时才能放光明呀？（总有一天。）琴心女士淑媛检［敛］衽。[①]

此函明确地把“春阿氏案”放在预备立宪正在进行的国势背景下来讨论，将案件承审方纳入是否遵照预备立宪国策行事和依照现行法律办案的框架中评判。作者“琴心女士”以一位立宪国民的身份，在标榜“既是中国人，不能不管中国事”的责任义务的同时，更标举“立宪国民，将来都有参与政事的权利”的主张。故而，《京话日报》不仅具有强调国家、民族利益至上的“国民启蒙”立场，更在后期大力宣传立宪之时，通过渲染、介入“春阿氏案”，充分鼓动民众参与的积极性与主动性，彰显出自由、民主、平等、法制、理性等现代精神的“公民启蒙”立场，有力地促进了北京下层民众个人意识的觉醒，推动了

---

① “来函”，《京话日报》第743号，1906年9月19日。

北京地区由顺从型政治文化向参与型政治文化的过渡与转型，进而推动了北京社会的近代化进程。

如果仔细玩味上函，文中作者所代表的“受众”与《京话日报》这一“施众”之间的相互制约影响关系就会浮现：一方面，广大民众是《京话日报》发起的北京下层启蒙运动的接受者，在《京话日报》“公民启蒙”立场的影响下，开始向着现代公民和准公民的方向成长；另一方面，广大民众是启蒙的参与者与构建者，他们在与《京话日报》平等交流的对话过程中，可以就《京话日报》的不足、不到位之处提出意见和建议。如文中所言“贵报主持公论，如此疑案，不能设法力争，未免有负职任”，这种对《京话日报》提出批评与改造的心声传达给报社后，与民众保持同一性的《京话日报》就会虚心听取。虽然《京话日报》对“琴心女士”的质疑做出“报馆只能说话，不能办事，无法去争”的回应，十分无奈地道出分属不同领域的大众传媒最终无法改变司法机关判决结果的事实，言明了大众传媒介入社会事件的程度与限度，但此回复刊出两天后，《京话日报》的启蒙者彭翼仲们以“宁牺牲报馆之营业，以杜绝其将来，维持人道，即所以维持政体也”[①]的果敢决绝，义无反顾地刊登独家新闻《保皇党之结果》[②]，以揭露清廷“市立宪之口惠，逞专制之实威”[③]的本质。由此可见，民众对《京话日报》所提要求，会产生某种意义上“启蒙者被启蒙”的结果，促使彭翼仲们向着更加人格独立、更加具有批判精神和自由意识的现代知识分子转型[④]。

---

① 姜纬堂等编：《维新志士 爱国报人彭翼仲》，第122页。

② 1906年9月21日，彭翼仲在《京话日报》之姊妹报《中华报》上刊登独家新闻《保皇党之结果》，披露吴道明、范履祥被押与袁世凯亲自审讯并将二人处死的实情，将清廷标榜的“预备立宪”实质大白于天下。

③ 宣：《论假立宪之足以速亡》，《时报》，1910年12月31日。

④ 刘疆辉：《启蒙、公民（国民）塑造与“公共空间”之构建——清末北京彭翼仲〈京话日报〉（1904—1906）研究》，宁波大学2009年硕士学位论文。

就在上则来函见报后的第九天，处于巅峰状态的《京话日报》因突遭清廷封杀戛然而止。表面上看，《京话日报》被祸是受《中华报》牵连，实则在于《京话日报》大力宣扬的立宪民主和创建的民间社会话语体系，犹如两套“肢解专制制度的刑具”[①]，加速了清廷统治基础的整体性崩溃——《京话日报》介入“春阿氏案”的方式、策略和过程即为明证——因而招致清廷的强力打压。

当介于政府与民众、国家与社会之间，并努力促进双方沟通与良性互动的《京话日报》被清廷无情封杀之后，一个王朝的覆灭也不远了。

下篇小说《春阿氏》及衍生作品[②]：“春阿氏案”的文学聚焦与想象

“晚清社会变动的剧烈，新闻报道的快捷，使作家易有强烈的现实感，比之以往各时代，作品更贴近生活。而重大事件由于已有报刊的渲染、铺垫，引人注目，因此也常常成为文学创作的热点。”[③]“春阿氏案”便提供了此类例证。

“春阿氏案”结案后不久，对此案进行文学聚焦与想象的小说《春阿氏》出现了。宣统年间，它以钞本形式在里巷坊间流传[④]。民国二年，它刊载于《爱国白话报》，读者反响热烈，引起北京曲艺界、戏曲界的高度关注，进而衍生出单弦牌子曲《春阿氏》和京剧剧本《春

---

① 李卫华：《报刊传媒与清末立宪思潮》，中国社会科学出版社 2013 年版，第 256 页。

② 蒋玉斌在《〈聊斋志异〉的清代衍生作品研究》中，将“衍生作品”定义为：“具有典型范式的作品在消费、接受和传播过程中所产生的与原作有一定联系而又具有自身思想内涵、艺术魅力和审美风格的作品。”兹参用此定义。见蒋玉斌《〈聊斋志异〉的清代衍生作品研究》，中国社会科学出版社 2012 年版，第 4 页。

③ 夏晓虹：《晚清女性与近代中国》，北京大学出版社 2014 年版，第 329 页。

④ 现存最早的版本，是高阳齐氏（如山）百舍斋收藏的题为《实事小说春阿氏》的抄本，书中署明录于“宣统三年小阳月”（1911 年农历十月）。

阿氏》。借助小说、曲艺、戏曲的多渠道传播，春阿氏的故事在民国初年家喻户晓。

小说《春阿氏》，作者冷佛[1]，章回体，十八回，以充满京腔京韵、京语京言的北京评话叙写而成。它在《京话日报》《大公报》等报纸揭载的春阿氏冤狱事实基础上，敷衍铺排案件全过程，通过书写与想象此案的前因后果和其中真相，描述春阿氏的不幸遭际和悲惨人生。小说开篇以谴责更兼哀叹的笔调，揭开了春阿氏悲情故事的帷幕：

> 人世间事，最屈枉不过的，就是冤狱；最苦恼不过的，就是恶婚姻。这两件事，若是凑到一齐，不必你身历其境，自己当局，每听见旁人述说，就能够毛骨悚然，伤心坠泪。[2]

很显然，此番开篇点题之言，将春阿氏悲剧命运的成因归为“冤狱加恶婚姻”。由是，小说在两条情节主线和双重叙事结构下撰写春阿氏故事：一条是围绕春阿氏冤狱，展开司法叙事，从第一回至第九回讲述“春阿氏案”发生后的审理、侦查情形，“侦而不破”，疑案真相未解。另一条是围绕春阿氏的身世、成长经历展开情感叙事，从第十回至第十八回讲述春阿氏与表弟聂玉吉之间哀感顽艳的爱情悲剧，揭秘“春阿氏案”真相是聂玉吉听闻春阿氏在夫家备受欺凌虐待后产生激愤，潜入文家，夤夜杀死春英。小说最终以春阿氏病死狱中，聂玉吉自挂春阿氏坟边柳枝殉情而死结尾。

在入话点明主题，交代写作缘起之后，正话以“话说东城方巾巷，有一著名侦探家，姓苏，名市隐，性慷慨，好交游。生平不乐仕进，

---

① 冷佛，北京人，出身于满族贵族之家。关于冷佛的生平、创作情况，可参考唐海宏：《〈续水浒传〉作者冷佛生平、著述考》，《楚雄师范学院学报》2015 年第 2 期。

② 冷佛原著，松颐校释：《春阿氏》，吉林文史出版社 1987 年版，第 1 页。

惟以诗酒自娱，好作社会上不平之鸣”[1]起首，开启小说的司法叙事。有趣的是，作为在晚清中国引入和出现的一种新的司法角色——侦探，在《春阿氏》中成为“头号人物”，率先出场。这就有别于公案小说中清官充当领军者最先亮相的叙事传统，显示了小说创作重心由书写清官向突出侦探的位移。随着侦探家苏市隐的出场，小说以缓急有致的叙事节奏行进到“春阿氏案”的发生：由苏市隐与友人原淡然、普二的酒楼闲谈场景，自然过渡到春阿氏在夫家备受折辱的日常生活场景。就在读者为春阿氏所处惨境而忧愤，为春阿氏早上无故遭受二婆婆盖九城辱骂、丈夫春英毒打而不平时，“春阿氏案”在当天深夜发生了。于此，作者没有交代作案人、作案动机和作案过程，形成叙事的空白，将偌大的一个悬念抛给读者。这种有意渲染案发前的紧张气氛和揪心场面，而又故意将作案过程留白的写法，显然与公案小说开篇交代案由，讲述案发之始末的平铺直叙套路不同，是西方侦探小说开局“恍如奇峰突兀”[2]叙事手法的自觉运用。

随后，提审两造的官员——左翼尉乌珍出场了：“学识过人，处事公正，对于地方上极其热心。”[3]显然，小说是将乌珍定位为“公正爱民”的清官，与公案小说中“公正廉明”的清官一样，具有高洁的道德风貌；但紧接而来的描述又使“乌珍”这一形象不同于公案小说的清官：“因为人命至重，又想着社会风俗极端鄙陋，事关重大，不能不确实访查，先把杀人的原委访问明白，然后再拘案鞫讯，方为妥当。”[4]公案小说中的清官，重在堂审听讼明断。而此处，乌珍强调询查探访，重在侦查取证破案。两相对比，《春阿氏》对公案小说清官形象进行了改造刷新，使其处理案件的思路由断案向探案转变的用意

① 剪报本小说《春阿氏》，首都图书馆藏。

② 知新室主人:《毒蛇圈》译者识语，法国鲍福原著、上海知新室主人译:《毒蛇圈》,《新小说》第8号，1903年。

③ 冷佛原著，松颐校释:《春阿氏》，第38页。

④ 同上。

十分明显。沿此意旨，小说对乌珍的刻画也围绕访查探案展开：他不仅去函邀请体制外的私家侦探苏市隐暗中帮忙调查此案，请其参与察验尸场；更在下属中选派精兵强将，四处探访，最终得以查明案件真相。除了采用调查探访的办案方式，乌珍还把“视其所以，观其所由”[①]这一注重分析推理、富含逻辑思辨色彩的圣言作为办案信条；以“世间的事，不能以皮貌相人”[②]“一生评论，非到盖棺时，不能论定。究竟这件事，尚无一定结果，焉能遽下断语”[③]的冷静、审慎、理性态度处理案件；以“阿氏屈不屈，是法律上的事，不能以哲理论断”[④]“若论法按律，就没有讲道德与不讲道德的解说”[⑤]之言，标举尊重法律、体现法治的精神，以法律为准绳行事办案。如上种种，在传统公案叙述中极少有之，却处处能在西方侦探小说中寻得。由此，作者冷佛以西方侦探小说为参照，改造公案叙述，将侦探身上的科学、理性、法治精神移植灌输到清官身上，使其与体制内外的高等侦探、私家侦探既相互合作又相互竞争，最终达成双方均查明真相的双赢局面，从而构造出晚清小说司法叙事的多彩风姿。

耐人寻味的是，“春阿氏案”在现实中真相未明，成为不解之迷案；而在小说《春阿氏》中，此案真相不仅为侦探所获，而且被带有侦探思维意识的清官查明。现实世界与虚构文本之间的反差，恰恰表明了作者建构理想司法图景的创作冲动。西方侦探小说所呈现的现代法治文明，对主张立宪改良的作者来说，无疑有着强大的冲击力，促其将耸动朝野的时事公案编织进侦探小说的故事框架中，以此表达对新的司法体制和正义秩序的想象。其间，侦探作为新的司法偶像，成为文本叙述的着力点。小说《春阿氏》中，最先出场并贯串全文的线索人

---

① 冷佛原著，松颐校释：《春阿氏》，第 46 页。

② 同上，第 58 页。

③ 同上，第 127 页。

④ 同上，第 93 页。

⑤ 同上，第 277 页。

物是侦探，探明案件真相的亦是侦探，就连位居司法场域中心的官府，亦要看重倚靠侦探，甚且要具有侦探的思想意识，才能获取案件真相。侦探在晚清司法变革中的地位、作用，调查取证的办案方式，一再被强调、突出与渲染。与此同时，从司法偶像神坛上逊位的清官，亦需取侦探之长补己之短。故此，《春阿氏》司法叙事的重心由清官向侦探移转。需注意的是，在移转过程中，清官形象的重塑更新，成为小说的重要面向。当清官这一旧的司法偶像在晚清“新小说”中遭到集中批判和解构时，如何改造传统清官叙事，重新建构一种新叙述，小说《春阿氏》提供了“破”之后怎样“立”的文学想象样本。此样本中，原来的清官角色被改塑为“清官 + 侦探”的组合。这一新形象是中国古代的贤人政治理想与西方现代的科学实证精神的拼接，是集权式的司法组织形式和科学化的调查取证手段的组合[①]，充分体现了身处过渡时代的晚清中国，在通往现代化的过程中，新与旧、中与西、传统与现代的交错杂糅。

侦探作为开路先锋，清官紧随其后，报纸舆论次第登场，三者构成了小说《春阿氏》司法叙事的主体框架。从第四回至第十七回，报纸舆论这一重要角色出没于文本间。小说与报纸结缘联姻，是晚清以降一个突出的文学文化现象。报纸或成为小说的主要载体和传播媒介，或为小说提供创作素材，或进入小说的叙事肌理，如此数端，于小说《春阿氏》中尽有体现。不惟如斯，最特别的是，在小说《春阿氏》中，报纸舆论竟化身故事角色，出入小说的叙事单元；报纸舆论的司法效应，也成为叙事议题。“在清朝报纸和谴责小说出现之前，没有一个体制外的解释性群体胆敢把一名案变成系统化的批评。”[②] 在晚清舆论空前高涨和晚清小说极度繁荣的同步发展态势下，《春阿氏》

---

① 温荣:《清末民初小说中的司法叙事（1902—1919）》，中山大学 2010 年博士学位论文。

② 欧中坦:《清代司法制度与司法文学交流》,《法史学刊》第一卷，社会科学文献出版社 2006 年版，第 152 页。

可谓是报纸与小说这两种切入、评议“春阿氏案”的体制外群体的有效融合。

“验尸场抚尸大恸，白话报闲话不平”，第四回回目传达了报纸舆论登陆小说文本的讯息。此回结尾处，作者以侧面烘托的笔法，使得报纸舆论在小说叙事中“登堂入室”：

> 走堂的去了半日，举着报纸过来，口里嘟嘟念念，向连升道：“喝，这张报可了不得，自要是登出来，这家儿就了不了。打头人这样儿好哇，洋报上什么都敢说，那怕是王爷中堂呢，自要是有不好儿，他真敢往实里说。喝，好家伙！比都察院的御史还透着王道呢！”说罢，又赞道：“嘿，好吗！”连升接了一看，果见报纸上“本京新闻”栏内，有一条谋害亲夫的新闻，正是小菊儿胡同文光家内的事情。[①]

文中“报纸”即《京话日报》。作者借茶馆跑堂伙计之口，凸显《京话日报》秉持正义、强项敢言的独立品格，赞同《京话日报》监督政府、干预司法的公正立场，预示《京话日报》聚焦春阿氏一案的舆论效力，为下文围绕报纸舆论的司法影响展开案件叙事打开了局面。

而后，小说着重从司法官员的视角，突出渲染报纸舆论对司法施加作用的过程。从最先受理此案的左翼尉乌珍，到接手此案的提督那桐，再到审理此案的刑部尚书葛宝华，他们办案的过程，亦是认识、应对报纸舆论的过程。“连日报纸上又这么一登载，越发的吵嚷动了。此事若敷衍官事，舆论上必要攻击”，左翼尉乌珍认识到报纸舆论将对案件的体制内运转产生影响，敷衍草率的办案方式难以为继；“现在报纸上这么攻击，若不把案情访明，彻底究治，实不足折服人心，

① 冷佛原著，松颐校释：《春阿氏》，第69页。

洽乎舆论。……以后凡阿氏诸人的供词，一概要登报宣布。……两宫阅报，若见了这类新闻，一定要问。”[①] 提督那桐的一席话表明：慑于“日进两宫御览”[②] 的《京话日报》舆论的压力，提署一方面不得不认真应对和利用报纸舆论，将讯词口供登报公开，希望借此扭转报纸舆论的导向，消泯民众的质疑；另一方面也不得不彻查此案，以规避政治风险。“报纸这样嘈嘈，我也是不放心，所以到衙门来与诸位研究。我们部里为全国司法机关，掌全国的刑罚权。似乎这宗案子若招出报馆指摘，言官说出话来，可未免不值。”[③] 刑部尚书葛宝华在对报纸舆论颇为顾忌的同时，又以之为参照，谕令属下慎重办案。小说中，从左翼公所到提署再到刑部，报纸舆论影响和改变了案件的司法生态环境，使得司法官员在办案态度上不能敷衍官事而须慎重人命，在办案方法上将堂审刑讯为主宰，变为调查取证为重心。如此一来，报纸舆论的效应，伴随着案件的审理、侦查过程，成为小说司法叙事的重要议题。报纸舆论与侦探、清官三位一体，构筑了作者对理想司法体制和正义实现途径的想象。

需要说明的是，作者引报纸舆论入小说叙事之时，也进行了文学改造：其一，变更报纸的存世时间，延长其舆论的时效性。现实中，《京话日报》在春阿氏一案发生后七十天即被封杀，由它发起的舆论声浪由此不再猛烈；而小说里，《京话日报》在大理院奏请结案前夕被封，可谓伴随案件审理之始终，其舆论效力对案件的体制内运转产生巨大影响。之所以如此，与小说的促成者[④]、作者均为报人密切相关。

---

① 冷佛原著，松颐校释:《春阿氏》，第 77–78 页。

② 《本馆紧要广告》,《京话日报》第 113 号，1904 年 12 月 26 日。

③ 冷佛原著，松颐校释:《春阿氏》，第 117 页。

④ 小说《春阿氏》是以市隐日记为蓝本创作而成。市隐，本名文实权，1906 年起任《京话日报》记者、编辑。“春阿氏案”发生后，文实权对此案采访报道，并做了大量调查工作，后将之整理写成日记。因此，报人文实权可谓是小说《春阿氏》的促成者。《京话日报》停刊后，文实权创办了《公益报》《燕都报》等报，并在报端创作多篇京话小说。

他们出于敏感的职业意识，对之前《京话日报》介入此案所释放的舆论效能体察颇深，故将其写入小说，并加意延伸强化，既写现实，又补现实之憾。其二，从报纸舆论提供的故事模型中跳脱出来，力图与之做一切割。报纸舆论重在关注案情的是非曲直，证明春阿氏冤屈，指向春阿氏的二婆婆与某甲关系暧昧，二人有重大作案嫌疑。小说在吸纳报纸舆论倾向、同情春阿氏的基础上，将关注重心由一宗案件变更为一个生命个体的人生悲剧，在司法叙事的内里，镶嵌了一出哀艳沉痛的爱情悲剧，通过细致书写春阿氏的日常生活和情感世界，哀叹鲜活生命形态被残酷现实吞噬扼杀，进而填补了“报纸媒介中缺失的审美维度与情感空间”[①]。

有论者指出，《春阿氏》重在描写人物命运，故而称不上真正的侦探小说[②]。此言不虚。但换一角度看，正因如此，小说才能不仅仅停留在案件真相的解谜上。书写真相背后的世态人生、情感故事，使得小说叙事摇曳多姿，不再囿于司法场景的描述，而是着力日常生活场景的铺陈和情感空间的建构，一种日常化、个人化的情感叙事由此展开。

小说中，春阿氏不仅冤狱加身，更遭遇爱情未果、婚姻非偶的不幸，三者叠加、关联，强化了春阿氏命运的悲剧性。其中，爱情未果是春阿氏悲剧命运之源，具有多米诺骨牌效应，成为恶婚姻和冤狱的导火索。作者把爱情悲剧作为书写春阿氏悲惨人生的关键元素，在司法场域、法律情境中，凸显爱情与礼教的矛盾冲突，尊重肯定人的真情实感，显示出个体意识的觉醒，是明清言情文学传统在晚清的发展和新变。

《春阿氏》深得“大旨言情”的爱情文学巨著《红楼梦》之壶奥。它不仅将主人公春阿氏写成林黛玉式的“泪美人”“病美人”，“两道

---

① 崔蕴华：《文学中的法律场景与情感重构——以民初小说〈春阿氏〉为中心》，《名作欣赏》2013 年第 20 期。

② 武润婷：《中国近代小说演变史》，山东人民出版社 2000 年版，第 88 页。

似蹙非蹙的笼烟眉，一双半睡半醒的秋水眼”[①]，多愁善感，弱不胜衣；而且以宝黛爱情故事为依傍，借鉴模仿，翻作妙文，写就春阿氏与聂玉吉真挚感人的爱情悲剧。作者在化用宝黛爱情故事、参照经典的同时，把经典纳入当下的现实关照中，从而引起读者的共鸣，使得读者易于接受春阿氏和聂玉吉的爱情，加深了读者对封建礼教、家长专制的质疑和反思。同时，《春阿氏》又承继《红楼梦》“化解宏大叙事，摹写眼前生活，状绘凡人情感，表达人生体验”[②]的叙事传统，将春阿氏与表弟聂玉吉的爱情悲剧，放置在旗人家庭生活场景铺叙和日常事件的种种细节描绘中，特别是把婚丧嫁娶、生日寿诞等旗人生活风俗叙事，作为春阿氏与聂玉吉悲情故事的紧要关合处。小说中，春阿氏与聂玉吉情投意合、心心相印的精神恋爱，通过耳鬓厮磨、同窗共读、互诉衷肠、久违相见等日常生活细节铺垫烘托，更见小儿女情状。此外，春阿氏对玉吉的一片深情，亦借助梦境、心理、幻觉等潜意识活动的细致描摹来传达。凡此种种，皆透露出小说对“小我”生活的关注和对个体情感欲望的肯定，与“力图与时代风云、国计民生挂上钩，避免为言情而言情”[③]的晚清言情小说主流风貌不同，倒与日常化、个人化叙事的唯情浪漫的民初言情小说贴近。

当晚清小说家写儿女之情以映乱离之世、寓爱国之意时，王冷佛却剑走偏锋，把一哀感顽艳的爱情故事与一命案真相因果相连，不仅描绘了一对相爱的小儿女，由于封建家长的干涉不能缔结良缘的苦闷，更刻画了包办婚姻之下婚姻非偶的苦痛，甚至最后导致极端后果——命案的发生。作者通过爱情悲剧引发惨案的情节构思，来彰显爱情之于美好人生的价值，触及爱情是婚姻基础的命题，正如作者在

① 冷佛原著，松颐校释：《春阿氏》，第 111 页。

② 关纪新：《满族小说与中华文化》，社会科学文献出版社 2014 年版，第 209 页。

③ 陈平原：《中国现代小说的起点——清末民初小说研究》，北京大学出版社 2010 年版，第 205 页。

小说自序中所言："俾世之阅斯篇者，知婚嫁之不可不纯也。"《春阿氏》在承继明清言情文学"以情抗礼"传统的基础上，开始自觉地从封建宗法伦理制度的层面认识春阿氏的爱情婚姻悲剧：

> 中国风俗习惯，男女之间，缚于圣贤遗训，除去夫妇之外，无论是如何至亲，男女亦不许有情爱。平居无事，则隔绝壅遏，不使相知——其实又隔绝不了。比如某家男人爱慕某家女子，或某家女子爱慕某家男子，则戚友非之，乡里以为不耻。春阿氏一案，就坏在此处了。……按着中国习俗，一男一女，从来就不许有感情；除去夫妇之外，若男子爱女子，女子爱男子，就算越礼。[①]

作者从男女关系上揭露了宗法社会的伦理规范对人的思想禁锢和精神束缚，质疑儒家文化和封建礼教压制人的真实情感。借对"春阿氏案"的文学聚焦与想象，写小儿女之情，为婚恋自由呼吁。

作为民初言情小说之上源，《春阿氏》已表现出"觉醒与逃避"[②]的双重特征：一方面，它歌颂爱情的美好，肯定个体生命欲望和情感需求，揭示封建礼教对爱情的打压、对人性的摧残，显示出"人"的意识的懵懂觉醒；另一方面，它也强调"发乎情止乎礼义"的言情小说传统，推崇不沾肉欲的纯粹的精神恋爱。再者，小说在对春阿氏与聂玉吉二人之情的刻画上，表现得战战兢兢、游移不定。作者既着力描绘其真挚的爱情和高洁的牺牲，形成感染力，以获得读者情感上的支持，从而超越传统道德的评判；又对爱情持恐惧、保留态度，将二人之情解释为"两人是姊妹情重，断不是有何私见，象是无知儿女，那等痴情"[③]，从封建伦理道德角度，为二人之情寻找合理性，使聂玉

---

① 冷佛原著，松颐校释：《春阿氏》，第265页。

② 袁进：《近代文学的突围》，上海人民出版社2001年版，第380页。

③ 冷佛原著，松颐校释：《春阿氏》，第244页。

吉的行凶变得“其情可悯，其行可原”。更有甚者，小说还对爱情持怀疑态度，“聂者，孽也”[①]，喻示二人爱情为孽情。“孽缘已满，今当归去”[②]，最终爱情与礼教的矛盾冲突在宿命论中得以调和。

小说《春阿氏》集探案、言情于一身，在纪实与虚构、实录与修辞的张力之间，表达了对于“欲望、正义、价值、真理（知识）”[③]等话语的现代性追求与想象。它代表了晚清北京小说界在晚清“新小说”领域的实绩，达到了晚清侦探小说、言情小说的新高度。

1913 年 12 月 16 日，曾在晚清北京坊间里巷以抄本形式流布的小说《春阿氏》，开始连载于民初北京城里颇有影响力的白话报——《爱国白话报》之附张。小说连载完毕后，读者纷纷写诗著文发表阅后感言，哀悼凭吊春阿氏，对其“冤狱加恶婚姻”的悲惨命运扼腕叹息。此间，一署名“剑云”的读者，更以小说《春阿氏》为蓝本依托，编写了京味艺术唱本——单弦牌子曲《春阿氏》（又名《泥梨狱》），将春阿氏的故事由小说叙写转化为俗曲说唱。这一从小说衍生而出的说唱文本，不仅推进了小说文本在北京市井细民中的接受与传播，更体现了清末民初北京曲艺改良的风貌特点。

单弦牌子曲，又名牌子曲，它是在满族说唱艺术——岔曲的基础上，吸收民歌、南北曲、地方戏曲、地方曲种等姊妹艺术的曲牌连缀而成的北京曲艺之一种。它产生于光绪年间，起初多取材于古代史实，改编古典文学名著。后随清末北京下层启蒙运动中俗曲改良的呼声而高涨，以实时、实地、实事的时事性唱本渐成气候并引领潮流，单弦牌子曲亦由此在清末民初发展至全盛。作者“剑云”根据实事小说《春阿氏》编写了同名牌子曲，并在标题中注明“新牌子曲”，正是清末民初北京俗曲改良主张下曲本写现实、重时事创作风尚的

---

① 冷佛原著，松颐校释：《春阿氏》，第 279 页。

② 同上，第 289 页。

③〔美〕王德威著：《被压抑的现代性》，宋伟杰译，北京大学出版社 2005 年版，第 2 页。

体现。

牌子曲《春阿氏》1914年10月9日至1915年1月17日刊于《爱国白话报》，共连载二十八天。开篇的〔曲头〕部分，如同小说《春阿氏》的入话，作为序引，用以概括故事的始终、点明故事的主题：

（岔曲头）三生冤怨缘，晴［情］田儿女成魔火，都只为藕断丝连。阿德氏爱女，女含冤，把一个多情的孝女，葬送黄泉。叹只叹，两小无猜，如花美眷，说什么野鹜已作了家鸡恋。青春不愿人贫贱，惹得那不做美的娘亲（卧牛儿）反把儿，儿来陷。含屈忍使狱头连，也只得牺牲一命报前缘。还说甚情天恨海无边岸，泥犁狱那里望青天。我如今借管弦，唱出了两三年怨，就是那铁石人闻也泪涟。[①]

〔曲头〕一落笔，“冤怨缘”三字，即点出春阿氏集冤狱、怨偶、缘悭三者于一身的不幸遭际和悲惨人生，准确把握了小说《春阿氏》的表现主题，与小说充满悲情、哀叹的写作基调相吻合。

〔曲头〕之后，〔数唱〕引进故事，正式进入主体叙述中。它以“表一桩，新奇的冤狱”[②]开头，将曲文纳入说唱文学的公案叙述传统。曲文采用平铺直叙的叙事手法，首先围绕春阿氏的成长经历、婚后生活，铺叙“春阿氏案”的缘由，然后描写案发过程、案件审理过程，最后交代结案后春阿氏瘐毙狱中的悲惨结局。这种单线顺叙的结构，沿袭了说唱文学一贯的叙事传统，与小说《春阿氏》借鉴西方侦探小说的结构模式谋篇布局截然不同，显示了清末民初俗曲改良大潮下，以旧形式写时下新内容的创作风貌。

牌子曲《春阿氏》不仅在形式上沿袭旧有，内容上的突破，相较

---

① 《爱国白话报》第422号，1914年10月9日。

② 《爱国白话报》第423号，1914年10月10日。

小说亦有所局限。虽然开篇以“冤怨缘”三字概括小说的主题思想相当精准，但具体到本身的行文中，却有意过滤和省略掉春阿氏缘悭命蹇的爱情悲剧。在围绕其成长经历交代案由时，小说中春阿氏与聂玉吉真挚感人的爱情书写，成为作品肯定人的生命欲望、表达人的懵懂觉醒的关键；而在牌子曲中，聂玉吉未曾在春阿氏的青春成长过程中出场，二人的爱情悲剧完全从曲文中抽离。特别是，曲文虽提及春阿氏婚姻非偶之不幸，与其母出于财货势利之心为其包办婚姻相关，但却把根本原因归为宿命所致：“婚姻前世天造定，不在媒人撮合成……这也是，恶姻缘，注在八字儿上。”[①]这种“怨偶天成”的宿命论思想，与小说质疑“父母之命，媒妁之言”的旧式婚姻，呼唤婚恋自由的姿态相比，高下不言自明。

虽然牌子曲《春阿氏》在收束处的〔曲尾〕，再次哀叹春阿氏的悲情人生，表达了对冤狱和恶婚姻的不满：“情天无尽，恨海沉沉。怨偶冤狱，歌哭词林。春阿氏一生无限恨，九泉埋怨几时伸？愿只愿，光明了司法，要慎重婚姻。”[②]但它对春阿氏悲剧命运的成因缺乏深入的思考，故依循公案叙述传统，重在讲述一个曲折乖谬、悲欢离合的案件故事。与小说文本的丰富性、多义性、现代性相比，曲本更看重对底层普通民众的娱乐、教化功能。它对小说文本的选择性改编、平庸化处理，或许更贴近市井大众的通俗趣味、道德水准、心理期望和正义观念。

小说《春阿氏》在《爱国白话报》的热载，不仅催生了由小说改编的同名牌子曲的问世，更激发了民初北京致力于戏曲改良，尝试“时装新戏”的菊坛名角新锐的编演热情。实际上，小说甫一连载完毕，京城戏曲界的田际云、梅兰芳等人就已属意将小说编演为新

① 《爱国白话报》第425号，1914年10月12日。

② 《爱国白话报》第517号，1915年1月17日。

戏[①]，曾任梅兰芳第一出“时装新戏”——《孽海波澜》编剧的贾润田，又再次执笔，将小说《春阿氏》改编成八本连台京戏《春阿氏》[②]。

京剧剧本《春阿氏》[③]，以春阿氏为主人公，以其经历为主线，演述春阿氏的不幸婚姻引致冤狱加身，最终在狱中绝粒而亡的人生悲剧。全剧以平铺直叙的笔法，叙写“春阿氏案”的前因后果：春阿氏难违母兄之命，嫁入人口众多、关系复杂的文家。婚后，春阿氏在夫家备受折磨，不堪其苦，特别是二婆婆盖九城对其蓄意寻衅凌虐。此境况被春阿氏表弟聂玉吉听闻，护姐心切的聂氏深感不忿，但又无力相助。后聂玉吉偶识义贼吴宗，吴宗得知春阿氏之事后，大为不平。二人相约，夤夜潜入文家痛殴盖九城为春阿氏出气泄愤，不料被春英撞见，情急之下，吴宗杀死春英。吴、聂二人仓皇逃走。春阿氏因丈夫既已身死，又恐连累义弟玉吉，乃萌一死之念，在官府鞫讯时，坚称是己误杀春英。案发后逃遁天津的聂玉吉，得知春阿氏受审情形后，心中既愧又痛，遂赶回北京，欲自行投案，却传来春阿氏绝食身死狱中的噩耗。聂玉吉痛极，亦自缢而死。

与纸面上的小说文本相比，注重舞台演出效果的京剧剧本，不仅将小说的“探案 + 言情”的双重叙事结构改编为平铺直叙的公案叙事模式，更通过巧设戏剧冲突来表现人物、推进故事。譬如，全剧头场

① 《爱国白话报》不仅刊载小说《春阿氏》，更将其汇集成册出版发售。1914 年 7 月初，小说《春阿氏》连载完毕，爱国白话报社立刻将全卷五本的单行本小说《春阿氏》推向市场。1914 年 7 月 20 日，《爱国白话报》报头刊载此单行本的售卖广告云：“《春阿氏》小说自出版以来，颇蒙社会欢迎。近田际云、梅兰芳诸君编演新戏，以故销售颇速。刻复重印五千部，全书订一巨册，皮面用五色套印，嵌以阿氏肖像，光艳异常，阅者请速购为幸。”可见，小说《春阿氏》的热载热销，引出田际云、梅兰芳等人据此编演新戏的热情。

② 1914 年 11 月 16 日，《爱国白话报》附张中的戏单广告云：“天乐园特约贾润田，新排时事新戏八本连台《春阿氏》，择日开演。”

③ 本文所讨论的京剧剧本《春阿氏》，是现藏北京大学图书馆的抄本京剧《春阿氏》。它虽未署明录于何时，但总览全文，此抄本所依据、誊录的原作，应距贾润田编写的京剧剧本不远。故笔者以此抄本为解读对象。

是一出“祝寿戏”：春阿氏之母德氏寿诞，子女亲朋为其祝寿。春阿氏、聂玉吉以愁肠满腹的闺门旦、壮志难酬的少年书生登台亮相。其间，贾媒婆登门说亲，聂玉吉揭穿其巧语花言，使之悻悻而去。随后，春阿氏之兄常禄建言文光之子春英为良婿，玉吉又挺身而出，驳常禄之提议，指出春英乃黩武好斗之人，决非佳选，建议暂将表姐阿氏之婚事搁置延后。此言遭到常禄痛斥，玉吉愤而离去。德氏吩咐常禄打听文家情况便宜行事。此出戏，主要人物粉墨登场。温婉多愁的阿氏、热心重义的聂玉吉、顽固老成的常禄、古板守旧的德氏，人物形象可谓鲜明突出。“祝寿”大关目中设置媒婆说亲、弟兄议媒两小关目，阿氏人生不自由、婚姻不能自主的愁苦借此映现。阿氏的命运、主要人物之间的关系与矛盾，通过“借喜写忧”这一戏剧冲突表现手法得以显现。

除采用单线顺叙的叙事结构、巧设戏剧冲突之外，京剧剧本《春阿氏》与小说最大的不同是主题思想的歧异。小说重在写爱情，于“情”与“礼”的矛盾冲突中，展开具有现代意味的情感表达，表现人的主体意识的朦胧觉醒。剧本重在写婚姻，揭露封建宗法制的包办婚姻造成的生命悲剧。须注意的是，在承继揭露包办婚姻弊端这一传统题材的基础上，剧本通过春阿氏对自身凄苦命运的喟叹和思索，表达出对女性地位的思考与女性意识的觉醒：

> 可叹妇女不能自立，任凭男子作福作威也。（唱）配姻缘，即不能自由遂愿；在夫家受专制，决无主权。①
>
> 哎！细想这分恶气，实难忍受。中国女权不兴，婚姻误在父母身上。冤沉海底，无处伸诉。不枉彭翼仲先生报纸提倡自由结婚，我这就是前车之鉴。正是既在矮檐下，怎敢不低头！②

① 戏剧《春阿氏》，第贰拾贰场，北京大学图书馆藏。

② 戏剧《春阿氏》，第贰拾陆场。

生来一个女子没有自由权利，鹅翎扇层层节制，如同废物一般！[1]

剧作通过春阿氏之口，将女性地位低下、婚姻不自由与女性不能自立、女权不兴联系起来。如此安排，则将时下女性面临的问题，即时代讨论的话题，纳入剧本演述中。这也正是清末民初北京戏曲改良在剧作内容上侧重反映现实问题的一种体现。

综上，本文以春阿氏一案为切入点，从舆论、文学、艺术三层面揭示清末民初北京文化空间的独特性与现代性:《京话日报》对案件的介入干预，呈现了晚清北京众声喧哗、多元互动的舆论环境中北京民众公民意识的觉醒；小说《春阿氏》对案件的书写想象，充满了北京文化的市井风味，是近代北京市民社会触摸与感知“现代”生活的文学聚焦；牌子曲《春阿氏》、京剧《春阿氏》对案件的演绎，反映了京味艺术采取现实时事编写新曲新剧的文本风貌，可窥清末民初北京戏曲、曲艺改良活动之一端。

（原载《汉语言文学》2015 年第 3 期，题为《案件·文本·解读——以晚清北京“春阿氏案”为中心》；后收入夏晓虹主编:《晚清北京的文化空间》，北京大学出版社 2021 年版）

郝凯利，2011—2016 年师从夏晓虹老师攻读博士学位，现为河南师范大学文学院教师。学术兴趣点是清末民初报刊研究。

---

[1] 戏剧《春阿氏》，第贰拾捌场。

四、小说戏曲研究

近代科学小说与灵魂

由《新法螺先生谭》说开去

晚清翻译通俗小说中的科学话语

押川春浪《塔中の怪》翻译的文本分析

晚清京剧旗装戏与旦行花衫的兴起

从胡适《一个最低限度的国学书目》谈“国学”视野下的“戏曲”研究

近代科学小说与灵魂

由《新法螺先生谭》说开去

栾伟平

科学小说是在“小说界革命”中，传入中国的新小说类型之一。顾名思义，其中本应充盈着对物质文明的想象和赞颂，但是我们却从近代的科学小说里面发现了对于灵魂和精神力量的重视。本文将结合作品，详细分析这种异质因素的由来。

一、灵魂的巨大力量

1905年，徐念慈创作的科学小说《新法螺先生谭》出版。该书虽是根据包天笑译的《法螺先生谭》《法螺先生续谭》撰写的戏仿之作，但只是沿袭了原作的“壳”——主人公的名字“法螺先生”和漫游的结构，内核已经很不相同。原作来源于德国民间传说“敏豪森公爵历险记”，主要以荒诞戏谑取胜，但《新法螺先生谭》加入了很多的科学内容，是最早的由国人自著的科学小说之一。此书主要写“新法螺先生”于一高山之巅，灵魂躯体一分为二，灵魂飞向太空，遨游水星、金星、太阳，躯体下坠至地心，见到中华民族的始祖。后来回到地球，灵魂躯体合而为一。他发明了万能能源——脑电，希望为人们造福，不料造成地球上三分之一的人口失业，只好草草歇手。作者的科学知识水平在当时来说相当高，小说里面科学名词俯拾即是，举凡动物学、植物学、矿物学、生理学、化学等学科都有所涉及。但是，细读之下，却可发现其中蕴含着与物质科学隐隐对抗的因素，即对于精神力量尤其是灵魂力量的强调。

首先，与绝大部分科学小说不同，“新法螺先生”的漫游并未借助任何交通工具，而是通过灵魂出窍的方法做到的：

> 余幼时颇迷信宗教者言，深信所谓天堂也、地狱也。以为偌大世界，何事蔑有。科学家仅据矿物界、植物界、动物界种种之现象，种种之考察，以为凡物尽于斯，凡理尽于斯。使果然焉，则世间于科学外，当无所谓学问，不复有发明矣，而实验殊不然，何哉？①

“新法螺先生”对于科学研究仅仅围绕物质界进行的现状深感不满，相信科学之外当别有学问，苦思冥想不得其解，导致神经错乱。后来某天奔至一高山之巅，该处恰好位于“诸星球所出之各吸力”的中心点，在狂风的颠倒舞弄下，新法螺先生的灵魂与躯壳分而为二。

“新法螺先生”灵魂出窍之后，灵魂与躯体各自具有独立的功能和行动能力，而且可以自由组合：“余能将躯壳之一身与灵魂之一身可浑而为一，可析而为二；又可以灵魂之一身析为二，而以半入于躯壳中，可以躯壳之一身析为二，而以半包于灵魂外”，“且纵分析，其能力依然不失毫厘”②。

更神奇的是，“新法螺先生”的灵魂可以发出强光。他在峰顶苦苦研究，“乃将灵魂之身炼成一种不可思议之发光原动力”，光力是太阳的一万万倍，是月亮的二百万万倍。他将灵魂高捧至头顶，灵魂发出的光芒照彻欧美，当地的科学家纷纷揣测光之由来，均未得端倪；“新法螺先生”又将灵魂之光遍照中国，希望能惊醒同胞之迷梦，不料中

---

① 徐念慈：《新法螺先生谭》，小说林社 1905 年版，第 1–2 页。
② 同上，第 6 页。

国人仍在酣睡，置刺眼之光明于不顾。

“新法螺先生”愤怒至极，将灵魂之身失手坠于地上，由于弹力，灵魂脱离地球，飞入太空，与月球相撞后，又相继落在水星和金星之上，最后竟飞向太阳，绕太阳数周后返回地球，与漫游地底归来的躯壳合而为一。

一般的科学小说，即使是国人自著的科学小说中，主人公都是借助气球（《月球殖民地小说》）或飞空艇（《乌托邦游记》）等交通工具来进行漫游的，但在《新法螺先生谭》中，主人公的漫游没有借助任何东西，他唯一借助的是自己的灵魂。灵魂出窍的情节，在中国古代的叙事作品中是比较普遍的，但在象征着西方科技文明的“科学小说”中出现，确实是不太和谐。而且此书中对灵魂的作用强调到了极点：灵魂可以发出照彻全世界的强光，灵魂与身体可以自由组合，甚至灵魂可以独自遨游太空。这些狂想出现在一部“科学小说”中，颇让人迷惑。

其次，“新法螺先生”漫游完毕，归来中国后，发明了“脑电”。“脑电”是万能能源，既可发光、生热，又可传声，基本可以做到物质科学所能做到的一切事情；甚至能做到物质科学所做不到的事情：一个人不用出门，只需坐在自己的房间里，发动“脑电”，就可以和别人交流。

有着如此巨大作用的“脑电”究竟是什么呢？

> 余思自电气学发明后，若电信，若德律风，既为社会所欢迎，旋又有所谓无线电者。余谓此尚是机械的，而非自然的也。自然力之利用，莫若就人人所具之脑藏，而改良之，而推广之。人与人之间，使自然有感应力。脑藏既被感应，乃依力之大小，而起变化，依变化之定律，而订一通行之记号，而脑电之大局以定。[1]

---

① 徐念慈:《新法螺先生谭》，第 35 页。

原来是利用人人都有的大脑来产生感应力，有所变化、有所规范后，来产生一种新能量。由此看来，所谓的“感应力”其实是纯粹精神性的东西。利用纯粹精神性的东西来做到只有通过物质才能做到的事情，这种对精神力量极度夸大的想法，出现在“科学小说”中，实在是非常吊诡。那么，这种有些古怪的想法是怎么来的呢？

从文中可以看出，“脑电说”的“发明”与当时流行的催眠术关系很大：

> 斯时，上海有开一催眠术讲习会，来学者云集其中，最元妙不可测者，为动物磁气学，又触余之好奇心，拟于此中开一特别之门径。余自环游日球后，骤与余躯壳之身相合，而脑藏中有一种不可思议之变化。余每思利用之，必能使实业界生一大妨碍。伊何事，则发明脑电是也。[①]

可见“新法螺先生”的发明“脑电”是受到上海催眠术讲习会所讲动物磁气学的启发。据 1905 年 5 月 28 日的《大陆报》第三年第七号之《催眠术讲义》：“近日上海教育会通学所，延会稽陶氏讲授催眠学。”[②]

---

① 徐念慈：《新法螺先生谭》，第 35 页。

② 会稽陶氏，指的是陶成章。陶成章（1878—1912），字焕卿，浙江绍兴人。光复会的发起人之一，同盟会成员，曾多次组织反清武装起义，在辛亥革命时期起过重要作用，1912 年被暗杀。魏兰《陶焕卿先生行述》：“乙巳……先生因中国人迷信最深，乃约陈大齐在东京学习催眠术，以为立会联络之信用，并著有《催眠术精义》一书。夏间归国，设讲习所于上海。”（陶成章著、汤志钧编：《陶成章集》，中华书局 1986 版，第 429 页）又，柳亚子《纪念蔡元培先生》：“明年乙巳暑假中，我又到上海，就学于中国教育会所办的通学所，听陶焕卿先生讲催眠术。”（《蔡孑民先生纪念集》，浙江研究社 1941 年版；转引自陈平原等编：《追忆蔡元培》，中国广播电视出版社 1997 年版，第 123 页）此外，蒋维乔《鷦居日记》自乙巳年（1905）五月廿一日到同年的六月初六日，均有到通学所学习催眠术的记录，五月三十日更有“上午往访陶君辉卿，谈催眠术”的记载（笔者按：“辉卿”当是“焕卿”之误。蒋维乔：《鷦居日记》，上海图书馆藏手稿本）。综上可知，陶成章确实于 1905 年夏天，在上海教育会通学所讲授催眠术。其讲义的一部分发表于《大陆报》第三年第七号与第八号（1905 年 5 月 28 日、6 月 12 日），名为《催眠术讲义》。全部讲义后由商务印书馆于 1906 年出版，仍名《催眠术讲义》，1907 年出第 3 版，至 1928 年已印至第 24 版。

陶氏在上海讲述催眠术与《新法螺先生谭》的出版是在同一年，徐念慈又是中国教育会成员，他很有可能听到陶氏的催眠术讲座后，受了启发，从而创造出《新法螺先生谭》中的相关情节。

文中所谓的“动物磁气学”是什么呢？据当时的流行说法，动物磁气学是催眠术的原理之一，大致内容是说：“宇宙间有比以太更细微之流动体充满焉，藉其物流动之力，为天人感通之媒介，并传达人与人相接间之一种感化力，此活动之流动体曰动物磁气。”[①]也就是说，它是一种兼具物质和精神双重特性的微粒，可以作为人与人之间相互感应的媒介。

需要说明的是，催眠术在彼时被认为是施术者对受术者灵魂的控制[②]，所以小说中对催眠术原理的借鉴，归根到底，还是出于对灵魂、对精神力量的重视。

综上可知，科学小说《新法螺先生谭》，在广泛涉及西方近代科学知识的同时，已在更深的层次上流露出对于灵魂、对于精神力量的浓厚兴趣。这些因素出现在科学小说中，从现代人的眼光看来，是很不和谐的。而且，这种不和谐的因素并非只出现在《新法螺先生谭》这一部小说中。据笔者阅读范围所及，这种现象还存在于下列标注为“科学小说”的作品中：

陈鸿璧翻译的《电冠》[③]中，一位天才科学家出于嫉妒，囚禁了情敌叶乐生，并在他身上实验新发明的机器。将该机器置于头顶，可将人心中的所思所想化为文字和画面放映出来。徐念慈在文后的评论中说：“余尝谓今世科学之发明，亦已至矣，然仅物质之发明，而于虚空界之发明则尚未曾肇端也。宗教家之言灵魂，似已入虚空界，然所谓

---

① 《催眠术论》，《大陆报》第三年第10号，1905年7月12日。

② 梁启超：《子墨子学说》，《饮冰室合集》第八册，专集之三十七，中华书局1989年版，第46页。

③ 英国佳汉著，陈鸿璧译：《电冠》，《小说林》第1–8期，1907年2月—1908年1月。

苦，所谓了，仍入人意中，而未尝出人意外；其言诳也，足以欺愚人，不足以证真谛。自催眠术列科学，动物电气之说明，而虚空界乃稍露朕兆。吾不知以后之千万世纪，其所推阐，又将胡底，吾自恨吾生之太早太促矣。”[①] 他在这里流露出的对于“虚空界”之发明的兴趣，与《新法螺先生谭》可谓一脉相承。

卓呆的《秘密室》[②] 写“我”的曾伯祖泰德被人催眠，因施术人突然死亡，无人催醒，沉睡了八十四年。而“我”看了一本德国的杂志，上面说“人工的睡眠，要使他苏醒，并非难事，只要动作者信仰自己之力，有决不失败的意志”。“我”依言向躺着的老人凝视，并大声呼喊，老人就醒了。秋山的《消灭机》[③] 中，“我”和朋友利用类似照相机的机器来摄人魂魄，被摄到的人就会暂时从世界上消失。

另外近代的科学小说中还出现了诸如“催醒术”、洗脑、换脑、治心等种种和精神改造密切相关的内容。

可见，近代科学小说中，灵魂和精神因素的存在确实是一个不可忽视的现象，值得我们认真研究。本文要做的工作，便是探讨貌似不和谐的灵魂与精神因素是怎样进入科学小说的，换句话说，就是“关于灵魂的学问”是怎样被晚清人当作科学的。

二、心灵之学为格致之基

上面说过，《新法螺先生谭》中神奇的脑电构想，与催眠术原理关系很大。但脑电之说并非只有催眠术原理一个源头，也颇与谭嗣同

① 《小说林》第2期，1907年3月。

② 《小说月报》第三年第3期，1912年6月。

③ 秋山：《消灭机》，《中华小说界》第3卷第1期，1916年1月。

《仁学》一书相呼应[①]。

谭嗣同在《仁学》里明确提出，“脑即电矣”，“电气即脑”，“脑为有形质之电，是电必为无形质之脑。人知脑气筋通五官百骸为一身，则当知电气通天地万物人我为一身也”[②]。那么，脑电是怎样将万物人我贯通为一身的呢？或者说，脑电作用的原理是什么？这就要引出“以太”这个概念了。

《仁学》中的“以太”是一个具有物质和精神双重特性的概念。以太是构成宇宙和万事万物的最小微粒，但又不是纯物质性的东西。它充满于万事万物之中，最基本的功用是“通”：“独至无形之脑气筋如以太者，通万物人我为一身。”于人身，表现为“脑气筋”，将脑的命令传达到人身各个部分，将人身贯通为一个整体；于万物人我之间，表现为电，而电“寄于虚空”，“无物不弥纶贯彻”，万物人我之间也就可以彼此感应，如同一身。因此，我产生一个念头，我说一句话，千里之外也会有人感觉到[③]。

可以说，“新法螺先生”的“脑电”与谭嗣同的“脑电说”，不止名称相似，在原理上也是基本相同的：它们都强调人与人之间可以通过某种媒介（“动物磁气”“以太”）来产生精神性的感应力，此媒介从而带有了物质和精神双重特性。

谭嗣同的脑电说也不是自己独创。已有论者指出，其《仁学》深受美国乌特亨利《治心免病法》的启发。特别是《治心免病法》对于

---

① 王德威曾经指出，《新法螺先生谭》中的脑电之说，颇与彼时康有为、谭嗣同的仁学与电学说相呼应（王德威：《想象中国的方法》，生活·读书·新知三联书店，1998 年版，第 57–58 页）。其实认为电与脑与意识精神具有类似和等同性，几乎是当时思想界普遍一致的看法。如康有为称“不忍人之心，仁也，电也，以太也”，“无物无电，无物无神，无物无电，无物无神，夫神者，知气也，魂知也”（康有为：《大同书》）；唐才常认为“脑气筋为电学之理”（唐才常：《觉冥颠斋内言》）。参见李泽厚：《中国近代思想史论》，天津社会科学出版社 2003 年版，第 106 页。这里单拈出谭嗣同，是因为他在《仁学》中的相关论述，比其余诸家更加明确集中。

② 谭嗣同著，蔡尚思等编：《谭嗣同全集》（增订本），中华书局 1981 年第 1 版，第 295 页。

③ 本段引文均见谭嗣同著，蔡尚思等编：《谭嗣同全集》（增订本），第 295 页。

“以太”的解释，成为谭嗣同架构《仁学》的基本依据①。

> 考万力之大，以人之思念为最。思念有变化，其有相关者最烦。近西国考得万物内必有一种流质，谓之以太。无论最远之恒星，中间并非真空，必有此以太满之；即地上空气质点之中，亦有此以太；即玻璃罩内可用抽气筒尽其气，仍有之。盖无处无之，无法去之。即无此以太，则太阳与恒行星之光不能通至地面，如声无空气则不传，此可用抽气筒显其据。空气传声，以太传思念，同一理。不问路之远近与五官能否知觉之事物，凡此人发一思念，则感动以太，传于别人之心；别人之心，令亦有此思念。一遇同心，则彼此思念和合；一遇相反，则彼此厌之而退。人虽不觉思念有形声，然实能感通人心。②

以太弥漫于万事万物之中，无处不在。人与人之间，可以通过以太这种介质，传达彼此的“思念”。“思念”虽无形，然而可以感通人心，传播思想。“思念”的这种作用，简直就是《仁学》中的“脑电”！

乌特亨利的《治心免病法》宣扬利用精神修养法来治病。要治病，首先要认识到心主身从，有治病的信心；具体操作是每天抽出一定的时间坐在屋里，念诵“天父无不在”“天父无不知”等二十七个口诀，病就可以治好。看得出来，这本书带有浓厚的神学色彩。但是，作者为本书披上了一层科学的外衣，声称自己的方法是“以格致为基”，

---

① 梁启超说得很明确：“鄙人所敢断言也，惟其中以太二字之名词，出于傅兰雅所著《治心免病法》中。当时先生亦颇好此书。”（饮冰：《问答》，《新民丛报》第二十二号，1902年12月14日）王国维亦指出，谭氏之说出自上海教会所译《治心免病法》（王国维：《论近十年之学术界》，《海宁王静安先生遗书》，商务印书馆1940年版，第十四册《静庵文集》第94–95页）。日本学者坂元弘子为此曾撰专文《谭嗣同的〈仁学〉和乌特亨利的〈治心免病法〉》，《中国哲学》第十三辑，人民出版社1985年版，第264–275页。

② 美国乌特亨利撰，英国傅兰雅译：《治心免病法》，上海格致书室光绪二十二年（1896）版，上卷第13页。

并称“治心亦格致”:“寻常格致不过论有形体之事与物，而无形体者则认为与格致无关。此亦为大误。夫论有形体者乃格致学入门之一小分功夫，其大而要者，尤在于治心之学。”[①] 也就是说，对物质的研究是科学，对心灵的研究也是科学，而且还比前者更重要。

《治心免病法》在当时影响很大，谭嗣同对其推崇备至，并购置了一部送给老师欧阳中鹄[②]；戊戌变法时期，谭嗣同等人在湖南创办《湘报》和南学会，更将《治心免病法》列为“宜读之书”，并拟“逐渐开讲”[③]。梁启超的《西学书目表》，徐维则的《东西学书录》，黄庆澄的《普通学书目录》都收入此书，黄氏更将之列入“西学入门书”中。随着此书在社会上的广泛流传，书中的重要观点——“治心之学”重于“格致之学”自然也会造成不小的影响。当然，独木难成林，“心灵之学”在中国成为科学并非《治心免病法》一书之功；当十九世纪末，一批“推明心灵之形用，及形用之凭何理”[④] 的“心灵学”著作被翻译入中国，它们和《治心免病法》一起冲击了中国的思想界。

而说到心灵学，又不可不先谈一下与之密切相关的全体学。在近代的书目中，心灵学一般都是附在全体学之后。中国人接受心灵学，是以对全体学（大体上类似今天所说的人体解剖学）的接受为基础的。合信的《全体学新论》是中国近代第一部系统介绍西方人体解剖学的著作，该书对人体的主要器官和系统作了全面介绍。在

---

① 美国乌特亨利撰，英国傅兰雅译:《治心免病法》，下卷第27页。

② “今谨购《治心免病法》呈览。”谭嗣同:《上欧阳中鹄书. 十》,《谭嗣同全集》(增订本)，第461页。

③ 《湘报》九十七号，转引自董增刚:《论谭嗣同〈仁学〉“以太说”》,《首都师范大学学报》(社会科学版)1994年第5期。

④ 美国海文著，中国颜永京译:《心灵学》第一章第一段“心灵学之为何”，益智书会光绪十五年(1889)版。

第一卷中，合信专门拿出一节，来论述脑为全身之主[1]，并且配有几幅精美插图。该书首创的“脑气筋”一词，被梁启超、谭嗣同等名人广为运用在著作中。什么叫“脑气筋”呢？在“例言”中，作者称：“是书所称脑气筋者，其义有二，一取其源自脑出，二取其主动作觉悟。”“脑在至高，为一身之主，但其气筋色白，运转脑之气势者，分派如绳如线如丝者，总名之曰脑气筋。缠绕周身，五官百体，皮肉筋骨，脏腑内外，无处不到，故全体听脑之驱使，无不如意。”[2]“脑气筋”源自脑出，心灵学又专论脑气筋往来之事，全体学的“脑主神明”说于是成了“心灵学”被中国人接受的科学基础。《全体学新论》虽然传入中国较早，但对于晚清人来说，傅兰雅译的《全体须知》更为贴近。《忘山庐日记》中就有夜读《全体须知》的记载，并称对于书中所言“脑为总知觉之主”大惑不解[3]，显然孙宝瑄没读过《全体学新论》。在《东西学书录》中，对于《全体须知》是这样介绍的：“傅氏于心灵一学亦最留意，故此书后论脑筋、觉悟二章颇简明可读。”[4]一语透露出玄机，心灵学与全体学深有渊源。

关于近代心灵学著作，徐维则的《东西学书录》收罗得比较全面，兹引录如下：

> 《心灵学》，无卷数，益智书会本，一册。美海文著，颜永京译。西人论脑气作用之说愈出愈精，大凡知觉为一网，情欲为一

---

① 当然，“脑主神明说”并非晚清才进入中国，在明代，此说就已经随着西医的传入介绍到中国，且为少数知医人士所服膺，不过对于一般社会没有太大影响。鸦片战争之后，各通商口岸均有西医诊所、医局设立，而且中国人也认识到西医的有效，前往看病的人越来越多。西医在中国社会得到了广泛的信任和崇拜，“脑主神明说”也就日益深入人心。参见熊月之：《西学东渐与晚清社会》，上海人民出版 1994 年版，第 53、54、155 页。

② 合信：《全体学新论》，咸丰元年 (1851) 上海墨海书馆藏版，上卷之八“脑为全体之主论”。

③ 孙宝瑄：《忘山庐日记》，上海古籍出版社 1983 年版，上册第 86 页。

④ 徐维则：《东西学书录》，光绪二十五年 (1899) 局印，卷三“全体学第二十一附心灵学”。

网，志决为一网。是书单译智才一卷，余未之及。

《知识五门》，一卷，益智书会本，一册。美慕威廉著。造物生人，与以耳目鼻舌手，以成视听嗅尝摩五觉之外感，因境生情，结为景状，皆觉动脑筋之所致，即所谓心灵层功用。此书即明五门知觉之理，以显其动变之才能，然尚未详备。（笔者按：这里未标译者，查梁启超《西学书目表》，译者为颜永京。）

《人秉双性说》，一卷，格致汇编本。英傅兰雅著。人或秉有双性，西人早有此论。傅氏更历据往事，成此一篇，以证其理。此说起于格致家脑部有二之语，而推演之。他日必有考究得其确理者。

《性学举隅》，二卷，广学会本。美丁韪良著。先总论若干条，分上下二卷，上卷论灵才，即智之属；下卷论心德，兼仁勇言之。第十四第十五两章，颇及哲学家之言。说理浅显易解，屡引我国古书以证，甚便初学。自序谓此等书强记无益，必能问能解方妙，甚是。（徐补）[①]

当然，以上诸书只是根据书目所载，遗漏失记的心灵学书籍应该还有一些。即使从以上所引，我们也基本可以看出，心灵学诸书的内容大体上相当于今天的心理学[②]。

心灵学诸书既然能称“学”，并被当时几乎所有的目录书著录，可见关于精神和心灵的研究，在当时的社会上已经引起了一定程度的重视。况且有的书为了抬高心灵之学的地位，还采取了贬低物质科学

① 徐维则：《东西学书录》，卷三“全体学第二十一附心灵学”。

② 西方心理学思想并非到晚清才开始传入中国。明朝末年，耶稣会传教士来华后，将一些西方古代和中世纪的心理学思想传入中国。利玛窦的《西国记法》、艾儒略的《性学粗述》、毕方济的《灵言蠡勺》等书，可以说是西方心理学思想传入中国的开端。但这些书籍在当时流传不广，影响也不大。参见赵莉如：《心理学在中国的发展及其现状》（上），《心理学动态》1996 年第 1 期。

的策略：

> 格致学有二，曰格物学，曰格物后学。先者论物质，后者论一切物质外之事。……格物后学专论人事，内分辨实学、是非学、国政学、生命学、心灵学。今所著之心灵学，系推明心灵之形用，及形用之凭何理。[①]
>
> 心灵学与他格致学有相关之处，知其相关，则知其要紧处。凡天然事物虽多，皆有先后之序，最下者为金石，由金石而植物，植物而昆虫，昆虫而走兽，走兽而人类。至人外具身体，内有心灵。惟有心灵，所以称为世之主。既金石植物昆虫走兽卑贱于人，则其学自必卑于人类之学。再者，讲求人身之学，亦必卑于讲求心灵之学。诸项学问皆归心灵学为主，犹一山从山脚起之诸路，终归聚于山顶。……诸项格致学尊而贵者，皆靠心灵所创设。[②]

在作者看来，"物质之学"和"心灵之学"都属于格致学的范围之内，都是科学。由于物质科学的研究对象"金石植物昆虫走兽"等比人卑贱，所以物质科学也比人类之学卑贱。而心灵之学又是人类之学中最尊贵的一种，所以心灵之学远比物质之学尊贵。且所有的物质科学都是由人的心灵所创造出来，心灵之学于是成为诸项学问之主。这里对物质科学的贬低，对心灵学地位的无上推崇，可以说比《治心免病法》更甚。

《心灵学》出版于1889年，《人秉双性说》出版于1890年，《知识五门》出版于1894年，《治心免病法》出版于1896年，《性学举隅》出版于1898年。在十九世纪末，此类主张研究心灵、崇尚精神之学的书籍在如此集中的时间内译出，且在引领风气的精英知识分子

---

① 美国海文著，颜永京译：《心灵学》第一章第一段"心灵学之为何"。

② 美国海文著，颜永京译：《心灵学》第一章第二段"心灵学之紧要处"。

圈中影响甚大①，难怪会使得中国人认为“二十世纪，物质之学，研究已达极点，骎骎乎叹观止矣。迩来欧美学者，多舍物质学而趋向于精神学”②。

《治心免病法》及“心灵学”诸书的译介在社会上造成了较大的影响，一时引起人们对于精神之学的兴趣。因此，当带有神秘主义色彩的催眠术于二十世纪初传入中国③后，人们也把它当作科学来接受。甚至连梁启超都在自己的《子墨子学说》中提起催眠术，并称其为“一有系统之科学”。梁氏文中对于催眠术的认识在当时很具代表性，其说称：

> 彼鬼学者，文言之曰魂学，至今已渐成为一有系统之科学，即英语所谓“哈比那逻支”Hypnologic，日本译为“催眠术”者。近二十年来，日益进步，其势且将披靡天下。此学起于千七百七十三年，学者分之为五期，其最新之一派则距今二十年前始发明也。今最盛于法国德国，次之近一二年来，日本大盛，其标名催眠学会以教授者，凡三四，著书研究此学者，数十种，大率数月之间，重版至十数。欲知其理者，可任取一种研究之。据其术，则我之灵魂，能使役他人之灵魂，我之灵魂，能被使役于他人之灵魂，能卧榻上以侦探秘密，能在数百里外受他人之暗示。其他种种动作，畴昔所指为神通为不可思议者，今皆有原理之可寻，可以在讲筵上，黔板垩笔，传于他人。以最简单之语概括之，则

① 谭嗣同认为，“格致即不知，而不可不知天文、地舆、全体、心灵之学，盖群学群教之门径在是矣”[《仁学界说》，《谭嗣同全集》（增订本）第293页]。梁启超的《西学书目表》、徐维则的《东西学书录》中，均列“心灵学”一门。孙宝瑄的《忘山庐日记》中也有读《心灵学》的记载。

② 蒋玉书：《催眠术说略（附图像）》，《教育杂志》第六卷第十一号，1914年12月15日。

③ 《治心免病法》《性学举隅》《人秉双性说》中都有对催眠术的介绍；但催眠术真正传入中国，是在二十世纪初期，参见《催眠术讲义》，《大陆报》第三年第七号，1905年5月28日。

曰明生理与心理之关系而已。而佛说所谓三界唯心、万法唯识之奥理，至是乃实现而以入教科矣。[①]

在梁氏笔下，鬼学、魂学、催眠术是同一事物的不同名称。催眠术被当成是与灵魂有关的科学。催眠师对受催眠之人的控制，被看作是灵魂之间的相互役使。梁氏的观点并非特例，孙宝瑄也说“西国所谓催眠术，能将己之思念，灌入他人脑中，又能使人自然被我所驱使。余谓我国向来所称灵爽神通之事，每托诸仙怪，其说极虚，不谓近日西人能以至实之法行之也”[②]，分明也是把催眠术当成两个人意识之间的感应。

催眠术进入中国后，一时国人认为发现了物质科学之外的新大陆，整个社会掀起了一股对于催眠术的热潮。北京、上海等地成立了催眠术讲习所[③]，甚至进行函授教学。外国的催眠师也纷纷来到中国表演[④]。

正因为催眠术被当作科学接受，科学小说《新法螺先生谭》才可以借鉴其原理，讲述催眠术的《秘密室》自然也可以加以“科学小说”的标签。不仅如此，催眠术这一题材，还广泛进入其他类型的小说。仅据笔者涉猎所及，标题中出现催眠术字样的即有言情小说《电术奇谈》(又名《催眠术》)[⑤]，侦探小说《催眠术》[⑥]，短篇小说《催眠术》[⑦]等，其他情节中使用了催眠术手段的更所在多有。例如晚清著名

---

① 梁启超:《子墨子学说》,《饮冰室合集》第八册，专集之三十七，第46页。

② 孙宝瑄:《忘山庐日记》，上册第328–329页。

③《北京催眠术讲习所成立》,《教育周报》(杭州)第3期，1913年4月15日。前面已经提到，上海于1905年成立了催眠术讲习所。

④“催眠术试演于沪，计有三次。初则英国某君……继则有一奥国女子……前年中沟牙医士来沪，于珊家花园国民学会试演此术。”健男:《试演催眠术》,《小说海》1卷10号，1915年10月。

⑤ 日本菊池幽芳著，东莞方庆周译述，我佛山人衍义，知新主人评点:《电术奇谈》,《新小说》第8–18号，1903年10月—1905年7月。

⑥ 灏森:《催眠术》,《小说丛报》第7期，1915年1月。

⑦ 铁樵译:《催眠术》,《小说月报》第4卷第12号，1914年3月。

小说《孽海花》中，就有这样一个小插曲：金雯青在出使途中，看到俄国医生毕叶当众表演催眠术，十分好奇，请他在一个漂亮的女洋人身上试验。结果女洋人原来是俄国虚无党员夏丽雅。夏丽雅知道真相后，找金雯青拼命，金雯青只得赔偿一万马克了事①。再如《文明贼》②中，催眠术是那位“文明贼”惯用的一种手段。催眠术题材在文学中的热门，从一个侧面反映了它在社会上的流行。

关注精神之学和灵魂之学的热潮在近代持续发展，“一战”前后，西方灵学思潮全面介绍到我国。1916 年，中国精神学会成立，其宗旨是研究和介绍欧、美、日本的“精神哲学”（即后来所称的“灵学”）；1917 年，中华书局的俞复、陆费逵与多年从事扶乩活动的杨光熙、杨璿等人成立了“上海灵学会”；1918 年，“上海灵学会”的会刊《灵学丛志》出版。1920 年秋，北京悟善社成立，同年出版《灵学要志》。此后，还有 1923 年在上海成立的“中国心灵学会”等③。

根据吴光的研究，当时中国灵学派所宣传的内容可概括为四个方面：

> 一是所谓“传心术”、“心灵感通”，宣传人们即使远隔千里，也能通过“灵力”的感应变化相互交流思想，传布信息；二是所谓

---

① 曾朴：《孽海花》第九回“遣长途医生试电术，怜香伴爱妾学洋文”，小说林社 1905 年正月初版。

② 大爱：《文明贼》，小说林社 1906 年 12 月初版。

③ 关于中国灵学派的活动情况及相关主张，参见吴光：《灵学·灵学会·灵学丛志》，《中国哲学》第十辑，生活·读书·新知三联书店 1983 年版，第 432–441 页；及吴光《灵学丛志》《灵学要志》二文，丁守和主编：《辛亥革命时期期刊介绍》，人民出版社 1986 年版，第四辑第 613–627 页。吴光将灵学在中国的兴盛视为“西方灵学和中国封建迷信的结合”，但笔者的观点与之稍有不同：笔者将中国灵学思潮的兴盛放在十九世纪末、二十世纪初崇尚精神之学的热潮中看，并认为“一战”对中国人的刺激成了灵学思潮兴起的重要土壤。“一战”中西方诸国之间的疯狂杀戮使得中国认为西方物质文明已经破产，精神之学与灵魂之学又一次在中国得到重视。中国灵学思潮于是在“一战”前后大行其时。将以上观点详细阐述需要另外撰文，兹不赘述。

"降神术"、"催眠术"、"灵力见鬼术"，宣传人的灵魂可以独游体外与神鬼打交道，在睡眠状态能够招神引鬼，代鬼神宣言；三是所谓"眼通"、"天眼通"，宣传特异人有遥视、透视能力；四是所谓"灵怪现象"，宣传人死后灵魂不灭，活人看得见灵怪出现，还可用物质手段（如所谓灵魂摄影）获得灵魂存在的"实验依据"等。①

中国的灵学会组织虽然宣扬的是一些玄而又玄的东西，却打着科学研究的旗号，宣称是在科学实验的基础上证明灵魂和神灵的存在。俞复即说："灵学之成科学，而后科学才大告其成功。"② 正因为灵学被当作科学来宣传，所以才会出现《消灭机》③ 这样荒谬的"科学小说"：其中利用类似照相机的东西来摄人魂魄，显然与灵学所谓的"灵魂摄影"有关。

《灵学丛志》的宣传遭到了以陈独秀为首的《新青年》杂志的批判。从 1918 年 5 月四卷五号起，至次年 4 月六卷四号止，《新青年》杂志共发表十六篇文章，对灵学会的主张进行驳斥④。中国的灵学宣传活动虽然没有完全销声匿迹，但从此也辉煌不再。

从《治心免病法》及心灵学诸书，再到催眠术的传入中国，以及西方灵学思潮的流行，"关于灵魂的学问"就是这样逐渐被当作了科学。因此，在科学小说中，对灵魂和精神力量的夸张，也就成了可以理解的事情。

以上是从西学传入的角度，讨论了"关于灵魂的学问"在近代是

---

① 吴光：《灵学丛志》，《辛亥革命时期期刊介绍》第四辑第 613–614 页。

② 俞复：《答吴稚晖书》，《灵学丛志》第 1 卷第 1 期，1918 年 1 月。

③ 秋山：《消灭机》。

④ 参见吴光：《灵学·灵学会·灵学丛志》。

怎样被当作科学的[1]。那么，在众多的西学知识中，为什么“心灵之学”和“精神科学”会被中国人接受并在社会上造成较大影响呢？这又与当时中国的社会环境及先进知识分子自身的思想取向有着怎样的关系？

三、心灵与新民

甲午战争后，谭嗣同、唐才常等维新志士受中国战败的刺激，对洋务运动进行了深刻反思。他们认识到，仅仅学习西方的军事和科学，并不能使中国走向富强，原因是“新其政不新其民，新其法不新其学也”。因此，“欲新民必新学，欲新学必新心”[2]。从智力和道德精神上改造民众，是迫在眉睫的任务。梁启超更提出了新民说，从国民改造的高度肯定了精神力量的重要。

基于以上考虑，在十九世纪末二十世纪初的时候，思想家们，尤其是以康有为、梁启超、谭嗣同、唐才常等为代表的维新派思想家非常重视精神与灵魂的作用。

他们普遍夸大了心力的作用，将心看作万事万物之本源，认为“心力之大者，无不可为”[3]，“人所以灵者，以心也。人力或做不到，

① 需要说明的是，心灵学和催眠术在中国的流行，除了因为它们是西方“新学”外，还因为它们与中国知识分子旧有的儒学和佛学修养暗合。从孟子到陆、王，儒学中一直存在着某种神秘主义的体验。例如宋明儒者通过静坐来屏除杂念，以达到“心外无物”“宇宙便是我心，我心便是宇宙”的境界（参见陈来：《心学传统中的神秘主义问题》，《有无之境——王阳明哲学的精神》，人民出版社 1991 年版，第 390–413 页）。钱穆曾谈到，他在无锡县立第四高等小学任教时，同事朱怀天修习自我催眠术，“其术颇似静坐”（钱穆：《师友杂忆》，生活·读书·新知三联书店 1998 年版，第 99 页）。这在一定程度上说明：催眠术在中国的被接受，和它与旧学的暗合不无关系。另外，佛家主张“三界唯心”“万法唯识”等，也是非常强调心灵作用的。

② 唐才常：《尊新》，唐才常著、郑大华等编《砭旧微言——唐才常、宋恕集》，辽宁人民出版社 1994 年版，第 18 页。

③ 谭嗣同：《仁学》，《谭嗣同全集》（增订本），第 357 页。

心当无有做不到者……心之力量，虽天地不能比拟，虽天地之大可以由心成之，毁之，改造之，无不如意”①。他们组织的保国会也以增进国民心力为宗旨，宣称：“今日之会，欲救亡无他法，但激厉其心力，增长其心力，念兹在兹，则爝火之微，自足以争光日月，基于滥觞，流为江河。”②

他们认为躯体是粗浊之物，只有灵魂才是人身上最精妙的部分。谭嗣同甚至希望有一天人们可以进化到没有身体，只有灵魂的地步。他认为根据进化的原理，将来“必别生种人，纯用智，不用力，纯有灵魂，不有体魄。犹太古初生，先有蠢物，后有灵物；物既日趋于灵，然后集众灵物之灵而为人。今人灵于古人，人既日趋于灵，亦必集众灵人之灵，而化为纯用智纯用灵魂之人。可以住水，可以住火，可以住风，可以住空气，可以飞行往来于诸星诸日”③。因此，徐念慈《新法螺先生谭》中，主人公纯粹依靠灵魂遨游星际的狂想，简直就是谭嗣同以上主张的再现。

晚清对灵魂力量的重视，很大程度上是出于启蒙民众的考虑。梁启超说：“盖有鬼神则有灵魂，有灵魂则身死而有其不死者存，有灵魂则生之时暂而不生之时长，生之时幻而不生之时真。夫然后视生命不甚足爱惜，而游侠犯难之风乃盛。”④谭嗣同也说：

> 今使灵魂之说明，虽至闇者犹知死后有莫大之事，及无穷之苦乐，必不于生前之暂苦暂乐而生贪著厌离之想。知天堂地狱，森列于心目，必不敢欺饰放纵，将日迁善以自兢惕。知身为不死之物，虽杀之亦不死，则成仁成义，必无坦怖于其衷。且此生未

① 谭嗣同：《上欧阳中鹄书·十》，《谭嗣同全集》（增订本），第460页。

② 康有为：《京师保国会第一集演说》，康有为著、汤志钧编：《康有为政论集》，中华书局1981年版，上册第241页。

③ 谭嗣同：《仁学》，《谭嗣同全集》（增订本），第366–367页。

④ 梁启超：《子墨子学说》，《饮冰室合集》第八册，专集之三十七，第43页。

及竟者，来生固可以补之，复何所惮而不亹亹。[1]

即灵魂不死，则民众在做坏事的时候会有所忌惮，因为惧怕来生遭报应；灵魂不死，则民众会产生勇毅之气，不惜杀身成仁，因为死的是躯壳，而灵魂永远长存。因此，梁启超才指出，“有鬼无鬼之论辩，与民德之强弱升降，有大关系焉”[2]。这与孔夫子的“祭如在，祭神如神在”堪称异曲同工。

对于心力与灵魂的强调进入小说，我们便可以看到，在徐念慈的《新法螺先生谭》中，“新法螺先生”将灵魂之身炼成为一种不可思议之发光原动力，能够作为发光体，普照世界。照耀到中国的时候，“新法螺先生”本想利用灵魂的光芒惊醒国民的迷梦，结果，国民酣睡依旧。他愤怒之极，想将灵魂之身变为火球，烧了中国，但因灵魂缺乏热力而作罢。“新法螺先生”的躯体在地底漫游的时候，见到炎黄始祖，始祖正为子孙的不肖心痛。于是他又想将灵魂之身，炼成一不可思议之发声器，以唤醒同胞的痴梦。后来，“脑电”的发明，更使得精神的力量大到了可以作为万能能源的地步。这种对于灵魂与精神力量的极度肯定，其实是出于同维新派一致的启蒙意识。

由上可见，“新法螺先生”在漫游的时候，时时刻刻想到的是怎样才能救中国。所以，《新法螺先生谭》中的灵魂漫游在某种程度上，其实可以看作是先进知识分子为救中国而上下求索的隐喻。可是，一个人的觉醒毕竟力量有限，只有唤起酣睡中的民众，从精神上改造他们，中国的未来才有希望。那么，对于国民的精神改造应该采取什么方式呢？在这点上，近代的科学小说提供了多种多样的设想。

陆士谔的《新中国》中，“我”在宣统二年（1910）大年初一入梦，来到立宪四十年后（宣统四十三年，即1951年）之中国。此时

---

① 谭嗣同：《仁学》，《谭嗣同全集》（增订本），第309页。

② 梁启超：《子墨子学说》，《饮冰室合集》第八册，专集之三十七，第43页。

的中国已经由积弱变得强盛，到处是一派生气勃勃的景象。到了南洋公学，“我”发现该校兴旺非常，细问才知该校的苏汉民发明了两种惊人的学问：其一是“医心药”：

> 那医心药，专治心疾的。心邪的人，能够治之使归正；心死的人，能够治之使复活；心黑的人，能够治之使变赤。亦能使无良心者，变成好良心；疑心变成决心；怯心变成勇心；刻毒心变成仁厚心；嫉妒心变成好胜心。[①]

原来是利用药物来除掉中国国民的种种劣根性。此药的效果非常惊人：“自从医心药发明以来，国势民风，顷刻都转变过来”[②]，我国“病夫国”的外号不但一扫而空，而且还吸引得欧美、日本纷纷派遣学生到我国留学。药物固然神奇，心的力量也煞是强大——心被改造好了，就会带来国富民强的繁荣景象。在这里，我们可以看到晚清心力论的影子。

苏汉民的另一重大发明是“催醒术”：

> 那催醒术是专治沉睡不醒病的。有等人，心尚完好，不过，迷迷糊糊，终日天昏地黑，日出不知东，月沉不知西。那便是沉睡不醒病。只要用催醒术一催，就会醒悟过来，可以无需服药。[③]

“催醒术”自然是与催眠术相对而言的。这一点，在陈景韩的短篇小说《催醒术》中表现得更为明显。作者开宗明义即称：

---

① 陆士谔：《新中国》第四回“催醒术睡狮醒迷梦，医心药病国起沉疴”，《中国近代小说大系·中国进化小史、刺客谈、艮岳烽等》，百花洲文艺出版社 1996 年版，第 479 页。

② 同上，第 480 页。

③ 同上。

传催眠术，我谈催醒术。催眠术科学所许也，催醒术亦科学所许也。催眠术为心理上一种之作用，催醒术亦为心理上一种之作用。中国人之能眠也久矣，复安用催？所宜催者醒耳，作催醒术。[①]

所谓的“催醒术”，并非实际存在，只是字面意义上催眠术的反义词。作者认为，中国人沉睡已久，不必催眠，最需要的倒是被催醒。如此反面着笔，寄托了作家对中国国民不觉醒的焦灼和愤慨之情。

陈景韩也描绘了被催醒后的中国：

伏者，起立者，肃走者，疾言者，清以明事者，强以有力。满途之人，一时若饮剧药，若触电气，若有人各于其体魄中与之精神力量若干，而使之顿然一振者。[②]

被催醒后，民众皆从浑浑噩噩变为意气风发。可见，所谓的“催醒术”，其实是对国民精神面貌的重塑。

前面提到过，催眠术传入中国后，被当成是与灵魂有关的科学，所以，所谓的“催醒术”，才可以被利用为改造国魂的隐喻。“灵魂之学”就是这样与启蒙主题联结起来。

近代的科学小说中，也有作品将国民的精神与具体器官（“脑”）联系在一起，幻想通过对具体器官的改造来达到重造国民的目的。

《女娲石》中，白十字会领袖汤翠仙“因见我国人民年灾月难，得下软骨症来，所以许下齐天大愿。若得我国病愈，愿洗四万万脑筋奉

① 冷：《催醒术》，《小说时报》第 1 期，1909 年 10 月 14 日。

② 同上。

答上帝”[①]。因此，该党开设洗脑院，欲以医学手段祛除中国人脑中的恶劣思想。

人的脑筋为什么要洗呢？因为“大凡人的脑筋，在初生时候洁白如玉，嫩腻如浆，固无善恶亦无智愚”，但后来“到身体长育时候，受种种内因，感种种外触”，脑筋就变得污浊胶粘了。例如，官员的脑筋被功名利禄熏黑，士子的脑筋因长期研读八股而长成臭腐的蜂巢状，留学生一心想娇妻美妾，升官发财，脑筋“其虚如烟，其浮如水”，里面还印着美人相片。因此，“若要重返真元，再复故物，苟非洗之又洗，刷之又刷，怎能扫除尘秽，重现光明呢？”[②]

至于清洗的方法，则是——

> 俺用药品，种类不一，实则尽从化学得来。譬如脑筋为利禄所薰坏者，俺用绿气将他漂白，顷刻之间，再复元质。又如我国人民想望金银，其脑因感，遂定坚质。俺用黄水将他熔解，再用磷质将他洗濯。又如脑筋中印有相片或金钱影，俺用硫强将他化除，再用骨灰将他滤过，安放脑中，遂如原形。又有脑筋如烟，或竟如水，俺能用药使之凝结，又能用药使之结晶。若夫黑斑过多，蜂巢纵横，随手成粉，见风成泥，洗不可洗，刷不可刷。俺不得已，只好挖去原脑，补以牛脑，如法安置，万无一失。[③]

小说中，对于官员、士子、留学生诸色人等的笑骂表现为对其脑筋的描写。对脑筋的洗涤，其实也是对于种种国民陋习的洗涤。小说中，作者重塑国民的愿望与似是而非的科学知识纠缠在一起，正如回后评

---

① 海天独啸子著，卧虎浪士批：《女娲石》乙卷第十回“湘云大开洗脑铺，瑶瑟参观国医场”，东亚编辑局光绪三十四年(1908)八月三版。

② 《女娲石》乙卷第十回“湘云大开洗脑铺，瑶瑟参观国医场”。

③ 同上。

语所说："是回全为调侃时世之文，妙在又能夹说科学理论。"

"洗脑"已经很让人咋舌了，徐念慈的《新法螺先生谭》中即提到"换脑"。"新法螺先生"漫游至水星，见彼处将一龙钟老人的脑汁取出，换入新鲜的脑汁，结果，老翁立刻被改造成一雄壮少年[①]。这里的老翁，某种程度上是喻指老大国民。老翁的返老还童，其实寄寓着作者对国民再造的希望。

前面提到过，明朝晚期就已传入中国的"脑主神明说"，到晚清才发生较大影响。"心主神明说"作为习惯说法，也仍在一定范围内沿用。所以，不管换脑还是治心，归结为一点，其实都是对国民灵魂和精神的改造。

无所不能的灵魂、医心药、催醒术、换脑，以上的所有幻想都指向同样的启蒙目的。但是，随着"小说界革命"的落潮，小说的娱乐功能占了上风。就连要"导中国人群以行"的科学小说也褪去了启蒙的光环，变成了对奇事的渲染。同样在作品中运用了催眠术题材，发表于民国之后的卓呆的《秘密室》，已经不再有《新法螺先生谭》中焦灼的热情。还有些作品，例如秋山的《消灭机》更是堕落为伪科学。失掉了启蒙的热情，又失去了知识的基础，科学小说在近代的衰落已经是不可扭转的趋势。

综上所述，在十九世纪末、二十世纪初，一批提倡心灵之学的西学著作被介绍入中国，先进知识分子出于新民的考虑，也对之表示了欢迎。在这种情况下，关于灵魂与精神的"学问"被当作科学接受，此类关于灵魂和精神力量的题材于是进入科学小说中，使得近代科学小说呈现出一种复杂的面貌。

（原载《中国现代文学研究丛刊》2006 年第 3 期）

① 徐念慈：《新法螺先生谭》，第 22–23 页。

栾伟平，2003年起师从夏晓虹教授攻读博士学位，2009年毕业。现为北京大学图书馆副研究馆员。发表论文十余篇，出版专著《小说林社研究》，校注《曾朴全集》第1卷和第6卷（包括《孽海花》）。目前主要研究兴趣偏向晚清民国文献整理及北大图书馆藏书来源研究。

晚清翻译通俗小说中的科学话语

押川春浪《塔中の怪》翻译的文本分析

陈爱阳

作为域外文学翻译的重要组成部分，日本文学翻译以及通过日本对西方文学的转译，在一个世纪以前，曾经受到过相当大的关注。据统计，在清末民初不长一段时间内，中国翻译的日本小说合计有八十种[①]之多。如果算上从日本转译过来的其他国家的小说，这一数字无疑会大大增加。即使只限于日文原作，1897年至1916年间，日本小说译成中文呈现在国人眼前的，数量也仅次于英、法两国作品，位居第三[②]。后来，虽然由于种种原因，日本文学的汉语译介远远落后于包括俄罗斯文学在内的西方文学，但是，甲午战争之后的十几年，正值“文人开始要从八股文里得救出来，文学开始要从死气沉沉里复活过来，文学和政治的关联要密接起来，文学的进展和时代的进展，渐渐有要求同其步调的趋势……中国文学到了一个剧变”[③]的时期，而恰在此时，日本文学特别是小说，以如此超常的数量和地位参与了这场中国文学的变革。在这一时期，中国兴起了提倡科学的风气，中国的知识阶层希望以此启迪民智，振兴中华民族，而由梁启超提出的“小说

① 陈平原：《二十世纪中国小说史》第一卷，北京大学出版社1989年版，第50页。
② 同上，第51页。
③ 陈子展：《最近三十年中国文学史》，上海古籍出版社2000年版，第129页。

界革命”，在大力鼓吹介绍外国文学的时候，对于外国小说中所包含的科学要素也给予了极高的重视。

晚清时期，小说分类的随意性比较大。特别是译自日本的通俗小说，在日本出版的原作一般已经过分类，加上中文译作的分类方式，往往同一本小说会被放进不同的类别。例如日本近代通俗作家押川春浪的原作《銀山王》，在日本出版时被归类为“传奇小说”，而经中国的报人陈冷血译成汉语后，在出版的时候，封面上被冠以“写情小说”，大致相当于我们今天的言情小说，而严格定义和划分诸如传奇小说和言情小说，其实并不是一件容易的事。日本小说的分类要早于中国，有学者认为，最早介绍到中国的各种小说类型，受到了日本小说分类的影响。刊登在《新民丛报》上的《中国唯一之文学报〈新小说〉》中，介绍的小说分类，包括了“政治小说”“哲理科学小说”“历史小说”“军事小说”“冒险小说”“探侦小说”“写情小说”“语怪小说”“札记体小说”“传奇体小说”等几种类型①，其中“语怪小说”“札记体小说”“传奇体小说”作为一种小说类型而出现，似乎更符合中国传统文人的口味。

事实上，晚清时期的翻译小说题材多种多样，各种类型的小说常常会发生交集，例如所谓“军事小说”和“冒险小说”的重叠现象就很严重，而“军事小说”中征战海洋世界，事关开疆拓土，其内容与“殖民小说”的交叉也很明显。另外，原作者的创作风格也往往对小说类型的划分造成很大影响。押川春浪是日本当时非常重要的一位作家，在日本拥有广大的读者群。他的小说创作取材比较广泛，在出版时虽然往往也会被归入某一类型，冠以“科学小说”“军事小说”等名称，然而他的作品中总是能发现多种元素并存。例如他的代表作之一《千年后之世界》，描写了未来世界毁灭的过程，很明显是一部科

① 陈平原、夏晓虹：《二十世纪中国小说理论资料》，北京大学出版社 1989 年版，第一卷，第 47 页。

学小说[①]，但在叙述的时候，却有很多与科学无涉的“闲笔”，一方面固然可以理解为行文的需要，另一方面也确实丰富了作品的内容，吸引了读者大众的眼球。根据笔者的考察，原作中言情和历险内容合起来，大约占到这部小说的二分之一。当然，涉及作品的创作需要，各类型小说相互重叠的状态在所难免。而科学小说中强调的科学要素，在其他类型小说中也多有体现。尤其是冒险类和侦探类小说中，科学内容所占比例通常会比较高，所涉及的科学题材，多集中于电的利用、催眠（包括麻醉）和各类交通工具方面，而且，其中有些话题已经不仅仅停留于科学的想象。这些科学因素在各种类型小说中的出现，丰富了小说的内涵，在汉语译作中多受到了译者的注意，并被赋予了更多意义。本文从押川春浪的作品《塔中の怪》[②]及对应的汉译本《大魔窟》[③]入手，分析文本和翻译的特点，对这部作品中所包含的多种元素，特别是具有近代特征的、科学话语的体现做一分析。

押川春浪（1876—1914），本名押川方存，早稻田大学法律学科毕业。在校期间，深受樱井鸥村作品的影响，并通过樱井鸥村的介绍，结识了岩谷小波，得以发表作品《海島冒険奇譚海底軍艦》，一跃成为畅销书作家。此后，他发表了大量小说，其中有相当一部分是所谓“冒险小说”，这也成为押川春浪的创作特色之一。他先后在《冒険世界》《武侠世界》等刊物担任主笔，大力提携后进作家和科幻画家。在日本，他的作品现在多被收入《少年小说大系》，“冒险小说”也被视为“儿童文学”的一部分。

押川春浪的小说《塔中の怪》创作于1901年，从封面上可以看出，该书在出版当时，被定位成“海岛探险”小说。这部小说与押川

① 在由群学社出版的中译本《千年后之世界》的广告中，把该书列入“理想小说”。

② ［日］押川春浪：《少年小说大系·押川春浪集》，尾崎秀树监修，东京三一书房1987年版。

③ 小说林总编译所：《大魔窟》，上海小说林社1906年版。

其他的一些作品，如《海底軍艦》《世界冒険少年譚》等相似，都是以海洋和岛屿作为故事的舞台，以主人公的冒险经历为主线和核心内容的作品。《海底軍艦》也被定义为“海岛冒险奇谈”，其中的海洋元素和“冒险”“探险”特征都很明显。所不同的是，《海底軍艦》的侧重点在军事方面，主人公是日本海军士官，主线也是日本海军的游弋四海，如果根据内容加以分类的话，这类作品似乎可以称作“军事冒险小说”；而《塔中の怪》的主人公是职业侦探，推动小说发展的线索是寻人，所以这部作品应该称作是一部“侦探海岛探险小说”。《塔中の怪》讲述的故事结构很清晰：以第一人称出现的武田胜雄，是日本帝国大学的学生，寄寓在水岛伯爵家。水岛伯爵有一个女儿名叫雪子，美貌异常。远在澳大利亚黑面岛上的“魔贼”是一伙海盗，共有九人，信奉名为“海王”的“魔神”，每年都要选一名“世界で第一流の美わしい女”（中译本译为“世界第一之美妇人”）投入海中，向“海王”献祭。海盗来到日本，掠走雪子。长冈武太郎是著名的侦探，也是武田胜雄的好友，两人结伴深入海盗巢穴，历尽艰辛，救出雪子，并解开了所谓“魔神”之谜。综观全书，作者着意刻画的出场人物并不多，仅有武田、水岛伯爵、长冈和雪子等寥寥数人，而非正义一方的“魔贼”始终是一个群像，没有具体描写其中的某个人。

《塔中の怪》原作分为35个小节，每一小节都有一个题目，同时在题目后面，用括号添加简短的说明。如“一　怪の離れ島（地球の極にあり）”“二　倫敦発電（全世界の大驚愕）”“三　雪子姫（朝顔のような美人）”等。各小节内容分布不均衡，长短相差很多，有的小节（如第21节“悪王の肖像”）尚不足一页，而有的小节（如第35节“奇書の出版”）长达四页多。

汉语译本把书名《塔中の怪》译为《大魔窟》，本书为32开本，封面上有一幅绘画，包括了海洋、船只、岛屿和古塔等原作中出现的元素，并注明标题“大魔窟”字样。在正文开始之前，标有“大魔窟

（原名塔中之怪）、日本押川春浪原著”，没有注明译者姓名。与小说林社出版的其他小说类似，书后的版权页上标记的编辑者为小说林总编译所，出版时间为“丙午年八月初版”（即 1906 年 9 月），并刊登有由上海道台袁树勋颁发的保护版权的告示和《谨告小说林社创设宏文馆之趣意》。笔者所看到的译本正文分为 34 回，其中第 32 回没有回目，除此之外，每回均有回目。把译作的回目与原作各小节的标题进行比对，可以发现，二者基本一致。如前边提到的三个小节，译者把第一小节“怪の離れ島（地球の極にあり）”译为“怪哉此塔”，第二小节的“倫敦発電（全世界の大驚愕）”，译为“伦敦之警电”，第三小节的“雪子姫（朝顔のような美人）”，就直接翻译成了“美人雪子”。原作的第 23 小节“黒い鉄仮面”和第 24 小节“石の浮橋”，被翻译者合成了一回，所以译作比原作少了一回。

押川春浪《塔中の怪》原作的核心情节在于“海岛探险”，日文原作的几种版本在封面上均未以图画的方式表达这一主题，而汉语译作封面上的图画很好地把原作的主题词抽绎出来，看得出译者和编者对于原作创作意图的充分理解。虽然在翻译的细节上与原作不尽相同，然而无论是原作还是译作，笔墨都集中在探险过程和对立双方的攻守上。虽然没有变幻错综复杂的情节设置，然而以平静的生活开始，通过铺垫，逐渐过渡到危机四伏——飞来横祸——远赴海岛——对垒交锋，最后再回到雨过天晴的平静状态，整个故事都发生在现实世界之中，却又同时处于脱离了现实世界的状态下，具有典型的探险小说色彩。值得注意的是，在这部“侦探海岛探险”作品的构成中，押川春浪加入了若干科学元素，这也是这部作品的重要特征之一。从参与探险的人，到险境的形成，到脱险的方法，无不有新颖的学科和科学的参与，尽管这些要素今天看来已未必尽是科学。

作为小说的叙述者，在小说中以第一人称出现的“武田胜雄”开篇登场，有这样一幅小像：

私は元来、帝国大学の一学生で名は武田勝雄という男である。法学生であるが、どうも、薄暗い部屋に閉籠って、独乙民法や、法理学などに噛り付いて居るよりは、端艇競漕とか、野球技法とか、撃剣、柔道のような、壮快な運動遊戯が嗜好で困る……とは云うものの、私も学生の身であれば必ず学校の課業へは出席する。[①]

（我本来是帝国大学一名名字叫作武田胜雄的男生。专业是法律，可是比起关在昏暗的房间里，埋头学习德意志民法和法理学，我更酷爱划艇竞技、棒球技巧、击剑、柔道这样雄壮痛快的运动和游戏……尽管如此，我既身为学生，必须要出席学校的课程。）[②]

与此对应的《大魔窟》中这一段翻译如下：

余一帝国大学之法律学生也。终岁身居斗室，研究德意志民法及法理学等，然生性喜动，酷嗜击球竞走竞漕剑术柔道等运动诸戏。雅不欲蜗藏一室，愁闷杀人。[③]

帝国大学是东京大学的前身[④]，由多所学校于1886年合并成立，在当时是代表日本“帝国”最高学术水平的新式学府。事实上，在押川春浪创作《塔中の怪》的1901年，为了区别于新成立的京都帝国大学，在1897年，帝国大学已经更名为东京帝国大学，而押川春浪仍旧沿用了原来“帝国大学”的称谓，强调其唯一性。法学是帝国大学最早

① ［日］押川春浪：《少年小说大系·押川春浪集》，第116页。

② 括号内的内容是本文作者翻译的，以下各段引用同。

③ 小说林总编译所：《大魔窟》，第11页。

④ ［日］下中弘：《日本史大事典》，东京平凡社1993年版，第五卷第43页。

成立的专业之一，在当时是一个全新的学科，在帝国大学学习法学的人，也被认为是精英中的精英。这样的教育背景，无疑是一种崇尚科学的态度表露。从后边的内容看，武田胜雄这一角色，其帝国大学学生的身份和法学教育的背景并不是必需的，德意志民法和法理学也没有用武之地，他在小说中的作用似乎只要有击剑、柔道的技能和对运动的爱好即可实现。可是押川春浪还是塑造了这样的一个文武全才的主人公，其目的显然是为探险设定了当时社会中一个最具典型性的新派人物，不是为了让他在下文里有多么实用的技巧，而是为了让主人公变得很知性、很现代。虽然一如当时很多翻译作品一样，在译作中对很多细节多有窜改，但中文译者显然对于“帝国大学法学院学生”这一身份设定毫无异议，在个人能力的介绍上也不以“德意志民法”和“法理学”为闲笔，完整地保留了原作中这些代表科学的、宣示近代色彩的内容。

另一位重要的登场人物是武田胜雄的好友、侦探长冈武太郎，在雪子被“魔贼”掠走之后，长冈受托来到了伯爵的府邸，原作中有这样的一段介绍：

> 長岡大探偵の名は、恐らく全世界の探偵社会では誰一人として知らぬ者はあるまい。彼は自分の思うがままに、若くなり、老人になり、金満家にもなり、窈窕たる美人にもなる、所謂変装の妙を得たるばかりではなく、腕力は一時に数人の敵を相手にするに足り、剣道柔道一として其奥義を極めざるはなく、加うるに、或一種の不思議なる化学力を応用して、何時如何なる強敵に出遭っても、一歩も失敗を取らぬ術を覚えて居る。[①]
>
> （长冈大侦探之名，恐怕全世界的侦探世界中无人不知。他可

① ［日］押川春浪：《少年小说大系・押川春浪集》，第120页。

以随心所欲，或为青年、或为老人，或为富家翁、或为窈窕美女，尽得变装术之妙。不仅如此，其臂力足以同时对敌多人，剑道柔道无一不极其奥义，更能使用一种不可思议之化学力量。所以无论何时遭遇何种强敌，以其术而未败退一步。）

同样的一段内容，在汉译《大魔窟》中，细节处平添了许多变化：

长冈武太郎，探侦术之名家也。时而老，时而幼，时而用财如粪土，为金满家儿，时而瘠容骨立，为寒族窭子，时而窈窕美人，时而丑陋悍妇，变化之妙，几于化工，人莫测其真。且强于腕力，足敌数十人。剑术柔道，亦并称长，兼之化学尤所专门，而又神经敏锐，耳目聪明，凡侦探家所必要者，长冈氏无不备之。所以如何强敌，如何奇案，一经渠手，鲜有失败。[①]

与原作相比较，可以看出，汉译本中对于长冈变装的描写更为细致，对仗也更工整，更增加了“神经敏锐，耳目聪明”的特殊才能。原作中提到长冈擅于使用化学力量，在译作中变成了“化学尤所专门”，表述虽有不同，但还是保留了原作的涵义。荒岛寻人，也要对化学有所专长，可见无论是作者还是译者，最理想、最接近完美的合适人选，必须是精擅科学、在当时具有现代特征的新潮人物。能够深入敌穴，与亦人亦魔的“魔贼”争胜，当然需要智勇双全。可是，与传统文学中智勇兼备的人物相比，此时的出场人物都多了一点不同之处，一个擅长法学，一个精通化学，可见近代的、代表科学和理性的元素对于小说的渗透，从一开始对于人物的设置，就已经造成了影响。

在文学作品中，正义一方的出场人物如此全面而优秀，他们要面

① 小说林总编译所：《大魔窟》，第 20 页。

对的问题往往也会变得困难重重。原作《塔中の怪》和译作《大魔窟》中也是如此。作为献祭物的雪子被绑架，不知去向，在绑架现场，侦探长冈和武田看到的是雪子的侍女梅（在《大魔窟》被译作阿梅）：

人家に遠き海岸の松原に、侍女の梅のみが、大理石の像のように色青白くなつて、右手に高く天を指したまま、或巨大な岩の上に屹立って、其側に姫の紅なる絹手巾と、見覚えのある海老色鼻緒の駒下駄の残って居るのが見出された……恰も催眠術にかかった人のように、全く無神経に、身動もしない……その眼からはハラハラと水晶のような涙を流して、高く捧げたる手で、頻りに空中に環を描きつつ、「黒い面が——海から現われて——姫様は天にお帰りになりました」と繰返し繰返し呟くのみ、人々は意外に打たれて、ただ眼を睜るのみ、其内に、長岡大探偵も、急を聞いて駆け付けたが、侍女の有様は全く其通りで、何を尋問ても少しも分らぬ、只管「黒い面が——海から現われて——姫様は天にお帰りになりました」と言う声も全く人間の声ではなく、其軀に触れて見ると、軀はまるで大理石の像其儘で、生ける血の色は少しもない。[①]

（在远离人家的海岸边的松原上，只有侍女梅，像大理石像一样，肤色青白，右手高举指天，站在一块巨大的岩石之上，旁边是雪子的红色丝帕和我曾经见过的有深紫色鞋纽的木屐……恰如被催眠的人那样，对周围的事情完全没有反应，一动不动……眼睛里流出大滴大滴水晶般的泪水，高高举起的手在空中画着圆圈，喃喃地重复着“黑面——出现在海上——小姐回天上去了”，周围的人听着完全不解其意，面面相觑。其中有长冈大侦探也赶来询

① ［日］押川春浪：《少年小说大系·押川春浪集》，第 121 页。

问，侍女的样子一点也没有变化，不论如何询问，只是不断重复“黑面——出现在海上——小姐回天上去了”，声音完全不是人类的声音，触摸她的身体，感觉就像是大理石一样，毫无生机也无血色。）

这就是在原作中描写的所谓“魔贼”的手段，能让人丧失抵抗力，丧失意识，成为“大理石像”。而在整部小说中，除了长冈和伯爵，其他所有出场人物都有过至少一次这样不算愉快的经历。这也是原作者精心设计的一个“卖点”，所以在译作《大魔窟》中，也受到了翻译者的重视，基本完整地保留了原作中最重要的描述：

有名曰松原者，人家寥寂之海岸也，见侍女阿梅之身，忽变为大理石像，色青白相间，右手指天空，屹立于巨大之岩石上，其侧有红绢布与绀色鞋纽之木屐，盖即雪子之物也……阿梅似中于催眠术者，感觉全失，身亦不稍动……泪亦如绳而下，高举之右手，仅于空中描环，声细如丝，几不可辨，细聆之，则似曰“黑面……黑面……爱娘已归天矣”，逻者闻之，瞠目相视，群未解其指。时余闻之，亦至松原，审之，果确为爱娘侍女也。躯干全似大理石所铸成，无生人血色。乃亦就问之，则亦曰“黑面……黑面……爱娘已归天矣”，语音之细殆若蝇鸣。[1]

可以发现，中文译者在细节上并不是完全没有改变，例如原作中长冈侦探的发问换成了武田胜雄，而侍女所说的内容也有微妙的变化。事实上，通读原作就会发现，由于原作者为了刻画“魔贼”的神通，多次说到他们神出鬼没、来去无踪，至于为什么能够来去无踪，却直到

① 小说林总编译所：《大魔窟》，第23页。

小说的最后也没有给出合理的解释，既然如此，侍女阿梅根本没有可能发现“魔贼”们“海から現われて”（即来自海上）。这样前后不能够呼应的情形，译者在翻译的过程中应该也已经发现，所以把原作中的这一句话跳过不译，或许就是了为避免出现这种情况。另外阿梅说话的声音，在原作中被描写为“全く人間の声ではなく”（即完全不是人类的声音），而译作中则是说声音很小，大约也是因为在小说结尾，也没有明确说明为什么变得像大理石一样的人，会发出“非人类”的声音，而这个“非人类”的声音究竟是什么样子，也实在是难以描述。为了照顾这些前后不能一一呼应、给出答案的内容，译者按照自己的想法，改写了一些叙述，但是同时必须注意到，关于阿梅形似大理石像，以及这个大理石像的种种特征，译者都完整地保留了下来。

一般来说，在中国传统的公案小说以及晚清很多通俗小说中，常常会出现各种让人丧失抵抗力的方法，例如混在酒里边的蒙汗药、用吹管吹的迷药、点燃之后使用的闷香，另外还有在上文中也提到过的催眠，更是晚清时期通俗小说中偶尔会出现的、带有浓厚科学色彩的方法。而与前边所有的这些方法相比，“魔贼”的手段似乎又多了一些诡秘和不可解，或者可以称之为“石化”。那么，“石化”的后果如何，而又如何合理地解释“石化”形成的原因，就成为整部小说中一个非常重要的问题，相信在押川春浪创作的时候也颇费了一番思量。在西方的传说中，中世纪的巫师们是可以把生物“石化”的。但在一般情况下，这种“石化”是不可逆的，那么书中几乎所有登场人物都会死于非命，这显然不符合作者的预设。通观整部小说，有多场苦战，刀枪并举，却未死一人，所以“石化”也必须是可逆的，小说后边为“石化”设定了一个“三至八日”[①]的期限，这样就解决了第一个问题；而“石化”形成的原因，则左右了这部小说的现代性。如果按照西方

① 小说林总编译所:《大魔窟》，第 166 页。

巫师们的行为方式，赋予“魔贼”们“点人成石”的本领，固然亦无不可，然而晚清时期，是一个一切提倡求新、一切提倡科学的时代，这样的做法显然不能让读者也不能让作者满意。这一问题，直到小说结尾，作者才加以解决，形成了这部“海岛探险”小说中最大的悬念。定一曾经指出，中国传统小说“其性质原为娱乐计”，其故事“喜录陈言”，因此，“补救之方，必自输入政治小说、侦探小说、科学小说始。盖中国小说中，全无此三者性质，而此三者，尤为小说全体之关键也”①，可见在当时中国的文学创作领域，对于政治小说、侦探小说、科学小说的推崇。日文原作《塔中の怪》如前文所述，是一部描述侦探探险内容的小说，故少有政治因素也在情理之中，然而其中具有近代特征的科学话语，正迎合了晚清推崇科学的价值取向。

在探险途中，武田胜雄发现了一块叫作“星の冠の玉”（译作中称之为“星冠之玉”）的宝石，这种玉石色彩华丽流转，武田胜雄只知道其价值连城，而长冈武太郎却凭借自己的化学知识，知道这块宝玉可以在紧急关头起到决定性作用。小说中描写武田曾经数次追问长冈，为什么可以用这块石头来救命，而长冈始终不肯直接告诉武田原委——这样，这一悬念被不断提起放下，始终牵动着读者的兴趣。直到九名“魔贼”群集，武田和长冈寡不敌众的最后关头，武田才在长冈的提醒下打碎了“星冠之玉”：

> 奇なる哉、怪なる哉、玉は音もなく砕け散ったが、唯見る其処から一道の白き煙は陰々と立昇り、煙の間より百千の燦爛たる星光乱れ飛んで、其星光と共に紅と緑の冠の様なもの——それは星の冠の玉の中で、絶えず浮きつ沈みつして居ったものに相違ない、まことに美麗しい光輝を放ちながら、我等の上に

---

① 陈平原、夏晓虹：《二十世纪中国小说理论资料》，北京大学出版社 1997 年版，第一卷第 83 页。

飛んできたと思ったが、其後は何にも分らぬ、此光を見たもの一同眩暈を感じ、私も黒面の魔賊輩も、刃を握ったまま折重って、前後正体もなく月下に倒れてしまった。[①]

（奇哉、怪哉，玉悄无声息地粉碎了，唯见一道白色烟雾阴阴腾起，烟雾之中，有千百璀璨的星光乱飞，与此同时，冠状的红绿色物体——一定就是在冠状之玉中不绝沉浮的东西，放出美丽的光辉，飞到我们头顶上，此后就什么也不知道了。看到这束光芒的人一起都感到眩晕，我和黑面的魔贼们，手中拿着刀，东倒西歪地倒在了月下。）

这就是“石化”瞬间的感受，“魔贼”们最厉害的手段，由亲历者讲给了读者。在此处，中文译者再一次很忠实地传达了原作：

亦不闻玉之碎音，唯见所掷之处，白烟一缕，森然直上，而白烟之间，灿乎有千百星光迸出乱飞，其光若红绿之冠，绚烂眴目，往来浮沉。余为之惊愕不已，惶惶有飞集余顶之恐。旋见群魔贼若丧灵魂，握刃仆地，余亦渐觉眩晕，昏然倒卧，不省人事。[②]

原作与译作都保留了升起的白烟和迸出乱飞的千百道星光，以及绚烂夺目的冠状的红绿色——这些都是什么、有什么样的作用呢？虽然故事已经讲了大半，作者还是不肯最终揭开谜底，而要留到最后让长冈大侦探来一段结束前的总陈述。前边为了设置悬念，作者不遗余力地一味求奇，利用阿梅和雪子两个人物，多次描写“石化”的状态，并且多次提及“星冠之玉”的作用，调动读者的好奇心，到了结尾处，作者试图把这两个小说中最大的悬念同时解决：

---

① ［日］押川春浪：《少年小说大系·押川春浪集》，第 182 页。

② 小说林总编译所：《大魔窟》，第 164 页。

其中から陰々と立昇ったる一道の白煙は、之れぞ世にも不思議なる化学の作用で、世人は是等を魔法と謂うが、決して魔法でも何でも無い、未だ知られざる天地間の不思議で、此気に触るると共に生ける物は総て酔い倒れる、其時百千の星光乱れ散り、紅と緑の冠の飛ぶように見えたのは、すでに神経の麻痺した証拠、私も魔賊輩も、其気に酔うて……①

（阴阴升腾起来的一道白烟，是由于这个世界上不可思议的化学作用，是人皆谓其为魔法，然绝非魔法之类，而是尚未为人所知的天地间不可思议之气。凡是接触到此种气体的生物无不为其醉倒，当时人能看到的散乱的千百道星光和冠状的红绿色，都是神经已经被麻醉的证据，我和魔贼们都是为其气所醉……）

这一段的汉译为：

其间白气一缕，陡然直上，阴森可怖，此在庸俗者必谓之魔术，其实非魔术也，亦天地间不思议之化学作用耳。一切生物，触此气者，无不麻醉，麻醉之人，惟见乱星飞流，红绿光辉，闪烁眩目，是为神经麻痹之证据，君与魔贼为气所醉……②

从读者的角度来看，作为一部小说最后的总结式揭秘，这一段文字似乎很难令人满意，既没有说明所谓“白烟”是什么，由什么元素所构成，也没有解释为什么这种“白烟”能令人“石化”，保持麻醉时的

① ［日］押川春浪：《少年小说大系・押川春浪集》，第 185 页。
② 小说林总编译所：《大魔窟》，第 168 页。

形态。原作者押川春浪虽然在日本被称为“科幻小说之祖”[①]，他可以凭借幻想构筑一个像《千年後の世界》[②]那样的末日世界，也可以在想象中创造如《空中大飛行艇》[③]（汉译名为《空中飞艇》[④]）那样的可以飞越几大洲的神奇工具，因为不论是世界末日还是神奇工具，都有其存在的可能性和合理性，也就是说，虽然受制于材料、工艺和设计，目前的技术手段未必能达到幻想者的期待，然而随着科学的发展，材料和工艺的进步，幻想的内容有可能实现。作为一种麻醉方式，押川春浪想象到了“石化”存在的可能，然而科幻思维的跳跃，恰恰越过了“怎么办”这个阶段，押川春浪不可能也不愿意制造出一套能够让人信服的、符合科学原理的化学变化过程。如果编造出一种他自己并不知道、世界上也未必存在的元素，作用于人脑的某一部分并影响人的肌肉和骨骼，自然可以解释意志的丧失和机体的僵硬，却从根本上造成了合理性的缺失。例如我们可以想象，将来会有一种药吃了之后能让人缩小成蚂蚁大小，节省居住空间——这是可能会发生的幻想，但是我们不能说清楚这种药是由哪种物质构成的，一旦我们试图“说清楚”，则会让合理的想象超越边界，变成一种彻头彻尾的谎言。原作者和汉译者都遵循着这条合理的底线，没有在作品中对“白烟”的内容作出解释，只是说这是某种未知的化学物质，可以作用于人的神经，令人麻醉，并且对于神经麻痹下人的状态和幻觉作出了假设。应该说，在这里，承认“未知”，反而是一种科学的态度，是在当时那个时代背景下符合科学精神的一种选择。

前边提到过，作者在创作这部小说的时候，本来是有机会把“石化”彻底用魔法或者是魔力加以解释的，作者本来可以把探险的两个

---

① 横田顺弥、会津信吾：《快男児 押川春浪——日本SFの祖》，名古屋パンリサーチインスティテュート（Pan Research Institute），1987年12月版。

② 押川春浪：《千年後の世界》，东京大学馆1903年1月版。

③ 押川春浪：《空中大飛行艇》，东京大学馆1902年3月版。

④ 押川春浪：《空中飞艇》，海天独啸子译，商务印书馆1903年版。

人设定为伯爵的家臣A和家臣B，把“魔贼”设定为有令人“石化”的法术的妖魔，这样做其实并不影响“海岛探险”的过程，而更容易“合理”地解释种种悬念。事实上，与文武双全的“正义力量”相比，“魔贼”一方走了另一个极端，非但不是智识之士，甚至很难称之为“人”。原作中的“魔贼”形象是这样的：

何地に生れ、何地より来たものかは分からぬが、其骨相から云っても、其日常の生活から云っても、また、其知覚神経が非常に鋭敏で、一種の不可思議なる魔力を有して居る点から云っても、とても世の常の人間とは思われない。若し、ダーウィン先生の有名な進化論をかりて云えば、これ等九人の人物は、たしかに、古代の大狒が人類に進化の途中、未だ全く人間には変化せずして、半ば人間、半ば猛獣の性質を具えて居る代表者である。[①]

（不知其生于何地，从何而来，从其骨相、其日常生活以及其知觉敏锐，有一种不可思议之魔力来看，全不似这个世界的人类。如果借用达尔文先生著名的进化论，此等九人，当为从古代大猩猩进化为人类的途中，尚未全为人形，而具半人半兽性质之代表。）

汉语译文中，对“魔贼”的描述如下：

其生于何地，来于何时，杳不可考，其骨相狞猛丑恶，如罗刹国中之夜叉然者，其智觉非常锐敏，具有一种万夫莫当之魔力。其生活为海贼……与常人绝异。达尔文进化论所谓狒狒进化

① ［日］押川春浪：《少年小说大系·押川春浪集》，第116页。

时所生之人类，犹未纯全为人，而具半人半兽之性质。[①]

其中省略的部分，是译者把原作后边一段关于“魔贼生活”的实态提前了，与原作所举段落完全脱离。而不论原作中的“大猩猩”还是译作中的“狒狒”，总之，“魔贼”是近似于人而非人的动物——这不仅让我们想起了押川春浪在《千年後の世界》中对于千年后人类退化为吃人的食肉动物的描写——无论如何，与他们相比，就读于东京帝国大学法学院、学习德意志民法和法理学的武田胜雄和精擅化学的长冈武太郎，简直就是文明和科学的化身。“魔贼”们所具有的“一种万夫莫当之魔力”，其实也还是摔碎“星冠之玉”所获得的瞬间麻醉物质。如果真的让“魔贼”具有某种只能用魔法来解释的超自然力，那么不仅仅会打破平衡，也势必会在这部小说里出现科学与魔法对立的景象，一个开着飞机的驾驶员去追逐驾着筋斗云的孙悟空，无疑是可笑和难以令人接受的，这种倒错的交锋必将成为作品中的败笔。押川春浪虽然为了吸引读者，设置了种种待解的谜团，然而在需要对所谓“魔力”进行刻画解释时，他一直只是在强调“魔贼”们的“相貌丑恶”、“奔走如飞”和“吼声如牛”。不论“进化”开了多大的玩笑，“魔贼”们毕竟还是生活在地球上，生活在现实中的生物，并不是呼风唤雨的神魔，而攻守双方所赖以对垒的，仍旧是能够令人“石化”的某种化学物质。这种对于科学的遵守和对于现代文明的敬畏，始终存在于原作和译作当中。

对于晚清时期输入中国的翻译小说，当时已有比较清晰的认识。一如上文提到的定一所指出的那样，政治小说、侦探小说和科学小说是中国传统小说所无[②]。事实上，除此三者之外，冒险小说译介到中国来的时候，也是一种非常新颖的小说类型。这种类型小说是立足于现

① 小说林总编译所：《大魔窟》，第 8 页。

② 陈平原、夏晓虹：《二十世纪中国小说理论资料》，第一卷第 83 页。

实世界，然而故事多发生在现实世界中某个架空的地点，故事的参与者多为日常生活中常见的人与物，但偶尔也会有突破（例如时间穿梭之际，会遇到远古及未来的生物）。冒险小说所涵盖的范围也非常宽泛，因为是以描述冒险活动为创作的核心内容，所以，为小说主人公设置障碍是冒险小说赖以成立的重要一环。严格说起来，冒险和探险有被动和主动之分，本文所分析的《大魔窟》属于“探险”类别，因为主人公明知前方有种种危机潜伏，却毅然前往，其所恃，就是广博的科学知识和健康的体魄，这是探险者一方通常必须具备的素质。作为守方，“险”的设置和存在往往是多种多样的，可以是严酷的自然、未知的环境、残酷的战争或者革命状态下的动荡社会，也可以是对未知文明和文化的发现之旅，还可以是回到历史和未来的某个时间点上，面对传说中的种种困难，这些内容中当然也可以包括超自然的神魔力量。作为可以坐在家里体会到的探险乐趣的载体，毋庸置疑，探险小说中设置的困难越多、难度越大、悬念越复杂、合理性和可信度越高，带给读者的阅读乐趣也就越高。然而这些要素之间是互相制约的，如何求得平衡，是探险小说能否吸引读者的重要条件，同时时代特征也会对探险小说中的各种元素造成影响。如果说古代的航海技术落后，使得远航可以成为一次探险；那么中世纪的对于蛮夷之地的征讨，也可以成为探险小说的素材。各个时代的时代特征不同，对于探险的要求和险境的理解也各不相同。时至近代，前工业文明的发达给探险提供了知识和装备，那么，具有时代特征的科学元素出现在探险小说中，并附着在构成探险的“人”与“物”上，就是一个理所当然的选择。同时由于近代日本和晚清中国对于“科学”的概念化的追求，脱离科学，为探险设定神魔等超自然的无解障碍，肯定既不会获得读者，也难以让作者自己认可。就这样，在种种合力的作用下，即便不能说清原理、或许仍有漏洞、甚至未必科学的种种解说，就成了探险小说中障碍设定的理论基础。

未必科学，然而指向科学，这既是晚清时期翻译科学小说的特点，也是科学话语存在于晚清时期各种类型通俗小说翻译中的共通方式。

（原载《日语学习与研究》2011 年第 6 期）

陈爱阳，清华大学副教授，1998 年进入清华大学外文系任教。2003 年进入北大中文系学习，在夏晓虹教授的指导下，开始晚清文学的学习和研究，完成论文《晚清时期日本通俗小说的翻译》，并获文学博士学位。学术方向为晚清文学翻译研究及晚清报刊研究，发表《日本最初原创现代侦探小说的中文译介》《「亜東時報」考》《徐念慈『新舞台』と梁啓超の日本認識》等论文多篇。能够得到夏师的指导和教诲，开拓了学术视野，是求学路上的一大幸事。

晚清京剧旗装戏与旦行花衫的兴起

刘汭屿

形成于清代中晚期北京的京剧，吸收了大量北京本土的文化元素，渗透到京剧艺术的各个层面。传世京剧剧目中，有一类剧目中的角色作满洲时装装束、操京白口语，在一众穿着中国戏曲传统服饰的角色中颇为特别，这类剧目被称为“清装戏”或“旗装戏”。

在戏曲行内，“清装戏”泛指剧中角色作满洲装束的戏，生旦男女不限；“旗装戏”则一般专指旗装旦角戏，即以梳旗头、着旗服、穿旗鞋的典型旗籍女性形象为主要角色的剧目[①]。“清装戏”在清代早期即已出现，乾隆年间还一度遭禁[②]；“旗装戏”或曰旗装旦角戏创生则比较晚近，发展也比较顺利[③]。与生行、净行“清装戏”角色不甚重要、艺术亦不入主流不同，“旗装戏”是京剧旦角戏中非常重要的一支，对整个京剧旦行艺术的发展演进，有着极为关键的作用[④]。

---

① 清代戏曲服饰基本依照“男遵明制，女随当朝”的原则，剧中男性主要角色的服饰穿戴基本因袭明代所遗之传统戏装，因此戏台上凡着“清装”之男性角色皆为配角甚至龙套；女性角色则无此限制，特意旗装扮相（以示突出强调）者，多为主角。

② 关于清代戏曲中的“清装戏”（尤其是清代中期以前戏曲舞台出现的清装角色）的起源及其发展概况，参见李德生《梨花一枝春带雨：说不尽的旗装戏》第一部分《旗装戏考》之《最早的旗装戏》《禁演旗装戏》《旗装戏的解禁》诸节，人民日报出版社 2012 年版。

③ 旗装戏在清宫的演出和接受情况，参见李德生《梨花一枝春带雨：说不尽的旗装戏》第一部分《旗装戏考》之《清宫大演旗装戏》《太监伶人演出的旗装戏》《慈禧太后尤爱旗装戏》诸节。

④ 参见李德生《梨花一枝春带雨：说不尽的旗装戏》第一部分《旗装戏考·旦角独擅的旗装戏》。

图 1：以慈禧为代表的满洲贵族妇女装扮

京剧旗装戏为旦角设计旗装扮相的初衷，是用来表现汉族以外的北方少数民族女性形象。在农耕文明主导的一般汉人眼中，作为渔猎民族的满洲，其生活习俗及文化上与作为游牧民族的蒙古、契丹等多少有相似之处。中国历史上匈奴、突厥、辽、金、蒙元等民族的服饰穿戴，不少已年久失考；而满洲妇女的旗装，不但气派美丽，而且制作方便，于是京剧舞台遂藉此表示中国历史上匈奴、突厥、辽、金、蒙、满等一切北方少数民族女性的服饰。也即齐如山所说："今日戏场演剧并无辽金元清之分，旗女服饰总以清代之服装代之。究其原因，乃因满清近代妇女之服装，较之蒙古者殊觉美观，时势所趋，故不得不迎合社会之心里［理］。”[①]

关于旗装旦角与旗装戏的性质，一般来说，旗装戏（尤其是该角穿着旗装的场次）多为文戏，唱、念、做俱重；旗装旦角的行当属性介于青衣与花旦之间，有时还兼刀马旦，既可突出唱工，又可强调表演。但由于旗装戏多饰演番邦异族女子，性情比较爽利外放，形象更近于花旦，语言动作都偏于生活化；旗装衣饰本身的富丽和相对修身，尤其是双手露出袖管，也有利于加强做工。至于旗装本身所带来的时代感，“是时装戏，一切身段说话都须活泼趋时”[②]，也适合以花旦风格呈现[③]。

作为戏剧史术语的“旗装戏”一词，最早见于国剧学会所办刊物《国剧画报》1932 年 9 月 16 日第 1 卷第 35 期的《旗装专号》——为了纪念“九一八事变”，主编傅惜华等人策划关于满洲主题的戏剧专号，刊登晚清民国京剧旗装戏剧照数十幅，声势浩大，引发强烈反响。随后的《旗装专号（二）》上，又登载清逸居士（著名京剧剧作家爱新觉罗·溥绪）的专文《旗装戏考》，简要梳理了晚清民国京剧旗装戏的发展历史，以同治年间四喜班班主梅巧玲去《雁门关》与《探母回令》之萧太后所创穿清朝宫装、梳“钿子头”[④]的扮相，为晚清京剧旗装戏之滥觞。据《旗装戏考》记载，晚清至民国三十年代以北京为主的京剧剧坛流行的旗装戏（包括有旗装旦角参演的戏），

① 齐如山：《谈剧：旗装戏之研究》，《戏剧半月刊》第 1 卷第 10 期，1936 年。

② 齐如山：《探亲画像识语》，《国剧画报》第 1 卷第 36 期《旗装专号（二）》，1932 年 9 月 23 日。

③ 随着京剧旗装戏在北京的发展盛行，民国年间，旗装旦角的涵义范畴进一步扩大，不再限定于辽金元清等番邦异族女子，而变成带有北京地方色彩的一种旦角扮相及表演风格。也就是说，随着清朝统治结束，“旗装”的象征意义从满洲民族服饰逐渐泛化为北京地方特色服饰；因此，只要不是传统意义上的“正戏”“正角”，特别是带有一定喜剧、玩笑色彩的花旦角色，其具体的身份信息不甚重要时，便可斟酌使用旗装扮相呈现，以达到特殊的舞台效果。

④ 钿子是清朝贵族妇女冠状头饰，上穹下广，外缀珠翠，整体形状呈簸箕形，用于穿着吉服时佩戴，是一种身份标志。

主要有《雁门关》《探母回令》《梅玉配》《闺房乐》《探亲》《查关》《儿女英雄传》《回龙阁》（即《大登殿》）《珠帘寨》《塞北奇缘》（即《万里缘》）《东皇庄》《惠兴女士》《佛门点元》《春阿氏》等[①]。本文选取在早期京剧史上最为重要的《雁门关》《探母回令》《梅玉配》《儿女英雄传》等几部戏，探讨晚清旗装戏对于京剧旦行艺术发展变革的影响。

一、骨子老戏《雁门关》《探母回令》

《雁门关》和《探母回令》两部戏，诞生于京剧创始期——道咸年间的北京，是辽宋“杨家将探母”故事系列的皮黄演绎，由早期徽班艺人编创[②]。不同的是，八本《雁门关》是连台本戏，剧情曲折复杂，叙杨四郎与杨八郎流落辽邦，各娶辽国公主入赘，后杨八郎于杨家将发兵雁门关时，托妻子盗取萧太后令箭至宋营探母，引发宋军诈令开关、大败辽军，最后两国议和之事，因此又名《八郎探母》《南北和》；单本《探母回令》则简单许多，单叙杨四郎求公主盗令探母，最后践约回令、被萧太后赦罪之事，因此又名《四郎探母》[③]。

《雁门关》《探母回令》在创生初期都是老生戏，旦角戏份不甚重要。自四喜班名旦梅巧玲首创旗装扮相去《雁门关》《探母回令》之

---

① 据李德生统计，晚清民国的京剧旗装戏还有《送盒子》《混元盒》《官得福》《莲花塘》《思志诚》《奇巧循环报》《申氏》《罗刹海市》《珊瑚传》《难中福》《白莲寺》《爱国血》《孽海花》等。参见李德生《梨花一枝春带雨：说不尽的旗装戏》第一部分《旗装戏考·旦角独擅的旗装戏》，第 34 页。

② 关于晚清《雁门关》及《探母回令》两剧的研究，参见海震：《杨家将探母故事的形成及演变——以戏曲〈四郎探母〉、〈八郎探母〉为中心的探讨》，《戏曲研究》2010 年第 2 期；郝成文：《京剧〈四郎探母〉与〈雁门关〉之关系辨》，《戏曲艺术》2012 年第 1 期；张春晓：《两宋民族战争本事小说戏曲故事演变》，暨南大学出版社 2013 年版等相关论著。

③ 晚清八本《雁门关》和单本《探母回令》剧本，参见首都图书馆编《清车王府藏曲本》之《四郎回令全串贯》《四郎探母全串贯》（第 6 册第 35–49 页），《雁门关总讲》（第 7 册第 1–65 页），学苑出版社 2001 年版。

萧太后，萧太后一角才得以凸显。梅巧玲（1842—1882），字慧仙，号雪芬，江苏泰州人，人称“焦园居士”，自号“梅道人”；所居堂号“景和”，因之又有“景和堂主人”之称。梅巧玲是京剧创始时期著名的旦角演员，四大徽班之四喜班班主，京剧花旦行当的奠基人，名列“同光十三绝”。他有着深厚的昆腔功底和全面的艺术素养，能戏相当之多，并且有着高妙的艺术品格与积极的开拓精神。由于身材丰腴（人称“胖巧玲”）、扮相不够俊美，梅巧玲潜心研磨演技气质，精细雕琢本行当艺术，享誉业内。

梅巧玲为塑造萧太后的艺术形象，花费了不少心思气力。首先是造型扮相，由于萧太后的契丹族裔和女主地位，梅巧玲感到用传统戏装难于传神，与宋军主帅佘太君也不足区分；他因“与各邸第并内府显宦交游”，受到启发，“故创宫装”[①]，着旗装、戴钿子、穿旗鞋，借满洲旗人贵妇装束以表现萧太后特殊的身份气度，一经推出即引起轰动。更复杂的是表演问题：由于萧太后特殊的身份和个性，以主打唱工的青衣应工则太过拘束板正（且唱工戏份不足以支撑），纯用花旦又不符合年龄身份，至于老旦则精神过于老迈，无法展现“一代女皇”的英气风姿与雄心抱负，梅巧玲最终决定打破行当限制，从剧情人物出发，自主选择京剧现有艺术体系中合适的表演程式，“把旦角家门的不同行当之不同特点及不同之表现功能溶［熔］于一炉，又跨行当借鉴‘王帽’老生的某些表演程式，熔铸，提炼，融会贯通，遂形成肖［萧］太后之富有王者气派的身段动作和极富女性美的吴语念白；于是便由此进而构成独特的舞台艺术形象”。最后完成的萧太后一角的表演体系，“其基本架构则为青衣、刀马旦以及王帽老生行当的‘三合一’”，这样精妙到位的表演手法，与梅巧玲雍容华贵的个人形象气度

① 清逸居士:《旗装戏考》,《国剧画报》第1卷第36期《旗装专号（二）》，1932年9月23日。

相得益彰。于是，一个“胸怀文韬武略、统率铁骑、亲临战阵”[①]，雍容肃穆、智慧深沉的番邦女主形象便塑造成功了。

图 2：梅巧玲去“萧太后”相

梅巧玲所塑造的《雁门关》《探母回令》中萧太后形象，无论在造型扮相还是表演艺术方面，都属于京剧行当艺术史上的“创格”之作，不但为后世辽宋故事剧中萧太后的基本形象定下圭臬，也开创了以旗装扮相塑造少数民族妇女形象的传统；更重要的是从内部打通了京剧各子行当艺术之间的壁垒，表现出在塑造人物形象上既遵从传统法度、又能灵活运用程式的精神，因而得到业内外的一致肯定。《同光朝名伶十三绝传略》叙其演出盛况：

---

① 于质彬：《开拓者的艺术——京剧花旦开山祖梅巧玲简论》，《艺术百家》1993 年第 1 期。

妆雁门关之萧银宗，所著冠服，皆为满族福晋品级服色，首冠珠钿，步摇双插，璎珞覆面，身着八团女褂，项缀朝珠，足踏花盆底女舄，每值绣帘一揭，巧玲左捻佛头右撷采帕，款步而出，金容满月，玉树临风，庄严妙相，四肢百骸无不具贵妇风范，四座惊眵，一时肃然，能使一戏视听，不趋于公主粉侯，而专归太后，亦云盛矣。①

《雁门关》和《探母回令》，由此成为四喜班的看家剧目；四喜班因之声势大震，成为京师仅次于三庆班的皮黄第二大班。梅巧玲去萧太后的扮相，也被定格在清代画家沈蓉圃所绘《同光十三绝》画卷中，垂范后世。

图 3：沈蓉圃绘画《同光十三绝》梅巧玲部分

① 朱书绅：《同光朝名伶十三绝传略》，载学苑出版社编：《民国京昆史料丛书》第一辑，学苑出版社 2008 年版，第 319–320 页。

梅巧玲所创之旦角旗装戏，不但开拓了京剧行当和表演艺术，也在京剧的“老生时代”掀起一股旦角戏的热潮，使得旗装的“萧太后”风靡京师，《雁门关》和《探母回令》因而成为京剧旦行艺术史上的经典之作，经年上演不衰。在梅巧玲同时或稍后，擅演《雁门关》或《探母回令》萧太后一角的，就有名花旦杨朵仙[①]、李宝琴[②]等人，但他们多效仿梅巧玲路数，影响未超过创始者。到旦行新秀、三庆班名青衣陈德霖搬演《雁门关》及《探母回令》，“萧太后”这一角色的艺术形象又得到了提升和再创造。

陈德霖（1862—1930），字麓畊，号漱云、瘦云，小名石头，原籍山东黄县，为汉军旗人。陈德霖是京剧旦行史上第一位艺术生命长久、影响深远的名角，是名副其实的“青衣泰斗”。他幼习昆腔，后入三庆班学京剧，文武昆乱不挡；加之天资优越，嗓音高亢刚亮，又精研咬字行腔，唱工卓绝，对青衣的唱腔艺术有着长足的推进，将旦角的唱工提升到新的境地。

1890年，成为京城旦行翘楚的陈德霖入选升平署，进清宫承差，颇得慈禧赏识。庚子后，陈德霖在宫中多次搬演《雁门关》《四郎探母》两剧，演绎萧太后。为了翻新出彩，陈德霖运用自己的行当优势，为萧太后增加唱工、革新唱腔，使其戏份愈发凸显。此外还在表演上着意经营，巧妙地将自己多年承差宫中所见的慈禧太后之身姿、步法、神态等日常细节，模仿化用到萧太后的角色里，使得辽邦女主萧太后的舞台形象得到更多实地的宫廷素材：“道白斩钉截铁，气象雍容

① 杨朵仙（1891—1914），名桂云，字朵仙，号莲芬，安徽合肥人，“德春堂”主杨桂庆之子、名琴师杨宝忠及名老生杨宝森祖父，清末著名花旦演员，尤擅《翠屏山》《双钉记》《双铃记》等刺杀旦剧目。

② 李宝琴（1867—1935），初字小华，后改玉珊，河北沧州人，名花旦孙彩珠之入室弟子，因身材丰腴，气度雍容，外号“胖宝琴”；与名丑刘赶三合作颇多，擅旗装戏《雁门关》《珠帘寨》《探亲》等剧。

华贵，活画出一位手握兵权之辣手老妇”[①]；“回令时升帐欲斩四郎之作白，以其斩钉截铁、声色俱厉之态度，他伶万不能效颦”[②]。

图4：陈德霖去“萧太后”相

如此贴近现实的演绎，无疑在当时的清宫产生了巨大反响：慈禧心中大悦，对陈德霖褒奖有加，对“萧太后”一角也愈发喜爱和认同，移情投射愈重，以至下旨将演绎辽宋故事的清宫大戏《昭代箫韶》从昆腔改编为皮黄（以陈德霖为主要编排者），进一步自我标榜。在宫

① 张聊公：《天津水灾义务戏（民六）》，《听歌想影录》，天津书局1941年版，第93页。
② 张聊公：《观剧杂话》，《听歌想影录》，第196页。

中得到殊荣后，陈德霖声名日噪，在宫外贴演《雁门关》《四郎探母》也照宫内演法，不但演唱新腔，更向京城观众展示慈禧太后的身姿气派。在此机遇下，陈德霖引发强烈的市场效应，其所加工创造的萧太后表演路数亦取得了当时的“正宗”地位，被认为“萧太后一角，则非石头不可，使他人为之，黯然无色矣”[①]；久之，甚至超过了原创者梅巧玲的影响，成为新的经典，得到同行后辈的效法传承。自此，《雁门关》《四郎探母》萧太后一角便从花旦应工变为青衣应工，开启了正工青衣演员去萧太后的新传统[②]。

同样是对“萧太后”的演绎，如果说花旦始祖梅巧玲奠定了角色的基本形象与表演路数，青衣泰斗陈德霖则突出了唱工唱腔，并借机缘将《雁门关》和《探母回令》两剧推到艺术与市场的高峰；那么后起之秀王瑶卿——一位综合青衣与花旦特长、集前辈之大成于一身的优秀旦角演员，则进一步深挖人物心理，雕琢表演细节，给“萧太后”一角带来了一些新的变化。

王瑶卿（1881—1954），原名瑞臻，字稚庭，号菊痴，艺名瑶卿，斋号“古瑁轩”，祖籍江苏清江，名昆旦王彩琳（绚云）之子；幼习武旦，因腰部受伤而改青衣，兼习刀马旦，是旦行乃至整个京剧界不可多得的全能型人才。他天资聪颖，业余对书画文玩涉猎丰富，艺术涵养极其深厚，革新精神与胆魄无人能及，又广收弟子遍传技艺，被誉为梨园界“通天教主”。

王瑶卿年轻时嗓音宽亮温润，唱腔婉转动听，表演细腻传神，不但

---

① 张聊公：《观剧杂话》，《听歌想影录》，第 196 页。

② 陈德霖对“萧太后”艺术形象的继承发展，参见齐如山：《谈四脚：谈陈德林》，载“齐如山文集”之《京剧之变迁》辑，辽宁教育出版社 2008 年版。关于清廷大戏《昭代箫韶》从昆腔到皮黄的具体编演情形，参见郝成文：《〈昭代箫韶〉研究》，山西师范大学 2012 年戏剧戏曲学专业博士论文。关于陈德霖对京剧青衣艺术的贡献，参见刘汭屿：《京剧青衣时代的奠定——陈德霖与晚清京师徽班旦行的变革》，《戏曲研究》2018 年第 2 期。

身段丰富、表情生动，更重要的是懂得揣摩剧情和人物心理，讲究“心戏”，注重“书情戏理”，表演十分精彩，演技一时无两。因此选入升平署，“入宫充供奉，尤得两宫眷顾，恩遇尝迈伦辈，更以时入禁闱，帘幕不隔，声音笑貌服饰冠裳各皆历历心目中，且又时近满洲贵邸，熟其气度，于以状饰旗族贵妇为绝”[①]。其所去《雁门关》与《探母回令》之萧太后，集前辈梅巧玲、陈德霖之大成，唱做俱佳又有自家面目，遂冠绝一时，成为新的典范，不但得到清廷赞赏，亦得后世传承。

除了进一步发展萧太后一角的艺术形象，王瑶卿对《雁门关》《探母回令》两剧中的辽国公主碧莲、青莲、铁镜三位年轻女性形象的塑造，亦做出巨大贡献：《雁门关》《探母回令》中的辽国公主，虽然承载了激烈的戏剧冲突和饱满的情感张力，在梅巧玲至陈德霖的时代却始终不占主角，不算正戏。究其原因，并不是前辈名家不识戏眼，而是现实障碍难以跨越——碧莲、青莲、铁镜三位公主在戏中不像萧太后一样戴华贵的钿子，而是露出头发梳“两把头”[②]，且满头装饰，发式复杂，难度颇大；戏班中人不明就里，始终梳不得法，一时竟成“技术难题”，只好每每潦草敷衍[③]。于是堂堂辽国公主一直委屈作配角，由二路旦角饰演，地位甚至低于四郎、八郎的原配夫人。

---

① 朱书绅：《同光朝名伶十三绝传略》，载《民国京昆史料丛书》第一辑，第 354 页。

② “两把头”是满洲妇女常见发式，最初为配合戴钿子设计，后来发展为独立发式。其原理是将头发自头顶平分两绺，以一支长扁发簪（扁方）为支架，左右缠结成一字平髻，再用发簪固定，略类汉族少女之抓髻。像这样梳成的发髻体积较小、质地较松散，一般只能插戴鲜花绒花，不能承重，称为“小两把头”。乾隆末道光初，发展为在头上戴发座发架，将头发（或加入假发）绾成位置更高、体积更大、更紧实牢固的髻子，以插戴金银珠翠等繁丽发饰，称为“大两把头”（亦即“架子头”）。到慈禧晚年，由于头发脱落难于成髻，遂发明模仿“架子头”形状、直接戴在头上的黑色扇形发冠（金属骨架、布胎锻面），真发则在头顶梳成小圆髻，用于佩戴和固定发座发冠。此种缎发冠高可达一尺，满缀珠翠，富丽美观又摘戴方便，称为“大拉翅”，是为满洲妇女“两把头”发式的最终衍化形式。

③ 清逸居士《旗装戏考》载：“因昔年戏班中扮旗装梳两把头，不得样，故当日凡笑旗人家妇女两把头梳不好，皆谓之‘探母公主的头’……后自王瑶卿在福寿班时，始将旗头梳好。”（《国剧画报》第 1 卷第 36 期《旗装专号（二）》，1932 年 9 月 23 日）

图 5：王瑶卿去“辽公主”相

王瑶卿有心，遂借内府走动之便，专门向满洲皇亲贵妇讨教了当时时新的两把头——“大拉翅”的梳法，让自己的梳头伙计学会，京城戏班旗装公主的发型于是终于研制成功，形象大放光彩[①]。王瑶卿此举，不但确定了《探母回令》中铁镜公主的扮相（标志性“大拉翅”及“三花”），更大大提升了《探母·坐宫》（铁镜公主与杨四郎对坐宫中互诉心事）一折在整剧中的地位，并经常贴演，使得铁镜公主唱腔不断增加、表演愈发讲究[②]，戏份越来越重，逐渐成为风靡全国的热

① 参见李德生《梨花一枝春带雨：说不尽的旗装戏》第二部分《擅演旗装戏的歌郎们·通天教主王瑶卿》中王瑶卿秘书田淞的回忆，第 96–98 页。

② 如铁镜公主的步法是外八字脚步，小臂随步自然甩动，手向外撇，腰背立直同时注意脖子的角度（保持旗头端正）；日常见礼则是“摸头翅儿”，微微侧身单举右手，手背朝人，以中指触碰自己旗头所插之耳挖子。这些姿态礼节的根据都来自清宫实况，参见王瑶卿大弟子、中国戏曲学院程玉菁“说《四郎探母》”教学录像。

门戏（时谚称“探不完的母，坐不完的宫”）；不但是旗装戏，也成了整个京剧骨子老戏中的经典。而这样成功的经验，也为王瑶卿创造其他旗装旦角形象提供了便利。

二、划时代的《梅玉配》

王瑶卿既有不错的嗓音唱工，又有出色的表演能力，照理说是可以像前辈名旦余紫云[①]那样多少跨越行当限制、兼而出演青衣与花旦的。然而在当时，京剧旦行除了青衣，其他花旦、刀马旦、武旦演员例须踩跷，便是不容挑战的行规——没有跷功，就动不了花旦戏[②]。而王瑶卿自幼年初习武旦受伤起，便放弃了整套跷功的练习，因此无缘花旦角色，只能在传统青衣戏中，比较节制地发挥表演才能[③]；再就是在《雁门关》《探母回令》之类介于传统青衣与花旦之间的旗装戏中，潜心打磨细节演技，以过做工之“瘾”了。

光绪乙巳年（1905），王瑶卿所搭之福寿班报散，转搭谭鑫培所领之同庆班，开始了与“后三鼎甲”之首谭鑫培的亲密合作，珠联璧合，艺术得到极大滋养，功力突飞猛进。两人所演生旦“对儿戏”，

---

① 余紫云（1855—1899），原名金梁，字砚芳（一说艳芬），又字昭儿，堂号“胜春”；湖北罗田人，名老生余三胜之子，梅巧玲入室弟子，曾掌四喜班掌班，亦位列“同光十三绝”。余紫云兼擅青衣与花旦两行，唱做俱佳，跷功亦善，技艺十分全面；能打破行当界限，综合运用青衣与花旦的表演技巧塑造人物（如二本《虹霓关》的丫鬟一角），在当时独具一格，被誉为“花衫”行当的先驱者。

② 王瑶卿之前的晚清京剧旦行名角演花旦戏不踩跷的，有记载的大约只有梅巧玲（及其子梅竹芬）；原因可能是他最初出身昆腔科班（昆腔旦角不踩跷），且身材肥胖不宜踩跷。参见黄育馥：《京剧·跷和中国的性别关系（1902—1937）》第五章《跷的废弃：王瑶卿对〈儿女英雄传〉的改革》，生活·读书·新知三联书店 1998 年版，第 69–70 页。关于京剧花旦艺术的发展沿革，参见刘汭屿：《晚清直隶梆子与京剧花旦艺术》，《文艺研究》2018 年第 5 期。

③ 如《武家坡》王宝钏“跑坡”的水袖步法，《汾河湾》柳迎春进窑的身段，《失子惊疯》胡氏的疯癫步法和袖舞，《长坂坡》糜夫人的“跑箭”“脱帔”等。参见董维贤：《京剧流派》第二章《旦行》之《青衣花旦·王瑶卿》，中国戏剧出版社 2006 年版，第 128 页。

有《戏妻》《寄子》《汾河湾》《赶三关》《跑坡》《牧羊圈》《打渔杀家》《宝莲灯》《探母回令》《斩子》《南天门》《法门寺》《战蒲关》《御亭碑》[1]等数十出之多。由于做工表演出色，谭鑫培屡次提议王瑶卿为之配演花旦，均被瑶卿拒绝——跷功，始终是王瑶卿涉猎传统花旦戏的障碍，也几乎成了他的一块心病。直到造型改良的《探母》公主戏越来越火，王瑶卿终于从中得到启发：既然旦行既有子行当和传统剧目壁垒森严，那么作为旦行“另类”的旗装戏，正好绕开屏障“曲线救国”。而老戏《雁门关》《探母》的创作空间已经有限，当务之急是推出旗装新戏，尤其是带有喜剧意味的、强调做工表演的戏。鉴于当时完全原创编写新戏的条件不够，王瑶卿遂决定从近边其他剧种移植改编，最后将目光锁定于四喜班的昆腔兼吹腔老戏《梅玉配》。

《梅玉配》(一名《柜中缘》)原为清代传奇，作者姓名已佚。叙明朝四川举子徐廷梅赴京应试途中落难，为京都客店黄婆收留。徐廷梅赴庙求签，偶遇吏部尚书苏旭之妹苏玉莲，一见钟情，并于苏小姐临去时拾得其绣帕，回店遂生相思病。黄婆得知后愿出力相帮，遂借卖珠花之名入苏府探询，迫使玉莲应允与徐廷梅约见。其时玉莲已许字周知府之子琪芳，黄婆遂趁周府过礼之日，引徐廷梅混入苏府见玉莲并还帕，却意外被困在玉莲闺房。玉莲无奈将徐廷梅锁入衣柜，每日供食，二人守礼不相犯；但玉莲神思焦愁举止反常，终令其嫂韩翠珠起疑。韩翠珠借故探访小姑闺房，当场识破柜中玄机，徐廷梅与苏玉莲跪陈因由，求其宽释。韩翠珠心生怜悯，思忖之后，决意成全小姑及徐生，遂传黄婆上门，斥责之后与其定计，令其将玉莲、廷梅认作干儿女，趁夜带二人出逃；自己则纵火焚玉莲闺房，假作玉莲被烧死，以塞责周家婚约。恰周琪芳因作恶多端取咎暴毙，婚事遂罢。其后徐廷梅入试，得中高魁，归拜主考苏旭。韩翠珠暗中窥探师生言谈，

[1] 参见陈墨香:《观剧生活素描》第二部，潘镜芙、陈墨香《梨园外史》附录，宝文堂书店1989年版，第398页。

验其为柜中徐生，遂接来黄婆及玉莲，促使廷梅与玉莲成婚，阖家团圆①。

作为传奇昆腔剧本的《梅玉配》在诞生之后，因昆腔式微，并未在昆班中得到充分演绎。到四大徽班驻京，昆腔化入徽班艺术熔炉，《梅玉配》也被改编，杂糅花部唱腔，成为昆腔、吹腔、秦腔等诸腔交织杂奏的剧本，才出现在京师戏曲舞台②。四喜班曾以之为连台本戏，梅巧玲去苏少夫人韩翠珠，号称独家，《群芳谱》《都门纪略》等清代笔记中都有叙及；其后由余紫云继承，上演不衰，韩翠珠遂成为徽班花旦的经典角色之一。

为了重新搬演《梅玉配》，王瑶卿委托旗籍票友松茂如③将四喜班旧本《梅玉配》改编为完全的皮黄格式，分为《降香》《遗帕》《索帕》《识破》《放逃》《灭迹》《荣归》《团圆》八本（实际长度约相当于四本）④，于1905年下半年在中和园推出⑤。首演由王瑶卿去苏少夫人

① 参见曾白融主编：《京剧剧目辞典·明代题材·梅玉配》，中国戏剧出版社1989年版，第931页。

② 清车王府藏有抄于同光年间的《梅玉配》剧本（见刘烈茂等整理：《车王府曲本选》，中山大学出版社1990年版，第233–381页），为昆腔、吹腔、梆子等诸腔杂奏本（其中偶有西皮腔），应是传奇昆腔本向花部衍化的过渡形态。参见康保成、黎国韬《晚清北京剧坛的昆乱消长与昆乱交融——以车王府曲本为中心》一文对车王府藏《梅玉配》唱腔格式的分析，载《京剧的历史、现状与未来暨京剧学学科建设学术研讨会论文集》上册，中国戏曲学院研究所2005年版，第199–200页。

③ 松茂如简介如下："松茂如，旗人。初为票友，后入梨园，习小生，不甚著名。魏家胡同戏馆成立，茂如作后台管事。时王瑶青年尚少，亦此班人材，松因出入其家。瑶青入同庆部，改《梅玉配》为纯粹皮黄，而不依四喜部昆乱合作老例。其造句，即出茂如之手。茂如年几八十卒。"（吉水：《近百年来皮黄剧本作家》，《剧学月刊》第三卷第10期，第11页，1934年）

④ 愚翁：《不为沪人注意的梅玉配》（上），《戏剧春秋》1943年第25期，第1页。

⑤ 王瑶卿《梅玉配》的确切首演时间暂存争议。查《申报》戏单广告，上海戏园对"传统版"（昆腔、吹腔、梆子等诸腔杂奏）的《梅玉配》的演出，从1875年1月（丹桂茶园）持续至1905年6月（天仙茶园），其后数年不见踪影，可能即受北京王瑶卿改编皮黄本《梅玉配》风行之影响。直至1913年11月，海派京剧名旦冯子和在共和中舞台推出"新排改良艳情好戏"《梅玉配》（可能效仿王瑶卿皮黄版《梅玉配》），《梅玉配》一剧才重回上海舞台。其后二十世纪二十年代，王瑶卿亦携其《梅玉配》南下上海演出，反响甚佳。

韩翠珠，郭际湘去黄婆，德珺如去小生徐廷梅，苏小姐玉莲则由二路旦角去之，大获成功。

松茂如、王瑶卿版的《梅玉配》除了全用皮黄演唱外，进一步加重了苏少夫人韩翠珠的戏份，将全剧的重心由徐廷梅与苏玉莲的爱情经历转移到苏家的家庭伦理关系。而最重要的改编，就是将原本明代题材的故事改换到清代，并将韩翠珠的身份设定为旗籍——着旗装、梳旗头、穿旗鞋，俨然旗人命妇，同时借由苏府上下人员，呈现晚清旗人贵族家庭的日常生活图景①。这样的处理，令“才子佳人”的爱情线索居于次位，而强调由青年自由恋爱引发的旗籍士绅家庭危机及其处理，使得《梅玉配》成为一部意味颇丰的“家庭伦理剧”。至于王瑶卿饰演的旗籍少妇韩翠珠，既有一家之主的精干气派，又有对小姑的真切爱护，同时在丈夫面前又尽显泼辣风趣，形象设定十分生动讨喜。

在角色的具体演绎上，王瑶卿进一步发展《雁门关》《四郎探母》的旗装旦角表演路数，解放程式，大胆发挥，以口语化的京白、生活化的动作、细腻传神的表情神韵，再配上精巧富丽的时装（旗头、旗装）扮相，将韩翠珠刻画得鲜活动人。时人评论“瑶卿演此，气派固不论矣，其演技亦自属精深”②，举动做派一如当时京城旗籍贵家少妇，令观众大饱眼福。

例如“识破讯情”一场，韩翠珠经丫鬟提醒，发现小姑玉莲闺房

---

① 《侠公谈剧：梅玉配戏中之周仲书》曾述及：“《梅玉配》分四本，原吹腔戏，通场不加皮黄；由老票友松茂如改翻，交王瑶卿在中和首次演唱时，王饰苏夫人韩翠珠，其弟子狄畹龄配苏玉莲，及德珺如徐廷梅，郭际湘黄婆，冯金寿周仲书，为翻皮黄改旗装之始。是时苏玉莲梳大头，不扮旗装，迨王蕙芳偕荣蝶仙在丹桂演此，两人均梳两把头，较王演变化，迄今靡不效法。”（《立言画刊》1939 年第 46 期，第 7 页）事实上，自王瑶卿皮黄旗装版《梅玉配》走红之后，后续效仿者不但为苏小姐玉莲扮上旗装，还为其增加了唱词，使其戏份与苏少夫人韩玉莲相当甚至超越，如四大名旦中梅兰芳、程砚秋、尚小云演《梅玉配》都去苏玉莲，以之为女主角。

② 愚翁：《不为沪人注意的梅玉配》（下），《戏剧春秋》1943 年第 27 期，第 1 页。

衣柜中已经躲藏几日的徐廷梅之后，“一副大惊失色后姑作镇定之神情……审问徐梅庭［廷梅］底蕴一节，忽怒忽嗔，足称声容并茂。成全玉莲名节，极［及］救徐生之性命，其胸怀磊落之表情，台下座客无不为之感动”[①]。高潮迭起张力十足，人物情绪心理层层推进，表演精彩纷呈。而韩翠珠的性情气度，也在这场紧张的戏剧冲突中表现得淋漓尽致：尽管她对小姑私会书生之事颇感不满，对徐廷梅滞留苏府进退两难的情况亦觉棘手，但更多是同情关切玉莲的感受和处境，因而开明大度，极有担当；同时又不失长嫂身份，震惊思忖之余，亦不忘训诫二人：“怪不得终日家总是愁眉不展的，敢则你这儿窝着这么块私货哪！”[②]“好，这才是念书人的心胸哪！”[③]既心疼不忍，又嘲讽嗔怪，分寸拿捏恰切。不仅如此，还几番拿徐廷梅的举子身份揶揄开玩笑：“幸亏你是‘橘子’，要是苹果，还捂烂了呢！”[④]“倒是举子，会钻号筒。”[⑤]明快爽朗，令人发噱。这样自然又贴切的科诨，一方面调侃安抚了一对惊惶窘迫的小儿女，一方面又调节了整场戏的节奏气氛，深得喜剧三昧。

而在“追情定计”一场中，韩翠珠传讯斥责黄婆，则完全是当家主母对“奸巧仆妇”的威严怒气，言语犀利尖锐又义正词严：

> 好个大胆的黄婆。你时常来到我府，因你是个女流之辈，并且往日间看你行动，倒有些忠厚正直的意思，故而由你出入自便，并无阻挡。你不该借事生端，私行引诱千金小姐，暗地勾串外姓男子，乱我门庭。你这个东西，该当何罪！

---

① 愚翁：《不为沪人注意的梅玉配》（下），《戏剧春秋》1943 年第 27 期。

② 北京市戏曲编导委员会：《京剧汇编第十五集：梅玉配》（根据程玉菁藏本整理），北京出版社 1957 年版，第 71 页。

③ 同上，第 70 页。

④ 同上，第 69 页。

⑤ 同上，第 72 页。

两段唱也是锋芒毕露，铿锵有力："骂声贱婢太欺心，引诱闺阁女钗裙。送到当官把罪问，王法条条不容情。""我家待你恩情重，不该暗起害人心。借事生端来勾引，此事应当怎样行？"[①]一通责难威吓过后，再与黄婆道出所定计策，软硬兼施，要求其为事件负责，带领小姑及徐生出逃，黄婆也就无有不允、尽心竭力了。

至于"设计放逃"一场的放火烧房，则动作性十足。从王派流传剧本的舞台提示"五更。韩翠珠'挖门'。放火介。牌子"[②]，可知这一场在锣鼓点中紧张繁密的身段动作，尤其是穿花盆底旗鞋的独特步法，是全剧的彩声亮点处。王瑶卿演至此，"向例卸去两把头，只存旗头座于顶上，深合晚装情景。况私自放走小姐，在匆忙慌乱之际，当然不能衣装齐整"[③]；"下钥闭门纵火灭迹诸节，稳练之中而极见细腻，认真之处，而毫不做作。描摹有见识、有胆略、义勇兼具一位贤慧少妇，不能见诸第二人也"[④]。事实上，整部《梅玉配》的编排表演都贯彻了这样注重动作性的特点，因此有论者认为，松茂如、王瑶卿版的《梅玉配》"在大量的删去旧本那些叙述性描写的同时，根据故事情节和人物性格的需要，加强了对剧中人物在行为动作上的设计。说唱对话的减少，视觉形象的加强，使京剧剧本既精练，又富于形象化，大大提高了演出效果"[⑤]。

其他经典桥段，如徐廷梅中状元之后"过府拜谒"房师苏旭的一场，则是大事已定之后的轻松欢畅了。韩翠珠背后探听调笑，几次打

---

① 北京市戏曲编导委员会:《京剧汇编第十五集：梅玉配》(根据程玉菁藏本整理)，第89-90页。

② 同上，第106页。

③ 松声:《梅玉配观后记》,《三六九画报》1942年第16期，第23页。

④ 愚翁:《不为沪人注意的梅玉配》(下),《戏剧春秋》1943年第27期，第1页。

⑤ 苏移:《京剧发展史略》第七章《演出剧目与剧作家》，北京燕山出版社2013年版，第313页。

断师生晤谈，把丈夫支使得团团转，充分展示了戏园观众喜闻乐见的“严妻憨夫”模式，谐趣满满喜庆热闹，成为颇受欢迎的一折玩笑戏，在堂会演出时常常被单点上演。

当时在同庆班与王瑶卿《梅玉配》大约同时排演的，还有老生李鑫甫演绎宋代澶渊之盟的历史剧《孤注功》，但二者的反响迥别：

> 瑶卿的《梅玉配》，李鑫甫的《孤注功》，都是一年排出来的……《梅玉配》大红大紫，《孤注功》算是白饶。旦角压倒老生，这便是先例。本戏材料，男女香艳事迹，胜似军国大事，这也是榜样。寇莱公没干过苏少夫人，李老四轮［输］给王瑶卿了。瑶卿演唱近乎花旦的玩艺，这是个起点。①

京剧的老生行当，几乎是伴随作为新兴剧种的京剧艺术一同崛起的。自道咸年间“前三鼎甲”余三胜、张二奎、程长庚确立老生地位，同光年间“后三鼎甲”谭鑫培、汪桂芬、孙菊仙将老生艺术推向巅峰，老生始终牢牢占据京剧行当艺术的核心，旦角无论从技艺、品格、影响力都无法与之匹敌，半个世纪以来一直居于次位。梅巧玲创格的旗装戏则是一股“新风”，打破了老生垄断剧坛的局面，贡献出优异的旗装旦角剧目及形象，使得旦角戏在艺术和市场上首次有了与老生相抗衡的资本，树立了良好的口碑。梅巧玲开创的“旗装传统”经由陈德霖传至王瑶卿，具体之于新编戏《梅玉配》，则可算是京剧旗装戏的丰收时节了。王瑶卿的《梅玉配》不但达到京剧旦行艺术的高峰，成为沟通连接青衣与花旦行当的桥梁，同时也是旦角戏胜过老生戏的伊始，预示了新时代的到来。

---

① 陈墨香：《观剧生活素描》第二部，潘镜芙、陈墨香《梨园外史》附录，第 399 页。

三、花衫开山《儿女英雄传》

《梅玉配》的改编成功，给了王瑶卿进一步涉猎改革做工戏的信心。这一次，他试着摆脱对旗鞋旗服行头实物的倚赖，将目光投向了一部有些特殊的“旗装戏”——事实上属于武旦应工的晚清新编戏《儿女英雄传》。

京剧《儿女英雄传》，是名士李毓如[①]根据文康之白话小说和梆子剧目，为福寿班班主、名武旦余玉琴[②]量身定做的新编戏。因剧中主要人物身份都是旗籍，部分场次角色有旗装扮相（如安学海之妻安太太饰演者李宝琴，即以旗人命妇形象出现，甚是尊贵大气），因此亦属晚清旗装戏一员。

由于余玉琴有着高超的跷功和武艺，因此福寿班《儿女英雄传》的排演，着力展现余的跷功[③]，同时穿插不少专属武旦的高难特技[④]，表演颇为惊险精彩。因此，1893 年《儿女英雄传》在崇文门外广兴园首演即大获成功,《儿女英雄传》成为福寿班拿手好戏，余玉琴的“十三妹”也成为当时京剧武旦行当的经典角色。至于王瑶卿，少年搭班福

---

① 李毓如（？），名钟豫，号江淮散人，因眇一目，又号了然先生；江苏扬州人，同光年间著名书画家及剧作家。代表作有《儿女英雄传》《十粒金丹》《粉妆楼》《荡寇除奸》《龙马姻缘》等，所编剧本故事繁复、情节曲折、结构紧密，用词错落多变，并能因人设剧，因而颇受欢迎。

② 余玉琴（1868—1939），谱名润卿，字兰芬，号红霞，小名庄儿；安庆潜山人，著名武旦及花旦演员，跷功及武艺卓绝。自幼随父在江南学艺，后于上海出台；二十岁入京，先搭四喜班，后自组福寿班。其表演风格妍媚，艺术上文武贯通，自成一派，将武旦与花旦的表演路数融合，开创壮大刀马旦新行当，在京剧武旦艺术史上颇有影响。

③ 余玉琴版“十三妹”踩跷的安排符合小说原著的描写：出身满洲镶红旗的文康由于对汉族女子“三寸金莲”的迷恋，在小说中将汉军旗少女何玉凤设计为缠足形象——虽裹着民间小脚却武艺高强的旗籍侠女。这样的设定虽然多少脱离了生活现实，却为京剧舞台的呈现提供了“合法依据”。

④ 如在《能仁寺》一折中拿顶筋斗翻桌越墙、上栏杆“倒挂金钟”射弹弓等，参见黄育馥：《京剧·跷和中国的性别关系（1902—1937）》第五章《跷的废弃：王瑶卿对〈儿女英雄传〉的改革》，第 75–77 页。

寿班时，亦曾参与《儿女英雄传》的演出，为余玉琴配张金凤；但他十分喜欢“十三妹”这个侠女形象，也亲眼目睹了《儿女英雄传》的演出盛况，心中颇有触动，留下了深刻的情结。

1909 年，王瑶卿因与谭鑫培失和，离开同庆班，转入东安市场丹桂茶园，挂头牌唱大轴，是为京剧旦角在京挑班之起点[①]。成为领班的王瑶卿获得更多业务自主权，于是在丹桂推出一系列旦角戏，其中就包括《儿女英雄传》中经典的《悦来店》《能仁寺》两折——然而是出演主角“十三妹”何玉凤，而非以往的配角张金凤，引起轰动。其后1911 年，王瑶卿转入西珠市口北文明茶园（北京首个卖女座的戏园），又进一步推出全本的《儿女英雄传》，将“十三妹”一演到底[②]。

王瑶卿版的《儿女英雄传》基本遵照李毓如的剧本，但绕开余玉琴的演绎，而是结合自己的专长，按照剧情与人物个性，重新设计“十三妹”形象。余、王版本的“十三妹”扮相及表演，其区别改动大致如下[③]：

	余玉琴	王瑶卿
服饰扮相	打衣扎脚裤，外罩花旦裤袄（淡青色），腰巾（白色），绸子包头；背弹弓，挎腰刀	战裙战袄、面牌，腰巾，生角风帽（全身大红，与小说原著第六回十三妹之服饰颜色相近）；挎弹囊，背刀弓，执青丝马鞭（“乌云盖雪”驴儿）；眉间点朱砂红痣
戏鞋	木制跷鞋	红色绣花小蛮靴
步法	踩跷小碎步，站立时踏步或双脚紧靠	配合平底靴的大脚步，站立丁字步（借鉴生角）

① 陈墨香：《观剧生活素描》第二部，潘镜芙、陈墨香《梨园外史》附录，第 404 页。

② 王瑶卿搬演《儿女英雄传》“十三妹”一角的具体经过，参见黄育馥：《京剧·跷和中国的性别关系（1902—1937）》第五章《跷的废弃：王瑶卿对〈儿女英雄传〉的改革》，第 79-88 页，以及书末附录王瑶卿侄孙王荣增来信。

③ 下表参照黄育馥：《京剧·跷和中国的性别关系（1902—1937）》第五章《跷的废弃：王瑶卿对〈儿女英雄传〉的改革》第 83 页表格，经笔者参考其他资料修改而成。

（续表）

	余玉琴	王瑶卿
特技	武旦拿顶筋斗、上栏杆倒挂金钟等绝活	无高难特技，武打重功架，偏于刀马旦
念白	寻常京白	王派“京韵白”
演技	身段繁难，细部表情则略逊，人物类型化	身段优美大方，表情细腻传神，人、戏合一，人物形象丰满动人
行当	武旦	刀马花衫（被视作花衫开山之作）

由上表可见，在人物的服饰扮相上，王瑶卿完全改掉了余玉琴的普通花旦扮相，让丧父丁忧的十三妹着大红战裙战袄、扎红腰巾、插红面牌、戴红风帽，身上的弹囊、弓背、刀鞘也都是红的，眉间还点一颗朱砂红痣，浑身火红炽烈，似一株“出水红莲”，“不妖不艳，亭亭玉立，恰是一个英姿飒爽的刚烈女侠模样”[①]。如此精心的设计，不但视觉上光彩夺目，而且“以喜遮忧”，极富张力，体现出人物精神上的负重感，把十三妹那种身负重仇、饱经风霜以至有些与世决绝的悲愤充分视觉化，用浪漫而直观的方式呈现出来，让人一眼即窥见其神韵，同时奠定了全剧壮美热烈的基调。如此新奇大胆的创意，令人不得不佩服王瑶卿的艺术品位，以及对人物的理解深度。

当然，王瑶卿版“十三妹”最重要最具争议的革新，就是废弃跷鞋，根据武生之薄底靴，为十三妹设计绣花的平底小蛮靴。这是自早期名旦梅巧玲之后，晚清京剧艺术舞台上首次出现不踩跷的花旦 / 刀马旦，于是引发整个京师梨园的震动。身无跷功的王瑶卿，终于勇敢踏出这一步，在旗籍侠女十三妹的身上，实现了做工戏不踩跷的理想。穿靴的十三妹虽不合“行规”，却在体格气质上更为刚健英武，人物形象因而更加饱满统一；由此所传达出的精神气韵及美感，与踩跷者

① 史若虚：《革新精进的先驱，继往开来的宗师——纪念王瑶卿先生诞辰一百周年》，史若虚、荀令香主编：《王瑶卿艺术评论集》，第 29 页。

不可同日而语[1]。

图 6：王瑶卿去“十三妹”何玉凤

戏曲演员脚底的戏鞋，不仅关乎角色扮相，更是身段表演的直接道具和根本支点——由木跷到平底靴的改革，从技术上撼动了武旦行当的根基，必然带来角色整个表演的改变。王瑶卿版十三妹在做工上，去掉了武旦过于繁难惊险的武功特技，武打动作讲究功架气势，向刀马旦方向靠拢；并适当引入武生步法，首创旦角的丁字步站姿。同时时刻注意姿态、表情、神韵，以花旦细腻演技出之，表演更趋生活化。

① 关于踩跷与不踩跷的京剧旦角形象及美学与文化意涵的变化，参见黄育馥:《京剧·跷和中国的性别关系（1902—1937）》第四章《跷的功能分析》和第六章《从跷看京剧中女性形象的变化》。

比如十三妹上场的“趟马”和亮相，要求表现出一个“饱经风霜、隐居山林、伺机报仇的侠女”形象，“趟马出场亮相要走的‘脆’‘帅’（也就是干净利落、节奏鲜明）。亮相的眼神又要运用刚健的‘放神’（甩头，变脸，眼神快速地像箭离弓弦一样放出去，盯住目标），面部的神气要沉着、刚毅”[①]。至于十三妹手中象征其坐骑“乌云盖雪”驴儿的马鞭，用法也是十分精细巧妙，要求演员心中时刻想象一头真驴在旁，极尽“以物（鞭）状物（驴），以物（驴）衬情（人）”[②]之妙。

而到了悦来店准备试探安公子时，十三妹先在众人喧哗之中一力将石墩搬进安骥房间，继而反客为主，心安理得坐定屋中，一边抖弄后背刀柄上的绸子（正好垂落胸前），不耐烦地扇风歇息，一边冷眼打量安骥形状——这一系列搬石头、放石头、抖绸子、搬椅子、落腿坐定再抖绸子的动作，非常细腻传神[③]。十三妹如此潇洒豪放的做派，加上不露声色的表情与冷峻锐利的眼神，起到了极佳的威慑作用，顿时把呆憨幼稚的安骥吓得六神无主，跪地求饶，于是整场戏的喜剧感喷涌而出。

整部《儿女英雄传》念多唱少，“念工”颇重。但王瑶卿既不用端庄文雅的青衣韵白，也不用当时花旦（尤其是玩笑旦）嘴里流行的普通京白（偏口语化，口法不甚讲究）；而是学习当时贵族旗人口语，精细雕琢咬字、发声、气口等细节，以艺术化的形式出之。这样设计的念白，出口呛辣又讲究，要求口齿伶俐吃劲、嘴皮子功夫了得，难度远超一般

---

① 荀令香：《姓名香馨满梨园——回忆王瑶卿先生》，史若虚、荀令香主编：《王瑶卿艺术评论集》，第 68 页。关于十三妹在《悦来店》中的做工、功架与表演路数，还可参见谢锐青《活用程式的典范——忆向王瑶卿老师学戏》（史若虚、荀令香主编：《王瑶卿艺术评论集》，第 203–204 页），谢锐青《向王瑶卿老师学〈十三妹〉（上）》（《戏剧报》1986 年第 10 期）以及冯海荣《由京剧〈十三妹〉看王（瑶卿）派表演特色及理念》（《戏曲艺术》2013 年第 1 期）三文中的具体记述。

② 彤马：《王瑶卿先生谈十三妹的“驴”》，史若虚、荀令香主编：《王瑶卿艺术评论集》，第 280 页。关于王瑶卿《儿女英雄传》中十三妹骑驴的详细身段表现，可参见此文。

③ 参见荀令香《姓名香馨满梨园——回忆王瑶卿先生》（史若虚、荀令香主编：《王瑶卿艺术评论集》，第 69–70 页）一文中，关于十三妹搬石墩进客房一系列身段的具体描刻。

旦角念白。同时特别擅用“啊、呀、咦、呢、嘛、哦”等虚字，不但语气丰富韵律动人，语调亦宛转自然摇曳生姿。最重要的是紧密贴合戏中情境，配合身段表情，“注意把握住见义勇为的女英雄身份。何玉凤虽然年岁不大，但历经沧桑，待人接物，稳重成熟。她出身官宦人家，知书达礼，又闯荡江湖多时，在豪侠中要有书卷气，要区别于占山为王的女大王，当然更不能演成个女光棍”①。

仍以《悦来店》为例。十三妹在安骥房内与他周旋盘问，安骥心中畏惧，想要掩瞒实情，却呆憨十足不会编谎，因此颠三倒四错漏百出，把十三妹惹得又气又恼又觉可笑，情绪变化与二人关系的张力，在对话的语音语调中表现得淋漓尽致：

> “这你是赏给我的？破费您了”，这是带点阴碴的（话里有话，“我才不是为这俩钱来的哩”），声不能太高。下面的“哎呦，我当是怎么个人儿哪，敢情是个没出过远门的呆公子啊！”也要轻轻地念，不能大声喊叫。这是她心里的话，既觉得这公子呆得有点可笑，可又很同情他，因此自言自语……“呆公子”这三个字，一定要清楚。嘴皮子要有劲，声音要压低，但劲头不能低……要用丹田之气……“我瞧你呆头呆脑，性命眼前不保，还敢在我跟前抖机灵撒谎吗？”要快，但要一字一字吐清楚。②

整套念白轻重疾徐错落有致，抑扬顿挫声韵动人，因此明明是作为“散白”的京白却似被韵律化，有了很强的音乐性，于是被誉为“京

① 谢锐青:《向王瑶卿老师学〈十三妹〉(上)》,《戏剧报》1986年第10期，第48页。

② 谢锐青:《活用程式的典范——忆向王瑶卿老师学戏》，史若虚、荀令香主编:《王瑶卿艺术评论集》，第204页。关于十三妹在《悦来店》中的念工，还可参见荀令香《姓名香馨满梨园——回忆王瑶卿先生》(史若虚、荀令香主编:《王瑶卿艺术评论集》，第65–67页)，谢锐青《向王瑶卿老师学〈十三妹〉(上)》以及冯海荣《由京剧〈十三妹〉看王(瑶卿)派表演特色及理念》三文中的具体记述。

韵白”，成为王派京白的代表作，极大地推动了京剧旦行尤其是花旦念工的发展，开拓了旦行艺术对人物的表现手段，也使得类似身份与个性的旦角形象在此后得到了充分开发，王派“京韵白”从此在舞台上流传不绝。

时人评价王瑶卿的表演，“兼取花衫花旦刀马旦诸工演之，以意趣科白胜，意趣则流丽大方了无俗韵，科白则简洁清脆浑无点尘，虽片语数言亦能如哀梨并剪入耳醉心，偶作激昂亢爽之调，则又如铜琶铁板唱大江东去，元气浑沦局度高朗，斩钉截铁侠骨仙心”[①]，“十三妹”就是其中典范。因此，王瑶卿版的《儿女英雄传》风靡京师大受欢迎，几乎完全取代了余玉琴的武旦版“十三妹”[②]，成为“王派”传世经典剧目，在王瑶卿六十寿辰时，还成为弟子们合演的庆贺戏戏码。1931年，王瑶卿已经塌中倒嗓，长城公司仍为其灌制《悦来店》与《能仁寺》的唱片，以为纪念[③]。

考察《儿女英雄传》的编排，王瑶卿可谓全面继承和发扬了旗装旦角始祖梅巧玲的艺术风骨与创新精神，将自己的技艺功力和艺术理念发挥表达得淋漓尽致；而整部戏表现出的丰富精神意涵与深厚文化底蕴，以及浓郁饱满的审美力量，不愧为近代戏曲史上大师级的作品。王派“十三妹”废跷改靴，打破了行当壁垒，融合青衣、花旦、刀马旦的表演特色，唱、念、做、打兼容并蓄全面发展，亦成为京剧行当史上的创格之作，达到旦行艺术乃至整个京剧艺术的高峰。其影响极

---

① 朱书绅：《同光朝名伶十三绝传略》，《民国京昆史料丛书》第一辑，第354页。

② 王瑶卿之后，荣蝶仙、芙蓉草、宋德珠、荀慧生等跷功出色的旦角演员演《儿女英雄传》十三妹，也都放弃踩跷，拜师或私淑，学习采用王瑶卿的路数。

③ 长城公司1931年所灌王瑶卿《悦来店》5面、《能仁寺》1面，安骥一角由名小生程继仙去之。《悦来店》一折，二十一世纪初有王门再传弟子宋丹菊（名武旦宋德珠之女）的配像表演（属于“中国京剧音配像精粹”工程二期项目），可以略窥王派“十三妹”风采。

为深远广泛，不但掀起京剧旦行的废跷风潮[①]，还开创了“花衫”[②]这一新行当的艺术道路，从而为京剧的“旦角时代”揭开序幕。陈墨香曾言：

> 庚子以前，北京梆子班旦角吃香……宣统年间，瑶卿独当一面，旦脚势力渐增……民国纪元，兰芳崛起，才把老生给压扁了。徽班也是旦角占最上一层。[③]

而在旦角兴起的过程中，王瑶卿及其旗装新戏的功绩可见一斑[④]。

---

① 王瑶卿终其一生亦未曾涉足传统花旦核心剧目，京剧旦行“废跷”的改革于是停留于刀马旦与花衫领域。后来梅兰芳继承王瑶卿事业，在丰富花衫行当剧目及表演艺术的基础上，于1918年正式废跷改鞋、搬演花旦经典戏《梅龙镇》，以“大脚片”之李凤姐获得观众肯定，废跷运动终于深入到花旦行当内部。此后，花旦踩跷的严例逐渐松动，越来越多花旦演员放弃踩跷，观众对不踩跷的花旦戏的接受度亦日渐提高。但武旦（短打武旦）一行由于特殊技艺的需要，则未被王瑶卿—梅兰芳之废跷运动影响，在晚清民国始终保持踩跷传统。清末民初京剧旦行废跷运动的具体过程，参见黄育馥：《京剧·跷和中国的性别关系（1902—1937）》第六章《从跷看京剧中女性形象的变化》相关论述。

② 对于“花衫”行当创立的时间点，戏曲史有上溯至余紫云甚或梅巧玲的说法，但花衫艺术的集大成者梅兰芳对其有确切定义：“王瑶卿先生和我感到以往青衣和花旦的分工过于严格，拘限了人物的性格和表演艺术的发展，因此，根据剧情需要，尝试着将青衣、花旦的表演界限的成规打破。使青衣也兼重做工，花旦也较重唱工，更吸收了刀马旦的表演技术，创造了一种角色——花衫，使他们能更多地表现不同的妇女性格。”（梅兰芳：《中国京剧的表演艺术》，载《梅兰芳全集》第三卷，河北教育出版社2000年版，第41页）也就是说，花衫行当正式创建当从王瑶卿算起，此前梅巧玲、余紫云等可算先声；前文提及黄育馥：《京剧·跷和中国的性别关系（1902—1937）》则更进一步将王瑶卿《儿女英雄传》一剧定为花衫开山之作。具体来说，王、梅创建的花衫行当又可分为两种，偏重唱工、表演风格更接近传统青衣的叫“青衣花衫”，偏重做工、表演风格更接近传统刀马旦的叫“刀马花衫”。王瑶卿《儿女英雄传》“十三妹”一角，即为“刀马花衫”。

③ 陈墨香：《观剧生活素描》第三部，潘镜芙、陈墨香《梨园外史》附录，第409页。

④ 关于王瑶卿对京剧旦行艺术的革新贡献，参见刘汭屿：《近代京剧旦行艺术的集成与突破——王瑶卿戏曲革新研究》，《戏曲艺术》2017年第2期。

结语

纵观《雁门关》及《探母回令》《梅玉配》《儿女英雄传》几部经典的旗装戏作品，晚清京剧旗装戏从最初表现“异域风情”的新花样，逐渐成为承载旦行艺术革新演进的“试验田”，其中原因不仅是旗装戏行当归属界限上的模糊，还有其风情美感与时代趣味、地域及族群文化的契合，因而造成艺术表现和发展空间的精深开阔。自梅巧玲搬演《雁门关》《探母回令》开创旗装旦角传统，到陈德霖进一步完善和发扬旗装旦角艺术，再到王瑶卿以《梅玉配》完美融合青衣与花旦、以《儿女英雄传》完美融合花旦与刀马旦，完成对京剧旦行艺术的调整、改革、创新、突破，正式创立花衫行当，旗装戏无愧京剧行当艺术内部组合升降的转捩关键。

京剧旦行从分离隔绝的青衣、花旦、刀马旦等子行当融合演化至花衫，革新的不止是行当名称和外在表现形式，更昭示着京剧内部根本的美学观点、艺术思维的进化演变——京剧艺术发展进程中的日常（生活）化、精细化、综合化趋势，符合整个传统艺术发展的自然规律。“花衫”的出现，为清末的京剧艺术贡献了最具生产力和影响力的行当，标志着京剧旦行艺术发展的里程碑，开启了京剧旦角时代和京剧艺术全盛时代。而应运而生、紧贴时势的旗装戏，不但自身留下了杰出的艺术作品，对晚清旦行乃至整个京剧艺术的发展也有着不可磨灭的贡献，在近代戏曲史上具有非凡意义。

（原载《戏曲艺术》2015 年第 4 期，后收入夏晓虹主编：《晚清北京的文化空间》，北京大学出版社 2021 年版）

刘汭屿，北京大学中文系2008级硕士、2011级博士，师从夏晓虹教授。现为中国传媒大学艺术研究院艺术史论专业副教授、硕士生导师。主要研究方向为中国戏剧史与戏剧理论、中国近代艺术史，在《文艺研究》《戏剧》《戏曲研究》《戏曲艺术》等核心期刊发表专业论文多篇。

从胡适《一个最低限度的国学书目》谈“国学”视野下的“戏曲”研究

游富凯

一、前言

1923 年 3 月 4 日，胡适于《努力周报》增刊《读书杂志》第 7 期上刊登了《一个最低限度的国学书目》（以下简称《最低限度国学书目》）[①]，此书目是应清华学校学生之邀，提供该校学生在出国留学前，能够了解增进国学知识的方法与管道。然而，看似一篇青年学子向北京大学教授请益的文章，却引发后续诸多学者对于国学书目的论争。如将这篇文章置于当时的时代背景与学术环境来看，即可发现，此书目不仅仅是身为师长的胡适给予学生的建议，更多是蕴含了胡适个人之学术思想与主张。

值得注意的是，在该份书目中出现若干戏曲书目，如《元曲选一百种》《六十种曲》《笠翁十二种曲》《缀白裘》等，其中含括了金元诸宫调、元杂剧、明清传奇、清代花部戏曲与戏曲史专著。从中可以

---

① 该书目原刊于《努力周报》增刊《读书杂志》第 7 期（1923 年 3 月 4 日），后在《清华周刊》第 275 期（1923 年 3 月 30 日）上转载。《东方杂志》第 20 卷第 4 号亦曾载录此文，然根据文前按语可知，该文最早刊于《读书杂志》第 7 期。《东方杂志》第 20 卷第 4 号为延期出版，故特别说明之。见胡适：《一个最低限度的国学书目》，《东方杂志》1923 年第 20 卷第 4 号。

看出，胡适是有意识和系统地依据中国戏曲发展的历史脉络来构思书目安排的。如从“国学书目”的立场来看，胡适放入多达十三种的戏曲书目，可谓前所未有。换句话说，此份书目是否代表着戏曲正式进入“国学”概念之下？而这究竟是胡适个人之见解，抑或是当时整体的学术氛围所造成？其背后之动机与影响究竟为何？以上，为本文所关注的重点。

目前学界对于胡适的《最低限度国学书目》已有诸多探讨，所关注之重点，多集中将胡适《最低限度国学书目》与梁启超《国学入门书要目及其读法》（以下简称《国学入门书要目》）[①]相比较，以及后续所引发之“国学书目”论争议题。如傅正《略评胡适的〈一个最低限度的国学书目〉》[②]、罗志田《留学生读什么书：20世纪20年代的一次讨论》[③]、董德福《简评二十年代的两份“国学书目”》[④]等文章，都是以梁、胡二人所列之国学书目为讨论对象，探讨二人书目之差异与学术主张之异同。

徐雁平《20世纪20年代国学书目推荐及其文化解读》[⑤]、张越《“最低限度的国学书目”之争与文化史观》[⑥]、王存奎《整理国故运动中的“国学必读书目”之争》[⑦]等文章，则是将二人之书目，置于当时学界对于“国学”“国故”等概念的论述脉络下进行探讨，并将论述场域延伸至后续国学书目之论争，以及1925年由《京报副刊》所发起的“青年必读书十部”，以此作为整体的论述背景与脉络。

如从胡适与戏剧（曲）之关系来看，目前多数学者仍将讨论重点

---

① 梁启超：《国学入门书要目及其读法》，《清华周刊》1923年第281期之“书报介绍副镌”第3期。

② 《安徽大学学报（哲学社会科学版）》1988年第4期。

③ 《开放时代》2001年第9期。

④ 《复旦学报（社会科学版）》2001年第3期。

⑤ 《学术研究》2000年第10期。

⑥ 《史学史研究》2004年第3期。

⑦ 《广西师范大学学报（哲学社会科学版）》2010年第1期。

集中在胡适与《新青年》派学者集体抨击传统戏曲的五四时期，部分学者则针对胡适与戏曲之关系进行探讨，如刘恒《胡适与戏曲》[①]、黄艾仁《风风雨雨真情在——胡适与梅兰芳的交谊始末》[②]，以及蒋星煜《胡适与元杂剧、明清传奇》《胡适与京剧》[③]等文章。这些论文多以胡适出国留学前的观戏日记为基础，辅以其为戏曲类书籍所撰之序，以及与梅兰芳、齐如山等民国时期剧人之往来书信，作为主要研究依据。

综观上述，谈到胡适《最低限度国学书目》时，学者普遍将重点放置在国学、国故运动、历史观与文化史观的论述脉络下进行探讨，并将其与梁启超《国学入门书要目》进行比较，评价此二书目之孰是孰非。目前少有学者针对戏曲书目出现在《最低限度国学书目》中这一现象进行探讨。此外，在谈到胡适与戏曲相关议题时，亦多是在胡适反对旧剧的主流论述下，尝试开辟不同的论述场域，或是只为"一个空白的填补"[④]。

本文期望在前辈学者研究成果的基础上，进一步针对胡适、《最低限度国学书目》、"国故运动"和戏曲研究等相关议题，进行关联性思考，进一步探讨胡适是如何在《最低限度国学书目》中，透露出其文学思想与戏曲主张的；胡适与梁启超所列之书目有何不同，将戏曲纳入国学范畴之内，又是基于何种立场；对二十世纪初的戏曲研究而言，"国故运动"和胡适的戏曲观，彼此是否产生影响。以上，即是本文所讨论之重点。在进入讨论之前，将先针对当时"国故运动"之发展背景进行概述。

---

① 《戏剧文学》2007年第12期。

② 《滁州师专学报》2001年第4期。

③ 蒋星煜：《中国戏曲史钩沉》，上海人民出版社2010年版。

④ 同上，第780页。

二、胡适与“国故运动”

当谈论到中国二十世纪二十年代的学术风气，最引人瞩目的即是其时盛行的“国故运动”。“国故运动”的开始，并非是一个经过缜密构思和计划性推行的运动，而是由毛子水、傅斯年等人在杂志上发表有关“国学”“国故”的文章，进而引发其他学者加入讨论，最终在知识界与学术圈中形成风潮；以至于1922年北京大学文科研究所设立国学门、1923年北大创办《国学季刊》、1925年清华学校设立国学院，并邀梁启超、王国维、赵元任、陈寅恪执教，人称国学院“四大导师”。这一连串的文化事件，皆可视为“国故运动”的影响与持续。

1919年5月，毛子水在《新潮》发表《国故与科学的精神》一文，其认为国故代表“中国古代的学术思想和中国民族过去的历史”，并认为国故“是过去的”“已死的”，是“杂乱无章的零碎知识”，因此，要用“科学的精神”去重新研究国故学[①]。毛子水的文章发表后，以张煊为主的《国故月刊》则出现另一种声音，并发表《驳〈新潮——国故与科学的精神篇〉》[②]一文，对于毛氏之说法多有批判。而后，毛子水又于《新潮》第2卷第1号刊登《〈驳《新潮——国故与科学的精神篇》〉之订误》[③]，加以回应。

其间，胡适亦曾写信给毛子水，发表他对该文的看法。他认为，“张君的大病是不懂国故学”；同时也提到，“况且现在整理国故的必要，实在很多，我们应该尽力指导国故家用科学的研究法去做国故的研究”[④]。基本上，胡适是赞同毛子水对于研究国故之看法，在同年11月所撰《“新思潮”的意义》一文中，胡适便提出四个口号：“研究问

---

① 毛子水：《国故与科学的精神》，《新潮》1919年第1卷第5号。

② 张煊：《驳〈新潮——国故与科学的精神篇〉》，《国故月刊》1919年第3期。

③ 毛子水：《〈驳《新潮——国故与科学的精神篇》〉之订误》，《新潮》1919年第2卷第1号。

④ 胡适：《论国故学——答毛子水》，《新潮》1919年第2卷第1号。

题、输入学理、整理国故、再造文明。”胡适将“整理国故”正式纳入新思潮的概念里，认为要用一种“评判的态度、科学的精神，去做一番整理国故的功夫”①。然而，胡适的“国故”究竟指的是什么？

1921 年 10 月，胡适将其在南京东南大学、南京高师暑期学校的演讲稿，刊登于《东方杂志》第 18 卷 16 号，名为《“研究国故”的方法》。在文中，胡适说道：

> “国故”底名词，比“国粹”好得多。自从章太炎著了一本《国故论衡》之后，这“国故”底名词于是成立。如果讲是“国粹”，就有人讲是“国渣”。“国故”（National past）这个名词是中立的。

在此，胡适认为，相较于“国粹”一词，指称“国故”更为恰当，其所涵盖之意义更为广泛。由于国故是“专讲国家过去的文化”，胡适因此提出四种研究国故的方法，包括历史的观念、疑古的态度、系统的研究和整理，并强调研究国故“非但为学识起见，并为诸君起见，更为诸君底兄弟姊妹起见”②。由此可知，胡适在讨论研究国故时，是以历史文化的传承为主，而这样的想法亦延续到了 1923 年。

1923 年，北京大学文科研究所国学门创办《国学季刊》，编辑委员包括沈兼士、周作人、钱玄同、朱希祖、李大钊等人，胡适担任编委会主任，并撰写了《国学季刊——发刊宣言》。胡适在该文中说：

> “国学”在我们的心眼里，只是“国故学”的缩写。中国的一切过去的文化历史，都是我们的“国故”；研究这一切过去的历史文化的学问，就是“国故学”，省称为“国学”。“国故”这个

① 胡适：《“新思潮”的意义》，《新青年》1919 年第 7 卷第 1 号。
② 胡适：《“研究国故”的方法》，《东方杂志》1919 年第 18 卷第 16 号。

> 名词，最为妥当；因为他是一个中立的名词，不含褒贬的意义。“国故”包含“国粹”；但他又包含“国渣”。我们若不了解“国渣”，如何懂得“国粹”？所以我们现在要扩充国学的领域，包括上下三四千年的过去文化，打破一切的门户成见：拿历史的眼光来整统一切，认清了“国故学”的使命是整理中国一切文化历史，便可以把一切狭陋的门户之见都扫空了。

此处胡适对“国学”与“国故学”的关系有明白的定义，认为“国学”就是“国故学”的简称，“国故”又包含了“国粹”与“国渣”。笔者认为，此段话重要之处在于，胡适将国学的领域扩充到包含“国粹”与“国渣”的概念，甚至认为两者同等重要。他说道：

> 近来颇有人注意戏曲和小说了；但他们的注意仍不能脱离古董家的习气。他们只看得起宋人的小说，而不知道在历史的眼光里，一本石印小字的《平妖传》和一部精刻的残本《五代史平话》有同样的价值……

胡适在这里主张“用历史的眼光来扩大国学研究的范围”，并明确指出国学研究的范围：“过去种种，上至思想学术之大，下至一个字、一支山歌之细，都是历史，都属于国学研究的范围。”[①]

由此不难看出，胡适对于整理和研究国故的看法，除了延续1919年毛子水提出的基本思路外，更在其基础上不断扩充与修正，而最终将国故的概念扩及上至学术思想之大，下至一支山歌之细。如从胡适的思想脉络来看，便不难理解，何以在1923年开列的《最低限度国学书目》中，会将戏曲类书目纳入国学书目之内。尽管其背后有一贯之

---

① 胡适：《发刊宣言》，《国学季刊》1923年第1号。

思想脉络与主张酝酿，然而在当时，似乎也容易被视为惹人争议之举。

三、胡适《一个最低限度的国学书目》

1923年二、三月间，胡适应清华学校学生胡敦元等四人之邀，开列了《一个最低限度的国学书目》，专门提供“将要往外国留学的少年，很想在短时期中得着国故学的常识”之用。胡适拟写书目时，特别声明两点：第一，此份书目“并不为国学有根柢的人设想，只为普通青年人想得一点系统的国学知识的人设想”；第二，胡适将此份书目看作一个法门，这个法门叫作“历史的国学研究法”，主张“用历史的线索作我们天然的系统，用这个天然继续演进的顺序做我们治国学的历程”[①]。

胡适在《最低限度国学书目》内，罗列共计一百八十五种书目，主要分成三个部分：（一）工具之部：《书目举要》《书目答问》《四库全书总目提要》等十四种；（二）思想史之部：《中国哲学史大纲》上卷、《四书》、《墨子间诂》等九十三种；（三）文学史之部：《诗经集传》《春秋左氏传》《战国策》等七十八种。其中，有关戏曲类书目被归入“文学史之部”，共计十三种，如下：

《董解元弦索西厢》（董解元）刘世珩暖红室汇刻传奇本。

《元曲选一百种》（臧晋叔编）商务印书馆有影印本。

《宋元戏曲史》（王国维）商务印书馆本。

《六十种曲》（毛晋编刻）汲古阁本。此书善本已不易得。

《盛明杂剧》（沈泰编）董康刻本。

《暖红室汇刻传奇》（刘世珩编刻）原刻本。

---

① 胡适：《一个最低限度的国学书目》。

《笠翁十二种曲》（李渔）原刻巾箱本。

《九种曲》（蒋士铨）原刻本。

《桃花扇》（孔尚任）通行本。

《长生殿》（洪升）通行本。清代戏曲多不胜举；故举李蒋两集，孔洪两种历史戏，作几个例而已。

《曲苑》[上海古书流通处（？）编印本]。此书汇集关于戏曲的书十四种，中如焦循《剧说》，如梁辰鱼《江东白苎》，皆不易得。石印本价亦廉，故存之。

《缀白裘》。这是一部传奇选本，虽多是零篇，但明末清初的戏曲名著都有代表的部分存在此中。在戏曲总集中，这也是一部重要书了。通行本。

《曲录》（王国维）晨风阁丛书本。[①]

从所拟之戏曲书目，可看出胡适是经过思考，且有系统地按照戏曲发展的历史脉络来罗列书目的，上至《董解元弦索西厢》的金元诸宫调，下至《缀白裘》的清代花部戏曲，可见胡适确实用着“历史的眼光”作为判断的依据。然而，不察此点的人，则会对于胡适所列之书目感到不解。

此份书目发表之后，胡适便收到清华学生的复信，信中提及学生们对于书目之看法：“我们以为先生这次所说的国学，范围太窄了。先生在文中并未下国学的定义，但由先生所拟的书目推测起来，似乎只指中国思想史及文学史而言。思想史与文学史便足代表国学么？”[②]如从胡目来看，的确文中只有三类书目：工具部、思想史部和文学史部，这与胡适在《国学季刊——发刊宣言》中所提到理想中之国学研究，

① 胡适：《一个最低限度的国学书目》，《努力周报》增刊《读书杂志》1923年第7期。

② 本刊记者：《与胡适之先生书》，《清华周刊》1923年第275期之“书报介绍副镌”第2期，第47页。

有不小落差：

我们理想中的国学研究，至少有这样的一个系统：中国文化史：1. 民族史；2. 语言文字史；3. 经济史；4. 政治史；5. 国际交通史；6. 思想学术史；7. 宗教史；8. 文艺史；9. 风俗史；10. 制度史。[①]

此处罗列的国学研究十个范畴，如今在《最低限度国学书目》中却只剩下思想史和文学史两部，胡适对此解释说："我暂认思想与文学两部为国学最低限度，其余民族史、经济史等等，此时更无从下手，连这样一个门径书目都无法可拟。"[②]

在清华学生的信中，还提及胡目的另一个问题，即书目太深、太多。由于清华学校当时作为留美预备学校，从中等科一年，到大学一年止，总共八年的求学时间，除了必读的西文课程之外，还要应付自身之课业，似乎再难有时间阅读如此大量的书籍；同时，作为留美预备生，是否有必要将佛经、戏曲、小说作为国学必读书目之一，因此，清华学生们质疑："而且做留学生的，如没有读过《大方广圆觉了义经》或《元曲选一百种》，当代的教育家，不见得会非难他们，以为未满足国学最低的限度。"[③] 对此，胡适则以曾身为留学生的过来人经验作说明：

正因为当代教育家不非难留学生的国学程度，所以留学生也太自菲薄，不肯多读点国学书，所以他们在国外既不能代表中国，

① 胡适：《发刊宣言》，《国学季刊》1923 年第 1 号。

② 胡适：《答书》，《胡适文存》二集卷一，亚东图书馆 1924 年版，第 188 页。

③ 本刊记者：《与胡适之先生书》，《清华周刊》1923 年第 275 期之"书报介绍副镌"第 2 期，第 48 页。

> 回国后也没有多大影响。我们这个书目的意思，一部分也正是要一班留学生或候补留学生知道《元曲选》等是应该知道的书。[①]

可以看出，两方所持的观点及立场都有所不同，胡适希望学生们既身为预备留学，就应该多认识他所认知的“国学书”，包括佛经、小说、戏曲等；对学生而言，这些书目的出现，似乎难与以往“国学”的概念相契合，且基于上述种种问题，学生们因而希望胡适再拟一份“一个实在的最低限度的国学书目”，足以“对于中国文化，能粗知大略”[②]。胡适在稍后的回信中，果然又拟了一份“实在的最低限度的书目”，书目总计三十九种[③]，其中仍保留三种戏曲类书目:《元曲选一百种》、《宋元戏曲史》及《缀白裘》。

在整理国故的风潮之下，胡适打开国学大门，迎接戏曲入内，除了是受时代学术氛围影响外，其个人对于中国传统文化与文学思想的主张，亦存在由“破坏”到“建设”的内在思想转化过程[④]。可见在当时特殊的社会风气与学术思想环境下，不能用片面或狭隘的视角去评判、看待一个人的言行。胡适提出“整理国故”口号的同时，也正代表着《新青年》攻击“旧剧”一派的领导人物之一，而这看似冲突与矛盾的立场，实际正凸显当时学术思想的丰富性与复杂性。关于胡适的文学观与戏曲观，将在后文继续探讨。下面先针对同时期另一位重要人物——梁启超，其所开列之国学书目进行讨论，并将之与胡适的《最低限度国学书目》进行对话与比较。

---

① 胡适:《答书》,《胡适文存》二集卷一，第189页。

② 本刊记者:《与胡适之先生书》,《清华周刊》1923年第275期之“书报介绍副镌”第2期。

③ 胡适:《答书》,《胡适文存》二集卷一，第189–190页。

④ 可参考夏晓虹《胡适与梁启超的白话文学因缘》一文。原刊于《安徽师范大学学报（人文社会科学版)》2006年第5期；后收入《梁启超：在政治与学术之间》，东方出版社2014年版，第109–119页。

四、二十世纪二十年代的两份国学书目

在中国二十世纪初的学术思想发展中，产生重大影响的两位代表性人物——梁启超与胡适，分别对“国学”拟出书目，这一文化事件自然在当时的学术界与文化界造成轰动效应，并引发后续“国学书目”论争的风潮。由于梁启超的书目拟于胡适之后，明显可以看出梁启超在拟此份书目时，其主要对话的对象就是胡适，梁启超甚至另外撰写《评胡适之的〈一个最低限度的国学书目〉》一文，针对胡适书目中的诸多问题进行批判。

胡适开列《最低限度国学书目》之后约两个月，1923年4月下旬，梁启超也应《清周刊》记者之邀，拟了一份《国学入门书要目及其读法》。该篇“乃竭三日之力，专凭忆想所及”[①]，开出了一百三十九种国学书目，共分五个类别：甲、修养应用及思想史关系书类；乙、政治史及其他文献学书类；丙、韵文书类；丁、小学书及文法书类；戊、随意涉览书类。如拿《国学入门书要目》和《最低限度国学书目》做比较可以发现，前者不仅是一份国学书目，也是一份书目提要。梁启超在每本书之后，都会附上对该书的撮要和点评；如讲到《老子》时说：“道家最精要之书。希望学者将此区区五千言熟读成诵。注释书未有极当意者。专读白文自行寻索为妙。”讲到《世说新语》时说：“将晋人谈玄语分类纂录，语多隽妙，课余暑暇之良伴侣。”[②]

事实上，对于梁启超而言，开拟书目并不是一件陌生的事。早在1896年，梁启超便刊行过《西学书目表》[③]；东渡日本后，在1902年的

---

① 梁启超：《国学入门书要目及其读法》，《清华周刊》1923年第281期之“书报介绍副镌”第3期，第1页。

② 同上，第3、14页。

③ 梁启超著，夏晓虹编：《〈饮冰室合集〉集外文》（下册），北京大学出版社2005年版，第1123–1158页。

《新民丛报》上，亦发表过《东籍月旦》[①]。从梁目来看，其书目涵盖中国古代图书分类的经、史、子、集各部，并额外添置“随意涉览书类”。此类的增设，明显是因梁启超个人之读书方法与喜好所致。其在《国学入门书要目》后，另附上《治国学杂话》一文，其中提及：“每日所读之书，最好分两类：一类是精读的，一类是涉览的。”[②]梁启超非常重视读书的趣味，在此亦与青年学子分享自己的读书经验与方法。

如以“最低限度”之国学书目来看，梁启超认为，胡适这篇书目最大的问题即在于“文不对题”，一方面“挂漏太多”，另一方面又“博而寡要”。造成这种状况的原因有两点：第一，“不顾客观的事实，专凭自己主观为立脚点”；第二，“把应读书和应备书混为一谈”。而梁启超最在意之处，则是胡适的《最低限度国学书目》中，并没有包含史类书籍：

> 我最诧异的：胡君为什么把史部书一概屏绝！一张书目名字叫做“国学最低限度”，里头有什么《三侠五义》、《九命奇冤》，却没有《史记》、《汉书》、《资治通鉴》，岂非笑话？

梁启超对于胡适将史部书一并弃绝，而将《三侠五义》《九命奇冤》等白话小说纳入国学书目之举，感到相当不解。他认为，“史部书为国学最主要之部分”，如今在胡适的书目中竟完全不见，难怪梁启超的话越说越重：

> 若说不读《三侠五义》、《九命奇冤》便够不上国学最低限度，不瞒胡君说，区区小子便是没有读过这两部书的人。我虽自知学

① 梁启超：《东籍月旦》，《新民丛报》1902年第9号。

② 梁启超：《治国学杂话》，《清华周刊》1923年第281期之“书报介绍副镌”第3期，第228页。

问浅陋，说我连国学最低限度都没有，我却不服。①

梁启超在此处所指出的问题，正如同清华学生质疑胡适将《大方广圆觉了义经》和《元曲选一百种》等书纳入“最低限度书目”的做法，所表达的疑虑如出一辙。如从“最低限度”的角度看，胡适在构思该份书目时，的确有偏颇之嫌，而这也说明为何目前学界普遍认为梁目更具实用性，也更适合青年学子参考②。

笔者所要强调的是，如先搁置书目之实用性或是否“名副其实”，胡适将戏曲书目纳入国学书范畴，其中包括李渔《笠翁十二种曲》和花部戏曲《缀白裘》等以往较不受重视之戏曲书籍，这是戏曲在中国传统文学与文化思想上之地位的一大突破。而将胡目与梁目中相关戏曲类书作比较，即可说明此点。

在梁启超的书目中，戏曲书目主要在“(丙)韵文书类”和“(戊)随意涉览书类”两部分。笔者将二人书目中相关戏曲书目进行整理，结果如下表所示：

名称	书目	数量	门类
胡适《一个最低限度的国学书目》	《董解元弦索西厢》《元曲选一百种》《宋元戏曲史》《六十种曲》《盛明杂剧》《暖红室汇刻传奇》《笠翁十二种曲》《九种曲》《桃花扇》《长生殿》《曲苑》《缀白裘》《曲录》	13 种	文学史之部
梁启超《国学入门书要目及其读法》	《西厢记》《琵琶记》《牡丹亭》《桃花扇》《长生殿》《剧说》《宋元戏曲史》	7 种	韵文书类、随意涉览书类

① 梁启超:《评胡适之的〈一个最低限度的国学书目〉》,《清华周刊》1923 年第 281 期之“书报介绍副镌”第 3 期，第 22 页。

② 如徐雁平认为:“这种指导性的注释语再加上所附录的《治国学杂话》，使得梁启超的书目有更强的实用性。”徐雁平:《20 世纪 20 年代国学书目推荐及其文化解读》,《学术研究》2000 年第 10 期；又如刘梦溪认为:“因此就实用性和有效性来说，梁目显得道高一丈。如果我是读者，要我对胡目和梁目作出选择，我肯定投梁的票。梁目及其读法，即使在今天仍有参考价值。”刘梦溪:《论“国学”》,《中国文化》2006 年第 2 期。

由此表可以看出，在梁启超《国学入门书要目》中出现的戏曲书目，皆已单独列于或含括在胡适《最低限度国学书目》中，而胡适所列之戏曲书目以总集[①]为主。值得注意的是，胡适所列戏曲书目自身即呈现了中国戏曲发展的进程，也就是由金元诸宫调、元杂剧、明清杂剧、传奇到清代花部戏曲的发展过程。胡适将戏曲置于中国文学的发展脉络下来看，所要突出的是“一时代有一时代之文学”[②]的观念，将每个阶段的中国戏曲发展，回归至其自身所属的时代。

在《国学季刊——发刊宣言》中，胡适说道：“整理国故，必须以汉还汉，以魏晋还魏晋，以唐还唐，以宋还宋，以明还明，以清还清；以古文还古文家，以今文还今文家；以程朱还程朱，以陆王还陆王，……各还他一个本来的面目，然后评判各代各家各人的义理的是非。”[③]正是这样的历史眼光，才能将以往不被重视之戏曲论著和文本，纳入国学书目内。

不同于胡适，梁启超在《国学入门书要目》中，除了强调国学的知识外，更重要的是为学的“常识”[④]。在《治国学杂话》里，梁启超就强调“课外学问”和“养成读书趣味”的重要性，而《国学入门书要目》中另设“随意涉览书类”，便可说明梁启超的书目是要让清华学子们兼顾国学研究的“学识”与“常识”，并非像胡适所开列之书目，仅因自己“正在做中国哲学史、中国文学史，这个书目正是表示他自己思想的路径和所凭借的资料”[⑤]。

---

① “文学史一部，注重总集；无总集的时代，或总集不能包括的文人，始举别集。因为文集太多，不易收买，又不易遍览，故为初学人及小图书馆计，皆宜先从总集下手。”胡适：《一个最低限度的国学书目》，《东方杂志》1923 年第 20 卷第 4 号。

② 胡适：《文学改良刍议》，《新青年》1917 年第 2 卷第 5 号。

③ 胡适：《发刊宣言》，《国学季刊》1923 年第 1 号。

④ 关于梁启超的“常识”观，可参照夏晓虹：《梁启超的“常识”观》，《天津社会科学》2014 年第 1 期，第 109–122 页。该文后收入夏晓虹：《梁启超：在政治与学术之间》。

⑤ 梁启超：《评胡适之的〈一个最低限度的国学书目〉》，《清华周刊》1923 年第 281 期之“书报介绍副镌”第 3 期，第 22 页。

如果从此角度来看两人所开列之戏曲书目，便可以明了何以出现如此差异[①]。必须说明的是，笔者无意在此展开胡、梁二人之戏曲书目和戏曲观的比较，此议题之庞杂，亦非笔者现阶段学识能力所能完成。本文在此想要强调的是，何以胡适与梁启超所列之戏曲书目有如此之差异，甚至因各自出发点不同，而引发后续论争，并期望能在众多前辈学者的相关研究之外，另辟一新的论述场域与视角。以下，将从二十世纪初的戏曲研究环境，探讨胡适《最低限度国学书目》在其中所显示的意义与价值，并进一步探讨胡适戏曲观念的立场与态度转变。

五、"活文学"下的"戏曲观"

自晚清以来，以梁启超、陈独秀为代表的知识分子，在中国面临"救亡图存"之际，提出了"欲新一国之民，不可不先新一国之小说"[②]"戏园者，实普天下人之大学堂也；优伶者，实普天下人之大教师也"[③]等主张，开启了晚清戏曲改良运动的高潮，而戏曲也在中国文化界受到前所未有的重视。值得注意的是，面临西学冲击的晚清时期，也正是中国传统文类重构的时期，即使戏曲在当时受到知识分子的重视，但仍主要被视为"开民智"的工具之一，附属于小说的范畴之下，更无法与"国学"一词相提并论。

自 1908 年起，王国维陆续完成了《曲录》(1908)、《戏曲考原》(1909)、《录鬼簿校注》(1909)、《优语录》(1909)、《唐宋大曲考》(1909)、《录曲余谈》(1909)、《古剧脚色考》(1911)等著作后，终于

---

① 夏晓虹认为，梁启超与胡适的国学入门书之争，"亦不妨概括为'常识'与'专门学识'的冲突"。见夏晓虹：《梁启超：在政治与学术之间》，东方出版社 2014 年版，第 252 页。

② 梁启超：《论小说与群治之关系》，梁启超等著：《晚清文学丛钞・小说戏曲研究卷》，新文丰出版社 1989 年版，第 14 页。

③ 陈独秀：《论戏曲》，梁启超等著：《晚清文学丛钞・小说戏曲研究卷》，第 52 页。

在1913年，《宋元戏曲史》的问世[①]奠定了近代戏曲学研究之典范与模式，就连刚返国的胡适都认为，“文学书内，只有一部王国维的《宋元戏曲史》是很好的”[②]。与此同时，另一位曲学大家吴梅，则曾在1917—1922年，作为国立北京大学中国文学系教授，亦在最高学府讲授原本不登大雅之堂的“曲学”，进而引起很大争议[③]。王国维和吴梅都被视为近代戏曲学研究的奠基者。钱基博更在《现代中国文学史》中称：

曲学之兴，国维治之三年，未若吴梅之劬以毕生；国维限于元曲，未若吴梅之集其大成；国维详其历史，未若吴梅之发其条列；国维赏其文学，未若吴梅之析其声律。而论曲学者，并世要推吴梅为大师云。[④]

在前辈学者的奠基与开拓下，随后的二十世纪二三十年代，即可看到戏曲学的研究有了大幅度的发展，如出现了吴梅《中国戏曲概论》（1926）、青木正儿《中国近世戏曲史》（1933、1936）、张次溪《清代燕都梨园史料》（正编1934年、续编1937年）、卢前《中国戏剧概论》（1934）与《明清戏曲史》（1935）、周贻白《中国戏剧史略》（1936）与《中国剧场史》（1936）、徐慕云《中国戏剧史》（1936）、王芷章《清代伶官传》（1936）与《清升平署志略》（1937）等著作[⑤]。如果说，中国二十世纪初戏曲研究得以展开，除了王国维与吴梅在开始便已打下良好的研究基础外，另一个必须关注的重点，即在于胡适和当时盛行的“整理国故”风潮。

---

① 此处参考滕咸惠：《王国维中国戏剧史研究的成就与贡献》，《王国维戏曲论文集》，里仁书局2000年版，第5页。

② 胡适：《归国杂感》，《新青年》1918年第4卷第1号

③ 陈平原：《中国戏剧研究的三种路向》，《中山大学学报（社会科学版）》2010年第3期。

④ 钱基博：《现代中国文学史》，中国人民大学出版社2007年版，第282页。

⑤ 此处参考刘祯：《民间戏剧与戏曲史学论》，国家出版社2005年版，第74页。

自二十世纪二十年代“整理国故”在学界兴起后，“以诗文为正宗的传统的文学观念已被打破，代之以新的文学观——‘托体稍卑’的戏曲、小说等通俗文学亦成为文学重要的组成部分”[①]。传统文学观念的重构，足以让戏曲在文学中凸显其自身的特色，并跳脱以往附属于其他文类概念下的事实；抑或是在“充分肯定和凸显了戏曲社会教育功能，但又恰恰过分强调甚至夸大了戏曲的这一功能”的情况下，回归到戏曲自身的发展脉络。而在“整理国故”运动中，其最具有代表性且能够说明此点的，即是胡适的《最低限度国学书目》。

上文曾提及，在《最低限度国学书目》中，戏曲类总计有十三种；到了《实在最低国学书目》中，仍包含王国维《宋元戏曲史》、《元曲选一百种》和《缀白裘》三种[②]。以王国维《宋元戏曲史》在当时戏曲研究界之重要性与地位，被列入书目内可以理解。值得注意的是，将《元曲选一百种》和《缀白裘》也一并保留到最后，则凸显了胡适一贯以白话文为“活的文学”的主张。而此观点的坚持，从胡适留学时期便可看出端倪。

在发表著名的《文学改良刍议》前，早在 1914 年 1 月 25 日《今日吾国急需之三术》的笔记中，胡适便提出：

> 今日吾国之急需，不在新奇之学说，高深之哲理，而在求学论事观物经国之术。以吾所见言之，有三术焉，皆起死之神丹也：一曰归纳的理论；二曰历史的眼光；三曰进化的观念。[③]

---

① 解玉峰:《试论 20 世纪前期的中国戏剧研究》,《求是学刊》2005 年第 6 期。

② 事实上，在开出《国学入门书要目及其读法》后，梁启超也拟了一份《最低限度之必读书目》，总计二十五种，其中并未包含戏曲书目。见梁启超:《最低限度之必读书目》,《清华周刊》第 281 期之“书报介绍副镌”第 3 期，第 25 页。

③ 胡适著，曹伯言整理:《日记》,《胡适全集》，安徽教育出版社 2003 年版，第 27 册第 261 页。

显然，此处所说归纳的理论、历史的眼光和进化的观念，正是胡适日后返回中国时所一再强调、坚持的主张与口号。而在1916年4月5日的《吾国历史上的文学革命》一则日记中，胡适就透过上述的观点清理出“文学革命”的历史进程：

> 文学革命，在吾国史上非创见也。即以韵文而论：《三百篇》变而为《骚》，一大革命也。又变为五言、七言、古诗，二大革命也。赋之变为无韵之骈文，三大革命也。古诗之变为律诗，四大革命也。诗之变为词，五大革命也。词之变为曲，为剧本，六大革命也。

胡适透过历史的眼光，发现中国文学的发展自身就是一种进化，而最后归纳出：“至元代而登峰造极。其时，词也，曲也，剧本也，小说也，皆第一流之文学，而皆以俚语为之。其时吾国真可谓有一种活文学出世。”[①] 这里提出以俚语创作的文学，才是第一流之文学，而“活文学”的观点，亦延续到1917年1月发表的《文学改良刍议》：

> 此三百年中，中国乃发生一种通俗行远之文学。文则有《水浒》、《西游》、《三国》……之类，戏曲则尤不可胜计。（关汉卿诸人，人各著剧数十种之多。吾国文人著作之富，未有过于此时者也。）以今世眼光观之，则中国文学当以元代为最盛；可传世不朽之作，当以元代为最多：此可无疑也。当是时，中国之文学最近言文合一，白话几成文学的语言矣。[②]

胡适在此不但强化了早期的观点，更认为元代是接近“言文合一”

---

① 胡适，曹伯言整理：《日记》，《胡适全集》第28册，第334、337页。

② 胡适：《文学改良刍议》，《新青年》1917年第2卷第5号。

的时代，白话几成文学的语言，而其中又以小说、戏曲的成就最大。至此，胡适对于戏曲的相关论述都是建立在中国文学的发展历史与脉络中，并坚持元代的小说、戏曲最接近“活文学”的主张。

而在 1918 年发表的《文学进化观念与戏剧改良》一文，则是将文学进化观与戏曲作整体性的结合论述，并在王国维《宋元戏曲史》的基础上，概述了“中国戏剧进化小史”的发展模式。胡适指出，就体裁而言，从元杂剧四折形式到传奇体制，使得“体裁更自由了，故写生、写物、言情各方面都有很大的进步”；而从传奇到“俗剧”[①]的发展，“也可算得是一种进步”。

此外，胡适亦针对“旧戏”之“遗形物”加以批判，如“现今新式舞台上有了布景，本可以免去种种开门、关门、跨门槛的做作了，但这些做作依旧存在；甚至于在一个布置完好的祖先堂里‘上马加鞭’”[②]。值得注意的是，胡适对旧戏台上的“遗形物”加以批判，正如同他在强调创造“国语的文学”时，主张“有不合今日的用的，便不用他；有不够用的，便用今日的白话来补助”，胡适强调的是“今日”的客观性与现实性。如用同样的眼光审视中国戏台上的旧戏，就不难理解，何以胡适会将拥有新式（或西方）剧场的中国戏曲表演，视为“今日”的“遗形物”，而元代以来发展极为兴盛的“活文学”（旧剧），也应被以“中国将来新文学用的白话”“将来中国的标准国语”[③]为主的话剧（新剧）所取代。

尽管如此，此篇文章之重要性仍在于，胡适此时虽仍是以文学的进化观来评判旧戏，但其论述和关注之焦点，已拓展至戏曲的剧本体制、角色人物性格的塑造、舞台艺术、戏曲语言等问题，甚至在用一种理性和科学的眼光，提出了“文学的经济方法”的概念（即时间的

---

① 此处指京剧。胡适：《文学进化观念与戏剧改良》，《新青年》1918 年第 5 卷第 4 号。

② 胡适：《文学进化观念与戏剧改良》，《新青年》1918 年第 5 卷第 4 号。

③ 胡适：《建设的文学革命论》，《新青年》1918 年第 4 卷第 4 号。

经济、人力的经济、设备的经济、事实的经济）。且不论以今人眼光视之，其论述是否有偏颇或“急功近利”[①]之嫌，但这样的论述，更多是建立在“评判的态度”之上。

将近二十年后的1937年，胡适曾为《缀白裘》一书作序，从序言中可以看出，胡适对于戏曲的发展观念，仍延续其早期的论述，甚至仍有许多过当之处[②]，但从胡适在文末所说，“读《缀白裘》的人们不可不知道这些打诨的俗戏都是中国近世戏曲史上的重要史料”[③]，便可证明其在思想观点上的转变。

笔者甚至认为，其早期对于戏曲言论之偏激或激进，更多是因“特定时代之需要”，而策略性地建构新的论述场域，就如同胡适在《“新思潮”的意义》中引用尼采的话，认为“现今时代是一个‘重新估定一切价值’（Transvaluation of all Values）的时代”[④]。如从这个角度来看，或许更可以理解，作为五四新文化运动代表人物之一的胡适，何以在反传统文化的氛围下，提倡“整理国故”的运动，何以在旧剧面临《新青年》一派猛烈抨击的同时，又将旧剧纳入“国学书目”之内。

六、结语

以往前辈学者在讨论胡适的《最低限度国学书目》时，多是关注到胡适与梁启超之间“国学书目”的差异，以及后续“国学书目”的

---

① 安凌认为，胡适戏剧改良理论最致命的弱点，即在于狭隘的急功近利的文学观。见安凌：《“重新评估一切价值”——论胡适“五四”时期的戏剧戏曲观念》，《中国现代文学研究丛刊》2007年第2期。

② 如言及《醉打山门》一出戏时说：“我们没有看见过《虎囊弹》全本，但我们可以断言，《山门》是《虎囊弹》最精彩的一出，这一出在《缀白裘》里保存到如今，就是《虎囊弹》全本佚失了也不足惜了。”见胡适：《缀白裘序》，钱德苍编纂：《缀白裘》，中华书局2005年版，第4页。

③ 胡适：《缀白裘序》，钱德苍编纂：《缀白裘》，第8页。

④ 胡适：《“新思潮”的意义》，《新青年》1919年第7卷第1号。

论争，很少有学者将焦点放在二人的戏曲书目上。如从戏剧研究的角度来看，不论是晚清的戏曲改良，还是王国维的《宋元戏曲史》，甚或是五四新文化运动所带起的新、旧剧论争等议题，一直都是学界关注的焦点，似乎少有学者从“整理国故”的角度，去审视二十世纪初至二十世纪二十年代戏曲研究所受到的影响①。本文因而选择从胡适《最低限度国学书目》出发，试图去开启另一论述面向。

综上所述，当胡适用“历史的眼光”来扩大国学研究的范围时，便将以往不被视为“国学”的小说、戏曲，纳入其“整理国故”的整体概念之下。而戏曲在历经自晚清以来的“文类重构”之后，又一次因中国传统文学、文化面对科学精神的重新审视，得以凸显其自身的发展脉络与地位。胡适在当时能重视《笠翁十二种曲》《缀白裘》等作品，如以现今的眼光审视，仍然十分具有前瞻性与价值。其个人对于戏曲的相关论述与研究，虽然始终局限于中国文学发展的历史，但也明显关注到戏曲演出的其他面向。即使仍在文学进化论的语境下展开论述，然而，以胡适在当时文化界的影响力来看，其真正所要达到的目的，或许是要用科学的精神、评判的态度，去重新审视中国的传统文学与文化，引入新的文学观、历史观，进而在“人为的破坏”之后，有意在新开辟的论域中展开建设。

（原载《汉语言文学研究》2014 年第 3 期）

---

① 郑传寅先生曾作《西学、国学与 20 世纪的戏曲学》一文，但其所谓的“国学”是指“华夏民族的传统学术。近代以来，为区别于外来的‘新学’，曾称之为‘旧学’。它既包含显性的学术成果，也包含隐性的学风、治学态度和治学方法等”。文中并未论及“整理国故”一事。见郑传寅：《西学、国学与 20 世纪的戏曲学》，《湖北大学学报（哲学社会科学版）》2005 年第 5 期。

游富凯，北京大学中国语言文学系2012级博士。现为台北艺术大学戏剧系、中正大学中文系兼任助理教授。2017年返台后，开始关注台湾当代戏曲发展。2020年至今，担任“表演艺术评论台”特约评论人。主要研究领域为清代宫廷戏曲、中国戏剧及剧场史、台湾传统戏曲及当代戏曲。发表《从胡适〈一个最低限度的国学书目〉谈“国学”视野下的“戏曲”研究》《晚清上海演剧文化对北方戏曲生态的影响：以王钟声在天津的演出活动轨迹为例》等文章。

五、家世交游研究

“顾祠修禊”与“道咸以降之学新”

十九世纪宣南士风与经世致用学风的兴起

魏 泉

一

修建祠堂，在中国是一种沿袭极久的习俗礼制。“朝廷建祠，则必取古之有大功德于天下者而祀之，所以奖忠臣示臣下也。都邑立祠，则不问其爵位之崇卑，勋劳之广狭，第以其有德于一方而祀之，所以报恩德志思慕也。”[①]道光二十三年（1843），京师士大夫在宣南倡建顾炎武祠，此后，每逢春秋佳日和顾炎武生日都在祠中举行祀事。这一士大夫自发的活动，前后延续了三十年，毫无疑问，“志思慕”应该是其主要用意所在。

作为开创了清初学术的一代学者，顾炎武的学术造诣和成就受到了同时期学者的推崇[②]。但是顾炎武身后，在乾嘉考据学兴盛的时代，顾炎武的学术影响，主要表现在音韵训诂方面，真正能体现其治学大旨和精髓的《日知录》和《天下郡国利病书》等，并未得到足够的推重。最能代表乾嘉时期主流学者对顾炎武学术成就和学术地位的评判的，是江藩的《汉学师承记》一书。书中因强调汉宋分野，标举汉学

① 王筠：《清诒堂文集》，屈万里、郑时辑校，齐鲁书社 1987 年版，第 13 页。

② 参见潘耒：《日知录序》，《日知录集释》，上海古籍出版社 1985 年版，第 23-26 页。

正统，而置黄宗羲、顾炎武于卷末。纪昀在《四库全书总目提要》的《日知录提要》一文中，也是赞其“学有本原，博赡而能贯通”，“引据浩繁，而抵牾者少”，但对其经世之学，则称：“炎武生于明末，喜谈经世之务。激于时事，慨然以复古为志。其说或迂而难行，或愎而过锐。”“潘耒作是书序，乃盛称其经济，而以考据精详为末务，殆非笃论矣。”[①] 正如《道光学术》一文所指出的：

> 亭林顾氏生当鼎革之际，抱明夷之思，深有感于明季学风之空疏庸腐，不能明气节以临大难，故首标为学之旨曰：行己有耻，博学于文。一以矫宋儒末流之弊，一以阐宋儒未尽之蕴。自时厥后，学者翕然向风，凡所谓名物训诂文字声音之学，流衍于乾嘉，家弦而户诵者，皆亭林所以矫宋儒末流之弊者也。然亭林所尤重者，在于敦励品节，以成致用之才，所谓经世之学，所以阐宋儒未尽之蕴者，独未见声气之应求焉。[②]

嘉道之际，阮元任国史馆总纂，创设《儒林传》，并将顾炎武列为清学第一人。这是学界对顾炎武在清代学术史上的地位的重新评价和肯定。此后，不断有学者私淑亭林经世之学，并对乾嘉考据学者忽略《日知录》表示异议[③]。这种治学取向的转变渐渐成为一批学者共识，并隐然蕴育出一种与乾嘉汉学异趣的新思潮。道光十四年（1834），黄汝诚辑《日知录集释》，也可以视为这种学界思潮的一个征兆[④]。至道光二十三年，张穆与何绍基在同人中倡修顾祠，岁举祀

① 纪昀：《日知录提要》，见《日知录集释》卷首，道光八年刊本。

② 楚金《道光学术》一文见《中和月刊》二卷一期，此处引自沈云龙辑：《中和月刊史料选集》，《近代中国史料丛刊》第六十辑，台湾文海出版社，第260页。另据《剑桥中国晚清史》所附资料索引中称，楚金为瞿宣颖的化名。

③ 参见朱一新：《无邪堂答问》卷五。

④ 参见《日知录集释序》，《日知录集释》卷首，道光八年刊本。

事，而且编纂《顾亭林先生年谱》。其对于顾炎武的评价，可以代表当时京师一批有为之士的共识："本朝学业之盛，亭林先生实牖启之，而洞古今，明治要，学识该贯，卒亦无能及先生之大者。"[①]

不仅在清代学术史上顾炎武的地位曾经如此起落，作为终身不仕清的明遗民，其"明夷之思"也使得在文网极严的康、雍、乾三朝，在京师为顾炎武建祠祭祀成为不可想象之事。嘉道之际，文网虽已日见松弛，但时值乾嘉汉学全盛之后，士大夫学者们所崇拜和祭祀的，还是西汉的经学家郑玄。嘉庆十九年（1814）和嘉庆二十四年（1819），在京的学者名流在京东隅万柳堂公祭郑玄[②]，就是一个显例。至道光初年，这种祭祀郑玄的活动仍见记载[③]。

一个与顾炎武有关的值得关注的事件发生在道光二十一年（1841）。据记载，这一年"奉旨。顾炎武准其入祀昆山乡贤祠"[④]。据称这份由礼部钞出，江苏巡抚会同江苏学政所上的疏，题请以顾炎武入祀乡贤祠的理由是："昆山县先儒顾炎武砥砺廉隅，匡扶名教。"而经部议拟准其入乡贤祠时，对顾炎武所下的评语则是："已故江苏昆山县先儒顾炎武，植躬清峻，砥行端方，讲求经世之学。"不用说，这一评价代表了清朝官方对顾炎武的正式认可。而且值得特别注意的是其对顾炎武讲求经世之学的强调。这对于当时趋向经世致用之学的一批京师学者来说，无疑是一个敏感的信号。此后（1843年），这批京师学者在宣南倡建顾炎武祠，无疑也是因为官方已有了这不容忽视的先声。

---

① 张穆：《亭林年谱题词》，《月斋文集》卷三，"山右丛书"之《月斋集》，山西省文献委员会印。

② 见《清史列传》卷73《徐璈传》和陈奂《师友渊源记》。另外关于此事的记载还见于胡培翚《研六室文钞》卷八的《汉北海郑公生日祀于万柳堂记》附记。

③ 李慈铭：《越缦堂日记》，转引自罗继祖：《枫窗三录》，大连出版社2000年版，第260页。

④ 见张穆编：《清顾亭林先生炎武年谱》，《新编中国名人年谱集成》第七辑，台湾商务印书馆1980年版，第86页。

修建顾祠的地点，选在京师慈仁寺中西北隅的隙地。在这里修建顾炎武祠，最直接的原因是，康熙七年（1668）戊申春，顾炎武五十六岁那年到北京时，曾住在慈仁寺[①]。在这个直接的原因后面，更深层的因素则与宣南这一特殊人文空间的形成有关。

“宣南”从字面上讲就是指宣武门以南，属于明清北京城的外城。清顺治五年（1648），清廷颁布谕旨，京师实行“满汉分城居住”，汉人一律迁居外城。明代后期北京内城“卿、寺、台、省诸郎曹在宣武门”[②]，而“入都之税驾，与出都之饯别，莫便于宣武门外”[③]。因其地利之便，加之颇具一些湖山之胜，林泉之美，明代就有一些官宦人家在此留下了别业、旧宅。宣武门外当时还有很多隙地可以用来增建住宅，加上周围多有古刹名寺可以供外地士子驻足，所以，当汉族官吏择居或建宅，外地进京士子尤其是南方人进京选择落脚点时，宣南很自然是大家的首选。久之，这里逐渐形成了一个以汉族朝官、京官和士子为主要居民的相对独特的社会区域。从“士流题咏率署宣南”[④]来看，居住于此的士人们对这种独特之处也都有自觉的认同。

清代宣南作为一个独特的文化空间的形成，有两个特别值得关注的因素。一个是慈仁寺和琉璃厂的书摊、书市的规模和功能；另一个是各省士子会馆的建置和功用[⑤]。

慈仁寺位于广安门内大街，是千年古刹，始建于辽代。明代成化二年（1466）在原寺旧址上重建，名为“大慈仁寺”。清乾隆九年重修，改名为“大报国慈仁寺”，俗称报国寺。这里因地处宣南，是清

---

① 张穆编：《顾亭林年谱》，第 52 页。另有一条资料称顾炎武当时是住在珠市口东冰窖胡同三官庙内，见震钧：《天咫偶闻》卷六，北京古籍出版社 1982 年版，第 153 页。

② 史玄：《旧京遗事》，北京古籍出版社 1986 年版，第 5 页。

③ 天启四年《广州会馆记》，转引自《北京城市历史地理》，北京燕山出版社 2000 年版，第 529 页。

④ 夏仁虎：《旧京琐记》卷八《城厢》，北京古籍出版社 1986 年版。

⑤ 有关宣南的形成和演变可参见吴建雍：《北京城市生活史》第四章，开明出版社 1997 年版；岳升阳：《北京城市历史地理》第十一章，北京燕山出版社 2000 年版。

代士大夫文人踪迹常至之处，其内有大毗卢阁，又有著名的双松，是许多文人墨客吟咏的对象。施闰章、宋琬、王士祯、冯溥、田雯、宋荦、孔尚任、翁方纲、姜宸英等都有咏慈仁寺的诗作。不过，顾炎武之所以寓居于此，最主要的原因应该是当时这里有京师最大的书市。

当年顾炎武至京时，正值慈仁寺书市鼎盛时候。时顾炎武为撰写《日知录》，正遍访群书，寓居慈仁寺，对于不愿意以遗民身份住进身为清朝显宦的外甥徐乾学宅邸的顾炎武来说，应该是最佳选择。同样，随着嘉道之际承平气象的消退，士大夫中有识之士对世乱将萌的前景，忧惧渐增。为求“胜此时艰”，而讲求经世之学，并以修建顾炎武祠和举行祭祀活动，来表达对顾炎武的思慕追摹，倡导经世致用的学术旨归时，位于宣南的慈仁寺，就以其为士大夫流连题咏的传统和有亭林遗踪所在，而成为修建顾祠之地的理想选择。随后的修禊活动，能延续达三十年之久，也与顾炎武祠所处的宣南的地理位置有很大关系。

会馆中士子会馆的发展则与明清两代的科举取士制度关系密切，因“京师为四方士民辐辏之地，凡公车北上与谒选者，皆建会馆以资憩息”[①]。以方便外地进京赶考的士子为目的的各省地县的士子会馆多建于宣南，经过乾嘉时期的快速发展之后，宣南一带会馆密集，甚至形成了一些有名的会馆街。这种状况客观上为各地到京应考的读书人提供了一个容易相互结识的环境。因三年一次的奉天乡试或会试以及恩科考试所出现的数年一次的全国应试士子汇聚宣南的盛况，是当时京师所独有的[②]。

---

① 见嘉庆二年（1797）《新置宇县氆氇行六字号公局碑》。

② 有关会馆的研究和介绍参见胡春焕、白鹤群：《北京的会馆》，中国经济出版社 1994 年版；汤锦程：《北京的会馆》，中国轻工业出版社 1994 年版，以及吴建雍、岳升阳的有关著作。

二

从嘉庆至道光初年的祭祀郑玄，到道光二十三年的修建顾祠，这一变化本身就反映了当时京师学者中学术思想和治学祈向的一种转变。

从道光二十三年十月顾祠修建完工，次年二月二十四日首次公祭开始，至同治十二年（1873），三十年中，每年的春季（上巳日前后）、秋季（重九前后）和顾炎武生日（五月廿八日）都有祭祀活动①，共举祀事八十五次（其间包括三次特祭）。与祭者第一年有二十七人，此后每年都有新人加入，至同治十二年止，前后参与过祀事的京师士大夫共有二百八十六人（其中包括三名朝鲜使臣）②。人称“自道光甲辰以来，京朝仕宦之号称名士者，几无一不与此祭”③。

在最初发起倡建顾祠的学者及参与修禊的同人身上，鲜明地体现出讲求实学、砥砺志行的新学风和新士风，故这些学者被后人称为当时的“朝士之秀”。“顾祠修禊”活动一经发起，即成相当规模，这反过来又为当时京师这种学术新风气的传播提供了一个交流的场所，聚合了一个志同道合、往来密切的同人圈子。这个怀有共同的经世抱负和相近的学术旨趣的同人圈子的存在，以其规模所具有的效应，不但带动了一时风气的转变，而且保证了新学风的延续，使其不至于因一二人的存殁和离去而归于消歇和断绝。

在这长达三十年之久的顾祠修禊活动中，自然会有人员的殂谢和更替，而且时代也在急剧的变迁中，也不免会造成同人间一些风气的

---

① 其间曾有数次未能举行，如道光三十年的春祭、咸丰元年的生日和秋祭、咸丰二年的生日、咸丰三年的春祭和生日、咸丰十年的秋祭、咸丰十一年的秋祭。而同治十二年以后，也有时续时断的祀事，以其距道咸年间已远且缺乏有关的资料记载，此处暂略而不论。

② 此数字据《顾先生祠会祭题名第一卷子》所载统计，该册为光绪己亥（1899）七月重装，1918年由方还影印刊行。

③ 雷梦水：《慈仁寺集市》，《府园名址》，北京出版社2000年版，第329页。

转移和消长。

通过据《顾祠题名录》所编制的《“顾祠修禊”历次与祭人数统计表》的分析，可以清楚地看出三十年间“顾祠修禊”的一些变化。

“顾祠修禊”历次与祭人数统计表

次序	时间	春祭	亭林生辰	秋祭	备注
1	道光二十四年 1844	14	17	16	三月许瀚入都，特设一祭
2	道光二十五年 1845	8	26	21	
3	道光二十六年 1846	31	8	12	
4	道光二十七年 1847	35	22	29	吴儁绘《顾祠秋禊图》
5	道光二十八年 1848	7	18	19	
6	道光二十九年 1849	17	32	15	亭林生日公饯何绍基，时奉命主广东乡试
7	道光三十年 1850		18	19	十月十日特设一祭，以张穆配祀顾祠
8	咸丰元年 1851	18			
9	咸丰二年 1852	22		9	苗夔年七十
10	咸丰三年 1853			4	陈庆镛出都
11	咸丰四年 1854	5	7	8	
12	咸丰五年 1855	14	6	13	
13	咸丰六年 1856	31	15	18	司马钟绘《顾祠春禊图》
14	咸丰七年 1857	27	27	28	何绍基参与了生日和秋季的会祭
15	咸丰八年 1858	14	9	17	
16	咸丰九年 1859	15	12	19	秋祭并祭叶名澧
17	咸丰十年 1860	19	7		
18	咸丰十一年 1861	14	13		三月廿八日，朝鲜使臣求谒祠，特设一祭
19	同治元年 1862	10	10	8	
20	同治二年 1863	12	13	19	孔宪彝卒于此年，李慈铭与秋祭

（续表）

次序	时间	春祭	亭林生辰	秋祭	备注
21	同治三年 1864	18	10	9	秋祭，张之洞初次与祭
22	同治四年 1865	8	12	10	
23	同治五年 1866	10	11	17	祁寯藻此年去世
24	同治六年 1867	14	18	17	
25	同治七年 1868	13	17	16	秦炳文、王堃各绘《顾祠雅集图》，孙衣言有长记
26	同治八年 1869	21	21	16	鲍康出都
27	同治九年 1870	15	10	14	
28	同治十年 1871	13	16	15	
29	同治十一年 1872	17	15	23	
30	同治十二年 1873	14	16	16	

从上表可以看出，顾祠修禊活动在三十年中有过两个高潮时期。一个是道光二十七年，此年新增与祭者三十四人，参与春祭的人数创下三十五人的最高纪录，且有绘制《顾祠秋禊图》之举。这一高潮延续至道光二十九年，五月廿八日的公祭与祭者也有三十二人之多。另一个高潮是咸丰六年，这一年顾祠得到重新修葺，朱琦等人曾为文记之。此年新增与祭者二十一人，参与春祭人数达到三十一人。而且，"是日叶润臣、孔繡山两舍人并为展禊之会"，又属司马钟绘《顾祠春禊图》以纪其盛。

但是中间也有两个时期，祀事曾有中断之虞。一是咸丰三年，时张穆已逝，何绍基丁忧回籍，苗夔年过七十，此后不见于题名录，有可能也去世了。这一年春祭和亭林生日祀事都未举行，秋祭与祭者也仅有陈庆镛、阮福、林昌彝、潘祖荫四人。而公祭后阮福将赴湖北，陈庆镛奉命回籍办团练，林昌彝因进呈《三礼通释》获钦赐教授，也要离京。咸丰四年，顾祠修禊事并未因主其事者的殂谢和离去而中断，不过与祭者的组成却也不能不有了很大改变。第二个祀事略感不继的时期是咸丰十年和十一年，这两年的秋祭都未能举行。此时最初与祭的同人几乎凋谢殆尽，而于咸丰年间主持祀事的朱琦、叶名澧、孔宪彝等也于此前此后先后过世。同治元年的春祭，迟至四月三日补行，参与人数也仅在十人左右。

根据上述盛衰的交替和人事的变迁，大致可以把“顾祠修禊”分为前、中、后三个时期。前期从道光二十四年（1844）至咸丰三年（1853），中期从咸丰四年（1854）至咸丰二十一年（1861），后期从同治元年（1862）至同治十二年（1873）。这种分期首先是源于人员的代谢更替，但其中也包含着风气上的转变。

三

最初十年间，参与祀事者先后有一百多人[①]。其中参与初祭的二十七人，也就是修建顾祠的主要出资者。这些人中主要包括一批汉学出身的学者（如徐松、张穆、何秋涛、何绍基、苗夔、郑复光、陈庆镛等）和谏垣之臣（其中陈庆镛、苏廷魁、朱琦以抗颜上疏弹劾权臣而直声震朝野，被人目为“谏垣三直”），也有古文名家(如梅曾亮、朱琦、王柏心、吴嘉宾、孔宪彝、邵懿辰等)。其中不难看出有些人是一身而数任的。这些人中有不少属于此前在程恩泽周围聚集着的一个宣南的学者圈。

当时的京师，固可称为“才士之薮”，“究朴学能文章者，辐辏鳞比，日至与闻”。但能“网罗六艺，贯穿百家，又巍然有声名位业，使天下士归之，如星戴斗，如水赴海”的学者，惟有阮元和程恩泽[②]。程恩泽比阮元晚出二十余年，而后人以为“以学术论”，其“博综”

---

① 据《顾先生祠会祭题名第一卷子》卷尾方还识语，“祭则醵资，大率或八两，或四两、二两不等”。

② 见何绍基:《龙泉寺检书图记》,《何绍基诗文集》，岳麓书社 1992 年版，第 784 页。

似过于阮元。特别是程恩泽“有过人之识”，“故其所交游揄扬，尤多魁奇隽异之士”[①]。这个圈子里的风气以融合汉宋，和而不同为尚。当时常州今文经学的代表学者刘逢禄和龚自珍、魏源都在其中，而以徐松为首的边疆史地学者和以理学崛起于湖湘的长沙经世致用集团，也都与程恩泽身边的学者圈子关系密切。其中，张穆和何绍基都是非常活跃的人物。

因此，在参与“顾祠修禊”的前期同人中所体现的，正是发源于程恩泽周围学者圈子中的学术新思潮，亦即王国维在《沈乙庵先生七十寿序》中所说的“道咸以降，涂辙稍变。言经者及今文，考史者兼辽、金、元，治地理者逮四裔，务为前人所不为。虽承乾嘉专门之学，然亦逆睹世变，有国初诸老经世之志”[②]。顾祠之倡建并得到同人的附和，是以这种新的学术思潮为背景的。何绍基曾有诗追溯当时倡建顾祠的初衷：“我昔初构顾君祠，思将朴学萃俦侣。士人能读亭林书，皆得春秋拜堂庑。”可以想见，“群贤高会无虚岁，三祀虔将成盛举”[③]，这样一种郑重其事的祭祀活动，反过来也为提倡士大夫的“博学于文，行己有耻”，砥砺志行，扩大经世致用思潮在京师以至全国的影响提供了重要的舆论空间。在何绍基作于1852年的一首诗中，对“顾祠修禊”的影响和作用有清楚的表述：“亭林祠构今十年，海宇才杰争随肩。文词固勉根柢厚，风骨多有冰雪坚。”[④]

张穆（1805—1849），字诵风，一字石州，山西平定人。与后来官至体仁阁大学士的祁寯藻[⑤]是姻亲。道光十一年（1831）九月，张

① 楚金：《道光学术》，《中和月刊》二卷一期。

② 王国维：《沈乙庵先生七十寿序》，《王国维文集》，北京燕山出版社1997年版，第475页。

③ 何绍基：《题王子梅顾祠听雨图》，《东洲草堂诗钞》卷十八。同治六年刻本。

④ 何绍基：《顾祠秋祭日，陈颂南、王子怀、苗先麓、冯鲁川、潘季玉、杨缃云、何愿船、孔繍山公饯于云深松老之庐，夜归得黎月乔送行诗，次韵奉答并留别诸君子》，《东洲草堂诗钞》卷十四。

⑤ 祁寯藻，字叔颖，山西寿阳人。嘉庆甲戌进士，选庶吉士，官至体仁阁大学士，谥文端。著有《曼九亭诗集》《马首农言》《勤学斋笔记》等。

穆以优行贡成钧。次年正月入都应朝考，得识同年生何绍基[①]和苗夔[②]。三人的友谊始于此时，终生不渝。

从张穆的京师交游中，不仅可以了解张穆祈向经世致用之学的思想渊源和治学环境，也可看出当时的旅京学者之间常见的交往方式和特点。

道光十二年（1832）冬天在京师，张穆结识了俞正燮[③]。当时俞正燮馆于新城陈用光侍郎家，为其校顾氏《方舆纪要》。张穆“一再过之，颇多请益”。俞正燮很欣赏张穆“慧而能虚，虚而能入”，“因与订交”。俞正燮比张穆年长三十岁，所以张穆“礼事之，等为先生，不敢与齿也”[④]。

道光十三年（1833），张穆获交时官户部侍郎的程恩泽，并以“得汉学渊源”受其推许，而其为文更使程恩泽惊为“东京崔蔡之匹也”[⑤]。本来程、张两家已有三代之谊，故“情好之洽，久愈挚。不三五日必招过饮，投巾振袂，谈议交错。寒士之被礼者殆无与比”[⑥]。这一年张穆在京与许瀚[⑦]共同排次俞正燮的《癸巳类稿》十五卷付梓。

道光十五年冬，张穆初识郑复光于银湾客馆，“从之学算。围炉温

---

① 何绍基（1799—1873），字子贞，号东洲，晚号蝯叟，湖南道州人。户部尚书何凌汉长子。道光十六年进士，官至国史馆提调，四川学政。治学通经史，经小学，尤嗜说文，考订旁及金石、碑版、律算。书法人推为“清代第一”（黄黄山《奕人传》）。有《东洲草堂诗钞》《东洲草堂文钞》若干卷。

② 苗夔，字仙麓，肃宁人。优贡生。著有《说文声读表》等书。其《使黔草序》云：“余辛卯举优贡，壬辰应朝考至都。同年咸集，独与何子贞、张石洲以说经讲小学最相得。”《何绍基诗文集·附录二》，岳麓书社1992年版，第1083页。

③ 俞正燮（1775—1840），字理初，安徽黟县人。著有《癸巳类稿》《癸巳存稿》《海国纪闻》等。

④ 张穆：《癸巳存稿序》，《㐆斋文集》卷三。

⑤ 见祁寯藻：《㐆斋文集序》。

⑥ 见张穆：《程侍郎遗集初编序》，《㐆斋文集》卷三。至道光十五年冬张穆由京归里时，程恩泽作《送张石洲归里》五古四首，中有“记衰时多误，君去谁予诤。解创私自喜，君去谁予证”句，也可见程恩泽对张穆学问的推重。

⑦ 许瀚，字印林，山东日照人。举人，官藤县训导。也是治《说文》的小学家。

酒，无夕或间”。郑复光还出自制远镜，和张穆相与窥月中黑点四散作浮萍状，又为其“说远镜之理。旁喻曲证，叠叠不竭。次日复手是书（即《镜镜詅痴》）见示”[①]。让张穆闻所未闻，大开眼界。

沈垚于道光十五年入都，馆于徐松家。从徐松处得闻“其地学之精”。第二年，在何绍基处结识张穆，并以自己的《长春真人西游记金山以东释》见示，“由是往来遂密”[②]。沈垚在写给王梓材的信里说：“垚于知名之士不敢妄与投契，而必求有真性情者乃与订交。数年来仅得平定张石洲一人，以此故耳。”[③]后来沈垚留京为桐城姚元之校《国史地理志》，寓内城。“间旬出相访，则星伯先生为烹羊炊饼，招余（张穆）共食。剧谈西北边外地理以为笑乐。”[④]

道咸年间京师学者对边疆史地之学的研究，最初即发轫于亲历过边陲的祁韵士、徐松，并在徐松、张穆、沈垚以及其后的何秋涛为核心的这个圈子中发展成形。当时治此学的还有理藩院程同文和龚自珍等人，程恩泽、俞正燮也有关于西北史地的考证著作。徐继畬、林则徐、魏源等人对于东南及海外舆地的关注，也是这一学术思路的延续。

道光十九年，张穆由淮安入都，应顺天乡试，因忤监者，“竟坐摈斥，不复得应试”。遭此科场之厄，张穆遂绝意仕进，“侨居宣武城南，闭户著书，益肆力于古”[⑤]。

道光二十年（1840）夏，俞正燮卒于金陵。冬沈垚卒于京师会馆。俞正燮、沈垚身后著作，皆赖张穆为整理校订以行世。

1841年和1842年之交，鸦片战争的失败，使得京师这批讲求经世之学的士大夫学者对时局的忧患感更加深了一层。因此不难想象1843年，当何绍基和张穆在京师倡议为提倡“天下兴亡，匹夫有责”

---

① 张穆：《镜镜詅痴题词》，《㐆斋文集》卷三。
② 张穆：《落颿楼文稿序》，《㐆斋文集》卷三。
③ 沈垚：《与王膢轩书》，《落颿楼文稿》。
④ 张穆：《落颿楼文稿序》，《㐆斋文集》卷三。
⑤ 祁寯藻：《㐆斋文集序》。

的清初大儒顾炎武立祠时，能得到同人的一致响应。而且从每次祀事都有新人加入的事实中，不难看出这种经世祈向对于不在此学者圈之内，但怀有经世报国之心的人，也都具有很大的感召力。

1843 年，张穆在集资修建顾祠的同时，还着手编纂《顾亭林先生年谱》。顾谱修成后，又以“国朝儒学，亭林之大，潜邱之精，皆无与伦比”，编纂了《阎潜邱先生年谱》。这两本年谱的修纂过程，也相当集中地体现了当时学者间声气应求，通力合作的风气。张穆《顾亭林先生年谱题词》对成书过程有详细交代[①]，何绍基《别顾先生祠》[②]诗也有“车徐谱岁月，张子重论撰。江南大河北，余韵蒐讨遍”句，从上述材料可看出，《顾亭林先生年谱》的修定，不算胡虔，前后参与其事的有徐松、何绍基、车守谦、吴应奎、张穆等人。

《阎潜邱先生年谱》的修纂也一样有赖于多人的通力帮助。据张穆的《阎潜邱先生年谱题词》可知，除张穆本人外，从杭世骏、钱大昕到丁晏、叶名澧、刘传莹、何秋涛以及出资刊刻的祁寯藻，都在《阎若璩年谱》的编定中与有功焉。

阎若璩与顾炎武不同的是，顾炎武抱明夷之思，终生不仕清。而阎若璩曾为雍正帝延至京师，索观所著书。阎若璩死后，雍正又亲制挽诗，复为文祭之。这也说明，当时学者所推重于顾炎武的，主要是其经世之志，致用之学，而非明夷之思。

道光二十四年，顾祠落成。同人初次公祭，与祭者十四人[③]，张穆撰公祭文。此年张穆有《致陈颂南书》值得特别一提。这封信旨在规

---

① 见《月斋文集》卷三。

② 见《东洲草堂诗钞》卷九。

③ 这十四人是：苗夔、陈庆镛、何绍基、苏廷魁、汤鹏、朱琦、罗惇衍、庄受祺、冯桂芬、赵振祚、张穆、冯志沂、潘曾玮、杨尚志。其中张、何、苗三同年，“谏垣三直”俱在，汤鹏少年及第，二十余岁即授礼部主事，当世目为异才，也是御史出身，意气踔厉，勇于言事。罗惇衍和其后参与顾祠修禊的乔松年都是 1835 年汤鹏任会试同考官时所拔擢的少年士。赵振祚是张穆的妻舅。

劝陈庆镛，而言辞之严厉直率，堪称少见。此信被收入《皇朝经世文续编》，陈庆镛年位远过张穆，当时已经五十岁，官至御史。张穆此信，"其言为平交所不堪"，李慈铭认为"固足见石州之亢直"。而陈庆镛以位高年长，而能"绝不以为忤，此岂今人所能及哉"[①]。据载，卒谥文节的吕贤基曾说："为文不经石州诃斥订正未可示人。"以直声震天下的陈颂南"独俯首石州"，称"令斯人著獬豸冠，树立过吾辈远甚"[②]。道光朝士以志行相切摩的风尚，于此可见一斑。

当时学者中，尤其是治边疆史地的学者，于学术上的相质相商，前仆后继的风气十分感人，这也在张穆身上得到集中的体现。张穆生前，"以流通古籍，扬抡前贤自任。其于师友著述，表章尤不遗余力"。像俞正燮、沈垚等"皆同志之友"，张穆"钞其所著《癸巳存稿》和《落騆楼稿》藏箧中。及其人殂谢后，悉为谋诸有力者校刊传世"。程恩泽与张穆为"平生知己"，莫晋则为其"婚姻尊行"，二人都是"宾客盈门"的胜流显宦，而"身没以后，诗文奏议零落殆尽"，张穆"百计搜罗，付之剞劂。其笃于风义如此"[③]。陈康祺《郎潜二笔》称："比年厂肆旧书遇有石州手校之本，靡不精审，康祺心窃向之。"[④]

但是张穆自己的著述却大多未及在生前刊行，而是身后"赖友朋弟子掎摭成编"。其《蒙古游牧记》后四卷由何秋涛续成；《月斋文集》

---

① 李慈铭：《越缦堂读书记》，上海书店出版社2000年版，第1167页。

② 祁寯藻：《月斋文集序》。

③ 何秋涛：《月斋文集序》。经张穆校补审定的有：《元遗山先生集》四十卷附录一卷；与何绍基一起排定程恩泽遗集《程侍郎遗集初编》十一卷；编辑其祖父张佩芳《希音堂集》六卷并辑《先大父泗州府君事辑》；编辑其乡寿阳先贤吴玉的《吴侍御奏稿》；校补祁寯藻父亲祁韵士的《藩部要略》十八卷、《藩部世系表》四卷，审定祁韵士的《西域释地》《西陲要略》；校订程恩泽父亲程昌期的《安玩堂藏稿》；校订俞正燮《癸巳类稿》十五卷、裒辑校梓《癸巳存稿》十五卷；校刻郑复光的《镜镜詅痴（附图）》五卷；校定徐松《唐两京城坊考（附图）》五卷；校定沈垚《落騆楼初稿》四卷、《长春真人西游记》等。另外还有为杨尚文主持"连筠簃丛书"校刻的《吴才老韵补》五卷、《顾亭林韵补正》一卷等书。

④ 陈康祺：《郎潜纪闻二笔》卷五，中华书局1984年版。

则由何绍基委托张穆弟子，张、何二人的好友冯志沂的外甥吴氏兄弟编录而成。二书皆由祁寯藻为之出资刊行。这既有何秋涛所说的“特具识鉴，取友必端。报施之理，良非偶然”[①]，也正足以代表当时京师学者同人间的肝胆相照，合作无间。这种风气在治东南海上边疆史地的学者中也同样存在。

梁启超在其《中国近三百年学术史》中曾指出，“道光中叶以后，地理学之趋向一变，其重心盖由古而趋今，由内而趋外”。并举其时以边疆史地之学名其家者，为“寿阳祁鹤皋（韵士）、大兴徐星伯（松）、平定张石洲（穆）、邵阳魏默深（源）、光泽何愿船（秋涛）为最著。而仁和龚定庵（自珍）、黟县俞理初（正燮）、乌程沈子惇（垚）、固始蒋子潇（湘南）等，其疏附先后者也。此数君者，时代略衔接，相为师友，而流风所被，继声颇多。兹学遂成道光间显学”[②]。所强调的，也是当时京师的师友交往与风气转变之间的内在关系。

顾祠修禊的核心参与者中，张穆、何绍基、苗夔三人是辛卯同年优贡生。以次年（1832）至都应朝考，得以订交。苗夔说“同年咸集，独与何子贞、张石洲以说经讲小学最相得。嗣后或聚或散，然聚之时较多”[③]。何绍基对此的解释是：“此三人者志相合，学相砥，闲冷野逸，性相似也。”[④]三人中只有何绍基成进士，为翰林，张、苗二人则潦倒名场。但三人“或居或游，踪迹恒聚于京师，素心樽酒，稽经诹史，过从罔间”，前后长达十八九年。说到三人的性情，何绍基称：“余交游最广；石州狷，次之；先麓狷甚，又次之。”除了性格方面的原因外，交游的广狭大约也与际遇的穷达有关。何绍基为当时的户部尚书何凌汉之子，又“成进士，入翰林”，而另两人则困于科场，甚且绝

① 何秋涛：《月斋文集序》。

② 梁启超：《中国近三百年学术史》，东方出版社 1996 年版，第 388 页。

③ 苗夔：《使黔草序》，《何绍基诗文集》，岳麓书社 1992 年版，第 1083 页。

④ 何绍基：《村谷论心图记》，《何绍基诗文集》，第 789 页。

意仕进。不过，在取友原则上，三人应有共同处，所以何绍基说“两君所善者，则无不与余善”[①]。对于顾炎武之学，苗夔有言：“余之学私淑亭林，子贞、石州则读亭林之书而仰止行止者也。”[②]

应该说，何绍基个人的交游圈子在“顾祠修禊”的发起和延续上，都起着重要的作用。张穆性情狂狷，和与自己学术兴趣相同的人往来密切，生死相托，但对当时以古文名于京师的梅曾亮等古文家则不能免于门户之见[③]。

梅曾亮本人参与过两次顾祠修禊，而顾祠创建之初的与祭者中，也颇有师事梅曾亮，从之问古文义法的古文名家，像朱琦、冯志沂、吴嘉宾、邵懿辰等，这批人之所以会成为顾祠修禊的同人，跟何绍基的关系比较密切。何绍基所交远不限于汉学中人，所谓“平生友朋乐，妙集当时英。冠盖寻冷交，琴尊栖古情。词林多矫矫，谏院尤觥觥。下僚经世怀，高士著书声。凡我所不足，诸君分其赢”[④]。而且何绍基本人在当时谈诗论文也相当有名气[⑤]。

此外，何绍基还因为是湖南人，而与当时京师以唐鉴为首的一批讲理学、重躬行的湖湘士大夫集团多有交往。其中与曾国藩的关系就

---

① 何绍基：《村谷论心图记》，《何绍基诗文集》，第789页。

② 苗夔：《使黔草序》，《何绍基诗文集》，第1083页。

③ 冯志沂与张穆是同乡好友，当时梅曾亮在京师“以古文词提倡后学，一时京朝官如诸暨余小坡、桂林朱伯韩、新城陈懿叔、马平王定甫时时载酒从先生游”。冯志沂“亦厕其末，执后进礼”。梅曾亮不喜汉学，张穆也不喜八家文。梅曾亮听说冯志沂“交石州”，“默默不置可否”，而张穆闻冯志沂从梅曾亮治古文，“辄不乐，或怒加诮让”。不过，冯志沂本人还是“往来于两家者如故”。冯志沂：《授经台记》，《影山草堂杂文》，《丛书集成三编》五十九册，第155页。

④ 1844年，顾祠初祭后，何绍基奉命典试贵州，作《出都四首》，此其四，《东洲草堂诗钞》卷九。

⑤ 《曾国藩日记》道光二十三年二月二十七日记作诗文称“何子贞、汤海秋二君最为敏捷”。曾、何二人在京的交往也以谈诗最为默契。

很值得关注[①]。

道光二十四年二月二十五日的顾祠初祭后，三月曾因许瀚以公车入都，同人在顾祠特设一祭。此祭以亡故的老友俞正燮、陈潮、沈垚、张际亮的灵位配祀，这样做不仅是因为他们是张穆、何绍基等人的好友，主要还是因为他们的学问、志行、风范，体现了顾炎武博学于文，经世致用的大旨。

五月，未及参加同人于顾炎武生日的公祭，何绍基即因典试贵州出都。临行前，他特地到顾祠瞻拜，并写下《别顾先生祠》，自言"持衡恩命被，万里指罗甸。登程复过祠，仰止有余眷"。从精神上对于"先生冠儒林，狂澜植厓堰"的"仰止"，到以"君亲鉴吾身，学行须贯穿。愿从实践入，敢恃虚谈便"的"行止"自期，明确表示要"且当语黔士，庶弗规为瑧"[②]。

道光三十年，何绍基丁母忧回籍。咸丰二年（1852）壬子三月服阕。七月何绍基回到北京，受到登基不久的咸丰帝的青睐，被简放四川学政[③]。对于怀抱经世之志的何绍基来说，这真是大有作为的机会。

九月顾祠秋祭日，苗夔等公饯何绍基于顾祠，何绍基作诗留别诸友人，以"时事艰难各努力"相期相勉[④]。

开始，在其恭报到任折和奏报考试情形折上，咸丰帝还朱批"地

---

① 据《曾文正公年谱》所载，曾国藩在道光二十六年的夏秋之交，"病肺热，僦居报国寺，闭门静坐，携金坛段氏《说文解字》一书，以供披览。汉阳刘传莹精考据之学，每从于寺舍，兀坐相对竟日"。曾国藩从刘传莹问汉学即在此时期。徐鼒的《敝帚斋主人年谱》中记顾祠修禊与祭者有曾国藩（见《近代中国史料丛刊》第二十七辑，第51页），其实曾国藩当时是住在慈仁寺中，知道修禊之事而并未正式与祭。而刘传莹和徐鼒都曾与祭。

② 何绍基：《别顾先生祠》，《东洲草堂诗钞》卷九，同治六年何氏家刻本。

③ "七月入都，蒙召对于圆明园。八月初六日，简放四川学政。初九日，召对于乾清宫，垂询家世外，于诸经注疏、正史纲鉴、宋五子书及说文篆分之学，并原籍道州被贼湖湘防堵情形，由京至蜀沿途关河道路，温语咨诹，靡不曲至"，以至"晷移六刻始出"。何绍基：《去蜀入秦纪事书怀，却寄蜀中士民三十二首》序。

④ 何绍基：《顾祠秋祭日，陈颂南、王子怀、苗先麓、冯鲁川、潘季玉、杨缃云、何愿船、孔繡山公饯于云深松老之庐，夜归得黎月乔送行诗，次韵奉答并留别诸君子》，《东洲草堂诗钞》卷十四。

方一切情形，随时访查具奏”和“汝能如是认真，朕甚嘉悦”。嗣后何绍基出省按试，有关系吏治民生及军国要务的事，都随时上闻。

咸丰四年夏秋间，何绍基“以南江县郑怀江冤狱及大吏需索陋规、河东土司安安氏安平康母子争袭各案，先后驰奏”。虽然钦差大臣前来查办，悉如所议平反办结，但也因此致为权贵侧目。咸丰五年（1855）五月廿四日，何绍基科试潼川完竣回省，才得知自己“于四月内因缕陈时务十二事”，被皇上责以“肆意妄言”，由部议以私罪降调①。

像1839年张穆应奉天乡试被黜一样，1855年这次被降调也是何绍基一生的转折点。此后他绝意仕进，寄情山水。在游历名山大川之后，接受主讲山东泺源书院和长沙城南书院之聘，主持书院讲学十余年，对学生“勗以实学”②。这也代表了当时读书人仕途进退的常态。进则以其所学用世，退则以其所学传授生徒。

四

因首批参与顾祠修禊的同人或去世或离京，至咸丰三年有过一次人员上的更替，对此何绍基和苗夔都有记述。苗夔的《使黔草序》中提到：

> 岁癸卯，子贞集同人匄赀创建亭林顾先生祠于城西慈仁寺西隅隙地，每岁春秋及先生生日皆举祀事。尝有《春禊》《秋禊》二图，同人多赋诗纪事。迄今计之，前此与祭者，汤海秋、徐星翁已逝，苏赓堂、陈颂南、许印林、王朡轩、冯敬亭、赵伯厚、朱伯韩、郑浣香、叶东翁、王子怀、杨墨林、子言兄弟皆先后归里，

① 见何绍基：《去蜀入秦纪事书怀》诗序，《何绍基诗文集》，第356–357页。

② 熊少牧：《何绍基墓志铭》，见《东洲草堂文集》卷末。

> 罗椒生、朱亮甫、庄卫生、魏默深俱外擢。后至者，来往无定，惟余与石州、子贞，则每举咸在。[①]

此时张穆还在，应该是说的1849年年底之前的情形。

何绍基的诗中也有“徐（星伯）张（石州）继逝苏（赓堂）陈（颂南）归，小子孑焉坛坫主。后来吕（鹤田）叶（润臣）冯（鲁川）何（秋涛）边（袖石），不坠风流肃樽俎”[②]的句子。这首诗作于1857年，但所说的是咸丰初年、咸丰二年间的事情。有材料显示，自咸丰六年重修后，顾祠在很大程度上从一个祭奠场所变为一个宴集社交的场所。参与禊集的同人，也从最初的以汉学家特别是边疆史地学者为主，转变为以诗人、文人尤其是宗奉八家文的古文家为主。不变的是其中仍有不少谏垣之臣。

中期的“顾祠修禊”，中心人物有朱琦、王拯、孔宪彝、陶樑、张祥河、祁寯藻、叶名澧等。被降归后，何绍基一度足迹罕至京师，提到京中“顾祠修禊”，有诗云：“传闻古寺就颓落，想到双松成怆楚。比来欣展王郎札，饰荒得自孔君（绣山）语。”也是知道顾祠修禊之事几辍而复举，但“固然修坠事足欣，未免回思意增怃。人事无常有兴废，圣业不朽贯今古。读书所贵才识兼，不在词章绚巩组”[③]。此时的何绍基久不在京师，已经不再在顾祠修禊中扮演核心角色。不过，京中主持顾祠修禊的仍都是他的好友，何况他此时已经绝意仕进，又本乐耽诗酒。可以说，前期和中期的顾祠修禊中，风气的改变在何绍基身上有一个过渡。

---

① 苗夔：《使黔草序》，《何绍基诗文集》，第1083页。

② 何绍基：《题王子梅顾祠听雨图》，《东洲草堂诗钞》卷十八。

③ 何绍基：《题王子梅顾祠听雨图》，《东洲草堂诗钞》卷十八。

咸丰六年（1856），重修了顾祠，朱琦、王拯有文记之[①]。咸丰七年，何绍基一度入都，重与禊事，应该说目睹了这种变化。从何绍基《东洲草堂诗钞》中的一组作于咸丰七年（1857）的诗作的题目上，也不难想见，此一时期宣南士人在顾祠聚会之频繁[②]。

咸丰十一年（1861），何绍基有《忆顾祠》诗，诗前小序有云："近年京师吟社，多在顾祠、长椿寺、松筠庵、寿阳第。"从"吟社"一词，可以体会到顾祠修禊同人的某种转变，即由励学谈史转为诗酒唱和。

不过这一时期的同人中，砥砺志行之风仍然浓厚。以咸丰五年（1855）初次与祭的尹耕云为例，尹是道光三十年（1850）进士，祁寯藻视学江苏时即"重其学行"。尹耕云于"咸丰中官御史。时方多故，封章数上，人争传诵，直声著一时"[③]。这是指咸丰八年第二次鸦片战争期间，英法联军的舰艇驶至直沽，当时尹耕云"剀陈时政，疏凡八九上。最后以与设立夷馆议，力争不可，痛哭于朝"[④]。

徐鼒《敝帚斋主人年谱补》中咸丰八年条记有："三月望至都，四月夷船驶入杨邨，官军奉议款密旨，莫敢进击。廷臣争者数十人，王侍郎茂荫、殷学士兆镛、尹御史耕云，言尤痛切。"[⑤]此处提到的其他两人也都是顾祠修禊与祭同人。可见此时顾祠修禊与祭者中，谏臣风

---

① 朱琦自己也说写了《顾先生祠记》，但不见于《怡志堂文初编》，不过该集收有一篇《昆山顾亭林先生祠记书后》，其中说，咸丰二年，韩介孙教谕昆山，在玉山讲院旁建了一个顾炎武祠，并为之记。朱琦认为"前后数年间，南北若合符契，朴学兹盛矣"。（文见《怡志堂文初编》卷六）王拯的祠记也不见于《龙壁山房文集》。

② 《丁巳（1857）杪春，朱伯韩、孔绣山、王少鹤、叶润臣觞我于顾祠，宾主共十人。客有符南樵、林颖叔（寿图）、刘炯甫、宗涤楼（稷辰）、朱眉君》《清明之后，朱伯韩、孔绣山、王少鹤、叶润臣招集顾祠，即题润臣〈城南买醉图〉后》《闰五月，王子梅至京，以廿八日宴客于顾祠，正值亭林闰生日，有诗作。并且是日寿阳相国（祁寯藻）、诗舲少宰（张祥河）皆有和作》《八月，范云吉比部招同朱伯韩、王少鹤、李眉生、赵元鹝、李六榕、朱眉君宴集顾祠》。

③ 高延第：《心白日斋集序》，《心白日斋集》，"近代中国史料丛刊"第四十二辑，第4页。

④ 吴昆田：《河陕汝道尹君墓表》，《心白日斋集》，第5页。

⑤ 徐鼒：《敝帚斋主人年谱补》，"近代中国史料丛刊"第二十七辑，第86页。

采犹在。

后期（1862—1873）的“顾祠修禊”，与前期相比，虽然仍在按期举行，但基本上流于一种形式。与祭者中，既少前期经史学者“承乾嘉余绪”而复“为前人所不为”之学的学术上的开拓，又无中期那批既有经世之才，复以能诗能文名于世者的文采风流。难怪不止一个此期参与过顾祠修禊的人，对此发出老成凋谢、不复昔时之盛的感慨。其中值得一提的是李慈铭和孙衣言的记述。

李慈铭于咸丰九年（1859）入都，浮沉郎署。同治二年（1863），他曾参加过顾祠秋祭，但是在日记中却未提及。后来在记其想为郑玄作生日而无钱无客时，才牵连提到：

> 忆道光初，胡竹邨氏曾举是祭，所招有龚定庵、夏心伯，而《定庵集》中有诗纪事，乃痛砭郑君之学，心伯著《庭闻录》深诋同集之人，叫譟裸袒。夫以胡氏经学名家，又尔时承乾嘉之后，海宇晏清，人才尚盛，而召客已不能尽择。盖同方同术，自古为难，何论今日耶？即如都中近日顾祠大会，大率不识一字之朝贵及翕热奔走之少年，其胸中尚不知《日知录》为何书，而俨然衣冠，春秋奠醊，奴颜婢膝，尘汗粪言。吾知亭林炎灵遁逃之不暇矣。礼堂孤学，服膺毕生，束带陈经，羹墙可见，奚必修市脯之敬，尽村酤之酹乎？①

和李慈铭一样，孙衣言也只参与过一次同治七年顾炎武生日的顾祠修禊，并负责题名于册。在记完与祭者名单之后，孙衣言又抚今追昔，抒发了一通感慨：

---

① 李慈铭：《越缦堂日记》，转引自罗继祖：《枫窗三录》，大连出版社2000年版，第423页。

> 始顾先生祠初成，余实在京师。予友孔繡山、叶润臣、朱伯韩屡要予一拜先生，予未敢往也。……今年春以选人至京师，则文端公下世已二年，王侍郎、蒋府丞亦先后亡，工部官秦中，户部归桂林。适逢先生之生辰，得从诸君子后以祭先生。既卒事，同年鲍侍读子年以故事出先生画像卷，命为题名。展卷读之，则文端公及旧游诸君子之遗墨多在，而二十年题名卷中类多文章卓荦之士，衣言亦往往得见之，何其盛也。…… 今国家多事，虽不能如二十年前之易于有为，然自顾祠之初成，道光癸卯、甲辰之间，世事之变固已萌（蘖）其间矣。使上之人怵惕惟厉以求贤才、修政事为心；下之人发愤为雄，以崇廉耻、知古今为务，至二三十年而谓中国之聪明材力必不足以得志于天下，谁其信之。[①]

孙衣言最后写下的一句话分量很重，其曰："衣言幸得从二三子拜先生之祠，瞻仰先生之遗貌，其当思所以无愧于先生，岂徒以为相从饮酒，修饰故事而已哉？"[②]

同样，李慈铭的话虽然不无过激之处，也仍然可以"觇世运升降，学术隆污"，故"非一人之私言也"[③]，而且"同方同术，自古为难"，也从反面证明，初期的"顾祠修禊"同人之中，那种敦品励学学术风气之可贵，不仅在学术上有相当的研究，于学风方面也有无形的转移。

同治年间京师人才空虚也许还有另一个原因，即自从曾、李所率的湘军、淮军在与太平天国的对抗中兴起，曾国藩、李鸿章相继开幕府纳士，一时人才云集于幕府，也是一个不争的事实。特别是曾国藩幕府中，"宾僚尤极一时之盛"[④]，"候补之官员，怀才之士子，凡法律、

---

① 见于《顾先生祠会祭题名第一卷子》。

② 同上。

③ 罗继祖：《慈仁〈顾祠题名录〉》，《枫窗三录》，第 424 页。

④ 薛福成：《叙曾文正公幕府宾僚》，《庸庵文编》卷四。

算学、天文、机器等专门家，无不毕集，几于全国之人才精华，汇集于此”[①]。

同治十三年（1874）以后，“慈仁寺日就荒圮，顾祠亦渐颓废。祭仪断续无常，莫可究诘”[②]。至此，延续了三十年的顾祠修禊算是进入了尾声。

不过，此事还有袅袅不绝的一缕余音。据雷梦水文中称，民国七、八年间（1918—1919），吴县张仲仁（一麐）等倡议葺复顾祠，到1922年重修正殿竣工，当时张仲仁已经离京，由吴昌绶约同孙雄、陆鸿仪等设祭，顾祠遂复旧观[③]。关于此事的另一个说法是：“己未（1919）春，庄思缄、罗秋耘诸君修原祠，复祭于慈仁寺。”[④]不管哪种说法更为准确，至少可以知道，1920年前后，的确有人曾经尝试恢复“顾祠修禊”这一宣南士大夫的传统。

王国维关于清代学术“国初之学大，乾嘉之学精，道咸以降之学新”的经典表述，着眼于学术的承继和时势的转移及二者的关系。所谓“道咸以降之学新”，既指出其“承乾嘉专门之学”，又强调由于时势所迫，学者“逆睹世变”，遂“有国初诸老经世之志”。后世史家对于此一时期学术风气的描述，基本上不出这一思路。尽管对于道咸以降学风转变的具体指陈略有异同[⑤]，但从整体而言，“道咸以降之学新”的说法殆可谓于学术思想史上已成定论。其所谓“新”者，概言之，是经世致用学风的兴起。

---

① 容闳：《西学东渐记》，中华书局1991年版，第87页。

② 雷梦水：《慈仁寺集市》，见《北京文史资料精华·府园名址》，北京出版社2000年版，第328页。

③ 同上。

④ 见于《顾先生祠会祭题名第一卷子》卷首的方还识语。

⑤ 参见楚金：《道光学术》，《中和月刊》二卷一期，此处引自沈云龙辑：《中和月刊史料选集》，《近代中国史料丛刊》第六十辑，台湾文海出版社，第260页。

学术的积累和学风的转变，都非一人之力可以达成。一代学风的转变，固与其特殊的时代背景有关，且得力于这个时代杰出之士的倡导和推动。但在这时代和个人两极之间，还有一层会影响到风气转变的不应忽视的重要因素，即士林交游。也就是仕宦、学者、文人之间，借由种种关系（如亲属关系、同乡关系、师生关系、同科同门关系）和方式（如学术交往、诗文唱和）结成的小圈子。这些小圈子对于大风气的形成之所以能产生重要影响，是基于以下原因：

第一，一个时代的杰出之士不可能脱离其生活于其中的特定环境而一无依傍地形成他影响到整个时代风气的思想。事实上，他与师友之间因交往而产生互动，其影响总是双向度的。

第二，在报刊等大众传媒尚未进入大众生活并产生广泛影响的十九世纪上半叶，仕宦学者之间的交流和沟通主要是在声气相投、志同道合的师友之间进行的。受传播渠道、地域及流布方式的限制，在某一小圈子中更易于形成相近的学术取向。而且，以一时一地之风气的形成而言，一个士大夫小圈子作为群体所发出的声音，自然要比“孤吟无和”的个人的声音更响亮。

第三，清中叶以后，学界和官场中的士大夫官僚间的交往形成了一种特殊的关系模式，此即费正清所说的“庇护制网络”[①]。这种模式的形成源于读书人发展其周围私人关系的惯例，首先是其与读书时师从的老师、科考中的座师和延聘其入幕或主讲书院的恩主之间的私人关系；其次是与同科士子、同学及同一思想流派的人建立密切的私人关系；另外传统的社会关系如亲属关系和同乡关系也在其身处异乡时发挥着重要作用。

京师作为四方辐辏，人文荟萃之区，在清代的学术发展中起着重要的作用。道咸年间经世致用学风的形成，就与宣南特有的人文背景

---

① 参见费正清：《剑桥中国晚清史》第一章：《导言：旧秩序》，中国社会科学出版社 1993 年版，第 19-20 页。

有关。其中，揭帜于常州的今文经学和崛起于湖湘的理学传统，都是经由旅京学者（绝大多数居于宣南）在京师的学术交流而发生了广泛的影响。边疆史地研究成为引人瞩目的显学，更是扎根于宣南深厚的学术土壤之中。可以说，道咸以降学风的转变，得益于宣南士人与来京的外地学者之间的交流和互动，在由不同学者仕宦组成的小圈子里生发出来。倡建顾祠的张穆和何绍基，都是道咸学风转变中具有代表性的重要人物，而“顾祠修禊”，正可看作是道咸以降学风转变的标志性事件。

（原载《清史研究》2003 年第 1 期）

魏泉，1968 年生于山东济南。山东大学汉语言文学专业学士和硕士，师从武润婷教授；2003 届北京大学文学博士，师从夏晓虹教授。2003 年起任教于上海华东师范大学中文系，现为古代文学教研室教授。主要研究领域为近现代中国文学与文化研究，尤其关注文人交游与旧体诗文，并在近现代都市研究、小说研究、报刊研究、图文跨界研究、谣言研究、港台文学与科幻小说研究等领域多有涉猎。2007—2008 年度哈佛燕京学社访问学者，2014 年度伦敦大学亚非学院访问学者。

吴梅与黄侃失和事实考论

郑志良

吴梅和黄侃是现代学史上两位重要的人物，他们在各自的学术领域里都做出了杰出的贡献，前者以戏曲研究知名于世，被称为“曲学大师”，后者在传统国学研究的诸多方面迈跃前人，被称为“国学大师”；两人曾在当时南北两所最高学府——北京大学、中央大学任教多年，桃李满门。但两人在二十世纪三十年代曾发生过激烈的冲突，给后人留下不少的话题，而一些描述两人冲突的文字存在着不少失实之处，给人的印象是，要不两人是势不两立的死对头，要不两人之间并没有发生过什么激烈的冲突。本文结合吴、黄二人的日记，对他们失和的事实作一番梳理与论述，以就正于方家。

一

吴梅和黄侃发生冲突是在二十世纪三十年代两人同在南京教学期间。袁鸿寿先生在《吴瞿安先生二三事》一文中提及两人的冲突时说：“……黄季刚先生曾讽刺曲学为小道，甚至耻与擅词曲的人同在中文系当教授，从谩骂发展到动武。排课的人只得把吴的课排在一三五，黄的课排在二四六，使他们彼此不相见面。黄侃与系主任汪东都是章门弟子，自然瞿安先生处于下风。”[①] 程千帆先生对此提出了反驳：“季

① 《学林漫录》三集，中华书局 1981 年版，第 8 页。

刚师在北京大学任教是1914年到1919年，瞿安师则是在1917年到1922年。其间两人同事二年。……两位老师纵无深交，也绝无恶感。如果季刚老师讥讽曲学为小道，并且耻与擅长词曲的人同当教授，那么这种使人不愉快的事情早在北京大学就该发生了，何至于要迟到30年代呢？”[①]程先生的这种说法是有道理的。吴梅和黄侃在北京、南京同事多年，有一段时间他们还是较要好的朋友。吴梅是戏曲名家，尤擅昆曲，制曲、谱曲、唱曲，样样精通，而黄侃也非常喜爱昆曲，在这方面他们有共同的爱好。北昆著名演员韩世昌曾回忆说：“北大教授中除蔡孑民、吴瞿庵喜欢听我的戏以外，黄季刚（侃）也喜欢听昆曲，后来他和吴先生合送我一个别号‘君青’，我在城南游艺园演唱时，北大同学们还给我贺过号，送锦幛，并题诗名曰：‘君山一发青’。”[②]从这一点可以看出，吴梅与黄侃在北大教书期间曾有不错的交往，否则，他们不会共同给韩世昌赠号。黄侃到了南京之后，依然保持着对昆曲的喜好，这在他的日记里也有记载：

午后，挈三子出听昆腔于皇后戏院，极有趣。（一九三二年十一月十九日）

旭初来餐，遂同出，看昆戏，夜归，寒。（一九三二年十一月廿日）

夜，与小石、旭初同看昆戏（过文海买《缀白裘》三元）。（一九三二年十一月二十一日）

午后，复观昆戏（旭初同往），至暮，与数人同食一小馆，甚不洁。复观昆戏，疲甚乃归。（一九三二年十一月二十二日）

王煜来，复与观昆戏。新乐之使人不知倦，何也。（一九三二年十一月二十四日）

---

① 《程千帆全集》第十五卷《桑榆忆往》，河北教育出版社2001年版，第87页。

② 王为民编：《吴梅和他的世界》，河北教育出版社2002年版，第99页。

吴梅1922年离开北大，应东南大学（1928年改为中央大学）之聘，主讲词曲，除短暂地任教于中山大学、上海光华大学，他一直在南京教书，直至1937年抗战开始；黄侃1919年离开北大，1928年应中央大学之聘，到南京教书，直至1935年在南京去世。这期间两人共事七年，读黄侃的日记可以看出1929、1930年这两年吴、黄二人交往非常密切（现存的吴梅日记始于1931年10月，故无这段时间两人交往的记载）：

晴。与伯弢、泊沆、小石、辟疆、晓湘、瞿安、旭初补禊，先照像于六朝松下，比诣北湖芳园，各携酒肴食之，次泛舟至太平门，至菱洲，至湖神祠，傍晚入城，市路车归，别有记。（一九二九年三月十一日）

晴，夜雨。十时偕友人五人赴苏，乘十二时三十分快车，在车上饮白兰地，食西菜，热甚，仅著单衣，七时到，瞿安迎于站，自新开平门入，经北寺塔下，至老城皇庙，寓中央饭店，予居二号。旋瞿安邀出，食于前街松鹤楼……（一九二九年三月二十三日）

晨起与诸人乘车出胥门登舟，以小汽船曳之，在舟中始定游邓尉之计。……还已暝，复食于舟，则大飧也，肴馔更精，余醉甚，返至旋馆，与瞿安、伯沆、辟疆打牌，至子夜，余小赢。（一九二九年三月二十四日）

晚醵饮福禄林，为伯弢先生祝寿。瞿安和予《瑞龙吟》“絮”字韵甚巧。（一九二九年四月九日）

饭后，旭初、晓湘、辟疆、瞿安来，遂偕游后湖，携酒蟹以往（石禅、念田及辟疆之子越、佑从），憩洲山茶社。久坐，对钟山岚色，北诸烟痕，荷凋柳黄，秋容凄懔，约连句填词一首，趁月而归，复开尊共酌，十时始散。瞿安度曲甚多。今日之游，

极度朋尊游赏之美已。（一九二九年九月八日）

甫启卷，旭初、瞿安来饭，饭后瞿安唱曲，遂未观书。（一九二九年十月六日）

午后赴一种会，听瞿安夫妇唱昆腔，又有一胖女教师唱英国诗，亦可喜。（一九三〇年五月十二日）

瞿安午共食蟹，并示其词稿。（一九三〇年八月二十三日）

以上事实都说明吴梅和黄侃在很长一段时间内算得上要好的朋友，但两人之间确实发生过冲突。金虑先生在《记吴瞿安先生数事》中说："民国二十三年暑期中文系毕业同学公宴诸师，吴师酒后自言骈文独步当时，黄季刚师时亦披酒，未允其说，竟至龃龉不欢而散。次日吴师酒醒亲邀汪辟疆师同至黄师处致歉，欢笑如初，行谊古道，非人所及。"[①] 程千帆先生也说："1934、1935 年，我正在金陵大学读书，也曾陪待老师们赋诗饮酒，记得只有一次，两位老师发生了一点口角，也不过是醉后失态，绝不涉及学术问题，当时既未动武，事后也并无芥蒂。"[②] 这些说法并不准确，吴、黄二人发生过两次冲突，其中有误会的成分，但也并非完全不涉及学术问题。

吴、黄二人首次冲突发生在 1933 年五月十一日，两人的日记中都有记载，但详略不同。吴梅这一天的日记记载："（五月）十一日（西三日）。晴。早为张明义作字，非常费力，午后访刘三，留晚饭。又赴万全，应毕业生之召。余已醉，遂与季刚破口，思之可笑，两生送归。"[③] 黄侃同一天的日记中也有记载："十一日庚子（六月三号，礼拜六）晴，暮阴，夜微雨，缪赞虞以驳傅某《东北史纲》一文见示。晡，旭初来同出至老万全，应毕业生之请，照相，吃饭。酒阑，吴梅至，

① 《吴梅和他的世界》，第 95 页。

② 《程千帆全集》第十五卷《桑榆忆往》，第 87 页。

③ 《吴梅全集·日记卷》（上），河北教育出版社 2002 年版，第 302 页。

已被酒，复饮。席散，予方慰荐其子有狂疾未愈，令善排遣，不意梅误以为论文，说自云散文第一，骈文亦第一，种种谬语。至是，予乃知其挟有成见，与予寻衅耳，遂不得不起应之，径欲批其颊矣！人掖之出，乃已。予素不轻赴宴席，此次破戒，遂受此辱。左胫触几伤皮，尤可恨也。”①

黄侃说吴梅“挟有成见”，这在吴梅日记里确有记载，吴梅1932年12月15日的日记中写道：“小石谈季刚事，极可笑。金陵、中大两处正课，皆不去上堂，别邀诸生拜门，如前清授徒然，每生以十元为月脩，已有二十馀人矣。此一节可笑。又闻重庆大学延聘季刚，先寄月资千元，及川作乱，不果行，此千金不寄还，此又说不过去矣。……季刚有一老姊，适扬州毕氏，季刚少孤，姊氏抚之成立，及悼亡后，乃姊劝其置篷室。时有盐商某姬，将择人而事，貌极美，季刚遣冰人通殷勤。姬须一观郎君丰度，以定成否。姬母本一老伎，善相人，既见季刚，决非良匹，遂作罢。季刚迁怨于姊氏，大闹一场，及姊氏殁，曾不吊奠焉，此更无理之极矣。”② 吴梅对黄侃的成见主要是对他为人处事有看法，而且这次争吵时，吴梅在酒后可能对黄侃进行了人身攻击，以至引起黄侃的暴怒，“径欲批其颊”，如果单纯是论文，黄侃不至于有如此激烈的反应。但有许多学生和同事在座，不可能让他们俩真的打起来。这次冲突，吴梅自知有点理亏，事后他也进行了一些补救：

> 十二日（西四日）。晴。今为休沐日，疲乏不堪，酒能害人，信然。晨间马宗霍、冯欣候陆续至，午后常任侠来，因闻昨日与季刚事来候我，是可感矣，至四时方去。余往访王晓湘，方知昨日几乎动武，可谓酒德不佳矣。

① 《黄侃日记》，江苏教育出版社2001年版，第885页。
② 《吴梅全集·日记卷》（上），第256、257页。

十三日（西五日）。阴。早看旭初，告以前日事，即托其解围。

十四日（西六日）。阴。早起作书三通：一子深；一和士；一良也。改诸生词卷二十本。旭初来，述前日醉中事，虽互有不是，但季刚确未先骂，嘱余向伊道谢。余不允，且云："渠骂人多矣，宁不受人一次乎？况余已沉醉，一切不知，渠若哓哓，亦不惧矣。"旭初云："然则到书于吾可乎？"余不得已允之，即起稿，末云："陶诗云'但恨多谬误，君当恕醉人'，请为两兄诵之。"旭初笑持去。

十五日（西七日）。晴。早起食饼，赴校则中文系诸生，交相慰藉。余愕然询之，知又为季刚事，余一一答谢。课毕归，则李和兑持季刚复旭初书至。阅之则云："瞿兄廿年老友，岂以醉饱过差而失之乎？雨过天青，正把笔时光景。"余初甚怒，继以和兑诸人在座，遂含忍之。彼既不较，余亦作罢矣。

不过从黄侃的日记来看，他并没有真的原谅吴梅，他在1933年五月十四日的日记中记载："旭初以吴梅书来谢罪，即复，言不再与之共饮，斯已矣。"[①]此后一年多的时间，两人在公私场合再无聚首。至于袁文中所说的"排课的人只得把吴的课排在一三五，黄的课排在二四六，使他们彼此不相见面"，程千帆先生对此的解释是："当时在中央大学和金陵大学两校同时任教的老师，为了使两校学生能够把老师开设的课程都学到，所以尽可能地把授课时间错开。那时季刚老师在中央大学的课是在星期二四六上午讲授，而在金陵大学的则在一三五下午讲授；瞿安老师则反过来，在中央大学是一三五上午，在金陵大学是二四六下午。"[②]程先生曾在金陵大学读过书，他的这种说法应该是可信的。

---

① 《黄侃日记》，第885页。

② 《程千帆全集》第十五卷《桑榆忆往》，第88页。

如果要追寻吴、黄二人这次冲突的缘由，也并非完全与学术无关，它可能与黄侃对吴梅的剧作提出批评有某种关联，但这是私下的批评，而不是公开讥刺曲学为小道。吴梅的《霜崖三剧》刊行之后，曾赠给黄侃一套。黄侃1933年四月廿五日的日记中写道："雨，暮雨尤密。观《中庸直解》。《中庸》究与《大学》有殊。晡讲《易》，乏趣。吴梅赠其的刊乐府三种，刻印最精。"[①] 四月廿六日的日记有："晴，竟日未看书。晨讲，夜看吴梅《霜厓三剧》。乏趣。"[②] 由此可见，此前黄侃没有讥刺曲学为小道的言论，否则，吴梅不会把自己得意的《霜崖三剧》赠给黄侃，而黄侃对吴梅的剧作评价不高，认为其"乏趣"，而且黄侃可能把自己的这种感受在吴梅的面前提起过。黄侃1933年五月初二的日记记载："飧后步至子明处，取前推太一数稿。辟疆邀至其家啖鲥鱼，晤瞿安，与谈所撰曲，深夜归。"[③] 而吴梅同一天的日记记载："（五月）初二日（西廿五日）。晴。早起食面。写疏文、作书，改诸生卷，又步署行李，预备明日返苏。下午赴金大上课，课毕返，汪辟疆邀晚饭，晤季刚。酒既不畅，粥亦无有，闷闷归。再饮，已十一时矣。"[④]

黄侃和吴梅在汪辟疆家里饮酒，席间黄侃可能针对吴梅的剧作谈了自己的感受，当然是不好的一面，以至这一天吴梅"酒既不畅"，而后"闷闷归"。这个月的十一日，两人再次聚饮时，吴梅醉酒之后把黄侃慰问他的话当成要讨论文章的话，言语之间露出对黄侃的攻击，多年的同事和朋友遂失和。

吴梅和黄侃的这次冲突折射出吴梅一种矛盾的心理。一方面吴梅以曲学成就闻名于时，当别人对戏曲以及他的曲学成就有所轻视的时候，他必然会有所反应，在吴梅、黄侃未失和之前，黄侃1931年正

---

① 《黄侃日记》，第881页。
② 同上。
③ 同上，第883页。
④ 《吴梅全集·日记卷》（上），第300页。

月初六的日记里记载这样一事："吉川幸次郎来，留饭，并约瞿安，又赠以一诗。吉川为予书扇，录《新宫铭》。印泉来信。吉川自言考订而不好词曲，又于瞿氏无所咨问，瞿氏恶之。"[①]另一方面在吴梅生活的年代，曲学为小道也是人们一种较为普遍的看法，这种看法必然会在吴梅的心中留下负面的影响，和当时的许多文人一样，在吴梅的观念中诗文的地位同样要高于戏曲，关于这一点我们从他临死之前写下的遗嘱中可以看出。吴梅《百嘉堂遗嘱》中云："检点行箧，诗词曲诸稿，粗已手定，惟文集未遑厘订，以中岁论经论史之作，就留故里，遭焚掠，存亡未卜，箧中所有，止记序碑传各稿，不足见平生肆力所至也。……今人富词曲者，未尝不是。但余所有者，不独此耳，频年南北客中度岁，几成惯例。上庠延聘与子弟肄习者，多声律对偶之文，至有誉我为词曲专家者，余亦笑而不辩也。生平之志，五十以后，归田读史，节衣缩食，得涵芬楼二十四史，颇思在此一二年，辞去讲席，专诵此书，以殿本细校一通，当有不少发明处，岂料狂虏肆虐，故里成墟，昔日甲乙标，今已不堪重问。边省寄迹，老病颓唐，东望乡关，生还何日！汝曹异日行有馀力，须时时读史，以竟我志，子子孙孙，毋忘斯言！"[②]从这份遗嘱中我们可以很清楚地看到吴梅的心迹，他也是志在经史，他认为自己平生肆力所至乃是文章，而不是词曲，当世人称其为词曲专家甚至曲学大师时，他只是"笑而不辩"，因此，他酒后放言自己"散文第一，骈文亦第一"。

吴梅的戏曲观念和王国维有相似的地方，两人同为近代曲学的奠基人，但又对戏曲存在着一定程度的轻视。1925年，日本学者青木正儿到清华园拜谒王国维，他向王国维谈起欲继王的《宋元戏曲史》之后写一本《明清戏曲史》，王国维只冷淡地说了一句："明以后无足

---

① 《黄侃日记》，第668页。

② 《吴梅全集·日记卷》(下)，第908、909页。

取，元曲为活文学，明清之曲，死文学也。”[①]王国维对戏曲的轻视也是显而易见的。吴梅虽说比王国维前进了一步，不认为元之后无曲，重视明清传奇，但他对戏曲的兴趣主要集中在昆曲上，他对昆曲之外的京剧及地方戏却不以为然，1932 年 12 月，京剧演员新艳秋到南京演出，欲见吴梅一面，吴梅说：“余对于京剧坤角，素不捧场，无相见之要，拟作书婉辞之。”[②]后来梅兰芳到南京演出，通过余上沅欲与吴梅相见，也为吴梅辞谢[③]。吴梅在谱曲、制曲、唱曲方面都有很高的造诣，但都限于昆曲，他自己曾说对于京剧“真一窍不通”[④]。他并非不通，而是不为也。

二

吴梅和黄侃第二次争吵发生在 1934 年九月廿八日，黄侃当日的日记中记载：“廿八日己卯（十一之四，礼拜日）晴。曹经元晨来，久谈。尚笏来，邀至老万全，赴学生之会。酒半，摆子忽伪醉，以语侵人，正言呵之。袍哥在侧，几欲佐斗，闻言而止。酒后与二刘游淮，登岸时，一足堕水中，袜已沾湿，幸即跃起。群饮最宜戒，饮食必有讼，不能坚守圣言，可谓饕餮无耻之人，真可悔痛也。”[⑤]黄侃的日记语焉不详，如果我们参看吴梅的日记，就能清楚地了解事情的经过，吴梅当天的日记记载：“廿八日（西四日）。晴。休沐无课，将前【齐天乐】词重写一纸，拟赠辟疆也。今日为金大研究班诸生公请各师长，余亦往食，在贡院万全，先至庐山照相馆摄像，计师六人：黄季刚、胡小石、刘衡如、刘确杲、胡翔冬及余。入席后，余与翔冬、小石就

---

① ［日］青木正儿：《中国近世戏曲史·序》，王古鲁译，作家出版社 1958 年版。
② 《吴梅全集·日记卷》（上），第 253 页。
③ 《吴梅全集·日记卷》（下），第 848 页。
④ 《吴梅全集·日记卷》（上），第 267 页。
⑤ 《黄侃日记》，第 1013、1014 页。

东席，二刘及季刚在西席，始而尚好。继而季刚嘱高生名文拉余至西席，余雅不欲拂其意，即就西席劝一卮，即返座，渠即破口大骂，喧呶不可辨，惟有一语云：‘天下安有吴梅。’于时小石即欲揎拳起，余捺之坐。翔冬云：‘今日为学生请先生，快饮酒。’小石云：‘秦王击缶，赵王亦击缶，君不能至东席耶？’渠稍气沮，而呶呶呓语，不知所云，继而悻悻去。而向生映富亦即离席蹑踪去。余始终忍耐，不发一言。因思前日楚伧家一叙，渠渭行年将五十（渠今年四十九），老友日少，醉饱过差，诸弗介意。岂意相距一日，即有此举耶？渠去后，复与翔冬饮二小壶。陆生恩湧、章生荑荪送我归。事后颇愤懑，未进晚餐。”[①]

两人的记载略有不同，黄侃日记中的“摆子”应指的是吴梅，如果我们把吴、黄二人这次冲突与前两天发生的事联系起来看，这次冲突可能是两人之间的误会而引起的。吴梅日记中提及“前日楚伧家一叙”之事，两人曾在叶楚伧家里得到和解。吴梅九月廿六日的日记记载：“叶楚伧招晚餐，驱车至高娄门，已饬汽车候我。及至叶宅，旁无他客，止汪旭初、黄季刚二人，并坐食蟹，谈年余未见，其意诚挚，此真出意料之外。酒半又出二律赠楚伧，谒孔林作颇佳。余达前年醉后失言之歉，渠谓是广东学生怂恿，其实非是，余以初次和好，亦不与之辨也。又谈起天平游事，知伯渊下世，仲清类中，不胜唏嘘。席散后，又与楚伧言近日国事，劝楚伧以爱乡之心爱国。楚伧亦唯唯，复乘楚伧车送归，先至季刚所，次至余寓，旭初最后云。”[②]叶叶（字楚伧），江苏吴江人，同盟会会员、南社成员，他与吴梅、黄侃都是好友，时任国民党第四届中央执行委员会秘书长。黄侃的日记中也记载了这天在叶楚伧家吃饭的事，但并未提及与吴梅和解一事：“廿六日丁丑（十一之二，礼拜五）晴。晨感腹痛，午后楚伧来小坐。诣旭初，

---

① 《吴梅全集・日记卷》(上)，第489、490页。

② 同上，第489页。

与同来家略坐，复同赴楚伧之约，食蟹。楚伧欲赠予《清史稿》，予以已有答之。叔党约晚食，未能往。夜归，诣离明小坐。中夜感寒。”[①]如果单看黄侃的日记，就难以了解吴、黄二人这种冲突的原委，把吴梅日记结合起来看，笔者推断他们之间是由于误会而引起的。因为此前两天，二人在叶楚伧家就前次冲突已达成和解，所以当学生请客吃饭时，二人又坐到一起，而且在饮酒过程中，黄侃才叫高文请吴梅到西席来，黄侃本意应该是在众人面前表现他们已经和好，而吴梅可能未领会黄侃的这层意思，他到西席敬了一杯酒又返回东席，黄侃认为吴梅没有给他面子，在酒精的刺激下，随即破颜。再往深一层推测，吴、黄二人在叶楚伧家的和解也应是有意的安排。首次冲突后，吴、黄二人不同桌共饮是众所周知的事实，有黄侃参加的宴席，吴梅不去，有吴梅参加的宴席，黄侃不去[②]。毕业生要请导师吃饭，不能请一个，而不请另一个，为了解决这个矛盾，学生们或许想到了请汪旭初、叶楚伧出面让他们先私下和解，然后再一起公开出席学生的宴请，如果没有这一层关系，吴、黄二人能否坐到一起还是个问题，即使坐到一起，顶多处于冷战状态，互不理睬，黄侃不至于猝然发难。

这次冲突，吴梅感到自己受了伤害，尤其是黄侃的“天下安有吴梅”这句话深深刺伤了吴梅，这也是后来人们推测的黄侃讥讽曲学为小道的缘由。此后几天吴梅情绪一直比较激动，这从他的日记中可以看出：

> 廿九日（西五日）。雨。早倦极，仍勉强赴校，上二课，第三课因胡适之演讲，诸生皆去听讲，余因未上。往访旭初，告以昨

① 《黄侃日记》，第1013页。

② 这在吴梅日记里有记载，如吴梅1934年正月廿二日日记载：“下午至校，见伍叔傥有请帖至，邀明日晚食。询之，有季刚在，不欲往也。”1934年四月十四日日记载：“是日中大毕业生，请国文系先生摄影晚饭，吾以季刚在座，未往。”

日事，声明余未开一口，其曲在彼。旭初略作慰语而已。盖旭初与季刚，同为太炎门人，吾虽同乡，不及同门之谊，万事皆袒护季刚，余不过告以情形而已。饭后访小石，渠馀怒未已，至言此后，须一决斗也。（四儿金中事被哉，亦季刚荐公锋之侄，致令张孝侯有杀人媚人事。）余反慰之。改诸生卷。晚金大诸生高文、高小夫、尚笏皆来，竭力道歉。余谓诸君招饮，何曾开罪，开罪于我者，黄季刚耳。谈次小石来，仍愤愤，余复慰之，上灯去。

三十日（西六日）。阴。早起，细思此次横逆，虽小石至诚慰藉，旭初亦作套词，但未损季刚毫末。事过两日，未便再有举动，最妙于昨晨往访金大、中大两校长，告以昨日受侮事，一面详作一函，历述季刚生平，力请罢斥，一面布告两校诸生，公评曲直。余则闭门待命，彼去我留，彼不去我从此逝矣。如此堂堂正正之师，渠必不能腼踞皋比也。此后再遇横逆，即如此办法。午间沈生祖棻来，留饭。

吴梅说："彼去我留，彼不去我从此逝矣。"也只是说说而已，此后两人依然在金大、中大两处授课。对吴梅来说还有一件尴尬的事，就是他的四子南青仍在黄侃门下读书，他还得为儿子润色作业让黄侃去批改。吴梅1935年五月十八日的日记有："早起改润四儿考作，盖季刚考题也。季刚课徒，时失期，月不及十小时。其授徒也，不讲书，亦不示读书之法，臧否并世人物，或漫骂诸生。及大考也，则出一题，命诸生作，亦不批阅，以爱憎定分数，于是一学期终矣。此次考题，先为经传释词书后、汉学师承记书后。继又改二题：一云高邮王氏父子著述赞论其旨；一云近世经学异于汉儒安在，试详论之。四儿作高邮王氏学一篇，未得要领，因为润色也。"[1] 黄侃的授课方式是否如吴

① 《吴梅全集·日记卷》（下），第574页。

梅所说且不去议论，单就吴梅来说，他和黄侃吵了架，因为儿子读书的关系，不得不替儿子润色作业让黄侃去批阅，其尴尬之情和心理之不平可想而知。

第二次冲突之后，吴梅和黄侃再无交往。黄侃于1935年九月十一日在南京去世，作为多年的相识，黄侃的去世在吴梅的心中引起了不小的震动，这在吴梅的日记中也有反映：

> 十二日（西九日）。雨。早赴校，三课毕。晤林公铎，惊悉黄季刚呕血而亡。余闻之骇然。询其详细，则云初九日尚登鸡鸣山，应重阳故事，初十午饭食蟹，旋觉不适，方将延医，而血已冲口出，于是陆续不已，医至亦无术止。及十一日，延德医至，已无可挽救，下午五时，即逝矣。余本拟往一拜，尽朋友之谊，而南京风俗，忌讳颇多，且雨又不止，仅送吊礼，拟明日一拜也。闻公铎言，季刚临死时，诏其子侄云："冤枉过一世，脾气太坏，汝曹万勿学我。"殆人之将死，其言也善欤？晚饭后视公铎，其侄景伊，示我季刚九日登高诗，时病尚未作也。索诗读之，衰飒太甚，殆谶语乎？诗云："秋气侵怀正郁陶，兹辰倍欲却登高。应将丛菊沾双泪，漫藉清尊慰二毛。青冢霜寒驱旅雁，蓬山风急抃灵鳌。神方不救群生厄，独佩茱囊未足豪。"末联更奇。岂逆知神方不救乎？此亦奇矣。余拟挽联云："平生手稿，较述学为弘，惜年齿更少容甫一岁；日下肩随，举旧闻独富，知藏弆足傲锡鬯千秋。"上半尚好，下联须换，因余到北平时，季刚尚详论京中胜迹也。
>
> 十五日（西十二）。晴。早徐诗簃来，长谈一小时，赠酒二瓶。往季刚处一吊，知念田哭父过痛，略有颠状，因嘱伊侄耀先，好为护持。小石亦至，共坐一小时，谈次见季刚斋中，悬其师章枚叔一联，为寿其五十者，上云"韦编三绝今知命"，下云"黄绢初裁好著书"，并注云"季刚劬学不倦，自云年过五十始著

书，今正其时，书此勉之”。小石云：“三绝与知命并用，是绝命之显著也。绢亦绝字，裁亦不祥语，是绝命之暗示也。岂非谶语乎？”余闻之，真可诧异，顾无以难也。又言：“季刚破千二百金，买《道藏》全部，因将月俸支空。抑知自来阅《道藏》者，皆不吉。如俞理初（正燮）客死北部，文芸阁（廷式）功名不振，沈子培（曾植）垂老无子，季刚奈何举债易此乎？”是说也，亦无以难也。

十六日（西十三）。晴。早起阅前作季刚挽联，尚不惬意，重作云：“宣南联袂，每闻广座谈玄，可怜遗稿丛残，并世谁为丁敬礼；吴下探芳，犹记画船载酒，此际霜风凄紧，伤心忍和柳耆卿。”似此较贴切，且追念前岁光福之游，文情亦斐然矣。午间刘三夫妇及欣侯至，留饭去。下午拟往听曲，未果。万先来，欲出一专刊，纪季刚事，征我文，允之。

从1917年两人在北大共事开始，吴梅和黄侃认识毕竟有近二十年的时间，两人有过冲突，也有过密切交往，黄侃死后，吴梅也尽了一份老友的心意。吴梅虽同黄侃发生争吵，但他对黄侃的学问还是很敬佩的，吴梅在1936年腊月初五的日记中说：“早阅黄侃《集韵声类表》，纵为韵（依六书音韵表），横为声（依三十六字母），每行分四等，取《集韵》中字按类排次，故云《声类表》，其用力至勤，可佩也。前在旭初斋中，见其《六祝斋日记》，日日读书，记录甚详，其卷三论禹贡，东迤北会于汇条，足为文达诤友，始知其目空天下，非无故也。”[①]

① 《吴梅全集·日记卷》（下），第834页。

三

乱世文人偏爱酒，残年风烛最思乡。吴梅和黄侃生活于颠沛流离的时代，两人都嗜好杯中之物，他们的失和与酒有关，而且两人的早逝也都与酒有关，黄侃不用说，吴梅也因嗜饮，最后喉咙喑哑，连他喜爱的唱曲活动都无法进行；黄侃活了五十岁，吴梅也只活了五十六岁，虽说“五十不为夭”，但作为现代学术史上的两位大师，未尽其才，不能不说是件憾事。尤其是黄侃，他使酒骂座的习性，颇遭人非议，但他日记中记载的一件事和所说的一段话，读之也颇能了解其心迹：“夜甫欲睡，张继忽来，闯然而入，久谈不去。予前曾告彼有日本人治汉学者曾来谒予，彼遽以勿与日本人往还为词。且予偶有一日本人至，彼则云日日有来者。夫日本人诚可疾，然如以学问来，宁能逆诈，遂以中诇？予虽愤时疾俗，亦岂能输情异邦之人，以议己国之事？昔者，头山满、犬养毅、宫崎寅藏之流，援助中国革命，不遗余力。继躬与之周旋，宁不知其用心，而乃倚为石交？甘心托芘于仇雠，以谋颠覆清室，均之夷狄，又何择焉？迄今朋党纷纭，继方以富贵沾沾自喜，而师盗贼诬良之术，必将播散飞语，以为予交结倭奴，用心一何险很？盖予于‘彼哉’之徒，疾之已甚，邦家幅裂如此，酒酣耳热，不免偶有愤言，既无术以加吾罪，不得不设计构成。予立身用心，世人所共悉，以岂畏曾参投杼之事乎（永坤按：以字疑衍）？诱之以利不动，怵之以势力不动，乃至萋非以成文章，其手段仪何卑劣也已！愤极痛呵之，且揭发其隐衷，彼乃仓皇而去。予本感冒，藉此大声疾呼，涊然汗出，霍然病已。”[①]黄侃的一些行为虽有乖时论，但作为一个文人学者，其小节不拘，大节不亏，以此来评价他，想来大致不谬。

在一些描述吴梅与黄侃二人冲突的文字中，之所以存在着失实之

---

① 《黄侃日记》，第 915、916 页。

处，可能有为师者讳、为尊者讳的因素，此亦无可厚非，但弄清楚了他们之间的恩恩怨怨，对逝去者也是一种好的纪念。

（原载《南京师范大学文学院学报》2004 年第 1 期）

郑志良，1969 年生，安徽省池州市人。现任中国人民大学文学院副教授。2002 年于南京大学获博士学位，2002—2004 年在北京大学中文系博士后流动站从事研究工作。研究方向为中国古代戏曲史，元明清文学史。专著《明清戏曲文学与文献探考》（2014）获北京社会科学优秀成果奖二等奖。

辛亥以前严复林纾交游考论

郭道平

1913年，为答谢林纾所绘《万木草堂图》，康有为特撰《琴南先生写万木草堂图题诗见赠赋谢》一诗，诗篇起首即云：

> 译才并世数严林，百部虞初救世心。

康氏诗作一向气魄恢宏，该诗系赠与林纾之作，从而后句专意述林而未及严。然而“译才并世数严林”一句，将近代史上以翻译驰名的严复、林纾并举，既道出了二人在时人眼中已公认为译界双璧的观念史实，复以其极具概括力的表达、强化了该观念予人的印象，从此广为流传，成为有关近代译史的常识性叙述。

严复、林纾作为近代最重要的翻译家，在诸多身份因素乃至人生轨迹上都存在着相似之处，同时也有着诸多差别：尽管均以译介西书闻名，但二人从翻译方式到教育背景、知识结构，则又体现为相对独立的两种典范。以严、林为共同对象的研究，历来多着眼于二人译述方面；本文从严复、林纾之间往来交游的史实考述入手，试图在呈现二人一生交游图景的同时，略作比较和申论。由于篇幅原因，此处仅叙及辛亥以前阶段。

一

严复（1854—1921）与林纾（1852—1924）在出身上有着较为相似的背景：二人生辰相去不过岁余，以林纾稍长；籍贯一为侯官，一为闽县，东西比邻；均无显赫家境，甚至一度可以以贫困来形容——林纾生于“小商人之家”[①]，严复之祖、父辈则以中医为业[②]。作为十九世纪中期东南沿海城市的中下层普通家庭，严、林两家均非致力于正统“儒术”，而是各以“技艺”谋生。虽然家境并不宽裕，严复、林纾自小均从师授读。林纾且学习制艺，稍长则一边授徒，一边从事举业，重复着传统读书人的典型生活方式，以举人身份终其身。与此相对的是，由于一个偶然或说历史性的机遇——1866年马尾船政局开局，船政学堂开始招生，严复考入了这所新式学堂，从此开始系统地接触西方文字与学术。此时林纾则正在家中校阅古书、习制举文。二人的人生道路由此正式发生分野。

从现存资料看，这两位福州同乡在青年时期，于人生轨迹上并无明显的交集，而更多体现出的是这种差别的延展：严复就学船政学堂之后，于1877年赴英留学，回国后先回船政学堂任教，随即北上任职于新在天津设立的北洋水师学堂，此后长期留任，直至十九世纪末；在此期间，林纾则基本在家乡过着读书应举、绘画吟诗、更接近于传统文人方式的生活。

尽管如此，仍然不乏迹象表明严、林之间此时可能相互知名，尤其是后者对于前者而言。1882年，林纾迁家到了严复的出生地苍霞洲；虽然此时严复业已在天津就职，但这位年轻“有为”的同乡的声

---

① 张俊才：《林纾年谱简编》，载薛绥之、张俊才编：《林纾研究资料》，知识产权出版社2010年版，第9页。

② 孙应祥：《严复年谱》，海峡出版发行集团2014年版，第5页。本文中所叙严复、林纾生平行实，如无特别注明，均以二人年谱为据。

名未必不会传到林纾耳中。更重要的是二人之间存在的共同友人，如魏瀚。魏瀚为船政学堂前学堂学生，1875 年赴法学习，四年后与严复同时归国，仍就职于福州船政局。1882 年，林纾结识了同年中举的高凤岐，交游频仍，成为一生挚友，而魏瀚为高凤岐表兄，想来亦随之相识。福州船政局内通习“西学”的友人对于林纾的人生道路可说产生过直接的影响：魏瀚之外，首邀林纾翻译《巴黎茶花女遗事》的王寿昌亦为船政局人员。无论是举人出身还是船政局中的学生群体，在当时的福州均应算得上是“小圈子”性质。尽管严复于 1880 年即已离开福州、前往北洋水师学堂任职，但在与魏瀚等的交游之间，想来林纾应对严复之名有所听闻。

在这段青年时期，严复与林纾之间最明显的共同之处，除了均从事教育工作之外（一在北洋水师学堂，一为“二十六年村学究”），或者即在于二人的“沉寂”——如同其所处的时代一样，尽管诸多方面都可能正蓄积着变化的触媒和能量，但整体上仍处于湮没无闻的状态。虽然严复在北洋水师学堂位置貌似甚高，但显然并不得志；他一度参与科举考试，以试图获得“正途”出身。尽管二人可能在同一座城市中擦肩而过、未曾相识，却均运转于同一种文化制度的支配之下。严复由新式学堂出身而向林纾所走之路靠拢的选择，更体现了这一制度传统此时尚存在的巨大规约。

明确的变化从甲午以后开始发生。作为清末历史的转折，甲午之战带给时人的心理冲击，已经毋庸赘述，而严、林二人的反应乃至人生转向，可说正是这一时代变化的典型案例。由于福州船政局的作用，早期中国水师将领不乏闽籍出身者，甲午之战中福建海军覆灭，闽人所受震撼尤深。本是海军出身的严复自不待言，林纾也曾闻战讯而在街头与友人“抱头痛哭”[①]。自 1895 年春始，严复在《直报》发

---

① 张俊才：《林纾评传》，第 35 页。林纾之戚属林少谷亦在甲午海战中殉难（见林纾：《〈不如归〉序》，阿英编：《晚清文学丛钞・小说戏曲研究卷》，中华书局 1960 年版，第 262 页）。

表公开言论，“救亡”诸论横空出世；《天演论》等的翻译亦从此后开始。稍晚在1897年，林纾创作《闽中新乐府》系列乐府诗，《巴黎茶花女遗事》的翻译亦始于此年。正是在甲午至戊戌这一时期，严复与林纾几乎是同时地开始涉足公共言论场域，并开始了自己的译书事业。尽管《巴黎茶花女遗事》的翻译带有某种偶然，但与船政学堂诸人的交往以及译书作为时代风习的感染，仍然是不可忽略的必然性要素。

严复与林纾此时介入公共言论的方式并不尽相同：严复采取时评这一较为自由、长于论理的文体形式；而作为本土文人讽时感事的典型体裁，林纾对“新乐府”体的采用，则流露了更多的传统和文学气质。两人的相似之处也许更体现在其言论主旨及内容上：此时严复在介绍西方学术与风俗的同时，意在批评本土文化传统的诸多方面；而《闽中新乐府》的主旨亦在于在中西比较的语境之下刺时劝世，亟盼“通变”以“救时”，连“新乐府”这一传统文学体式的采用，也因作者将其与“欧西之兴，亦多以歌诀感人者”的自觉比附，而具有了新的文化定位。如此种种，反映出此时林纾由于与船政局友人的交往以及时局的感染，业已具有相当多面的有关欧西文明的认识；虽然严复的了解更为深入，且批判本土政教传统的锋芒有时甚至过于激烈，但在取法西洋、改良本土以谋国家富强这一思路上，二人是完全一致的，这也是其开始发表公开言论的共同初衷所在。

翻译方面，亦是同异并存。在严复而言，因其兼通中西文字，故而以一人之力独立从事译述；林纾则需采用请人口译、己为笔述的形式，这一合译形式在入华传教士处由来已久，至此则是口译者亦已由华人担当。在翻译对象上，《天演论》兼及西方自然科学与社会科学背景，昭示了严复的知识兴趣与学术取向；《巴黎茶花女遗事》则属爱情小说范畴，某种意义上接续了本土文学传统，也先天地蕴含着通俗性质。虽然林纾日后着力于在小说译述中表彰爱国意识、介绍西国风习，但这些作品基本上属于通俗文学范畴，应无疑义。最重要的共同之处则在于，严、林均采用了文言翻译；语言风格容有出入，行文雅驯却显然是二人的一致追求。这一语言选择，乃是清末一代译家的自发反应，与译者、读者的趣味均相吻合。至于二人所译介者，一属社会科学，一属人文学，则是恰到好处地在知识框架上隐然并峙，在对西学的引入上，与明末以来以自然科学为主要内容的翻译形成补充格局。巧合的是，《天演论》与《巴黎茶花女遗事》均为试手之作，却甫问世而风行一时、双双成为经典。个中原因，既是因为他们从不同角度填补了当时的文化空白与社会需求，也由于在这两部译著之中，译者各自发挥自身优长，使其成为撰述上的精心之作。而严、林二人日后的译书理路，亦可说由此奠定了规模。

甲午以后兴起的新的社会思潮，至戊戌而出现一次高潮和顿转。严复、林纾亦以不同的方式主动参与到这场运动之中。其中严复由于身处“体制”之内，卷入更深，亦是其个体生命的一次重要转折。

戊戌前后，严复方集中精力办理《国闻汇编》，从事《天演论》等的翻译工作，然而也在某种程度上介入到实际政治之中。该年正月，《国闻报》上连载其《拟上皇帝书》；又名列经济特科人选。由于王锡蕃上折荐举，光绪帝召严复赴京入觐。此乃是严复此时的主要活动。戊戌变政对于严复影响甚深，仕途受阻之外，办报事业受到冲击，心理上亦多惊骇。此后直到庚子事变发生，朝廷重启新政，严复方始再度与京城官场接近。

1898 年，林纾也一度身在北京。二月，他在闽县同乡李宣龚寓所见到了侯官人林旭。闰三月中，林纾与高凤岐、寿伯茀等到御史台上书，陈筹饷、练兵、外交、内治四策，三次均被驳回。随后即南下，至 1901 年中方始再度北上。戊戌年正月，林旭等在北京开闽学会，林纾随后与之相识，自然带有这一同籍的渊源。值得一提的是，此次在京，高凤岐拜访了严复。此应是二人首次相识[①]。高与林纾早在1882年即已相识，此次在京当亦有所往来。高凤岐往访严复，诸人均是闽籍同乡，此事很可能林纾亦有知晓。

戊戌变政以后，严复仍在北洋水师学堂任职，同时继续译书事业；庚子中南下赴沪，辛丑春始再度北上到津。林纾则于1899年移家至杭州，讲学于东城讲舍之外，参与了友人创办《杭州白话报》与《译林》的举动，从此亦与报刊这一现代传播媒介发生关联，并与魏易合译《黑奴吁天录》。而严、林二人一在天津、一居杭州，看似分隔的人生轨迹，随着庚子以后新政重开的时代机缘，以及自家的声望积累，终于将在北京这一文化中心发生交集。

二

庚子之变以后，朝廷重启新政，改革伊始，百废待举，教育尤为重心。京师作为政治、文化的中心地带，各级新式学堂次第开办，随之而来的是对于教育人才的延揽；尽管这一过程于个体而言不无人事上的偶然性，综观之则仍呈现出向京城集中的态势。对于严复与林纾而言，此一阶段，最有关系者乃是京师大学堂的重开以及五城学堂的创办。

五城学堂乃是北京第一所官办新式中学堂，创办事宜由顺天府尹陈璧主持。陈璧为侯官人，1896年曾参与创办苍霞精舍，以林纾为汉文总教习。辛丑（1901）秋，林纾离杭北上，受聘于金台书院。金台书院为清代北京的著名书院，属顺天府治下，历任主讲多由顺天府尹选聘。正是在该年七月，陈璧升任顺天府尹。从林纾北上的时间来看，其金台

---

① 严复《祭婉室先生文》云："记在戊戌，子登吾堂；虚舟相值，澹若两忘。"（王栻主编：《严复集》册二，中华书局1986年版，第272页）文中称与高结交为时十年，则戊戌之会乃是二人首次相见。

书院讲席之位，应是受陈璧之聘。而在当时的改革风潮中，书院在教育体系中的位置迅速被新式学堂所取代。陈璧应是甫就任即开始了五城学堂的筹办，而林纾亦顺理成章地成为该学堂汉文总教习的人选[①]。

辛丑（1901）十二月廿七日，严复在给张元济的信中，提到了五城学堂的情况。值得注意的是，这也许是林纾的名字第一次出现在严复笔下：

> 其洋总教系敝徒天津人王君少泉（原注：劭廉），汉总教则林孝廉琴南（原注：纾），在杭东林讲舍作山长者。二君学皆有根底。少泉肫挚沈实，琴南豪爽恺悌，皆真君子人也。林君最佩足下，虽相与未必甚稔，然察其用情，骨肉不啻，足下何以得此于林君哉？此学堂可谓得人。

五城学堂于壬寅（1902）正月在琉璃厂正式开办，此时当已筹备停妥。严复之所以在私信中叙及五城学堂，除门生王劭廉这层渊源之外，尚因为其族侄严君潜亦在该学堂为分教习。严君潜既与林纾成为同事，二人以及严复之子严璩乃是“同舍”居住[②]——由此成为严复与林纾相识的契机。从严复的描述看，此应是二人相见之始。“豪爽恺悌”“真君子人”的评语，不仅可见出严复对林纾的好感全无保留，而且的确道出了林纾的真实性情。

林纾与严君潜、严璩此时同舍而居，交往自然密切。严璩为严复长子，曾经留学英国；严君潜则系北洋水师学堂毕业学生。而这恰催生出一段译述因缘——即林译之《伊索寓言》的诞生。

据林纾为《伊索寓言》所撰叙言，该书翻译起因，乃由于严君潜与严璩所推荐；于是二人口译、林纾笔述，“日举数则”，“经月书

① 可参见张旭、车树昇编著：《林纾年谱长编》，海峡出版发行集团 2014 年版，第 88–89 页。

② 林纾：《〈伊索寓言〉叙》，《晚清文学丛钞·小说戏曲研究卷》，第 199–200 页。

成”。该序乃于壬寅二月作于五城学堂，既然“经月书成”，则此书的开译，应在辛丑壬寅之交，也即严氏父子与林纾相识未久之际。此中或有来自严复的影响——严复曾译过一则《伊索寓言》，发表于戊戌（1898）二月的《国闻报》[①]。而此一翻译实践，与诸人在五城学堂的课程讲授或亦不无关联。

《伊索寓言》当为林纾抵京后翻译的第一部作品。林纾在叙言中称道其兼寓学理与娱乐，最便启蒙。1897 年创作《闽中新乐府》时，林纾即将其比之于欧西歌诀，希望“梓为家塾读本”，此时为启蒙而译《伊索寓言》，承续了他对于蒙学的一贯重视。他更理直气壮地为小说正名：

> 余荒经久，近岁尤耽于小说，性有所惬，亦莫能革，观者幸勿以小言而鄙之。

此处所“耽”之“（西方）小说”与“（本土）齐谐小说”虽然同一命名，但所指已然有异，显示了其心目中“小说”的文类寓涵业已发生变化。而“经”与“小说”并列出现，尽管一“荒”一“耽”，生动说明了近世文化体系在结构上的升沉更动，但二者各自的价值承载此时仍然给读书人造成心理上的张力，亦是此言无意中透露的讯息。林纾更在叙言开篇，首先提到了近世欧西“哲学之家”——“斯宾塞氏撰述，几欲掩盖前人，命令当世”；在为该书批注的识语中，林纾亦特地语及斯宾塞之群学。众所周知，斯宾塞氏之群学乃是甲午以来严复译介西学的重心内容；“群”之一字，由于严复的首先倡介，清末十年中广为流衍而成为时代之关键词。林纾在此对于斯宾塞及群学的推崇，无疑是在向严复致意，显示了此时林纾对于严复所译述内容的主动了解。

---

① 罗耀九主编：《严复年谱新编》，鹭江出版社 2004 年版，第 109 页。

严、林二人既于辛丑岁末相识，稍后京师大学堂译书局的兴办，更为二人的直接交往平添一层涵义。壬寅（1902）正月初六，甫被任命为管学大臣的张百熙奏请在京师大学堂附设译书局[①]，旋为朝廷所准。正月廿五日，张派沈兆祉、赵从蕃来请严复主持该局，严复亦欣然接受邀请，应于二月中应聘入京。三月初四的专折奏报中，张百熙也提到了译书局的其他人员："其通晓中外学术各员，拟即暂派入译书局，分任纂辑、润色、校勘等事。"自正月末严复接受总办之邀，至此已经一月，正是严复物色属员之期。林纾已译有《巴黎茶花女遗事》及《黑奴吁天录》,《伊索寓言》亦在二月初完竣，均为林纾获得这一职位提供了"资格证明"。张百熙所说的"润色"人选，很可能即涵盖了林纾在内。

执掌译书局一事，于严复而言乃是水到渠成。早在己亥（1899）二月廿五日致张元济书中，严复即已详细道出了自家对于译书局的设想：当"仿照晋唐人译佛经办法"，首先精选"兼通中西文字者"；其次则是深于中文之"润文通品"；继而"以精通西学之人副之"。通西学者口译、笔译均可，有深于中文者为之笔述润色，兼通中西者则可审订纠谬。可见关于译书方式，在严复心目中，上乘者自然是如其自身一般兼通中西且精益求精之人，此外亦可采用口译加笔述的方式，惟是双方须为华人，且深谙中文者的重要性犹在精通西学者之上。林纾的译书方式，正吻合严复的这一设想。

据1903年的京师大学堂题名录记载，其时严复为译书局总办，属下有分译四位：常彦、曾宗巩、胡文梯、魏易；笔述二人，即林纾与陈希彭[②]。其中，杭州人魏易与林纾在杭即相识，曾合译《黑奴吁

① 朱寿朋编:《光绪朝东华录》，中华书局1958年版，第4821页。

② 《京师大学堂教习执事题名录》，载《中国近代教育史资料汇编·高等教育卷》，上海世纪出版股份有限公司2007年版，第20-21页。京师大学堂所附编书局于壬寅（1902）五月一日开局（见孙宝瑄:《忘山庐日记》，上海古籍出版社1983年版，第527页），译书局的开办很可能与之同时。

天录》，其任职可能是由于林纾的举荐。胡文梯为北洋水师学堂第五届驾驶科毕业生[①]；常彦（字伯奇）疑即常福元（字伯琦）[②]，与胡文梯以及严复之侄严君潜在北洋水师学堂为同班；闽人曾宗巩亦毕业于北洋水师学堂；三人均为严复弟子。陈希彭则为林纾门人，且是闽县同乡，或亦出于林纾所荐。从诸人籍贯、来历看，译书局的属员人选，应是出自总办严复的属意。林纾之聘任译局，很可能来自严复的邀请，并且亦参与了译书局人员的荐举。

自此这两位翻译家正式成为同事，均获得了译书的官方身份。二人相识未久，彼此抱有好感，这在性格热情的林纾尤然。壬寅春，林纾为严复绘《尊疑译书图》，稍后又作《尊疑译书图记》。在这篇专门言及严复翻译与学术的短文中，林纾申明自己自结交严复之后，即读其所译斯宾塞之群学书，表扬其著书之法、征实之旨；最后道出自己眼中的严复，乃是"翛然于世""不能群于士大夫"[③]，尽管与严复尚无深交，但仍然抱着以知己相待的希冀。从而，林纾提出严复何以"不能群于士大夫"的疑问，乃是带着友人的善意规谏之意。

考察严复此时的状态，林纾的这一疑问亦是其来有自。严复的性格本自冷静，或者亦有几分孤高。也正是在壬寅八月，严复在给知交熊季廉的信中，说到自己自就任译书局以来，"见见闻闻使人意恶"，京师大学堂亦不如人意；又云"同事宗旨与我绝殊"，在京"几于闭

---

① 见《近代中国海军大事编年：1840—1949》卷下，海风出版社 2008 年版，第 937 页。

② 《京师大学堂教习执事题名录》载常彦为江苏江宁府人、候选同知。严复在安徽高等学堂任监督时，该校庶务长为常福元，同时兼任该校英文教员，到校时间为光绪三十年十月，履历为"试用州同，北洋水师学堂毕业"，江苏上元人。上元为江宁府属县；常福元字伯琦，与常彦之字"伯奇"同音异字，类似的书写出入在当时颇为常见。译书局之"常彦"很可能即是常福元。常彦 1903 年末尚在译书局，次年秋已至安徽高等学堂任职，应是随着严复离开译书局而去职。严复就安徽高等学堂之聘，常福元先已在此任职。常福元（1874—1939）日后为现代史上颇有名声之天文学家，曾在辅仁大学担任数学教授。其专长是理科，吻合译书局翻译理科教材的需求。

③ 《畏庐文集》，上海书店 1992 年版，第 55 页。

门谢客”，“于是傲慢之谤益复蠭起”[①]。而林纾热心直言，既见出情谊之赤诚，亦成为严复此时在译书局乃至京师官场的境遇并非适惬的旁证。

1902年夏间，严璩随孙宝琦出使法国，林纾特为撰《送严伯玉之巴黎序》，寄望殷殷。其中提到自己与严复的往来：

> 吾尝与几道先生纵论欧西人物，先生一一品第彼中学者，察其意，殊无所恇挠。故其发为文章，乘虚逐微，几与西士之铮铮者抗驰域中。戊戌一再召对，遂闭门著书，泊然无所希于人。

“闭门著书，泊然无所希于人”，仍然是严复不多与外界来往的婉转表达。而前段文字，则可窥见二人讨论欧西学术的情形，以及林纾对于严复之学问的钦佩。二人此时往来当颇为频密。据称严复译《群学肄言》时，还曾以稿本就正于林纾，后者“颇为之点窜润色”[②]。严复此前译《天演论》《原富》，均曾送予古文家吴汝纶，请为审订；其将《群学肄言》书稿就商于林纾，应是出于同样的尊重请益之意。

癸卯（1903）十月，严复已向张百熙提出辞去译书局职务。甲辰（1904）三月初一，一众闽籍同乡在陶然亭集会，为即将南下的严复饯行。林纾亦在当场，后又补绘《江亭饯别图》，诸人赋诗唱和。严复为此撰有《甲辰三月将出都即席呈同里诸君子》诗，诗中尤以较多篇幅言及林纾：

---

① 见中国社会科学院近代史研究所近代史资料编辑部编：《近代史资料》第104号，中国社会科学出版社2002年版，第57、55页。

② 《凌霄一士随笔》,《国闻周报》第七卷第八期。林纾与魏易合译、1904年出版的《埃司兰情侠传》，亦由严复题署（参见张俊才编：《林纾著译系年》,《林纾研究资料》，第374页）。此外，国家图书馆今藏林纾致严复书函，提及《民种学》及罗马战争史事等书之翻译事宜（《林纾年谱长编》，第91–92、106页），可窥知这一时期林纾在译书局的翻译工作及与总办严复的关系情形。

孤山处士音琅琅，皂袍演说常登堂。可怜一卷《茶花女》，断尽支那荡子肠。

"皂袍演说常登堂"，应指林纾在五城学堂为教习事。后二句略以谐谑口吻提及林纾译述名作，历来为人称引。而严复离职之后，京师大学堂译书局亦未维持更久。译局机构"皮之不存"，林纾等属员自然也就继严复之后而云散了。

京师大学堂译书局笔述一职，不仅使得林纾与京师大学堂发生联系，并且亦起积极作用于其翻译事业。自 1903 年至 1905 年年中，林纾所出版之译著达近二十种之多，与此前零星、断续的翻译行为相比，可以说是进入了其翻译事业的高峰期。究其原因，首先应在于译书局职位的获得。此一职位，正式使得翻译作为一种职业，进入林纾的意识并成为其生活的常态部分；口译与笔述的翻译方式，亦在此获得充足的合法性而固定下来。译书局不仅有充分的外文书籍来源，并且为林纾提供了口译的合作者。在林纾一生的翻译生涯中，与其合作的最重要的口译者有三位，即前期的魏易、曾宗巩与后期的陈家麟。其中魏易在杭州即已与林纾合作，而北洋水师学堂学生、严复弟子曾宗巩却是林纾进入译书局之后结识的。译局时期，曾宗巩迅速成为林纾的重要合译者，在承担译著的数量上与魏易几乎平分秋色；并且在离开译局之后，仍然与林纾保持了合作。新的口译者的出现，为林纾的翻译拓展了译本选择的范围与风格，参与形塑了林译的面貌。

译书局的职位也在一定程度上影响了林纾翻译对象的选择。译书局成立初衷，首要在于编译教材性质的新式书籍，为教育改革、新学传播提供官方资源。由京师大学堂官书局（以及后来的京师学务处官书局）出版的三种林纾译著，亦体现了这一特点:《布匿第二次战纪》与《拿破仑本纪》均与泰西历史相关,《民种学》更属于学术著作，在诸多林译小说中独树一帜。尽管如此，这一时期出版的林纾译作中，官书局出版者仅占到其中很小部分。一方面可以见出，此时译书局管理并不严格，局中人员可以私人身份合作、在民营出版机构自由出版译著（严复本人亦然）；另一方面，则是由于译书局所期待的学术类作品实则并不符合林纾的译述趣味与所长，能够充分发挥林纾古文优势的，仍属摹写人情风俗、因“东海西海，心理攸同”而更易于领会的小说文类。

林纾此一时期的译述还体现了强烈的国家意识与时局关怀，这在其所撰序跋及识语中体现得尤其鲜明。而此类道德性论述与其小说译述行为的自觉实相关联。前文提及，林纾对于小说译述乃至“小说”文体的认识，亦经历了一个转变的过程，其自觉性的获得大略始于 1901 年前后。1899 年，林纾为其译述的首部小说《巴黎茶花女遗事》作“引”，不过短短数十字，且对作品内容毫无评述，口译王寿昌与林纾本人均未出现本名，可见其时他对于该作品并未视之甚高。而至庚子冬天，林纾为其与魏易等共同创办的《译林》写序，有欧人“以小说启发民智”之语，已得时代风气之先；至辛丑秋，与魏易合译《黑奴吁天录》成，林纾则不仅作序，更复跋之，于译者寄怀中国现实之命意再三致意，以为该作“虽俚浅”，亦可为“爱国保种之一助”；同时所作《〈露漱格兰小传〉序》，更特地点出《巴黎茶花女遗事》中“马克之忠”，可谓为该译著补叙译者心曲。小说译述至此在林纾处确立了道德的正当性支持，从而获得了心理上的完全合法性。

上文所述，应为严、林交往的第一阶段。此一时期二人相聚，乃是以译书这一时代潮流为主题，并由于得风气之先而为其中翘楚。严、林双双进入京师大学堂译书局，对于二人的名望应是大有推助。壬寅（1902）十月，时在京师大学堂编书局任职之孙宝瑄，乃于其日记中记云：

今人长于译学者有二人，一严又陵，一林琴南。严长于论理，林长于叙事，皆驰名海内者也。

这或许是目前所见，较早将严、林在译学上相提并论的文献。长于论理与叙事的分梳，亦准确概括了二人的特色。编书局与译书局为京师大学堂附设的并列机构，孙宝瑄这一论列，自应源于其在书局内对严、林二人的听闻乃至交往。尽管只是私人日记中所言，但它反映了此时严复与林纾并重于译界的事实，却无疑义。

三

1904 年，严复南下至沪之后，与林纾亦犹有书函往来。是年冬，严复将与张翼就开平矿局事赴英质讼，行前在信中告知林纾。林纾复信今存，辞意激切，更云：

得书后即以先生书意遍诒学生，励其立志向学，以争吾国。

林纾此时应尚在五城学堂任教，因而得严复书后即将该事实遍告学生，激励其爱国向学。信中专意讨论中西情实与国家利益，可以窥见二人之间交流的基调；信末更有婉转宽慰之语，爱护之情跃然纸上。此后至丙午（1906）正月，商务印书馆出版林译《洪罕女郎传》，林纾在跋语中对中西文章笔法加以比较，继而说道：

予颇自恨不知西文，恃朋友口述，而于西人文章妙处，尤不能曲绘其状。故于讲舍中敦喻诸生，极力策勉其恣肆于西学，以彼新理，助我行文，则异日学界中定更有光明之一日。或谓西学一昌，则古文之光焰熸矣，余殊不谓然。学堂中果能将洋汉两门，分道扬镳而指授，旧者既精，新者复熟，合中西二文镕为一片，彼严几道先生不如是耶？

林纾在自述中屡屡自陈“不知西文”之憾，情辞恳切。而此段文字论及其对于西学与古文之关系的看法，尤为宝贵。就中西二学的关系而言，早在甲辰四月，严复即在《〈英文汉诂〉卮言》一文中，针对其时趋新与守旧两派以为西学日兴、中学日废的思路，发表见解道：

自不佞观之，则他日因果之成，将皆出两家之虑外，而破坏保守，皆忧其所不必忧者也。果为国粹，固将长存。西学不兴，其为存也隐；西学大兴，其为存也章。盖中学之真之发现，与西学之新之输入，有比例为消长者焉。

此时严复已脱离甲午时期批判传统的激烈倾向，跳出了趋新与守旧两种窠臼，而主张“公理”既为“人类之所同”，则日后“所谓学者，但有邪正真妄之分”，而无“中西新旧之名”。以中西新旧的名分之争为无谓，乃是严复的高瞻远瞩之处。而“果为国粹，固将长存”的断语，则又隐约浮动着“天演”的影子。至于所说“中学之真之发现”有待于“西学之新之输入”，宛然预言了日后新文化人整理国故的学术理路，至今其言尤验，更是令人钦仰无似了。

若将严复此段文字与上引林纾之言对照，顿时显出二人思路的惊人相似。林纾所主张者，乃是“旧者既精，新者复熟”“以彼新理，助我行文”，与严复借西学以“发现”中学、用西益中的设想如出一辙。而“合中西二文镕为一片”的理想境界，举严复为例以证，更道出了对于后者由衷的钦敬之情。

《英文汉诂》一书 1904 年由商务印书馆出版，《卮言》一文则发表于该年七月的《大公报》，林纾或者亦曾寓目。于主张输入西学、更生传统，调和中西以发展中国学术而言，严复与林纾无疑站在同一立场之上，均超越了“新”“旧”之争，代表着清末知识人的思想高度。而若再加细究，则二者立场中仍然存在着同中之异：林纾发言，在在均就“文章”/“古文”立论，古文乃林纾本色当行的“看家本领”，因而也是其立足和着眼所在；而严复则均就“学”这一概念而言，指向整体性的“学术”。此外，中西二者之间，严、林仍然有着畸轻畸重的重心倾斜——林纾所念兹在兹的，如“以彼新理，助我行文”，立足在“我”也即旧学，尤其是古文；而严复主张“西学大兴”以助中学之“存”，一“兴”一“存”之间，偏向昭然若揭。这固然是由于二人的知识背景所造成。而这一立场上的微妙出入，实则贯穿了日后二人的文化理念，并且在时代变迁中有所放大，而此已是后话。

严复于甲辰返沪后，与马相伯等筹办复旦公学之外，又应安徽高等学堂之聘，出任该校监督。1908 年辞去复旦公学监督职后，北上任职，并在北京租下新居。己酉（1909）中，学部聘其为审定名词馆总纂，自此长期住京。己酉九月，学部名词馆开馆，“分纂有八九人”。其中，常福元、曾宗巩早在京师大学堂译书局时即是严复属下，另庶务周庶咸在安徽高等学堂时为该校杂务，可见名词馆属员亦多由严复聘定，并与京师大学堂译书局人员保持了某种程度上的延续性。

1906 年，林纾受大学堂之聘，“担任该校预科和师范馆的经学教员”，同时继续在五城学堂任职。此一时期，二人亦有来往。严复今存清末民初时期日记，虽所记极为简略，仍可从中窥见部分交游情形。己酉二月廿四日，其日记中有“寄林琴南书本”的记载。此时严复尚在上海，海上西书资源丰富，严复寄予林纾“书本”，或即是其所译小说之底本。该年夏天严复住京以后，与林纾更时常见面。从严复日记来看，该年九月至十二月，仅林纾之名明确出现的记载，即每月均有，有时往来且相当频密。据郑孝胥日记，辛亥六月初七日，曾与严复、林纾、高而谦等在陶然亭集会[①]。诸人均为福建同乡，结交已久，想来当时时聚会交游。

诚然，往来的频率并不必然意味着彼此心灵之间的亲近程度。己酉十一月廿一日，在五城学堂与林纾会面后，严复在日记中评价道：

> 其谈殊 Egoistic，非善谈者也。

Egoistic，应是“自我中心”之义。中文文言中或许缺少类似的词汇和概念，因而严复用了英文词汇来表达。林纾性格热情豪爽，仍难免 Egoistic 的缺憾。严复眼中的“善谈者”，或许指向一种多从他者立场出发、“非自我中心”的思维方式，而此等观念，很可能亦来自其所受英伦文化的影响。尽管此种评论经常带有偶然性质，不能据此以否定林纾的品格以及二人之间的关系，但这一负面词汇的使用，仍然提示了二人之间的性格差别，或者也有着各自所曾受熏陶的文化的差异。

与此同时，严、林并称的声誉亦有增无减。1909 年，上海国学扶轮社印行《林严合钞》，是为二人的文章选集。书首有署名“皞皞子”的一篇短序。与此几乎同时，国学扶轮社还曾出版《聊斋文集》，末附跋语一则，署“宣统元年九月皞皞子识于海上之寄庐”[②]，与《林严合钞》之序文应是出自一人之手。近代以“寄庐”为室号者，有海宁杭辛斋，其《〈学易笔谈〉述旨》，即署“岁在壬戌冬至之月海宁杭辛

---

① 《郑孝胥日记》，劳祖德整理，中华书局 1993 年版，第 1329 页。

② 朱一玄编：《〈聊斋志异〉资料汇编》，南开大学出版社 2012 年版，第 297 页。

斋补识于海上寄庐”[①]。壬戌为1922年。1920年，严复曾为其《学易笔谈二集》作序，开篇云“辛斋老友别三十年矣”。“三十年”之数疑为误植，因严、杭乃于光绪丁酉、戊戌之间同在天津，与夏曾佑、王修植共办《国闻报》及《国闻汇编》。有此一段渊源，杭氏对于严复当时学术及行实自然熟稔。杭辛斋幼年失怙，为族人收养[②]，“童年习贾临平某杂货肆”，后入同文馆肄业，及长则南北奔波，就职于各处报馆，曾因言论激烈下狱，身世与《林严合钞》序文作者“少既失学，长困衣食”的自述相合。戊申（1908）秋杭氏出狱[③]，次年（1909）秋在杭州与友人创办《白话新报》[④]。《合钞》序文起首云：

甚矣，文之难言也。自夫已氏以攙合东语、杂凑成篇之文字倡

---

① 杭辛斋：《学易笔谈 读易杂识》，辽宁教育出版社1997年版。案“皞皞子”者，学者以为系王文濡（《林纾年谱长编》，第168页），或即因为宣统元年之《聊斋文集》，有署名“皞皞子”之短跋，至民国四年该书再版，书首有一篇更为详尽之序文，则署“宣统元年八月归安王文濡书于国学扶轮社”，该序与皞皞子之跋语言辞不无重合。（又：宣统元年国学扶轮社刊行皞皞子所编之《龚定庵全集》，至1935年上海国学整理社出版该书增订本，有王文濡自撰序文，情形与《聊斋文集》相类。学者亦以“皞皞子”为王文濡，参见孙文光、王世芸编：《龚自珍研究资料集》，黄山书社1984年版，第185页；以及《中国近代思想家文库·龚自珍卷·导言》，樊克政编，中国人民大学出版社2015年版，第11页。）王文濡为国学扶轮社主持者之一，曾承担大量文集编选评注工作。然而1915年本《聊斋文集》之王文濡序署“宣统元年八月”，该年所出版之《聊斋文集》并无此序。此姑不论。《林严合钞》序文作者皞皞子自言编选该集乃“应扶轮社主人之请”，则其人应系社外之人，与王文濡作为主持者的身份不符（宣统元年国学扶轮社本《精刊龚定庵全集》之皞皞子序，亦有“扶轮社主人见之以为善本也，怂恿付刊，以公同好”云云，可相佐证；1935年《龚定庵全集》之王文濡序，署“海上蛰庐”）。民国四年本《聊斋文集》之序为王文濡所作或者为真，然而与宣统元年该书之皞皞子跋语未必即出自一人之手。《林严合钞》序文作者有“主选”之谓，可知其时编选文集乃合作事业，某一文集的编选者可能不止一人。“皞皞子”与王文濡或系相互合作。《林严合钞》序文内容与杭辛斋、严复交往史实相符；杭辛斋1906年因言获罪、由京遣返回籍，国学扶轮社主持者沈知方、王文濡均是浙江同乡，若因杭氏与严复早年同事的因缘，请其参与文集编选，亦是可能之事。

② 杭肇峰：《杭辛斋》，《海宁人物资料》第一辑，海宁县政协文史资料工作委员会、海宁县文学艺术界联合会编，1985年，第25页。

③ 士元：《杭辛斋事略》，《报学季刊》1934年创刊号，第145页。

④ 史和、姚福申、叶翠娣编：《中国近代报刊名录》，福建人民出版社1991年版，第127页。

> 导学子，而后进承风，摹傚不已，至沿袭其肤浅语、率易语而奉为金科玉律，缪［谬］种流传，校风渐染，此亦时文后之一厄也。

作者此处感慨文之难言，不及其他，单只拈出夫己氏“攙合东语”带来的文章之“厄”，显然意有所指。须知严复对于“东学”“东语”，亦曾有过激烈批评，1902年时曾在私信中明言：“吾不知张南皮辈率天下以从事于东文，究竟舍吴敬恒、孙揆陶等之骄嚣有何所得也？”严复与张之洞之间的一段交锋，时人鲜见语及，可知不多为外人知晓。《合钞》序文作者所谓之“夫己氏”，学者以为系指梁启超而言[①]，而若考虑到严、张二人在戊戌前后观念交涉的具体情形，此处所谓“攙合东语、杂凑成篇”以“倡导学子”之“文字”，与严复对于张之洞名作《劝学篇》的批评若合符节，“夫己氏”所指向者或实为张之洞；对夫己氏的批评与严复当时口径如出一辙，作者应是知情人。严、张二人冲突的激化，乃是在戊戌时期，《国闻报》所刊文章即有明确针对张之洞而发者。当时杭辛斋负责《国闻报》编辑事务，从而知晓这段情事，十年后仍然念念不忘。《合钞》序文继而说道：

> 林严两先生起而正之。一则瓣香桐城，方氏义理，刘氏才思，姚氏神韵，能兼有之，而不规规于法之所在；一则取径史汉，寝馈者久，而文字之洁净精微，渊懿朴茂，即班马复生，亦惊神似。顾皆以迻译自见。严所译多科学，《原富》等书，在西人为刍狗，而以之箴我国，犹是布帛菽粟也。林所译多稗官家言，师［狮］子搏免［兔］，亦用全力，虽复寓言八九，而叙述所至，关合中事，足资为鉴戒者，一篇中尝三致意焉。

① 参见陈子展：《最近三十年中国文学史》，上海古籍出版社2000年版，第206页。

1920年，严复为《学易笔谈二集》作序时，曾回忆起戊戌前夕译《斯宾塞尔劝学篇》《原富》诸书，乃与杭辛斋“时相商兑”、受益良多。此处序文中提及严氏译著，首列《原富》，可见印象深刻。至于论及林译，亦云其“寓言八九”，意在为“中事”提供“鉴戒”，虽然来自林纾文中所自陈，亦可见出选者自家的关怀与趣味，与杭辛斋一贯关心时局、致力为国的情怀相合。

《林严合钞》首次将林纾与严复之文以合集形式出版，堪称清末时期严、林并称之文化现象的重要证明，并且由于应时而生，对该现象想来具有推波助澜之效。该书1911年春即再版，可见市场接受效应不差。而书首所列此则序文，或亦是最早以专文对严、林加以论列的重要文献。值得注意的是，1902年时，孙宝瑄在私人日记中论及严、林，虽亦有“严长于论理，林长于叙事”的比较，所关注者乃在于二人的“长于译学”；此时《林严合钞》之序，着眼点却首在文章。不仅表彰二人古文之纯粹，足可“信今传后”，并且阐发了二人的不同文章风格：谓严复之文“取径史汉”，风格高古；至以林纾为“瓣香桐城”，更应是较早将林纾与桐城派相关联的说辞；恐均为后人所取法。以“文章”为编选旨趣，应出自国学扶轮社以之入国朝文章丛书的命意。此固然符合于该社表彰“国学”的宗旨，却正暗示了时代风会的转移：十年之间，社会所注目于林、严者乃由翻译变而为文章。这一变化的发生，就其大者而言，一方面自是由于新学体制化而获得正统地位，无论自然科学、社会科学还是小说译述，输入西学者有泱泱之势，不似当年以“新”为贵情形，严、林遂由得风气之先者渐转而为文化界耆宿；另一方面，也正由于新学的体制化冲击，“旧学”反更多引起识者的关注，就林纾乃至严复自身而言，也日渐向旧学方面倾斜，这一趋势在民国后表现得更为显明。至于民国成立后，严、林长住北京，不仅一度在北京大学再次成为同事，并且彼此之间始终保持着往来，而这已不在本文的叙述范围之内了。

余论

在清末文坛上，以严、林译述为鼎足之一，不仅与梁启超倡导的“新文体”以及方兴未艾的白话文隐然呈抗衡之势，亦与章太炎一派以“学”为文的风格形成对照。严、林虽然亦与旧学中人交游，实则未曾真正融入本土学术主流，时而处于一种尴尬地位。二人与章太炎之间的摩擦或可说明问题。章太炎在晚清为国学巨擘，其对于严复与林纾的苛评[①]，人事上的意气之外，亦与其自居于学术正统而表示的轻蔑有关。在浸淫传统的同代人眼中，二人终未免于“空疏之讥”[②]。而入民国以后，新文化一代崛起，严、林作为前代的代表性人物，则又因其对传统的保守而成为集矢之的。旧者觉其新，新者嫌其旧，居于两间者，俟清末十余年新旧交替的时段过去，便为两端者所挑剔。由此可见，自甲午以后的二十年间，乃是清末一代人的“黄金时期”。尽管于五四一代有着“哺育”之功，然而在日趋激进的时代氛围中，终究难免于当时意气。早在1915年，严复对于林纾“不如及早竖降旗，成功者退循天道”的略带调侃的劝告，实则也是一种自我解嘲，寓示着二人共同的时代属性。

实际上，严复、林纾对待新旧或说中西二学的态度，尚值得得到更多的肯定。二人均抱持开明姿态，主张熔铸新旧、借西学以发扬中学。就文言白话之争而言，乃是“非读破万卷不能为古文，亦并不能为白话”[③]；在存续传统方面，则是因“转译傅会之功”、而使旧学“变动而弥光明”[④]。严、林以不同风格而同样优美的古文译介西学，正是其所秉持之文化观念的亲身实践。

---

① 章绛:《与人论文书》,《学林》第2期。

② 钱锺书:《石语》，中国社会科学出版社1996年版，第31页。

③ 林纾:《答大学堂校长蔡鹤卿太史书》,《畏庐三集》,《民国丛书》第四编，上海书店1992年版，第二十七页。

④ 严复:《〈普通百科新大词典〉序》,《严复集》(二)，第277页。

文化观念也往往影响于政治立场。严复政治哲学的价值，自不待言；林纾亦曾支持立宪，虽以清室举人自陈，爱护民国之情未少。要而言之，二人在政治上贯穿始终且最为重要的共同之处，实为其国家思想。不仅言论中念兹在兹，生平事业，亦意在开启民智、改良社会，均以有益国家为念，而这正是公共知识人的本色所在。二人一生共同事业，要属教育、译书、办报三者。此亦是清末的时代特色：在新技术与制度的支持之下，印刷与出版业臻于鼎盛，报刊、学堂迅速涌现；而正是这些新的公共文化场域的诞生，造就了近代史上第一代公共知识人的身份形成。

至于严、林二人之间，相交既久，踪迹亦近，终究未能以知己相待。个中原因，固然是由于二人性情本自不同：严复趋于理性冷峻，林纾则是豪爽恺悌之人。在此之外，由于知识结构、学术取向乃至政治理念之间的出入而造成的心理距离，恐亦是原因所在。从留存文字看，严、林之间交谊，前期仍可说情谊款洽，林纾尤其抱持钦敬之意，至晚年尤其二十世纪一十年代末期以后则有所疏远。所谓林纾"几道生时，亦至轻我，至当面诋毁"[①]的表述，一则可知语出 1921 年以后，乃是晚期言论，再则亦稍透露了二人疏离的个中消息。严、林虽同以译述驰名，而各自学术所立基者，不仅有着新旧的出入，更存在着新兴社会科学与传统人文学的学科差别。社会科学有着把握历史进程的自我期许，林纾所感受到的严复之"轻"，或不无社会科学学者对于人文学的骄傲潜存其中。1913 年，康有为公开以"译才并世数严林"之断语表彰二人在近代译界的地位，日后却流传为一桩著名公案，有关严、林高下的评说亦屡屡不绝。诚然，严复于林纾译述事业，一则曰"断尽支那荡子肠"，再则曰"虞初刻露万物情"，固然有称道之意，但较之康有为开门见山、明白揭出林纾之"百部虞初救世心"，

① 钱锺书:《林纾的翻译》,《七缀集》，上海古籍出版社 1994 年版，第 103 页。

则毋宁说后者更可称为林译知己了。

尽管如此，严、林之间的交谊仍然未可抹杀。林纾对严复学问的钦敬之情，二人诸多层面的共同关怀，常处于同一阵营的渊源，以及二十年间常相往来的情谊，均历历可睹。君子和而不同。人情本来起伏流转、面向复杂，未可以片言数语遽下论断。而向细节中寻求些许史实的真相，冀以稍窥时代的风会，或者即是交游考的命意所在。

（原载《现代中文学刊》2017年第2期）

郭道平，1982年生，湖南常德人。2004—2011年从夏师攻读硕士、博士学位，博士论文题为《庚子事变的书写与记忆》。现为中国社会科学院文学研究所近代室副研究员。

陈寅恪诗学中的两个世界和悲剧意识

以陈三立、陈寅恪父子诗学的渊源与比较为中心

潘静如

陈寅恪以史学见长，诗则余事。自余英时先生创为释证以来，“诗史互证”成为研究陈寅恪诗的典范，几乎所有人都不约而同地参与了进来，比如谢泳、胡文辉等学者。这有足够的理由，毕竟陈寅恪身世、遭际特殊，在学术上率先实践过“诗史互证”，而且他的诗尤其是晚年的诗确实有各种隐喻。但陈寅恪的诗同样创造了幽微深窅的世界，可说是相当出色的“文学文本”。因此，本文拟站在近于文学本位的立场加以研究。首先声明，这不是要架空历史，相反，本文会接受这一诗文阐释的背景。差别在于，本文不拘泥于一字一句的隐喻或影射，而是力图会通陈三立、陈寅恪二人的诗学，依据陈寅恪诗学中的两个世界，着重考察他在家风、世变、性情、衰病等多重因素作用下的悲剧意识。

一、陈三立、陈寅恪诗学渊源表微

陈寅恪的诗，除有各家专文加以考释外，现有胡文辉笺释本，最为完备，相关史料，摭引颇多。但此外并非没有着手余地。关系最大的，则是陈寅恪很多诗都承袭自尊人陈三立。考察陈寅恪的诗歌世界

和精神世界，这是相当重要的一环。《柳如是别传》云：

> 解释古典故实，自当引最初出处，然最初出处，实不足以尽之，须更引其他非最初，而有关者，以补足之，始能通解作者遣词用意之妙。[①]

考察陈寅恪自己的诗，也应该注意到这一点。

陈寅恪有很多诗句借鉴自尊人。《挽王静安先生》“吾侪所学关天意，并世相知妒道真”本之于陈三立“天心竟忍孤吾党，风气仍能妒道真”，《王观堂先生挽词》“生逢尧舜成何世，去作夷齐各一天”本之于陈三立“生逢尧舜为何世，微觉夷齐更有山”，《七月七日蒙自作》“近死肝肠犹沸热，偷生岁月易蹉跎”本之于陈三立“近死肺肝犹勃郁，作痴魂梦尽荒唐”，《挽张荫麟》“共谈学术惊河汉，与叙交情忘岁年”本之于陈三立“移情绝艺惊河汉，吊影荒山换岁年”，《夏日听读报》“独怜卧疾陈居士，消受长廊一角风”本之于陈三立“何如居士半亩宅，消受伽黎一角风”，《题初学集》“谁使英雄休入彀”本之于陈三立“谁使英雄还入彀”，《前题余秋室绘河东君访半野堂小影诗意有未尽更赋二律》“天壤茫茫原负汝，海桑渺渺更愁人”本之于陈三立“天壤有情终负尔，香尘扬海渺愁予”[②]。这虽然都是表层现象，但只有先确认了这一点，才能进一步深入讨论父子二人的诗学渊源。

困难在于，陈寅恪著述很少提及尊人及其诗学。《寒柳堂记梦未定稿》有云：“先君……以吏能廉洁及气节文章颇负重名于当代。”[③]陈寅恪对尊人的“气节文章”无疑是自豪的。“气节”不用说，陈寅恪

---

① 陈寅恪：《柳如是别传》，生活·读书·新知三联书店 2011 年版，第 12 页。

② 引文中，陈寅恪句分别见陈寅恪：《陈寅恪集·诗集》，生活·读书·新知三联书店 2011 年版，第 11、15、24、34、45、105、125 页；陈三立句分别见陈三立：《散原精舍诗文集》，上海古籍出版社 2003 年版，第 262、320、215、703–704、94、79、743 页。

③ 陈寅恪：《寒柳堂集》，生活·读书·新知三联书店 2011 年版，第 188 页。

对尊人的“文章”有扬也有弃。这需要慢慢梳理。由于是与后学黄曾樾相谈，不像自撰《石遗室诗话》那样批评起来还比较委婉和留有余地，《陈石遗先生谈艺录》中陈衍对近代诗人从王闿运到郑孝胥、陈三立都有批评，他直言陈三立的诗太“涩”[①]。这可以与钱锺书所记《石语》对勘。陈寅恪当然没有读过《石语》，但从他留下的《宋诗精华录》手批来看，他读过《陈石遗先生谈艺录》，而且相当熟悉。手批显示，他对陈衍暗贬“近人学宋诗者”，以“与流俗争名”，是颇为鄙夷的；他的十九条批语，除了一条表示赞同，一条举出猜想而外，其余十几条大都是对陈衍的回击和驳斥，还对张之洞、樊增祥的诗作了辩护[②]。但他对陈衍批评郑孝胥、陈三立的话则没有回应。也许是不便回应，也许是多少有赞同之意。

从诗学实践看，陈寅恪对陈三立的诗有所汲取，但不求形似，扬弃甚多，所以少有人察觉。陈诗《尊瓠室诗话》称“(陈三立)子能诗者师曾、彦和、彦通三人”[③]，压根就没提陈寅恪。陈寅恪不以诗名是一方面，另一方面则是他把对尊人的借鉴消融在自己的艺术世界里了。这要从陈三立说起。中国古典诗歌最重要的基本元素之一就是意象。陈三立诗的涩或独创性主要不在意象上。例如，尽管他八九次运用“跛鳖”这些古人不常用的意象[④]，很引人注目，但绝大部分诗歌意象仍是常规意象。陈衍只抓住他说花木不肯说柳暗花明，而改说花高柳大，只是问题的一小部分。陈三立诗之涩或独创性在于：第一，打破常规，不按正常的逻辑使用连接各种意象的动词，一部《散原精舍诗集》如果把带有“乱”“飘”“射”“撼”“窥”“落”“摇”“堆”“挂”“送”“接”“邀”“悬”“插”这些字眼的诗句删去，那么就几乎没有多少完整的诗了；

---

① 黄曾樾:《陈石遗先生谈艺录》，张寅彭编:《民国诗话丛编》第1册，上海书店2002年版，第704页。

② 参见张求会:《陈寅恪手批〈宋诗精华录〉》,《文学遗产》2006年第1期。

③ 陈诗:《尊瓠室诗话》，张寅彭编:《民国诗话丛编》第2册，第100页。

④ 徐梵澄:《蓬屋诗存》，社会科学文献出版社2009年版，第196页。

通常，这些字眼都有相对稳定或合理的搭配对象，但陈三立往往反其道而行之。第二，近体七律的颈联或颔联，他——尤其是《散原精舍诗集》的上、中两卷——喜欢沿用许浑、黄庭坚等人惯用的“平平仄仄仄平仄，仄仄平平平仄平”，杜绝流丽、庸常。这些是造成陈三立诗之涩的重要原因，也恰是陈寅恪在借鉴尊人时力求回避的。

笔者注意到“去眼”两个字是陈三立的创语，在古人诗集里几乎找不到用例，而陈寅恪正好借鉴过一次。这是个非常值得分析的例子。陈三立原句，像“亲朋日去眼”“楼台去眼竟何归”“去眼遗经泣凤麟”“吾髯久去眼”[①]等都是典型，照字面来说，“去眼”就是离开眼睛的意思。考陈寅恪《飞机途中作并寄亲友》有云：“去眼池台成永诀，销魂巷陌记当时。”[②]这联诗直接脱胎于陈三立《题尧生万松深处图》：“去眼觚稜余一死，吹魂云气暗千峰。”[③]下半联的“吹魂”二字虽然说不上生涩，但也绝不浑成，体现的仍是陈三立“避俗避熟”的一贯作风；陈寅恪显然不太欣赏这种表达，因为“销魂”一语虽然“俗”，但其好处是浑成自然，而且富于阴柔美。在陈寅恪借鉴尊人的所有诗句中，“去眼”这种表达已经是上限，超过这个限度的，陈寅恪则加以扬弃。因为关于“眼”，陈三立还有“射眼江南山”的“射眼”、“钉眼望湖亭”“钉眼落三花”的“钉眼”、“园池还我眼”的“还眼”、“楼台插眼忽峥嵘”的“插眼”、“吟窗留眼吐天葩”的“留眼”、“倒眼过旧园”的“倒眼”种种新奇的用法[④]，但是陈寅恪从来没有借鉴过。仔细考察上文举证的若干例子，这一点体现得就尤为清楚：陈寅恪所化用的，都是陈三立诗中相对“秀媚阴柔”和言从字顺的一类。

很明显，陈寅恪在诗歌创作上经常借鉴尊人，只是不像陈隆恪或

---

① 分别见陈三立：《散原精舍诗文集》，第146、169、333、676页。

② 陈寅恪：《陈寅恪集·诗集》，第62页。

③ 陈三立：《散原精舍诗文集》，第319页。

④ 分别见陈三立：《散原精舍诗文集》，第171、203、224、207、307、454、591页。

陈方恪那样对尊人的诗亦步亦趋。陈寅恪的诗不以骨力见长，大都清神独往，婉秀自媚，颇像李商隐、韩偓或黄景仁，他深赏的诗，也在清深秀媚一类，如黄濬、汪精卫的诗，这是向来没有人把他的诗同陈三立联系起来的原因[①]。通过上文分析，我们知道，陈寅恪的借鉴是有选择性的，他把尊人的句法、意象完美消融到了自己秀媚阴柔的艺术世界之中。换言之，他所借鉴尊人的，不是或很少是最能体现陈三立的涩或独创性的那部分，而是其他相对流丽的篇什，经过处理变作或融入了“自家面目”。

二、繁枝转眼一时空：悲剧命运的笼罩

陈三立以“气节文章”闻名于当世。陈寅恪从尊人那里继承的当然不只是“文章”一道。陈寅恪 1945 年 4 月 30 日作有《忆故居》诗，诗前有小序：“寒家有先人之敝庐二：一曰峥庐，在南昌之西山，门悬先祖所撰联，一曰松门别墅，在庐山之牯岭，前有巨石，先君题‘虎守松门’四大字。今卧病成都，慨然东望，暮境苍茫，因忆平生故居，赋此一诗。”[②] 吴宓在日记里注释这首诗云：“时盟军攻陷柏林，四月二十七日墨索里尼死于 como 湖畔，日本势亦穷蹙。”[③] 换言之，从世界局势来看，抗日战争的获胜几乎是板上钉钉的事了。考虑到 1937 年北平沦陷后陈三立绝食而死，就不难猜测陈寅恪的用意。题目是“忆故居”，小序又提到“寒家先人之敝庐”“先君题字”，笔者大胆揣测，陈寅恪《忆故居》“一生负气成今日，四海无人对夕阳”[④] 很可能是刻

① 陈寅恪晚年感赋《再生缘》诗“论诗我亦弹词体”一句的自注：“寅恪昔年撰《王观堂先生挽词》，述清代光宣以来事，论者比之于七字唱也。”有人认为嘲笑他的“论者”即是陈三立。陈寅恪自注，见陈寅恪：《陈寅恪集・诗集》，第 99 页。

② 陈寅恪：《陈寅恪集・诗集》，第 42 页。

③ 同上。

④ 同上。

意对尊人“遗言尽负成今日”“举世无人对此宵”“千年治乱余今日，四海苍茫到异人”[1]等句的点化。陈寅恪这联诗也就有多重含蕴：陈寅恪推重和承续尊人的不仅是“文章”一道，更是陈氏的“气节”，概言之，乃是义宁陈氏的门风。

面对世变之亟，门风常常加剧个体独特的身世之感。按照前文的论述，陈寅恪的诗歌创作颇有借鉴尊人之处，只是他的借鉴是有选择的，以能够熔铸到他个人“清深秀媚”的艺术风格之中为前提。从某种意义上说，这既是借鉴，也是创造。但是，相比于风格的不同，陈寅恪更大的创造在于他后半生的诗歌创造了两个意象分明的世界。就陈氏父子来说，同样是“一生负气”，表现在诗学上的面貌各异，陈三立出以“狷介”[2]，故诗风偃蹇奇兀，不落常境，而陈寅恪则出以缠绵哀伤，在顾影低徊中冥想天人之际的幽微。如果说句法、意象的借鉴展现了父子二人的诗学渊源的话，那么陈寅恪晚年诗歌中构造的两个世界则在最大程度上展现了父子二人的诗学之异及陈寅恪个人浓重的悲剧意识。

考陈寅恪《柳如是别传》有云：

> 昔时读河东君此词下阕“春日酿成秋日雨，念畴昔风流，暗伤如许”诸句，深赏其语意之新，情感之挚。……“酿成”者，事理必致之意，实悲剧中主人翁结局之原则。古代希腊亚力斯多德论悲剧，近年海宁王国维论《红楼梦》，皆略同此旨。然自河东君本身言之，一为前不知之古人，一为后不见之来者，竟相符会，可谓奇矣。[3]

---

① 分别见陈三立：《散原精舍诗文集》，第 228、325、736 页。

② 这是金松岑的评价，参见刘世南：《清诗流派史》，人民文学出版社 2011 年，第 447 页。

③ 这段文字，余英时先生曾特别拈出，讨论“历史悲剧”，参见余英时：《现代危机与思想人物》，生活·读书·新知三联书店 2012 年版，第 417–418、484–485 页。

竟由“春日酿成秋日雨”一句，推衍出“悲剧中主人翁结局之原则”，不但体现了陈寅恪敏感细腻的文字“感觉”能力和世变对他的刺激，更显露他与生俱来的某种性情与意识，而这又是弥漫在他的整个生命当中的。他早年作诗无多，亦未遭变故，但像“萤嘒乾坤矜小照，蛩心文字感长秋”“承平旧俗凭谁问，文物当时胜此冠”“金犊旧游迷紫陌，玉龙哀曲怨黄昏”“世外文章归自媚，灯前啼笑已成尘”“人间不会孤游意，归去含凄自闭门”[①]等句，无不有踽踽独行、惘惘不甘之致，预示着内心深处的隐忧或怀疑。这一切根植于性情、气质之中。他曾回忆自己少年时，“朝野尚称苟安”，他却“独怀辛有索靖之忧，果未及十稔，神州沸腾”[②]，这可见其天性的敏感，当然也带有葛兆光先生所谓卧龙式先知的意味[③]。也许是他的“少时多病”“体孱多病”[④]，养成了这种敏感、阴柔的气质。

他集中有一首《丁亥春日阅花随人圣庵笔记深赏其游旸台山看杏花诗因题一律》，略云：“当年闻祸费疑猜，今日开编惜此才。世乱佳人还作贼，劫终残帙幸余灰。荒山久绝前游盛，断句犹迁后死哀。见说旸台花又发，诗魂应悔不多来。”[⑤]按黄氏杏花断句见《花随人圣庵摭忆》第二一则《旸台山赏花》，断句云：“绝艳似怜前度意，繁枝留待后来人。”[⑥]显然这句诗给了陈寅恪相当的触动。他晚年在《寒柳堂记梦稿》里还说：“日本投降……重返清华园，始得读秋岳之书，深赏其旸台山看杏花诗‘绝艳似怜前度意，繁枝留待后来人’之句。”[⑦]陈

---

① 陈寅恪：《陈寅恪集·诗集》，第 7-11 页。

② 陈寅恪：《寒柳堂集》，第 182 页。

③ 参见葛兆光：《最是文人不自由》，《读书》1993 年第 5 期。文章今载葛兆光：《余音》，广西师范大学出版社 2016 年版，第 79-92 页。

④ 陈寅恪：《金明馆丛稿初编》，生活·读书·新知三联书店 2011 年版，第 189、235 页。

⑤ 陈寅恪：《陈寅恪集·诗集》，第 59 页。

⑥ 黄濬：《花随人圣庵摭忆》，中华书局 2013 年版，第 23-24 页。

⑦ 陈寅恪：《寒柳堂集》，第 191 页。

寅恪题诗中的“荒山久绝前游盛，断句犹迁后死哀”一联恰恰是他晚年诗篇里横亘始终的主题或意境，也即“悲剧中主人翁结局之原则”。他晚年一再言“诗谶”[①]，正是同一精神的体现。

陈寅恪《吴氏园海棠》其二：“读史早知今日事，看花犹是去年人。”[②]这是他第一次使用这一句法，时在1936年。此句脱胎自陈师道《次韵李节推九日登南山》：“人事自生今日意，寒花只作去年香。”[③]后人也经常效法，比如陈三立《秋日愚园西楼茗坐》“奇服自将孤往意，零花犹恋旧栽枝”[④]一联就很类似。但包括尊人陈三立在内，很少有人像陈寅恪这样，对陈师道、黄濬二联的仿拟欲罢不能，仿佛除此而外，无从表达自己的心境。他一而再、再而三地这样吟诵着：“读史早知今日事，对花还忆去年人”“人事倍添今日意，园花犹发去年红”“桃观已非前度树，藁阶长是最高楼”“寻梦难忘前度事，种花留与后来人”“食蛤那知天下事，买花弥惜去年春”“烛照已非前夕影，枝空犹想去年人”“花事已随浮世改，苔根犹是旧时栽”“桃观已非前度树，藁阶翻是最高楼”“食蛤那知天下事，然脂犹想柳前春”“废疾久遮今世眼，登临犹发古时愁”“药裹那知来日事，花枝犹忆去年春”[⑤]。在这里，花事、人事相交织、相映照，构成了一个无常而又永在的世界。

在这一主题之下，他还有各种近似的表达：“绝艳植根千日久，繁枝转眼一时空”“南渡饱看新世局，北归难觅旧巢痕”“寻春只博来迟悔，望海难温往梦痕”“岂知紫陌红尘路，更作荒葵野麦场”“黄阁有书空买药，玄都无地可栽桃”“白杨几换坟前树，红豆长留世上春”“元祐党家犹有种，平泉树石已无根”“桂苑旧传天上曲，桃花新

---

① 陈寅恪：《寒柳堂集》，第83–85页。

② 陈寅恪：《陈寅恪集·诗集》，第23页。

③ 陈师道：《后山诗注补笺》，冒广生笺，中华书局1995年版，第75页。

④ 陈三立：《散原精舍诗文集》，第335页。

⑤ 分别见陈寅恪：《陈寅恪集·诗集》，第24、29、59、62、64、65、70、85、111、113、148页。

写扇头春”“裁红韵碧今何世，合璧连珠别有天”“韵碧裁红如隔世，回黄转绿未移时”“赤县尘昏人换世，翠湖春好梦移家”[①]。我们当然可以对这些诗歌加以疏证，比如“平泉树石已无根”是自嘲为不肖子孙，“北归难觅旧巢痕”指的是北京旧寓，等等。就此来说，他之病症，颇近于西人所谓的“无家可归的精神创伤”[②]。在这个意义上，陈寅恪有符于钱锺书跟汪荣祖谈话时予以的 eternal refugee（永远的避难者）之谥。但是这个与其说钱锺书之于陈寅恪“切身同感”[③]，不如说透露了钱锺书一贯的聪明、刻薄。其潜台词是：这并不能说是时局或政治引致的，相反，这是陈寅恪自己的问题。

显然，与尊人陈三立的诗止于感喟“赚人花事可怜世”[④]不同，陈寅恪晚年的这些表达弥漫了他个人的悲剧意识。这种悲剧意识不限于一时一地。换言之，如果说传统的同类诗歌中的悲剧意识与伤感是由每一首诗自己呈现出来的话，那么陈寅恪则是通过一首又一首诗的雷同而密集的表现形式，借花事、人事的映照，创造了一个无常而永在的现实世界。

三、碧海青天自纪元：寻求对悲剧命运的“超越”

陈寅恪后半生不断吟出这样的诗句：“地变天荒意已多”“天回地动此何时”“地变天荒总未知”[⑤]。考《散原精舍诗集》有云：“天荒

① 分别见陈寅恪：《陈寅恪集·诗集》，第 22、27、44、88、112、125、130、133、139、164、167 页。

② Lisa Goodman, LeonardSaxe, Mary Harvey, “Homelessness as Psychological Trauma: Broadening Perspectives”, *American Psychologist*, Vol.46, No.11(1991), pp. 1219–1225.

③ 钱之俊：《钱锺书手札中的“酷评”——读〈槐聚心史：钱锺书的自我及其微世界〉札记》，《光明日报》2015 年 7 月 1 日，第 9 版。另参见钱之俊：《晚年钱锺书》，北岳文艺出版社 2019 年版，第 201–203 页。

④ 陈三立：《散原精舍诗文集》，第 13 页。

⑤ 陈寅恪：《陈寅恪集·诗集》，第 24、43、99 页。

地变吾仍在”“地坼天荒欲何俟”“天荒地变影双坟”“地变天荒纪戊申”“更弹地变天荒泪”“海断天荒更忆谁”“天荒地变孤芳在”“天荒地老作诗人”“天回地动一沾巾”[①]。我们更注意到，陈寅恪诗中还多次出现这样的表达：“涧瀍洛下犹余地，韦杜城南莫问天”“韩偓偷生天莫问，范文祈死愿偏违”“沉醉天休问”“文章声价关天意，搔首呼天欲问天”[②]。考《散原精舍诗集》有云：“新吟掩抑能盟我，此士浮沉莫问天”“抔土真亲汝，杯浆与问天”“问天已付君平卜”“此日更无天可问”“问天酿注经天泪”“问天斫地意无穷”[③]。虽然“地变天荒”或“问天”都是寻常典故或用语，本不具备考据学上所谓“挖脚跟”的作用。但根据第一节论述，我们有理由相信陈寅恪诵读过并熟悉陈三立的这些诗句，在他晚年的时候，可能会不断投射到他的自我表达之中。即使不作这样的设想，在普遍意义上来讲，这种“地变天荒”的痛楚和“问天”的冲动，是任何遭遇巨变的人都会有的。

不过，陈寅恪毕竟不是陈三立。在他晚年的诗句中，出现最频繁的是这样一个意象：碧海青天。《闻道》：“白日黄鸡迟暮感，青天碧海别离情。”《癸巳七夕》：“赤城绛阙秋闺梦，碧海青天月夜情。”《读梅村题鸳湖闺咏戏用彩笔体为赋一律》：“红巾翠袖谁揩泪，碧海青天共断魂。”《己亥七夕作》：“丹药黄金徒扰扰，青天碧海自悠悠。”《戏赋反落花诗一首次听水斋落花诗原韵》：“东皇西母差相会，碧海青天悔可知。”《乙巳元夕次东坡韵》：“姮娥不共人间老，碧海青天自纪元。”《丙午春分作》：“白日黄鸡思往事，青天碧海负来生。”[④]

陈寅恪频繁使用这一意象绝不是偶然的。现要着重分析这个意象，并在与“地变天荒”的比较下，凸显其隐伏或指向的意义。“碧海青

① 陈三立：《散原精舍诗文集》，第48、83、231、250、335、341、657、719、736页。
② 陈寅恪：《陈寅恪集·诗集》，第196、145、156、159页。
③ 陈三立：《散原精舍诗文集》，第53、173、313、339、353、590页。
④ 陈寅恪：《陈寅恪集·诗集》，第37、97、111、133、155、166、175页。

天”出自李商隐《嫦娥》:“嫦娥应悔偷灵药，碧海青天夜夜心。”[①]假如不考虑《嫦娥》一诗，“碧海青天”本身仍是一个自足的意象，但经过李商隐的创造，它被赋予了全新的意义，并且在最大程度上被后世所接受和使用。“地变天荒”这一意象为无常而永在的世界，尽管个体也暗含在这一意象里，但它仍以指向外部世界为主，人只能处在天地的笼罩之下，保留着有限的回应空间；而“碧海青天”则强调尘世变幻之中，作为个体的存在与感受，换句话说，它意味着人与天之间的平行或对立，尽管人仍显得脆弱，且背负着悔恨和悲剧命运，但人不再仅仅是天地之间一个无足轻重的存在物，他仍为自己保留了“救赎”或“超越”的可能。换言之，“地变天荒”是指尘俗世界或物质世界而言，而“碧海青天”则在一定程度上超越了尘俗世界，指向彼岸。

由此，同样遭遇“地变天荒”，陈三立会有“问天”的冲动或宣泄。但过此以往，他对天地变局的回应已经结束，他只需践行自己所接受的道德准则，做到不辱其身即可。陈寅恪则不同，忧郁敏感的气质和秀媚阴柔的诗学取向会把他引向另一个世界。当他被悲剧宿命感所笼罩，而又不甘接受这一悲剧宿命，希望与之抗争，甚至完成对它的“救赎”或“超越”时，不可避免地，他的精神世界将指向彼世或来生：

今生无分待他生。[②]

但除却宗教意义，在世俗意义上，来生并不可恃。在这种情形下，他不会对隋唐制度、蒙古史地一类问题再发生太大兴趣，他更在意的是关于人、关于命运。这需要机缘。

当他“衰年病目，废书不观”，听《再生缘》弹词，有感“作者

① 刘学锴、余恕诚:《李商隐诗歌集解》，中华书局 1988 年版，第 1887 页。

② 陈寅恪:《陈寅恪集·诗集》，第 129 页。

之身世”时，恰好获得了这一“机缘”。于是我们在《论再生缘》里看到这两段文字：

> 以端生之才思敏捷，当日亦自谓可以完成此书，绝无疑义。岂知竟为人事俗累所牵，遂不得不中辍。虽后来勉强续成一卷，而卒非全璧，遗憾无穷。至若“禅机早悟”，俗累终牵，以致暮齿无成，如寅恪今日者，更何足道哉！更何足道哉！[①]
>
> 噫！中国当日智识界之女性，大别之，可分为三类……至于第三类，则为端生心中之孟丽君，亦即杜少陵所谓“世人皆欲杀”者……抱如是之理想，生若彼之时代，其遭逢困阨，声名湮没，又何足异哉！又何足异哉！[②]

在这里，两人的角色和悲剧命运合而为一，且流露出浓重的悲剧宿命论意味。陈寅恪《读哀江南赋》曾云：

> 兰成作赋，用古典以述今事。古事今情，虽不同物，若于异中求同，同中见异，融会异同，混合古今，别造一同异俱冥，今古合流之幻觉，斯实文章之绝诣，而作者之能事也。[③]

不啻为自己的《论再生缘》作了一注脚。鉴于两人悲剧命运的同一性，他努力“使再生缘再生”[④]，自己此生的悲剧宿命也得到了安慰。

但安慰止于安慰，悲剧宿命之所以为宿命，是因为它是一定而不变的，只有在来生才有可能获得彻底的救赎或超越，而除却宗教意义，

① 陈寅恪：《寒柳堂集》，第60页。
② 同上，第67页。
③ 陈寅恪：《金明馆丛稿初编》，第234页。
④ 陈寅恪：《寒柳堂集》，第69页。

来生是不可恃的。不过，正如他可以“使再生缘再生”一样，只要后人能够“发皇心曲”，使他“再生”，他依旧算是挑战了悲剧宿命，并对之完成了救赎或超越。这样，陈寅恪还剩下最后一个问题：

> 余生所欠为何物，后世相知有别传。
> 今生积恨应销骨，后世相知倘有缘。
> 今生所剩真无几，后世相知或有缘。①

也就是说，在世俗意义上，对悲剧宿命的救赎或超越，始于今生，而成于后世。因此，他要在衰残之年苦苦念叨：

> 痛哭古人，留赠来者。②

四、余论

通过以上分析，我们可以看到，陈三立、陈寅恪父子在精神和文化思想上的一致性以及陈寅恪诗中的两个世界和悲剧意识：一是借花事、人事的映发而营造的无常而永在的现实世界，这一世界的他是被悲剧命运所笼罩着的；一是经由执着的“问天”而获致某种悲悯而激愤的力量，努力塑造了一个人与天（命运）平行或对立的世界，它寓意着个人寻求对悲剧命运的超越。但上文由于顾及到文气的通畅和阐释的醒豁，有三个关键的地方来不及说明，这里需要补充。

第一，悲剧宿命是不可逆的，只有在来生才有希望救赎或超越，而来生是不可恃的。虽然，“后世相知”或来者可以使他“再生”，但寓有“心曲”或“心史”的书一定会流传吗？即使流传了，“后世”一

① 陈寅恪：《陈寅恪集·诗集》，第57、143、144页。
② 陈寅恪：《柳如是别传》，第1250页。

定会“相知”吗？这些问题，谁来保证？“来者”是尘俗之物，并不具备神性或永恒性。换言之，借由“来者”来完成“再生”，并无终极依据。所以，他在《论再生缘》中要格外强调：

> 人事终变，天道能还。[①]

如果没有“天道”这一终极依据，则所谓“后世”“来者”渺不可恃。这又回到了他当年的那段话：

> 寅恪以谓古今中外志士仁人，往往憔悴忧伤，继之以死。其所伤之事，失死之故，不止局于一时间一地域而已。盖别有超越时间地域之理性存焉。……呜呼，神州之外，更有九州。今世之后，更有来世。其间傥亦有能读先生之书者乎？如果有之，则其人于先生之书，钻昧既深，神理相接，不但能想见先生之人，想见先生之世，或者更能心喻先生之奇哀遗恨于一时一地，彼此是非之表欤？[②]

“超越时间地域之理性”是“天道”在世俗意义上的表达。正是在这一意义上，他才可以吟道：

> 姮娥不共人间老，碧海青天自纪元。[③]

这让人既欣慰，又爽然。悲剧命运虽由种种人事造成，但在悲剧宿命论者那里，终归于天意或天命。当他想救赎或超越时，仍不能全靠一

---

① 陈寅恪:《寒柳堂集》，第69页。

② 陈寅恪:《金明馆丛稿二编》，三联书店2011年版，第248页。

③ 陈寅恪:《陈寅恪集·诗集》，第166页。

己之力达成，仍须在“天道”那里寻找终极依据，因为只有“天道”才是超越时空的。事实上，他别无选择。但毕竟，他通过自身的努力由此完成了救赎或超越。这既是统一在悲剧宿命论者的内在逻辑里的，也是悲剧即崇高这一命题的深刻性所在。

第二，不管是陈寅恪晚年对柳如是词中“酿成”二字的阐释，还是对“诗谶”的心心相印，都是他悲剧宿命感的流露，正如他自己在诗中所说：

> 低怀俄悟百年因。[①]

我们对他的诗作出超越性的阐释，也正是基于这一点。但同时，陈寅恪作为拥有极强感觉能力的史学家，他对人事又有其一贯的看法。1928 年，他在《俞曲园先生病中呓语跋》中说：

> 天下之致赜者莫过于人事，疑若不可以前知。然人事有初中后三际（借用摩尼教语），犹物状有线面体诸形。其演嬗先后之间，即不为确定之因果，亦必生相互之关系。故以观空者而观时，天下人事之变，遂无一不为当然而非偶然。既为当然，则因有可以前知之理也……
>
> 尝与平伯言：“吾徒今日处身于不夷不惠之间，托名于非驴非马之国，其所遭遇，在此诗第二第六首之间，至第七首所言，则邈不可期，未能留命以相待，亦姑诵之玩之，譬诸遥望海上神山，虽不可即，但知来日尚有此一境者，未始不可以少纾忧生之念。然而其用心苦矣。”[②]

---

① 陈寅恪：《陈寅恪集·诗集》，第 113 页。
② 陈寅恪：《寒柳堂集》，第 164 页。

就这一意义来说，他对个人悲剧命运的认识，既是感性的，也是理性的，既是具体的，也是超越的。

第三，陈寅恪一生标揭并信奉“独立之精神，自由之思想”“未尝侮食自矜，曲学阿世”两个原则。前者部分地属于“新知”，后者则是传统文化的要义。我们可以从《寒柳堂记梦稿》看出他自承家教的影响之深，这是世所共知的。但就浅见所及，有两点却从来被世人所忽略。那就是陈寅恪这两句表达，都能在陈三立的诗中找到印证。陈寅恪“独立之精神，自由之思想”揭橥于1929年的《王国维纪念碑铭》，考陈三立1906年《寿左子异宗丞五十》诗云：“独立精神世所尊。”[①] 陈寅恪“默念平生固未尝侮食自矜，曲学阿世”则出于1964年的《赠蒋秉南序》，考陈三立1936年刻行的《散原精舍诗别集》收有《庸庵同年寄示新篇》诗：“论世差非曲学阿。”[②] 据本文的举证和分析，不妨作最大胆的假设，可能陈寅恪在经常诵读尊人诗集之余，因强烈的认同与共鸣，而把这些语句投射到自我表述之中。即使不是，它也体现了陈三立、陈寅恪父子在精神上的一致性。吴宓《读散原精舍诗笔记》云：“义宁陈氏一门，实握世运之枢轴，含时代之消息，而为中国文化与学术德教所托命者也。”[③] 陈氏父子“一生负气”，在世变之际付出的代价是可想而知的。陈寅恪忧郁、阴柔、敏感的气质最终把他带向关于个人悲剧命运的思考和超越。

（原载《文艺理论研究》2016年第3期）

---

① 陈三立：《散原精舍诗文集》，第201页。

② 同上，第640页。

③ 吴宓：《吴宓诗话》，商务印书馆2005年版，第291页。

潘静如，1986 年生，江苏灌南人。先后就读苏州科技大学、苏州大学、北京大学。2016 年 7 月，以博士论文《身份认同与位置调适：历史图景里的清遗民》获北京大学文学博士学位。现供职中国社会科学院文学研究所。主要研究近代诗学、清代金石学。著有《民国诗学》《梦选楼诗存》。

六、思想文化研究

五四文学革命的另一面

以林纾为中心

洪　越

一、对立营垒的“构造”

1916 年年底、1917 年年初，胡适和陈独秀在《新青年》上提出了“文学革命”的主张和口号①。从 1917 年到 1918 年，《新青年》是关于“文学革命”讨论的最主要阵地②。可是在相当长的时间里，《新青年》发行量不多，他们所宣扬的主张也没有引起太多注意③。为了引起讨

① 见胡适给《新青年》主编陈独秀的信，《新青年》第二卷第二号（1916 年 10 月）；胡适：《文学改良刍议》，《新青年》第二卷第五号（1917 年 1 月）；陈独秀：《文学革命论》，《新青年》第二卷第六号（1917 年 2 月）。

② 新文学运动的其他重要刊物比如《每周评论》和《新潮》的创刊，以及《晨报》副刊改组后成为新文学的发表园地，都是 1918 年年末、1919 年年初的事。因此在相当长一段时间里，除了讨论旧戏剧问题时，张厚载、马二先生在他们所在的《晨钟》《公言报》《时事新报》等报纸上发表文章外，主要的言论阵地还是《新青年》。

③ 关于发行量，见戈公振文《民国时期的重要报刊》注释 6：“据汪孟邹君述：‘民国四年，陈独秀从皖来沪，拟办一杂志，自称可以轰动一时，乃由汪介绍与群益书社负责人陈子佩、子寿兄弟洽谈，每期编稿费银圆二百元。出版后，销售甚少，连赠送交换在内，期印一千份；至民国六年销数渐增，最高额达一万五六千份。’”（张静庐辑注：《中国近代出版史料》二编，上海群联出版社 1954 年版，第 315–316 页）据张国焘回忆，在 1917 年早期，他的同学中没有人熟悉《新青年》或者是它的固定读者。1916年9月《新青年》第二卷第一号上，曾有读者去信表示不同意杂志关于孔教问题的看法，记者的答复也提到“本志出版半载，持论多与时俗相左，然而罕受驳论”等。

论，吸引读者的兴趣，主办者也曾开辟“读者论坛”和“通信”两个栏目用来发表读者的意见，可是，关于“文学革命”这个话题，有分量有水平的批评文字屈指可数。

在很长时间里面，“文学革命”倡导者所遇到的问题是如同进入“无物之阵”。对此，鲁迅在《呐喊》自序中有这样的描述：“他们正办《新青年》，然而那时仿佛不特没有人来赞同，并且也还没有人来反对，我想，他们许是感到寂寞了。”在这样的情形下，1918 年 3 月，钱玄同化名王敬轩，虚构“旧文人”的身份撰写《文学革命之反响》一文，攻击“文学革命”，为“旧文人”辩护。借此机会，刘复以“新文人”的立场对来信的意见逐一驳斥，针锋相对。对于这种做法，即使是在新文学阵营内部，评价也不是没有分歧[①]。不过，在后来的文学史中，“双簧信”在新文化运动中所起的重要作用则属公论。还在 1917 年年初的时候，讲到“文学革命”，钱玄同曾经说：“惟选学妖孽桐城谬种，见此又不知若何咒骂，虽然得此辈多咒骂一声，便是价值增加一分也。”然而此后一年间，无论是“桐城谬种”还是“选学妖孽”都没有怎么咒骂，钱玄同只好代之出击，目的不在探讨问题，而是确立对手，使自己的主张得以彰显，提高他们作为挑战者的声望。

在王敬轩的信中，钱玄同构造了反对“文学革命”的“旧文人”营垒，开列了作为“文学革命”对立面的代表人物名单，着重提到的“旧文人”有归有光、方苞、林纾、陈三立、严复、易顺鼎和樊增祥等。其中，除归、方二人是桐城文始祖，其他都是当时文坛上最有声望的

① 胡适在 1919 年 7、8 月间写信给钱玄同，因为钱玄同认为胡适根本没必要和张厚载讨论新旧戏剧问题。胡适复信说：“我请他做文章，也不过是替我自己找做文的材料。我以为这材料，无论如何，总比凭空闭户造出一个王敬轩的材料要值得辩论些。老兄肯造王敬轩，却不许我找张謬子做文章，未免太不公了。”《胡适书信集》上，北京大学出版社 1996 年版，第 210 页。

文人。钱基博的评说民国纪元以后文学的《现代中国文学史》[①]，讲到中晚唐诗和同光体诗风行于时，就把樊增祥、易顺鼎和陈三立列为这两种诗体的代表人物，而林纾则是当时散文写作中最负盛名的一个。

像现在有名的作家在报纸上开专栏一样，那时候的报纸也以名人吸引读者。1919 年 1 月 7 日，《大公报》上有两个广告，一个是说报纸上发表的诗文极受社会欢迎，所以印出了单行本，用来赠给订阅本报的诸君；另一个是关于李涵秋的小说《剑钏双侠记》。这部小说还在《大公报》上连载，但前面的部分已被编成单行本。广告里说小说出版后即"争购无余"，应该不是夸张。诗文显然不如名家小说那样叫座，不能靠单行本再赚一次钱，不过以赠送的方式作为吸引读者订阅报纸的手段，也应该是因为有相当的读者群。樊增祥、易顺鼎、陈三立、严复、林纾等都在这个诗文作者群内。除了在北方资格最老、销行最好的《大公报》以外，梁启超研究系的机关报《晨钟》，与当时政府关系密切的《公言报》，虽然派别不同，在诗文的作者群上却并不两样[②]。

"文学革命"倡导者把这些活跃于文坛的中心人物称为"顽固守旧派"，针对他们进行批判。可是，"守旧派"的反应普遍淡漠。他们照常吃酒、听戏、诗文唱和，在他们公开发表的诗文作品中，也很少涉及正在发生的"文学革命"。漠然态度里面是他们对对手的轻忽，而这轻忽则基于充分的自信。严复在 1919 年给友人熊纯如信中讲到刚刚发生的"林蔡之争"时说："革命时代，学说万千，然而施之人间，优者自存，劣者自败，虽千陈独秀，万胡适钱玄同，岂能劫持其柄，则亦如春鸟秋虫，听其自鸣自止可耳，林琴南辈与之较

① 本文参照的两个版本分别是 1933 年 9 月世界书局版和 1936 年 9 月世界书局第四版增订版。

② 1916 年袁世凯死后，皖系段祺瑞以国务总理控制北洋政府。1917 年 8 月，在皖系军阀徐树铮等的策划下，国会进行选举，皖系在新国会上占多数议席，皖系把持政府直至 1920 年。《公言报》是和皖系集团关系密切的一份报纸。

论，亦可笑也。”[①]

在旧文人圈的淡漠反应中，林纾的“出手”成了一个特别的例子。为什么是他，而不是别人凸现为反对“文学革命”的代表人物？从某种程度上讲，是“文学革命”的倡导者选中了林纾，把他作为主要批判对象。而就林纾本人而言，则是因为性格等各种原因，难以始终保持超然的态度。其结果是，林纾最终成为当时“旧文坛”力量的象征。

钱玄同对林纾的着力批判，一般被解释为章太炎与林纾矛盾的继续。钱基博在1933年出版的《现代中国文学史》中讲到，“当清之季，士大夫言文章者，必以纾为师法，遂以高名入北京大学主文科”，民国以后，章炳麟因为以文字张革命有功，讲学被推为大师，声望日高，而那时林纾恰以能文章治桐城家言，为士论所归，“尤遭炳麟嫉诃”，其贬斥林纾，“词意刻急”；民元后的文章主要是魏晋文和唐宋文的天下，“大抵崇魏晋者，称太炎为大师，而取唐宋，则推林纾为宗盟云”。林纾和章太严之间的矛盾由来已久，而钱玄同是章太炎的得意门生，所以把林纾作为攻击对象并不奇怪。

林纾曾形容自己的性格是“木强多怒”，姚叔节也曾说林纾“任气而好辩”。虽说有着这样的脾气，林纾在面对新文化派别的攻击时，其实颇费踌躇。在给中华编译社社长的一封信中，林纾讲了他的复杂心情：“自少负气，老来忏悔未净，闻拂意之事，辄暴发，然知过矣。兄来书谆谆引过，令我汗颜无地，静言思之，□□弟子之言，特为其师报复，不足怪也。”[②]这里讲的显然是关于钱玄同对他讽骂的事情。林纾对此虽然还不能做到心平气和，但因为知道事情的来龙去脉、前因后果，所以也不打算回击。这种态度林纾保持了很长时间，直到1919年2、3月被称为“林蔡之争”的事件发生。不过发生在“林蔡之争”前后的一系列事情由各种复杂因素促成，钱玄同的攻击在那里

① 见严复：《与熊纯如书》，《严复集》第三册，北京中华书局1986年版，第699页。
② 林纾：《再与本社社长论讲义书》，《林纾诗文选》，商务印书馆1933年版，第276页。

只是一个遥远的引子。这在后面还要讲到。

除了个人恩怨的原因，林纾被作为主要批判对象大概也因为他几乎是唯一也是最早对“文学革命”发表反对意见的“顽固守旧派”。他的第一篇针对“文学革命”的文章是《论古文之不宜废》，发表在1917年2月1日的《大公报》上[①]，和陈独秀登在《新青年》第二卷第六号的《文学革命论》恰巧在同一天。同年6月1日，林纾在中华编译社函授部《申报》上的例行广告中发表“宣言”，强调创办人“防古学之沦坠”的良苦用心，同时也表明他反对屏六经、斥孔子的观点。林纾的发言不算多，不过他的批评在沉寂中毕竟是一种声音，更何况因为他兼有新学旧学的特殊身份——既是古文大家，又是翻译大家，后者在当时无疑被认为是新学的一种——使他的发言可能会受到特别的重视。

和同时代其他“旧文人”相比，林纾的经历有些特别。四十五岁以前，他和多数读书人一样，为科举考试不断奋斗，却一直未获成功，直到中年才因为偶然尝试翻译小说而暴得大名。1918年署名“夔文”的作者在《晨报》上有二十首诗写当时的诗人，其中写到林纾“伤心一卷茶花女，才是先生始著书”，点出了他命运的关键之处。与桐城派文章家和同光体诗人相识并交好，古文名重于时，都是他翻译出名以后的事情。林纾曾经讲过对自己创作的看法，认为诗文最佳，画其次，翻译小说却觉得不能登大雅之堂。可如果不是以古文译小说而得大名，他的古文也未必会有为时人所激赏的机会。

较之于纯粹因科举或者诗文出名的传统文人，林纾具有双重身份，是一个有点奇怪的混合体。一方面在旧文人圈中，林纾的古文享有很

---

① 林纾此文先在《大公报》的重要栏目“特别记载”中发表，这个栏目是对一些重要问题的专论，如1917年2月4日发表日金银行董事文《中国之财政问题》，2月5日是《北京大学蔡孑民先生与本报记者之谈话》。此栏目配有作者照片，并特别声明其他报纸在转载此栏文章时应予以说明。1917年2月8日，《民国日报》也发表林纾《论古文之不宜废》，没有转载的说明。

高的声誉。1917 年前后，苦海余生（刘哲庐）在上海组织中华编译社函授部，聘请的教员都是在某一方面极具声望的人物，比如同光体诗人陈衍、晚唐体诗人易顺鼎，小说名家李定夷、许指严、天虚我生、吴东园、王钝根、胡寄尘等，林纾就是其中教古文的一个。不仅如此，“林纾主干”几个黑体字在每期《申报》函授部的广告上都赫然作为号召。另一方面，用“新学”的眼光，他所做的翻译西洋小说的工作也无人能比。1917 年前后，林纾翻译的小说由于过于潦草已经开始让出版商头疼，可是他的译作在市场上仍有很大的号召力。1917 年教育部通俗教育研究会审查小说，授奖十四种，其中林纾的译作就占了一半。钱玄同在那封化名王敬轩的文章中说，“某意今日之真能倡新文学者，实推严几道林琴南两先生”，可以说代表了社会上对林纾的一个方面的评价。

因为有新旧文学两方面的了解和经验，在列举反对“文学革命”的理由时，林纾强调自己并不反对新学，并以欧人为例卫护古文。针对要政治界成功，国家富强必得先废除旧文学、旧道德以及一切旧事物的观点，林纾以欧人之不废拉丁，进步强盛的国家也没有抛弃一切旧事物为例子，说明政教与文章或者伦理是没有因果关系的两回事①。以欧人的例子作自己论点的支持，林纾是最有资格的人之一，这比单从古文的角度维护古文要有力得多。从这个角度讲，林纾成为新文学运动的主要批判对象，也有不是那么偶然人事上的原因。对林纾发表的意见，“文学革命”倡导者没有就观点本身进行论析，不是说他古文不通，就是说他翻译恶劣，以此质疑他作为反对者的发言资格。就问题本身的讨论从来就没有真正展开。

---

① 关于文学与“道”的关系，林纾的观点并非一贯统一。他在所译小说的序中曾经表示，希望自己的翻译作品能向国民传达一些新的东西，通过教化国民达到救国的目的。这种想法与梁启超为改良政治而提倡政治小说没有什么两样，和陈独秀为政治界的革命提倡文学界的革命也是一致的。或者，林纾这样的说法仅仅是给自己从事翻译小说这样的“小道”找一个理由，或者就是他自己对此也有矛盾的看法、两难的态度。

二、革命的策略和逻辑

1935年10月，郑振铎在《中国新文学大系·文学论争集》的导言中提到，在新文化运动的初期，"文学革命"倡导者全力攻击的是顽固的守旧派和正统派古文家，而讨论得最热闹的只是旧戏剧问题。在这里，"攻击"恰如其分地写出"文学革命"倡导者对林纾以及其他持不同看法的旧文人的态度。郑振铎所说的关于旧戏剧的讨论，发生在1918年年末、1919年年初。这次讨论牵动《新青年》及不少报纸的关注，成为新文化运动初期讨论最热闹的话题。在这次讨论当中，是应该和持异见者讨论还是不容异议，这个在《新青年》内部一直有争议的问题清楚地显现出来。

那时候，京剧在上海的势头比起新兴的游戏场已经有些逊色，后者既便宜花样又多，更适合那里一般市民的口味[①]；但在北京，京剧正是如日中天，仅从许多大报都开设"戏评"的栏目可以看出，戏剧界的一举一动受到多少人的关注。京剧界的名演员和当时的旧文人有密切的交往。樊增祥、易顺鼎、陈衍、林纾、罗惇……他们有的是重要的民间资助人，有的为梅兰芳、程艳秋（程砚秋）等艺人改写剧本，有时候他们在一起聚会，艺人唱曲子，之后有人"制为新词"，其他人也诗文唱和，然后这些诗文就出现在以后几天的报纸上。即便在上海，京剧艺人在遗老圈内仍有市场，1918年年底的《公言报》曾登过一篇"评剧通讯"，讲上海梨园近状，其中有一段记载："此间沈子培，朱古微，郑苏堪，陈石遗开口数言，即问候程艳秋，子培古微均研究其家世甚详，石遗见其相片极为赞许，苏堪书条幅赠之，惟南海先生摆架子，颔之而已……"此外，还时有文人与京剧艺人的逸闻见诸报端，比如易顺鼎去世后，1920年10月19日和11月6日的《大公报》

① 《大公报》1917年5月6—14日刊载冷观《南游杂记》，谈到上海游戏场的兴盛，戏馆相比之下不甚景气。

报道名伶梅兰芳曾赠钱送药，以及著名坤伶第一花衫鲜灵芝前往祭奠，竟以“易哭庵死后艳福”为标题。从留下的这些文字中可以看到，当时的名流如何看待自己与优伶之间的关系，社会舆论对此的态度又是如何。那时的旧文人圈和京剧界实在是难以截然分开的两个群体。

“文学革命”提出以后，刘半农、钱玄同和胡适对中国旧戏都有零星议论。比如胡适主张废唱而归于说白；刘半农把中国戏的编制归为“一人独唱，二人对唱，二人对打，多人乱打”；而钱玄同则以为戏子的脸谱很离奇。除了对旧戏本身的看法，也有对旧文人和京剧艺人之间关系的讽刺与攻击。比如刘半农在《新青年》第三卷第五号（1917年7月）的文章《诗与小说精神上之革新》里说：“近来易顺鼎樊增祥等人拼命使着烂污笔墨，替刘喜奎梅兰芳王克琴等做斯文奴隶，尤属丧却人格，半钱不值，而世人竟奉为一代诗宗。”在“双簧信”的复信中，刘半农也以樊、易二人有关优伶的冶艳作品为例批判，骂他们是“淫棍”。这称号其实有点冤枉。陈衍在《师友诗录》中谈到樊增祥的艳体诗时说：“后人见云门诗者，不知若何翩翩年少？岂知其清癯一叟，旁无姬侍，且素不作狭斜游者耶？”钱基博对此发表评论说，了解的人知道这些都是实情，那些讲他放荡的说法其实只是讹传。其实，刘半农是游戏场上过来的人，未必真的不知实情，不过挑战对手时论据的细节是否完全真实已不那么重要，重要的是如何激起对手的反应，影响舆论的进程，以达到“正义”的目标。

不过，直接受到攻击的樊增祥和易顺鼎没有做出回应。主张和“文学革命”者讨论问题的是张厚载。张厚载当时是北京大学法科的学生，兼任《神州日报》的记者，也是北京最有名的剧评家之一[①]，在

① 张厚载在戏评界的位置甚至得到胡适、傅斯年等新文学提倡者的承认。胡适在1918年3月给张厚载的回信中说：“繆子君以评戏见称于时，为研究通俗文学之一人……”此文见《新青年》第四卷第六号。傅斯年在《戏剧改良各面观》中谈到评戏，认为北京剧评家里只有春柳旧主和繆子“还好”，此文见《新青年》第五卷第四号。

《公言报》和《晨报》两份报纸上主持“戏评”栏目，评说戏剧界的大小事情。1918 年 6 月《新青年》第四卷第六号的“通信”栏上刊载了张厚载的文章《新文学及中国旧戏》，对胡适、钱玄同、刘半农有关中国戏剧的议论一一作答。比如说中国戏不是“乱打”，“打把子”是有章法、有规则的；脸谱更是有一定之规，而且有隐寓褒贬的意思在里面。不过，多数新文学提倡者没有认真对待张厚载的解释，也并不想就旧戏的细节问题进行讨论。他们的大体思路是，要进步就要向西方学习，要富强就得抛弃一切旧的东西——孔教、礼法、贞节、旧伦理、旧政治、旧艺术、旧文学都在其列，当然也包括旧戏剧。即使是张厚载因其有研究学问的态度而佩服的周作人，也在《新青年》第五卷第五号发表文章《论中国旧戏之应废》，认为中国的旧戏野蛮，欧洲的新戏是过了野蛮阶段的文明事物。

这个时期，《新青年》同人对待问题讨论的态度很不一样。按胡适的话说，钱玄同和刘半农基本上是采取了“开口乱骂”的办法[①]，他们并不就京剧本身进行讨论，而是认定中国戏曲就是“百兽率舞”，就是和小脚、和发辫一样的野蛮人物品，如果不肯放弃中国戏曲，就是不肯接受进化，就是不肯做人，或者说不肯做成人。钱玄同把中国戏剧比作已到成年还在那里骑竹马，带鬼脸，“打哇哇”“斗斗虫”。他在给张厚载的回信中嘲讽地说，他还想做点人类的正经事业，实在没有工夫来研究画在脸上的图案，如果张以后再有赐教，恕不奉答[②]。他们的这些“答复”在有些“学究气”、强调讨论问题的张厚载看来，是

① 胡适 1918 年 8 月写给张厚载一封信，请他说明中国旧戏的好处，以及为什么不可能“废唱用白”，其中提到这个问题太大了，决不是“开口乱骂的论调所能讨论的”。而在给钱玄同的一封信中，胡适也说“吾辈不当乱骂人，乱骂人实在无益于事”。这封信收在《胡适书信集》上册，第 209 页，编者认为信的写作日期标的是 1919 年 7、8 月间，但文中提到的宋春舫刚在《公言报》发表的文章是 1918 年 8 月 17 日的，所以胡适信也应是写在 1918 年 8 月。

② 以上意见依次见于《新青年》第六卷第二号、第五卷第五号、第五卷第四号。

“没有价值没有主张没有研究没有学者态度的漫骂”。张厚载在1918年11月8日《公言报》的《评剧通信——答马二先生》中说，事先研究才有批判的资格，只是用轻佻的语调来骂人，是没有效果也没有价值的。

与钱玄同、刘半农不同，胡适认为乱骂解决不了问题，双方都应该有讨论的态度。他写信给张厚载，说要请他这个旧戏的“辩护士”详细说明中国旧戏的好处，还有废唱用白为什么不可能实现，希望引起讨论。这样就有了他们两人连载在8月22—26日《晨钟》上的《评剧通信》。经过他二人的往返辩论，这个话题逐渐展开，并且引起许多人的兴趣。《晨钟》《公言报》《时事新报》《顺天时报》《国民公报》《沪报》《晶报》等多家报纸都开始刊载各种各样的言论，参与讨论的有欧阳予倩、宋春舫、齐如山、知非（蓝志先）、涵庐主人（高一涵）等。他们谈到了新旧戏剧的许多方面，比如什么是京剧的特点，中国戏应该改良的是什么，中国戏是否违背美学上的均比律，如果改良，应该改哪些方面，如果创造新戏，又应该从哪里着手，等等。《新青年》对此的集中讨论是在第五卷第四号（1918年10月），其他报纸的相关讨论一直延续到1919年的2、3月份①。应该说，新文学运动中这次较为认真，而又最热闹的讨论的展开，很大程度上与胡适的态度有关。他解释说要人知道为什么“立异”，这才有助于实行主张。对钱玄同等的乱骂，他认为无益于事，还会把本来的同道骂跑②。钱玄同则不同意胡适的看法，认为根本没有必要同这“千年积腐的旧社会”“周旋”③。

---

① 《公言报》上关于新旧戏剧的讨论从1918年8月开始，到1919年3月基本结束。《晨钟》的讨论也是从1918年8月开始，《晨钟》9月被封，12月改组为《晨报》后，继续关注这个问题，直到1919年2月。

② 胡适致钱玄同的两封信，都写在1918年7、8月间，见《胡适书信集》上，第197、209页。

③ 见胡适致钱玄同信中对钱玄同信的引文，《胡适书信集》上，第197页。

从舆论的反应看，《新青年》的强硬姿态越来越成为一个问题。像“双簧信”中对王敬轩的讽刺挖苦，上述戏曲讨论中钱玄同和刘半农的乱骂，引起了一些读者的不解和反感。1918年下半年，《新青年》“通信”栏中刊出几位读者的意见[①]，他们对杂志记者的“肆口侮骂”表示异议，认为他们不以真理争辩，而徒相目以妖，态度如村妪泼骂，怎么能够使人心折服。这些意见来自立场不同的读者，他们中间有反对《新青年》的主张的，也有支持“文学革命”的。对于这个问题，当时被认为最有新气息新精神的《国民公报》[②]的社长蓝志先与胡适有过一次讨论，登载在1919年4月《新青年》第六卷第四号上。蓝志先认为，要与旧思想恶战到底，态度就越发要慎重，才能博多数的同情而操最后的胜算。“辩驳人家的议论说几句感情话，原也常有的事，但是专找些轻佻刻薄的话来攻击个人，这是中国自来文人的恶习，主张革新思想的，如何自己反革不了这恶习惯呢？像《新青年》通信栏中常有的这种笔墨，令人看了生厌，……减少议论的价值。吾敢说新青年如果没有这几篇刻薄骂人的文章，鼓吹的效果，总要比今天大一倍。”他指出，论战如果没有诚实的态度、精确的论法，将是一场混战，最终毫无结果。胡适同意这样的意见，认为舆论家所应有的手段，是用明

---

① 《新青年》第四卷第六号：南丰美以美会基督徒悔“文字改革及宗教信仰”，崇拜王敬轩先生者“讨论学理之自由权”；第五卷第一号：汪懋祖“读《新青年》”，戴主一“驳王敬轩君信之反动”；第五卷第六号：爱真“五毒”；第六卷第二号：彝铭氏“对于文学改革之意见二则”；第六卷第四号：蓝志先与胡适的长篇通信。以上几篇文字都讲到《新青年》爱骂人的问题。

② 1919年3月的《新潮》上的“书报介绍”中说：“我们杂志上所介绍的三种定期刊物——月刊的《新青年》，周刊的《每周评论》，日刊的《国民公报》——虽然主张不尽一致，精神上却有相通的质素，对于中国未来自革新事业挟一样的希望。读者既读其一，不可不读其二。”《国民公报》在《新青年》上也有广告。1918年12月的广告词说《国民公报》的特色是“顺应世界的潮流，制作革新的文字，主张自由的思想”。另外，《新潮》里面特别提到，他们的记者如知非君（蓝志先）近来有两篇论文学戏剧的文，是很有学问很有思想的著作。胡适在1919年1月给《国民公报》社长蓝志先的信里说，得知《国民公报》赞成“我们”的主张，“新文学的运动从此又添了一个有力的机关报了”。《胡适书信集》上，第200页。

白的文字、充足的理由、诚恳的精神，使那些反对者改变信仰，这与他早就提出的容纳异议、自由讨论的原则是一致的。所以他欢迎一切有理由的反对，主张本报的议论也须平心静气。

胡适提出的容纳异议、承认反对者的自由，其实是适用于讨论的原则，却并不合“革命”的逻辑。理想的讨论是一个开放的过程，目的是辨明是非，前提是承认对方，在试图说服对手的同时也有接受对方意见的准备。“革命”的逻辑却不一样。和被攻击的对象讨论谁是谁非，对要加以摧毁的事物进行学理的分析，只会被看作是迂腐、有碍革命的做法。1917 年 4 月《新青年》第三卷第二号上，陈独秀在给胡适的信中说，虽然容纳异议、自由讨论是学术发达的原则，但是以白话为文学正宗的主张，是非甚明，不应容反对者有讨论的余地，不应容他人匡正。他把反对者比作清初历家排斥西法，乾嘉畴人非难地球绕日之说。陈独秀等的强硬姿态，这种进行革命的论辩逻辑，从“文学革命”口号提出之际就已存在，在《新青年》集团中一直占着上风。在《新青年》第五卷第六号上，陈独秀回答那些反对骂人的意见时说，骂人固然不对，但是到了辩论真理的时候，“本志同人大半气量狭小，性情直率，就不免声色俱厉，宁肯旁人骂我们是暴徒是流氓，却不愿装出那绅士的腔调，出言吞吐，至使是非不明于天下”。在 1919 年 1 月的《新青年》第六卷第一号的《本志罪案之答辩书》中，陈独秀宣布，《新青年》所做的一切，都只是为了拥护德先生和赛先生，若是有激切的议论和主张，也是因为愤极了那些反对德赛两先生的对头。有讽刺意味的是，民主被当作一个目标，而争取目标实现的过程却是对这一目标的背离。

三、“新文化运动”的转折

1918 年年末、1919 年年初，北京大学内部新旧思潮双方都有明显的丰富和发展，几种校内重要刊物都在这段时间里由北大的教员、学生创办：1918 年 11 月 10 日，旨在交换知识、体现兼容并收主义的《北京大学月刊》开始发行；1918 年 12 月 22 日,《每周评论》创刊，这个更多政治意味的刊物声明其宗旨是“主张公理，反对强权”；1919 年 1 月 1 日，主要由学生筹备的《新潮》创刊；另外，不太激进的《国民》杂志 1919 年 1 月开始发行，而北京大学内的保守人士也在同一时间创立了《国故》月刊社。在学校以外，也有几家报纸调整原来的思路，加入新文学一边，比如1918年年底改组之后的《晨报》[①]和《国民公报》。

但从社会的反应来说，直至 1919 年 2 月钱玄同还认为“白话文学自从《新青年》提倡以来，还没见到多大的效果”[②]。可是5月份以后，宣传新思想或者倾向于新思潮的报纸杂志从种类和数量都有大幅度的增加。5 月号的《新青年》登出第一卷至第五卷的再版预约的广告，这是《新青年》创刊以后第一次发布再版广告。广告中说，识见高超的人都认为这是中国最有价值的出版物，“于是买的一天多一天”。11 月,《新青年》又登出广告，是关于《新潮》第一卷第三版的发售预约，并说初版、二版已全都卖完。1920 年 1 月,《新青年》又刊出本刊一到五卷合装本全五册再版的广告。显然，两种刊物的销量都在增加，读者的需求超过了原来计划的印数。这个情况的出现，应该说和 1919 年 2 月到 4、5 月间先后发生的几件事情有关。这些事件引起了舆论的广泛关注，对新文化运动也产生了深远的影响。

1919 年 2 月，社会上出现了北京大学主张“文学革命”的教授已

---

① 《晨报》，原名《晨钟》，创刊于 1916 年 8 月 15 日，1918 年 9 月因披露段祺瑞向日本大借款被封，1918 年 12 月改组为《晨报》，1919 年 2 月 7 日开始在原来的文艺版中增加“自由论坛”和“译丛”两个栏目，介绍“新修养、新知识、新思想”，开始由李大钊主持，后来由孙伏园主编。

② 《新青年》1919 年 2 月号，钱玄同给周祜的回信。后面还有一句说：“这自然是实情，但我以为可以不必悲观，多大的效果虽没有见到，但小小的感动，也不能说绝无。”

被除名的传言。林纾前此发表的小说《荆生》和这个传言被联系在一起，被指责为企图利用政府权势压迫新文化运动。3月，林纾发表另一小说《妖梦》，对钱玄同、胡适和蔡元培恶语讽刺。与此同时，林纾和蔡元培在报纸上有公开信正面讨论“文学革命”，各大报纸纷纷转载，议论纷纷。4月份，又出现林纾运动议员要弹劾教育总长和大学校长的传言①。尽管传言没有事实上的证据，舆论却是普遍谴责林纾的仗势欺人。这时候，舆论界所关心的，主要不是新文学旧文学孰优孰劣，新道德旧道德谁废谁存，他们批评的是利用政权压迫异己、造谣吓人的做法。在这样话题的转变中，新文学运动得到舆论的普遍支持，声势和影响也由此扩大加深。

这段时间发生的事情主要牵扯的人物是林纾和张厚载。张厚载在1918年年末到1919年年初的旧戏讨论中是维护旧戏的主要人物之一。他曾是林纾在五城学堂的学生，在上海的《神州日报》主持“半谷通信”栏目，传递北京的消息。1919年2月26日，“半谷通信”中说北京大学文科学长陈独秀与胡适等四教授因出版物的关系，被政府干涉，驱逐出校。3月3日，“半谷通信”说陈独秀已决计自行辞职，他的卸职已无疑义，不过是早晚的事情，并报道蔡元培计划暑假后将文理两科合并。3月4日的《申报》上也登出陈、胡等人被逐出大学的新闻。3月9日，“半谷通信”说已经询问了蔡元培校长，证明3月3日报告的陈独秀辞职、文理科合并之事都信而有征。

这个消息传出以后，上海、北京的报纸纷纷发表意见，愤慨于政府对言论思想自由的干涉。3月2日，《每周评论》11期有署名“独应”（周作人）的《旧党的罪恶》，说：“言论思想的自由，是文明进化的第

---

① 关于1919年2月到4月间发生的一系列事件，王枫在《五四前后的林纾》一文中有详尽论述。通过对当时报纸、信件往来等第一手材料的整理，作者对林蔡公开信的前因后果、各种必然偶然的因素在事件中所起的作用，以及林纾、张厚载的个人命运和运动的关系都有贴切的分析，见《中国现代文学研究丛刊》2000年第1期。

一重要条件，无论新旧何种思想，他自身本没有什么罪恶，但若利用政府权势，来压迫异己的新思潮，这乃是古今中外旧思想家的罪恶，这也就是他们历来失败的根源，至于够不上利用政府来压迫异己，只好造谣吓人，那更是卑鄙无耻了。”《中华新报》评论说，这件事使舆论界和一般新教育界义愤至极，大家都认为大学教员因出版物而被驱逐，意味着思想自由、学说自由被侵犯，也意味着恶政府与进步思想势不两立。

政府驱逐教授这件事，本来和林纾并没有什么关联，可是因为此前林纾发表的文言小说《荆生》的情节，林纾也很快被卷入了这个传言之中。《荆生》载于2月17日的《新申报》上。小说讲“伟丈夫”荆生在陶然亭遇见三个少年，听到他们议论要去孔子、灭伦常、废文字，以白话行之，荆生大怒，在说理辩驳之后，打得三人落花流水。小说中的三个少年的名字分别影射陈独秀、钱玄同和胡适。

目前见到的最早把林纾和“倚靠权势”压迫异己联系起来的文字，是刊于3月4日《晨报》守常（李大钊）的文章《新旧思潮之激战》。这篇文章把林纾要借用武力压制新思潮作为事实加以批驳，认为荆生代表军人或者政府。林纾此时在正志中学任教务长，而正志中学是当时总理段祺瑞的左膀右臂徐树铮开办的学校，因为这种关系，很容易联想到林纾要通过和徐树铮的关系压制新思潮。文章作者指责中国的旧势力总是“鬼鬼祟祟”，想“抱着那位伟丈夫的大腿”，依靠他人的势力摧除对立面的存立。作者把思想之争和当时政治上的问题联系起来。当时军人干政正在受到舆论的关注，大家普遍表示反感。把两种情况放在一起，“在政治上相见就想引政治以外的势力，在学术上相遇就想引学术以外的势力”被当作同一类的事情。作者在文章中断言，那横暴政府的压制，并不能阻碍滔滔滚滚的新潮，“须知中国今日如果有真正觉醒的青年，断不怕你们那伟丈夫的摧残，你们的伟丈夫，也断不能摧残这些青年的精神”。这篇文章在3月9日的《每周评论》

12 期上再次登载，从以后其他报纸对这件事的议论看，这篇文章对事情所作的判断有着相当大的影响。

不过，在同一期的《每周评论》上，也有文章对“荆生”的所指另有看法。和以后普遍认为大打出手的荆生是代表徐树铮甚至政府的意见不同，这位记者认为“伟丈夫”荆生指的是著者自己。林纾年轻时爱好技击，他笔下的人物常常不仅会舞文弄墨，还会拳脚，在自传性的小说中，主人公也是善技击的高人。以林纾的性格和习惯，不难想象他会在小说里写论敌被打得稀里哗啦以发泄怒气。不过，这种解释没有被人们注意或者接受。林纾企图倚靠权势以压制思想自由的舆论很快形成，怎样他也难脱“卑鄙无耻”的罪名。

教员被摒的消息很快被证明是不确实的。3 月 10 日，《晨报》发表“北京大学谣言之无根”，说经调查绝无此事，只是流言。四天之后，上海《民国日报》登出胡适寄来的他和张厚载的通信，胡适责问张厚载所说的消息从何而来，这样毫无根据的谣言为什么在发表之前竟不调查一番。张厚载在写于 3 月 7 日的回信中对道听途说表示了道歉。

对于谣言的澄清，各报接下来的反应不尽相同。《民国日报》在转载胡、张通信后的议论，态度比较平和，说：“关于这事谣言，前几天的上海人，实在十人九信，不要说别个，便是记者，也把这件事认真了，做过一篇社论，说了许多不平的话，如今看来，记者这篇文章，固然白做了，但是留得这几位教授在大学里，依旧将进步的世界的知识，灌输到学生脑子里去，这欢喜也就不小哩。”

《晨报》和《国民公报》的反应要强烈得多。3 月 10 日的《晨报》在辟谣的同时，对造谣者做出了自己的解释，认为他们疾视新派又不能光明磊落在学理上辩争，“故造此流言聊且快意”。《国民公报》也是在知道政府干涉并非事实之后，有感于“国故党造谣的心理”，总结出中国人有“倚靠权势”“暗地造谣”两种恶根性，并且明确指出，

“倚靠权势”的是《新申报》里《荆生》的著者林琴南，“暗地造谣”的是《神州日报》的通信记者张厚载[1]。3月16日，在《每周评论》13期“评论之评论”一栏中，只眼（陈独秀）收集了一些报纸的评论文章片段，取名为《关于北京大学的谣言》，主要是关于张厚载在《神州日报》上的通信，但也有的涉及林纾；说林纾想“倚靠权势”不成，只好“暗地造谣”，两个人的两件事被联系在一起，似乎有了因果的或者同质的关系。

一波未平，一波又起。3月18日，《公言报》刊登长文《请看北京学界思潮变迁之现状》，讲到北大校内新旧学派，不同倾向的杂志的对抗以及调停派的学说，并登载那封文学史上著名的林琴南给蔡元培的公开信。蔡元培的复信3月21日发表在《北京大学日刊》第338号，林琴南再答于24日的《公言报》。二人的公开信被多家报纸转载，每家报纸在讲述这件事时持有自己的判断。国民党机关报《民国日报》3月20、21日两篇文章的标题分别是《林琴南诋毁新文学》和《大学风谣之表里》。记者把前一段社会上的谣言传说和林纾的信联系在一起，说最近陈胡诸君有被逐风说，虽未见诸事实，但不为无因；林纾在段派机关报上于革新派尽情丑诋，可见其愤怒，林纾现为徐树铮所办学校的国文总教，必有假军阀之力摧残新思想学术之一日，但是军阀本身已不容于世界潮流，依附之者应不会如愿，等等。《神州日报》3月21、23日报道的题目是《北京大学新旧两派之争衡》，显得比较中立，除全文转载《公言报》的长文外，自己未加评论。《大公报》在23、24日登载了公开信本身，还有一篇赞成林纾的文章《读林氏书感言》发表在24日，认为在这高唱自由、废弃伦常的时候，林琴南书也许可以力挽狂澜。

这期间，《新青年》集团加强了对林纾各个方面的批判。3月16

① 转引自《每周评论》第13期（1919年3月16日）“评论之评论”。

日的《每周评论》第 13 期以及之后的两期（第 14、15 期）都有对林纾的集中批判，有针对他的古文的，也有针对他写的讽骂新文学的小说的，也有一些近乎人身攻击。不过《新青年》集团以外，对林纾和蔡元培公开信上的辩论，社会上的舆论仍然有多样的看法。但是到了 3 月底，论争以外又出现了一些新的情况，局势再一次变化。

3 月 30 日，《晨报》的“时评”有一篇叫《警告守旧党》的文章，说有报载参议员张元奇谒傅增湘，请干涉北京大学之新潮运动，否则参议院将提出弹劾案。对此，作者重提“学问独立、思想自由”的信条，痛斥守旧党要以专制手段摧残思想、压迫大学，阻遏世界潮流。同一天，《每周评论》也报道了这样的消息，还明确地又把这件事和林纾联系起来。陈独秀在“随感录”中首指这是林纾所为，说“林纾本来想籍重武力压倒新派的人，哪晓得他的伟丈夫不替他做主，他老羞成怒，听说他又去运动他同乡的国会议员，在国会里提出弹劾案，来弹劾教育总长和北京大学校长。无论哪国的万能国会，也没有干涉国民信仰言论自由的道理，我想稍有常识的议员，都不见得肯做林纾的留声机器罢”。这里说的“同乡的国会议员”指的就是张元奇。张元奇也是福建人，笔名姜斋，经常在京津报纸的“文苑”中发表诗文作品，著有《知稼轩集》，林纾为此做有“知稼轩图”，并有赠诗[①]。

4 月 1 日，《申报》对事情的因果缘由做出了更具体、确定的说明：安福系参议员张元奇以北大教员、学生鼓吹新思潮的出版物为名教的罪人，特往教育部，“请教育总长加以取缔，当时携去《新青年》、《新潮》等杂志为证。如教育总长无相当之制裁，则将由新国会提出弹劾教育总长案，并弹劾大学校长蔡元培氏”。但“据新国会中人言，弹

---

① 1918 年年底、1919 年年初，林纾写了两首诗给他，一首是《为姜斋题知稼轩图》（《公言报》1918 年 12 月 17 日；《晨报》1919 年 2 月 24 日），另一首是《张姜斋以〈知稼轩集〉见贶，今年姜斋适六十，题其集端，并以祝之》（《公言报》1919 年 3 月 22 日；《大公报》1919 年 3 月 31 日）。

劾案之提出，须得多数议员之赞成。此次弹劾傅总长之运动，乃出于参议院中少数耆老派之意见，决难成为事实。张元奇向傅总长之警告，不过恫吓而已”。如果把一个月前的传言和这个消息摆在一起，容易看出其间内容的连续性和守旧党行为升级的趋势。原来的传言针对的人物是陈独秀、胡适等北大教员，虽然传说中林纾要依靠的徐树铮位高且有实权，但毕竟没说有具体行动。可这次出面的是国会议员，要弹劾的则是北京大学校长和教育总长，甚至牵扯到徐世昌[①]，而且也确有行动，虽然是否是林纾“运动”的结果很难证明说清。与此同时，教育总长傅增湘和蔡元培关于《新潮》杂志还有一次通信。傅增湘的信写在 3 月 26 日，说“自《新潮》出版，辇下耆宿，对于在事员生，不无微词”，他所担心的是“因批评而起辩难，因辩难而涉意气。倘稍逾学术范围之外，将益启党派新旧之争”，因此希望他们“以积渐整理之功，行平实通利之策”。蔡元培于 4 月 2 日回信，就像在答复林琴南的信中以辜鸿铭为例说明教员有各种各样一样，他以《国故》月刊为例，说明他兼容并包的原则。

要弹劾教育总长和大学校长的打算改变了舆论的状况。原来在论争中持中立态度的报纸，这时候也转而严厉抨击守旧党不光彩的手段。曾经以“北京大学新旧两派之争衡”为题报道“林蔡之争”的《神州日报》也在 4 月 10 日采用了“摧残新学派之恶音”这样立场鲜明的稿子，文中特别提到徐树铮及其打南军之手腕，怀疑他是否会以此歼灭学界之新起少年。几乎种种批评都同情被压制的新思潮一边。4 月 13 日和 27 日，《每周评论》两次在“特别附录”中收集了各报对于新旧思潮的议论，加起来有二十七篇。这些文章来自政治倾向各异的报纸，他们都认为新旧思潮的斗争，已经从言论方面转到压迫的行

---

① 4 月 1 日的《民国日报》有文章“顽固党仇视旧思潮”，讲到这条消息，说其实是徐世昌对北京大学素有不满，这次张元奇出头是徐世昌的意思，主要目标是驱逐蔡元培和陈、胡等教员，在一片弹劾声中，陈胡已自行辞职，记者认为“大约此事即将从此结束”。

动上，即使不完全赞同新思想的，也坚决认为旧派借军人和国会权力机构压制新学派是卑鄙无耻的行为，尤其是这种压制要在本应有独立地位的大学施行，更是在阻遏中国进步发展的一线生机。

虽然表面上守旧党似乎有更大的势力，但是在这个斗争的过程中，守旧党“以势压人”或者想要“以势压人”的做法引起人们的普遍愤怒，甚至包括那些原本有可能支持他们的人；相对的，新文学一方获得了大多数人的同情。在 1919 年 2 月之前，《新青年》激烈的态度和乱骂人的态度使不少人反感，但上述在传媒上被讲述的事件，引发了人们看待问题的角度的普遍变化。比起有人想要借助武力，借助政府来打击对手，在报刊上用言语所作的攻击漫骂，就成了很次要的问题。新文学提倡者作为被武力、政权机构压制的弱者，作为与恶势力斗争的勇士，也作为为舆论界争取言论自由、思想自由的先行者，获得了广泛的支持。

到 1919 年 4 月底，新旧斗争的风潮又一次平息下来，之后没过几天就是“五四运动”，舆论界关注的重心立刻转移到这场前后持续半年之久的政治运动，关于新旧文学、新旧思想的论争不再是焦点，虽然双方对这个问题的关注也没有完全消失。

从 5 月之后，《新青年》和《新潮》的销量有大幅度的增加，需要再版才能满足读者的需求。类似的宣扬新思想的杂志也大量涌现。这在《新青年》和《新潮》上刊登的杂志广告中也可以看出；多的时候一期有十几种这类杂志的广告[①]。到了 1920 年 1 月《新青年》第七卷第二号上，连陈独秀都认为这样的杂志不是太少，而是太多了。他认为北京上海同时出很多同样的杂志是一种浪费，因为毕竟出版物只是文化运动的一端而不是全部；另外他还含蓄地批评一些杂志虽然是说“人”话，但只是无创造力的模仿，没有实际主张的状况。

---

① 比如1919年12月号《新青年》的广告介绍十四种杂志，其中有六种题目中就有“新”字。

《新青年》集团对守旧派的态度也有所变化。比如说，他们不仅不再把林纾或者其他旧文人作为攻击的对象，即使碰到，也显出漠然置之的态度。1920 年 2 月《新青年》第七卷第三号上，提到林纾在给保定的育德中学的“国故促进社”的回信中，把“新道德”直接等同于“禽兽行”，说“叛伦逆常者，闹如蛙蝇。复有大力者，拥最上之皋比，率之为禽兽行，名曰新道德，实则示之以忤逆淫荡。凡能力反道德者，均谓之新”，因此要“保守经学”，“此沧海横流中一砥柱也”。《新青年》的处理是这样的，在把育德中学和林纾的通信登出来后，陈独秀答复说不必理会。此时，对于新文化运动的倡导者来说，他们的影响日渐扩大，已经不需要通过与旧文学论争的方式使大家知道有这样一种声音，他们面临的问题是如何发展和调整自己。

1920 年 4 月的《新青年》第七卷第五号上，陈独秀发文《新文化运动是什么？》，对以前的激烈观点作出修正或者解释。他说反对旧道德是因为它是不够的，新道德是要把家庭的孝悌扩充到全社会的友爱，可是有的青年却“打着新思想的旗帜，抛弃了他的慈爱的、可怜的老母，这种人岂不是误解了新文化运动的意思”？不知道林纾看了这样的解释作何感想。看上去这和林纾当初的观点不存在根本的分歧。应该不是陈独秀的思想发生了变化，这不过体现了一种革命所需要的逻辑：主张提出时需要极端与彻底，甚至耸人听闻以引人注目，那时候，具体的细节倒是次要的；但到了地位得到稳固，主张要变成现实的时候，立论自然会后退，而趋于平和实际。

具体到“新文学”的发展情况，一些登载白话作品的新的文学刊物诞生了；有的报纸的文艺版换下了原来的古文和律诗，发表大学师生创作的新诗和新小说。比如《晨报》上的“文苑”栏到 1919 年 7 月彻底消失，代之以“白话小说”“游欧笔记”等栏目。不过，像《公言报》这样的当权派机关报就几乎没有什么改变。立场较为中立的报纸，比如《大公报》有新的尝试，可是相当缓慢。当1920年10月《大公报》“文苑”栏从报上消失的时候，代替它位置的并不是白话诗文，而是“小说”、“游戏文章”和“杂录”这种纯粹消遣的栏目。从《大公报》的改变，可以看到在当时，除了选择“新文学”或者“旧文学”之外，也还有其他的可能。

1920年，教育部明令小学的教科书一律采用白话，白话文选、课本纷纷出版。讲到对白话的普及所起的切实作用，我们可能过于强调“运动”的影响，多少忽视了这种自上而下制度改变所起的作用。不过教育中使用白话能成为一个制度，不可否认和新文学运动的成功有密不可分的关系。

（原为1998年在夏晓虹老师指导下完成的硕士论文的一部分，2002年刊于北京大学二十世纪中国文化研究中心主持、陈平原主编的《现代中国》第二辑）

洪越，北京大学中文系学士、硕士，美国科罗拉多大学东亚语言文学系硕士，哈佛大学东亚语言文明系博士。2009—2018年任教于美国卡拉马祖学院（Kalamazoo College），现任中国人民大学文学院副教授。研究方向为唐代文学与文化。发表《读者与作者的“竞争”——论晚唐五代杜牧形象的生成》《元稹：自述恋情的尝试与难题》《中晚唐墓志中的浪漫书写》《七个译本，两种形象：王维诗在美国》等论文多篇。

民国国歌《卿云歌》的诞生与争论

李　静

1840年以后，中国传统的“一统垂裳”观念已经被“列国并立”的现实打破。与外邦交往的频繁发生，以及国家观念的深入人心，使得对国家标志的认识与需求不断增长。人们渐渐认识到，现代国家除了各种相应的政治制度之外，还需要国旗、国徽、国歌这些代表国家的符号。

民国建立后，国歌的制定几经周折，直到1921年，《卿云歌》才被正式颁定为国歌。据笔者所见，对《卿云歌》的研究不是很多，代表性的文章有钱仁康的《旧国歌史料拾存》①和皮后锋的《中国近代国歌考述》②等。这些文章基本上是“史料拾存”的性质，所收材料不太全面，对相应的问题也没有展开讨论。而“声音之道，本与政通”，国歌更是如此。本文试图通过梳理《卿云歌》的颁布过程，以及围绕《卿云歌》所引发的争论，考察晚清到民国初期，中国从传统社会向现代国家转变过程中的政治、文化形态与社会心理。

① 《钱仁康音乐文选》（上册），上海音乐出版社1997年版，第381页。

② 《近代史研究》1995年第2期，第260–271页。

民国国歌《卿云歌》小史

民国肇造，随着国旗、国徽、国庆日的先后确定，教育部也开始了制定国歌的程序。1912 年 2 月 5 日，教育部在《临时政府公报》第 8 号上刊出了一份征集国歌的广告：

> 国歌所以代表国家之性质，发扬人民之精神，其关系至大。今者民国成立，尚未有美善之国歌以供国民讽咏，良用恧焉。本部现拟征集歌谱，俟取材较多，再敦请精于斯学者共同审定，颁行全国。①

25 日，教育部首次刊出了一份由沈恩孚作歌、沈彭年填谱的应征稿件。歌词为：

> 亚东开化中华早，揖美追欧，旧邦新造。飘扬五色旗，民国荣光，锦绣河山普照。吾同胞鼓舞，文明世界，和平永保。②

不过，直到 7 月 25 日，教育部才第二次刊出应征的作品。这份《国歌拟稿》由邹华民填谱，沈庆鸿（心工）作歌，歌词为：

> 伟哉！吾汉、满、蒙、回、藏五大民族。共奋精神，共出气力，共捐血肉；消除四千余年专制政府之毒，建立亿千万年民主共和之国。而今而后，凡我华人，如手如足；勤勤恳恳，整整齐齐，和和睦睦。兴我实业，修我武备，昌我教育；立愿与全世界

---

① 《教育部征集国歌广告》，《临时政府公报》1912 年 2 月 5 日，第 8 号。
② 《临时政府公报》1912 年 2 月 25 日，第 22 号。

共享和平之福。[①]

从后来的情况看，教育部的首次征稿活动并不成功。虽然征集广告被反复刊登，发表出来的投稿目前却只见这两篇。

北平政府成立后，从7月10日起，教育部召开全国临时教育会议。在31日的议事日程中有“国歌案”一项[②]。不过，直到8月2日，教育会议才有机会讨论国歌一事。会上对备选的两首国歌都不甚满意：“第一歌为章炳麟所选古歌，朱云望为之作曲，文词不合于今日情事及普通社会。第二歌为沈心工所作，原称《中华民国立国纪念歌》，朱云望作曲，曲调可听，而歌词尚有俟斟酌者。”所以，当时多数代表认为国歌问题非会场所能讨论之事，决议将原案交还教育部，由其委任专员特别办理[③]。

9月初，教育部颁布《学校仪式规程》八条，其中第二条“祝贺式”规定：“立国旗于礼堂，职员、学生以次向国旗正立，奏乐唱国歌，职员、学生行三鞠躬礼，校长致训词，复奏乐唱国歌毕退。”[④]但那时国歌尚未制定出来。于是，20日，教育部再次通告京外征集国歌。由于考虑到“吾国文学博深之士，与音乐专家，往往不能以一身兼，分而求之，则事易集也”，所以此次先征集国歌歌词，待“选择既定，乃求声谱”[⑤]。而且，鉴于上次的失败，这次教育部改以五百金公开悬赏[⑥]。于是，“数月以来，投歌词稿者，踵趾相接，计达三百余

① 《教育部致印铸局函（国歌拟稿附后）》，《政府公报》1912年7月25日，第86号。

② 《教育部七月三十一日星期三午前八钟临时教育会议第十三次议事日程》，《政府公报》1912年7月31日，第92号。

③ 《临时教育会议日记》，《教育杂志（商务）》第4卷第6号。

④ 《教育部部令三则》，《政府公报》1912年9月5日，第128号。

⑤ 《请撰国歌书》，《教育部编纂处月刊》1913年3月，第1卷第2册。

⑥ 顾铁僧对此行为大加斥责：“堂堂中国之国歌，价值之高，奚啻连城之璧，而教育部欲以五百金购得之，岂有此理哉！”（《国歌问题》，《尚贤堂纪事》1913年4月，第4期第4册。）

篇”。然而，“体大思精，足以代表吾民国者，迄未获睹”[①]。改“征集”为“悬赏”，看来效果也不太理想。

到了1913年2月，教育部只好三写《请撰国歌书》。此次，教育部“易广征为专恳”。因为首先要解决国歌的歌词问题，所以“专恳”的对象集中于当时的博学之士：王闿运（壬秋）、康有为（南海）、章炳麟（太炎）、梁启超（任公）、钱恂（念劬）、陈三立（伯严）、沈曾植（子培）、张謇（季直）、蔡元培（孑民）、樊增祥（樊山）等[②]。经过此次“专恳”，教育部收到了章太炎、张季直、钱念劬、汪荣宝（衮甫）四家的回复。

章太炎的作品为：

高高上苍，华岳挺中央；夏水千里，南流下汉阳。四千年文物化被蛮荒，荡除帝制从民望。兵不血刃，楼船不震，青烟不扬，以复我土宇版章，复我土宇版章。吾知所乐，乐有法常。休矣王族，无有此界尔疆。万寿千秋，与天地久长。[③]

张季直的作品为：

仰配天之高高兮，首昆仑祖峰。俯江河以经纬地舆兮，环四海而会同。前万国而开化兮，帝庖牺于黄农。巍巍兮尧舜，天下兮为公。贵胄兮君位，揖让兮民从。呜呼尧舜兮，天下为公。

天下为公兮，有而不与。尧唯舜求兮，舜唯禹。顾莫或迫之兮，亦莫有恶。孔述所祖兮，孟称尤著。重民兮轻君，世进兮民主。民今合兮族五，合五族兮固吾圉。吾有圉兮国谁侮？呜呼，

① 《请撰国歌书》。

② 《教育部征求国歌》，《教育杂志（商务）》1913年3月10日，第4卷第12号。

③ 《章炳麟拟国歌（函附）》，《教育部编纂处月刊》1913年4月，第1卷第3册。

合五族兮固吾圉。

吾圉固，吾国昌，民气大合兮敦农桑。民生厚兮劝工通商。尧勋舜华兮，民变德章。牖民兮在昔，孔孟兮无忘。民庶几兮有方。昆仑有荣兮，江河有光。呜呼，昆仑其有荣兮，江河其有光。①

钱念劬的作品为：

我轩辕之苗裔兮，宅中土而跨黄河。唐虞揖让兮，周召共和。史乘四千年，圆周九万里，孰外我往复与平颇。迨孔圣出而师表万世兮，玉振金声成乃集大。祖尧舜，宪文武，律天时，袭水土，余事且分教于四科。磨不磷，涅不淄，圣矣哉无可无不可。道统传奕祀，私淑有孟轲。汉唐崇儒术，宋后亦靡佗。社稷可变置，吾道终不磨。社稷可变置，吾道终不磨。②

汪衮甫则以“述而不作”为原则，推荐了《书·大传》中帝舜的《卿云歌》，并“取当时持衡枕首之语，用相增益；或更复叠其词，以明咏叹”。因此，最终的成稿为：

卿云烂兮，纠缦缦兮，日月光华，旦复旦兮。时哉夫，天下非一人之天下也。时哉夫，天下非一人之天下也。③

4月8日，国会举行开院典礼，需要演奏国歌，教育部遂临时聘请法国人欧士东（Jean Hautstont）为《卿云歌》制谱，以代国乐。29日，教育部将四家作品提交国会公议。最后的结果是：“章之作近于

① 《张謇拟国歌（函附）》，《教育部编纂处月刊》1913年4月，第1卷第3册。

② 《钱恂拟国歌（函附）》，《教育部编纂处月刊》1913年4月，第1卷第3册。

③ 《众议院议员汪荣宝送国歌函》，《教育部编纂处月刊》1913年5月，第1卷第4册。

郁勃悱恻，汪之作近于秀丽靡绵。虽各有优点，殊少发挥我民族之荣誉，及国民品行。惟张季直氏之作，盛世和鸣，音韵适合，兹已经国务院定。”[①] 然而，张作似乎只是通过了国会的决议而没有得到总统的批准[②]。

此后，民国国歌的制定由于政治的动荡一直议而未决[③]。

直到 1919 年 11 月 24 日，教育部才下定决心，呈请国务总理，延聘文学及音乐专家，专门组织了国歌研究会来解决此事。到 1920 年 4 月，国歌研究会最终决定：“撰拟新词，不如仍用《尚书·大传》所载虞舜《卿云歌》一章。绎义寻声，填制新谱，庶全国人民易生尊敬、信仰之心，而推行无阻。且其所谓‘卿云纠缦’，实与国旗色彩相符；‘复旦光华’，并与国名政体隐合。”[④] 接着，国歌研究会聘请王露（心葵）、吴梅（臞庵）、陈蒙（仲子）以及萧友梅四人为《卿云歌》作曲，以备选择。最后，经过国务会议的决议和总统的批准，由萧友梅作曲的《卿云歌》最终被确定为国歌，并定于民国十年 7 月 1 日通行全国。随后，萧友梅又创作了《卿云歌军乐谱》、《卿云歌燕乐谱》[⑤] 和《卿云歌四部合唱谱》，刘天华创作了《卿云歌古琴谱》。

一首完整的国歌终于被确定下来。但是，在东西新旧文化交替的历史氛围中，以一首古典诗歌，配以西洋曲风的乐谱，似乎并不能让任何一方满意。《卿云歌》是否适合作为国歌，仍然是一个争议极大的问题。

---

① 《审定之国歌》,《云南教育杂志》1914 年 6 月 15 日，第 3 卷第 6 号。

② 参见《大同报》1914 年第 24 期上的《国歌》。

③ 民国四年 5 月 22 日，袁世凯政府曾颁布“国乐乐谱”一种，为《中国雄立宇宙间》。第二年撤销帝制，此歌遂废。民国五年教育部准备重订国歌，以汪荣宝所撰之《卿云歌》提交国务会议，但不久护法战争爆发，国歌之事又不了了之。

④ 《国务总理呈请颁布国乐文暨大总统指令》，北京大学音乐研究会编：《音乐杂志》，1921 年 6 月第 2 卷，第 5、6 号合刊。

⑤ 宴乐谱用公尺谱记录。萧友梅曾说：“宴乐谱是教育部某君所译，我本来不赞成，因为中国笛不能吹大调，谱内的凡字应该用下凡字才合。”（参见《〈卿云歌〉军乐总谱暨燕乐谱说明》,《音乐杂志》1921 年 6 月第 2 卷，第 5、6 号合刊）

对中华民国的政治想象

近代颇为流行的国家观念曾对中华民国的立国产生过很大影响，并进而推进了人们对国歌的认识。民初，负责制定国歌的教育部就曾在《各国国歌译意以及原文》一书中对我国音乐发达很早，却一直没有国歌表示遗憾。究其原因，他们认为：

> 盖吾国古时，不以国视国，而以天下视国。四境以外，无声明文物之大邦，与我相交接。于是吾国人之思想及学说，几若吾国外无他国焉。既无他国之观念，则对于他国而表示己国之特质者，其事自无由而发生。

所以，自唐虞以来，中国“几至于无国号、无国徽、无国旗、无国歌”[①]。因此，教育部在征集国歌的过程中，一直都非常强调国歌对于一个国家的意义：“国歌者，国家精神之代表也。”[②]一个国家的国歌，“外以表示列邦”，内以“代表国家之性质，发扬人民之精神”，“关系于教育之精神者，尤为密切”[③]。在应征的稿件中，“五色旗”“民国”“同胞”等意象的出现正是国家观念的产物。然而，由于处于“三千年未有之大变局”的过渡时代，究竟应该在国歌中表达什么样的立国精神、用什么方式表达，却未有定论。争议由此引发。

民国成立，孙中山大总统的《就职演说》即以“尽扫专制之流毒，确定共和”来标榜民国政治的巨大变革。从专制政体走出来的国民，最大的欣喜与最大的担心同样是来自民国的民主共和政体：“革命功成，民国建立，我数千年之专制国，一变而为东方新进之共和国。而

---

① 《世界各国国歌译意及原文》，参见《教育部编纂处月刊》1913年2月，第1卷第1册。
② 同上。
③ 《请撰国歌书》。

我四百兆之同胞，生际此时，得享共和之福，岂不幸哉！岂不快哉！虽然，今日之共和，第有其表而已。人民即无共和国民之常识，而于风俗习惯犹未改革。”[①] 因此，在国歌中突出强调民国的“民主共和”政体自该是题中应有之义。汪衮甫推荐国歌歌词采用《卿云歌》正是出于这样的考虑：

> 帝舜始于侧陋，终于揖让，为平民政治之极则，遗制流传，俾吾人永远诵习，藉以兴起其景行慨慕之心，似于国民教育，大有裨益。[②]

顾铁僧将之进一步明确：“夫舜起匹夫，不私天下，为三千年前东方之华盛顿。在今后吾共和国历史上之人物，足为国民之矜式者，宜莫如舜。”[③]

认为尧舜禅让是中国古代民主制的观点在晚清非常流行。为了驳斥这种观点，梁启超早在光绪二十七年（1901）就特别写过一篇《尧舜为中国中央君权滥觞考》的文章，强调：“民主国者，其主权在国民，其举某人为民主，由于全国人之同意，绝非君主所得而禅让也。禅让者，私相授受之意也。凡人必其己所自有之物，然后能举以授人。国家者，岂君主所有物乎？”[④] 不过，以古代先贤作为榜样，既符合中国人的传统习惯，又可以传达提倡民主政治的意蕴，使很多人赞成在国歌中使用“帝舜禅让”的意象。张季直在给教育部的复函中说：“若云国体已标帜共和，而党争愈烈，古之尧舜，宁如是乎？以是不可不阐扬尧舜禅让之真美。”[⑤] 直到1916年，吴敬恒在文章中还是在替《卿

---

① 《顾晟君意见书》，《通俗教育研究录》1912年第1期。

② 《众议院议员汪荣宝送国歌函》。

③ 《国歌问题》。

④ 《饮冰室合集》第1册，文集6，中华书局1989年版，第23页。

⑤ 《张謇拟国歌（函附）》。

云歌》鼓吹："舜实起自民，而授禹以后，还为民。求诸支那古人，请为民国作歌，恐无第二作者。"[①]

然而，反对者也毫不相让。他们一方面批评"'旦复旦'隐寓禅代之意。这真是穿凿无谓，很可鄙笑的陋说"[②]，一方面延续梁启超的观点，指出："尧禅舜，舜又禅禹，皆是皇帝私相禅让，并非国民公行选举总统。"所以，《卿云歌》是"帝制时代的歌，不宜用于民国"。而且"禅让"在中国历史上也不都是那么光彩："要使民国效法尧舜，是要使民国步魏、晋、宋、齐、梁、陈的后尘了。魏、晋、宋、齐、梁、陈，何尝不是效法尧舜，明称禅让，暗行篡窃的吗？"而后来袁世凯窃国称帝的行为，也更加坚定了反对者的立场："汪君荣宝提出《卿云歌》为国歌，袁世凯就要效法尧舜，说：'清帝宣统是禅让给他的。'于是竟将帝制恢复起来，闹得民穷财尽，至今犹受他的遗毒。所以文字是断不可假借的。"[③]

章太炎也从另一个角度对"禅让"意象发难：

> ……今之改革，非雍容拱揖而取之也。武昌倡义，金陵奠都，虽不过偏隅半壁之形，而创造民国之始基，实由于此，岂可视同刍狗，弃若弁髦，而以禅让虚情尽掩前人之成绩，拂违全国之本情耶！

清帝被逼退位，但在礼仪上也是禅让。因此，敏感的章太炎对"禅让"意象作了另一层面的理解。他认为，这是"一二亡国丈夫，欲借禅让以自掩饰"[④]。这与章太炎一贯的"排满"立场有关。对于满人占

---

① 转引自朱希祖：《论〈卿云歌〉不宜为国歌》，《学艺》1920年4月30日，第2卷第1号。
② 研因：《国歌的研究》，《云南教育杂志》1919年9月1日，第8卷第9号。
③ 朱希祖：《论〈卿云歌〉不宜为国歌》。
④ 《章太炎先生拟定国歌及复教育部书》，《湖南教育杂志》1913年5月31日，第2卷第9号。

据中国的领土和主权，章太炎一直名之为“侵略”，认为“排满”是“以正义反抗之名”的“复仇”[①]。在他看来，民国建立的合法性，恰恰来源于对清朝统治的推翻，所谓“清室失政，毒我烝民，凡有人心，皆思剸刃。其所以和平了事者，乃因外患逼迫使然。而外有南军主持正义，内有彭家珍疮陷腹心，彼清廷者，亦不得不俯首退让”。现在有人想将民国总统比于帝舜，“是欲比独夫于尧乎？则可谓邪说诬民矣”[②]。

不过，辛亥革命成功后，“民族革命”的阶段已经让渡给“国家主义”的建设。所以，章太炎在创作国歌歌词时也颇为踌躇——“偏主革政，未足宏我汉京；专言光复，未足调和殊类”[③]（当然，“殊类”的使用，还是有“不调”的嫌疑）。“光复”已经完成，但“救国”之路还很漫长。在“御外”的要求下，新的国家要求统一而不是分裂。只有“五族共和”——团结国内所有的力量，才能组成一个强大的国家，而与外族相抗。这也正是张季直的国歌拟稿“民今合兮族五，合五族兮固吾圉，吾有圉兮国谁侮”所表达的含义。

其实，出于“御外”的考虑，“不分满汉”的倡议早在民国建立之前就已经出现。革命派虽然不能做到“不分满汉”，但是仍然可以“仇一姓不仇一族”[④]。为“御外”而“合群”，一直是晚清以来梁启超等人提倡最力，也是最为流行的救国良方，“欲灭人之国者，灭其国之群可矣，使之上下不相通，彼此不相恤，虽天府之壤可立亡矣”[⑤]。因此，“合五族”对当时刚刚成立的中华民国来说，是一个非常重要的政治基础，也是对外“兵战”与“商战”的有力保障。

---

① 章太炎：《排满平议》，参见张枬、王忍之编：《辛亥革命前十年时论选集》第3卷，生活·读书·新知三联书店1977年版，第49–50页。

② 《章太炎先生拟定国歌及复教育部书》。

③ 《章炳麟拟国歌（函附）》。

④ 阙名：《仇一姓不仇一族论》，《辛亥革命前十年时论选集》第3卷，第41–44页。

⑤ 梁启超：《说群序》，参见《饮冰室合集》第1册，文集2，第4–6页。

就在双方围绕“尧舜禅让”对民国国歌中的政治表达争论不休的时候，他们显然都忽略了一个由“尧舜”引申出来的更为重要的问题。那就是在国歌中祖述尧舜，更有为中华民国寻求历史与文化上的合法性的意义。尤其是近代以来中西之间的冲突，除了“商战”与“兵战”之外，还是两个不同的文化传统之间的冲突。因此，中西之间还有一个更为尖锐的“学战”。落实到民国国歌的问题上来——“国歌须本国性及历史”[①]。而“吾民数千年来，所赖以为建国定邦、安身立命之基者，实惟孔氏之道德是信是从，而亦即由乎尧舜文武周公诸哲之所留遗而习而行也”[②]。因此，在国歌中“祖述尧舜”，不但为中华民国在“精神传承”上确立了历史的合法性，更是一种文化“自立”的象征，表达了一个国家对继承并发扬本民族传统文化的信念。而这应该更为国人所看重，更需要在国歌中予以表达。

中华民国如果既可以在“兵战”上“吾有圉兮国谁侮”，在“商战”上“民气大合兮敦农桑，民生厚兮劝工通商”，在“学战”上“吾道终不磨”，那么它“揖美追欧”“和平永保”的愿望必将实现，它在中国这片土地上的诞生也就具有了全面的合法意义。

国歌的品性之争："右文"还是"尚武"

章太炎反对以《卿云歌》为国歌，还有另外一个原因：

> 凡为国歌，盖以发扬民气，而非徒赞美政体之云云。民国承前清余烈，庶事百孔千疮，加以外患频仍，亟思经武。然则表影（彰？）戡乱之功，提倡爱国之念，皆国歌所当言者。[③]

① 《张謇拟国歌（函附）》。

② 皮生（茹欲立）:《策国民之前途》,《辛亥革命前十年时论选集》第3卷，第403页。

③ 《章太炎先生拟定国歌及复教育部书》。

他认为民国国歌应该直面当时的国际形势，强调竞争存亡，以“发扬民气”“亟思经武”为主旋律。而《卿云歌》却立足于中国传统的历史与文化，其“品性”似乎过于“中正平和”了。

章太炎从“尚武”的角度反对以《卿云歌》为国歌，代表了当时中国音乐界乃至更大的文化环境中“尚武”“崇力”的倾向。

晚清海禁大开以来，最初使国人惊惧的是西方“船坚炮利”所展现的“兵力”“战力”之强。接着，严复在《原强》（1895）一文中，提出要在“民”的层面“鼓民力”“开民智”“新民德”，从而提高中国的“血气体力之强”、“聪明智虑之强”以及“德行仁义之强”[①]。不久，流亡日本的梁启超等人受“武士道”精神的冲击，更进一步，开始在“立国精神”层面思考“崇力”“尚武”的意义：

> 又曰日本魂者何？武士道是也。日本之所以能立国维新，果以是也。吾因之以求我所谓中国魂者，皇皇然大索之于四百余州，而杳不可得。吁嗟乎伤哉！天下岂有无魂之国哉？吾为此惧。[②]

其实，中国并非无“魂”，不过在梁启超看来：

> 日本国俗与中国国俗有大相异者一端，曰尚武与右文是也。[③]

按照福泽谕吉的说法：“支那旧教，莫重于礼乐。礼也者，使人柔顺曲从者也。所以调和民间勃郁不平之气，使之恭顺于民贼之下者也。”梁启超对福泽“以此科罪于礼乐”虽不赞同，却又肯定，“要之中国数千

---

① 《严复集》第1册，《诗文》（上），中华书局1986年版。

② 梁启超：《中国魂安在乎》，《饮冰室合集》第6册，专集2，第38页。

③ 梁启超：《祈战死》，《饮冰室合集》第6册，专集2，第37页。

年来，所以教民者，其宗旨不外乎此，则断断然矣”[①]。

除了以效法日本的“武士道”为“尚武”精神开路外，梁启超更是将晚清以来大行其道的“天演论”作为“崇力”的理论依据：

> 前代学者，大率倡天赋人权之说。以为人也者，生而有平等之权利，此天之所以与我，非他人所能夺者也。及达尔文出，发明物竞天择、优胜劣败之理，谓天下惟有强权（谓强者有权利谓之强权），更无平权。权也者，由人自求之，自得之，非天赋也。于是全球之议论为一变。……前者视为蛮暴之举动，今则以为文明之常规。……此近世帝国主义成立之原因也。[②]

他认为，新的社会规则已经形成，“右文”的传统已经不能再抵御船坚炮利，使“远人来服”。中国要想自立富强，摆脱被奴役、被消灭的命运，就要以日本为榜样，直面“物竞天择”“优胜劣败”的世界形势，在重塑“国民精神”的过程中，提倡“尚武”之风，提倡“军国民主义”，提倡“中国之武士道”，甚至是走“民族帝国主义”的道路。

在具体的教育导向上，梁启超等人不但大力提倡“体育”“兵操”，从身体上锻炼“尚武”的体魄，更提倡“尚武”的音乐，从心灵上塑造“尚武”的精神。梁启超说：

> 中国人无尚武精神，其原因甚多，而音乐靡曼亦其一端，此近世识者所同道也。[③]

---

① 《饮冰室合集》第 1 册，文集之五，24–29 页。

② 《论民族竞争之大势》，《新民丛报》1902 年 2 月 22 日，第 2 号。

③ 梁启超：《饮冰室诗话》，《饮冰室合集》第 5 册，文集 45（上），第 34 页。

在这种风气的影响下，近代音乐改良的最初成果之一就是一些“军歌”“兵操歌”的创作。到了1906年，《学部奏请宣示教育宗旨折》提出的五点教育宗旨中就有“尚武”一条。民国成立后，教育部颁布的教育宗旨更是以“注重道德教育，以实利教育、军国民教育辅之”相号召。由此可见，“尚武”在当时的学校教育、音乐教育，以及社会舆论中有极大的影响。章太炎对《卿云歌》的反对，与这条精神线索一脉相承。如果一个国家的国歌可以以“尚武”精神来命题立意，则此国必以“尚武”为风尚矣。而“惟其以尚武为精神也”，故能“雄长诸侯”[①]。

在这种文化氛围中，被提到最多的外国国歌就是“歌兴战斗”“语多激怒”，于其“立国精神大有关系”的法国国歌《马赛曲》：

> 法国荣光自民著，爰举义旗宏建树。母号妻啼家不完，泪尽词穷何处诉。吁王虐政猛于虎，乌合爪牙广招募。岂能复睹太平年，四出搜罗困奸蠹。奋勇兴师一世豪，报仇宝剑已离鞘。进兵须结同心誓，不胜捐躯义并高。[②]

然而，教育部却对崇尚武力的法国国歌不甚认同：

> 西方诸国，各有所谓国乐者。行大典、飨大宾，与礼仪之关乎国家者，胥歌之。若英吉利，若德意志，其所制乐，大率呼籲苍天，佑人民，富工商，福土地，以为祝，不失为和平雅奏。即俄罗斯偏重教旨，亦不失为祈禳愚忱。独法兰西歌兴战斗，语多激怒。虽当日世族尊妄过甚，奴隶齐民，久逼生变，致此困兽之斗，然奈何用其愤词，重为典乐？睹民主之新局，慨久安之难恃，

① 梁启超：《论教育当定宗旨》，《新民丛报》1902年2月8日，第1年第1号。

② 梁启超：《饮冰室诗话》，《饮冰室合集》第5册，文集45（上），第54页。

固西儒通论也。旧例民主乐不得奏于君主国，为不敬也。①

张季直在给教育部的复函中也认为，法国这种风格的国歌不适于中国这样的国家：

法国新造之邦，其国歌意主尚武。然立国之道，宁有专以兵训国人者？宜欧人知治者之少之矣。施于我国，尤为不宜。②

直到1920年，陈仲子发表文章，还是认为我国国民的特性是“淳厚博大”，“制作国歌，当一本诸吾国故有之国粹”，因此“当取和平中正之音”③。

其实，从“尚武”甫一提出，就一直伴随着反对的声音：“夫此何足以为中国魂也？匹夫篡夺，强有力者即贵为天子、富有四海，此夷齐所谓以暴易暴、以盗贼代盗贼也。”④中国传统文明首重“夷夏之分”，“祛蛮野残杀之习，进其民德，大启文明，与夷狄他种之民，立于相反之途”⑤。因此，以日本之武士道为学习的对象，在推崇中国传统文明的人看来，不啻为文明的倒退。鲁迅在《破恶声论》（1908）中更是从反驳“进化论”入手，反对以“尚武”作为爱国、救国的道路：“嗜杀戮攻夺，思廓其国威于天下者，兽性之爱国也。人欲超禽虫，则不当慕其思。”因此，我们不应该自弃传统，“颂美侵略，暴俄强德，向往之如慕乐园”，而“自反于兽性”⑥也。

更为重要的是，对传统文明的坚守与推崇，也是近代颇为流行的

---

① 《世界各国国歌译意及原文》。
② 《张謇拟国歌（函附）》。
③ 《国歌与国民性》，《音乐杂志》1920年3月，第1卷第1号。
④ 《中国国学保存论之一》，《东方杂志》1904年3月25日，第1年第3期。
⑤ 皮生：《策国民之前途》。
⑥ 《鲁迅全集》（8），人民文学出版社1982年版，第32页。

“国家主义”的要求：

> 凡一国之能立于世界，必有其国民独具之特质。上自道德法律，下至风俗习惯、文学美术，皆有一种独立之精神。……我同胞能数千年立国于亚洲大陆，必其所具特质有宏大、高尚、完美，厘然异于群族者，吾人所当保存之而勿失堕也。[①]

传统文明不但是一个国家成立的精神基础，还是激动种性、增进民族认同感、促进爱国情绪的重要源泉。如果失去了自身的文明传统，“学亡则一国之政教礼俗均亡；政教礼俗均亡，则邦国不能独峙”[②]。因此，在更深一层的意义上，“右文”（对传统的坚持）不仅仅是出于传统强大的惯性，与“尚武”一样，它也是近代以来，面对列国并立的世界格局，一条中国必须坚守的“救国之路”。

而且，近代以来“世界主义”与“国家主义”之争，也被暗暗隐含在“尚武”与“右文”之争之中。“有世界主义，有国家主义。世界主义者，无内外，无上下，兼爱平等，合地球万国。无论种族，无论教派，凡属人类，视若同胞。此天然高尚之理想，即礼运大同春秋太平世之说也。”而国家主义将世界上的人划分成各个种族与国家，“务求本种本国之优胜，以角立于天演竞争之间”，必然会导致“今日各国民族帝国主义所由发生也”[③]。“世界主义”不仅暗合中国传统礼运大同的理想，而且必将在未来超越“国家主义”而成为世界的终极潮流，也被一些晚清人士所认同。这与近现代中国文字改革中，有些人主张直接使用“世界语”的观点是相通的。因为这样可以使中国超越世界诸国，从而站在更“先进”的位置上。这一点颇可以满足当时国人的

① 梁启超：《新民说》，《新民丛报》1902 年 2 月 8 日，第 1 号。
② 《拟设国粹学堂启》，《辛亥革命前十年时论选集》第 2 卷下册，第 630–631 页。
③ 《山西崞县崞阳学堂课程纲领》，《政艺通报》1903 年 6 月 25 日，癸卯第 10 号。

心理。

所以，在国歌的创作中排斥“尚武”的表达，提倡“右文”的传统，也有其强大的社会文化基础。更何况，中国历史上，历朝历代在开国之初制礼作乐的传统，也都是以“鼓吹修明之世”，“以昭一代之盛”为主要目的。最具权威的中国传统音乐理论著作《乐记》也说：“治世之音，安以乐，其政和；乱世之音，怨以怒，其政乖；亡国之音，哀以思，其民困。声音之道，与政通矣。”

是要“右文”怀远于将来，还是要“尚武”振济于目前，这一直是近代以来中国文化界集中争论的焦点问题。传统与现实，人们都无法忘却，无法舍弃。“淬厉其所本有”与“采补其所本无”，都是在“现代化”的道路上，中国人应该努力完成的历史使命，是成就现代中国的双翼。国歌，作为一个国家精神的代表，是现代文明建设中一个具体而微的问题。民国国歌应该如何在“传统”与“现实”之间取舍、调和，实在是一个值得深思的问题。

歌词之争：“文言”还是“白话”

梁启超曾在《饮冰室诗话》中提出：“盖欲改造国民之品质，则诗歌音乐为精神教育之一要件。”① 从“新民”理论出发提倡音乐教育，与传统的“乐教”观念暗合。因此，晚清士人多曾提出“故移风易俗莫善于乐”的观点。关系到“国民视听之统一”的国歌，自然肩负着极为重要的教育国民的使命。因此，国歌的歌词不能太过古奥，要让普通的百姓明白易懂，这应该是国歌成立的基本条件之一。

然而，五四新文化运动发生之前，近代的白话文一直只是一种教

---

① 《饮冰室诗话》77 条，《饮冰室合集》第 5 册，文集 45（上）。

育、启蒙的工具，“是专为通俗易解，可以普及常识”[1]。“白话文”的提倡并不是要取文言而代之；可以弘扬中国传统文学、文化之美的语体仍然是“文言”。因此，以白话文为歌词（韵文）是非常困难的事情：

> 今欲为新歌，适教科用，大非易易。盖文太雅则不适，太俗则无味。斟酌两者之间，使合儿童讽诵之程度，而又不失祖国文学之精粹，真非易也。[2]

所以，当问题涉及国歌的时候，“通俗”与“文雅”的矛盾更为突出。国歌虽然肩负着教育全国人民的重任，但是也承载着国家典制的光环，是与列邦晋接的颜面。因此，如何调和二者，在当时还是一个尚未解决的问题。

新文化运动发生后，白话文在中国的文化地位有了质的飞跃。“文言”被认定为“三千年前之死字”，“白话”却是“二十世纪之活字”。“白话文学”不仅被肯定为“中国文学之正宗”，还成为“将来文学必用之利器”[3]。所以，这时再讨论国歌问题，言论的倾向已发生改变。例如，吴研因在1919年发表《国歌的研究》一文就认为国歌应该是“有韵的白话歌！古曲文章是不行的”。不过，她说：

> 但是做国歌，要得群众的赞成，是很不容易的。因为普通人的心理，最崇拜的是三种势力。第一种是已死在历史上的势力，——例如古代相传的歌儿。……第二种是现在政治上的势

① 蔡元培：《中国新文学大系·总序》，参见《中国新文学大系》第1册《建设理论集》，业强出版社1990年重印版，第10页。

② 《饮冰室诗话》120条。

③ 胡适：《文学改良刍议》，《新青年》1917年1月，第2卷第5号。

力，——政事堂拟定的歌儿，不管他皇帝总统，总统皇帝，也容易教人家盲从。……第三种是名士虚声上的势力，——一样一个歌儿，在章太炎、张季直做的，虽然没有意思，人却不敢非难。

然而，吴研因并不因此而气馁。她认为“现在还没有谁是白话文的文学大家，白话歌又是普通的，平民的，也不许容易被名士垄断去了”[①]。

吴研因对国歌的这番见解，明显受到“五四”一代新文化人对“白话”定位的影响。1918 年，钱玄同发表《尝试集序》一文，认为中国语言和文字分离是由两种势力造成的：一种是“独夫民贼”要自表异于平民，另一种是文坛中“文妖”的提倡。现在既然认定白话是文学的正宗，那就表明文章是人人会作，且人人可以作的[②]。傅斯年《白话文学与心理的改革》一文，更是将白话文运动从形式层面的思考推进到思想层面的改造。他指出：“不用平民的精神去造民国，岂有不弄成政治昏乱，四方割据的呢？”思想革命要想成功，就“必须以新思想夹在新文学里”[③]。周作人因此提出了“平民文学”的主张：“中国现在成了民国，大家都是公民”，所以要创造一种适合大众的、平民的文学出来。“就形式上说，古文多是贵族的文学，白话多是平民的文学。”[④]由此可见，吴研因对国歌的意见，正是对文化界这一民主思潮的回应。

吴研因以一个“民间”发言者的身份，强调国歌应该从“民主”的角度出发来创作。萧友梅作为一个“名士”，虽然被推荐为《卿云歌》谱曲，但他对选用《卿云歌》作国歌同样很不以为然，“因为这首

① 吴研因：《杂纂：国歌的研究》，参见《云南教育杂志》1919 年 9 月 1 日，第 8 卷第 9 号。
② 《中国新文学大系·建设理论集》，第 105–110 页。
③ 同上，第 202–209 页。
④ 同上，第 231–232 页。

歌词头两句的意思，太不明瞭。……把他念出来给小孩女仆听听，他们实在莫名其妙”。因此，他受命为《卿云歌》谱曲，“不能当他做国歌，不过依照题目用声音描写歌词的内容出来，以备国民的参考就完了”①。与此相反，萧友梅对章太炎1913年回复北平教育部的《国歌拟稿》却颇为认同。他不仅主动为它谱曲，还在《音乐杂志》的第5号上转录了章太炎当年复教育部函的原文——“泰雅则不能求妇孺解喻，过浅则无以增国家光荣”。章太炎的歌词，明白易懂，又颇有韵味，的确可以补《卿云歌》古奥之失。

不过，正如萧友梅所说的，“欧美各国的国歌本来多是国民歌，歌词都是很浅近的文学（并不是完全白话体）”②，章太炎的歌词也不是“白话文”，只能算作是“浅近的文言”。这似乎可以略略表明白话文创作中最难攻克的就是“韵文”的写作。俞平伯在《社会上对于新诗的各种心理观》一文中，概括了反对用白话作诗的各种观点，并对之一一进行了反驳，但是他也坦白承认了自身所感觉到的“现今白话做诗的苦痛”，因为“从汉到清白话久已丧失制作文学的资格”，而且“新诗尚在萌芽，不是很完美的作品”③。

不过，即便如此，随着新文化运动的蓬勃展开，以及新诗成绩的不断积累，对《卿云歌》文词古奥的反对之声也不绝于耳。李荣寿就曾借法兰西国乐说法，隐含地表达了他对国歌用《卿云歌》的不以为然：“可见制定国歌必须能表示本国特别之精神，又为全国人所欢迎，妇孺所易晓，乃为合格。若是不能代表国家特别之精神，故不足论。即能以表示一国的精神，但是文词皮厚，乐谱繁难，妇人童子不能一听就晓，乃文士的国歌，非全国普通人的国歌，我们研究音乐不可不

---

① 萧友梅：《对于国歌用〈卿云歌〉的意见及歌谱的说明》，《音乐杂志》1920年5月，第1卷第3号。

② 同上。

③《中国新文学大系·建设理论集》，第350-359页。

知呀。”[1]直到1927年，王光祈还在发表文章批评《卿云歌》“就文字而论”，“不是国歌材料”。他说，西洋人从儿童时代起就对国歌耳熟能详。但是中国人唱国歌，则有如“跪读祖宗家训”那样呆板吃力。作者认为，国歌在文字方面“须使民众易解”，其方法宜在文字浅显上特别注意。而《卿云歌》的文字，普通学生须查字典才能了解（譬如“纠缦缦兮”四字），“这种国歌若要使其普及，则中国国民教育的程度，至少非办到四万万人皆变成博学鸿儒的章太炎不可！”[2]

新文化运动颠覆了“白话”与“文言”原本的文学地位。“白话文学”不仅成为“国语的文学”，还是政治正确的选择[3]。因此，这时再讨论民国国歌的歌词问题，舆论的倾向就一边倒了。

曲谱之争：“中乐”还是“西乐”

晚清以来，在“西化”风潮的强劲鼓吹下，对西方音乐的推崇日甚一日。西洋文明的高度发达也被归功于音乐教育的普及：

> 希腊之创造文明，实出雅典之审美教育。而审美教育之要点，又以音乐两字为中心。读史者未尝不神往于数千年上也。今日东西列强，必斤斤于音乐专门学校之设立，而一切普通教育，亦皆有音乐唱歌一科，其在小学尤为至要，谓与修身有密切之关系，用意盖可知矣。

相比之下，我国乐教不昌的窘况则更加明显：“嗟我中国自周衰政失，郑卫繁兴；秦汉以还，雅乐沦废。弦诵之声，余焉已邈，陶淑之具，

① 《说法兰西的国乐》，《音乐杂志》1920年12月，第1卷第9、10号合刊。
② 《中华教育界》第16卷第12期。
③ 胡适：《建设的文学革命论》，《新青年》1918年4月，第4卷第4号。

不其缺欤？”[①]“雅乐沦废”久已成为学界共识，而社会上流行的“郑卫之音”又常常被认作“诲淫诲盗”，是导致民德不昌的原因。因此，早在 1903 年，匪石就在《中国音乐改良说》一文中明确提出了向西洋音乐学习的主张：

> 故吾对于音乐改良问题，而不得不出一改弦更张之辞，则曰：西乐哉！西乐哉！[②]

1906 年，清朝的提学使黄绍箕等在考察了日本的教育后也认为：“古乐存者，仅十中之一二，欲复兴之良非易易，故鄙意谓不如袭用外国音乐，较为便捷。”[③]因此，晚清以来，以西方教育模式为原型，逐渐被纳入到现代国家教育体系中的音乐教育，是以西方音乐为主导的。

不过，西乐的积极东传，也带动了对中国传统音乐的重视。梁启超就曾希望：

> 今日欲为中国制乐，似不必全用西谱。若能参酌吾国雅、剧、俚三者而调和取裁之，以成祖国一种固有之乐声，亦快事也。[④]

随着晚清到五四“国粹”运动的开展，对国乐的发掘整理工作也在逐步进行之中。所以，中华民国的国歌究竟是应该取传统的民族曲调，还是用已经在中国大行其道的西方曲调来谱曲，成为另一个焦点问题。

国歌研究会聘请为《卿云歌》制谱的四个人——王露、吴梅、陈仲子和萧友梅——是当时中西音乐方面的翘楚。四人中，王露与吴梅

---

① 钟正：《德育唱歌·序》，《云南教育杂志》1913 年第 2 卷第 3 号。

② 《浙江潮》1903 年第 6 期。

③ 《中国提学使东游访问纪略》，《东方杂志》1906 年第 3 卷第 12 号。

④ 《饮冰室诗话》，《饮冰室合集》第 5 册，文集 45（上），第 51 页。

是国乐名家。早在1913年，章太炎就曾推荐王露为国歌谱曲："以不佞所闻，山东诸城王露（字心葵，年四十余），为中国音乐家第一。自俗乐、胡琴、琵琶、俗歌、二簧、梆子，上至琴、瑟、编钟，古音雅奏，皆能为之。嗣游日本，专肄音乐，西方声律，悉能辩（辨？）及微芒……"[①]于是教育部立即征王露入京，此为王露与民国国歌结缘之始。吴梅是民初著名的学者、戏曲理论家，善制谱，以研究曲律闻名，曾出版《顾曲麈谈》和《曲学通论》等著作。他在北京大学音乐研究会教授昆曲。而萧友梅与陈仲子，都曾远赴欧洲接受过正规的西洋音乐学院教育。萧友梅以论文《十七世纪以前中国管弦乐队历史的研究》获德国莱比锡大学博士学位。陈仲子曾入瑞士国立音乐学院学习钢琴和作曲。他在北京大学音乐研究会教授乐典和和声。

王、吴、陈、萧四人，各自擅长中乐与西乐。可以说，国歌研究会在民国国歌的制谱问题上，非常公正地给中乐、西乐以平等的竞争机会。不过，最后还是接受了西洋音乐教育的萧友梅拔得头筹：

> 乐谱为国歌研究会会员萧友梅所制，用E调长旋法，当中国姑洗宫调。鸣盛大于先，申咏叹于后，依义成谱，克协前词。[②]

然而，经过几年的实践，《卿云歌》的流行程度似乎并不理想，许多人对国歌取西洋曲调不能认同。如罗伯夔就曾发文主张谱制国歌"务合国情"，反对《卿云歌》取西方音调[③]。王光祈更是指出，"音乐科学"含有"国际性"，而"音乐作品"则含有"民族性"。因为前者是"理智"的产物，后者却是"感情"的结晶。而《卿云歌》作为一首只有二十四个字的歌曲，其曲谱中竟然有八次"半音"，这就过于

① 《章炳麟拟国歌（函附）》。

② 《卿云歌乐谱》，《东方杂志》1920年12月25日，第17卷第24号，第118页。

③ 《论教育部公布之〈卿云歌〉》，《音乐季刊》1924年9月，第4期。

西化，不符合中国人的口味了[1]。

民国十二年，吴研因再发文章《国歌谈》，将她不满意于《卿云歌》的地方作了一个总结："一则意思太抽象，好像和中华民国，没有什么关系。一则文字太古奥，不是一般平民所能了解。一则所配的曲谱，咿咿哑哑，也不是全国多数人所能脱口而出的。"她断言："这《卿云歌》的命运，照我看，当然不过如此，虽有皇皇的部令，也决不能普及于民众了。"[2]果然，《卿云歌》在北伐战争，全国再次统一之后被废除。

古所谓"审乐以知政"。民国国歌《卿云歌》的诞生几经波折，引发诸多争论，不但有政治方面的原因，更因为就一首歌曲而言，"乐"与"词"这两部分，在当时的文化变革中都面临着不同的价值判断：在中国传统音乐式微的情况下，究竟是应该尊重传统，还是应该顺应潮流——西乐东渐？白话文是否可以成为美文，是否可以创作出代表中国文明的作品？曲调的选择，究竟是应该追求传统的"中正平和"，还是要面对现实提倡"高亢尚武"？就一首代表国家的歌曲而言，国歌应该表达什么样的立国精神，应该用国歌培养什么样的国民情感，表达什么样的期许？这些都是当时的社会文化正在探索的问题，也是我们今天仍然没有完全解决的问题。

（原载《文艺研究》2007年第3期，中国人民大学书报资料中心复印报刊资料《舞台艺术》2007年第4期全文转载）

---

① 《中华教育界》1927年6月，第16卷第12期。

② 《音乐界》1923年10月，第10期。

李静，北京大学中文系本科、硕士、博士毕业，师从于夏晓虹老师。现为北京航空航天大学人文与社会科学高等研究院副教授，主讲中国经典研读:《论语》《礼记·乐记》《史记》《国史大纲》等系列课程，获得北航“十佳教师”称号、“最具亲和力教师”称号。出版专著《乐歌中国——近代音乐文化与社会转型》(北京大学出版社，2012年)、《天命之外的困惑——〈封神演义〉的伦理困境及解决》(人民日报出版社，2017年)，发表论文二十余篇，主持教育部课题。

新学、新眼与近代文人新知识统系的建构

以夏曾佑的阅读记录为中心

梁苍泱

自1811年马礼逊（Robert Morrison）出版第一本中文汉语语法书，1815年米怜（William Milne）创办第一份中文刊物，晚清识字阶层即逐步进入一场内容与形式并举的“阅读革命”，或曰“知识仓库”的重建[①]。简言之，便是阅读对象从以《四库全书》及其存目为代表的中国传统学问（旧学），延伸到甚至转向以“西学”“东学”为核心的“新学”[②]，阅读载体从传统的线装书转向现代书籍报刊[③]。

不难想见，学人既有的知识仓库越是充盈，原有社会地位越高，更新的激励就越弱，更新过程就越艰难。所以，知识仓库的更新与人类自然的代际更替紧密相连，年轻人往往是吸收新学的主力。而老一

① 参见潘光哲：《晚清士人的西学阅读史（一八三三——一八九八）》，凤凰出版社2019年版，第51–61页。

② 本文所谓“新学”不仅包含西学，亦且包含（日本）东学与从日本传回佛学，但以“西学”为主。熊月之编《晚清新学书目提要》已将有关译述著作都称作新学。需要特别强调的是，在过去对夏曾佑的研究中，另有一“新学”的说法极受重视，亦即各经正文和周秦诸子、教会译书以及杂糅宗教哲学科学文学的理想的混合性学理或思想。其对立面为“旧学”——汉以后的学问，主要指古文经学。尽管该“新学”概念实际上空漠而不确定，但经梁启超《饮冰室诗话》与《亡友夏穗卿先生》的宣扬，在夏曾佑研究中常被提及。

③ 闾小波：《论晚清阅读革命的兴起与政治功效》，《徐州师范大学学报（哲学社会科学版）》2012年第2期。

辈旧学精英自我发起阅读革命、更新知识仓库的努力，也就显得尤为可贵。

本文主要考察对象夏曾佑（1863—1924），杭州人，1890年光绪庚寅科会试会元。他不仅是科举胜者，且浸淫佛学，经学功底也很深厚，被时人目为“（龚）定庵嫡派”“（黄）梨洲化身”[①]。同时，夏曾佑又鼓吹维新，向往新学，对晚清的“诗界革命”“小说界革命”“史界革命”皆有参与或响应，被梁启超赞为“近世诗界三杰”[②]之一、“晚清思想界革命的先驱”[③]。他还是“巨手主笔”[④]，有数百篇报章文与一部新历史著作传诸后世。可以说，较诸梁启超等后辈，夏曾佑有更为深厚与系统的旧学背景，观察其自我施加的阅读革命与知识转型因而别具价值。

更为难得的是，夏曾佑留下了两百余条阅读相关日记与包含大量新学书籍的私藏书目，为后世探究晚清文人新学阅读时的“内心世界”及其作用于“外部世界”的公开撰著的意义，提供了难得的样本。本文试图揭示夏曾佑如何自觉确立新的阅读对象，采用新的阅读眼光，形成新的思考理路，建构自己的新知识统系，形成了转型的内在动力；以及他如何在后来的著述活动中，运用新的写作资源，融汇新知与旧学，并将之压在纸背，促成自身思想和学养的内在转型。

一、时文到新学：阅读重心的转向

后辈学人多有系统阅读、研习新学的机会，如就读新式学堂，参

---

① 宋恕：《致夏穗卿书》（1895年5月3日），胡珠生编：《宋恕集》（上册），中华书局1993年版，第526页。

② 梁启超：《饮冰室诗话》，郭绍虞、罗根泽主编，人民文学出版社1959年版，第21页。

③ 梁启超：《亡友夏穗卿先生》，《晨报副镌》1924年4月29日。

④ 严复：《与熊季廉书》，孙应祥、皮后锋编：《〈严复集〉补编》，福建人民出版社2004年版，第242页。

加新学人士精心组织的考课。甚至到了科举制度的末期，科举试题也推动着学子们关注新学。但夏曾佑这样早已成为进士、已经有身份地位的旧学“老人”，多半以自觉的个人阅读为汲取新学的基本方式。

最迟在1894年，已过而立之年的夏曾佑抄有一份《生平所学》书单，收书五百五十二种，做了比较明显的佛学、新学和其他四部书的类目区分。1899年左右，夏氏又列出一份藏书书目（内含两种书目），收书总计六百零七种。相隔五年，前后两份书单出入不多，最大变化是后者未列部分时文（八股文）书籍，增补了数十种新学（包括著作与报刊）以及佛学、戏曲书目[①]。

书目是读书人知识积累与阅读经验的阶段性总结。可见，夏曾佑此时以中学为主体和根底，以新学和佛学为辅翼的知识仓库已大体形成。此前，夏曾佑二十余年日记中的访书、借书、购书与读书相关记录，与友人的信札往还，大致呈现了夏氏“知识仓库”建构、读书秩序转移的线索。

夏曾佑日记起自1881年，讫于1905年，有读书记录两百五十余条。首尾两条阅读记录发生在1881年、1901年。其阅读书目与学业侧重、生活经历基本相当，有两个密度较大的“十年”：1881年至1890年中进士之前，即求学时期；1891年至1901年，即行走仕途时期。在仍有日记的1902年至1905年，夏曾佑以大量精力投入撰述，其间必有阅读行为，只不过已不再对此做专门记录。夏氏“两个十年”阅读重心崭然有别，状态亦不尽相同。

1876年，十四岁的夏曾佑进学为钱塘县廪生，后曾就读或应课杭州五大书院。他好学深思，或一二日读书一部，或一日二三部，随后掩卷与人讨论，便能备述书内要旨。其购书以制举用书为中心，将大量时文总集与别集悉数纳入囊中[②]；阅读与窗课直接相关的制艺文章

① 杨琥编：《夏曾佑集》下册，上海古籍出版社2011年版，第1110–1144页。
② 同上，第577页。

外，也泛览《史记》《五代史》《北史》《明纪纲目》等有助识见与策论写作的史著，关注《文选》《杜诗》《古诗源》《唐诗别裁集》《红楼梦旨咏》等文学著作[①]。相似的读书结构与心境亦可见于不少浙籍士子的学业，如孙宝瑄的《忘山庐日记》。

1890年，夏曾佑考中会元，又通过殿试，成为进士。行走仕途的头两年，夏曾佑忙于入职与酬酢，人际往还多，读书记录少。1893年起，才频繁阅读且重心转移。新学、佛学书籍与经学、史学著作成为他日常含咀之英华。

早在求学时期，夏曾佑已开始零星涉猎新学相关书籍，如1885年年底购阅了徐继畬的《瀛环志略》。其最早的新学阅读记录是1882年，在杭州教会翻阅泰西侯失勒“天算书”[②]。此书即英国天文学家John Herschel（今译约翰·赫歇尔）的《谈天》十八卷（*The Outlines of Astronomy*）。据其后人称，童年夏曾佑不仅爱不释手地阅读《谈天》，且理解其中内容，得到西人欣赏，获赠该书。[③]此类拔高，或与史实有出入，因七八年后，夏曾佑仍自道：“读《谈天·测量之理》一卷，究不能通。”[④]《谈天》中文版为英人伟烈亚力（Alexander Wylie）口译，夏曾佑藏有李善兰笔述（墨海书馆1859年版）和徐建寅增订（江南制造局1874年版）的两种本子[⑤]。该书以全新方式介绍了天体模型、天体坐标系、天文投影原理及球面三角形基础，总结了影响天体视位置的各种因素；又重点介绍了太阳系及其外的天体层次。是书之内容基于哥白尼日心地动说、开普勒三定律以及牛顿的万有引力定律，

---

① 前述夏曾佑阅读购书情况，参见光绪七年至十三年日记，杨琥编:《夏曾佑集》下册，第526–593页。更全的时文文集记录集中见于光绪十一年九月初五日日记，杨琥编:《夏曾佑集》下册，第579–580页。

② 光绪八年重阳节日记，杨琥编:《夏曾佑集》下册，第536页。

③ 夏元瑮:《夏曾佑传略》，杨琥编:《夏曾佑集》下册，第1146页。

④ 光绪十九年九月初十日日记，杨琥编:《夏曾佑集》下册，第656页。

⑤ 《生平所学》，杨琥编:《夏曾佑集》下册，第1112页。

三者都是十八世纪后西方天文学公认的理论基石。但清代以阮元为代表的一大批学者尚坚持抵制哥白尼学说，否定行星运行轨道运动的真实性。故知识性普及之外，《谈天》对晚清学人更大的意义在于，西方天文学一百年后再次传入中国，是对中国天文学理论的纠偏[①]。夏曾佑大约并不能真正理解《谈天》的精义，但是该书对他的“新学”冲击可以想见。

夏曾佑真正浸润新学，并将之作为知识仓库更新的基石，则是在1893年以后，尤其是1893年至1896年数年中。其手抄家藏书目包含佛学书籍上百种，新学一百三十余种，传统中学之书三百七十余种。除却直接购阅外，夏曾佑也会去书铺现场阅览，向书铺、教会、出版机构或友人借阅。故而，书目未必包括数量不少的阅而未藏以及阅后赠人的书籍。

同时，正如夏曾佑曾对门人言及：“吾壮岁读书，但事涉猎，以观大要；中年而后，一书之章节，靡不潜心细绎，即一字一句，未敢忽诸。”[②]不同于第一个十年科举阶段的泛览诸书、日读十数册的阅读方式，这一时期的夏曾佑不可避免地需要面对新学阅读对象的陌生化，在阅读中一度捉襟见肘，出现停顿不解。如花费了十来个月学习算学，却只能略略了解四则运算，似乎难以深入代数、微积分[③]。对此，夏曾佑也有心理准备。在看到建部遯吾《哲学大观》一书对汉学不伦不类的认知部分，夏氏便意识到，“日人之谈汉学尚如此，况支那之谈西学乎”[④]？新学阅读本身的难度也促成他摸索出一些“读法”，如“友朋切磋法”“文本对校法”等，虽无书目提要指引，依然走出一条相对

① 关于《谈天》的基本内容，见张晓编著：《近代汉译西学书目提要 明末至1919》，北京大学出版社2012年版，第505–506页。

② 夏元瑮：《夏曾佑传略》，杨琥编：《夏曾佑集》下册，第1146页。

③ 光绪二十六年闰八月初五日日记至光绪二十七年五月初八日日记，杨琥编：《夏曾佑集》下册，第735–744页。

④ 光绪二十二年九月十五日日记，杨琥编：《夏曾佑集》下册，第724页。

有效的自学通路。

古人读书讲究同道间疑义相析、切磋琢磨，知识概念和思考体系与古不同的新学的阅读可能更需要系统讲授。夏曾佑年齿已长，不太可能再回学堂，与友人的交游谈谯、讨论新学便成为他突破新学修习困境的方法之一。《国闻报》时期，夏曾佑与严复“夜辄过谈，谈辄竟夜，微言妙旨，往往而遇”，颇满足于与友人的聚谈，“能屏绝尘氛，学思并进，则生平亦难遇此境也”[①]。与梁启超、谭嗣同同住北京时，“没有一天不见面。见面就谈学问，常常对吵，每天总大吵一两场”[②]。此间，无论亲密的夜谈抑或激烈的争论，增进的自不单是夏曾佑与诸友的情谊，更有学问的深度。

不过，就新学阅读而言，夏曾佑“古为今用”，别具意义的“读法”大约是文本对校。文本对校是几乎强制要求读者一字一句进行阅读的方法，读古书时，是校勘版本，明晰古史本义的必要手段，夏曾佑曾用之读史籍[③]，识地理[④]。当用该法对读不同新学书籍时，因涉及相似内容和不同国别的译者，版本校勘或不是夏曾佑的主要目的，却体现了他“移士夫治经学、小学之心”[⑤]以治新学的决心。不同文本内部的张力，又能给专注阅读的夏曾佑提示不同层次的意涵。

如 1893 年，夏曾佑以《地学指略》校《地学浅释》，发现“其石层次弟与译者皆相等，特繁简小异耳”[⑥]，尚只是字面上的比较。同年夏氏以丁韪良（William Alexander Parsons Martin）《罗马记》校冈千仞《罗马记》，则不仅发现“无不同”，更评论“丁书远不及冈书之完整。丁书一册之中，彼此互异，此由各就（旧）本钞出，未及会通

① 《致汪康年书》之十三，杨琥编：《夏曾佑集》上册，第 452 页。
② 梁启超：《亡友夏穗卿先生》，《晨报副镌》1924 年 4 月 29 日。
③ 光绪十九年十二月十二日日记，杨琥编：《夏曾佑集》下册，第 658–659 页。
④ 光绪十九年十二月十四日日记，杨琥编：《夏曾佑集》下册，第 659 页。
⑤ 《致杨仁山居士书》，杨琥编：《夏曾佑集》上册，第 493 页。
⑥ 光绪十九年九月初九日日记，杨琥编：《夏曾佑集》下册，第 656 页。

也”[1]，发现丁书中不能自洽之处。两种《罗马记》皆不见于晚清目录学著作，也未列在夏氏藏书目中。不过夏曾佑藏有日本原刻本《万国史记》二十卷十册[2]，当为冈本监辅出版于1879年的著作，中有《罗马记》。夏曾佑可能因人名接近而记混。所谓“丁韪良《罗马记》”也许是艾约瑟（Joseph Edkins）编译的《西学启蒙十六种》中的《罗马志略》之误。彼时丁韪良的《格物入门》和艾约瑟的《西学启蒙》同为重要的西学译介丛书[3]，夏曾佑或因此误艾为丁。无论何者，徐维则提要《罗马志略》时曾言及，该书具载欧洲治乱兴替之枢纽，“读西史者先希腊、罗马二志，以次及于专史，方知其自强开化之成迹”[4]。从中还是略能管窥夏曾佑如此精读《罗马记》的意旨所在。

综上可知，夏曾佑严肃阅读行为变化的诱因，除却年龄增长、心智与心态的日渐成熟，也不可忽略阅读对象陌生化的影响。其中不仅牵涉夏曾佑在不同时期的读书目的、态度等内在因素，亦涉及其生活出处、社会时局和人际交往等外部缘由。夏曾佑知识体系的组成要素、知识仓库建构的基本轨辙，因此值得细究。

二、夏氏阅读与晚清新学书目的互见

夏曾佑的新学书目存稿时间较早，纯是夏氏从个人资料角度进行的整理。内容很简略，除书名外，最多附加简要版本信息。欲探其究竟，如新学书籍的具体分类、著译者与出版时间等重要内容，有必要引入信息更为全面丰富的晚清新学书目提要。

---

① 光绪十九年十二月十三日日记，杨琥编：《夏曾佑集》下册，第659页。

② 《手钞藏书目二》，杨琥编：《夏曾佑集》下册，第1135页。

③ 王慧斌：《晚清“西学启蒙十六种”的“即物察理”认识论》，《自然辩证法研究》2019年第8期。

④ 徐维则辑，顾燮光补：《增版东西学书录》，熊月之编：《晚清新学书目提要》，上海书店出版社2014年版，第14页。

晚清新学书目提要林林总总，傅兰雅《江南制造总局翻译西书事略》(《格致汇编》1880 年第 5 至第 8 期连载，简称《译书事略》)、梁启超《西学书目表》(时务报馆 1896 年刊)、康有为的《日本书目志》(大同译书局 1898 年版)、赵惟熙《西学书目答问》(1901 年版)、通雅斋同人编《新学书目提要》(上海通雅书局 1903 年、1904 年出版)等皆是一时之选①。

尽管同为书目提要，编辑者的目的却不尽相同。如傅兰雅意在传播江南制造局译书，其书目兼具广告功能；康有为意在强调翻译日文书籍是通晓西学的捷径；梁启超是为了点拨读者西书阅读先后缓急之法②；赵惟熙是作为学政，应学生之请提供引介书目；通雅斋同人则“自为其难而予人以易”，通过评价同类书籍的价值，为读者导读③。

夏曾佑的同省文人也撰写了几种提要。绍兴沈桐生的《东西学书录提要总叙》(读有用书斋 1897 年版)“区分门类，识群书之流别”④，交代了西学与中国相关学问的关系，是彼时浙江学子对新学认识程度的代表作之一。温州黄庆澄的《中西普通书目表》(上海算学报馆 1898 年刻)在《书目答问》和《西学书目表》基础上，将中西学书籍细分八类，并作简评。

收录新学书籍更全、影响更大的是绍兴藏书世家子徐维则编辑的《东西学书录》(1899 年出版)。徐氏认为：“不精其学，不明其义，虽善译者理终隔阂，则有书如无书”，“日本讲求西学年精一年”⑤，故日

① 熊月之编：《晚清新学书目提要》，第 1–8 页。

② 夏晓虹：《“西学东渐”的如实记录》，张晓编著：《近代汉译西学书目提要 明末至 1919》，第 1 页。

③ 熊月之编：《晚清新学书目提要》，第 8 页。

④ 同上，第 5 页。

⑤ 徐维则：《东西学书录叙例》，熊月之编：《晚清新学书目提要》，第 4 页。

本翻译西学书籍颇值得阅读[①]。以此，该书的一大特点是重视东学。顾燮光增补此书，出版了《增版东西学书录》（1902 年石印本），两年后，顾氏又编就《译书经眼录》（1904 年编成，杭州金佳石好楼 1934 年石印）。

就书目彼此关系而言，《西学书目表》涵盖了《江南制造总局翻译西书事略》，《东西学书录》涵盖了《西学书目表》，又部分纳入沈桐生的西书提要[②]。故徐、顾三书通过接续增补，内容上基本笼括了 1904 年前的西学书籍[③]。

故此，夏曾佑研读新学著作，抄录所藏书目之际，也正是晚清新学书目提要从无到有、层见叠出的时段。考虑到夏曾佑新学读书日记基本止于 1901 年，则 1902 年刊印的《增版东西学书录》是追踪夏氏简要著录的新学书籍的最合适线索。更何况，徐、顾亦是浙江文人，书目既为启人新学门径，也是编者自身新学阅读的阶段性总结。夏曾佑作为读者的阅读与之两相对照，不仅有助于揭示其新学阅读路径，也正能形成浙籍文人新学阅读与著述的多方参证。

徐维则出自绍兴望族，其父徐友兰、伯父徐树兰均为晚清知名藏书家，分别筑有铸学斋与古越藏书楼，前者藏书十万余册，后者号称近代中国第一家具有公共图书馆特征的藏书楼。早在 1883 年左右徐维则便创办了书坊“墨润堂”，销售新旧参半的书籍[④]，并自设木刻作坊。因此，由他编写东西学书目，条件得天独厚。加上之前有傅兰

① 甲午战争后，中国社会表现出向日本学习的强烈意愿，不过日文书籍（包括日译西书）的大规模翻译引进，则是在庚子事变以后。甲午前，国内出版汉译日文书籍共五十六种，其后各年出版数为 1895 年五种，1896 年八种，1897 年十二种，1898 年二十二种，1899 年十五种。但 1900 年跃升为四十三种，1901 年八十三种，1902 年一百八十四种。田雁主编：《汉译日文图书总目录 1719—2011》（第一卷 1719—1949.9），社会科学文献出版社 2015 年版，第 1–10 页。

② 徐维则：《东西学书录》识语，《增版东西学书录》，熊月之编：《晚清新学书目提要》，第 6 页。

③ 同上，第 8 页。

④ 《绍兴府城书铺一览表》，《浙江潮》1903 年第 8 期。

雅、梁启超、康有为、沈桐生等人书目可作参考，同时又有胡道南、蔡元培等学友“纠正例类，疏补书义”[①]，故《东西学书录》与《增版东西学书录》后出转精。体例更为完备，书名、卷数、册数、版本、撰人、译人、提要等均尽可能详细；提要内容更有条理地细化为“全书之宗旨”“作书之原因”“全书之目录”“书中之精美”“书中之舛误”“学之深浅”“说之详略”“与他书之同异”“书之全否”“译笔之善否”“提要者之决说”等十余条；还对书中存在的“改换名目”“错乱次第”“剿袭舛讹”“增删书报”等问题进行检察[②]，为彼时读者了解各新学著作的大体情况与学术价值，提供了更精准有效的资讯。

《增版东西学书录》共四卷，附录“东西人旧译著书”一卷，“中国人辑注书”二卷。所收书目依次分为史志、政治法律、学校、交涉、兵制、农政、矿务、工艺、商务、船政、格致、算学、重学、电学、化学、声学、光学、气学、天学、地学、全体学、动植物学、医学、图学、理学、幼学、宗教、游记、报章、议论、杂著等三十一大类。大类之下又区分若干小类，如史志类下有通史、编年、古史、专史等八小类，兵制类下有陆军、营垒、海军、船舰等六小类，算学下有数学、形学、代数、微积等七小类，医学下有内科、外科、药品、方书、卫生学等五小类。检点夏曾佑所藏新学书籍，参酌《增版东西学书录》著录，并结合夏氏日记与师友书札，大致可为其藏书在彼时新书出版的历史图景中找到坐标。

总体而言，夏曾佑列出的一百三十多种新学书籍有如下特点：其一，所涉新学门类齐全，涵盖了《增版东西学书录》开列的所有三十一类，以兵制（十五种）、医学（十四种）、史志（十二种）和算学（九种）书最多，并有《格致汇编》《时务报》《蒙学报》《尚贤堂报》

---

① 徐维则:《东西学书录》识语,《增版东西学书录》, 熊月之编:《晚清新学书目提要》, 第6页。

② 徐维则:《广问新书之概则》, 熊月之编:《晚清新学书目提要》, 第9-10页。

《国闻报》《清议报》等六种报章。此外，从夏氏日记与书札可知，其经常阅读《中外日报》《申报》《知新报》，不时检阅上海的《昌言报》《新闻报》《游戏报》《同文沪报》，日本的《横滨报》《精神社报》等报刊[①]。

其二，多为彼时新学书刊的通行本，版本情况与新学书目出版版图基本吻合。医学书籍以博济医局刊本为主要来源，余者江南制造局与益智书会出版为最，各有三十多种和近二十种。前者多出兵制、史志著作，后者则偏重光声电理动植物等格致之学[②]。藏书中并有广学会本、日本原刻本与著译者自刻本等，但数量有限。

其三，书刊获取渠道广泛，却未见明确的已刊书目系统指引的痕迹。夏曾佑所藏书目提要著作仅张之洞《书目答问》一种，且其藏书书目多半在康有为、梁启超等人的新学书目出版前已整理完毕。最可能影响其西书购阅的应是傅兰雅在《格致汇编》上连载过的《译书事略》，夏氏也确实藏有《格致汇编》二十四册，但并无阅读该刊物的文字记录，故存而不论。

其四，部分日刻本新学书可补时人目录提要之缺。不难发现，夏氏所藏新学之书（尤其是甲午以前的“生平所学”书目），以西人口译、国人笔述、国内书局刊刻居多，间有国人自撰者。这些书籍基本能从徐维则、顾燮光等人的书目提要中找到出处。至于《声论》《视学简法》《南北方音五卷》《音学续余》等书，则为其父夏鸾翔所藏或所刻。如夏曾佑致汪康年信里曾提及，《光论》《声论》是其父友人张福僖（南坪）所译，不知原作者何人。并通过书中内容的比较，判断二书在彼时虽不如田大里（John Tyndall，1820—1893，今译丁铎尔）的名著《声学》（1874）、《光学》（1876）（两书夏曾佑皆有藏）详备，

① 杨琥编：《夏曾佑集》上册，第 454、458、466、473、480 页。

② 江南制造局本书籍数依据《增版东西学书录》统计，夏曾佑多自注为“上海方言馆本”，因上海方言馆于 1869 年并入江南制造局但保留了原名称。

但因出版在前，有独特价值，故也托人将两书手抄送与汪康年[①]。另有如日人译述的《宗教哲学》《印度宗教史》《印度宗教史考》《印度哲学纲要》《哲学大观》，日本刊刻的《万国史记》《法兰西志》《米利坚志》《尊攘纪事补遗》《日本新政考》《日本尊攘纪闻》之类目录和提要书未收或所收版本不同的，基本可以判断为夏曾佑从日本直接获得的新学著作。

约言之，夏曾佑对不同类别新学书籍兴趣的偏重，固然与他自身经历密不可分，更与晚清新学书目翻译的次第——从器物兵制之书到思想史志之书的过程有关，并在他后续不同时段的著述中有所体现。

洋务运动中，时人已认识到数学对发展先进科学技术的意义。所谓“一切西学皆从算学出。……今欲采西学，自不可不学算”[②]。而“西书中以算学书为最佳”[③]。夏曾佑同样相信中外学术“莫不以算数为权舆”[④]。何况夏曾佑之父夏鸾翔为“杭州算学三大家”之一，刊刻了数种算学书籍，虽然在夏曾佑襁褓之时夏鸾翔即见背，算学一门，夏曾佑仍可谓家学深厚。只不过，其用功算学，主要在1900年涉足西学多年后、任职安徽祁门期间。因为该处信息闭塞，“外间之事消息眇然，真足令人闷损”[⑤]。因此，作为新学入门的算学或许并未在夏曾佑的著作中有直接明显的反映，却是他的精神寄托和排遣生活苦闷的手段。这对夏曾佑之类常年写作、与内心对话的文人而言，意义仍不容忽视。

至于藏阅的《植物学》《植物图说》《动物新编》《动物浅说》《生

① 上海图书馆编：《汪康年师友书札》(三)，上海古籍出版社1986年版，第1313页。经后人考察，两书为艾约瑟口译、张福僖笔述。黎难秋：《中国科技翻译史》，中国科技大学出版社2006年版，第138–139页。

② 冯桂芬：《采西学议》，《校邠庐抗议》，文海出版社1973年版，第149页。

③《增版东西学书目叙例》，熊月之编：《晚清新学书目提要》，第4页。

④《治国经权说》，杨琥编：《夏曾佑集》上册，第26页。

⑤ 杨琥编：《夏曾佑集》上册，第742–743页。

物始原》《天演论》《进化新论》等书中的物种、人种知识，对于1897年夏曾佑在《本馆附印说部缘起》中洋洋洒洒畅谈动植物之雌雄公母与人类之男女性情，想来不无裨益[①]；其购阅过不少兵制军事类书籍，二十世纪初，在《中外日报》《外交报》的报章文便以外交政论文，尤其是涉及中国与外国战端的军事论文为主；早年史传著作的阅读加上对大量国外史志的重视，则成为其写作专著《中国古代史》的底气和论述资源（下详）。

前揭足证，夏曾佑之所以“平素不习西文，未履欧美之地，而各邦之政治兴衰与其学术变迁，咸洞悉其本原”[②]；之所以与梁启超等在京交游时，对“从前所学生极大的反动”，抱持“认为中国自汉以后的学问全要不得的，外来的学问都是好的”的激进想法，写作包含诸多旁人不解的新名词的“新学之诗”；之所以成为梁启超很长时间的思想导师和“讲学最契之友”[③]，背后因由或正在于他对待新学书籍的态度。他在晚清新学书籍渐盛之初，便以相当开放的姿态，进入知识储备更新、新学知识仓库的建构，通过尽可能多地涉足新学的不同门类，形成了较为完整的新学知识统系，并自觉地以之接替以举业、考据为核心的旧学。

三、入世指向：书籍藏阅与东学、佛学西传的参证

夏曾佑的新知识仓库中，有一个耐人寻味的门类是宗教学。佛学典籍在其藏书中一直占比很高。他的“生平所学”书单最先开列了七十七种佛学书籍，包括经书，《华严指归》等经解论著，以及《五灯会元》等佛学史著作，《龙藏目录》等佛学目录类著作。恰如夏氏后辈回

---

① 《本馆附印说部缘起》，杨琥编：《夏曾佑集》上册，第20–22页。

② 夏元瑮：《夏曾佑传略》，杨琥编：《夏曾佑集》下册，第1146页。

③ 梁启超：《亡友夏穗卿先生》，《晨报副镌》1924年4月29日。

忆的，夏曾佑“于古今中外学术、宗教、文艺之渊源派别，窥其微奥，得其会通，尤邃遂于佛典。时内典由日本东渡”，“中土久佚之书，先生皆尽见之”[①]。

浙江吴兴藏书家周越然比夏曾佑小二十余岁，一度收藏西书善本三千余册，曾总结数条购买西书的经验：如托人代购的“代理法”，向出版机构或藏书人购买的“电报法”“写信法”，以及面对面的“直购法”等[②]。夏曾佑的经历与之类似，在此主要阐述其托人代购的经历，如他多次拜托表兄汪康年为其购买报刊、书籍[③]。其东学书籍（以及日本佛学典籍）的置备，则多赖身在日本的友人推荐或代购。

夏曾佑开始有意识成规模地订购佛学书籍，应在 1893 年结识“谈内典极精深”的杨文会（仁山），并托其买书后[④]。1899 年，夏曾佑集中阅读了姉崎正治的《印度宗教史》《印度宗教史考》《宗教哲学》等多种著译[⑤]。夏氏藏书中，这几种著作皆为日刻本，不在国人前述书目提要之列。

姉崎正治占据日本近代宗教学第一人的位置，与康有为、梁启超等皆有交往，其宗教学思想更对章太炎产生重要影响[⑥]。夏曾佑所藏《宗教哲学》等书乃得自梁启超[⑦]。夏与梁 1894 年开始深交，彼此服膺对方学识。梁氏东渡前四五年间，两人过从尤密，在诗、文、史诸方面皆有较深学术因缘。逃亡日本后，梁氏与夏曾佑仍时有通信。《宗教哲学》原作者为德国哲学家哈特曼（Eduard Von Hartmann），姉崎

---

① 夏循垍：《夏先生穗卿传略》，杨琥编：《夏曾佑集》下册，第 1147 页。

② 周越然：《购买西书的回忆》，《言言斋书话》，陕西师范大学出版社 1998 年版，第 10–12 页。

③ 《致汪康年书》，杨琥编：《夏曾佑集》上册，第 454–483 页。

④ 光绪十九年二月初九日、十八日日记，杨琥编：《夏曾佑集》下册，第 648–649 页。

⑤ 夏曾佑光绪二十五年九月十三日、十五日、二十七日日记，不过在日记中，夏曾佑把姉崎正治的《印度宗教史》误作《印度史》，本文据其藏书目录纠正。杨琥编：《夏曾佑集》下册，第 724–725 页。

⑥ 彭春凌：《章太炎对姉崎正治宗教学思想的扬弃》，《历史研究》2012 年第 4 期。

⑦ 梁启超致夏曾佑信，《夏曾佑私人信件稿》（20），编号 6422，北京大学图书馆藏。

正治于1898年出日译本，国内有上海会文学社1903年范迪吉重译本[①]。庚子之后，中国学界对姊崎正治才有所了解，像章太炎对姊崎思想的接受即主要在1902年以后[②]。故夏曾佑可谓比国内他人更早阅读到《宗教哲学》。他对姊崎正治的著作颇为上心，不但在阅读当时指出，《印度宗教史》与《印度宗教史考》“材皆取之英文书，足补支那内典之缺”[③]；数年后，应还向在日本的蒋智由咨询相关事项[④]。

由于中国佛学源流久远，基础深厚，故时人新学目录中基本不包含佛学书籍。夏曾佑重视宗教学著作阅读，固然可能是为了充分利用其旧学知识[⑤]，但也应有从中华传向日本的佛学典籍借力，“东力西渐”的反哺意图。

夏曾佑自认为“深观宗教，流略而外，金头五顶之书，基督、天方之学”能粗通大意[⑥]；直到深入佛法，发现“慈恩诸论，辰夕肆力，其旨幽深，其例繁密，其文奥衍，欲辄（辍）业者屡”[⑦]，也依旧坚持研读。故其佛学造诣向为同道推许。1894年梁启超入京后，夏曾向梁启超分享自己理解的佛学知识。此时，梁启超亦结识了汪康年和谭嗣同，交流佛学。随后，这个“佛学圈”不断扩大，孙宝瑄、吴嘉瑞、沈曾植、严复等人也加入进来[⑧]。考虑到黄遵宪有诗赞夏曾佑“兼综九流能说佛，旁通四部善谈天”[⑨]；梁启超评价他是“近世第一位认识唯

---

① 张晓：《近代汉译西学书目提要 明末至1919》，第17页。

② 彭春凌：《章太炎对姊崎正治宗教学思想的扬弃》，《历史研究》2012年第4期。

③ 光绪二十四年九月十三日日记，杨琥编：《夏曾佑集》下册，第724页。

④ 蒋智由致夏曾佑信，《夏曾佑私人信件稿》（15），编号6207，北京大学图书馆藏。

⑤ 光绪九年、十七年（1883、1891），夏曾佑即有购买佛学书籍的记录。杨琥编：《夏曾佑集》下册，第727、730页。

⑥ 《致杨仁山居士书》，杨琥编：《夏曾佑集》上册，第493页。

⑦ 《致汪康年信》，杨琥编：《夏曾佑集》上册，第452页。

⑧ 丁文江、赵丰田编：《梁启超年谱长编》，上海人民出版社2009年版，第57页。

⑨ 黄遵宪：《己亥续怀人诗》，钱仲联笺注：《人境庐诗草笺注》，上海古籍出版社1981年版，第857页。

识学价值的人”[①]；宋恕认为他“最善谈佛”，宗教空理为杭州新起学人之最[②]，故不妨认为，前述圈子最初大约也是以夏曾佑向梁启超介绍佛学为圆心荡开的。

然而，夏曾佑又并不是杨文会一类专研佛学的学者。正如晚清时人多数看到佛法与科学、哲学的互通性，即对佛教的科学哲学化解释和对科学哲学的佛教化理解[③]。夏曾佑虽自号“碎佛”“大田居士”，他进行的也是哲学思考而非宗教的皈依。

其间，来自近代日本的佛学书籍又在传统佛学典籍之外，成为夏曾佑的重点研读对象。其中，或许有彼时士人在中国近代转型初期对东洋佛教的美好想象。他们并不注意佛教在日本所受其他宗教与思潮的夹击，看到强大的西方有宗教维系人心，就以为地球各国皆如此；看到兴旺发达的东瀛有佛学来华，就以为佛教具有兴国安邦的思想资源。所以晚清思想界泰半喜欢研究佛学，不约而同地鼓吹宗教特别是佛教的意义[④]。

杨文会、宋恕、梁启超等夏曾佑的友人都是晚清时期重宏唯识论和因明学的主要人物。东瀛佛典中，夏曾佑同样特重唯识宗和因明学书籍。正如他的同省好友蒋智由在日本时观察到的，“我国佛教遗书（含译著两种）古有今亡，而日本尚有者多”[⑤]；夏曾佑也认为，原产中国的唯识宗“衰于支那而盛于日本”[⑥]，“因明之学盛于日本，而支那几乎绝响，亦存亡之因”[⑦]。同时，基于自身研读因明学知识数月方有解

① 梁启超：《亡友夏穗卿先生》，《晨报副镌》1924 年 4 月 29 日。
② 宋恕：《致王六潭书》，胡珠生编：《宋恕集》上册，第 567 页。
③ 葛兆光：《西潮却自东瀛来——日本东本愿寺与中国近代佛学的因缘》，《葛兆光自选集》，广西师范大学出版社 1997 年版，第 140–141 页。
④ 同上，第 143 页。
⑤ 蒋智由函其二十四，《夏曾佑私人信件稿》（15），编码 6221–6222，北京大学图书馆藏。
⑥ 《致杨仁山居士书》，杨琥编：《夏曾佑集》上册，第 493 页。
⑦ 光绪二十六年二月二十日日记，杨琥编：《夏曾佑集》下册，第 730 页。

悟，读《俱舍论》因有因明知识而解悟的经历[①]，夏曾佑还建议杨文会将日本人现存因明学各家的七十余种书籍广泛发行十数种，“使人衍熟其法”[②]。其中原因或与十九世纪二十年代的佛教新运动之兴起相似。是从日本传回来的唯识佚籍的新鲜刺激了夏曾佑的兴趣；也是因为唯识理论中对意识分析的细密思路和对世界理解的因明方法，在他心中成了对应西方科学哲学逻辑的知识资源[③]。

同时，夏曾佑究心唯识、因明之书的留存、阅读、出版与传播，又颇以国族进步为念。不仅将之作为重要参照物，考察日本国民励精图治的缘由。也反求诸己，思考日本流入的佛学典籍对本国国民图强的意义。发现《因明基大师疏》“与欧人辨学正同，于是益信欧、印之为同族”[④]，在佛学与西学之间找到相似的族群思辨习惯外，他更意识到“近来国家之祸，实由全国民人太不明宗教之理之故所致。非宗教之理大明，必不足以图治也”[⑤]。故夏曾佑坚持佛学阅读，又不满足于形而上的思考，除了求出世的学问外，更有其入世关怀。也就是说，添加了上述“明宗教之理以图治”的现实政治考量，夏曾佑的佛学研读与新学揣摩便有了一致的入世指向，可以在“为政治的学问”的层面上被整体性理解。

夏曾佑之尊崇佛学并不是为了在统治阶层广泛推行佛教，而是为了明理“图治”。这种态度，也有助于我们理解在民元后，他为何热衷推行孔教，并于1913年与康有为、陈焕章等共同向国会递交《孔教会请定孔教为国教请愿书》。更因“祭孔”当日带头跪拜，被故友

① 光绪十九年十月十一日日记，光绪二十年正月十二日日记，光绪二十六年七月初六日日记，杨琥编：《夏曾佑集》下册，第657、659、734页。

② 《致杨仁山居士书》，杨琥编：《夏曾佑集》上册，第493页。

③ 葛兆光：《十年海潮音——20年代中国佛教新运动的内在理路与外在走向》，《葛兆光自选集》，第174–175页。

④ 光绪二十六年五月初九日日记，杨琥编：《夏曾佑集》下册，第732页。

⑤ 《致杨仁山居士书》，杨琥编：《夏曾佑集》上册，第493页。

鲁迅在日记中责为“阴鸷可畏”[①]，被后世研究者扣上不小的悲观颓废老派人物的帽子。

包括夏曾佑的挚友梁启超在内的新学家曾对孔教的宗教属性多有质疑：“孔子……所教者，专在世界国家之事，伦理道德之原，无迷信，无礼拜，不禁怀疑，不仇外道，孔教所以特异于群教者在是。”“孔子立教之根柢，全与西方教主不同。”“孔子者，哲学家、经世家、教育家，而非宗教家也。”[②] 夏曾佑未必不知此等道理，只是其之所以赞同将孔子神圣化，自有其坚执的“政教”理念。

夏曾佑曾从政教关系的角度系统阐述了中国思想史，认为先秦前本无国史，传于后世者不过教门之书，是教书者各以己之教旨寄迹古人以自重。战国后，教门之书有出世之教，有经世之教，前者为老子，后者分为孔墨两途，墨学不行，儒教大昌。儒教又有全闻孔子之教，与半闻孔子之教之别。前者道性善，而言必称尧舜；后者言性恶而法后王，宗派繁多。教门宗子，所学为帝王之术。“中国之各教尽亡，惟存儒教，儒教大宗亦亡，惟存谬种”，流传两千余年[③]。1898年的《论近代政教之原》一文称：“今日之教宗，秦人之教宗，非先王之教宗也。”提出中国政教之源皆出于秦，固守秦人之法是中国在与西方民权科学对抗中亡种亡教的原因，故只有变秦人之法，才能保种保教[④]。在1903年出版的《最新中学中国历史教科书》中，夏曾佑念兹在兹的依旧是如何以“政教”“种族”“风俗”为核心，探究民族国家兴衰的因由，为现实政治变革提供历史依据。“改教”正为“革政”[⑤]。此书还特别设置了“佛之事略”与“佛以前印度之宗教”两节。此两

① 1913年9月28日日记，鲁迅先生纪念委员会编纂：《鲁迅全集》第十五卷，人民文学出版社2005年版，第80页。

② 梁启超：《保教非所以尊孔论》，《新民丛报》1902年2月。

③ 夏曾佑：《答宋燕生书》，胡珠生编：《宋恕集》上册，中华书局1993年版，第529–531页。

④ 《论近代政教之原》，杨琥编：《夏曾佑集》上册，第30页。

⑤ 杨琥：《前言》，杨琥编：《夏曾佑集》上册，第9页。

节的文法并不见于该书其他章节，且就国史主题而言，内容也有偏离。但若结合夏曾佑的政教观，则完全可以理解其“以资参照”之用意。也就是说，政治、宗教有别，但“政治与宗教必相附丽”方可长久①。

由前揭不难看到，夏曾佑辈潜研佛学的关怀所在，即意欲通过建立自身旧学外的“心灵秩序”，进而向外寻求可能的“政治秩序”。佛学义理成为他们政治思想的参考坐标、理论基础和语料武库。既然“宗教”是西方富强背后的重要人文动源，那么反观中华文明，也有必要从“宗教”维度挖掘传统佛典和中华固有思想的价值②。可惜夏曾佑未曾将佛学体悟系统成文。或许因为佛学在知识谱系上终究是旧学，在中国传统社会肌理中的嵌入又不如儒学来得深入，如何使之裨益新时代，实为难事。夏氏这番阅读也便最终止于阅读。

四、“新眼”作新书：夏氏的新学之于“新史学”写作举隅

恰如《增版东西学书录》识语中蔡元培指出的，“图书之丰欠，与学术之竞让为比例”③；《西学书目表序例》里梁启超强调的，“国家欲自强，以多译西书为本；学者欲自立，以多读西书为功”④。新学阅读之外，夏曾佑其实也有译述的志愿。1897 年在天津时，他曾与严复、王修植等计划“建一学会，专译西人新学之书”⑤，只因众人志向不同而作罢⑥。其后，夏曾佑又对汪康年剖白：“徐（光启）、利（玛窦）以来，始明算术，咸同之际，乃言格致，洎乎近岁，政术始萌，而彼中

---

① 《社会通诠序》，杨琥编：《夏曾佑集》上册，第 127 页。

② 蒋海怒：《佛学与戊戌前后知识人精神世界的重构——以〈忘山庐日记〉为个案的分析》，《华东师范大学学报（哲学社会科学版）》2015 年第 1 期。

③ 熊月之编：《晚清新学书目提要》，第 6 页。

④ 梁启超：《饮冰室合集 · 文集之一》，中华书局 1989 年版，第 123 页。

⑤ 《致汪康年信》，杨琥编：《夏曾佑集》上册，第 452 页。

⑥ 同上，第 453 页。

积学之人，孤识宏寰，心通来物，盖吾人自言西学以来所从不及此者。但理赜例繁，旦夕之间，难于笔述，拟尽通其义，然后追想成书，不知生平有此福否。”[①]可见对于“西人新学之书”，夏氏已由先前的有意翻译，转向志在融会贯通后的自家撰著。

戊戌变法前，夏曾佑再度向汪康年表明心迹：“念人生于世，有无限当为之事，此事以内学与世运为界说，而俱不为，则读书何用也？故近日大动起行之念，聪明所到，受命于天，遭际之来，听之外物，其中无我，如转风帆。”[②]明确表达了要由坐而言向起而行转变，用世之心殊为迫切。即使变法的政治主张受挫，张元济劝说夏曾佑为商务印书馆编写历史教科书或写作小说，重要理由依然是“二者皆为转移风化要事”[③]，显示了新风化以新民之于夏曾佑写作的意义。1903年之后数年，夏曾佑因为母守制，无职无俸。在此期间，他不仅为《中外日报》《外交报》《东方杂志》等亲友主持的报刊写作获取稿费，也应张元济之约，为商务印书馆编纂《最新中学中国历史教科书》。该书原计划作成通史五册，实际出版三册，止于隋代。是书序言中，夏曾佑曾申明旨在写作“文简于古人，理富于往籍”，足以鉴往知来，“供社会之需”的史书[④]。

其中，“文简于古人”的写作目标，和“供社会之需”的现实目标的达成与否相对容易考见。如前者见于该书的章节体例、分期策略以及按历史阶段择要论列，辅以图表、化繁为简的写作方式等[⑤]；后者则可揆诸当时出版界与读者的反应。《最新中学中国历史教科书》（第一册上古史）初版于1904年6月。至1918初，三册各已发行七万九千

---

① 杨琥编：《夏曾佑集》上册，第452页。

② 《夏曾佑信》，上海图书馆编：《汪康年师友书札》（二），第1327页。

③ 栾伟平：《夏曾佑、张元济与商务印书馆的小说因缘拾遗——〈绣像小说〉创办前后张元济致夏曾佑信札八封》，《中国现代文学研究丛刊》2014年第1期。

④ 夏曾佑：《中国古代史》，商务印书馆1933年版，第1页。

⑤ 关爱和：《夏曾佑与晚清文坛》，《苏州大学学报（哲学社会科学版）》2020年第3期。

多册到十二万余册不等，销量颇可观。1933年，商务印书馆将其改题《中国古代史》，从中学教科书移入“大学丛书”重印，得到出版界高度评价：“（该书）宗旨则在发明今日社会之本原，故于宗教、政治、学术、风俗古今嬗变之所以然志之独详。此为从前编中国历史教科书所未有，而为本篇之特色也。”“此书虽著于清季，而其引证审断之处，有至今为人所不能及者。”[①] 作为最早的一批读者，顾颉刚晚年回忆初读夏著的感受是“耳目顿为一新”“脑筋为之一洗”，并坦承自己壮年推翻古代传说，作古史之辨，实是夏书导夫先路[②]。钱穆也表示从夏书获知今古文之别，得到史著应重视诸年表的启示，欣赏夏氏“仅标几要点，抄录史籍原文”的不背考据精神的笔法[③]。正如钱基博、周予同等观察到的，《中国古代史》“衡榷政学，一以今文学为张本，而杂糅以欧儒之说”，以达尔文进化论解读中国古代史[④]，不乏创见新解，“使转变期的新史学普及到一般青年们”[⑤]。凡此读者认可固可证明夏书之成功影响时人，至于其“理富于往籍”的撰述意图实现与否，则尚需缀合夏曾佑的史书文字与其写作背景，尤其是阅读资源以追踪。

1903年，夏曾佑撰写的《中国社会之原》开始在《新民丛报》第34、35、36号连载。虽然报章文字转为专著时进行了调整与润色，但《中国社会之原》的观点不仅多处与《中国古代史》相同，论述文字重出者也不在少数，可看作《中国古代史》的部分初稿，是其史学观的初步呈现。该文甫经面世，即以观点“精湛绝伦”“不独古人梦想不

---

① 《出版周刊》1934年11月10日第102期。

② 顾颉刚：《枫林村杂记·夏曾佑》，《顾颉刚读书笔记》，台北联经出版公司1990年版，第7294页。有关夏曾佑史著与“古史辨运动”的更详细研究可参李长银：《夏曾佑的“新史学”与“古史辨运动”》，《史学月刊》2020年第2期，第117–124页。

③ 钱穆：《八十忆双亲·师友杂忆》，生活·读书·新知三联书店1998年版，第89页。

④ 钱基博编著：《国学必读》下册，广西师范大学出版社2010年版，第282页。

⑤ 周予同：《五十年来中国之新史学》，周予同原著、朱维铮编校：《经学和经学史》，上海人民出版社2012年版，第181页。

到，就令近世贤者借助西学利器亦不能到”[①]，颇为梁启超、严复、蒋智由等同辈人赏识。

当然，夏曾佑的史学思考并非孤立进行。他的阅读书单中，除了传统史学经典外，《万国史记》《万国通鉴》《法兰西志》《米利坚志》等新学史籍也同样在列。夏氏史学阅读的趋新，一方面有浙江史学阅读与著述氛围之濡染。浙江传统史学历来发达，夏曾佑之前有万斯同、全祖望、章学诚、邵晋涵等享誉一代的史学大家。与之同时，浙籍趋新学者又是西方史学著作的拥趸，绍兴樊炳清、杭州张相以及夏氏好友叶瀚都有西方史著翻译出版，从内容到形式令读者耳目一新[②]。此外，1900年章太炎撰《中国通史略例》，提出编写中国通史的目的之一是“扬榷大端，令知古今进化之轨”，并在与梁启超信中，重申编写通史主旨是“发明社会政治进化衰微之原理为主”[③]。陈黻宸强调：“史者天下之公史，而非一人一家之私史。”[④]马叙伦则以为：“史者，群籍之总称，凡天下之籍，不问其为政治为宗教为教育，莫不可隶于史。”[⑤]夏曾佑固然研读过严复翻译的赫胥黎名著《天演论》，对进化论有自己的理解[⑥]。而以进化论为史著撰写旨要，否定王朝正统史观，注重社会整体历史的“新史学”思潮，在彼时浙籍学者中也已形成风气。

另一方面，落实到具体的史学理论、研究思想与书写内容，夏曾佑受梁启超《中国史叙论》《新史学》等论著影响更有迹可循。早在1896年至1897年撰写的《西学书目表后序》《续译列国岁计政要叙》等文中，梁启超已经注意到中国历史“不过为一代之主作谱牒”，“二

---

① 严复信，《夏曾佑私人信件稿》手稿本（11），编号7978，北京大学图书馆藏。

② 汪林茂：《从传统到现代：晚清浙江学术的转型》，中国社会科学出版社2011年版，第338–339页。

③ 章太炎：《中国通史略例》，《章太炎全集》第3卷，上海人民出版社1984年版，第329页。

④ 陈黻宸：《京师大学堂中国史讲义·读史总论》，陈德溥编：《陈黻宸集》下册，中华书局1995年版，第676页。

⑤ 马叙伦：《史界大同说》，《政艺通报》1903年第15号。

⑥ 光绪二十二年十二月二十七日日记，杨琥编：《夏曾佑集》下册，第693页。

十四史则只能谓之廿四家谱”[①]。1901年写作《中国史叙论》时，梁启超更明确近世史著重视“事实之关系与其原因结果”，故与“一人一家谱牒”的前世史著[②]形成重要区别。1902年，梁氏自《新民丛报》第一期起陆续连载《新史学》，又对《中国史叙论》已经涉及的历史进化论、因果论的著史理念进行了补充与深入探究。如讨论中国旧史学弊端之一为“知有朝廷而不知有国家”，故“二十四史非史也，二十四姓之家谱而已”；另一弊为“知有陈迹而不知有今务”，故著书宗旨不是“使今世之人，鉴之裁之，以为经世之用”等，明确树起“史界革命”的大旗[③]。翻检夏曾佑《中国古代史》可见：其撰述目的为“供社会之需”[④]，着眼点正是梁启超认为旧史学有不足的“经世之用”。而书中宣说“历史因果论”，由今文经学而入新史学，又与康有为区隔[⑤]，与梁启超合辙。当然，非家谱说并不仅是对传统史学理论与做法的反思，其背后更有通过强调国族高于种族的意义来呼应变法立宪的政治需求[⑥]。

《中国古代史》采用章节体史书体例，该书也因之被视作第一种新体历史教科书。其体例或受上海东文学社出版的那珂通世《支那通史》和桑原骘藏《东洋史要》的影响[⑦]。其观念上的“新史学”则更多借助文字中的新学知识得以呈现。最为典型的便是第一篇“上古史”第一章“传疑时代”的前三节，分别题作“世界之初”“地之各洲人之各种”“中国种族之原”，从世界上古史入手论述。论说“世界之初”

---

① 梁启超：《续译列国岁计政要叙》，《时务报》1897年7月20日第33册。

② 梁启超：《中国史叙论》，《饮冰室合集·文集之六》，中华书局1989年版，第1页。

③ 中国之新民：《新史学·页一章中国之旧史学》，《新民丛报》1902年2月8日。

④ 夏曾佑：《中国古代史》，第1页。

⑤ 周予同：《五十年来中国之新史学》，周予同原著、朱维铮编校：《经学和经学史》，第183页。

⑥ 姜萌：《族群意识与历史书写 中国现代历史叙述模式的形成及其在清末的实践》，商务印书馆2015年版，第172页。

⑦ 邹振环：《晚清史书编纂体例从传统到近代的转变——以汉译西史〈万国通鉴〉和东史〈支那通史〉、〈东洋史要〉为中心》，《河北学刊》2010年第2期。

又陈述宗教家与生物学家两种观点："由古之说，则人之生为神造；由今之说，则人之生为天演，其学如水火之不相容。"夏曾佑并不否定前者，但明确提及达尔文的"种源论"：本于考察当世之生物，与地层之化石，条分缕析，观其会通，而得物与物相嬗之故[①]。后续论说也将之作为分析工具。

旧学之中虽然也有地志、地图，但夏曾佑参阅各国史记，对各国地图学发生兴趣，藏有《西文地球图》《中俄交界图》等地图[②]，早已养成世界眼光。故能将中国史置于全球史地视域中考察。在"地之各洲人之各种"一节，夏氏罗列了五大洲的地理和人口变迁，最后聚焦在"亚洲之东"的中国[③]，中国显然也不再是世界中心。

下一节"中国种族之原"，说明中国种族之名难以确定，"支那""蒙古""汉族""唐族""诸夏"等俱不合适，不如直接称作"华"，但否定了华族从巴比伦迁来的说法，提供了一个篇幅颇长的附录，介绍巴比伦古事，自注："译英文《图书集成》巴比伦古事。"[④]而在论及周朝建立之于中华文明的意义时，夏曾佑也将其比附希腊文明之于泰西，呼唤中华文明的复兴。虽无中西"轴心时代"比较之名，却已有相似的意蕴。这种借助西方现代国家建立的经验确认中国的国名、族名，重估中国历史价值的做法，自然是对新史学倡导者以"中国"名国、以"中华"名族观点的呼应和支持[⑤]。其底色却是夏曾佑对西方史地著作的阅读和对百科全书知识的汲取。

夏曾佑生前，报章文并不少见，亦有为数可观的诗歌写作和零散的小说创作与小说论说。其作品和论说具有相当影响，形成了对晚清

---

① 夏曾佑：《中国古代史》，第 2 页。

② 夏曾佑：《生平所学》，杨琥编：《夏曾佑集》下册，第 1123–1124 页。

③ 夏曾佑：《中国古代史》，第 2 页。

④ 同上，第 3–4 页。

⑤ 关爱和：《夏曾佑与晚清文坛》，《苏州大学学报（哲学社会科学版）》2020 年第 3 期。

"诗界革命""小说界革命""文界革命"等运动的介入与呼应①。他借由新学实现了从"新"阅读到"新"小说、"新"文体的跨越，甚至他的"新诗"也可视作"新学"的另一种文本记录②。但通过上述例子，我们能更直观地看到夏曾佑"新史学"理念如何在"新"阅读中产生与完善。夏氏《中国古代史》的写作对象或许是"古"的，但其"理富于往籍"的撰述目标是其中外新学书籍阅读经验的集中展示。夏曾佑终究在一定程度上实现了自家"新"书撰述的志愿。

小结

十九世纪九十年代以前，西方文化尚未对科举制度下的士大夫产生广泛影响，大多数中国士人思想上与外部隔绝，译书销路有限，西学在新学堂缺乏地位③。晚清新学书刊的大量出版印刷还是在甲午战争后，而东学西传则差不多在庚子以后才趋于繁盛。面对与同辈、后辈共享的新学环境，夏曾佑可谓较早便产生了从丰厚扎实且以之安身立命的旧学中向新世界探索的自觉意识，并逐步建构起自身的新学阅读世界。"以新眼读旧书，旧书皆新书也；以旧眼读新书，新书亦旧书也。"④夏氏阅读关乎新旧书目选择的眼界，关乎具体的读法，更落实于面向社会现实的写作。

夏曾佑个人丰富的阅读记录是一个清晰的时代阅读样本。通过清

---

① 光绪二十九年（1903），夏曾佑被张元济推荐给李提摩太，并确实担任了山西大学堂译书院译员。目前所见，他为山西大学堂译书院的《二十世纪最新天文图志》《二十世纪最新地文图志》《迈尔通史》《俄国近史》四部书润辞，并署名，但考虑到难以进行原稿与校对后稿件的对照，即难以考见夏氏的具体贡献，故在此存而不论。栾伟平：《夏曾佑〈中国历史教科书〉编写与出版考实——以张元济致夏曾佑信札为中心》，《商务印书馆与中国现代文化的生成国际研讨会论文集》（下），第413页。

② 郭延礼：《"诗界革命"的起点、发展及其评价》，《文史哲》2000年第2期。

③ （美）费正清、刘广京编：《剑桥中国晚清史（1800—1911）》下卷，中国社会科学院历史研究所编译室译，中国社会科学出版社2007年版，第273页。

④ 孙宝瑄：《忘山庐日记》（上），上海人民出版社2015年版，第526页。

理夏氏的阅读世界，可发见其阅读从制艺文向新学书倾斜的清晰线索，读书法的创新和读书眼光的时新。而他对书籍的搜寻、读书方法的创新和读书眼光的进化，亦有力促进了他的“新史学”写作和他身边的浙籍新学阅读与知识共同体（如张元济、汪康年、宋恕、蔡元培等）的形成，值得进一步研究。不同于单纯地“睁眼看世界”的前辈，夏曾佑是真正地能将新学知识内化又做出思想性输出的第一代学人。或许其新学成就不如更年轻辈的梁启超等，但路径却是共通的，并有前后浪互相激发之力。

（原载《中华文史论丛》2021 年第 3 期）

梁苍泱，浙江绍兴人。北京大学法学学士，2010 年 9 月起师从夏老师攻读硕士、博士学位，2018 年 6 月毕业。求学阶段曾获研究生国家奖学金、北京大学光华奖学金、五四奖学金、三好学生等荣誉。现任绍兴文理学院人文学院副教授，主要从事近代文学文化研究。在《中华文史论丛》《中国现代文学研究丛刊》《明清小说研究》等刊物发表论文。主持国家社科基金后期资助一般项目一项、省教育厅重点项目一项。

幽默与游戏的“尝试”

胡适新文学起源的美国现场还原

郭正平

晚清社会所酝酿的“白话”种子，在清末民初之际，被留美学生（Chinese Student in America）带到现代美国的特殊环境，在那肥沃充实的文学土壤里，中国文学逐渐萌芽成长，并产生了不一样的变化。而留美学生界的初步尝试，也依托报纸杂志的出现，使得文学得以于美国沃土上落地生根。起先，英文报刊《留美学生月报》（*The Chinese Students' Monthly*，1905）的出现，是以联络为目的而通行新大陆的东、西两岸，即便尚未出现专门稳定的文学专栏，丰富多样的美国资源却逐渐汇入了这个留美学生组织所主持的刊物[①]。日后，随着

① 据《壬子年留美学生年报·例言》称：“本报为留美学生所组织，创办已久，初名《美国留学报告》，出版数期，因事中止，至去年秋开始有《庚戌年留美学生年报》之发行。兹编赞述旧绪，定名为《壬子年留美学生年报》。”又1918年12月所刊侯德榜《留美中国学生季报创办历史及其历来办理情形》有言：“留美中国学生界向仅有《英文月报》。”比较前后两者对于留美学生界最早刊物的论述，仅有前者提及《美国留学报告》的存在，就连目前所能见到早于此刊的英文刊物《留美学生月报》与中文刊物《庚戌年留美学生年报》，以及往后各种出版回顾中，对此刊物均只字未提。不过，透过Stacey Bieler: *The lost reformers: Chinese students in the United States from 1906-1931*，我们可以知道，被译为《留美学生报告》的这本刊物，是1905年创刊、原名叫作 *Chinese Students' Bulletin* 的英文刊物，而且一份少于五百字，又是不定期出版，从1906年起就改为 *The Chinese Students' Monthly* 之名。从留美学生对于办报史的追述，*Chinese Students' Bulletin* 的鲜为人知，可见当时已难于见到该刊原本。由于笔者亦未曾目睹，不知此件今日是否存世，故仍以《留美学生月报》为现存最早英文刊物。留美学生会：《壬子年留美学生年报》，1913年1月，版权页；《留美学生季报》民国七年冬季第四号，1918年12月，第145页。参见 Stacey Bieler, M.A., *The lost reformers: Chinese students in the United States from 1906-1931*, Michigan State University,1994,p.33.

中文报刊《留美学生年报》(1911)、《留美学生季报》(*The Chinese Students' Quarterly*，1914)及《科学 SCIENCE》(1915)的陆续问世，留美学生界的中国文学从无到有，种类日益繁多，透过西方元素的吸收，由旧体诗词的依序登陆，逐渐转变为白话为主的诗文创作。与此同时，文艺领域也开始进行“科学化”的改造工程，不但语言学、文字学、音乐学在美国土地上开始进行深度研究，文学方面也在胡适“科学的精神”的旗帜之下，开始进行“实地的试验”①。

胡适与梅光迪的白话诗歌“战争”也在这个时期陷入胶着，胡适因此开张了他自己的“文学实验室”。1917年6月，正当胡适归国之际，其主编的《留美学生季报》刊出了他与友朋之间长达一年的文字笔仗，在以“游戏诗”为名的专栏下，他为《新大陆之笔墨官司》辩护道：

> 此诗作于民国五年七月。虽友朋相戏之辞，本无刊行之价值。然其中所争论之点，固有为吾国学者所宜研究者。作者决不敢自信其所主张之必是，但欲吾国之有心于文学改良者一研究其是非耳。②

---

① 二十世纪初美国环境所提供的特殊现场，使得文学与科学的领域在留美学生刊物上有相互渗透的情形，由此可观看近代留美学生如何在中国文学的改造过程中展现“文学下的科学”及“科学下的文学”的多元面貌。前者如《科学 SCIENCE》杂志的内容，其中的历史传记、新闻及杂俎等栏目也包含诸如翻译、传记及小品一类的文学作品，这些文体在晚清近代的中国文学史上屡见不鲜，然而《科学 SCIENCE》于此的最大贡献，在于他们罗列了一张西洋科学伟人谱系，与同时代中国境内以爱国、贞烈思想为主要基调的传记文学相比，他们更注重思维与精神的“科学化”；后者如留美时期胡先骕的诗文，具有较明显的代表性，可名之为“科学咏物词”系列作品，例如发表在《留美学生季报》上歌咏西国椒香树（Pepper TrecSchinusMolle）的《一枝春》、希奎（Sequoia Semperverens）的《海国春》、海仙花（Hyocinthusoricintalis）的《天香》、月夜金合欢（Acacio）的《声声慢》、馥丽蕤花（Freesia refrocto）的《齐天乐》，都是以植物学的眼光观察自然并投以人文情怀，这种创作手法并非为求一个形而上的哲理或道德，而是在于实事求是的精神，也就是任鸿隽所谓“科学”“真理”的“方法”，正是这一系列咏（植）物作品的最大特色。另外，赵元任与胡适等人在文艺学与语言学的研究与贡献，亦属“科学下的文学”范畴。由于篇幅有限，此处暂不展开讨论。

② 《留美学生季报》民国六年夏季第二号，1917年6月，第105页。

胡适显然欲将这场“白话”“游戏”提升为“文学公案”，并示之于众以作讨论，展现了他十足的自信。在此之前，胡适已分别在一月份的上海《新青年》以及自己主编的三月份《季报》上公开发表《文学改良刍议》，在那份横跨半个地球的“改良宣言”之后，六月份的《季报》已是通篇满载的白话作品，几乎可视为这一年多来的实验成果展示特刊。

该期除了刊出胡适、任鸿隽、陈衡哲等人的白话诗作之外，还有一篇名为“纪实小说”的文学作品，那就是陈衡哲用白话文创作的小说《一日》：

> 著者按，一国之风俗习尚，惟于琐处能见其真。而美国女子大学之日常情形，又多为吾国人所欲知而未能者。因以年来在萨藩校中身历目击之种种琐节，杂叙而为是篇。志在写实而已，非有褒贬之意存于其间也。且读者当知此篇所重，特在琐节。大学中之重要目的，学生中之重要人物，又皆非此处之所能及耳。[①]

陈衡哲所言的“琐节”与“写实”是这篇创作的核心，然而她所“纪实”的生活内容是她留美时期的“身历目击”。身为《新大陆之笔墨官司》的参与人之一，陈衡哲的《一日》是白话文创作的“共犯”，同时也为胡适提供了铁证如山的证词。即便这场官司的成败至今仍然褒贬不一，但是值得我们探究的是：作为“犯案现场”的“新大陆”，究竟提供了白话文学什么样的“作案”动机?

---

① 《留美学生季报》民国六年夏季第二号，1917 年 6 月，第 63 页。

一、游戏的冲突：挑战传统的《新大陆之笔墨官司》

这场官司的源头来自任鸿隽的《泛湖即事》一诗：1916年7月8日，任鸿隽与陈衡哲、梅光迪、杨铨、廖慰慈（按：疑为“张慰慈”）、唐钺等人一同游湖泛舟，这首四言叙事诗描述了几个朋友的游览情形，后来寄达身在纽约的胡适手里，胡适便以刚成雏形的“活的文字”“活的语言”“活的文学”的概念覆信相讥任鸿隽之诗：

> ……足下避自己铸词之难，而趋借用陈言套语之易，故全段一无精采。足下自谓“用力太过”，实则全未用气力。趋易避难，非不用气力而何？……再者，诗中所用“言”字“载”字，皆系死字，又如“猜谜赌胜，载笑载言”二句，上句为二十世纪之活字，下句为三千年前之死句，殊不相称也。……[①]

此时期的胡适正反对中国文学的“无病而呻”“摩仿古人”“言之无物”三大弊病，也就是其所谓“死字”[②]。这番批评起初并没有太大恶意，却因为“新文学”的主张引来梅光迪的强烈抨击。在这一来一往的覆信之中，胡、梅二人的坚持己见，进而假戏成真，日后“竟闯下了一场大祸，开下了一场战争”，这也是促使胡适一人走上新文学“尝试”之路的开端[③]。

若要追溯这个“尝试”的源头，我们必须将目光返回到胡适身上，尤其是出洋留美前的晚清环境对于他日后留学生活的影响。晚清社会无论在官方环境或民间社会，都已经充斥着一定程度的白话资源，尤其是作为书面语的各种白话文报刊，更是夹带着官话及方言在全国各

① 胡适：《胡适留学日记》，商务印书馆1947年版，第976页。
② 同上，第893页。
③ 同上，第981页。

地流行[1]。出洋以前，胡适曾是白话报《竞业旬报》的主撰人之一，从1906年的《发刊辞》言，“斯报之出，无远不届，贩夫走卒，无人不识，国语大同，言文一致，群情感通，如一家子，德教昌明，权舆于是”，这种冀求言文一致的大同宏愿，已展现少年胡适对于语文改良的思想立场[2]。他以“期自胜生”“自胜生”“蝶儿”“铁儿”等笔名在《竞业旬报》发表过诸多文章，这是他与同事们共同构筑的白话天地，也是白话文思想的最初起始。由于《竞业旬报》主张“贩夫走卒，无人不识”的目的，其所刊载的内容不免带上一点儿市井气息。其中更有一名为“歌谣”的栏目，几乎是以民间小调填词而成的作品：

> 启者：本社专以顶小顶小的小曲，装纳顶大顶大的意思，虽顶俗顶俗的俗人，皆能化成一个顶上顶上的豪杰，并能做出顶正顶正的事业，造就顶好顶好的社会，留一个顶久顶久的声名。诸位第一要拿顶快顶快的眼光来看，才不牵［辜］负本社顶热顶热的心呢。[3]

这则附载于1908年第三十二期歌谣栏目之后的启事，充分反映了《竞业旬报》的决心。这些小曲除了以俗人为对象、以传播思想及改良启蒙为目的，如《爱国歌》《劝戒烟赌歌》等，还有一大部分更是反映市井社会、传达人间真情的写实作品。

胡适在执笔《竞业旬报》的岁月里，曾经学着创作过一首小曲。这首唯一的歌谣小曲，是他答和同事张无为（按：字丹斧，笔名

---

① 夏晓虹师《晚清白话文与启蒙读物》提供的晚清白话文的相关文献与历史语境，可资了解留美学生预备出洋前的社会思想背景与启蒙教育资源，尤其是对于官话与白话报刊的论析，也有利于本文在研究胡适执笔《竞业旬报》期间的现场还原。参见夏晓虹：《晚清白话文与启蒙读物》，三联书店（香港）有限公司2015年版。

② 《竞业旬报》第1期，丙午（1906）年九月十一日，第4页。

③ 《竞业旬报》第32期，戊申（1908）年十月十一日，第41页。

“斧”）的《送丈夫出洋留学十杯酒》[①]，名为《答丹斧十杯酒》。他在序里说明：“我又不会唱曲，怎么能做曲呢？我不过见了丹斧所做的歌儿，越做越得劲，越唱越开心，心中羡慕得狠，没事的时候，也学做几句，弄个顽意儿，列位不要见笑罢！”[②]然后唱道：

一杯，酒儿，酒满钟，卿卿今日何须送？你代我把双亲奉，阿阿育，你代我把双亲奉。

二杯，酒儿，酒未干，大儿小女你要管。你挑着千金担，阿阿育，你挑着千金担。

三杯，酒儿，卿须记，多读书来国事休提。秋雨苦凄凄，阿阿育，秋雨苦凄凄。

四杯，酒儿，酒正浓，话儿我句句记心中。你身体须珍重，阿阿育，你身体须珍重。

五杯，酒儿，酒满杯，千万你要放开怀。我书信儿常常来，阿阿育，我书信儿常常来。

六杯，酒儿，酒正温，手挽手儿出了门。你休把归期问，阿阿育，你休把归期问。

七杯，酒儿，到江边，江山锦绣是中原。祖国应留恋，阿阿育，祖国应留恋。

八杯，酒儿，上船头，祝你学业早成就。双双的游五洲，阿阿育，双双的游五洲。

九杯，酒儿，酒已阑，握手依依要肠断。分别最艰难，阿阿育，分别最艰难。

十杯，酒儿，汽笛鸣，眼儿一瞬人远天涯近。模糊抛巾影，

---

① 《竞业旬报》第 32 期，第 35-38 页。

② 《竞业旬报》第 33 期，1908 年 10 月 21 日，第 42 页。

阿阿育，模糊抛巾影。[1]

这首以口语白话为主的行酒歌谣，就如同他为日后出洋留美的自己所唱的谶曲，不仅表现在离人远别的“去国”情绪，更暗示了胡适对于“俗”与“白话”的个人趣味。

往后留美的岁月里，胡适的白话主张由其对历代文学的“演绎”与“归纳”所得。在这场“战争”之前，他对于古典文学中的诗、词、曲及小说中的白话成分都曾进行过深入研究，而他所酷爱的那些文学作家品位，我们也可以在日记中看出一些端倪：诗家如陶渊明、杜甫，又有白居易、元稹的新乐府，以及江西诗派的领袖人物黄庭坚；词家如苏轼、辛弃疾都是豪放词的代表人物，秦观则在婉约词中格外擅于描摹写景；小说之于经典的章回《水浒传》《西游记》《红楼梦》，以及同时代前辈人物吴趼人、李伯元、刘鹗等，这些都是胡适在新文学主张前就已经养成的阅读品位。不用说，他们的文学作品近于白描白话与社会写实，更特别的是，这些历史文人的特性——那些有别于主流“雅”道的白描、豪放、俚俗、写实——都属于他们各自时代的“别格”与“变体”。

按照胡适留学日记所记载的中国文学书单来看，其阅读脉络是按照文学史的发展路线循序而下。从他阅读历代诗歌到研究秦观词开始，惊呼“神来之笔”，又叹曰“词乃诗之进化”，后总结“吾国诗句之长短、韵之变化不出数途，又每句必顿住，故甚不能达曲折之意，传婉转顿挫之神，至词则不然”，可见胡适在文学进化观的深层部分，是对于传神达意的品位要求[2]。也就是在这样富有进步意味的“变体”之中，他开始在美国创作大量词作，而他所代表的写作集团，才得以将“诗言志”以外的情绪在新大陆上生根发芽。如果我们将每一期

① 《竞业旬报》第33期，第42-44页。

② 胡适：《胡适留学日记》，第660页。

《季报》刊载的文学作品摊开来循线索骥，则不难发现它们的“登陆”顺序是按照中国文学史的发展进程上岸。

当他以这些带有进步意味的“别格”作为文学鉴赏品位，并以“觇国”眼光走进美国西方社会，触目所及的进步使他认知到天外有天的广大世界，更促使他在循线发展的过程中，逐渐迈向与传统中国有所对立的变体，以抵达往后他在新文学上的强烈主张。这些“叛逆”心理，在胡适的日记中可谓屡见不鲜，他所在意的是将俗体进行雅化的革命过程。而这些有别于传统的叛逆养分，正是从那新大陆上所看见的世界汲取而来，并作为此前晚清白话文语境的深化与延续。

最初的具体反映是对于戏剧的兴趣。在此之前，胡适所爱的传统文学，大概唯有曲本是不属于变体的文类，原因在于元杂剧及传统戏曲本身就以通俗俚语为主流。然而在他看过西方戏剧的演出之后，却对于传统旧剧有了不一样的观看眼光。1912 年 9 月 25 日，胡适在剧院观赏南君夫妇（Southern and Marlowe）演出的莎士比亚《哈姆雷特》（Hamlet）之后，对于西方戏剧中的“独语”（Soliloquy）与中国旧剧的“自白”，有了如下一段评价：

> ……吾国旧剧自白姓名籍贯，生平职业，最为陋套，以其失真也。吾国之唱剧亦最无理。即如《空城计》，岂有兵临城下尚缓步高唱之理？吾人习焉不察，使异邦人观之，不笑死耶？即如《燕子笺》一书，其布局之奇，可颉颃西剧，然以词曲为之，便失精采。又如《桃花扇》使近人以说白改演之，当更动人。又如新剧中之《明末遗恨》，使多用唱本，则决不如说白之逼真动人也。[①]

胡适一再强调的“逼真”是以“说白”的方式进行，即便他没有意识

---

① 胡适:《胡适留学日记》，第 93 页。

到西方戏剧与中国戏曲的传统不同，但是从他批评传统戏曲的“失真”与“无理”，就能清楚反映出他以“白话”为中心的进步思想，而白话的目的确实是为了还原现实的“逼真”性。

在对于演出方式的要求之外，胡适除了对悲剧《哈姆雷特》的男、女演员进行评述，还特别关注到“丑角”在西方戏剧中的存在：

> 萧氏之剧，必有一丑脚之戏，谓之插诨（Comical part）。此剧中之潘老丈，蠢态可掬，真是神来之笔。……丑角之戏，非在台上演出，不能全行领会。……吾国丑角之戏亦有佳者，然丑角要在俗不伤雅。生平所见，西剧中丑角以萧氏名剧《Much Ado About Nothing》中之Dogberry为最佳，他如《Henry IV》中之Falstaff当极佳，惜不得舞台上见之耳。①

他用丑角通贯莎士比亚的悲剧（《哈姆雷特》）、浪漫喜剧（《无事生非》）及历史剧（《亨利四世》）作品。而从胡适对此一角色的关注与赞誉，呈现出他对于“俗不伤雅”的喜好，这或许也可反映出他早年创作《答丹斧十杯酒》的审美心理。这些观念不但影响其后对于白话文与中国旧剧的重新检视，而且更展现胡适视“俗”能“雅”的“科学的精神”：他曾在主张白话的辩驳之际，回应任鸿隽“但将京调高腔表而出之，即可与西方之莎士比亚、米而顿、邓耐生比肩，有是事乎”之言，肯定“京腔高调未尝不可成为第一流文学”，并举例友人曾唱高腔《三娘教子》、贵俊卿唱改本《空城计》、友人张无为用京调体创作《青衣行酒》一出、《珍珠塔》及《双珠凤》等五六十种唱本小说，这些“即不能上比但丁、米而顿，定有可比荷马者”，而“适以为但有第一流文人用京调高腔著作，便可使京调高腔成第一流文学，

① 胡适：《胡适留学日记》，第93–94页。

病在文人胆小不敢用之耳”。因此“今之京调高腔，皆不文不学之戏子为之，宜其不能佳矣，此则高腔京调之不幸也”。而他所企求的心愿，也就是透过文人介入俗文化的领域之中，经历将俗“雅化”的过程，以达到西方世界如莎士比亚等人的丰伟成就[①]。

不过，事情非仅如此。留美时期的胡适特别喜爱观赏西方戏剧，尤其是以反映现实社会的戏剧为主，因其更能“逼真”地还原西方社会的“俗”文化，故而深深吸引着总以“觇国”为己任的胡适。单是他在留学期间阅读过的剧本及欣赏过的现场演出，登记在案的就有十几出之多。我们应该注意到的是，在二十世纪初的全球语境中，当这些反映现实的戏剧与小说晋升为世界褒扬的文学巨作时，对于初见世界的中国留学生而言，会产生什么样的震撼效果。胡适曾赞誉布里厄（EugèneBrieux）的社会剧《梅毒》（*Damaged Goods*）“以极委婉之笔，曲折达之，全剧无一淫亵语，而于此病之大害一一写出，令人观之，惊心动魄，真佳作也”，又将之与挪威作家易卜生（Ibsen）的《群鬼》（*Ghosts*）相互比较，反映出西方社会性病猖獗的现实，这正是胡适对于“俗不伤雅”的品位要求[②]。诺贝尔文学奖的鼓励作用，对于胡适的白俗趣味应有更加可观的影响力。他曾在 1914 年 7 月间大量阅读 1912 年诺贝尔文学奖得主霍普特曼（Gerhart Hauptmanm）的系列作品，包括极写富家龌龊的《日出之前》（*Before Sunrise*，1889）、描写贫富不均的《织工》（*The Weavers*，1892），甚至说讽刺谐剧《獭皮》（*The Beaver Coat*，1893）“穷形尽致，大似《水浒传》”[③]；并对于英文教师散蒲生（M. W. Sampson）的诠释：“赫氏长处在于无有一定之结构经营，无有坚强之布局，读者但觉一片模糊世界，一片胡涂社会，一一逼真，无一豪文人矫揉造作之痕也”表示极力赞同。诺贝尔

① 胡适：《胡适留学日记》，第 990–991 页。
② 同上，第 193–195 页。
③ 同上，第 306、309、311 页。

文学奖如此褒誉霍普特曼的社会写实之作，也正是暗中肯定了胡适心中“逼真”与“俗不伤雅”的文学品位，更加使他了解到由“俗”变“雅”的可能性，也确定了西方文学对于中国新文学的联结作用[①]。

二、幽默的风格：胡适“西式”趣味的内化与文学语言的融合

这种“俗不伤雅”的观念，或许可以从胡适搜集卡通（Cartoon）剪报的嗜好来窥见其日常生活的审美趣味。1912年10月6日，胡适“检阅会中所藏旧杂志中所载滑稽画（Cartoon），择其尤者集为一编，将为作一文，论《海外滑稽画》，送德争载之”。这里所提到的德争是从前《竞业旬报》的一位执笔人，也是该报白话歌谣的作词者之一，在胡适早期留学的日记中，经常能见到他与德争进行越洋通信的交往记录[②]。我们由此回头观察《竞业旬报》的内容，会发现偶有“滑稽画”专栏登载晚清社会的现实面貌，因此胡适以“滑稽画”翻译英文Cartoon一词也是其来有自。

1914年7月12日，胡适“偶检旧箧，得年来所藏各报之‘讽刺画’，即‘时事画’（Cartoon）”，并选择了四十五幅佳作成册且附以序文：

> 西国报章多有“时事画”一栏，聘名手主之。其所画或讽刺时政，或褒贬人物，几于不着一字而利如锋霜，爽如哀梨，能令人喜，亦能令人叹息，其为画也，盖自成一种美术。欧、美二洲以此艺著者无数，而其真能独树一帜自成宗派者，则亦复寥落无几。盖其为画也，亦犹为文然，贵以神胜，以意胜者次之；其但

① 胡适：《胡适留学日记》，第317页。

② 同上，第100页。

纪事实，炫技巧，供读者一笑而已者，不足尚也。……抑吾之为此集，初不徒以自娱也，诚以此艺之在吾国，乃未有作者，区区之怀，将以之绍介于国人，俾后之作者有所观感取法焉，亦采风问俗者所有责也。[①]

胡适分别用“滑稽画”、“讽刺画”与“时事画”翻译 Cartoon 一词，可见从他固有的知识去理解西方世界的卡通文化，更多是一种滑稽、讽刺、反映社会现实的批评眼光。然而，西洋报刊登载的卡通图画，并不仅是展现这样的概念而已，我们必须将之联结到留美学生英文刊物《留美学生月报》杂志曾经连载的专栏“Wit and Humor”（妙语与幽默）[②]，才能还原西方社会的文化语境——富有机智趣味、揶揄嘲弄、博人一笑的幽默文化[③]。

检视胡适所搜藏的四十五幅时事画，其实更加重要的是画中富含的幽默成分。尽管“幽默”一词最早出现在 1924 年林语堂的对译之中，可是在西方文化里，这种幽默氛围确实充实在生活的每一个细节。胡适之所以说“此艺之在吾国，乃未有作者”，并非无视晚清报刊中滑稽画、讽刺画及时事画的存在，而是因为在当时的汉语文字中，尚未出现一种将“Humor”进行对译或翻译的语汇，以致承载幽默风格

---

① 胡适：《胡适留学日记》，第 290–291 页。

② 林语堂曾在《论幽默》（1934）之中，解释“幽默是温厚的，超脱而同时加入悲天悯人之念，就是西洋之所谓幽默，机警犀利之讽刺，西文谓之‘郁剔’（Wit）”，并将先秦诸子的行事风格与幽默标准相比较后认为，“孔子个人温而厉，恭而安，无适，无必，无可无不可，近于真正幽默态度”。尽管林语堂在这里大致区分了 Humor 与 Wit 的差别，但是否每一位留美学生都能对此理解到这种程度，我们从文献上就不得而知了；笔者认为，大多时候应该是将二者混为一谈，因此这里仅以“幽默”代指这种文化现象。林语堂：《论幽默》，《林语堂经典作品选》，当代世界出版社 2002 年版，第 34 页。

③ 值得注意的是，我们透过 Stacey Bieler 的研究论文中所附载的插图，可以见到《留美学生月报》上刊登留美学生所绘制的幽默卡通图画，以此证明了留美学生在卡通文化下的西方历史语境。参见 Stacey Bieler, M.A., *The lost reformers: Chinese students in the United States from 1906-1931*, Michigan State University, 1994.

的卡通图案，仅能以晚清现有的词语进行翻译[①]。因此，胡适欲向国人介绍的卡通图画，应是传达欧美文化中富含幽默风格的载体，所以才打算“俾后之作者有所观感取法焉”[②]。具体证据反映在1915年7月11日的日记里，该则记载了胡适在八幅欧战讽刺画剪报上的题诗，他说“载此八画，戏为作题词，以三十分时成七则，亦殊有隽妙之语，颇自憙也”。至此我们可以明白，他以游戏心态所作的“隽妙之语”，正是他对于卡通所表现的幽默风格的理解[③]。这种幽默机智的文字趣味，十足符合胡适个人的别格品位，同时也正是他那种“俗不伤雅”的审美观念，让他的个人特质得以在西方文化的语境中自信并且茁壮成长。即便今天我们无法见到其他留美学生对于欧美幽默文化的文字描述，不过从胡适载录《努瓦克（Newark）日报》的卖酒业与戒酒会的广告来看：

---

① 江勇振在其著作里，曾以这四十五幅卡通图画批评胡适对于美国种族主义对中国人的歧视“习而不察”，并着力描述这几幅图画之中寓意浓厚的种族歧视色彩。然而，依照笔者的推论，并不是胡适对于这些图画的政治寓意有所误解，而是“身历其境（美国）”的他，真正赏玩无厌的是Cartoon所释出的幽默风格，这对于乐观主义、游戏心理的胡适而言才是真正的“合味”，而非是“日日作庄语”地讨论社会与政治议题。江勇振：《舍我其谁：胡适》（第一部：璞玉成璧，1891—1917），联经出版事业公司2011年版，第587–589页。

② 1924年林玉堂（即林语堂）在《征译散文并提倡“幽默”》（《晨报副刊》1924年5月23日）一文中也提到：“我早就想要做一篇论‘幽默’（Humour）的文，讲中国文学史上及今日文学界的一个最大缺憾。（‘幽默’或作‘诙摹’，略近德法文音。）”这与胡适当时搜集卡通的心情应是如出一辙。林语堂又说：“素来中国人虽富于‘诙摹’而于文学上不知道来运用他及欣赏他。于是‘正经话’与‘笑话’遂截然分径而走：正经话太正经，不正经话太无体统。不是很庄重的讲什么道德仁义治国平天下的道理（这个毛病在中国是很古的，所以《诗》有《毛序》《韩序》，申培《诗说》，而《左传》文中便出了一位道学先生——刘歆），便是完全反过来讲什么妖异淫秽不堪的话（这个毛病在中国也很古的，所以有《杂事秘辛》《飞燕外传》《汉武帝内传》等等屈指不可胜数的杰作）。因为仁义道统讲的太庄严，太寒气迫人，理性哲学的交椅坐的不太舒服，有时候就不免要脱下假面具来使受抑制的‘自然人’出来消遣消遣，以免神经登时枯馁，或是变翘。这实是‘自然’替道学先生预防疯狂的法子，而道学先生不自觉……”这或可视为胡适于日后戏弄“道学”的一种相同态度。林语堂：《征译散文并提倡“幽默”》，《晨报副刊》，中华民国十三年（1924）五月二十三日，第3版。

③ 胡适：《胡适留学日记》，第693页。

> 亚历山大爱喝啤酒，他征服世界时还不满三十二岁。他若不喝啤酒，也许成功更早一点。可是谁知道呢？您还是别错过机会罢！
>
> 亚历山大醉后胡闹而死，死时只有三十三岁。您还是别冒险罢！[①]

这种幽默揶揄的语言文化，在西方社会应是随处可见，而使得留美学生必然在一定程度上熟知且或多或少受到影响。

从审美观念进而发展到行为表现，我们或可透过胡适与一二人物的相处方式来观察他在美国受到的风格启发。他曾在日记中如此描述初识的韦莲司女士（Edith Clifford Williams）：

> ……其人极能思想，读书甚多，高洁几近狂狷，虽生富家而不事服饰；一日自剪其发，仅留二三寸，其母与姊腹非之而无如何也，其狂如此。余戏为之曰："昔约翰弥尔（John Stuart Mill）有言：'今人鲜敢为狂狷之行者，此真今世之隐患也。'（吾所谓狂狷乃英文 Eccentricity）狂乃美德，非病也。"女士谓："若有意为狂，其狂亦不足取。"余亦谓然。……[②]

Eccentricity 有"行事古怪"之意，胡适译为"狂狷"，并由衷赞赏韦莲司的行事作风，可见两人对于"非常"的偏向喜好，也是二人日后交好的原因之一；胡适还曾评论罗斯福（Theodore Roosevelt，美国第二十六任总统）为"此邦一大怪杰"，亦可见他所欣赏的人物类型是不同于常人的奇人异士[③]。另外，从他与美国总统塔虎脱（William Howard Taft）的对话，也能想见美国文化的特殊氛围：

---

① 胡适：《胡适留学日记》，第 223 页。

② 同上，第 428 页。

③ 同上，第 429 页。

……我则袒威尔逊者也，因为之辩护曰："现政府（威尔逊）之意盖在省事。"塔氏大笑曰："欲省事而事益多；自有国以来，未有今日之多事者也。"余戏曰："此所谓'The irony of fate'者非欤？"塔氏又笑曰："我则谓为误事之结果耳。"[①]

这种对于上司及长辈的风趣揶揄，自然不是中国儒家传统的行事风格。胡适在此以"隽妙之语""戏"对塔虎脱总统，自然而然的机智与幽默，展现了胡适所谓"俗不伤雅"的行为标准；他又曾以"WHO"为笔名，作书反驳校刊 *Cornell Daily Sun* 的偏颇报道，然而他与该报主笔却是向来交好，因而"胆敢行事"如此[②]。胡适不仅是对美国总统及报刊主持抱以如此幽默的态度，在日常生活中也有这样的轻松谐趣：

吾昨日过一肆，见一草帽，爱之，问其值曰六元。余笑谓主者曰："若肯以五元售之，则当购。"主者去不肯，余亦置之另购他物。及付值，主者曰："君为此肆老主顾，且以五元购此帽去。"余大笑曰："不图东方交易（Oriental Bargaining）见于此邦！"遂购以归。[③]

胡适以幽默的方式回应西方社会对于中国存有的刻板印象，可见在这样的文化氛围中，得以培养出他那"俗不伤雅"的"游戏"心态。

然而，这种游戏行为并不仅是美国文化带来的影响，其实从胡适与其他留美学生的交往之中，我们应该也要同时注意到中国传统的

---

① 胡适：《胡适留学日记》，第 581 页。
② 同上，第 709 页。
③ 同上，第 656 页。

文字游戏。留美期间，我们透过胡适，能见到几个留美学生经由书信交换“灯谜”来做益智游戏。这种透过谜面与提示来相互斗智的“游戏诗”源于中国传统文化的游戏逻辑，胡适就曾经提起《品花宝鉴》的文字唱答与猜谜游戏，并从中脱胎了一条名为“两（打欧阳永叔词一句）”的灯谜①。除了谜语之外，留学生之间的“戏赠诗”也掺杂了许多戏谑彼此的成分，比如任鸿隽、胡适、杨铨三人都曾以《梅任杨胡合影》照片作诗游戏②。虽然从这些诗文中已初见欧美幽默风格的影响，可是在“游戏规则”中进行的游戏，仍未脱离传统的脉络。只是，当胡适个人的“白话”、“俗不伤雅”与“隽妙之语”（即胡适理解的 Humor）等趣味融合在这样的诗文游戏中，并以此论证正经八百的“文学革命”主张时，对于传统游戏的规则而言，已是一种“破格”的行为。也就是这样一种沟通与逻辑上的平衡失调，才让这场“战争”一发不可收拾。

在胡适回应任鸿隽的《梅任杨胡合影》时曾说：“近来作诗颇同说话，自谓为进境，而张先生甚不喜之，以为‘不像诗’，适虽不谓然，而未能有以折服其心，奈何？”显然当时已有所谓“不像诗”的声音反对胡适的白话诗风格③。直到胡、梅二人为白话文主张争论之际，胡适那套“俗不伤雅”的“游戏”心态可说是发挥到淋漓尽致：

（一）

“人闲天又凉”，老梅上战场。拍桌骂胡适，“说话太荒唐！
说什么‘中国要有活文学！’说什么‘须用白话做文章！’
文字岂有死活！白话俗不可当！（原书中语）
把《水浒》来比《史记》，好似麻雀来比凤凰。

① 胡适：《胡适留学日记》，第 891 页。
② 同上，第 837 页。
③ 同上，第 838 页。

说‘二十世纪的活字，胜于三千年的死字！’
若非瞎了眼睛，定是丧心病狂！”①

（二）

老梅牢骚发了，老胡呵呵大笑。
“且请平心静气，这是什么论调！
文字没有古今，却有死活可道。
古人叫做‘欲’，今人叫做‘要’。
古人叫做‘至’，今人叫做‘到’。
古人叫做‘溺’，今人叫做‘尿’。
本来同是一字，声音少许变了。并无雅俗可言，何必纷纷胡闹？
至于古人叫‘字’，今人叫‘号’；古人悬梁，今人上吊：
古名虽未必不佳，今名又何尝不妙？
至于古人乘舆，今人坐轿，
古人加冠束帻，今人但知戴帽：
这都是古所没有，而后人所创造。
若必叫帽作巾，叫轿作舆，何异张冠李戴，认虎作豹？
总之，‘约定俗成谓之宜’，荀卿的话很可靠。
若事事必须从古人，那么，古人‘茹毛饮血’，
岂不更古于‘杂碎’？岂不更古于‘番菜’？
请问老梅，为何不好？”②

以上节录覆信梅光迪的白话诗五首之二，其后甚至揶揄远东中国的柳亚子等人“诸君莫笑白话诗，胜似南社一百集”③。而这五首白话诗对于出身书香世家、在哈佛大学就读西洋文学的梅光迪而言，正是开得

① 胡适：《胡适留学日记》，第965–966页。
② 同上，第966–968页。
③ 同上，第974页。

过火的玩笑，“读大作如儿时听‘莲花落’，真可谓革尽古今中外诗人之命者”；又说，“大约皆足下‘俗话诗’之流亚，皆喜以前无古人，后无来者自豪，皆喜诡立名字，号召徒众，以眩骇世人之耳目，而己则从中得名士头衔以去焉”[①]。就连出面打圆场的任鸿隽也说“足下此次试验之结果，乃完全失败是也”，可见这首被批评为“儿戏般的俗话诗”，在他们长期以来彼此默契的戏赠诗中，不仅是文体及白话思想的主张不同，恐怕就连那种幽默感，都已经被视为“超格”甚至“破格”了[②]。

此后，身处孤立境地的胡适在日记中自我宣言：

> ……白话乃是我一人所要办的实地试验。倘有愿从我的，无不欢迎，却不必强拉人到我的实验室中来，他人也不必定要捣毁我的实验室。[③]

他开始在自己的实验室中进行白话诗的实验，并以游击战的方式戏弄这些在实验室外反对他的友朋们。然而透过这些捉弄所得到的回应，其他留美学生也开始接纳并且进入“白话实验室”的语境之中。例如朱经农与杨铨都曾以胡适的“白话招牌”尝试自作白话诗，胡适戏曰：

---

① 此时在哈佛大学就读西洋文学的梅光迪，正是在提倡新人文主义的欧文·白壁德（Irving Babbitt，1865—1933）门下，此学派崇尚最纯粹的古典精神，讲究克制含蓄、分寸严谨的理性思维，这或许也就是他与追随约翰·杜威（John Dewey，1859—1952），提倡实用主义、经验主义的“实地试验”的胡适，在方法论的主张上有所不同之处。简而言之，这场“战争”所富含的张力就是一种内敛（梅）与外放（胡）的方法冲突，也可以从此看出两个人在个性与趣味上的差异。由于本文主要讨论胡适对于传统文学的“戏弄”与“变格”，而梅光迪留学时期的思想并没有太多文献存世，因此较难梳理留学时期的梅光迪立场，梅光迪的新人文主张必须到返国以后，与其他留美学生如胡先骕、吴宓、汤用彤等人合流成立《学衡》（1922）方才彰显，于此也未敢对留美时期的梅氏思想妄加揣测，故此处仅以两人展现的个性来分说。参见朱寿桐：《新人文主义的中国影迹》，中国社会科学出版社 2009 年版，第 3–28 页；胡适：《胡适留学日记》，第 981 页。

② 胡适：《胡适留学日记》，第 983 页。

③ 同上，第 1003 页。

老朱寄一诗，自称“仿适之”。老杨寄一诗，自称“白话诗”。请问朱与杨，什么叫白话？货色不地道，招牌莫乱挂。[1]

又有胡明复白话诗二首，其中一首“纽约城里，有个胡适。白话连篇，成倷样式”，加入了吴语方言[2]；又一首为传统宝塔诗的白话改造：

痴！
适之！
勿读书，
香烟一支！
单做白话诗！
说时快，做时迟，
一做就是三小时！[3]

就连陈衡哲也被卷入这场白话“战争”的旋涡，以白话诗回应胡适的幽默游戏：

所谓“先生”者，“密斯忒”云也。
不称你“先生”，又称你什么？
不过若照了，名从主人理，
我亦不应该，勉强“先生”你。
但我亦不该，就呼你大名。

① 胡适：《胡适留学日记》，第 1006–1007 页。
② 同上，第 1038 页。
③ 同上，第 1039 页。

“还请寄信人，下次寄信时，申明”要何称？[①]

也就是说，越来越多的友朋们加入了胡适实验室的改造工作，为这场笔墨官司提供了更多的“证词”，因此白话诗就在新大陆的幽默与游戏之中，进行了一次又一次的实地试验。透过不断修正实验方式，并在《季报》上频频发表实验结果，胡适最后得以用“游戏诗”之名，总结了他在美国这样一个偌大的实验室中所完成的中、西合璧的白话实验成果。

既然胡适的白话文运动是以新大陆作为实验据点，那么在美国特殊语境中所产生的幽默与游戏，就如同实验室中无形的氧气一般，助燃且促进了化学变化，使得中国白话文的元素不断经历分离、重组，最后释放出光与热的能量。而他那场弄假成真的白话文笔墨官司，其实也就是源自一种中、美风格上——或是主流与变体上——的内部逻辑冲突。如果我们用同时代的林语堂论述“关于中国人对于幽默的误会”来解释胡、梅的官司冲突：

> ……中国道统之势力真大，使一般人认为幽默是俏皮讽刺，因为即使说笑话之时，亦必关心世道，讽刺时事，然后可成为文章。其实幽默与讽刺极近，却不定以讽刺为目的。讽刺每趋于酸腐，去其酸辣，而达到冲淡心境，便成幽默。欲求幽默，必先有深远之心境，而带一点我佛慈悲之念头，然后文章火气不太盛，读者得淡然之味。……[②]

这正是胡适何以在生产白话诗的同时，一边无声地呐喊：

---

① 胡适：《胡适留学日记》，第1045–1046页。

② 林语堂：《论幽默》，《林语堂经典作品选》，第38–39页。

打油诗何足记乎？曰，以记友朋之乐，一也；以写吾辈性情之轻率一方面，二也。人生那能日日作庄语？其日日作庄语者，非大奸，则至愚耳。[①]

如此看来，新文学的开端其实也就是出于一种“幽默”“轻率”与“道统”“庄语”的“游戏”争端。我们再借用林语堂转引英国作家乔治·梅瑞狄斯（George Meredith，1828—1909）的《喜剧论》（*Essay on Comedy*，1877）来还原西方世界的幽默真谛：

One excellent test of the civilization of a country I take to be the flourishing of the comic idea and comedy; and the test of true comedy is that it shall awaken thoughtful laughter.

我想一国文化的极好的衡量，试看他喜剧及俳调之发达，而真正的喜剧的标准，是看他能否引起含蓄思想的笑。[②]

这段引言是二十世纪二十年代后的林语堂——同时也是二十世纪一十年代留美时期的胡适——所欲传达予国人的真正想法。如今我们看来，那些俗白的幽默游戏，正是顽童与狂人们挑战主流传统的“破格”方式。

三、尝试的诗歌：胡适《去国集》与《尝试集》第一编的美国现场还原

经由上述讨论，我们有理由将胡适的《尝试集》置于美国的创作

① 胡适：《胡适留学日记》，第 1036 页。
② 林语堂：《论幽默》，《林语堂经典作品选》，第 32 页。

环境来重新探讨它所富有的文化意义。

1920年3月由上海亚东图书馆出版的《尝试集（坿去国集）》（*Experiments in Poetry*）由三个部分组成，分别是《尝试集》第一编、《尝试集》第二编及附属的《去国集》三部分[①]。以往学界对于《尝试集》的研究，都是利用由后往前追溯的眼光，讨论"现代文学"的《尝试集》对于日后现代文学史的发展与影响；我在这里则要按照时空先后依序而下，将《尝试集》的完成重新作一个梳理：它是从晚清中国到现代美国再返回民初中国的产物，作为中、美之间及旧、新文学之间的过渡，讨论"近代文学"尾声里的《尝试集》所反映出来的时代及集体成就。因此，作为主要文本的《尝试集》必须同《胡适留学日记》相互参照，再配合留美学界的中文刊物，才能还原它们所承载的时代精神与面貌。

《尝试集（坿去国集）》是胡适新文学主张的集结，他在《自序》里这样写道：

> 我这三年以来做的白话诗若干首，分做两集，总名为《尝试集》，民国六年九月我到北京以前的诗为第一集，以后的诗为第二集。民国五年七月以前，我在美国做的文言诗词删剩若干首，合

① 关于《尝试集》的英文译名，当代译者经常使用Trial Poems或A Collection of Attempting Modern Language Poem等来表示该书英文译名，然而笔者在这里用Experiments in Poetry此译名，是根据苏联汉学家阿列克谢耶夫（B.M. Алексеев，1881—1951）于1924年8月发表的《中国诗歌语言的改革：以胡适教授的〈尝试集〉与附录〈去国集〉为准绳》上所注明的英文译名。台湾"中央研究院"中国文哲研究所研究员陈相因指出，阿列克谢耶夫的原文副标题，特别注明《尝试集》的英文标题应是*Experiments in Poetry*，而且这个译名由胡适本人翻译。如果我们考察《胡适留学日记》的内容，确实以Experiments in Poetry（实验诗、试验诗、尝试诗）这个名称来称呼他的《尝试集》诗篇更为妥当：胡适的《尝试集》是"科学的精神"的产物，而"尝试"只是他与南宋陆游的对话，并不足以代表他的"实验精神"。参见阿列克谢耶夫著，陈相因译：《中国诗歌语言的改革：以胡适教授的〈尝试集〉与附录〈去国集〉为准绳》，《中国文哲研究通讯》第23卷第2期，第41页。

为《去国集》，印在后面作一个附录。[1]

就像他在《尝试篇》中对于陆游的回应——“自古成功在尝试”——《尝试集》作为挑战昔日传统的总集，发扬了所谓努力不懈的“科学的精神”，而那些尝试之前的思想游踪，就收录在附录于后的《去国集》。从出版的理念看来，胡适对于《尝试集》与《去国集》的主、副安排，明显欲传达出新文学的精神。尤其是在五四以后社会风气转变，作为新文化运动主持人之一的胡适，其创作《尝试集》自然会被文、史学家视为现代文学的重要源头。但是，如果我们按照写作时间的顺序来看，其实最早成书的文集应是 1916 年 7 月在美国就已大致完成的《去国集》，该集有一段在纽约撰写的《自序》，里面这样说道：

胡适既已自誓将致力于其所谓“活文学”者，乃删定其六年以来所为文言之诗词，写而存之，遂成此集。名之曰去国，断自庚戌也。昔者谭嗣同自名其诗文集曰《三十以前旧学第几种》。今余此集，亦可谓之六年以来所作“死文学”之一种耳。

集中诗词，一以年月编纂，欲稍存文字进退，及思想变迁之迹焉尔。

也就是说：《去国集》的完成是因为“活文学”的成立而告别并葬送“死文学”的死去，其引用谭嗣同的典故，是为了将《去国集》与《尝试集》之间画出一条旧与新的界线，《去国集》对于胡适的存在如同埋葬“过去”的墓碑，徒有纪念的价值与迈向未来的意义。

另外，依照《尝试集·自序》所言：“第一编”止于 1917 年 9 月，可是确切的最终内容是 1917 年 7 月 3 日于太平洋上创作的《百字令》

① 胡适：《尝试集（坿去国集）》，亚东图书馆 1920 年版，第 19 页。

一首，也就是说，我们有理由将《尝试集》第一编的内容视为他在留美时期的尝试；而“第二编”是在1917年9月至全书出版前的创作诗篇，因此可认为是他在中国时期的尝试。按照这样去分析1920年初版的《尝试集（坿去国集）》，全书有三分之二的内容是在美国语境下完成的作品，而那剩下的三分之一是回国以后的延续，也就是依照《去国集》、“第一编”、“第二编”的“编年体”创作顺序，我们才能清楚看到留美时期的价值所在。

毋庸置疑，“第一编”无论在“故乡”的情感上或新文学的理论上，都是由过去（旧）迈向未来（新）的过渡时期。如果总结胡适留美时期的成就，这“去国”的六年（1910年8月至1916年7月）与“尝试”的一年（1916年7月至1917年7月）里，即便比例不等的创作时间压缩在《尝试集（坿去国集）》中呈现均等分布，我们也不可忽略“时间”与“空间”在这本文集上所承担的重要作用。它们不仅是胡适一人由“死”到“活”的文学事业转折，更是晚清民初这批“不在（中国）现场”的留美学生们对于中国文学的改造所综合出来的一种结果。因此，以下我们尝试将焦点着重在《去国集》与“第一编”中收录的诗词作品所“还原”的美国“现场”，以便于观察胡适所代表的留美学生群体的总体文学成果。

首先，我们必须先提到一本缺席的诗文集，这本诗文集的存在仅在《胡适留学日记》中简略提到一笔：

> 1911年9月8日（五）
>
> 昨夜译Heine小诗一首。作书寄君武。读《荀子》一卷，小说一卷，陶诗数首。写去国后之诗词为《天半集》。[1]

---

① 胡适：《胡适留学日记》，第72页。

当时留美刚满一年的胡适，究竟有多少个人作品收录在这本《天半集》中，如今我们已不得而知，唯一的线索是这本集子的由来，大概与“去国”离家的情感有关，而且这个“去国”的情绪应是以生离死别为主的黯然色调。《天半集》之所以名为“天半”，大约来自胡适在该年 6 月初得到远在中国的旧日同窗程干丰的死讯，他在 7 月 11 日的日记中，创作了一首以悼亡为基调的《哭乐亭诗》，诗中叹道：“吾生二十年，哭友已无算。今年覆三豪，令我肝肠断。”又说：“一别不可见，生死隔天半。”而这里的“天半”既是表现时间上的时差，同时也是空间上的距离，又暗示了生死离合的忧伤情绪。即便这个集子显然并未完成，也未能出版，但是从这本书的存在来判断，我们能够还原胡适留美期间曾经存在的思路[①]。

《去国集》显然由《天半集》的情绪脱胎而来，而且那份离愁已然不再，更多的是生活稳定且怡然自得的创作。胡适在离开美国前说，“若无叔永、杏佛，定无《去国集》”，可见任鸿隽与杨铨于 1912 年年底先后抵达绮色佳，应是《天半集》被取代的关键，同时也是胡适等人的“集合”，使得诗文创作拥有了集体性，也让中国传统文学体裁逐渐登上了留美学生界的刊物，从此开始成为主力并开始左右留美文学的方向[②]。1913 年 1 月的《壬子年留美学生年报》，除了刊出胡适撰写的《赔款小史》以外，首度出现的《新大陆诗选》专栏还收录了另外两篇诗作，分别是 1910 年创作的《去国行二章（庚戌）》及 1911 年翻译的《译德国诗人亥纳诗一章・有序》。

《去国行二章（庚戌）》作为未来《去国集》的篇首，对于胡适的意义非常重大，内容上不但是描写离情依依的出国情绪，同时也是第一篇登上新大陆刊物的诗文作品，况且它应该曾经是《天半集》的一部分，因此可视为早期留美诗文的最佳写照。

---

① 胡适：《胡适留学日记》，第 56 页。

② 同上，第 1145 页。

自此以后，如果依序展开《去国集》及“第一编”所收录的创作诗篇，我们将惊讶地发现，其中约有九成左右的篇章都曾在留美学界的《年报》与《季报》上公开发表过。我们再比对《胡适留学日记》中他所创作的诗词，其中曾经指明收入《去国集》的《读司各得〈十字军英雄记〉》以及收入《尝试集》的《读大仲马〈侠隐记〉、〈续侠隐记〉》等作品，在出版时均未收入。可见《去国集》及“第一编”所收录的作品，基本上是以留美时期“既有”的成就所综合出来的新完成品。而诗词篇目的几近重合，则同时说明了胡适《去国集》及“第一编”与留美学生刊物之间的紧密关系。

因此，我们将《去国集》与“第一编”所有篇目还原到它们各自所属的时间序列上，那么在《年报》与《季报》上的位置就可形成一个与留美学界共构的对话空间。以《去国集》中的《自杀篇》为例，该诗创作于 1914 年 7 月 7 日，发表在该年 9 月的《留美学生季报》民国三年秋季第三号上。我们以此为线索，同一期还刊登了任鸿隽《书〈鹡鸰风雨集〉后有序》，而同年 3 月的《留美学生季报》第一年春期也刊登了杨铨的《贺新凉·吊季彭自溺》。这三首诗同是悼念任鸿年投井自溺一事。而任鸿年之所以自杀，则是因为远东的中华民国紊乱不堪的时局，包括宋教仁被刺、民国政府无能、袁世凯谋乱、革命党分歧、少年志士的救国与牺牲，终至任鸿年死后数日的二次革命爆发等。这三篇作品分别发表在 1914 年的两期《季报》上，从私人的情绪到公众的平台，从私人的悲伤联系到大环境的历史潮流，胡适的《自杀篇》不仅是个人对于少年志士的痛惜与乐观主义的展现，更是对于留美学生界甚至世界时局所进行的对话与沟通，该作的代表性自然是非同小可了。即便放在《尝试集（坿去国集）》中难以看出这背后所展示的大环境与大历史，但是从它并未剥离的“编年体”所投射到的创作年代与环境，也更加强调了该诗篇本身具有的特殊历史性，以及其中富含留美学界的整体思维与情绪。

这种现象在“第一编”的作品中更为显著。比如1917年6月胡适主持的《留美学生季报》民国六年夏季第二号，一口气刊登了胡适的七首白话诗词，分别是《尝试篇（有序）》（1916年9月3日作）、《蝴蝶》（1916年8月23日作）、《十二月五夜月（三首）》（1916年12月5日作）、《寒江（三首）》（1917年1月25日作）、《采桑子近·江上雪》、《沁园春·生日自寿》（1916年12月17日作）、《沁园春·新年》，而该期还收录了其他作者们与之互动的系列作品，如以“月”为题的有任鸿隽《月二首》、陈衡哲《寒月》、杨铨《菩萨蛮·月》，以“新年”为题的有杨铨《贺新凉·除日寄朱经农》、任鸿隽《贺新凉·除夕》，另外与“白话文”有关的则是陈衡哲的纪实小说《一日》①。从这一则案例中我们再仔细查究：其中有保留旧体创作的诗词作品，有逐渐受到胡适影响的趋近白描的写作，更有完全开始与胡适同道的白话创作。在这样多元纷呈的表现中，胡适坚持白话主张的七首诗作，又分别承担了不同主题（如“月”“新年”等）的分流对话，这样的文学现象更能展现出留美学生界“众声喧哗”的创作特色。

据此，“编年体”的结构使得我们能够还原《去国集》与“第一编”作品的所有时空，而这些时空的集散地就是1914年至1918年间美国的留美学生界，那些从“旧”到“新”、从“死”到“活”的思想脉络，在美国孕育滋长，经由洄流，最后与中国内部的改革浪潮汇聚成河，于是成就了《尝试集》第二编的诞生。

如果胡适挑选《去国集》与“第一编”的文学标准就在于“曾经公开发表的诗词”，那么他对于“具有影响力”的要求应该不难理解，这个原则最确实地反映在《去国集》收录了首度公开亮相的翻译

① 《留美学生季报》民国六年夏季第二号所列出的七首作品，只有《采桑子近·江上雪》及《沁园春·新年》并未收录在《尝试集（坿去国集）》之中。参见《留美学生季报》民国六年夏季第二号，1917年6月，《文苑》，第55–62页；胡适：《尝试集（坿去国集）》，亚东图书馆1920年版。

诗——拜伦（Byron）的《哀希腊歌》。这首完成于1914年2月3日的骚体译作，是胡适对于前译者梁启超、马君武、苏曼殊的翻译有所不满而作，然而迟至六年之后才在《尝试集（坿去国集）》上“公然对话”，可见胡适对于自己的信心以及对于该书所期待的发酵力[①]。

因此，无论是在“去国”系列还是“尝试”系列，它们都曾经透过刊物的发表来达到在留美学生界发言的效果，同时也是利用这些发声去改变外在环境的思维，使得这些思潮可以流行于留美学生界及中国出版市场。而以上所排列出的这些诗作的时间谱系，应是留美学生界于1914年至1918年的文学活动总体上的缩影，反映了留美学生在中、美之间的情绪脉络，以及于历史洪流中的集体转折与改变。

那么，留美时期的胡适所持有的《去国集》与《尝试集》（即后来的“第一编”）应该比现在所见的篇目还要来得丰富许多，其后经过删减与择选，只因为在“中国语境”之中，并不是每一篇作品都能发挥其原有的感染力，比如上述原有的《读司各得〈十字军英雄记〉》《读大仲马〈侠隐记〉、〈续侠隐记〉》，尤其是在中国语境里完全无法发挥作用的所有英文诗篇，如《木瓜》（1914年12月3日，按：翻译《诗经》诗）、*A Sonnet on the Tenth Anniversary of the Cornell Cosmopolitan Club*（1914年12月22日）、《告马斯》（*To Mars*，1915年1月1日）、《夜过纽约港》（*Crossingthe Harbor*，1915年7月）及《今别离》（*Absence*，1915年7月26日），另外还有许多《胡适留学日记》和书信中能够看到的旅行诗、心情诗、叙志诗、翻译诗、打油诗、白话诗等，都不足以“代表”他思想的精华与在中国可能发生的影响力。中、美之间的时空差异，也就破坏了《去国集》与“第一编”的原本架构，使得这两本诗集为了适应中国环境而削骨去肉，最终形成了这样的面貌，而那些从美国继承的科学精神，也就变形成胡适一

① 胡适:《胡适留学日记》，第177–192页。

人所开创的“尝试”。胡适所谓“我生求师二十年，今得‘尝试’两个字”，其实也已在暗示他这种中、美汇流的结果[①]。

依照这种解读方法，我们能清楚掌握到《去国集》与《尝试集》第一编所还原的留美学界场景，即便那些场景在“影响力”的出版理念下已是残破不堪，但是其中富含的时／空间推移，以及无法剔除的“异国情调”，都展现出他们受到西方文化的熏陶及影响，产生了有别于以往的乐观主义及科学实验的精神。它们反映了以胡适为主的创作群体与留美学生界之间，保持着相互影响的关系，也就是在这样的来往过程中，才得以促进思想的进步与发展。

如果《尝试集（坿去国集）》的作用在于“启后”中国新文学及现代文学之功，那么其中《去国集》与“第一编”的“承先”作用，就是总结了留美学生界在中国文学的美国分支上所做出的诸多实践与尝试以及东、西思潮的汇流结果，并最终将这条漫长无尽的河流引入其后的中国文学史中。

四、小结：“文学实验室”的实验结果

如果我们考虑留美学生在晚清文学语境里于时、空间上的文化移植作用，再加上长时间浸润于美国文化所形成的“化学反应”，那么在美国这样一个巨大的“文学实验室”里，经由留美学生刊物，对传

① 胡适在《留美学生季报》民国六年夏季第二号所刊出的《尝试篇（有序）》，有一段相较于《胡适留学日记》更为完整的序言，序言中曾写道：“古来诗人如放翁之流，日日高谈‘会与君王扫燕赵’，夜夜‘梦中夺得松亭关’。若无尝试，则其究能见诸事实与否，终不可知。徒令彼辈坐享忠君爱国之名耳。吾以此故，作《尝试篇》，以题吾之白话诗集。”然而，这种“尝试”的精神本身来自胡适对于西方科学精神的接触，因此《尝试篇（有序）》引“药圣尝百草”“良医试丹药”之典，正是从固有中国文化之中汲取出来的科学精神，所以“我生求师二十年，今得‘尝试’两个字”，除了代表胡适此时期的强烈主张，同时也是青年胡适总结自身拥抱东、西文化所自下的案语。《留美学生季报》民国六年夏季第二号，1917 年 6 月，《文苑》，第 56–58 页。

统文学进行海外的改造工程，透过反复实验并验算与证明，最终得出实验成果，并运用于中国社会的语境之中，这整个过程可说是“新文学”诞生以前跨时空的巨型实验工作。

胡适作为这场文学实验的主持人，利用幽默的游戏方式，反复破坏传统原有的结构与规则，这对于远东祖国的时人而言，是一种几近叛逆的反传统行为。然而，白话本非无中生有，而是旧文化里原有的组成因子。胡适透过长期的归纳与实验工作，将白话的元素从固有文化中提炼出来，再去证明其可行性。他在1939年出版《藏晖室札记》（1947年商务印书馆再版时改为《胡适留学日记》）之后，才公开了这长达七年的“自言自语的思想草稿”（thinking aloud）及其游戏实验的过程[①]。

时/空间的特殊性，提供了留美学生解构传统的可能，然而对于他们而言，或许根本说不上是“反传统”，而是他们长期留美的最终目的——建设理想的中国社会。尽管有些时候，这些理想似乎超出了近代中国的现实环境，然而美国之于他们的最大转变，在于提供了一个相对安适的学习环境，观看来自世界各地的思潮与视野，这也是年轻时候的他们，在美国各自茁壮成长的原因。而那些人文精神与科学精神的结合，除了反映在《季报》与《科学》的相互渗透，我们确实也见证到他们在文学作品上的展现与成果。就像胡适在坚持白话文创作之际，对着科学社社长任鸿隽“作一长书答叔永，可三千余言”，并说：

---

① 胡适在1939年首度公开发行的《藏晖室札记》（亚东图书馆）的《自序》中，提到过“自言自语的思想草稿”，这句话的原意是特指留美“最后三年”（1914—1917）的日记写作思路，而在此之前的日记内容（1911—1914），“只是预备给兄弟朋友们看的”。但是，从胡适出版“所有”日记内容的本意来看，这份“思想草稿”在广泛的意义上，应该包含他所有的日记思路；而他所说的“最后三年”，只是狭义指涉“文学主张”时期。由于本文所关涉的主题是胡适1910—1917年的所有留学历程，因此这里引用这句话，乃取其广义。参见胡适：《胡适留学日记》，《自序（1936年）》，第2页。

> 白话之能不能作诗，此一问题，全待吾辈解决。解决之法，不再乞怜古人，谓古之所无今必不可，而在吾辈实地试验。一次“完全失败”，何妨再来？若一次失败，便“期期以为不可”，此岂“科学的精神”所许乎？①

正是这种“实验的精神”反击了代表“科学”的任鸿隽所总结的“完全失败”。日后他们彼此互相琢磨，共同研究，也相互批评，无论是胡适的白话诗、陈衡哲的白话小说或胡先骕的科学咏（植）物词等，都各自展现了他们的风格与精神。或许，我们可以用一句胡适奉为圭臬的格言来解释留美学生的集体精神，那就是：

> If you can't say it out loud, keep your mouth shut.
> （汝果不敢高声言之，则不如闭口勿言也。）②

他们对于“真理”的尝试与追求，在报刊上处处展现出顽强的“科学的精神”，这也可以解释他们为何将留美学生刊物视为一个学术与情感的平台了。

无论今日我们如何评价这个实验结果的成败与功过，唯一不可否认的是，二十世纪初一帮留美学生将东、西文化的精髓在美国进行了巧妙的融合，并展开日后回国的新文化开端，那一特殊时、空间对于中国传统文学的影响，可说是无比剧烈。当然，胡适虽然是留美学生

---

① 胡适：《胡适留学日记》，第 989–990 页。

② 这句话是胡适在康奈尔大学时期，悬在墙壁上的自警格言。他在 1914 年 1 月 28 日的日记中写道：“此不知何人之言，予于书肆中见此帖，有所感触，携归，悬壁上二年余矣。此与孔子‘知之为知之，不知为不知，是知也’同意。不敢高声言之者，以其无真知灼见也。余年来演说论学，都奉此言为圭臬，虽有时或不能做到，然终未敢妄言无当，尤不敢大言不惭，则此一语之效也。”胡适：《胡适留学日记》，第 171 页。

界的特例，但从他身上反映出来的巨大时空，却是整个美国文化甚至世界潮流所带来的必然结果。而他的特例风格，则展示了留美学生们的多姿多彩，个人与集体之间的互动关系，由此也可以一目了然。

最后，尽管美国已然成为他们恋恋不舍的情感乐土（第二故乡），但是以胡适为中心的留美菁英们仍然不忘他们建设祖国的远大抱负，并将美国提供给他们的新文化的可能，在返回故土之后，与积蓄已久的中国白话传统合流，终于在五四新文化运动之中获得爆发与突破。

（原载《汉语言文学研究》2016 年第 3 期）

郭正平，1989 年生于中国台湾台北市，在台南市成长，就读台湾暨南国际大学中国语文学系学士（2007—2011），北京大学中国语言文学系古代文学专业明清近代文学方向硕士（2013—2016）。师从夏晓虹教授，硕士论文以《近代留美学生文学活动研究（1900—1919）——以胡适为主的考察》为题，研究清末民初留美学生的文学活动现场。毕业返台之后，以文史工作者为职业，现任台湾政治大学民族学系专任助理，从事南岛语族文化研究。

中国近代“维新”概念的建构

宋　雪

戊戌维新在效仿日俄变政的同时，也从西方和日本引进大量新名词、新思想。国人对其进行选择、吸收、重构的历程，也从语言的侧面反映出社会文化的变动履迹。新的观念与术语传入中国后，如何与传统语汇调和，生成新的知识体系，具有了现代意涵，是本文关注的重点。

作为“戊戌维新”这一历史事件的“关键词”，“维新”的重要意涵不可低估。相较于儒家经典传统，晚清维新思想更多地汲取了外来资源，一定程度上也可称为“新名词”。无论是日本明治维新、俄国彼得一世改革，还是欧风美雨裹挟而来的革新思想，都给了危机中的清季士人新的思考方向。借助概念工具回溯历史，通过“维新”概念的建构与接受、译名的更替与传播，以文史互证的方式，考察知识的流转互动和新旧之间的拮抗消长，亦可展现细节背后的思想变迁。

一、甲午战前“维新”观念的历史结构

清末民初的思想界，清学经史臻于鼎盛，西学新知排闼而来，域外概念与传统思维的碰撞、文化传承与国族认同的考量，为变局中的士人提供了多方面的思想资源。回顾甲午战前“维新”观念的历史结

构，有助于分析历史转型进程中知识体系的更易。

汉语中“维新”概念有两千余年传统，并非严格意义上的“新名词”。其概念源头，可追溯到“周虽旧邦，其命维新”（《诗·大雅·文王》）和“旧染汙俗，咸与惟新”（《尚书·胤征》）。二者语义不同，但均含政治色彩。

由于儒家典籍的巨大影响，“维新”很早就完成了词汇化，在历代文献中一般指“改变旧法，推行新政”[①]，通常与王纲政令、社稷法度相关：

(1) 耄年被病，岂可赞维新之朝？（《后汉书·杨彪传》）

(2) 免令受弊于疲民，用示惟新于污俗。（《旧五代史·梁书·太祖本纪》）

自汉迄清中叶，“维新”词义变化不大。不过，“维新”虽有《诗经》《尚书》两个源头，实际影响较大的还是“旧邦新命”的传统。时至近代，晚清士人正是以此为基础，吸收东学资源，建构起新的思想概念。

甲午战争后，中日之间的知识流向发生逆转。作为一种“日本模式”的变法，戊戌维新在效仿日本变政的同时，也不断借用日语概念和思想。考察近代中国“维新”的概念史，日本是不能绕过的一环。

在古代文化交流史上，中国长期作为文化输出方，对日本的语言、文化、社会都有深刻的影响。汉学的盛行，也为日语提供了数量庞大的汉语借词，“维新”即是其一。根据《日本国语大辞典》，日语“維新”（いしん）主要有两个义项，一是“すべて改まり新しくなるこ

① 罗竹风主编：《汉语大词典》第9卷下册，汉语大词典出版社2001年版，第897页。

と”，与汉语“乃始更新”语意接近；二特指明治维新[1]。“明治維新”（めいじいしん）是十九世纪后半期，日本一系列政治、经济、军事、社会、文化变革的总称。“明治”语出《周易》“圣人南面而听天下，向明而治”，1870年1月3日《大教宣布》诏书“百度维新，宜明治教”，将“明治”与“维新”联结在一起[2]，“维新”遂有了特指“明治维新”之意。日本开国后，对外往来渐多，西方传教士和东游的中国士人，以各自的笔端记录了日本现代化历程，“明治维新”也随之进入汉语世界。

根据香港中文大学“中国近现代思想史全文检索数据库”，专指明治维新的“维新”一词进入中国，始于1872年传教士报刊《中西闻见录》一则关于日本钦使访英的新闻：

> 闻贵国近来政令维新，日臻强富，诸侯皆归权纳土，共尊王室，深属可异。[3]

这则消息由“伦敦新闻纸”编译而来，底本系英国报纸 *The Daily News* 的报道[4]。“贵国近来政令维新”原文为“everything that had occurred in Japan during the last three or four years”，说明当时“明治维新”尚无固定译名。

1877年，何如璋出使日本，作《使东述略》并《使东杂咏》，是为中国关于明治日本的第一篇正式报告。何氏虽为传统官吏，思想有守旧的一面，但其对日本维新的介绍，有肇始意义：

---

① 日本大辞典刊行会编：《日本国语大辞典》，小学馆2000—2002年版，在线版 https://japanknowledge-com.ezp-prod1.hul.harvard.edu/lib/display/?lid=2002003a589dy1CG7lY4，访问日期：2018年5月1日。

② 国史大辞典编集委员会编：《国史大辞典》第13卷，吉川弘文馆1992年版，第722页。

③ 《日本近事·钦使至英国》，《中西闻见录》第1卷第5号，1872年12月，第305页。

④ “Banquet to the Japanese Embassy”，*The Daily News*, September 25, 1872, pp.3.

《使东杂咏》第五十首：

峨峨伊势敞神宫，碑记维新一代功。不作佉卢蟹行迹，周秦文字本同风。

《使东杂咏》第三十六首：

三代名臣暨汉唐，殿屏图列古冠裳。维新孰建东迁策，顿改官家旧日装。①

诗中追怀周秦文字、汉唐冠裳，却也道出明治维新带来的社会更革。其后，在赴日士人笔下，“维新”渐次成为崇尚西法、进步开化的代名词：

(1) 玉墙旧国纪维新，万法随风倏转轮。杼轴虽空衣服粲，东人赢得似西人。（黄遵宪：《日本杂事诗》，1879 年）②

(2) 维新以来，崇尚西学，仿效西法，一变其积习，而焕然一新。（王韬：《弢园文录外编》，1883 年）③

来华传教士的译介、驻外使节的观察、游东士子的记述，共同构成甲午战前晚清士人关于明治维新的知识资源。新学的传播刷新了国人的概念世界和认知心态，明治维新成为清季读书人寻求富强进步的参照。以《格致书院课艺》为例，晚清士子援引日本经验，作救时强国之论：

(1) 更就日本观之，维新以前，国势寖衰；自行钞法，竞尚西

① 何如璋：《使东杂咏》，岳麓书社 1985 年版，第 123、119 页。
② 黄遵宪：《锐意学西法》，《日本杂事诗》，岳麓书社 1985 年版，第 600 页。
③ 王韬：《西人重日轻华》，《弢园文录外编》，上海书店出版社 2002 年版，第 108 页。

学，而国势日强。[1]

(2) 日本知旧律之难行，维新以后，乃悉依法国之刑，以自操其柄。[2]

明治维新各方面实绩，成为关心时务的晚清士人眼中效仿学习的榜样。诚然，洋务运动开启的“自强”“求富”并未扭转清帝国的颓势，西学新知的传播范围也相当有限，但邻国的进步，确是一种文化冲击，引起清季士人对新学西法的关注。

二、从甲午到辛亥：清季“维新”观念的形成与消长

甲午一役，叩醒王朝三千年旧梦，清廷自强运动宣告失败，同时也给了危局中的国人新的思考方向。清季十余年里，“维新”话语从一种新思潮到终被“革命”潮流取代，其中的概念消长、观念认同、思想论争，折射出清末民初风起云涌的政治文化图景。

金观涛、刘青峰曾统计 1890—1926 年“革命”及“维新”（含“改革”“改良”）的使用次数[3]，以示语词消长之大略。本文拟将问题细化，着重挖掘“维新”话语的历史轨迹。

1893 年之前，汉语“维新”除传统用例外，基本都指明治维新。甲午前后围绕“维新”话题的讨论，源自士人对明治维新的关注；

---

① 殷之辂：《问昔有行钞之法，多因滋弊而罢，如部局颁发银钱各币，必恒示天下以信。应如何变通古制，参用西法，详酌时宜，俾可通之四海，行之百年，免匮乏而保利权，便商民而济国用策》，《格致书院课艺》辛卯年（1891）下，上海图书馆编：《格致书院课艺》第 3 册，上海科学技术文献出版社 2016 年版，第 197 页。

② 许克勤：《中外各国刑律轻重宽严异同得失考》，《格致书院课艺》癸巳年（1893）上，上海图书馆编：《格致书院课艺》第 4 册，第 159 页。

③ 金观涛、刘青峰：《观念史研究：中国现代重要政治术语的形成》，法律出版社 2009 年版，第 382 页。

1898年，“维新”用例达到高峰。“今之世，一维新之宇宙也”[①]，从“日本维新”到“中国维新”，不仅是词汇的移借，更有着对清廷变革、富国强兵的期待。从公车上书到戊戌变法，从报馆之文到谕旨奏章，“维新”在词频上升的同时，也成为清季政治关键词。回溯“守旧”与“维新”的舆论辩驳，考察“改良”与“革命”的概念消长，语词更迭背后，是近代中国思想转型与观念变迁。

为了详细说明清季相关概念的使用频度，根据“中国近现代思想史全文检索数据库”统计词频，制成下图[②]。其中不难看出维新话语在戊戌年的鼎盛，1903年革命意识的初潮，以及改良思想在二十世纪初的勃兴。

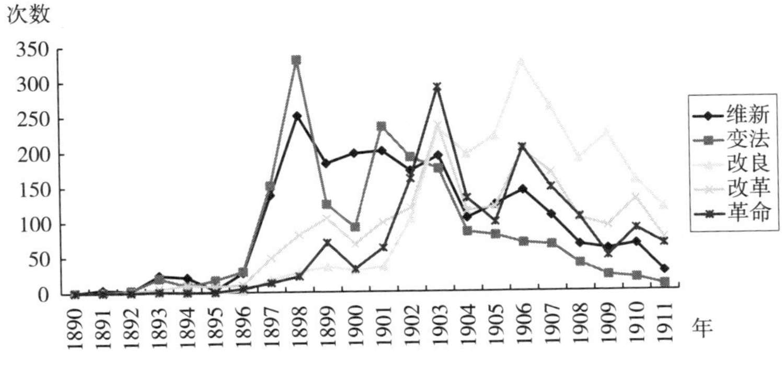

“维新”“变法”“改良”“改革”“革命”使用次数（1890—1911）

从甲午到戊戌，这些词汇的使用频次都发生了不同程度的增长，且常有概念的连用。在此过程中，一系列中国现代重要术语的意义边界得以确立。这里拟通过与相关词汇的对照，梳理晚清“维新”概念

---

① 陈炽：《庸书》，赵树贵、曾丽雅编：《陈炽集》，中华书局1997年版，第75页。

② 说明：按关键词统计，同句中出现多次的以实际次数计算。人名、报刊名等专有名词和偶合现象不计。检索及下载日期：2017年6月26日。感谢香港中文大学翻译系陈琦博士代为检索。

的意义空间。

（一）“守旧”与“维新”的较量

中国素有“崇古尚正”传统，古代价值体系中，恪守旧法往往代表政治正确，“维新”与“守旧”并不对立：

> (1)今王道维新，政和法简，可一除之，还遵旧条。(《宋书·武帝本纪》)
>
> (2)君幸值维新之日，盍仿先朝故事行之。(《明史·邹智传》)

传统意义上的“维新”代表着王朝正统与天命君权思想，“维新”与“遵旧”都旨在维护王道。即使到了晚清，在提倡新学的士大夫笔下，“守旧”仍具某种正当性：

> (1)中国之病，固在不能更新，尤在不能守旧。(薛福成:《考旧知新说》，1892年)①
>
> (2)六十年来，万国通商，中外汲汲，然言维新，言守旧，言洋务，言海防，或是古而非今，或逐末而忘本。(郑观应:《〈盛世危言〉自序》，1892年)②

薛、郑对举新旧，旨在考旧知新、明辨体用，作醒世之言。其中固有“器用”方面的认知局限，但也说明彼时“新”“旧”还未分立。

“守旧”与“维新”形成对立，与域外知识的引介不无关联。1887年，《申报》即揭载明治维新的政治分野：

① 徐素华选注:《筹洋刍议：薛福成集》，辽宁人民出版社1994年版，第162页。
② 夏东元编:《郑观应集》，上海人民出版社1982年版，第233页。

> 近日日本国中，其官民分为两党，一曰维新党，一曰守旧党。维新党则讲求西学，崇尚西法，肄习其语言文字，所行一切皆西国之法制禁令也……；守旧党仍读汉人书籍，悉循往制，无所变更。[①]

这大概是汉语中首次出现“守旧党”“维新党”。在西政知识的书写中，亦有此类指称：

> 自彼得罗从英荷学艺而归，乃有守旧维新二党。至今守旧党已销声灭迹，维新党则通国皆然，即所谓希利尼党也。（薛福成：《出使日记续刻》，1893 年）[②]

通过域外政史的译介，作为反义词的“维新”和“守旧”进入汉语世界。西学影响下的士子逐渐建立起“维新”的正当性，并自觉与“守旧”分立。在维新话语臻于鼎盛的 1898 年，这类言说尤为突出：

> 亘古及今，恒常不变。苟有变者，是谓妖妄。此见者，守旧之源，而维新之敌也。（夏曾佑：《论近代政教之原》，1898 年）[③]
>
> 不能易其耳目，齐其心志，则仍拘牵旧谊，偷安苟且，以自托于守旧，而为维新之敌。（汪大钧：《论变法当务为难》，1898 年）[④]

维新运动旋起旋灭，但二者的对立并未随着变法失败而消亡。在世变日亟、国难方殷之际，祖宗旧法无法应对瓜分危局，西学新知尚未撼动王朝纲纪，“新”与“旧”的冲突构成整个时代的思想背景。在二十世纪初的中国，试图调和新旧者有之，如李提摩太（Timothy

---

① 《论日人勿轻视中国》，《申报》1887 年 8 月 14 日，第 1 版。

② 薛福成：《出使日记续刻》，卷 8，1893 年 7 月 24 日，《出使英法义比四国日记》，岳麓书社 1985 年版，第 802 页。

③ 某君来稿：《论近代政教之原》，《时务报》第 63 册，1898 年 6 月 9 日，第 1 页。

④ 《时务报》第 66 册，1898 年 7 月 9 日，第 1 页。

Richard，1845—1919）“士大夫守旧与维新亦必相和，不可彼此相厄”[①]；禁言新旧者亦有之，如上谕“严禁新旧之名，浑融中外之迹”（1901年1月29日）。戊戌政变压制了维新话语，庚子之役则宣告了守旧之路不通。数年间双方的较量，反而为“革命”话语的兴起提供了空间。

（二）“维新”与“变法”的混同

中国古代“变法”意义相对固定，指“历史上对国家的法令制度作重大的改变”[②]。“自秦政变法而败亡，后世人君遂以守法为心传；自商鞅、王安石变法而诛绝，后世人臣遂以守法取容悦”[③]，“变法”因其政治敏感性，与“维新”用法差异较大。

“变法”一词在晚清获得与“维新”近似的含义，仍与日本知识的引介有关。旅日士人屡以“变法”指称明治维新，且与特指明治维新的“维新”进入汉语几乎同时：

> 彼昏不悟，尚复搆怨高丽，使国中改西服，效西言，焚书变法。（陈其元：《日本近事记》，1874年）[④]
>
> 夫日之变法，志在自强，初不谓其弊之至于此也。（王韬：《弢园文录外编》，1883年）[⑤]

---

① ［英］李提摩太：《英国李提摩太先生上合肥傅相书》，《新闻报》1901年6月15日，第1版。

② 罗竹风主编：《汉语大词典》第5卷上册，汉语大词典出版社2001年版，第529页。

③ 李鸿章：《复王壬秋山长》，1881年1月21日，《李鸿章全集》第6册，朋僚函稿卷19，时代文艺出版社1998年版，第3806页。

④ 王锡祺辑：《小方壶斋舆地丛钞》第10秩（一），学生书局1975年版，第589页。

⑤ 王韬：《跋日本〈冈鹿门文集〉后》，《弢园文录外编》，第236页。

日语“变法”（へんぽう）一词来自汉语，指对法律、制度的改变[①]。但日本并不以此指称明治以来的政治文化改革。旅日士人其实是以中国历史上的“变法”概念指称明治时政。他们笔下的日本经验，为清季变法思想注入了东学资源，以明治维新的成功，给变法增添了商鞅、王安石史事之外的参照。将“变法”与“维新”连用，始于康有为《日本书目志》：

> 日本当东海热流，其人聪巧，旧多制作，暨维新变法，一日千里。[②]

“维新变法”即明治维新。这一用法也被康氏弟子沿袭，且所指扩展到中国时局：

> 西乡氏巍然为变法之魁，维新以后，参议大政，海外至今称之。（梁启超：《记东侠》，1897 年）[③]
>
> 今中国有目有心之士，莫不言自强，言自强之道，莫不言变法维新。（徐勤：《中国除害议》，1897 年）[④]

戊戌前后，“变法”和“维新”已趋于混同，变法自强、革旧图新的理念，成为清季舆论之一端。“法者天下之公器也，变者天下之公理也”[⑤]，晚清士人援引古代典籍，吸收日本经验，以报馆之文和条陈奏章，申说变法救时之论。借自日本经验的“变法维新”，也成为清

---

① 日本大辞典刊行会编：《日本国语大辞典》，在线版 https://japanknowledge-com.ezp-prod1.hul.harvard.edu/lib/display/?lid=200203cce4efNJuMP81r，访问日期：2018 年 5 月 1 日。

② 康有为：《日本书目志》第 2 册，卷 4，大同译书局，哈佛燕京图书馆藏本，第 34 页。

③ 《时务报》第 39 册，1897 年 9 月 17 日，第 4 页。

④ 《时务报》第 42 册，1897 年 10 月 16 日，第 1 页。

⑤ 梁启超：《变法通论》，《时务报》第 2 册，1896 年 8 月 19 日，第 5 页。

季改革的代称。1923 年，梁启超论及清代学术变迁与政治影响时，提到戊戌旧事：

> 学术上新旧之斗，不久便牵连到政局。康南海正在用“变法维新”的旗号，得光绪帝的信用，旧派的人把西太后拥出来，演成“戊戌政变”一出悲剧。①

由于“变法”与“维新”词义的混同，这一历史事件就有了两个同义的名称。“戊戌维新”的最早使用者是梁启超（1901），“戊戌变法”的最早使用者是蒋百里（1903）：

> 戊戌维新，虽时日极短，现效极少，而实二十世纪新中国史开宗明义第一章也。（任公：《南海康先生传》，1901 年）②
>
> 使中国之历史，能如日本之成一完全民族国，而戊戌变法能如彼之所谓大政维新，则今日之新民说，与夫立宪说，诚可为根本之理论。（飞生：《近时二大学说之评论》，1903 年）③

二者语义基本一致。由此，效法日本的戊戌变政就有了两个同义名称。

（三）“维新”与“改良”的对照

“改良”系外来词，十九世纪末由日本传入中国。日语“改良”（かいりよう）意为“短所や欠点を改めて、よくすること；改善”④，明治时期多有使用，如“历史学改良”“政略改良”等。出版于 1886

---

① 梁启超：《中国近三百年学术史》，夏晓虹、陆胤校，商务印书馆 2011 年版，第 35 页。

② 《清议报》第 100 号，1901 年 12 月 21 日，第 5 页。

③ 《浙江潮》第 8 期，1903 年 10 月 10 日，第 25 页。

④ 日本大辞典刊行会编：《日本国语大辞典》，在线版 https://japanknowledge-com.ezp-prod1.hul.harvard.edu/lib/display/?lid=200200be5ea9945IQ5QL，访问日期：2018 年 7 月 11 日。

年的《改正增補和英英和語林集成》有“改良”词条，英文释为“to change for the better; to improve, amend”[①]。

“改良”进入汉语，始于十九世纪九十年代。康有为《日本书目志》在收录大量相关书目（如《养蚕改良法》《演剧改良论私考》）的同时，以按语形式解说和演绎，申说“改良”的意义。例如，论及“土壤类”书目时，即以哲学高度对“改良”进行鼓吹：

> 因天之功，补以人力。夫愚者全乎天，智者全乎人，圣者兼天人而用之，以裁成辅相焉，改良是也。凡人治之道，靡有舍改良者也。[②]

在他看来，“改良”意味着“进步”，既是蚕桑生产、土木实业发展的要诀，亦与礼乐文章、政史社会紧密相关。同时，其兼及器物体用、社会万端的适用范围，也具有极大的发挥空间。于是，他恳请光绪“察阅万国得失，以求进步改良”[③]，在《日本变政考》中，更是极力铺排日本改良之盛况：

> 当是时，不独君之以治国改良为主，乃至人民官庶，爱西国之风，上下一心，至於妇人慈善会，罗马文字会，蹈舞会，演剧改良会，讲谈歌舞之娇风，下迄书画改良，言文改良，小说改良，音乐改良，唱歌改良，美术改良，衣食宫室改良，贵贱翕然，惟洋风是拟，西人是傚。甚至有民种改良论，换大和民族为高加索

---

① J.C.Hepburn: *A Japanese-English and English-Japanese Dictionary,* Tokyo, Z.P. Maruya& Co., Limited, 1886, pp.246.

② 康有为：《日本书目志》第4册，卷7，第8页。

③ 康有为：《上清帝第五书》，汤志钧编：《康有为政论集》上册，中华书局1981年版，第207页。

民族者。[①]

在康氏的引介下，“改良”跃为维新报刊的高频词。一时间，“人种改良”“兵器改良”“产业改良”“社会改良”之说蜂起，“改良”成为清季重要的关键词。

由于和进化论相关的“进种改良”说与儒家传统有所区隔，“改良”作为“新名词”引入之初，屡遭挞伐。叶德辉曾撰文攻讦梁启超“进种改良之学”，指为“以短衣断发之俗为改良者”之祸首[②]；端方列出科举中“不准阑入卷端”之词，“改良”首当其冲[③]。然而，这都阻挡不了“改良”一词在汉语中的爆炸式增长。1901 年起，“改良”用例猛增，先后超过“维新”“变法”，乃至于超过“革命”，并始终占据高频地位。从十九世纪末进入汉语的“新名词”到二十世纪初的社会“关键词”，“改良”的勃兴也体现了清季思想变动与政治潮流。

晚清“维新”和“改良”都兼有动词和名词用法，但彼时二者仍有差别。出版于 1911 年的《普通百科新大词典》收入“改良”词条：“事物袭久而敝，为之整顿脩理，而显其本来之美善者，曰改良。”[④]其适用范围，比带有鲜明时代印记的“维新”更加广泛。根据数据库语料，1905 年之前，“改良”主要用于社会风俗、工艺技术方面的改进，其后逐渐扩大到政治思想方面[⑤]。不过，当二者连用时，“维新政治，改良社会”[⑥]的搭配，仍体现出语用上的差异。随着清末新政的失败和革命话语的兴起，“国家至不能以改良政策达其目的时，则当以

---

① 康有为：《日本变政考》，蒋贵麟主编：《康南海先生遗著汇刊》10，宏业书局 1987 年版，第 267 页。

② 叶德辉：《正界篇》，苏舆编：《翼教丛编》，上海书店出版社 2002 年版，第 96 页。

③ 樊增祥：《樊山政书》，中华书局 2007 年版，第 161 页。

④ 黄人编：《普通百科新大词典》卯集，国学扶轮社 1911 年版，第 75 页。

⑤ 金观涛、刘青峰：《观念史研究：中国现代重要政治术语的形成》，第 601 页。

⑥ 《论摩洛哥现在与将来》，《外交报》第 9 卷 24 号，1909 年 9 月 28 日，第 20 页。

革命为例外手段”[1]成为更具吸引力的说辞。作为二十世纪中国思想史上最重大的事件之一，围绕“改良”与“革命”的论争，也深刻影响到清末民初的政治结构和思想论域。虽然现代意义上“革命”的最初使用者仍是康有为（“宗教革命”，1897 年）和梁启超（“诗界革命”，1899 年）[2]，但风起云涌的革命观念所代表的彻底变革精神，与“改良主义”（Reformism）[3]形成话语上的二元对立；彼时作为“革命”反义词的“改良”，带有复杂的社会因素，不再与“维新”近义。

（四）“维新”与“革命”的抉择

革命思潮的兴起和发展，是近现代中国政治与思想领域最为宏大的事件。在晚清改革和革命此消彼长的关系结构中，革命话语的兴起，直接导致了维新潮流的衰落。从甲午战争后一种汹涌澎湃的新思潮到新文化运动时期彻底落伍和被淘汰，“维新”的生命史，前后不过二十年。旨在“求变”“求新”的“维新”精神如何被后起的“革命”洪流所取代，革命所缔造的前所未有的“新天新地”，在何种意义上超越了维新的功绩，是这里想要考察的问题。

“革命”出自《周易》“天地革而四时成，汤武革命，顺乎天而应乎人”，东传日本后，“易姓革命”也成为“革命”（かくめい）在日语中的首要义项[4]。不同于中国朝代更迭，日本天皇万世一系，因而“革命”在日本被接受的同时也在被改造。一方面，受中国谶纬思想的影响，日本每遇辛酉、甲子即改元[5]；另一方面，则将王朝易姓的意涵剔除，在社会秩序变动的意义上使用“革命”，进而将其作为

---

① 精卫：《驳〈新民丛报〉最近之非革命论》，《民报》第 4 号，1906 年 5 月 1 日，第 4 页。
② 金观涛、刘青峰：《观念史研究：中国现代重要政治术语的形成》，第 372–373 页。
③ 吴念慈、柯柏年、王慎名编：《新术语辞典》，南强书局 1929 年版，第 236 页。
④ 日本大辞典刊行会编：《日本国语大辞典》，在线版，https://japanknowledge.com/psnl/display/?lid=200200c8890d928hPS0J，访问日期：2018 年 9 月 27 日。
⑤ 所功：《三善清行の辛酉革命論》，《神道史研究》17–1，1969 年，第 27–50 页。

英语“revolution”的对译词。福泽谕吉在刊行于1866年的《西洋事情》中已使用现代意义上的“革命”一词[①]，但二者的对译关系还未确定，1869年《改正增補和訳英辞書》[②]和1872年《英和対訳辞書》[③]对“revolution”的释义都是“回轉，改革（政治ノ）”，出版于1873年的《附音插図英和字彙》始见“革命”：

> Revolution, n. 旋轉，運行，循環，革命，動亂[④]

日语中“革命”剔除了暴力化成分，偏指与“动乱”相对的社会演进。1881年出版的《哲学字彙》即以按语形式，强调“革命”的正面意义：

> Revolution：革命、顛覆。按，興国謂之革命，亡国謂之顛覆。[⑤]

由于“革命”在日本偏指“群治中一切万事万物莫不有”的“淘汰/变革”[⑥]，所以“明治维新”亦称“维新革命”[⑦]，“革命”获得了与“维新”近似的含义：

> 日人今语及庆应、明治之交，无不指为革命时代；语及尊王讨幕、废藩置县诸举动，无不指为革命事业；语及藤田东湖、吉田松

---

① ［日］福泽谕吉：《西洋事情》外编·卷之二，《福泽谕吉著作集》第1卷，庆应义塾大学出版会2002年版，第136页。

② *An English-Japanese Dictionary, Together with a Tablet of Irregular Verbs, and a List of English Signs and Abbreviations*, American Presbyterian Mission Press, 1869, pp. 497.

③ ［日］荒井郁之助编：《英和対訳辞書》，小林新兵衛1872年版，第401页。

④ ［日］柴田昌吉：《附音插図英和字彙》，日就社1873年版，第979页。

⑤ ［日］和田垣謙三等编：《哲学字彙》，东京大学三学部1881年版，第79页。

⑥ 中国之新民：《释革》，《新民丛报》第22号，1902年12月14日，第4页。

⑦ ［日］長澤三郎：《維新革命ノ原因ヲ論ス》，山本長太郎编：《新日本政治社会之言論》，興民社1887年版，第200–206页。

阴、西乡南洲诸先辈，无不指为革命人物。[①]

英语“revolution”产生于十四世纪，源自拉丁文“revolvere”（旋转、循环），本是天文学术语，指有规律的天体运动。十七世纪起，逐渐衍生出政治意涵，形容社会秩序周而复始的运转。作为政治术语，它最初带有贬义色彩[②]，但相较于“rebellion”（叛乱，造反），“revolution”也有恢复（restoration）和改革（renovation）的含义，英国1688年“光荣革命”即称为“Glorious Revolution”。法国大革命（French Revolution）之后，“revolution”的现代意涵基本确立，指改变政治体制的大变革，包括以和平渐进（以英国为代表）或暴力颠覆（以法国为代表）的不同形式，进而衍生到社会各方面的根本性改变[③]。近代日本将“revolution”译为“革命”，一方面引入“米法两国有革命变，诸国之民皆知主张自由”[④]的西史经验，同时强调“恢复”“改革”之意，与“维新”（restoration）语义接近（“明治维新”即译为“Meiji Restoration”）。

虽然近代作为“revolution”对译词的“革命”系由日本传入中国，但“revolution”概念进入中国实早于日本。1822年，英国传教士马礼逊（Robert Morrison, 1782—1834）所编《英华字典》列出“revolution”三个义项：

(1) Going round to the point of commencement 周 行；

① 中国之新民：《释革》，第6页。

② 高毅：《法兰西风格：大革命的政治文化》（增补版），北京师范大学出版社2013年版，第99页。

③ ［英］威廉斯：《关键词：文化与社会的词汇》（第2版），刘建基译，生活·读书·新知三联书店2016年版，第457-463页；［美］汉娜·阿伦特：《论革命》，陈周旺译，译林出版社2011年版，第31-32页。

④ ［日］冈本监辅：《万国史记》，卷19，《亚美理驾诸国记》，内外兵事新闻局1879年版，第37a页。

(2) Performing one revolution and beginning again 周而复始；

(3) Change in the state of a government 大变[①]

三种释义恰好涵盖了“revolution”从天文学术语到社会变动再到政体变革的生命史。马礼逊无法找到恰当的中文译词来解释政体的改变，只好用“大变”概括。

据邹振环考察，汉语文献对法国革命最早的记述见于1820年《察世俗每月统记传》：

> 于乾隆五十四年七月十四日，法兰西或称佛郎察国民作大变，迨于五十五年正月二十一日，国王号卢义第十六代者，在该国京城巴利士被乱臣拟斩而弑也。[②]

同是以“大变”指称革命，“乱臣弑君”的表述显然带有贬义。在帝制下的中国，任何试图改变统治形态的活动，都被视为犯上作乱。在这一语境下，德国传教士罗存德（Wilhelm Lobscheid，1822—1893）在辞典中就将“revolution”和“rebellion”列为同义词，释为“变、乱、反、叛、叛逆、作乱”[③]。在西方，“revolution”虽有反对政府的含义，但通常是正面意涵，和“rebellion”仍有区别：“Rebellion是破坏法律，而Revolution是推翻暴君。”[④]中国古代民变屡起，被统治者视为洪水猛兽。在太平天国刚刚被消灭的十九世纪六十年代，罗存德顺应清朝统治者心态，直接将“revolution”译为“叛乱”。这一译名，直

① Robert Morrison, *Dictionary of the Chinese Language, In Three Parts,Part III,* The Honorable East India Company’s Press, 1822, pp.366.

② 邹振环：《西方传教士与晚清西史东渐：以1815至1900年西方历史译著的传播与影响为中心》，上海古籍出版社2007年版，第47页。

③ W. Lobscheid, *English and Chinese Dictionary, Part 1,* The Daily Press Office, 1866, pp.1494.

④ ［英］威廉斯：《关键词：文化与社会的词汇》（第2版），第460页。

到十九世纪末才被日译名“革命”取代。

清季东游的中国士人接触到的“革命”概念，同时包括日本化了的非暴力改革和作为“revolution”对译词的双重意涵，因而“革命”在“出口”东瀛一千年后转为“内销”时，既非严格意义上舶来的“新名词”，也脱离了“汤武革命”的传统词义。两种“革命”意涵先后被旅日中国士人吸收，1887 年，黄遵宪《日本国志》率先使用日本近代语境中的“革命”一词[①]；1890年，王韬《重订法国志略》首次使用“法国革命”[②]。可以说，清季“革命”话语同时包括“汤武革命”的传统资源、明治维新的日本经验，以及政体更迭的西史知识。由于日语中“革命”与“维新”的近义关系，甲午后也出现过“维新革命”的用法；然在西史知识的冲击下，晚清知识界逐渐形成了与“revolution”相对应的“革命观”。其一方面延续了“有道征无道”的传统价值，同时也确认了暴力手段的参与和国家政体的演进，与日本的“革命”有所不同。再加上戊戌时期康有为对法国革命夸张的描述[③]，以法国为代表的暴力革命和以日本为代表的变法维新在晚清士人眼中成为两种迥然不同的道路。

“法国大革命本身最重要的遗产，是它确立了一整套政治大变革的模式和典范。”[④]这一模式，在希冀自上而下施行改革的维新派看来不啻为社会灾难；而当维新运动宣告失败，革命作为“争存争亡过渡时代之要义”[⑤]，则获得正名，为未来中国开启了新的可能性。这一转变，除去清廷无力扭转局势，革命“征伐无道”的道统再次获得正当性外，

① 黄遵宪：《日本国志》，天津人民出版社 2005 年版，第 85 页。此说为金观涛、刘青峰：《观念史研究：中国现代重要政治术语的形成》提出（第 370 页）。

② 王韬：《重订法国志略》卷 6，淞隐庐 1890 年版，第 27a 页。此说为陈建华：《“革命”的现代性：中国革命话语考论》提出（上海古籍出版社 2000 年版，第 30 页）。

③ 康有为：《进呈法国革命记序》，汤志钧编：《康有为政论集》上册，第 308 页。

④ ［英］艾瑞克·霍布斯鲍姆：《革命的年代：1789—1848》，王章辉等译，中信出版社 2017 年版，第 130 页。

⑤ 邹容：《革命军》，有正书局 1903 年版，第 2 页。

更重要的是，西方革命所代表的彻底变革精神，成为文明进步的象征。在庚子之后的瓜分浪潮和亡国危机中，革命所构想的未来蓝图无疑更具摄人心魄的吸引力。甲午战争后，“维新”开创的趋新图强的时代风气，数年之内即在革命精神面前落伍了。“革命”建构在维新运动所倡导的进化论基础和救亡/启蒙的历史机制上，且在“对‘新’的乌托邦式向往”[①]路上走得比维新更远。在这一意义上，“革命”的胜利并不意味着对“维新”的否定，二者之间更接近“后浪推前浪”的关系。维新运动所宣扬的开新精神，实为革命话语的勃兴提供了思想先导。

三、“*Reform*”的概念旅行：关于“维新”的跨文化观察与互动

“维新”在清季的流行，除经史传统和日本经验外，亦与西学知识的传播相关联。英语“reform”有动词和名词两种词性。动词“reform”形成于十四世纪，源自古法语“refurmer”和拉丁语“reform ā re”，意为“重建”“重塑”。它先后派生出名词“reformation”（十五世纪）、形容词“reformative”（十六世纪）和名词“reform”（十七世纪）等一系列相关词汇[②]。“reform”（改革、重新形成）所指广泛，囊括宗教、政治、社会多方面，如宗教改革（Protestant Reformation）、1832年改革（Reform Act 1832），是西方近现代文化社会的关键词之一。

在十九世纪东西方文化的碰撞和交流中，语词的翻译和转换有深刻的意义。无论是来华西人还是中国士子，面对新的文化资源，如何调动自身知识，阐说异文化思想，都是一种时代考验。“Reform”在近

① 丘为君：《启蒙、理性与现代性——近代中国的启蒙运动，1895—1925》，台大出版中心2018年版，第7页。

② Angus Stevenson, *Oxford dictionary of English, 3rd ed.*,Oxford University Press, 2010. 在线版，http://www.oed.com.ezp-prod1.hul.harvard.edu/，访问日期：2018年8月13日。

代中国的概念旅行，正是这样一个典型案例。

在世界史百科全书中，有“the Hundred Days of Reform”这个词条①，学界也用“the Reform Movement”指称戊戌维新。不过，“reform”和“维新”的对应并非自始而然，译名的更迭，折射出中国现代性进程中社会思想之一斑。

（一）近代英华词典中的概念流变

考察“reform”概念的东方之旅，近代以来中西人士编纂的各类词典是不可忽视的资料。这些凝固在字典辞书中的词目、解释和例句，为相关研究提供了丰富的材料；对比不同词典中的概念转换、语言流变，亦可在细微处观察近现代中西交流中的思想变迁。

和“revolution”的中译名“革命”来自日本不同，“reform”和“维新”的对译关系是在中西知识互动过程中产生的。在日本，“维新”和“restoration”构成对译关系，意指“王政复古”；“reform”在明治初期的译名通常是“改化”“改正”“改革”②，后发展出“改良”“改进”“感化”“矫正”等义项③。因此，这里主要就十九世纪英华词典进行考察。

“Reform”在辞书中最早进入中国，可以追溯到马礼逊《华英字典》。这部巨著分为三部分，即《华英字典》（第1–3卷，1815—1823）、《五车韵府》（第4–5卷，1819—1820）和《英华字典》（第6卷，1822）。“reform”在《华英字典》和《五车韵府》释义中凡七见，皆用作动词，语义与教化劝善相关，例如“化”（to reform），“劝化”

① William L. Langer, *An Encyclopedia of World History, Ancient, Medieval and Modern, Chronologically Arranged: ARevised and Modernized Version of Ploetz's "Epitome"*, Houghton Mifflin Company, 1940, pp.893.

② ［日］柴田昌吉：《附音插図英和字彙》，第972、952页。

③ ［日］島田豊等编：《学生用英和字典》，博文馆1898年版，第866页。

(to advise and reform a vicious man)[①]，“教化”(to change, or reform by instruction)[②]；《英华字典》中，“reform” 释为 “to change from worse to better”，八个例句都是动词用法[③]，整部词典未见 “维新” 词目。这样的对译，植基于 “reform” 动词的 “重塑” 义。

考察此后大半个世纪的数种英汉词典，包括卫三畏 (Samuel Wells Williams, 1812—1884)《英华韵府历阶》(1844)[④]、麦都思 (Walter Henry Medhurst, 1796—1857)《英华字典》(1847—1848)[⑤]、罗存德《英华字典》(1866)[⑥]、卢公明 (Justus Doolittle, 1824—1880)《英华萃林韵府》(1872)[⑦]、井上哲次郎 (1856—1944)《订增英华字典》(1884)[⑧]、邝其照 (1836—1891)《华英字典集成》(1887)[⑨]，“reform” 释义集中在 “改恶迁善” 的教化层面；以动词用法为主，仅罗存德《英华字典》和井上哲次郎在此基础上编成的《订增英华字典》，以及邝其照《华英字典集成》列有名词义项。

“维新” 一词首次出现在英汉词典中，是 1892 年。英国外交官翟理思 (Herbert Alien Giles，1845—1935) 将 “周虽旧邦，其命维新” 译为 “Although Chou is an old state, its appointment (as sovereign State)

---

① Robert Morrison, *Dictionary of the Chinese Language, In Three Parts, Part I, Vol. I*, 1815, pp. 285, 277.

② Robert Morrison, *Dictionary of the Chinese Language, In Three Parts, Part II, Vol. I,* 1819, pp. 405.

③ Robert Morrison, *Dictionary of the Chinese Language, In Three Parts, Part III,* 1822, pp.356.

④ S.Wells Williams, *An English and Chinese Vocabulary*, the Office of the Chinese Repository, 1844, pp.233.

⑤ W.H. Medhurst, *English and Chinese Dictionary, Vol.1,* The Mission Press, 1847–1848, pp.1061.

⑥ W. Lobscheid, *English and Chinese Dictionary*, *Part 1,* pp.1450.

⑦ Justus Doolittle, *Vocabulary and Hand-Book of the Chinese Language, in Two Volumes, Vol.1*, Foochow, Rozario, Marcal and Company, 1872, pp.399.

⑧ Edited by W. Lobscheid, as revised and enlarged by Tetsujiro Inouye, Bungakushi, *An English and Chinese Dictionary*, J. Fujimoto, 1884, pp. 882–883.

⑨ Kwong Ki- Chiu, *An English and Chinese Dictionary*, Kelly & Walsh, 1887, pp.285.

is recent"[1]。此处采用意译，体现"旧邦新命"的传统价值。这也从侧面证明，在日本资源传入前，汉语"维新"概念局限在儒家经典层面。

"Reform"和"维新"在词典中成为对译词，迟至1908年颜惠庆《英华大辞典》。其中"reform"列出三种词性、四个义项[2]。在承袭"改恶迁善"的旧义之外，"改良""维新"成为"reform"的新意涵。词典与时俱进地记录了社会心态和舆论动向，"reform"的中文释义，由"改恶迁善"到"维新改良"，表面上是词条义项的扩充，背后其实有着深刻的社会思想变动。蕴含着宗教、政治改革传统的"reform"一词，在东方帝国的转型时代，也代表了政治改良的时代呼声。

（二）"*Reform*"概念在中国：西方视野下的晚清变革

虽然十九世纪英汉词典中"reform"释义集中在道德教义方面，但表"改革"意涵的"reform"概念早已进入中国。《北华捷报》（*The North-China Herald*）自1850年创刊起即多次介绍西方社会改革；以"reform"描述西方注视下的中国，则始于洋务运动时期。虽然西方一度认为这场改革是无用的（Seeing the utter futility of expecting any reform in China）[3]，但数十年间，西文报纸中仍留下了一批对彼时中国政治军事改革的记录与论说。

甲午战争后，西文报纸敏锐地观察到了中日军事较量带来的政治影响，以及中国萌生的改革力量[4]。强学会被译为"the Reform Club"[5]或"the Chinese Reform Association"[6]。在"中国的维新时代"（an era of

---

① Herbert A. Giles, *A Chinese-English Dictionary*, Kelly and Walsh, 1892, pp.1243.

② 颜惠庆等编：《英华大辞典》，商务印书馆1908年版，第1864页。

③ Junius, "To the Editor of the North China Herald", *The North-China Herald*, Dec. 12, 1868, pp.613.

④ Gilbert Reid, "Reforms in China", *The North-China Herald*, March 29, 1895, pp.486.

⑤ "A Scheme for Reform in China", *The North-China Herald*, March 20, 1896, pp.438.

⑥ "The Chinese Reform Association", *The North-China Herald*, Jan. 24, 1896, pp.118–119.

reform in China)[1]，新的思想酝酿生长，一切事物都处于变革之中，给古老的帝国带来新的活力与希望。百日维新旋起旋灭，变法失败后，以《北华捷报》为代表的西文报纸曾专文纪念这一历史事件。“The Coup vs. Reform”的标题[2]，道出宫廷政变与维新事业的对抗，由“维新党”的译名（Liberal Party/ Reform Party）[3]可知，此时西人已明确将“reform”译为“维新”。政变后，西文报纸将百日维新定义为“一场未真正开始的维新运动”（The reform movement in China has ended before it was fairly begun）[4]，这也是“戊戌维新”译为“the Reform Movement of 1898”的起源。这里“reform”不再是早期来华西人所阐释的教化含义，亦脱离了西史传统，是一场中国现代化道路上的政治社会改革。

以西方视角看来，这场失败了的改革，其实蕴藉着不可阻挡的前进力量。维新运动表面上迅速凋零，但随着报刊和教育的发展，士人的阅读领域和知识空间已然扩大，中国的觉醒正在涌动之中。1898 年年底，在改革已成泡影之时，西人仍坚定地相信，“Reform is more powerful than any reaction against it”[5]。西文媒体对戊戌的关注，不只局限在新闻报道，而是有意识的历史总结和思考。1900 年，《字林西报》出版了对维新史的编年记录[6]；1900—1901 年度的 *Journal of the China Branch of the Royal Asiatic Society* 亦有专文讨论[7]。1908 年 11 月 14 日，光绪帝驾崩，次日《纽约时报》进行专题报道并回顾了光绪帝多舛的一生。那场十年前未竟的改革，成为外媒眼中这位中国皇帝

---

① “Reviews and Literary Notes”, *The London and China Telegraph*, Nov. 15, 1897, pp.1.

② “The Coup vs. Reform”, *The North-China Herald*, Oct. 10, 1898, pp.670–671.

③ Ernest Box, “Native Newspapers”, *The North-China Herald,* Oct. 17, 1898, pp.736–738.

④ “Europe’s Wise Woman’s Work Appears– Where British Policy Is Befogged”, *Waterloo Daily Courier*, Oct.3, 1898, pp. 2.

⑤ “Are the Chinese A Decaying Nation?”, *The North-China Herald*, Dec.24, 1898, pp.1185.

⑥ *The Emperor Kuang Hsu's Reform Decrees, 1898*, North China Daily News, 1900.

⑦ F. S. A. Bourne, “Possible and Impossible Reforms”, *Journal of the China Branch of the Royal Asiatic Society*, for the year 1900–1901, Vol. 33, pp.1–10.

政绩方面最大的亮点和遗憾[①]。戊戌维新以失败告终，但其所倡导的维新改革、求新求变的思想，并未随着政变的发生而消散。透过西人视角观察近代中国，可以跳脱具体政治立场、观念派别的局限，更重要的是，以西方文化资源阐释中国时局，更能发现中国在新旧之间的艰难抉择和观念变迁。

结语

"历史文化是由各种各样的话语所组成"，话语内外各种"断层""罅隙""分裂"[②]，正是反映一时代面貌的契机。梳理中国近代"维新"概念的建构，可知其"现代化"是一个相当复杂的过程。这个源于先秦典籍的词汇，在西学输入、文化交流、政治宣传等影响下，成为"reform"的对译词，也成为现代中国具有特殊意涵的政治词汇之一。

历史在变中前行。概念的变迁深刻记录了政治思潮、社会心态、文化传统等多方面思想资源，展现出历史语境的斑斓图景。以"知识考掘"的方式，回溯中西士子在变局时代的思考，分梳"维新"概念从传统走向现代的历程，对维新史的建构，亦当有所裨益。

（原载《学术月刊》2020 年第 3 期，《中国人民大学复印报刊资料（中国近代史）》2020 年 7 月转载）

---

① "Chinese Announce Death of Emperor", *The New York Times*, Nov. 15, 1908, pp.1–2.

② 王德威：《"考掘学"与"宗谱学"——再论傅柯的历史文化观》，［法］米歇·傅柯著，王德威译：《知识的考掘》，麦田出版 1993 年版，第 45、51 页。

宋雪，1988年生，山东济南人。山东大学文学学士（2011），北京大学文学硕士（2014）、文学博士（2019，博士论文《戊戌维新的文学书写与历史记忆》，导师夏晓虹教授）。2017—2018年赴哈佛大学东亚系联合培养，2019—2022年为北京大学博雅博士后（博后报告《燕京大学与国文教育》，合作导师陈平原教授）。现为山东大学文学院副研究员。曾获北京大学博士生校长奖学金、北京大学优秀博士后奖等。在《学术月刊》《中国现代文学研究丛刊》《中国文学学报》等发表论文二十余篇。研究兴趣为近现代文学与文化。

附录

◆

海水天风，琴瑟和鸣
记夏晓虹、陈平原二位先生

打开多扇窗口，眺望晚清风景
夏晓虹教授访谈

在学术与趣味之间
夏晓虹先生小记

海水天风 琴瑟和鸣

记夏晓虹、陈平原二位先生

魏 泉

一

刘鹗的《老残游记》中，最为人熟悉的要数选入了中学语文课本的白妞说书那一节，所谓“明湖湖边美人绝调”。其实在刘鹗这部奇书中，描摹声乐之美的，除了这第二回中写白妞所唱梨花大鼓的荡气回肠，书中第十回——“骊龙双珠光照琴瑟”，更着意渲染了一段琴瑟合奏的出神入化。只是阳春白雪，当然不敌下里巴人的和者之众。而那世外高人隐居的桃花山，也本是“山在虚无飘渺间”，不像大明湖，是居于闹市中人人得见的一处名胜。

吾生也晚，虽生于大明湖畔，而明湖居中的美人绝调却早已被无情的岁月雨打风吹去，更不用说有幸得遇桃花山上的世外高人，一聆那琴瑟合奏的“山中古调”——《海水天风之曲》了。

不过，刘鹗通过描摹声乐之美所要阐发的，是中国传统文化中“和而不同”的哲学意蕴。而能够体现这一思想精粹的，不独音乐。

在我有限的见闻中，与这“和而不同”的“山中古调”可堪比拟的，是在北大听过的一门课——我的导师夏晓虹和陈平原先生合上的一门《晚清社会与文化》。

夏、陈二师，是一对学界佳偶。他们在北大，分别师从季镇淮先生和王瑶先生，以严谨的学院派的文化研究为特色，治学的领域各自从古代文学和现代文学进入晚清，为近代文学研究增添了风格迥异的学术成果。

两位老师分属古代文学和现代文学教研室。每学期，各人开各人的课。在正常的情况下，两人同上一门课本不可能。

我 2000 年入北大时，夏老师正由北大中文系派出，在日本作为期两年的教学，归期是在 2001 年 4 月 1 日。在日本期间，夏老师的学生由陈平原老师临时代管。夏老师回来后要开一门课——《晚清社会与文化》。可是，北大 2 月底开学，到夏老师回国，其间还有一个多月的空当。

这样的情况，本来也许就不开课了。所幸夏老师有一个学术上的"贤外助"。以前夏老师临时生病无法上课时，陈老师曾经当仁不让，登台救场。这一次，当我们听说夏老师回国之前，这门《晚清社会与文化》将由陈老师代上时，大家都不禁油然而生一种浪漫的期待。

本来陈老师自己这个学期也开了一门课，开讲"明清散文十八家"。隶属现代文学教研室的老师，把选修课开到了古代文学的时段内，这在任何高校恐怕都算是例外。这不仅显示了陈老师治学领域之宽、学术功力之厚和研究兴趣之博，也表现出北大中文系不固守学科疆界和学术门派的兼容并包传统。

第一课上，陈老师开头抖个包袱，说起《红楼梦》来。说同学们本来是要听夏老师的课，他有点担心大家会像宝玉一样，红盖头揭起，发现黛玉竟然换成了宝钗，被"掉包"了。他害怕看到大家发现掉了包，脸上伤心的表情。

接下来言归正传。这次代课，陈老师其实有备而来。关于晚清社会与文化，陈夏二师有同样的学术兴趣，而二人关注的对象和角度则有不同。借此机会，陈老师把自己研究晚清的心得作了结结实实的准备和淋漓尽致的发挥。

一个月中，陈老师讲了四个专题。都是陈老师近期的研究成果和心得，而且与晚清社会与文化有关。这四个专题是：一、承上与启下——晚清文学的作用；二、报章对二十世纪中国文学的影响；三、以图像解说晚清——以《点石斋画报》为中心；四、学术演讲与述学文体——从章太炎的白话文说起。这些精彩的内容，由陈老师兴致勃勃地讲来，对台下的学生来说，既带来知识的发掘、思路的调整、视野的开拓，也伴随着精神上的愉悦享受。

“客串”的开场如此精彩，让从日本回来接过这门课的夏老师“感到有压力”。夏老师 4 月 1 日返京，4 月 4 日来上课。开场白也和当初陈老师的妙譬相映成趣。她说：“这门课前边陈平原讲了四次，他自己说是客串，不过他这个客串可能比我这个主讲讲课的效果好，所以对我也是一个很大的压力。我希望下面能够让大家感到还可以接受。”

虽然两位老师的开场都很谦虚、很低调，可是分明能感觉到这门课有点像个擂台了。他们暗暗以对方为参照系，攒足了劲儿各显其能，真让听课的学生大饱耳福。

陈老师上第一课讲“承上与启下”时，曾经说明关于晚清，最大的背景是西学东渐，这个“横”的线索等夏老师回来以后会讲，而他要讲的是“纵”的线索，即晚清与晚明及“五四”的关系。果然夏老师接棒后的第一课，介绍的是在西学东渐的大潮中，晚清文学改良思潮的概况。

也是因缘际会，这门别开生面的课高潮还在后面，其精彩的程度大大超出了我们的预期。其中格外值得一提的，是夏老师请德国海德堡大学汉学研究所的教授瓦格纳先生在这门课上现身说法，传授“报刊研究的策略”。

瓦格纳先生本是研究中国古代哲学的专家，其对《老子》王弼注的研究在国际汉学界广为人知。同时，他还有一大批关于《申报》和申报馆的研究，也引起了学术界的广泛关注。在近代文学和报刊的研究和资料收集方面，瓦格纳先生都有着雄厚的实力。这次到北京，是为了参加4月9、10日在北大举办的“多元之美”比较文学国际学术研讨会。

作为熟悉的朋友，夏老师当即决定请瓦格纳先生在11日的“晚清社会与文化”课上作关于晚清报刊研究的演讲。鉴于汉语是瓦格纳先生的第N种外语，他自己有点担心是否能应付得了近两个小时的学术演讲。“为了让瓦格纳先生发挥得更淋漓尽致”，夏老师“也请了陈平原先生”，让他和瓦格纳先生“一唱一和，充分表演”。夏老师的开场介绍，引来阵阵笑声。

在两天前的“多元之美”学术研讨会上，我们刚刚领教了瓦格纳先生这位德国学者纯熟的英语和法语，现在他竟然又要用并不熟练的中文作学术报告，这份语言能力和勇气都让我们叹羡不已。

刚刚开始的时候，瓦格纳先生的中文表达还不太流畅，但是很快他就进入了角色。他本来就是一个极富幽默感的人，对大家都很关注的报刊研究又的确独有心得，故在这中文的演说中，他竟然口若悬河，滔滔不绝地讲了两个小时，还是意犹未尽。陈老师坐在台下，本来是准备一旦瓦格纳先生的中文跟不上，就挺身救场。没想到瓦格纳先生一个人说了两个小时还不够，竟然没有他的“英雄用武之地”了。

瓦格纳先生演说的“报刊研究”，本来也正是陈、夏二师自如驰骋的学术领域。他们刚刚联手完成了关于《点石斋画报》的专题研究，而夏老师对于晚清报刊的熟悉和使用，在近代文学研究界更是无出其右。瓦格纳先生的演讲，理所当然，也勾起了夏、陈二位先生各自研究晚清报刊的经验和感想，可惜限于时间，这次没能一吐为快。

既然话题赶到这儿，让人欲罢不能，夏老师当即表示，下次课再请陈老师到场，和她一起串讲关于报刊研究的问题。

这回擂台真的摆起来了。

接下来的夏陈串讲，是这学期最精彩的一次课。

夏老师的演说，中心的论点是关于报刊研究在近代文学研究中的必要性。

夏老师说，一直以来，近代文学都是被当作古代文学的附庸。其实，近代文学的研究应与古代文学不同。目前人们越来越关注到报刊研究，不仅仅是今天的研究者不满足于近代文学研究的现状，希望在研究中“出新”。对于近代文学而言，报刊研究也是一种内在的学科需要。因为近代报刊，为我们保留了大量原生态的资料，其阅读感受，绝不同于读作家的诗文集。研究报刊可以帮助我们更好地贴近和理解我们研究的对象。

接下来，夏老师介绍自己阅读报刊的策略和心得。随后，又开出了阅读晚清报刊必要的参考资料和工具书单。

轮到陈老师讲时，他“抱怨”道：“其实他们俩都很会讲。我给拉来当助教都当两回了。第一次给瓦格纳当助教，我一句话都没插上。这次夏老师跟我说，她自己讲二十分钟，剩下要我来讲。结果她自己讲了这么多，只给我剩下二十分钟。害我准备了大半天，却不得不在二十分钟里讲完。”引得大家哄堂大笑。

陈老师表示，要用最快的速度先对瓦格纳先生的报告作六个补充，然后再讲六个问题。

第一点补充，从报刊研究也可看到，美国的中国研究和欧洲汉学的路子不同。

第二点，关于瓦格纳提到的柯文著作《在中国发现历史》，欧洲学者有不同看法。

第三点，研究相关问题中的人际关系的重要性。

第四点，关于“找边缘”和“小题大做”的两个原则。

第五点，瓦格纳提到的两篇学生论文的题目中存在的问题。

第六点，每个刊物都有不同的做法，对于研究者来说，最大的困难在于找到最适合这个杂志、报刊的独特的方法。以不变应万变，是做不好报刊研究的。

六个问题是：

一、与国外学者如李欧梵、瓦格纳的关注报刊研究相比，中国学者的立场和优势何在。

二、学术史的回顾——从二十世纪八十年代初的给作家平反，到八十年代后期进入作品的内部研究（这种研究方法延续到现在，具体做法是文本分析）；另外从八十年代后期起，逐渐进入社团、流派、主义的研究；九十年代后期开始的报刊研究是在学术研究方面的一个突破。报刊研究的优势在于可以兼顾内外和大小。这样才能走出大众传媒和公共空间的思路。

三、报刊研究的另一好处是作家、作品和读者都在一起，在报刊中读者很容易介入进来，运用接受美学作短时段的研究可以考虑借助报刊。但是，报刊研究特别忌讳成为资料介绍。

四、报刊研究的几个具体策略。首先是理论意识，但是需要不断反省；其次是对边界的划定；再次是做报刊必须注意文体；最后是注意杂志和杂志之间的关系。

五、不同的报刊各不一样。必须注意各种不同性质的报刊之间的不同。比如《申报》和《点石斋画报》的不同办刊策略、对象和题材、风格，等等。

六、将报刊作为研究题目和把报刊作为资料的区别。他更看好的是以报刊为资料，来作关于学术史、文学史、思想史的综合性的问题研究。

最后，陈老师还把自己阅读报刊的一些重要技巧拿出来，金针渡人。为了赶时间，陈老师的语速就像后浪推前浪，越来越快，最后的一句话——“这就是做学问的方法。”就像一首乐曲的最强音，在高潮处戛然而止。

台下响起的掌声由衷地热烈。

这一番既是夫妇，又是同行，还是对手的课堂操练，让人联想到《老残游记》中那一曲“妙到极处”的《海水天风之曲》。《晚清社会与文化》这门课，不就是一次令人荡气回肠的琴瑟和鸣吗？

二

如果把做学问比作盖房子，二位老师都称得上能工巧匠。不过，他们的建筑风格迥然不同。

陈老师要建的是恢宏气派的大宅院，而且还不止一处。他先设计蓝图，再亲自勘察地点，挑选正殿的梁柱，搭起架子。房子的飞檐斗拱，门窗式样，包括画栋雕梁，他都做好一个样板示人以轨则，而剩下的添砖加瓦，他留给别人做。在一处宅院还没最终建好之前，他已经在考虑下一间房子的样式了。像陈老师最初和钱理群、黄子平老师共同提出“二十世纪中国文学”的文学史概念；他独力完成的《二十世纪中国小说史》第一卷；还有承王瑶先生遗志主编的《中国文学研究现代化进程》初、二编；以及专著《中国现代学术之建立——以胡适之、章太炎为中心》等，都是带有发凡起例意味的学术工程。

《千古文人侠客梦》，是陈老师诸多引人瞩目的成果中比较独特的一部。且不说这本书特殊的写作时间和心态背景让人忍不住联想到作者是不是“别有幽怀”；也不说当初这部满纸刀光剑影、纵论豪杰游侠的书稿曾在广州火车站被劫，而“纸上谈兵”的陈老师却只能束手兴叹；只说这部以武侠这类通俗文学作为研究对象的著述，冠以“武侠小说类型研究”的副标题，一下子就提升了关于通俗文学研究的理论色彩。这部著作，不仅在研究框架和论述策略的设定上，被不少学者认为具备“发凡起例”的意义，而且，其将小说形态学的研究与文化发生学的探讨相结合的做法，很大程度上沟通了文学的“内”与

“外”，使得这本书的阅读和阐释，都超越了文学研究界，并实现了对原有的类型学理论的一次重要突破，成了陈老师所有著作中最“名声在外”的一部。

在百尺竿头，陈老师犹能更进一步。十年后当这本书由新世界出版社再版时，陈老师不仅又加进了两篇关于武侠小说新的研究论文，还独具匠心地把自己新近关于图文研究的创获与武侠小说研究相勾连。在章节之中，陈老师插入了陈洪绶的《水浒叶子》和任熊的《剑侠传》的精美图画。豪杰与游侠，图像与文字，在此书中相映生辉。

跟陈老师比，夏老师所建的就好像一座玲珑秀美的辟支宝塔。虽然占地并不多，但幽处于山林胜境，遗世独立，挺拔雍容。建塔的一砖一石，夏老师都亲自打造，不计工本时日，但求精致无瑕。这座宝塔因僻处山林，也许一时不为大多世人所知。但其设计之巧，做工之难，工艺之精，砖石之固，注定了它能传之久远。夏老师关于梁启超的研究——《觉世与传世》；关于晚清文人妇女观的研究；对晚清报刊的翻阅爬梳；对晚清翻译文学的辨析；对近代都市文化研究的介入等，都做得细密无匹，精益求精。显示的是作为学者另一个难能可贵的侧面。

夏老师用功最深的是一些万字以上的长篇论文，这与多数学者的看重一二十万字的著述有些异趣。夏老师的著述，多是这些单篇论文的结集。而说到作者所下的功夫和论文的学术含金量，明眼人心中当然会有一杆秤。在当今学界常以字数、数量论高下的时风中，肯像夏老师这样做学问的，本来就不多，而能做到夏老师的地步，除了淡泊宁静的心态，还需要相契于学问的兰质蕙心。

比如夏老师那篇《批茶女士与斯托夫人》，就称得上是一篇“奇文”。在晚清翻译文学的译名这样一个看似不起眼的小问题上，夏老师花了常人不能比的大功夫，锲而不舍地追踪、考索，“不惜找遍全世界”（陈老师语）。特别是，她将喜欢侦探小说的个人趣味带入学术研究，以侦探笔法融入考据，因此使得在一般人眼中原本枯燥烦琐的考据变得兴味盎然，引人入胜。在严谨细密的学风中不失狡黠机智的趣味，把繁重琐碎的考证过程变成史海书山的探险经历，在这方面，夏老师独擅胜场。

如果说陈老师治学的特点是“大”，那么夏老师的特点就是“细”。这样的比较或可见短长，但无由判高下。就像《庄子》中说：“自大视细不明，自细视大不尽”。在各自的方向上，他们都要比别人走得更远些。

对比一下二位老师各自的导师对他们的评价，应该很有意思。

曾听陈老师说起，王瑶先生评价他早期的研究说“才华横溢”。他还没来得及高兴，王瑶先生又说，有“才华”是好事情，但是“横溢”了就不太好了。陈老师自己承认，早期的论文里有逞才使气的成分，王瑶先生指的就是这点。陈老师此后的研究，依然富于才气，但明显讲究功力扎实，考证细密。让才华的激流，奔涌在理性的河岸之间。王瑶先生晚年，曾书赠陈老师一副联语：“讵关一己扶持力，本有千锻百炼功。”应是对陈老师学术功力的认可。

而季镇淮先生给夏老师的《诗骚传统与文学改良》一书作序，说到夏老师的文章，曰“善于叙事说理，材料运用妥帖，逻辑性强，而最大特点是平实：既不故作夸饰过甚之词，也不追求一鸣惊人之论，不显山，不露水，而才华潜藏其中”。跟王瑶先生对陈老师的才华“横溢”的评论相映成趣的，是季先生说夏老师的才华“潜藏”。季先生认为夏老师为人、为学都能“不求闻达、不蹈虚空”，故其才华“尚多有蕴蓄，远未完全发挥”。

前辈学者的识力，蔼然长者之心，思之令人感佩。

三

在治学的路数上，陈、夏二师尽管能分出许多的“不同”，但他们之间，最大的特点还是“和”，或曰“殊途同归”。

《老残游记》里，玙姑对申子平说，她和黄龙子合奏的那支《海水天风之曲》：“不但此曲为尘世所无，即此弹法亦山中古调，非外人所知。你们所弹的皆是一人之曲，如两人同弹此曲，则彼此宫商皆合而为一。如彼宫，此亦必宫；彼商，此亦必商，断不敢为羽为徵。即使三四人同鼓，也是这样，实是同奏，并非合奏。我们所弹的曲子，一人弹与两人弹，迥乎不同。一人弹的，名‘自成之曲’；两人弹，则为‘合成之曲’。所以此宫彼商，彼角此羽，相协而不相同。圣人所谓‘君子和而不同’，就是这个道理。‘和’之一字，后人误会久矣。”

说到“和而不同”，夏、陈二位导师在治学方面正是如此。他们从不同的时段和方法进入近代文学，在研究中各自表现出鲜明的个性，更形成了很多共识，并且潜移默化，互相影响。

他们合作过的著述，从最早的编选近代小说史论资料，选编近代学者追忆丛书，到带领学生一起尝试图文并茂的《触摸历史——五四人物与现代中国》，再到共同研究注释《点石斋画报》，又同时关注晚明与晚清，关注大众传媒与现代中国，倡导、参与都市研究等，果然是“此宫彼商，彼角此羽，相协而不相同”。

陈、夏二师做研究写文章，在强调立意新颖、视角独特、考证翔实、思路严谨之外，都非常留意文字、章法之美。

陈老师的文章才气恣肆，长于立意布局，既旁征博引，又独具匠心，是受人推崇的“学者之文”；夏老师为文则细腻平实，讲求字句的锤炼、语气的妥帖，没有丝毫的粗糙芜杂，真得桐城文的“雅洁”。而叙事言情，见学养于平实，寓深厚于淡远，另是一种难以企及的文字高境。

对文字敏感讲究的人，往往表现出一种在措辞方面的“洁癖”，或曰对“语感”的苛求。从二位老师改学生的文章，最能看出这种“洁癖”。

他们对学生的论文，都强调问题意识，强调注意进入论题的角度，要求论述思路的清晰和材料的层层推进，以及理论观点的总结和提升等。陈老师会相对比较关注论文的整体思路和框架，在他评点各种论文时，常常听到他说“这个题目要是我来作”，会如何如何……每听到这样的话，有时候让人觉得欣喜，有时候又很无奈。因为如果问题出在思路的调整上，尚可努力。而有时症结出在眼光和功力上，虽然心向往之，可武功的修习毕竟需假时日啊。

夏老师对学生的指导，往往是行胜于言。她改学生的论文，除了论述的完整和结构方面的要求之外，总会细致到行文语气的斟酌，甚至标点的对错。在高校中，像夏老师这样给学生改文章的，我未见第二人（在我的见闻中，陈老师也有过把学生的论文“几乎每一行都改过”的纪录。不过那应该是见贤思齐，从夏老师那儿学来的吧）。看到老师花那么多心血改你那些粗心而又低级的错误，怎能不让人惭愧呢？所谓“桃李不言，下自成蹊”，慢慢地在细节方面，学生们也就养成了一些好习惯。

他们较早共同关注的城市研究，近已渐成学界热点，而二人的兴趣和目光又是同中有别的。

生长于北京的夏老师认为“上海是一个很好的城市”，她曾给研究生开过一门选修课，名曰《近代上海的文化空间》。夏老师以开阔的视野和细腻的考释现身说法，传授其城市研究的心得路数，让选修此课的同学也都每人各出机杼，选一个感兴趣的题目在课堂上交流。一学期下来，各样题目琳琅满目，大家切磋商量，彼此也都有满意的收获。

而来自广东的陈老师，却对古都北京情有独钟。他不仅开出《北京文化研究》这门选修课，还与哥伦比亚大学东亚系王德威先生共同发起和组织了“北京：都市想象与文化记忆”国际学术讨论会。早在2001年开出的《北京文化研究》讨论课的第一次课上，陈老师就坦言，上海文化研究已成热点，而北京研究却还蓄势待发。希望借由这门课，引导学生开始关注这一领域，并以新的视角、方法、策略进入这一研究。希望十年后，当“北京研究”成为学术界共同关注的话题时，他的学生能够拿出够分量的学术成果，并成为一支重要的研究力量。“北京研究”的渐为世人所瞩目，固然有许多学者的努力和参与，而陈老师的倡导之力，应该是功不可没的。

二位老师对学生，严格而有情，师生之间的交流也很多。春天一起春游踏青，雅集“江亭”；秋天一起登高赏月，推杯换盏。可是，在学生心目中，敬畏之心仍无时或已。因为一旦挨训，不要说陈老师是声色俱厉，连从来温和淡定的夏老师也是危坐正色，说得人屏息惭愧。他们不但对自己学生的论文，指瑕攻错，不留情面，外面学校请他们去做论文答辩委员时，他们也不肯因为情面而降低学术标准。

陈老师在北大中文系现代文学专业的论文答辩中，是有名的严格。请了他，就意味着论文要受到严格的挑剔。但陈老师常有发人深省的意见，不听听也是损失。外面的学校来请，论文寄过来，陈老师看过后婉谢道，你们还是请别人吧，如果一定要请我，那我会给这篇文章不合格。因此，请陈老师去演讲的学校挺多的，但请他去做论文答辩委员的却很少。

夏老师有一次参加外面的论文答辩。其中一篇很差的论文，根本达不到博士论文的要求，但学生的导师却极力揄扬，答辩委员中也有人提议给“优”。这本是该系的“常情”。相当一个时期以来，这里的论文答辩不但没有人不过，而且全都是“优”。但此刻，夏老师却忍不住当场质疑了：“这样的论文怎么能给优呢？”不知道在场的其他学者听到这句话是什么样的心情。恐怕，以后也不会再请夏老师来答辩了吧。

有时候想一想，建立学术规范，坚持学术水准，靠什么呢？恐怕不单单要靠专业知识和考查制度，还有学术良知。也不仅仅需要呼吁和讨论，更需要已经身为教授、博导的每一个学界中人身体力行吧。

“师严而后道尊”，我爱他们的严格。从二位导师的身上，我看到的不仅是学者的纯粹，更是学术的尊严。

（原载《中文自学指导》2004 年第 2 期）

打开多扇窗口，眺望晚清风景

夏晓虹教授访谈

陆胤

1. 夏老师好，感谢您接受这次访谈！让我们从一个感性的话题开始：您跟我的父母是同一代人，出生在建国之初的北京，念过景山学校，随后遭遇十年动乱，到东北插过队，进过工厂，恢复高考以后，才逐渐走上学术道路。能否先谈谈您早年的这段“学术前史”，对您后来的人生选择和学术研究有什么影响？

我们这代人的经历都比较复杂。像我在吉林插队将近七年，在北京的工厂做皮毛工人一年多，“工农兵”中只差没当过兵，这样的履历在我的同龄人里相当普遍。而最后能考进大学，走上学术研究这条路，当然和整个外在政治环境的改变有直接的关系。这是个人不能选择，也无法决定的。除此之外，就要说到本人早期所接受的教育以及由此培养出的兴趣，这更是不可缺少的先在条件。

我就读的景山学校，当年是一所十年一贯制的实验学校，即十年高中毕业。在普遍小学六年、中学六年的体制中，我读到六年级时遇到“文革”，因此算是“老初一”，可见我的学历并不完整，基础知识也有很大缺陷。特别是数理化，物理和化学完全没学过，数学也只学到代数的二元一次方程。为此，恢复高考后，我只能报文科。但景山学校的教学改革，也让我在自编的《儿童学诗》《儿童学古文》《儿童学现代文》这些教材中，比较早地接触到优秀的古典与现代文学作品。而且，我那时对中华书局出版的“中国历史小丛书”也读了不少，这应该是我日后偏爱史学的一点前因。1977年的高考幸好照顾到我们这批考生的特殊情况，考试分文、理科进行，文科只考语文、史地和数学三门。我对数学也一直喜欢，插队时唯一花时间补习的就是代数和几何，考试前的复习时间也全投在这里。而当年填志愿时，我最想报的专业是中国史，可惜北大77级历史系只有考古与世界史招生，我才改投了中文系的文学专业。如此因缘际会，中文系最终成为我的安身立命之所，我觉得自己非常幸运。

2. 翻开您的著作目录，最早几篇论文都是关于古典诗学的。能否请您谈谈，是什么机缘使您从“诗骚传统”转向“文学改良”，进入近代文学的研究领域？

我进入近代文学研究领域有相当的偶然性。在大学本科读书时，我对未来并没有清晰的规划，只是凭兴趣，对公认为中国古典诗歌高峰的唐诗很喜欢，平日读书与写课程作业，也多在此留意。可能因为比较专注吧，有两次提交的选修课作业很得老师赞赏，后来也都被杂志社接受了，这对我自然是很大的鼓舞。所以，我最初发表的论文，比如关于李白的“好神仙”与从政的关系、司空图诗论与老庄思想的关联、杜牧与李商隐的咏史诗（已收入《诗骚传统与文学改良》，浙江文艺出版社1998年版），都是本科时完成的。现在看来，这些论文很不成熟，当时却让我发现自己还有点研究能力，于是报考了硕士研究生。

只是，1982年春季的招考，没有我向往的隋唐文学研究方向。而在其他各段，我都没有什么积累。正好季镇淮先生在招近代文学研究生，其他同学都不报，我就“捡漏”，幸运地进入季先生门下。应该说，我们在北大上古代文学史课时，近代部分最不受重视，当年是作为在读研究生的教学实习，总共讲了两次，记下的是一大堆作家与作品名，实则包括我在内的同学，对这段文学史几乎一无所知。这也是报考乏人的原因，由此可见我的学习与研究起点很低。不过，还是必须承认，曾经对古代文学下过一点功夫，确实有助于我的近代文学研究。有没有这个基础训练真的不一样。

3. 从第一部学术专著《觉世与传世——梁启超的文学道路》（1988年完稿，1991年印行），到近年出版的《阅读梁启超》（2006）、《梁启超：在政治与学术之间》（2014），梁启超是您学术生命的中心人物。身处二十世纪八十年代以来一波又一波强调问题意识和理论方法的潮流中，您为何要对同一个对象保持如此长性的关注？

梁启超确实是我投入时间、精力最多的一位研究对象。最初被梁启超所吸引，是因为在他的著作里才感觉到一种近代气息。当年按照导师的要求，读近代大家的文集，一路下来，像龚自珍、曾国藩等人的著述，对我并没有太多的触动，仍然与古代文学的脉络切分不开。直到梁启超出现，情况才改观。

而且，梁启超对我的近代文学与历史的研究具有多重意义。首先，在我看来，无论做哪一时段的研究，都应该从中心进入，抓住关键人物，才能够观照全局。借用梁启超在《中国历史研究法补编》中讨论评传写作时的说法：“我的理想专传，是以一个伟大人物对于时代有特殊关系者为中心，将周围关系事实归纳其中；横的竖的，网罗无遗。”而梁启超本人就是处于近代这个过渡时代的关系网中心的伟大人物，对其时的文学、文化具有覆盖性的影响。因此，研究梁启超，可以收到纲举目张之效。当然，从梁启超研究入手，起初对于我是一种学习的需要，如此才能尽快理会近代文学的面貌；但后来证明，这也是研究可以做大并不断延伸的正确选择。其次，不同于文学史上的多数作家，梁启超在文学书写之外，还有更多的面向。或者应该说，梁启超是一位百科全书式的人物，学问非常广博。如以现代学科的划分而言，文史哲之外，他在政经法各个领域也都留下了专著。何况，不只是著述，梁启超前期的政治活动、后期的讲学生涯，都使他与近现代中国的政治与学术脉动紧密相关。这也使得对梁启超的研究，足以扩展成为对于近现代中国社会文化的研究。当然，我对梁启超始终兴趣不减，也缘于梁启超虽然沉浮政海多年，却难能可贵地保留了坦率天真的性情。所以，在《结缘梁启超》一文中，我自称是“为其性格的魅力如磁石吸铁一般所吸引”。显然，对人物的好感，也是研究得以持续的必要条件。

4. 女性研究也是您的擅场：1995 年您出版了《晚清文人妇女观》，1998 年该书的日文版《放足了的女子们》由东京朝日新闻社刊行，2004 年更出版了专著《晚清女性与近代中国》，在国内外学界引起较大反响。不过，与这些年方兴未艾的女性主义或性别研究相比较，您的路数显然不同，注重个案研究，力求“还原现场”。能否谈一下您采取这种独特方式进入女性研究的具体考虑?

和许多学者不一样，我进入女性研究领域，并非因为受到西方时新思潮的启悟，而具有坚定的理论立场。或者不妨干脆承认，当 1994 年夏接受约稿，为“女性文化书系”撰写《晚清文人妇女观》时，我对当时学界正在流行的女权（性）主义还没有多少认知。再加上此前的研究重心在梁启超与近代文学改良，对晚清的女性状况也缺乏特别的关注，因此，我是从最基本的史料读起，希望能够贴近历史现场，以便做出相对准确的研判。这本来可以算是我的先天不足，但由于发挥了在资料搜集与解读上的耐心与细致，最后倒好像是反败为胜，在藏拙中开出了不同的路数。日译本的出版初步证明了国外学界对我的研究的肯定，《晚清女性与近代中国》中的一半论文曾被译成英、日、韩文，在国外学术期刊或论文集中发表，也可见其引起的重视。诚如台湾大学历史系林维红教授在讲评我的论文时一再肯定的，我的研究乃是从史料而不是如时下流行的从理论出发。但就是这种无意得来，实际也是最寻常的研究方法，在一个特殊的情境中，反而可以起到纠偏的作用，即尽量避免了因为理论的诱导而在材料的释读与问题的定性上出现的误差。

不过，对我来说，一直很明确也更重要的是，晚清女性研究实为整个中国近代社会文化研究的一隅，我期望以此窗口，重新审视晚清社会的历史变迁。因为“女子在社会现实中的处境远较男子复杂，遭遇的困扰也远较男性繁多”，所以，“对晚清女界生活与观念的考察，也可以获致全方位的呈现晚清社会场景的效果”（《晚清女性与近代中国·导言》）。而我之注重个案研究，也仍然是延续上述“见微知著”的思路，希望通过对内涵足够丰富的“事件核”（包括人物与文本）的设定与解析，尽可能释放其间蕴藏的信息，以逼真地展现晚清社会的某一现场，揭示其间隐含的诸种文化动态。相比那种宏大叙述容易造成的疏漏，由个案分析所构成的晚清社会图景，应该更真切，也更丰盈。

5. 在《晚清女性与近代中国》一书的导言中，您提到“进入报刊，返回现场，其观感以所谓‘天地为之变色’来形容，庶几近之”——通过报刊进入历史现场，是您研究的一大特色。您如何看待报刊文献在近代研究中的地位？相对于诗文集、书札、日记、档案等其他文献，其优势和局限各有哪些？

前面讲到，我做晚清女性研究采用的方法其实很普通，就是历史学通常强调的“论从史出”。之所以会胜出，引起国内外学界的关注，除了个案剖析这一特别的处理方式，也与我偏向使用报刊文献有很大关系。近代化报刊是在晚清萌生，并得到了迅速的发展，报刊尤其是报纸也因此成为后人了解与体味已经消逝的近代社会各种细节的最重要的资料库。这是因为报纸逐日刊行与追踪时事的品格，使其可以最大限度地逼近社会生活的原生态。相对而言，书札与日记更多私人话语与个人偏见；野史笔记多半出自传闻或追述，不免掺杂讹误；官方档案又有维护现行体制与主流价值的既定立场。由此使得这三类过往研究中更为倚重的史料，在用于近代社会文化研究时，都需要小心过滤。而报刊作为近代公共空间诞生的有力催化剂，本以晚清报界主体——民办报刊所代表的公众立场最称合格，由此也决定了晚清报刊向民间社会倾斜的基本取向。我在研究中始终关注晚清社会中民间力量的增长，新学说、新思想的流布，以及与之相对应的朝廷权威的逐步消解，传统经典的移步变形。而报刊在其间所起的作用尤其重要。就此而言，采信报刊资料也有利于研究者把视角从官方移向民间。

并且，即使从文本的解读看，报刊所保存的发表语境的原生态，也会带来一种立体回声的效应。以文学作品的阅读为例。近代作家往往先借报刊成名，其作品也经常会先在报刊发表。这些报章文字于是成为开放的文本，我们确实是在“众声喧哗”中接触作品，很多的周边资料可以帮助你理解文本以及作家的写作过程，很多研究课题也因此被开发成立。而去翻看那些经过整理的作家诗文集，就会觉得它太干净，已经从生动、纷繁的背景中剥离出来。当然不只是文学创作，关于历史事件的理解同样如此。总之，上下追踪，左右逢源，报刊可以说是后世研究者返回历史现场的最佳通道。

当然，也必须指出，即便是民间报刊，也仍有各自的党派立场。因而，在肯定其言论相对公正的前提下，还需要与其他来源的史料以及不同政治主张的报刊相互印证，才能保证结论的可信。

6. 二十世纪九十年代以来，您的研究著作中涉及了许多新领域，如“记忆”（主编“学者追忆丛书”）、“图像”（与陈平原合编《图像晚清》）、城市史（《晚清上海片影》）、社会文化史（《晚清社会与文化》）、阅读史（关于百科全书、旅游指南、教科书、尚友录、西餐食谱）等，关注社会状况、日常生活、私密体验，意在从细节“重构晚清图景”，却又始终不失对近代中国整体趋势的把握。能否结合具体的研究，谈一下您是如何在宏观历史图景与微观个案研究之间保持平衡的？

近代中国研究应该是一项系统工程。我想做的是，尝试打开不同的窗口，眺望以至用望远镜观察这一“现场”，以细节展现的方式，重构五光十色的晚清图景。其实，无论从哪一通道进入，我还是有一个中心关怀，即“西力东侵”与“西学东渐”后，近代中国如何展开从古代到现代的社会过渡与文化转型。所以，在教科书中，我会讨论中国人自编的第一部小学教材《蒙学课本》中的“旧学新知”；在食谱中，我会选择出自西人之手的《造洋饭书》与《西法食谱》，考察二书所体现的“中西调适”与“食洋不化”两种西学输入思路及其现实效应；在百科辞书中，我会看中《外国尚友录》、《海国尚友录》以及《世界名人传略》，探究这些世界人名辞典如何移步换形地完成了对中国古代姓氏书的改造。以上三篇论文均收入我今年在香港三联书店出版的《晚清白话文与启蒙读物》一书。

至于“图像”与“城市史”，在我做来，多少有些彼此关联。因为由我负责为《图像晚清》中每一幅从《点石斋画报》选出的图画配文，在阅读与画面相关的各种历史文献以进行摘编时，我也对作为中国早期现代化桥头堡的上海发生浓厚兴趣，由此产生了《晚清上海片影》一书。这次谈论的话题似乎更琐碎，不过是赛马、马戏团、自行车（即现在的过山车）、洋水龙（即今日救火车的前身）、跳舞会等，但在我写来，并不只是为了介绍这些西洋风物如何传入中国，而是努力发掘此类娱乐活动中所蕴含的展示与接受西方文化的过程。为“还原现场”，我也大量插配了各种图像资料。

7. 文学形式也是您一贯关注的问题。从早年探索“文人诗套语套式”“律诗语序”开始，此后持续研究晚清新文体、新体诗、白话文运动，编有论文集《文学语言与文章体式》（2006，与王风合作），最近还新出了《晚清白话文与启蒙读物》（2015）一书。其中一个重要观点，就是要沟通晚清文学改良和“五四”文学革命。您认为从晚清到“五四”，这两个时期的文学形式变革，在断裂之中有哪些传承？

关于晚清与“五四”文学，以前强调的是断裂，而我更看重的是传承。比如白话文并非“五四”的特产，而是可以向上追溯到晚清的白话文运动。只是，和研究生阶段分析早期文人诗的套语套式以及杜甫律诗的语序问题不同，那时更着力的是比较纯粹的形式研究，而我在有关近代文体的论述中，已往往将外在的文化语境一并纳入。像考究晚清白话文运动所汲取的有效资源时，特别揭示出清朝官方晓谕大众的白话告示与定期宣讲的《圣谕广训》及其白话读本，如何借助国家机器的力量，使白话书写积淀成为时人的普遍记忆与日用常识（《晚清白话文运动的官方资源》）。

至于晚清的文学改良与“五四”的文学革命之间，更有密切的关联。简言之，晚清文学改良基本是在两个层面展开的，一为输入西方思想文化，一为文学语言与形式的改造。前者经由“文界革命”的标举“欧西文思”、“诗界革命”的提倡“新意境”以及“小说界革命”的“改良群治”与“新民”思路，使作家自觉地融贯新知识、新思想于作品中，不但促进了现代思想文化在中国的传播，也使文学创作贴近现实，题材空前扩大。而为了书写新现象、新学理，作品中夹入了大量“新名词”；为了达到启蒙功效，文学语言又趋向通俗化。这正是傅斯年所谓“欧化的白话文”即现代白话文诞生的必要条件。诸如白话小说、弹词、杂剧、传奇、民歌、新乐府、歌词等众多俗文学体裁，在晚清也引起了作者重视，地位大为提升。不少作家还有意识地引进与模仿西方文学的创作技巧与文学种类，丰富了文学的表现力，为文学写作注入了新成分，自然也部分突破了传统文学的格局。凡此，无疑为“五四”文学革命的再出发提供了基础。尚须指出的是，与内容的趋新相比，晚清文学改良在形式上的变革相对滞后。无论是文言文、古典诗体还是章回小说，仍然占据了“新文体”、“新派诗”与“新小说”的主流。这一内容与形式的矛盾，仍有待“五四”文学革命兴起，才获得解决。

8. 您的许多研究专著都是课堂讲授的结晶。在近代文学的专业之外，您还开设过关于明清之际的课程，并撰写过一些相关论文，迄今尚未成书。能否介绍一下您在这方面的研究？

在大学任教，需要不断更新授课内容，以便把最新的研究成果与思路传达给学生，这也成为我撰写论文与专著的一大动力。比如，《晚清文人妇女观》一书，最初的计划完全是人物个案的叠加，只是因为上课的需要（我通常会把正在进行的研究作为选修课开讲），必须先有概说性的交代作为引子，这才添加了“晚清妇女生活中的新因素”与“晚清妇女思想中的新因素”两篇“综论”，日文本正是将此部分完整译出。

不过，关于明清之际的研究有所不同。因为研究生阶段，季镇淮先生要求我从清代各家文集读起，清初的东西看得相对仔细，也写过关于顾炎武的文论与诗歌以及清初诗坛尊宋风气形成的论文，虽则粗疏，还是上过手。因此，1992 年，葛兆光为香港中华书局的一套丛书约稿时，我也贸然报过《明末三大家》的选题。这套丛书的体例是采用学术随笔的写法，看似轻松，对我来说，仍然分量不轻。陆续写出十多篇后，因期限已到而字数不够，只好放弃。书虽未写成，由顾炎武、黄宗羲与王夫之扩散开去，倒促使我开设了一门“明遗民文学研究”专题课。而与研究晚清文学一样，我也是从社会大变动的角度接近这个题目，因此在讲授时，更关注“易代之际”与“华夷之辨”的交叠对文人创作、文学思想以及人物心态的影响。后来之所以没再继续用力，和已将这个题目转嫁给赵园有关，她的“明清之际士大夫研究”做得实在精彩，无法企及，以致我连专题课也不好意思再讲。至于那几篇随笔，虽未结集，还是陆续发表了。

9. 编选整理近代学者文人的著作，也是您学术工作的重要组成部分。您先后编校有《梁启超文选》（1992）、《中国现代学术经典·梁启超卷》（1996）、《追忆康有为》《追忆梁启超》（1997）、《〈女子世界〉文选》（2003）、《〈饮冰室合集〉集外文》（2005）、《清华同学与学术薪传》（2009，与吴令华合作）、《中国近代思想家文库·金天翮、吕碧城、秋瑾、何震卷》（2015）等书，被学界誉为精审之作，其中的《〈饮冰室合集〉集外文》三大册更是花费了将近十年时间；此外，您还与陈平原教授合编有《二十世纪中国小说理论资料》第一卷（1989）、《北大旧事》（1998）、《图像晚清》（2001；2014）等资料集，颇便学者利用。世人常把文献整理看作“为人做嫁衣”、吃力不讨好的事情，您却乐此不疲，能否谈一下这方面工作的心得？

一般而言，研究出色的学者，往往不愿或不屑于做资料整理。这大致由两个原因造成：一是在目前的评价体制中，编校类著作不算科研成果或计分很低；二是不少以编资料集见长的学者，往往只能写考证性的小文章。花费大量时间，投入与产值完全不能相比，再加上长期从事此业，还可能磨损了经营大制作的能力，这当然会让人望而止步，至少是看轻了文献整理工作。其实，所有人都懂得，资料是研究的基础。表面看起来，编集史料是服务他人，但我想强调的是，这项工作对于有想法的编校者本人，同样也会受益无穷。

以我的体验，编辑资料本来也与个人的研究相关。如为梁启超编文选、集外文以及追忆文章，也是因为我一直在做梁启超研究。而在搜集整理的过程中，由于当时很多文献无法复印，只能手抄，等于进行了细读，因此让我格外熟悉这批史料，在以后的研究中可以做到随手拈来。而且，在查找资料时，往往会有意外的发现，由此可能触发生成新的研究题目。像收入《〈饮冰室合集〉集外文》中自《中国图书馆协会会报》录出的梁启超诸文，就为我写《梁启超与〈中国图书大辞典〉》提供了重要的支撑材料。至于编《追忆梁启超》，则使我不只从《饮冰室合集》的文字了解梁启超，更能从周边亲友的叙述中感受其人鲜活的品性。所以，关键在于，你是不是带着想法去编资料集。如果先有自己的研究设想，编出的资料集不但价值高，甚至还会开出新的研究方向。我觉得，我和陈平原合作的《二十世纪中国小说理论资料》第一卷、《北大旧事》、《图像晚清》，都具有这样的性质。这也使得我对文献整理兴致盎然。

10. 您的研究在史学研究界也有很高评价，许多人评价您的学术风格更近史家。您如何看待近代史研究和近代文学研究的沟通与区别？

说个闲话：我的《晚清文人妇女观》出版后，据说社科院近代史所图书馆馆长闵杰先生最初并不看好，认为中文系的人写的，可能玩虚的多；但读过之后，感觉很扎实，大为称赞。应该就是从这本书起，史学界开始关注我的研究。当然，如果向上追溯，史学兴趣的发生和我一直喜欢读史、考大学时本想以历史系为第一志愿，不无关系。这样，我也有理由自认，和一般的中文系教授不一样，我的研究路数是文史合一，近年还会更偏向史。

从大的范围来说，我所主攻的近代文学史专业，也属于历史学科的分支。翻开《八十年来史学书目》或者《中国史学论文索引》，“文学史”研究的成果都被纳入其中。所以，就基本的研究方法而言，做文学史与做历史研究是可以相通的。只是，文学史所处理的对象主要是文学文本，除了社会历史价值外，研究者还必须揭示其美学意蕴。也就是说，在史学判断之外，决定论述高下的还有文学感觉与审美能力。而研读文学作品的训练，也培养与强化了中文系出身的学者对文本整体上的理解与感受力。我的论文《秋瑾与谢道韫》曾有幸入选华中师大中国近代史研究所编的《辛亥革命与20世纪中国：1990—1999年辛亥革命论文选》，主编之一严昌洪教授评论说：“该文出自一位文学学者之手，其角度之新颖，在史学论文中是少见的。”我在文中征引了不少秋瑾的诗词与弹词，实际上，善于把文学作品当作史料运用，确是中文人的特长。因而，我眼中最理想的研究状态应是出入文史之间，既有史学的深厚、严谨，又不失文学的灵动、敏锐。

11. 您爱好收集邮票等小物件，喜欢看侦探电影，更热衷于旅游访胜，这些个人趣味与您的学术研究是否有着某种内在联系？产生过哪些成果？

不能说这些爱好都可以直接转化为学术研究的资源，但诸如集藏癖好可能和我搜求资料时尽可能求全的心态一致，看侦探剧多少会锻炼智力与逻辑分析能力，有利于辨析史实、推进论述，等等。不过，这些都只是具有内在关联。而我的旅游访古兴致，则可以真正弥补由文字进入历史的缺憾。要说“回到历史现场”，体贴那些早已消失的人物与事件的活动场景，纸面的阅读固然重要，身临其境的感受也不可缺少。这可以算是我对古人“读万卷书，行万里路”的一种引申理解吧。

由于晚清距离现在不过一个世纪，山川依旧，故居犹存。在其人生活过的空间里回味那些相关情节，“历史”才会因为“触摸”生动起来。而晚清人已经开始走向世界，像梁启超在日本流亡十四年，其间还去过美国、加拿大、澳大利亚、新加坡。我到这些地方时，也总会惦记着寻访遗踪。印象深刻的是，因为亲历了墨尔本、悉尼等城市间的飞行距离，见识了各市区的散漫阔大，我才真切体会到，百年前只能乘坐火车与汽车奔走演说的梁启超，慨叹“各埠皆散处，相距动辄数百英里”，辛苦募捐“得不偿失”的艰辛。除了这篇《寻找梁启超澳洲文踪》，我写的此类学术游记，已大体收录在《返回现场——晚清人物寻踪》（江西教育出版社 2002 年版）一书中。其中涉及的人物，除了梁启超，还有李鸿章、黄遵宪、康有为、孙中山、章太炎、罗振玉、王国维、金松岑、陈去病、柳亚子等。而经由晚清人的眼光，恢复已被现代高科技钝化、麻木了的知觉，世界也重新在我眼前变得新鲜可喜。

12. 三十多年治学和教学经历中，对您影响最大的是哪几个人？

这么多年走过来，对我发生影响的人和事肯定很多。要说影响最大，一个是我的导师季镇淮先生，他引导我走上了近代文学研究之路，由此，一片充满魅力的新天地在我面前敞开；另外一个是我的先生陈平原。我和他相识正好在研究生毕业之际，而且，我从古代顺流而下，他从现代溯源而上，又正好在近代相遇。日常的交流与讨论所得到的启发，不言而喻。我的著作大多由他作序，也可以证明他对我的思路了如指掌。

13. 能否介绍您最近的研究兴趣，或者透露一点您今后的研究计划？

最近几年，我的研究兴趣大体集中在三个方向：首先是晚清女性启蒙读物研究。借用梁启超关于“国民常识”乃是“现今世界公共之常识”（《说常识》）的说法，我把近年发表的七篇有关妇德经典新解、中外女杰传记与近代妇女报刊的论文，结集为《晚清女子国民常识的建构》，以探讨其时知识精英的思想如何转化为女性的公共常识。另外，我对1995年出版的《晚清文人妇女观》也进行了大幅增订，此二书2016年年初将由北大出版社一并推出。

其次，如你所知，最近两年，我在商务印书馆主持了一套“梁启超史学著作精校系列”，已经印行了三种，即《中国近三百年学术史》《国学小史》《新史学》。很感谢你为这套书所做的版本校勘，工作量真的非常大。而我希望借这套书还原梁启超当年的学术构想，在“导读”中也注重揭示其思考脉络，写作时很费心力。这项工作还要继续，好在目前出来的几种很受欢迎，已得到学界的认可。

最后一个想做的题目是“近代戏剧与社会思潮”。关于这个话题，已经完成了几篇论文，即《中国近代“戏剧”概念的建构》《旧戏台上的文明戏——田际云与北京“妇女匡学会”》《晚清外交官廖恩焘的戏曲创作》等。可以看出，我做的不是纯粹的戏曲研究，还是有意把作品还原到社会思潮变动的场域中。只是，目前的积累还不够多，这也可以视为我今后的一个研究课题吧。

我做研究其实没有太强的计划性，触手所得的题目，也可能成为不断发酵的生长点。

2015年11月25日于京西圆明园花园

（原载《学术月刊》2016年第2期）

在学术与趣味之间

夏晓虹先生小记

郭道平

一、“晚清的魅力”

“晚清的魅力”是夏晓虹先生十多年前出版的一册著作的题名。书首冠有陈平原先生的同名文章为序，对这一命题的涵义有着神采飞扬的生动阐发，夏先生对此当然也深有同感。周作人曾引日人大沼枕山句云：“一种风流吾最爱，南朝人物晚唐诗”，以为其别有会心处。此意不妨推而广之。而对夏晓虹先生而言，这“一种风流”，首先当推晚清无疑。

与古典文学研究的繁荣与悠久不同，晚清是一片方兴未艾的新辟疆土。二十世纪八十年代初，夏先生开始跟随季镇淮先生攻读近代文学方向研究生之时，这一学科可以说才刚刚起步。三十年后的今日，“近代”业已成为学界瞩目的重要领域；当年由古典文学“顺流而下”步入近代的叩门者，也已著作丰硕，成为晚清研究的一方前沿重镇。行走燕园三十余年，夏先生之“爱好晚清”，可说是日趋专注与深切，“晚清”已成为先生学术生涯的标识性词汇。

然则晚清的魅力究竟为何？对此，夏晓虹先生与陈平原先生曾经在文章中与课堂上多次提及。而从夏先生的诸多论著之中，或者可以得到最为真切的呈现。笔者妄附骥尾，试图在此再作一大致勾勒，以求于先生研治晚清的成绩稍有印证。

其一，时代之魅力。如所周知，近代乃大转折的时代，晚清尤其是转折的最关节处。如同水流交汇，古今、中西在此发生最激烈的碰撞，由此迸发出巨大的历史能量。时代的重量为这一领域的研究赋予了先天的价值优势；而转折时期之丰富与复杂，也为思考的深度与视野的广度提供了无限可能。夏晓虹先生的晚清研究，正是在在着意于时代之特征与社会之新质。自 1985 年发表《五四白话文学的历史渊源》，极其敏锐地沟通了晚清与五四的历史进程，随后刊出的《梁启超与日本明治小说》，则着眼于晚清人物所受的域外影响；从这两篇最初发表的论文，可见出作者目光如炬，甫上手即已把握到晚清时代的根本性特征。这一思路日后一直得到延续和深化：先生近年探讨梁启超与胡适的诗学和学术因缘，以及钩沉明治时期日本“妇人立志”读物在中国的传播等文，无意中仍可与当年的论题遥相呼应。而这一以晚清为原点的时空坐标，不仅可以向下延展，借助古典文学的良好素养，夏先生也时而溯流而上，将晚清与晚明相对照，彰显近代社会文化与本土传统的渊源和新变。正是在这等上下、中外的勾连之中，作为一个极具开放性的时代，晚清的魅力获得了淋漓尽致的呈现。

其二，人物之魅力。一个时代的重要和趣味，不仅体现在其间所发生的事件，而尤在于所出现的人物之重要和有趣。夏晓虹先生的晚清研究，即选择了这一时代最有魅力的人物之一梁启超作为枢纽人物，既具备“思想的伟大”，复具备“关系的伟大”，其人更明确标榜“趣味”，乃是一位性情真率的“有趣”之人；由其入手，堪称进入晚清的一种最佳路径。夏先生数十年如一日钟情于梁启超研究，除文集补遗之外，以其人命名的专著已有《觉世与传世——梁启超的文学道路》《阅读梁启超》《梁启超：在政治与学术之间》数种。由题名即可见出，在梁启超身上，夏先生的关注面向也在不断地拓展和推进，对于任公以至晚清社会的还原和构建，日趋丰富与深入。而在梁之外，夏先生的笔下，尚有一批晚清人物群像，如林纾、黄遵宪、秋瑾、王韬、吴趼人，等等。先生多年来细致钩沉的这些“旧年人物”的事迹与性情，即是晚清的“往日风流”之重要所在。

其三，开辟之魅力。作为一个起步未久的学科，晚清之为研究对象的魅力还在于，它为研究者提供了开辟新领地的诸多可能。夏先生的晚清研究，从视野到方法，涉及多种不同领域，也往往起着开辟前沿、引领风气的作用。最典型者如报刊研究。先生早年即有意识地将报章尤其是民办报刊作为“基石”性材料，与其他“正统史料”辨析印证，且由此暗地引入时新的理论视角。报刊研究于今可谓炙手可热，先生早在二十世纪八十年代即已开始利用原始报刊资料，当有筚路蓝缕之功。而先生于九十年代涉足晚清女性研究，迄今已出版《晚清文人妇女观》《晚清女性与近代中国》《晚清女子国民常识的建构》等数部专著。夏先生的女性研究仍然源出坚实的史家路径，理论视野不动声色地隐于其中，在性别研究中自成一家路数。此外，作为与研究工作相辅而行的另一翼，先生亦着意于近代史料的编纂，诸如《〈饮冰室合集〉集外文》《追忆康有为》《追忆梁启超》，以及与陈平原先生合编的《二十世纪中国小说理论资料》（第一卷）、《图像晚清：点石斋画报》等，均已成为晚清研究者案头的常备书，甚至也在无形中起着开拓新的研究方向的功用。

三十余年来，夏晓虹先生在晚清研究领域辛勤耕耘，蓄积深厚，而功力深湛，近而弥笃。2014 年以来，先生接连推出《梁启超：在政治与学术之间》《晚清白话文与启蒙读物》《晚清文人妇女观（增订本）》《晚清女子国民常识的建构》等数部专著。如此“喷涌”式出现的成果，正源于先生孜孜无倦的深耕厚积。而无论从命题抑或论述，均可见出先生的视野愈趋宽广，思考愈趋深入，既一贯优长于史料，更出以议论精微。如夏先生所自云：“我个人的研究也可以作为这门学科逐渐成熟的一个印证。”对于近代文学学科的建设与生长，夏先生有着清晰的自觉意识，并且贯注了深厚的感情在其中。在时代与个人的合力之下，一位学者个人的学术生涯可与一个学科的成熟相印证，于彼此何尝不都是一种幸运？

二、为学与为人

夏晓虹先生之钟情于梁启超研究，原因之一，或许即在于任公为人品格之真。任公一生不懈求索，一直在自我挑战、省思乃至自我否定之中。尽管在学术观点与政治立场上有“善变”之称，然而一皆出于赤诚，究其根本，正是秉持着一种求真理的精神。而其为文之畅快淋漓，又时而不乏亲切可爱处，亦正是其人真率性情的自然流露。

这种为人与为学、为文的深度统一，在夏晓虹先生自家亦然。作为学者，夏先生治学首先为学界称道的，在于其史家的严谨。此论诚然。仅就史料的搜集整理而言，先生耗十年之力，为《饮冰室合集》考求佚文，辗转于世界各地之图书馆，报章单集，穷搜极采，巨细无遗，汇成皇皇三巨册，近一百五十万言。今日的研究者拥有使用各种数据库之便利，遥想先生当年，面对汪洋浩瀚的近代报刊，全凭一己之力求索、抄写与复制，其中艰苦，大约只有先生自己方能体会。有此一编，饮冰室集得为全帙。又如夏先生与陈平原先生合编之《点石斋画报》选辑《图像晚清》，先生为每帧图像精心选择相关文字史料，以时文证时事，举凡报刊、笔记、游记、日记、小说、诗歌，均在征引之列。在浩如烟海的晚清史料中拣选最合适的那一则，如同在论文中选择所用史料一般，呈现给读者的，不过是先生自家所见的冰山之一角。

与严谨相伴随的是细致。夏先生对待每一则史料，都力求尽可能地回到原刊乃至初刊本；若是稿本，则连稿纸的样式也在考察之列。以这样的姿态展开研究，则体现为先生每一为文，立论之谨慎，论述之严密，考订之周详，几于无懈可击。而行文亦字斟句酌，用字之精洁，表述之准确，每令人赞叹已臻于无一字可增删的程度。夏先生又是极其专注的。已为佳话的梁启超研究之外，先生在二十世纪九十年代中期出版《晚清文人妇女观》，自觉未为完帙；二十年后乃续出增订本，补阙之愿终告完成。这样的专注与执着，与先生在研究中“求全求善”、绝不满足于浅尝辄止的性格，正是一脉相承。

如果说，严谨与细致，尚是出于夏先生身为女性学者的“性别优势”，以及先生平生行事“总期望求全求善”的性格；那么，先生论文中随处体现的理性与冷静，则又是超出一般的“性别特征”，为史学学者所欣赏的研究质素。而这种理性与冷静，与日渐积累的丰厚史料，以及视野的拓展和思考的深入相结合，日益体现为先生研究的愈臻精湛。夏先生的晚清研究，通常由具体的人物、事件与问题入手，经由史料的精心选择与编织，实证式地解决历史问题；既不标举时兴的热门名目，也鲜见引据各家理论流派。然而，从论题的选择、史料的解读之间，有心人实可见出先生对于国内外学界的动向实则相当熟稔。个案例析的背后宛然笼罩着全景性视野，实证研究中蕴涵着理论眼光，往往有深意存焉。细观先生近年来的著作，议论所涉，在文史之间日益拓疆展界，意蕴阐发精辟无遗，不仅由微知著，并且由著而微，对更为宏大的立意与跨学科的议题举重若轻，驾驭自如。瞻之在前，忽焉在后，文史研究亦如武林修炼，非有数十年如一日的积蓄与深思，无从得臻此等境界。

“近代”之为“近”，在于它与当下时代的紧密关联。“书里书外可以沟通”，自进入晚清的二十世纪八十年代至今，一直是夏晓虹先生的自觉意识。先生近年文章与著作中的一个关键词为“常识”。此词首先仍从梁启超而来，它作为晚清“启蒙”运动的内容，与“国民”

概念直接相关。这或者可以作为先生沟通书本内外的一枚佳证。思想的光线在历史与现实之间折射流转，有所照亮，又可能遥相辉映，其间沉淀的，是研究者那份“压在纸背的关怀”。

然而作为学者的夏先生并非只有这严肃的一面。陈平原先生曾称夏先生有“癖”，据张岱的说法，以有“深情”也。夏先生倾心于晚清人物，尤其关注转折时代人物的“命运及其心理”，设身处地地体贴他们的处境、遭遇、心态与行为，彰显文字史料背后历史人物的鲜活的人情味。在追求史实真相的同时，先生在“评古论今时通达宽厚”，从不为求全之毁。

与这种“了解之同情”可相呼应的，是带有几分孩子气的“好奇”和趣味。夏先生视野中的晚清，是新鲜活泼、五光十色的社会百态：从马戏班、跳舞会、赛马场、自行车，到西餐食谱、旅游指南，乃至纸笺书艺、人名辞典。文化史的大名目之下，实则流动着一股纯粹的趣味主义，一如梁启超的“赤子之心”。而尤广为人知的，则是夏先生与陈平原先生将平生行旅与晚清研究相结合，中国之外，遍历日本、新加坡、马来西亚、澳洲、北美，所到之处，着意追寻晚清人物的踪迹。在研究中通过文字重构晚清图景，继而在实地重返历史现场，两相印证，可谓双重意义上的“回到晚清”。而唯有兼具“癖好”与“趣味”，方有此等风雅之举。如同先生所言，晚清对于自己的意义“已不只是研究对象，同时也内化为一种眼光与态度”。所谓“内化”，当是与研究者的现实生命融为一体，成为一种自然展开、呼吸与共的生活方式。

季镇淮先生对于弟子，曾经有过这样的评价：“既不故作夸饰过甚之词，也不追求一鸣惊人之论，不显山，不露水，而才华潜藏其中。”知弟莫若师。夏先生为文无华彩，而菁华内蕴；一如生活中朴素单纯，“不求闻达，不蹈虚空”，而别具一种纯粹的趣味与深情。后者于先生而言，或许在对学生的指导中得到了尤为深切的体现。

三、为师之道

夏晓虹先生曾经提到，研究生毕业选择工作岗位之时，她心中更倾向的实为文研所——先生自以为性格更适合研究而非教学。而在季镇淮先生的主张之下，夏先生自此留在燕园任教至今。三十三年过去，除了曾经任课的本科生、留学生之外，先生亲自指导的研究生，也多已走上学术岗位，陆续有著作出版。这一份成就，大约是先生当年在面临工作抉择之时，所未曾料想的吧。

夏先生授课的风格，也一如她的为人与为文，严谨、平和而蕴蓄丰厚。聆听过先生讲课的人都知道，夏先生在课堂上不会激昂慷慨、指点江山。通常每一堂课都有明确的主题；学期初概论性质的整体性介绍之后，课程的主体内容乃由精心设置的若干个案组成，各课之间相对独立而有机关联，共同呈现出课程主题的若干具体面相。显而易见的是，先生每堂课必然经过精心的准备——曾经还见先生拿出一摞手写的讲稿，课程讲授条理分明，辅以大量史料和参考文献。先生在讲台上成竹在胸，娓娓道来，将台下的学生们逐渐带入丰富生动的晚清世界。

相比课堂讲授，研究生们有更多亲聆教诲的机会。夏先生指导学生，可以说是宽容与严格兼而有之。在专业兴趣的发展上，先生从无强制，而是将自由选择的空间完全留给学生。笔者有幸，在校时得在夏师门下聆教七年，然而自愧不是一个好学生——自己身上的拖沓、懒散、懈怠诸多弊病，七年中得到了先生最大程度的包容；而又天性驽钝，专业上进展缓慢，在选择硕士论文与博士论文题目时，均是踌躇长久，无法定夺，一直到“最后关头”，得到先生出言点拨，方才如梦初醒。而回头看去，先生所指点的题目，实则正是学生一直关注而自己尚未能有明确意识的兴趣所在。可知先生一直在默默留心学生的特点与动向，笔者本人如在梦寐，先生则从旁洞若观火。先生期待学生能够自由发挥、主动成长，到关键时刻方予以明示。而在私人生活中，夏先生与陈平原先生若得知哪位学生有实际困难，必然倾力相助——对此两位先生从未公开提及，学生只能各自感念。

然而夏先生又是十分严格，令学生心中暗存几分敬畏的。在可能关涉个人品格或学术操守的层面，先生乃尤其严厉，甚至不留情面。先生不轻言，言必有中；不溢美，语必征实。夸饰之词与虚伪之情，在先生面前都绝无立足处。而夏先生所指导的每一位学生，都亲身体会过先生修改论文的风格：先生的批改，细致到了每一处文字与标点；学生提交的论文，取回时每每由于写满了标记而“琳琅满目”。一篇博士论文长达数十万字，有的章节审阅甚且不止一遍，先生的工作量可想而知。笔者写作博士论文时，有时过了午夜，尚收到先生寄回审阅论文的电邮。每一则材料的引用，先生都希望学生尽可能回到原初的出处，而非贪图方便的转引；先生手头有原书，还会亲自替学生查对注出。平日先生泛览所及，书刊报纸上若有与某位学生所做的题目相关的资料，先生也一定留心，将材料一一保留，亲自带给学生。无论是学术规范还是成果的前沿性，先生均有着严格的要求。其实，先生自家治学与为文的“高规格”，早已无形中成为学生的楷模与鞭策！

在学生乃至旁人的眼中，夏先生的形象一直是淡泊宁静，几有不食人间烟火之致。先生高而瘦，举止从容，语调温和，不愠不火，从未呈躁厉之色。与夏先生的沉静相对，陈平原先生则要“开朗活泼”许多。如学生们所知，师门中相聚时，陈平原先生总是谈话的主持和引导者，旁征远引、议论风生之中，自然有教诲之意寓焉。夏先生则每在旁微笑不语，只有在感到有说明或引申的需要时，才偶尔插话几句。仅这有限的几句，往往足以引起学生的笑声，夏先生的亲切和潜藏的幽默感，在这不多的时候便有足够的表露了。

而夏先生也并非只有这“不食人间烟火”的一面。先生和陈平原先生曾与门下杨早、凌云岚伉俪共同编辑过两册书，分别以茶与酒为主题，夏先生领衔的乃是以酒为题的那册。如所周知，陈先生乃潮州人，饮食清淡，平日只饮茶；夏先生虽不嗜辣，却有小能，于酒则尤有心契焉。每次师门聚会时，先生所饮多为啤酒，但于席上微笑静坐，听周围海侃神聊。学生们知晓老师的喜好，往往结伴或单独擎杯来敬，先生则含笑起身，一一饮罢，轻描淡写、不动声色之间，令人想见先生雅量。而每到聚会尾声时，又总是陈先生来提醒夏先生该到回家的时候——通常是陈先生提出还有某篇文章待完成！夏先生则仍是含笑饮罢杯中酒，起身离席。先生于酒，当然并非是无之不欢，应属有之而更为尽兴，可说是好而不嗜。有研究者将古典文学的专业研究与饮酒相联系，夏先生饮酒，或者不属此列，而更是出于性情——先生到域外，若方便时，便欲品尝当地啤酒，私下揣测，这一小喜好与先生喜爱“收藏”背后的“好奇”心理，未尝不是暗通款曲。而饮酒这一雅好，实则也贯通着夏先生的淡然背后那深情的一面，在学术研究的严谨与言谈举止的蕴藉之外，为先生又平添了几分风流佳致。

作为恩师，夏先生对季镇淮先生的治学与为人一直抱持着自觉的表彰之意：不仅为季先生悉心编定文集及纪念集，并且在文章中对季先生的学问与品格一再予以阐发。对于季先生对闻一多与朱自清两位老师的表彰，夏先生曾说，那“已经超越了单纯的师生情义，而代表着对一种学术传统自觉的承继与阐扬”；应该说，夏先生对于季镇淮先生的再三追怀，也蕴涵着这种对于“学术传统”的“自觉的承继与阐扬”。在回忆文字中，夏先生曾特地揭出季先生“讲究的是处世端方”。端方处世，这既是夏先生自身践行与树立的典范，也应是她对于自己的学生们所抱有的期待。

1983 年，夏晓虹先生开始进入近代文学的阅读，季镇淮先生在该年上半年开设了“近代文学”研究专题课程。三十三年过去，今年上半年，夏先生也为学生们开设了“近代文学研究”专题课；据先生自言，这是她从教以来首次讲授这一课程。历史常在细节处饶有意味。作为二十世纪五十年代出生、有过插队经历、成长于二十世纪八十年代的一代学者，超越了本土、时代、学科乃至性别的诸多限阈，夏晓虹先生在晚清研究领域走到了国际前沿，建设也见证着近代文学学科的成长和成熟。面向未来岁月，衷心祝愿先生与陈平原先生继续切磋琢磨，携手游历，学术人生绽放更多美好华章。

（原载《中华文化画报》2016 年第 8 期，发表时编辑有所改动）